CONCORRÊNCIA BANCÁRIA?

CARLOS BAPTISTA LOBO

CONCORRÊNCIA BANCÁRIA?

ALMEDINA

COIMBRA — 2001

TÍTULO:	CONCORRÊNCIA BANCÁRIA?
AUTOR:	CARLOS BAPTISTA LOBO
EDITOR:	LIVRARIA ALMEDINA – COIMBRA
DISTRIBUIDORES:	LIVRARIA ALMEDINA ARCO DE ALMEDINA, 15 TELEF. 239 851900 FAX 239 851901 www.almedina.net 3004-509 COIMBRA – PORTUGAL LIVRARIA ALMEDINA/PORTO R. DE CEUTA, 79 TELEFS. 22 2059773 FAX 22 2039497 4050-191 PORTO – PORTUGAL EDIÇÕES GLOBO, LDA. R. S. FILIPE NERY, 37-A (AO RATO) TELEF. 21 3857619 FAX 21 3844661 1250-225 LISBOA – PORTUGAL
EXECUÇÃO GRÁFICA:	TIPOGRAFIA LOUSANENSE, LDA. – LOUSÃ
DATA:	JANEIRO 2001
DEPÓSITO LEGAL:	147698/00

Toda a reprodução desta obra, seja por fotocópia ou outro qualquer processo, sem prévia autorização escrita do Editor, é ilícita e passível de procedimento judicial contra o infractor.

*Aos meus pais,
como singelo contributo para a retribuição,
sempre insuficiente, de tudo o que me dão.*

NOTA PRÉVIA

O trabalho que agora se publica corresponde, com algumas alterações, ao texto da dissertação de mestrado em Ciências Jurídico--Económicas apresentado na Faculdade de Direito da Universidade de Lisboa em Setembro de 1998 e discutido em provas públicas realizadas em Julho de 1999, perante um júri constituído pelos Senhores Professores Doutores Paulo de Pitta e Cunha, Presidente, Moura Ramos, arguente, Menezes Cordeiro, Fausto de Quadros e Paz Ferreira.

Tendo sido efectuado um esforço de actualização, ao longo de toda a obra, considerando a nova numeração decorrente do Tratado de Amesterdão, refira-se que, quanto às Directivas relativas ao acesso e ao exercício da actividade bancária optou-se por efectuar as remissões tendo em consideração os intrumentos legislativos originais e não a Directiva 2000/12/CE, de 20 de Março, que codificou toda a matéria.

A elaboração de uma monografia universitária, neste caso uma dissertação de Mestrado, constitui não somente uma prova de sapiência para a aquisição de um grau académico, mas, igualmente, uma prova de esforço intenso e concentrado, que neste caso, com muito prazer e satisfação foi efectuada. Esse facto obriga a que, sendo essencialmente um trabalho individual, o seu desenvolvimento tenha implicações naqueles com quem o autor mais directamente priva, quer na docência universitária, no restante exercício do Direito, quer na vida familiar. Assim, sendo, agradeço a todos os que comigo colaboraram na elaboração desta tese, família, professores, colegas, alunos e amigos, as sucessivas trocas de ideias, que permitiram o enriquecimento da mesma, bem como todo o apoio, amizade e compreensão dispensados.

Em especial, agradeço ao Prof. Doutor Eduardo Paz Ferreira o facto de ter aceitado a orientação desta dissertação, bem como o estímulo e a disponibilidade sempre dispensados. Em muito agradeço, igualmente, ao Prof. Doutor António de Sousa Franco, em forma dupla: enquanto professor universitário, pela orientação dos seminários que me levaram a escolher este tema, e enquanto Ministro das Finanças, pela oportunidade que me deu de trabalhar, em termos práticos, na área em causa. Uma palavra especial aos meus colegas do Gabinete do Ministro das Finanças, em especial, ao Dr. Rodolfo Vasco Lavrador, por toda a disponibilidade demonstrada.

De fundamental importância foi, igualmente, a troca de experiências e de ideias com os colegas do Comité Consultivo Bancário e da Comissão Europeia, sempre disponíveis, e que permitiram um tratamento de uma forma verdadeiramente europeia da matéria.

Finalmente, agradeço reconhecidamente à Dr.ª Margarida Rei o seu incansável apoio na elaboração desta dissertação.

Carlos Baptista Lobo

APRESENTAÇÃO

A presente monografia dispensaria de todo esta apresentação, que com tanta honra como prazer faço, se nela não concorressem dois factores de risco: a juventude do autor e a desatenção que por vezes ainda há relativamente ao que mais importa no direito Europeu, cada vez mais parte estruturante da ordem jurídica portuguesa.

1. Trata-se de uma dissertação de mestrado classificada com "Muito Bom" na Faculdade de Direito da Universidade de Lisboa, e isso bastaria para certificar a qualidade científica e académica do estudo.

O juízo objectivo das instituições muito prestigiadas vale bem mais e é bem menos falível do que opiniões subjectivas, venham de quem vierem.

2. Não posso, todavia, deixar de acrescentar que – mesmo prescindindo do conhecimento pessoal de quem com ele em várias qualidades tem trabalhado e estudado, pois ensinar é estudar em conjunto com alguém – o autor, Mestre Carlos Baptista Lobo, tem já uma sólida obra de jurista-economista, nos domínios do Direito Financeiro e Fiscal e do Direito do Ambiente, à qual agora acresce este estudo, elaborado com não menos mestria, no âmbito do Direito Económico. Pela dimensão e qualidade do seu acervo de publicações, pela criteriosa amplitude da informação que revela e pelo método rigoroso no difícil (e tão mal tratado/maltratado) domínio jurídico--económico, pela inteligência penetrante e ágil que se não deixa alienar no nominalismo e no conceptualismo (doenças infantis dos

juristas mais inteligentes), antes procura intus-legere, ler a realidade por dentro, o Dr. Carlos Baptista Lobo é já uma certeza e um valor deste pequeno mundo de juristas-economistas.

3. Não resisto a evocar quanto considero essencial a área jurídico-económica do Direito na europeização, modernização e progressivo aumento de eficiência de uma ordem jurídica como a nossa, tão cheia neste momento, após o imobilismo perfeccionista do passado, de duas doenças dominantes: os arcaísmos burocrático--formalistas (de que vivem as corporações e administrações ...) e os estrangeirismos de leis academicamente tão "perfeitas" que não têm aplicação num terreno tão movediço, assimétrico e facilmente sísmico como é o do Direito em Portugal. Excesso de avanço e excesso de atraso coligam-se facilmente de modo negativo numa ordem jurídica com problemas próprios de desenvolvimento, aprovados pelo peso dos desafios jurídicos gerais da europeização e da globalização. E, sendo nuclear neste processo o interface jurídico-económico, por toda parte a vemos desgraçadamente mal tratada ou ignorada por duas espécies de "doutos ignorantes" que invadem e dominam o Direito: os economistas ou técnicos que de Direito nada sabem, e os juristas ignorantes de Economia. Do sigilo bancário à reforma fiscal, da supervisão financeira à adaptação ao Euro – nada escapa a estas duas hordas de ignorantes; e ignorantes dos piores, pois se vêm por doutos, apesar dos disparates quotidianos que fazem e pelos quais paga o País e cada um de nós com mais atraso e divergência. Culpa da Universidade, em especial pela frequente entrega do ensino e da investigação jurídico-económica a pessoas não qualificadas nesse domínio? Culpa da sociedade, onde os jardins e relvados de especialização mais fina são pisados pelas botas grossas das grandes corporações profissionais e académicas? Culpa dos próprios especialistas, tão fortes no Mundo desenvolvido e, em Portugal, tão divididos pelo nosso individualismo fragmentador? De tudo isto muito! Os resultados – em mau Direito e má regulação e controlo da Economia – estão à vista. Apenas um exemplo: todos falam em conter a despesa, o que só se faz, em 90%, recorrendo a instrumentos jurídicos. Onde estão estes, cujas poucas propostas não avançam? Quem os está retendo? Sem resposta a estas perguntas, falar em redução de despesa é evocar Shakespeare:

"words, words, words, ...". Disto nunca passam as declarações políticas económico-sociais que se não vertem nas apropriadas regras jurídicas.

4. Serviu esta digressão – além de ter muitas carapuças para muitas pessoas: enfie-as quem merece – para dizer que o Mestre Carlos Baptista Lobo é já uma certeza do pequeno mundo académico de juristas-economistas, pela obra publicada, permitindo-me a alegria de não usar com ele, que é bem mais do que isso, o duvidoso elogio da "promessa", palavra tão desacreditada pelo incumprimento, não menos que na política, no foro académico, onde eternas promessas vicejam e estiolam sem dar luz que se veja nem fruto que alimente.

A obra que tem dispensaria apresentação, devendo esta limitar-se a sublinhar que, apesar da maturidade que revela e da extensão consistente que assume, o autor tem uma juventude que ao nosso mundo jurídico dá o direito de dele muito esperar ... e exigir.

Demonstra-o este trabalho de mestria profissional e científica, num domínio em que o amadorismo é caro ... para a comunidade científica e para o País, que tantas vezes o pagam.

5. Repetitivo e enfadonho seria apresentar o tema e sublinhar-lhe a importância; inoportuno e impraticável, além de deslocado, seria suscitar divergências, aliás não essenciais, que aqui não têm o lugar próprio.

Limito-me a sublinhar que este excelente tratamento do <u>Direito Bancário Europeu</u> – na parte do Direito Económico Bancário (público) que não na do Comercial Bancário (privado) – ilustra bem, por um lado, que o Direito Económico, tal como o Direito Comercial, formam cada vez mais ramos verticais, onde a proximidade de temas e soluções existe mais entre regras e institutos Comunitários e Nacionais (ou Regionais) do que nas regras comunitárias entre si. Começando por regular a liberdade de estabelecimento, a livre circulação de capitais e a livre prestação de serviços financeiros (bancários <u>in casu</u>), o impasse do Direito Financeiro Comunitário, neste domínio como em outros (recordo a monografia, também de altíssimo nível do Mestre Sérgio Gonçalves do Cabo acerca do sector segurador), é que tem de se assumir como uma regulação global e coerente da actividade financeira (direito de acesso e exercício, instituições, mercados, supervisão), embora aberta às diferenciações nacionais e regionais, e não como uma mera (e ultrapassada) regulação das quatro (ou cinco?) liberdades. Há projectos e propostas, estudos e relatórios em curso, e bom é que dessa dinâmica necessária – aqui tão bem espelhada criticamente – haja plena consciência.

Por outro lado, esse movimento <u>harmonização densificadora</u> do Direito Comunitário Financeiro não pode decorrer à margem da World Financial Law. Há hoje um mercado financeiro mundial em busca de um Direito Internacional (Mundial) Financeiro. Os factos da vida precederam a regra; e, enquanto esta não vier, tendem a estar mais perto da Lei da Força (orientando-se para uma selva requintada e urbana, bem pior do que as primitivas) do que da Lei da Ética. Segurança e justiça, sabemo-lo, só o Direito as dá. Ora, os mercados financeiros mundiais são verdadeiros mercados supra e transfronteiriços. E, aparte a <u>força de intervenção</u> das grandes instituições financeiras mundiais (universais e dos Estados) e da dos Estados e confederações ou grupos de Estados que contam, poucas ou nenhumas regras os vinculam. Daí que seja inevitável (já Adam Smith demonstrou que não há mercado livre sem lei) a emergência de Lei nos mercados cada vez menos livres, como se vê cada dia que passa.

Enfim, o Euro e a consequente criação, não só da moeda única, mas também de mercados monetários e financeiros europeus/comunitários, com seus agentes, instrumentos, regras e autoridades, obrigaram a rápidos avanços, não só na coordenação de políticas, como na (bem diferente!) coordenação de regras jurídicas. Um Direito Bancário Europeu é inevitável, necessário e urgente.

Dir-se-á que tudo isto fará passar depressa o estado actual da questão no Direito Comunitário Económico, tal como o Mestre Carlos Baptista Lobo o apresenta, com rigor metodológico, profundidade construtiva e espírito crítico (embora, por vezes, com uma densidade de estilo cuja descodificação o "leitor mais comum" talvez agradecesse). Não estou certo de que tudo mude tão rápido como deveria mudar. Mas mude o que mudar e quando mudar, uma construção científica vale pelas ideias, raciocínios e sementes de revolução de questões críticas: e nisso esta obra é rica, apontada ao futuro, e tão cedo não se desactualizará.

Procure, pois, nela o leitor, não só a Dogmática e a Crítica do Direito vigente, mas pistas para uma Prospectiva dos problemas que definirão o futuro. Encontrá-los-á. É isso, também, que a torna imprescindível para quem trata do Direito Bancário, Financeiro e da Concorrência – e não só ... – a leitura e consulta desta extraordinária obra de inegável valor científico e elevada propensão de aplicação prática.

Lisboa, 21 de Setembro de 2000

António de Sousa Franco
Professor Catedrático da Faculdade de Direito
da Universidade de Lisboa

People only use banks because they need to, not because they really want to: banks are a necessary evil.

James Essinger, "The Virtual Banking Revolution",
International Thomson Business Press, Londres, 1999

We decide who will live and who will die

John Bunting, Presidente do Philadelphia´s First
Pennsylvania Bank,
um dos primeiros Doutorados em Economia a dirigir
um grande banco

INTRODUÇÃO

O grau de concentração de uma indústria é um indicador de poder, no foro económico e político, numa sociedade. Mas, além do grau de concentração é igualmente importante o grau de concorrência existente entre firmas concorrentes, factor este determinante no discernimento das estratégias de mercado.

A presença múltipla de empresas na economia não implica, por si só, a garantia de um ambiente concorrencial. Haverá sempre a possibilidade de ocorrência de exercícios abusivos de posição dominante, de acordos ou de práticas concertadas que erradiquem as vantagens da livre concorrência.

Ora, uma realidade ambiental económica não deturpada é fundamental no sector bancário: se existe um sector que poderá considerar-se como básico da economia moderna, esse sector será o bancário, cujo enquadramento sistémico sustenta a totalidade das outras estruturas de actividade.

Com o advento da desregulação e da desintermediação, a concorrência é cada vez mais acérrima, não só entre portas, se é que num ambiente globalizado esta expressão ainda faz sentido, mas principalmente no foro internacional.

Porém, apesar de no mercado bancário comunitário existir uma multiplicidade de empresas bancárias, uma análise mais apurada revela a proeminência de um reduzido número de empresas que, detendo no seu conjunto grande parte da quota de mercado, são dominantes.

O sector proposto para o estudo assenta num processo de produção contínuo, baseado numa cadeia conjunta de todas as instituições bancárias, o que facilita a comunicação interempresarial e, consequentemente, eventuais distorções concorrenciais. Esta realidade, profusa ao nível dos Estados-membros no espaço comunitário será, com o advento da União Económica e Monetária, transposta para o nível comunitário global. São hoje facilmente notados os processos de reorganização nacional do mercado bancário, efectuados através de uma série de aquisições e fusões de empresas bancárias nacionais de um Estado-Membro. A este título a experiência norte-americana será premonitória. Uma primeira questão se levanta: Porque razão estas reorganizações se verificam fundamentalmente a nível puramente nacional?

Sem prejuízo de um ulterior desenvolvimento desta questão, poderá desde já referir-se que esta característica deriva, directa e principalmente, de um factor extra-económico relevante, precisamente o vínculo fiduciário que une o cliente ao banco, base de qualquer relação jurídico-bancária.

Devido à natureza essencial deste sector para a economia de um qualquer Estado justifica-se uma especial atenção à regulamentação da concorrência ou, mais especificamente, à regulamentação da não-concorrência. A ocorrência de desequilíbrios neste mercado específico propicia efeitos sistémicos e sinergéticos de uma gravidade desmesurada, conforme demonstra a infeliz experiência de alguns Estados da América Latina, e, mais actualmente, do Sudeste Asiático.

É de afastar o entendimento segundo o qual estas matérias deveriam estar a cargo de normas prudenciais autoritariamente impostas e sem qualquer ligação com o mercado. Por um lado, os dois aspectos são de difícil discernimento com interacções mútuas entre as duas áreas, e por outro lado, é certamente preferível regular o mercado, de forma a mantê-lo plenamente funcional, do que regulá-lo externa, autoritária e discricionariamente, por vezes raiando a arbitrariedade. Este procedimento seria, certamente, fonte de elevadas e graves distorções. É a diferença entre a regulação pelo mercado e regulação fora do mercado, esta última de triste memória.

Quando se reflecte sobre a concorrência bancária é indispensável estabelecer-se, em termos sólidos e coerentes, a base conceptual compreensiva abrangida pela figura. Com efeito, a concorrência bancária envolve, pelo menos, três áreas possíveis de análise, apenas compreensíveis na sua plenitude através de uma visão integrada [1].

Num primeiro sentido, a concorrência bancária é sinónimo de uma rivalidade activa que desencadeia estratégias de conflito e de superação entre as instituições bancárias. Nesta perspectiva, a concorrência revela-se na rivalidade das comissões e das taxas bancárias, na qualidade de prestação de serviços bancários e em todos os outros factores a que os clientes atribuem relevo.

Num segundo sentido, e assentando-se no princípio de organização do mercado, logo no plano macroeconómico, a concorrência bancária será uma forma eficiente de organização do mercado bancário, onde uma multiplicidade de agentes bancários juridicamente livres e independentes procuram a maximização dos seus lucros, o alargamento das suas quotas de mercado ou o aumento do seu volume de vendas. Esta procura constante incentiva, por vezes, uma auto-disciplina na convergência de esforços individuais, fácil de realizar dado o reduzido número de empresas bancárias dominantes a nível nacional.

Finalmente, num terceiro sentido, a concorrência bancária consiste num relacionamento próprio e característico entre os sujeitos económicos. Tendo em consideração os efeitos sistémicos, a falência de um banco arrasta, necessariamente, uma onda de pânico que contaminará os proveitos dos outros, devido às repercussões psicológicas que acarreta. Este terceiro sentido é igualmente decisivo, assentando em pressupostos psicológicos, de confiança, não só a nível macroeconómico mas também a nível microeconómico, ou seja na perspectiva banco--cliente, e constituirá uma base estruturante para a nossa investigação.

Além de todos estes factores estruturais da actividade, não se poderá esquecer o ambiente de transição moderno, do qual resultará uma nova envolvente concorrencial que as conclusões do presente trabalho, espera-se, venham ajudar a compreender.

O mercado bancário é, numa perspectiva integrada, paradigmático da evolução dos mercados num horizonte evolutivo de integração

---

[1] JOÃO PINTO FERREIRA enuncia, em termos teóricos, o triplo sentido do termo "concorrência", ou seja, como tipo de comportamento, como princípio de organização de mercado e como representação conceptual. Cfr. J. P. FERREIRA, "Um enquadramento para a nova legislação de concorrência", *Boletim de Concorrência e Preços*, 3.ª Série, n.º 18, 2.º Trimestre de 1994, págs. 3 a 6.

comunitária. De facto, o essencial da livre circulação de factores de produção concretizou-se, no mercado bancário, num estádio relativamente precoce, ainda mais tendo em consideração a envolvente reguladora anteriormente existente. Por outro lado, toda a envolvente integracionista teve como motor o Tribunal de Justiça, que, de uma forma progressiva, limou sucessivamente as arestas deste processo, de forma a que as barreiras à construção de um mercado único assente na economia de mercado fossem sucessivamente suprimidas [2].

No campo bancário, o papel da concorrência adquire uma importância vital. Alicerçando-se na liberdade de mercado, a política de concorrência bancária adquire relevância de princípio político, constitutivo da economia de mercado e da ordem democrática: a concentração do poder económico, retratado exponencialmente pela concentração do mercado bancário, reveste um perigo real para a democracia [3]. Democracia económica e democracia política encon-

---

[2] Este facto é quase unanimemente reconhecido pela doutrina. Por outro lado, também as regras de concorrência do Tratado serviram de base para as análises integracionistas do Tribunal de Justiça. Neste sentido, D. GERBER, "The transformation of Community Law", *Harvard International Law Journal*, Vol. 35, n.º 1, (1994).

[3] De acordo com J. ZACHMANN: *"la concurrence, en favorisant des conditions propices au fractionnement du pouvoir économique, répresente une garantie de liberté pour les acteurs économiques et pour les citoyens"* in J. ZACHMANN, "Principes économiques de base et leur application aux marchés bancaires", in Le Secteur Bancaire et la Concurrence, Cahiers AEDBF, Bruylant, Bruxelas, (1997), págs. 31 e ss..

A tradição comparada revela-nos precisamente isso. O direito norte-americano foi constituído essencialmente como uma reacção ao poder dos cartéis e dos *trusts*. O *Sherman Anti-Trust Act* foi adoptado tendo como base a ideia de que a concentração exagerada de poderio económico revestia uma séria ameaça em termos políticos. Paradigmática é igualmente a posição da República Federal da Alemanha após a II Guerra Mundial. A subida ao poder do partido Nacional Socialista foi bastante facilitada pelo apoio dos grandes grupos económicos alemães da altura. Esta realidade justifica e legitima a intervenção do Estado na economia, nas vestes de árbitro e ordenador, limitando as actividades privadas que possam por em causa a iniciativa privada. Na Alemanha, este condicionalismo encontra-se presente através da aplicação do *"Wettbewerbsprinzip"* que é definido como uma fonte de liberdade, de riqueza e de justiça, conjugado com um "princípio dinâmico", que tem por finalidade proceder ao ajustamento da regulação com o tráfego económico. Este processo progressivo de adaptação e melhoramento da economia assenta na doutrina de "selecção natural" de HAYECK. Cfr., sobre este assunto, E. MESTMACKER, "Conférence du Bundeskartlamt", Berlim, (1995), págs. 253 e ss..

tram-se intimamente ligadas, sendo a primeira uma verdadeira condição para a existência da segunda [4].

Nestes termos, a acção concorrencial deverá inspirar-se no princípio da equidade e da lealdade, assentando numa conduta voluntarista sobre as estruturas do mercado bancário. Porém, tal não implica uma total atomicidade ou dispersão dos agentes no mercado, uma vez que uma organização desse tipo poderá não ser a mais eficiente em termos económicos ou industriais. Neste trabalho defende-se, numa primeira aproximação, uma estrutura bancária assente em oligopólios alargados, tendo em consideração as especificidades da indústria bancária [5]. Isso coloca, liminarmente, alguns problemas de origem histórica, dado que toda a jurisprudência do Tribunal de Justiça e prática administrativa da Comissão Europeia assenta primordialmente na noção de concorrência perfeita [6].

Pelo exposto, os fundamentos de uma política da concorrência bancária deverão ser observados por uma estrutura múltipla e compreensiva, tendo como denominador comum os pressupostos básicos de uma economia de mercado, englobando um objectivo de eficácia económica conjugado com os princípios de democracia, de justiça e equidade. Estes elementos revelam-se, assim, comuns e integrados e não antitéticos.

---

[4] P. STRUM, "Brandeis on democracy", University Press of Kansas, (1996).

[5] A análise das diversas posições da doutrina revela-nos uma realidade algo preocupante. Os economistas tendem a dar uma preferência, nos seus estudos, a uma perspectiva empírica de confrontação de tipos de modelos (concorrência perfeita, concorrência imperfeita, teoria dos jogos, etc.), que por vezes se resume a isso mesmo, e não a uma verdadeira análise da estrutura óptima de um determinado mercado, no caso concreto o mercado bancário. Nestes termos, a questão a colocar é a de se saber qual a estrutura óptima do mercado bancário, tendo em consideração a sua organização natural, e não a de se indagar qual o modelo preferível tendo em consideração um modelo teórico delimitado *ex ante,* tentando posteriormente adaptar--se a realidade concreta ao modelo teórico delimitado, com as inevitáveis ineficiências e imprecisões.

[6] No acórdão *Suiker Unie*, de 16 de Dezembro de 1975, (Colectânea, 1975, págs. 1663 e ss.), refere-se mesmo que: *"la conception inhérent aux dispositions du traité relatives à la concurrence (é aquela) selon laquelle tout opérateur économique doit déterminer de manière autonome la politique qu´il doit suivre sur le Marché commun, y compris le choix des destinataires de ses offres et de ses ventes".*

Não se concluirá esta introdução sem acentuar, uma vez mais, uma questão essencial de enquadramento: o sistema financeiro e bancário comporta uma dimensão de bem público pelas funções fundamentais que assume na economia, nomeadamente na recolha de fundos, na sua aplicação e respectiva supervisão de aplicação. A estas funções tradicionais, acrescentam-se as funções decorrentes da instituição de sistemas de pagamentos, de intermediação e de consultoria. É em todas estas áreas que se efectuará a investigação.

DELIMITAÇÃO DO OBJECTO

1. PRÉVIO

A utilidade das instituições bancárias é incontestável na nossa sociedade, tal como o era historicamente. Mesmo nas sociedades economicamente menos evoluídas o papel destas entidades é fundamental para o funcionamento eficiente da sociedade sustentando em si mesmas uma utilidade pública evidente.

A actividade bancária só fez, e só fará sentido, se tolerada e apoiada pelo poder do Estado [7]. Por estas razões, às quais acrescem vectores psicológicos individuais e colectivos baseados na relação

---

[7] Na civilização suméria, os templos, além do culto aos deuses, desempenhavam funções bancárias, podendo verificar-se uma ligação da actividade, não só ao poder temporal, mas também ao poder espiritual. Esta manifestação observa-se ao longo do devir histórico, embora, por vezes, em sentidos diverso. Cfr. P. SOARES MARTINEZ, "Economia Política", 6.ª ed., Almedina, Coimbra, (1996), págs. 668 e ss.; RAYMOND FARHAT, "Le Droit bancaire", Collection Beryte, Beirute, (1995), págs. 18-20.

Poderão distinguir-se diversos graus de evolução no relacionamento Estado/Instituições Bancárias. Numa primeira fase, o Estado tolerou o aparecimento das instituições bancárias. Estas instituições tornaram-se altamente lucrativas, obrigando a que o poder público contivesse as suas margens, ou as substituísse nas suas funções. Historicamente, poderemos vislumbrar indícios deste relacionamento na proibição da usura medieval e em outras limitações de classe.

Num segundo momento, o Estado toma a direcção da actividade bancária mas delega os poderes de execução a estabelecimentos bancários que exerciam as suas funções autonomamente.

Numa terceira fase, o Estado torna-se, ele próprio, banqueiro, dirigindo a actividade bancária propriamente dita. Esta situação foi rapidamente julgada como abusiva

fiduciária imanente à relação Banco/Cliente, o sector bancário não poderá ser considerado como um sector da actividade económica similar aos demais.

Mas, uma primeira dificuldade se levanta. Qual é o conteúdo prototípico de uma instituição bancária? De certo que, em termos institucionais, é uma empresa, mas qual o seu objecto típico?

Em termos clássicos, o Banco [8] seria a empresa cujo objectivo é a captação de recursos, isto é, de dinheiro, recebido de terceiros, e a aplicação dos recursos captados e de recursos próprios através de empréstimos. A esta actividade típica e nuclear da actividade, que ainda hoje se mantém, vieram adicionar-se, sucessivamente, novas funções, relacionadas com o recente enquadramento financeiro e com a guarda de valores.

Durante muitos séculos, a função prototípica não levantou dúvidas. Aproveitando os termos de ATHAÍDE e BRANCO [9], *"em qualquer parte do mundo, ainda há meio século, (e até há menos tempo) era isto o que um banco fazia: recebia depósitos à ordem e a prazo. Descontava o papel dos comerciantes. Fazia crédito a médio e a longo prazo, por vezes com garantia hipotecária. Prestava fianças. Fazia cobranças e pagamentos por conta de terceiros. Cambiava moeda estrangeira. Comprava e vendia por conta e ordem dos seus clientes, ou por conta própria, acções e outros valores em Bolsas e mercados afins. Custodiava valores. Alugava cofres... Os Bancos eram, em suma, as empresas que exerciam na economia e na sociedade todas as funções relacionadas com o crédito e a intermediação do dinheiro dos «papéis» que o representavam".*

Todavia, com a crescente globalização dos mercados, cujo motor é, sem dúvida, o mercado financeiro, as funções típicas originárias

---

e excessiva, uma vez que o Estado concorria directamente com a banca, substituindo-se, diversas vezes, a ela.

A quarta fase de evolução caracteriza-se por algum intervencionismo por parte do Estado nas instituições bancárias, no exercício da sua actividade de ordenação económica, incidente nas regras de escopo prudencial ou na supervisão das actividades.

[8] Cfr. PAULO PITTA E CUNHA, "Banco" *in* Polis, Enciclopédia Verbo da Sociedade e do Estado, Vol. 1, Verbo, Lisboa/São Paulo, (1983).

[9] AUGUSTO DE ATHAÍDE E LUÍS BRANCO, "Operações Bancárias", *in* Direito das Empresas, INA, (1994), págs. 285-339.

dos bancos tornaram-se, sucessivamente, mais complexas e em maior número. Assim, o princípio da simplicidade, que regia as operações, foi-se postergando, e a vida financeira desdobrou-se num número crescente de operações, mais sofisticadas do ponto de vista técnico.

Este estado de coisas originou duas tendências: em alguns países os bancos continuaram a ser praticamente os únicos agentes intermediários do mercado monetário, financeiro e de capitais, conservando integralmente as antigas funções, embora ampliadas e inovadas; em outros, por seu turno, foram perdendo certas funções, que passaram a ser exercidas por tipos diversos de entidades, denominadas genericamente como sociedades financeiras.

Nestes termos, a delimitação do objecto obriga a uma reflexão bipolarizada: uma reflexão operacional e uma reflexão institucional.

A primeira reflexão fundar-se-à nos aspectos atinentes à constituição, caracterização e normas de funcionamento das instituições, no âmbito do sistema bancário respectivo; a segunda, pelo contrário, basear-se-à nos actos pelos quais as instituições se relacionam, económica e juridicamente, com os outros agentes do mercado.

2. REFLEXÃO OPERACIONAL

Uma reflexão operacional assenta essencialmente na realidade objectiva da actividade bancária. Neste campo, importa efectuar um juízo liminar baseado nas características nucleares de um acto ou negócio jurídico tipicamente bancário. Desta forma, poderão enunciar-se algumas características fundamentais, tais como, a personalização, a normalização, a descorporização e a unilateralidade [10].

Relativamente à primeira característica fundamentante da classificação das operações bancárias apontada - a personalização - ela assenta essencialmente na relação de risco que a envolve, em especial, na concessão de crédito, incluindo-se aqui também as garantias. Este risco não é unilateral, ou seja, não corre simplesmente em

---

[10] A classificação proposta não é senão uma das muitas possíveis. Por exemplo, A. MENEZES CORDEIRO, apresenta a seguinte classificação: desformalização, unilateralidade, rapidez e desmaterialização. Cfr. "Manual de Direito Bancário", Almedina, Coimbra, (1998), págs. 28 e ss.

desfavor do banco. O próprio cliente, quando contrata com um banco, poderá ser afectado pela sua insolvência ou correr o risco de exposição do seu bom nome ou do seu património. Nestes termos, os actos bancários envolvem um grande clima de confiança mútua, sendo realizados *"intuitu personae"*, onde o princípio da boa fé é essencial [11].

A normalização é uma outra característica básica do sistema. Uma vez que estamos perante uma actividade de massa, a oferta de produtos bancários deverá evoluir segundo modelos uniformes, essenciais para a prossecução da eficiência, eficácia e economicidade na profissão. Esta realidade é tanto mais evidente numa época em que o jogo concorrencial exige uma maior contenção de custos, rapidez e segurança jurídica. Observa-se este fenómeno atentando-se na efervescência dos contratos de adesão, celebrados segundo fórmulas previamente fixadas, que deixam à clientela simplesmente a liberdade de adesão. Como subprincípio, inserido na normalização, poderá apontar-se o princípio da simplicidade, que visa reduzir as formalidades prejudiciais à normal sequência das operações.

Este princípio é, actualmente, potenciado pelo emprego profusivo das novas tecnologias, decorrentes da utilização da informática, da electrónica e das telecomunicações, o que permite a criação de novos produtos financeiros e, concomitantemente, a redução dos custos operacionais da actividade, factor primordial para assegurar a competitividade no novo paradigma competitivo global [12].

O terceiro princípio, a descorporização, é uma decorrência directa do princípio da normalização. Este princípio, juntamente com a informática, permite mais representações desmaterializadas, con-

---

[11] Esta característica é essencial para se entender a classificação, posteriormente proposta, bem como a especialidade da relação intersubjectiva cliente/entidade bancária que tem evidentes reflexos na análise da actividade concorrencial da actividade. Contudo, a personalização caracteriza mais fortemente determinadas operações, como a abertura de crédito, a abertura de conta, a entrega de cartões e de cheques ou a disponibilidade de cofres de aluguer. No entanto, alguns problemas se colocam quando as instituições bancárias aproveitam a relação fiduciária de que gozam para fins restritivos da concorrência.

[12] Também esta característica tem extremas repercussões no direito da concorrência, dado que, muitas vezes, os contratos baseados em cláusulas contratuais gerais exteriorizam verdadeiros contratos coligados restritivos da concorrência.

substanciando-se, esta realidade, no subprincípio da desmaterialização. Por outro lado, os actos bancários surgem, muitas vezes, sem especiais formalidades, concretizando-se normalmente com a simples aposição de uma assinatura, a digitalização de um número pessoal secreto ou a declaração verbal que ateste a sua proveniência e identificação, isto sem falar do contacto directo via computador pessoal. Revela-se, assim, um outro subprincípio, precisamente a desformalização.

Finalmente, resta apontar o princípio da unilateralidade, directamente decorrente dos anteriores. Os actos bancários completam-se, na grande maioria das ocasiões, apenas por simples cartas ou ordens via computador, dispensando-se as clássicas propostas e a aceitação, no sentido formal do termo.

Tendo presente esta envolvente dogmática, o Regime Geral das Instituições de Crédito de Sociedades Financeiras (RGICSF), aprovado pelo Decreto-Lei n.º 292/92, de 31 de Dezembro, seguindo de perto o estabelecido no anexo à Segunda Directiva Bancária [13] estabelece que os bancos podem efectuar as seguintes operações:

a) Recepção de depósitos ou outros fundos reembolsáveis [14];

b) Operações de crédito [15], incluindo concessão de garantias [16] e outros compromissos, locação financeira e factoring;

c) Operações de pagamento [17];

---

[13] Segunda Directiva do Conselho, de 15 de Dezembro de 1992, relativa à coordenação das disposições legislativas, regulamentares e administrativas respeitantes ao acesso à actividade das instituições de crédito e ao seu exercício, publicada no JO CE n.º L 386/1, de 30 de Dezembro de 1989.

[14] Cfr. PAULA CAMANHO, "Do Contrato de Depósito Bancário", Almedina, (1998); JOSÉ GABRIEL PINTO COELHO, "Operações de Banco I - Depósito Bancário", Lisboa, (1962).

[15] Cfr. ANTÓNIO MENEZES CORDEIRO, "Concessão de crédito e responsabilidade bancária", *Boletim do Ministério da Justiça*, 357, (1986), págs. 5-66

[16] Cfr. MANUEL CASTELO BRANCO, "A garantia bancária autónoma no âmbito das garantias especiais das obrigações", *Revista da Ordem dos Advogados*, 53, (1993), págs. 61-83; FRANCISCO CORTEZ, "A garantia bancária autónoma - Alguns problemas", *Revista da Ordem dos Advogados*, 52, (1992), págs 513-610;

[17] Cfr. JORGE MIRANDA, "Emissão de cheque sem provisão - Obrigatoriedade de pagamento pelo sacado - Inconstitucionalidade da Lei n.º 30/91, de 20 de Julho", *Revista da Banca*, 20, (1991), págs. 73-85;

d) Emissão e gestão de meios de pagamento, tais como cartões de crédito, cheques de viagem e cartas de crédito [18];

e) Transacções por conta própria ou da clientela, sobre instrumentos do mercado monetário e cambial, instrumentos financeiros a prazo e operações sobre divisas ou sobre taxas de juro e valores mobiliários [19];

f) Participação em emissões e colocações de valores mobiliários e prestação de serviços correlativos;

g) Actuação nos mercados interbancários;

h) Consultoria, guarda, administração e gestão de carteiras de valores mobiliários;

i) Gestão e consultoria em gestão de outros patrimónios;

j) Consultoria das empresas em matérias de estrutura do capital, de estratégia empresarial e de questões conexas, bem como a consultoria e serviços no domínio da fusão e compra de empresas;

l) Operações sobre pedras e metais preciosos;

m) Tomada de participações no capital das sociedades;

n) Comercialização de contratos de seguro;

o) Prestação de informações comerciais;

p) Aluguer de cofres e guarda de valores;

q) Outras operações análogas e que a lei não lhes proíba.

Como primeira precaução, refira-se que os critérios usados para classificar as operações bancárias são numerosos e diversos. Porém, poderão definir-se liminarmente duas ordens de tipologia: uma classificação baseada nos aspectos gerais ou técnicos das operações bancárias e uma classificação baseada nos negócios jurídicos que formalizam as operações [20]. Esta última tipologia não será abordada,

---

[18] Cfr. CARLOS GONÇALVES PEREIRA, "Cartões de Crédito", *Revista da Ordem dos Advogados*, 52, (1992), págs. 355-416; MIGUEL MONTEIRO, "A operação de levantamento automático de numerário", *Revista da Ordem dos Advogados*, 52, (1992), págs. 123-168; MANUEL NOGUEIRA SERENS, "Natureza jurídica e função do cheque", *Revista da Banca*, 18, (1991), págs. 99-131.

[19] Cfr. ANTÓNIO MENEZES CORDEIRO, "Da transmissão em bolsa de acções depositadas" *O Direito*, 121, 1989, págs. 75-90;

[20] Os contratos bancários estão, na generalidade dos ordenamentos jurídicos europeus, submetidos a uma tipologia delimitativa. Não obstante, tendo como base os usos bancários e a tipificação resultante do objecto social das instituições

pois assenta em fundamentos meramente obrigacionistas e comerciais, embora se possa afirmar que a tipologia técnica é muito mais vasta do que a dos negócios jurídicos bancários. Um mero tipo negocial pode formalizar operações substancialmente diversas [21], coexistindo actos meramente unilaterais.

Uma primeira orientação doutrinária reparte as operações bancárias entre operações principais, ou típicas, e operações acessórias, ou atípicas, e no âmbito das operações principais, fracciona entre operações activas e passivas [22].

Como operações principais apontam-se as consideradas típicas da actividade bancária, adoptando-se, assim, uma perspectiva essencialmente histórico-funcional. Seguindo esta orientação, seriam operações principais as ligadas à natureza intrínseca da instituição bancária, e por isso mesmo, principais (ou essenciais). Com a evolução dos sistemas financeiros passou a entender-se que as operações principais ou típicas eram aquelas cuja prática qualifica certa instituição como financeira, ou mais particularmente, como pertencendo a um determinado tipo de instituições financeiras.

No âmbito das operações principais ou típicas especificar-se-iam dois sub-grupos de operações, as operações activas [23] e as operações passivas [24], consoante a instituição se posicionasse, ao praticá-las,

---

bancárias, é possível apontar algumas das figuras típicas. Como ponto de partida legal, poderemos retirar do Código Civil Italiano algumas referências positivadas a este respeito: depósito bancário (artigo 1834.º e ss.); cofres de segurança (artigo 1839.º e ss.); abertura de crédito bancário (artigo 1842.º e ss.); antecipação bancária (artigo 1842.º e ss.); operação bancária em conta corrente (artigo 1852.º e ss.) e desconto bancário (artigo 1858.º e ss.). Sobre esta matéria consultar, por todos, ALDO CECCHERINI e MASSIMO GENGHINI, "I contratti bancari nel Codice Civile", Milão, (1996). Porém, e como já se referiu, existe neste campo uma regra de *numerus apertus* pelo que a doutrina desenvolveu com alguma exaustão esta realidade, numa lógica de suporte aos actos bancários ulteriormente referido.

[21] Cfr. MARIA HELENA BRITO, "Os contratos bancários e a Convenção de Roma de 19 de Junho de 1980 sobre a lei aplicável às obrigações contratuais", *Revista da Banca*, 28, (1993), págs. 75-124.

[22] AUGUSTO DE ATHAÍDE e LUÍS BRANCO, "Operações Bancárias", in Direito das Empresas, INA, (1994), pág. 291.

[23] *V.g.*, concessão de crédito, aquisição de capital social de outras sociedades.

[24] *V.g.*, depósitos bancários, crédito interbancário, emissões de obrigações.

numa situação credora (activa) ou devedora (passiva), relativamente a fundos emprestados ou captados em nome próprio.

As operações acessórias, ou atípicas [25], seriam, por exclusão de partes, as operações não características da actividade financeira e nas quais - prestando essencialmente um serviço - a instituição não se coloca nem em posição credora (empréstimo) nem em posição devedora (captação em nome próprio).

Esta perspectiva, partindo de uma base historicista, peca por excessiva ligação à actividade tradicional da banca. E ainda, inverte a lógica da construção conceptual (ao adaptar a definição ao modelo pré-concebido. Partindo do modelo base que contrapõe o depósito ao crédito, assente no diferente posicionamento da instituição bancária na relação jurídica, adapta toda a realidade restante a esta actividade bipolar, obrigando, em diversas situações, a uma adulteração da teleologia do instrumento pois a sua qualificação será forçada para corresponder a esta bipolarização aprioristica. Esta perspectiva peca, portanto, por excesso de simplificação.

Outra perspectiva [26], susceptível de adopção, não efectua a distinção entre serviços principais e acessórios, o que ultrapassa as críticas anteriormente efectuadas. Baseia-se, simplesmente, no fundamento da operação a efectuar. Desta posição resulta uma classificação nos seguintes termos:

i) operações de depósito: originárias (depósitos à ordem, a prazo, conta corrente, etc.) e derivadas (aceite bancário, aval, fiança, etc.);

ii) operações de crédito, numa lógica de financiamento (abertura de crédito, desconto, abertura de crédito, empréstimo ao consumo, etc);

iii) operações de investimento: financeiras (participações, títulos do tesouro, títulos privados, etc), e estruturais (crédito à habitação, aquisição de imóveis, renovação de instalações, etc);

---

[25] *V.g.*, prestação de garantias, pagamentos e recebimentos por conta de terceiros, cobranças, administração de títulos alheios, aluguer de cofres, emissão e operações afins sobre títulos alheios, cobrança e créditos documentários.

[26] ENRICO GIANFELICI, "Banche e Clienti", 4.ª Ed., 24 Ore libri, Milão, (1993), págs. 33-35.

iv) outros serviços: tradicionais (guarda de títulos e valores, pagamento por conta de terceiros, banca electrónica, pagamento de serviços, etc.) e parabancários (gestão fiduciária de títulos, locação financeira e factoração, auditoria, cartões de crédito e de débito, etc.).

Apesar de se reconhecer o mérito desta orientação, ao não adoptar um critério assente na tradição bancária, ela peca por adoptar uma perspectiva meramente microeconómica, baseada na função do serviço, o que origina algumas disfunções e confusões conceptuais, como se evidencia nos exemplos considerados.

Uma outra aproximação, que se propõe, parte das funções da actividade bancária no tráfego comercial. Adoptando esta perspectiva, utiliza-se como elemento qualificador as diversas funções macroeconómicas das instituições bancárias [27].

Nestes termos, a principal função das instituições bancárias é a actividade de intermediação financeira. As instituições desenvolvem acções de intermediação no mercado do crédito, no mercado dos pagamentos, no mercado dos valores mobiliários e no mercado cambial.

Não se esquecerão, no entanto, as subfunções acessórias relacionadas com a gestão de informação e a gestão do risco. Nesta área, distinguiremos o risco activo, relacionado com as transacções activas e o risco passivo, que fundamenta a simples guarda de bens ou valores.

Partindo desta ideia, assente em princípios estruturantes economicistas, permitir-se-à, numa segunda fase, inserir critérios jurídicos, semelhantes à da primeira orientação descrita. Assim, no campo das operações de intermediação no mercado do crédito, e utilizando os termos tradicionais, poderá classificar-se as operações bancárias em passivas e activas.

As operações de crédito passivas baseiam-se, essencialmente, numa actividade de intermediação alicerçada na gestão do risco em sentido passivo. Por essas razões, as instituições bancárias recebem depósitos ou outros fundos reembolsáveis por parte dos depositantes. O risco existente neste tipo de operações é quase nulo, ficando a instituição numa posição devedora face ao depositante.

---

[27] Num sentido próximo JOSÉ MARIA PIRES, "Direito Bancário", 1.º Vol., Rei dos Livros, Lisboa, (1994), pág. 25.

As operações de crédito activas consubstanciam-se, por seu lado, numa actividade de intermediação, onde a instituição tem uma posição credora, baseada numa gestão do risco em sentido activo, directo, ou derivado. Nestes termos, qualificam-se dois sub-tipos de actividades:

i) as operações de empréstimo, onde a gestão do risco é directa, e neste caso, poderão enunciar-se as operações de abertura de crédito, os mútuos, os descontos e a facturação;

ii) as operações derivadas, onde a gestão do risco é derivada, firmando-se na garantia, e, neste caso poderão enunciar-se a fiança bancária, o aceite bancário, o aval bancário, a garantia bancária, ou quaisquer outros compromissos análogos.

Numa segunda ordem de funções, assentes na actividade de intermediação no mercado dos meios de pagamento, distinguem-se os instrumentos simples (cheques, ordens de transferência, etc.) dos cartões (de levantamento, de garantia, de pagamento, de crédito).

Em terceiro lugar, deverão referir-se as operações cambiais.

E, finalmente, em quarto lugar, as operações sobre títulos, cada vez mais importantes, e que após o advento da União Económica e Monetária ultrapassarão, certamente, em importância relativa, as operações cambiais, ainda mais tendo em consideração as actuais tendências de desintermediação. Assim, neste campo particular, poderão enunciar-se a emissão e colocação bem como a compra e venda de títulos transaccionáveis.

No âmbito das operações de intermediação poderá criar-se uma categoria residual onde se deverão inserir as operações de locação financeira e as operações sobre pedras e metais preciosos que assentam em pressupostos materiais.

Finalmente, encontra-se uma categoria baseada não numa lógica de intermediação mas, essencialmente, na gestão da informação e do risco passivo. Nestes termos, no âmbito da actividade de gestão de informação poderá apontar-se a actividade de consultoria, a gestão e a administração de títulos, a prestação de informações comerciais. Numa lógica de gestão do risco passivo citar-se-à a locação de cofres e a guarda de valores.

As virtudes de uma classificação desta natureza radica na sua mobilidade: fundando-se em critérios mistos, de natureza financeira, económica e jurídica, facilmente se adapta à realidade bancária, em permanente evolução.

Refira-se, no entanto, que são possíveis outras figuras, bem como composições variadas, quer em regime de sindicato, numa perspectiva subjectiva, quer numa perspectiva objectiva, em actos ou contratos compósitos. Por outro lado, surgem, por vezes, incluídos nesta problemática figuras comerciais típicas, tais como os títulos de crédito.

No entanto, a inovação, no campo da actividade bancária, é cada vez mais lenta, pelo que as figuras alegadamente inovadoras, são, sucessivamente, mais similares ao núcleo prototípico da actividade. Esta observação é útil para a delimitação do objecto do trabalho, permitindo a concentração da análise num pequeno conjunto de actos típicos, ou de figuras bancárias exemplares.

A figura mais exemplar de todas é, sem dúvida, o acto de abertura de conta, que traduz um acordo, entre o banqueiro e o cliente, pelo qual se estabelece, entre ambos, uma relação bancária. Esta relação bancária exterioriza-se nuclearmente no depósito bancário ou no crédito bancário e, decorrentemente, num pequeno espectro de prestação de serviços, como a convenção para o uso de cheques, o acesso a cartões de pagamento e de crédito, e outras facilidades secundárias, como a locação de cofres.

Não poderão ignorar-se outros actos, com crescente utilização e relevo na actividade, devido ao movimento de desintermediação [28] e de titularização [29]. Adquirem importância fundamental as operações

---

[28] O fenómeno da desintermediação iniciou-se quando os agentes económicos públicos e privados começaram a financiar-se directamente junto do público mediante a emissão de valores mobiliários destinados a ser adquiridos por outros agentes económicos dotados com meios de financiamento disponíveis. Por consequência, este acesso directo ao mercado de financiamento prejudica a função clássica de intermediação financeira desempenhada pelos bancos. No entanto, as instituições bancárias cedo tiveram a percepção deste fenómeno e adaptaram-se a ele, passando a orientar a sua actividade para a montagem das operações e para a criação de produtos financeiros inovadores e adequados às necessidades dos seus clientes.

[29] A desintermediação e a desregulação abriram caminho ao fenómeno da titularização, que consiste na emissão de títulos negociáveis representativos de créditos realizados sem recurso à intermediação financeira tradicional, traduzida na

nos mercados mobiliários, que não sendo monopólio das actividades bancárias ganham hoje um peso determinante na sua actividade.

Serão estes actos, essencialmente, a guiar a nossa análise pelo universo concorrencial do mercado bancário, sem nunca esquecer, obviamente, a especial relação fiduciária subjacente ao acto de abertura de conta e à sua manutenção no tempo.

3. REFLEXÃO INSTITUCIONAL

Optou-se por situar a reflexão institucional [30] num momento posterior à reflexão operacional dado que o fundamento delimitativo básico, como se verá de seguida, na qualificação das instituições, assenta, precisamente, no conteúdo operacional da instituição. Assim, a Primeira Directiva de Coordenação Bancária [31], que ainda hoje estabelece o regime jurídico comunitário nesta matéria, pressupõe o preenchimento cumulativo de dois requisitos para que uma instituição se possa qualificar como instituição de crédito. É necessário que ela receba do público depósitos ou outros fundos reembolsáveis (operações passivas). A recepção de fundos reembolsáveis abrange os empréstimos em sentido lato, ou seja, a obtenção temporária de fundos em que haja a obrigação de restituição. No entanto, e como âmbito delimitativo conceptual negativo, excluem-se desta actividade os fundos obtidos mediante a emissão de obrigações ou através da emissão de papel comercial, pois, em sentido positivo, todos os

---

recolha de fundos reembolsáveis junto do público e na utilização desses fundos, por conta e risco da instituição bancária, na concessão de crédito. Também, neste campo, as instituições bancárias rapidamente se adaptaram a um novo papel, colocando a sua reputação e experiência na montagem da emissão e na colocação de valores mobiliários.

[30] Cfr. FERNANDO CONCEIÇÃO NUNES, "As instituições de crédito: conceito e tipologia legais, classificação, actividades legalmente permitidas e exclusivas" *Revista da Banca*, 25, (1993), págs. 71-112; IDEM, "Direito Bancário, volume I - Introdução e sistema financeiro/Súmulas das aulas dadas na Faculdade de Direito de Lisboa nos anos lectivos de 1992/93 e 1993/94" AAFDL, Lisboa, 1994.

[31] Directiva n.º 77/780/CEE, publicada no JO CE n.º L 32/30, de 17 de Dezembro de 1977. Todas as directivas adiante citadas foram revogadas, pelo menos formalmente, pela Directiva 2000/12/CE do Parlamento Europeu e do Conselho, de 20 de Março de 2000, publicada no JO CE n.º L 126/1, de 26 de Maio de 2000.

emissores de títulos representativos de empréstimos deveriam ser qualificados como instituições de crédito, tornando a definição inoperacional. Quanto ao segundo requisito, as instituições deverão aplicar esses fundos (v.g. depósitos, certificados de depósito) por conta própria mediante a concessão de crédito (operações activas), não se qualificando como concessão de crédito os empréstimos e os adiantamentos entre uma sociedade e os seus sócios, os empréstimos concedidos pelas empresas aos seus trabalhadores por razões de ordem social, as dilações ou antecipações de pagamentos acordadas nos contratos de aquisição de bens ou serviços e as operações de tesouraria entre sociedades que se encontrem em situação de domínio ou de grupo.

Este outro conteúdo delimitativo negativo justifica-se por as situações abordadas serem meramente acessórias e restritas - logo, não operacionais -, no fornecimento de um conteúdo positivo que permita qualificar a actividade de uma instituição de crédito. Relevante é a referência à aplicação por conta própria dos fundos obtidos do público. É nesta actividade que se consubstancia a intermediação financeira corporizada pela instituição, o que, num sentido delimitativo institucional exclui do conceito, entre outras, as sociedades gestoras de fundos de investimento, as sociedades correctoras e as sociedades gestoras de patrimónios, que se limitam a gerir activos de terceiros [32].

Porém, será necessário aprofundar mais esta reflexão institucional para se chegar a um conceito de instituição bancária no âmbito das instituições de crédito. Para este fim, o legislador comunitário utilizou, mais uma vez, um conceito de natureza funcional, adoptando a figura do *"banco universal"*. Isto significa que uma instituição poderá ser qualificada como bancária se, para além do núcleo da sua actividade típica, descrita anteriormente, puder desenvolver um vasto leque de operações acessórias ou instrumentais.

---

[32] Por seu lado, no conceito de sociedade financeira, justaposto no n.º 6 do artigo 1.º da Segunda Directiva de Coordenação Bancária refere-se, simplesmente uma delimitação negativa, ou seja, que a sociedade não seja uma instituição de crédito; e uma delimitação positiva, isto é, que a actividade principal consista em tomar participações; bem como uma enunciação de possíveis actividades, operada por remissão para o anexo da directiva, na qual não se integra a recepção de depósitos ou outros fundos reembolsáveis.

Apesar de todas as críticas efectuadas no número anterior ao vínculo tradicional da actividade bancária, verifica-se, na delimitação orgânica do conceito, que, novamente, se distingue entre actividades tipicamente bancárias e actividades acessórias e instrumentais. No entanto, isto não significa, ao contrário do que alguma doutrina afirma [33], que se poderá alargar o leque de operações a desempenhar pelos bancos devido à forma enunciativa como estão elencadas as actividades e ao próprio conteúdo, por que não definido, de banca universal. De facto, e como se afirmou anteriormente, deverá delimitar-se as operações nos termos das tarefas desempenhadas pelos bancos, ou seja, intermediação (actividade principal) e gestão da informação e do risco relacionado com a actividade financeira (actividades acessórias ou instrumentais). Se, eventualmente, a actividade cair fora deste elenco tripartido, não poderá classificar-se como bancária, nem em termos acessórios (por exemplo, consulta e planeamento fiscal) [34].

---

[33] Por exemplo, JOSÉ MARIA CALHEIROS, "A integração e o sector bancário" in A União Europeia na Encruzilhada, Almedina, Coimbra, (1996), pág. 215.

[34] O alcance desta opção não se esgota nesta problemática. O passaporte comunitário só é concedido, nos termos do artigo 18.º da Segunda Directiva Bancária, às instituições de crédito, definidas como tal pela Primeira Directiva Bancária, bem como a instituições financeiras assimiladas às instituições de crédito.

O alcance desta licença única poderá ser diverso consoante o Estado-Membro que a concede, e isto ocorre numa situação onde as instituições se encontram em concorrência num mesmo mercado.

A explicação para este estado de coisas, aparentemente superficial, encontra-se na escolha prévia de orientação efectuada nos trabalhos preparatórios da Segunda Directiva Bancária. Assim, ao invés de se tentar produzir uma definição revista de instituição de crédito, tomando em consideração as alterações profundas ocorridas no sector bancário, desde a adopção da Primeira Directiva Bancária de 1977, decidiu-se manter a definição em termos inalterados, limitando-se o artigo 3.º da Segunda Directiva a referir que os Estados-membros deveriam proibir pessoas ou empresas que não sejam instituições de crédito a exercer a título profissional a actividade de recepção do público de depósitos ou outros fundos reembolsáveis. Colmatou-se a lacuna existente na Primeira Directiva quanto a esta matéria, e, numa perspectiva puramente operacional, forneceu-se um anexo de actividades que poderão ser exercidas por uma instituição em qualquer Estado-Membro desde que autorizadas a tal pelo Estado de origem. O anexo de "actividades acordadas" é extremamente abrangente, tendo sido matizado pelo modelo de "banco universal" típico da indústria

Por outro lado, as instituições de crédito, que não constituam a figura típica de banco, apenas poderão exercer as actividades permitidas pelas normas específicas que regem a sua actividade [35].

Esta contraposição não significa que não existam bancos especializados, ou seja, que não exerçam todas as funções permitidas. Se por decisão própria, um banco se especializar em determinadas operações, não deixará de ser qualificado como instituição bancária pois, potencialmente, poderá exercer as outras actividades no momento que o pretender, o que não ocorre com as restantes instituições de crédito que não revistam a natureza de banco.

Após esta clarificação conceptual, delimitamos o nosso objecto como integrando, principalmente, as instituições bancárias, ou seja, a concorrência entre instituições bancárias. Porém, muitas vezes, e por necessidades de clarificação ou integração, serão abrangidas as outras instituições de crédito, ou mesmo as sociedades financeiras numa lógica de contraposição, uma vez que operam em ramos de mercado similares, e integram no seu conteúdo as actividades típicas enunciadas na reflexão anterior como escopo do trabalho. Desta forma, e adiante, as expressões instituição bancária e instituição de crédito serão usadas indiscriminadamente, salvo indicação em contrário, embora, como se verificou, não seja idênticas.

---

bancária alemã, sendo de salientar a inserção, nessa lista, da possibilidade de transacção de todas as formas de títulos mobiliários.

A lista poderá ser actualizada periodicamente através de um procedimento simplificado (artigo 22.º da Segunda Directiva) e que não requer qualquer emenda à Segunda Directiva, o que poderá ser criticável devido ao défice de publicidade que daí resulta numa matéria tão importante como esta. É, todavia, entendimento corrente, decorrente do Conselho que aprovou a Segunda Directiva Bancária, que a Comissão se limitará, a este título, a proceder a ajustamentos técnicos de forma a adaptar a terminologia da lista do anexo aos novos desenvolvimentos na indústria, desde que se limitem às operações características (de novo), e que, em nenhum caso, afectem a definição de instituição de crédito estabelecida no artigo 1.º da Directiva.

[35] Em Portugal, o RGICSF, no seu artigo 3.º, considera como instituições de crédito, além dos bancos, as sociedades de investimento, as sociedade de locação financeira, as sociedades de factoring, as sociedades financeiras para aquisições a crédito, bem como todas outras empresas que exerçam a actividade típica e sejam qualificadas como tal pela lei.

3.1. Distorções na concorrência entre instituições de crédito e instituições financeiras, não qualificáveis como instituições de crédito, que desempenhem as mesmas actividades

Um outro assunto a abordar previamente, respeita às distorções que este regime provoca na concorrência entre instituições de crédito e sociedades financeiras, não qualificáveis como instituições de crédito, que desempenhem as mesmas actividades. Como se afirmou, é condição essencial para a concessão do passaporte comunitário que o seu utilizador seja uma instituição de crédito, no sentido definido na Primeira Directiva Bancária. Porém, as actividades cobertas pelo passaporte não estão limitadas às duas actividades que caracterizam as instituições de crédito. Isto significava que as instituições que desempenhassem uma ou mais actividades constantes no anexo à Segunda Directiva mas que não integrassem o conceito de instituição de crédito não poderão, por si só, beneficiar do passaporte comunitário, nos termos da Segunda Directiva Bancária, o que constituía uma limitação competitiva se estas instituições financeiras, e mesmo instituições seguradoras, pretendessem exercer as suas funções ao nível comunitário em concorrência com as instituições de crédito.

A entrada em vigor da Directiva relativa aos Serviços de Investimento [36] e das Directivas de "Terceira Geração", relativas à actividade seguradora, concedeu soluções semelhantes ao do passaporte comunitário aplicável às instituições de crédito autorizadas [37].

Esta opção, correcta, e até mesmo essencial, do ponto de vista do mercado interno, veio obstar às carências concorrenciais sentidas pelas sociedades de investimento e pelas instituições seguradoras. No entanto, levantou outra contenda, derivada do facto dos requisitos prudenciais exigidos a estas instituições serem menos exigentes dos que os exigidos para as instituições bancárias, distorcendo-se a concorrência, dada a identidade dos produtos oferecidos. Nestes termos, estas situações passaram de uma situação de défice concorrencial para uma situação de privilégio.

---

[36] Directiva 93/22/CEE, de 10 de Maio de 1993 (JO CE n.º L 141/27, de 11 de Junho de 1993)

[37] Cfr., por exemplo, J.N. PEREIRA "Regulação e supervisão dos mercados de valores mobiliários e das empresas de investimento: alguns problemas actuais", Gráfica de Coimbra, (1997).

A company with $11 million in assets lost $80 million in equity, it destroyed $800 million of insured deposits.... This anecdote is tantamount to a news report that a drunken motorist has wiped out the entire city of Pittsburgh

> *Jonathan Gray, analista bancário, escrevendo sobre o colapso da American Diversified Savings & Loan, na Califórnia in "Financial deregulation and the savings and loan crisis" Federal Deposits Insurance Corporation, 1989.*

PARTE I

INTRODUÇÃO GERAL

CAPÍTULO I

LIBERDADE DE ACESSO

1. MERCADO ÚNICO - DA CLAUSURA À LIBERDADE

1.1. Questões iniciais

A integração europeia, com a concretização do mercado único [38], colocou um desafio de enorme envergadura ao sector bancário e financeiro [39], mas esse estádio não é a meta final, perspectivando-se,

---

[38] Cfr. H. GIBSON e E. TSAKALOTOS "European Integration and the Banking Sector in Southern Europe: Competition, Efficiency and Structure"in *BNL Quarterly Review*, n° 186, Setembro (1993), págs. 299-324; C. BLISS e B. MACEDO, eds. "Unity with Diversity in the European Community. The Community Southern Frontier" CEPR/CUP, Cambridge; P. VAN DEN BEMPT, J. V. LOUIS, M. QUINTYN "Integration Financiere et Union Monetaire Europeenne", Economica, Paris, (1991); T. PEETERS "L'integration financière: pourquoi ?" in P. VAN DEN BEMPT, J. V. LOUIS, M. QUINTYN "Integration Financiere et Union Monetaire Europeenne", (1991), págs. 5-10.

[39] Cfr. C. BELHOMME "Ten Years of Innovation in Europe: development of markets and change in financial behaviour" in A. STEINHERR, ed. "The New European Financial MarketPlace", (1991), págs. 105-133; G. MAJNONI "Monetary integration versus financial market integration" in A. STEINHERR, ed. "The New European Financial MarketPlace" (1991), págs. 134-146.

de forma progressiva e inequívoca, um maior grau de integração positiva visando o objectivo da União Económica e Monetária.

Quando, em 1985, a Comissão Europeia publicou o Livro Branco, relativo à concretização do Mercado Único, eram necessárias cerca de vinte medidas legislativas para assegurar o mercado único na área dos serviços financeiros [40]. Actualmente, esse objectivo encontra-se quase concretizado [41] [42].

O Livro Branco é um marco histórico na evolução do direito comunitário nesta matéria [43], representando uma viragem na aproximação dogmática ao tema [44]. A conclusão foi simples: uma harmonização detalhada era praticamente impossível (relembre-se a regra da unanimidade) numa matéria tão técnica e sensível como a dos serviços bancários e financeiros [45]. Pelo exposto, prosseguiu-se numa

---

[40] Cfr. PAOLO CLAROTTI "The Completion of the Internal Financial Market: Current Position and Outlook" in MADS ANDENAS e STEPHEN KENYON-SLADE, eds. EC Market Regulation and Company Law, Londres, Sweet & Maxwell, (1993), págs 1 a 18.

[41] Cfr. W.J. ADAMS, "Singular Europe - Economy and Policy of the European Community After 1992", University of Michigan Press, (1992).

[42] Cfr., na perspectiva institucional, COMISSÃO EUROPEIA, "Assessment of the implementation of Community law regarding the intemal market", *European Economy*, n.º 55, (1993); COMISSÃO EUROPEIA, "Completing the internal market: White Paper from the Commission to the Council", COM(85) 310 final, Bruxelas, Junho, (1985); COMISSÃO EUROPEIA, "State of Community law conceming the internal market", XV/530/95/EN, (1995); COMISSÃO EUROPEIA, "The Economics of 1992", *European Economy*, n.º 35, Março (1988).

[43] Cfr. LEON BRITTAN, "European competition policy: keeping the playing field level", CEPS, 1992; R. CAMMAL, J. GUAL e X. VIVES, "Competition in Banking", in Dermine (ed.), European Banking in the 1990s, Oxford, Blackwell, (1990), págs. 271-321; P. CECCHINI, " The European Challenge - 1992 - The Benefits of a Single Market", Wildwood House, (1988).

[44] Cfr. P. JACQUET, ed. "Europe 1992: Intégration Financière", Masson, Paris (1989); G. FITCHEW "Intégration financière: Le programme de la Comission" in P. JACQUET, ed. "Europe 1992: Intégration Financière" (1989), págs. 23-31; X. VIVES, "Regulatory reform in European banking", *European Economic Review*, 35, (1991), págs. 505-515; H. YWNAWAKI, L. SLEUWAEGEN e L.W. WEISS, "Industry Competition and the Formation of the European Common Market", *Concentration and Price*, MIT Press, (1989), págs.112-43.

[45] Cfr. H.A. BENINK, "Financial Integration in Europe", Dordrecht, Kluwer Academic Publishers, (1993); J.P. ABRAHAM e F. LIENNAN, "European banking strategies in the nineties: A supply side approach", *IEF Research Papers*, n.º 91/8, (1991).

via diferenciada, e simultaneamente mais simples. Precisamente, a via da harmonização mínima, combinada, intrinsecamente, com o princípio do reconhecimento mútuo e com o princípio do controlo pelo país de origem [46].

Pelo exposto, linha de orientação assumida não foi a da coordenação total, mas a via da confiança mútua [47].

Os dois pilares fundamentais deste mercado são constituídos pela Directiva relativa à Livre Circulação de Capitais [48] e pela Segunda Directiva de Coordenação Bancária [49]. Esta Segunda Directiva representa um enorme passo em frente no movimento de integração, quebrando radicalmente com a tradição. Instituiu, pela primeira vez, na área dos serviços financeiros, o sistema do passaporte único e da autorização pelo país da origem, combinação que forma a base do paradigma de liberdade.

Para alcançar este resultado foi necessário um árduo trabalho prévio. As entidades supervisoras do país de acolhimento, num sistema desta índole, têm de confiar nas normas prudenciais que a

---

[46] Cfr. U. IMMENGA "La creazione di un mercato bancario europeo" in L. UBERTAZZI, ed. "La concorrenza bancaria" in *Il Diritto della Banca e Della Borsa*, Milão, (1985), págs. 3-20.

[47] Para o incremento desta confiança mútua não se poderá negar o papel fundamental do Comité Consultivo Bancário, do Grupo de Contacto das Autoridades Centrais Nacionais, do Comité Técnico de Interpretação das Directivas Comunitárias, e num campo mais alargado, do Comité de Basileia, verdadeiro motor da moderna legislação bancária. Não se deverá esquecer, também, a cooperação bilateral. Cfr., JOSÉ MARIA CALHEIROS "O Sector Bancário e a CEE", AAFDL, Lisboa, 1993; MARC DASSESSE "EC Banking Law", 2.ª Edição, Lloyd's of London Press, Ltd, Londres, (1994); J. DERMINE ed."European Banking in the 1990s" Basil Blackwell, Oxford (1990); A. BORGES "Portuguese Banking in the single european market" in J. DERMINE ed."European Banking in the 1990s" (1990);

[48] Directiva n.º 88/361, do Conselho, de 24 de Junho de 1988, publicada no JO CE n.º L 178/5, de 8 de Agosto de 1988 e que entrou em vigor no dia 1 de Julho de 1990.

[49] Cfr., F. BRUNI "Banking and Financial reregulation towards 1992: The Italian case" in J. DERMINE ed."European Banking in the 1990s" (1990); J. ROCHÈRE "Regles Commautaires relatives à la création d'un espace financier européen" in P. VAN DEN BEMPT, J. V. LOUIS, M. QUINTYN "Integration Financiere et Union Monetaire Europeenne", (1991), págs. 11-39; ALBERTO GIOVANNINI E C. MAYER, eds. "European Financial Integration", CEPR IMI, Cambridge (1991).

entidade supervisora de origem aplica a essa instituição como condição para atribuição do passaporte.

Essa liberdade é, no entanto, condicionada dado que qualquer instituição de crédito estabelecida num Estado-Membro da Comunidade deverá satisfazer determinadas exigências antes de lhe ser atribuída a possibilidade de usufruir dessa vantagem.

Estas condições variam entre a imposição de um capital mínimo e as exigências de idoneidade dos directores. No espaço intermédio, existem disposições comuns reguladoras dos fundos próprios e do rácio de solvabilidade, entre outros factores de natureza técnica.

O princípio do controlo pelo país de origem constituiu uma alteração radical das "regras de jogo", pelo que a cooperação entre as entidades supervisoras dos Estados-membros, que já era importante, se tornou fundamental. As entidades supervisoras têm a obrigação de se consultar mutuamente, embora anteriormente essa prática já fosse normal. No entanto, a supressão do sigilo bancário na prestação de informações entre entidades supervisoras constituiu um importante ponto de viragem [50].

1.2. Evolução Legislativa

Sendo, tradicionalmente, um dos sectores mais regulados da economia, a harmonização [51] do sector bancário a nível europeu colocou problemas de dimensão considerável, quer do ponto de vista jurídico quer do ponto de vista político. A especial posição das instituições bancárias era enfatizada pela versão originária do n.º 2 do artigo 57.º do Tratado, segundo o qual as directivas com o objectivo de harmonização das regras nacionais respeitantes à

---

[50] Cfr. ROSA-MARIA GELPI "Europe 1992: La stratégie des banques" in P. JACQUET, ed. "Europe 1992: Intégration Financière" (1989), págs. 88-100; M. GASIOREK, A. SMITH e A. J. VENABLES, "Completing the Internal Market in the EC: Factor Demands and Comparative Advantage", in *European Integration: Trade and Industry*, L.A. Winters and A.J. Venables (eds.), Cambridge University Press, (1991).

[51] Sobre a distinção entre coordenação, harmonização e aproximação de legislações consultar: JOSÉ CALHEIROS, "O Sector Bancário e a CEE", AAFDL, Lisboa, 1993. pág. 61-66; SÉRGIO DO CABO, "A Integração Económica Comunitária no Sector Segurador", policopiado, (1994), pág. 175-185.

protecção das poupanças, e em particular, à concessão de crédito e ao exercício da profissão bancária requeriam a unanimidade na sua aprovação enquanto que na quase totalidade dos outros casos bastava a aprovação por maioria qualificada.

Como CLAROTTI afirmou [52], o estabelecimento da livre circulação de serviços e da liberdade de estabelecimento no sector bancário não era suficiente para a instituição de um mercado comum no sector bancário. As divergências a nível regulamentar entre os diversos Estados-membros impediam a sua existência.

Nessa altura, o enquadramento regulamentar dentro do qual os bancos nacionais e internacionais operavam tinha poucas semelhanças com o actual. Antes de 1980, o progresso na remoção das barreiras legais ao comércio era limitado, pelo que os bancos e outras instituições de crédito conduziam a sua actividade em ambientes nacionais protegidos e blindados [53]. Os mercados, então, mais liberais eram os do Reino Unido, da Holanda, da Alemanha e da Dinamarca.

---

[52] PAOLO CLAROTTI "Progress and Future Developments of Establishment and Services in the EC in Relation to Banking" *in XXII Journal of Common Market Studies*, 199, 200 (1984).

[53] A versão originária do artigo 52.º do Tratado (hoje artigo 43.º) fixa a regra da não discriminação em função da nacionalidade para o direito de estabelecimento permitindo que os nacionais de um Estado-Membro se estabeleçam em outro Estado--Membro, através de um estabelecimento principal ou secundário. Ou seja, uma agência, uma sucursal ou filial ou qualquer outra forma de representação ou extensão da empresa já constituída em outro Estado-Membro. Conforme o disposto no n.º 3 do artigo 1.º da Segunda Directiva, a sucursal não tem personalidade jurídica, sendo um mero centro de exploração que constitui uma parte de uma instituição de crédito e que efectua as operações inerentes à actividade da instituição de crédito. A mesma fonte legislativa, relativamente ao conceito de filial, remete para a Directiva 83/349, de 18 de Julho de 1983, (JO CE n.º L 193/1, de 18 de Julho de 1983), que não fornecendo um conceito expresso de filial, estabelece os termos de controlo necessário para essa qualificação. Assim, se uma determinada empresa detem a maioria dos direitos de voto na assembleia geral da outra sociedade, ou tem a possibilidade de nomear e exonerar a maioria dos membros dos órgãos de direcção e fiscalização de outra empresa, ou ainda, se tem a possibilidade de exercer uma influência dominante sobre uma outra empresa, então esta última poderá ser considerada sua filial. Esta distinção não é meramente académica: no âmbito da actividade bancária os estabelecimentos secundários ocupam um lugar da maior importância, sendo as sucursais a base da estratégia de integração bancária justaposta na Segunda Directiva. Este aspecto é coerente com a natureza jurídica das duas realidades: as filiais são sociedades

A Directiva 73/183, de 28 de Junho de 1973 [54], suprimiu as restrições ao direito de estabelecimento e à livre prestação de serviços

---

constituídas segundo a lei do país em que se vão estabelecer, gozando de personalidade jurídica própria. De referir, ainda, que o reconhecimento pelo Tribunal de Justiça, do efeito directo do artigo 52.º (acórdão *Reyners vs. Estado Belga*, processo 2/74, de 21 de Abril de 1974, Colectânea (1974), pág. 631 e ss.) a partir do final do período de transição, retirou interesse às iniciativas comunitárias similares à Directiva 73/183, do Conselho, de 16 de Julho de 1973 (JO CE n.º L 194/135, de 16 de Julho de 1973). Neste sentido, JOSÉ CALHEIROS, "O Sector Bancário e a CEE", AAFDL, Lisboa, (1993), pág. 33-37 e J. WOUTERS, "Conflict of Laws and the Single Market for Financial Services", policopiado, Universidade de Maastricht e de Antuérpia, (1997), págs. 5 e ss..

A livre prestação de serviços, decorrente dos artigos 59.º e 60.º do Tratado original (hoje 49.º e 50.º), assume, de igual forma, um papel fundamental na actividade bancária. Esta baseia-se, essencialmente, na prestação de serviços bancários, que integram, na sua grande maioria, o conceito geral, se prestados em termos transfronteiriços (acórdão *Societé Génerale Alsacienne de Banque SA vs. Koestler*, processo n.º 15/78, Colectânea (1978), pág. 1971). A grande maioria dos serviços bancários englobam o conceito de "serviços" no sentido estabelecido pelo Tratado, uma vez que são efectuados, de forma directa ou indirecta, em contrapartida de um preço ou comissão, (acórdão *Bélgica vs. Humbel*, processo n.º 262/86, Colectânea (1986), págs. 5365 a 5388).

Nesta sede, o acórdão *Van Binsbergen vs. Bestuur van de Bedrijjsvereniging voor de Metaalnijverheid* (acórdão de 12 de Dezembro de 1974, processo n.º 33/74, Colectânea (1974), págs, 1299 e ss.), reconheceu que o artigo 59.º impunha uma obrigação clara e incondicional, pelo que poderia ser invocado directamente nos tribunais nacionais. Sobre a problemática decorrente da teoria da acumulação a propósito do exercício simultâneo do direito de estabelecimento e da liberdade de prestação de serviços, cfr. JOSÉ CALHEIROS, citado, págs. 40 e ss..

Alguns problemas são suscitados nesta sede. Assim, se o prestador de serviços exercer a título temporário a sua actividade no Estado onde a prestação é realizada, tal consistirá numa prestação de serviços. Nesse sentido SÉRGIO DO CABO, "A Integração Económica Comunitária no Sector Segurador", policopiado.

Por outro lado, a existência de uma contraprestação não é condição necessária para a qualificação como prestação de serviços. Assim, se um cliente instruir o seu banco, situado no mesmo Estado-Membro, no sentido da prestação de uma garantia a um beneficiário situado em outro Estado-Membro, estaremos perante uma prestação de serviços transfronteiriça mesmo sendo o cliente quem paga a comissão e não o beneficiário. Nesta situação deverão ser distinguidos dois serviços, um fornecido pelo banco ao seu cliente, e o outro fornecido pelo banco ao beneficiário da garantia.

Este elemento poderá colocar em perigo o critério tradicional de distinção entre livre prestação de serviços e livre circulação de capitais fundado no objecto da prestação, que se baseava na sinalagmaticidade da relação para justificar a contrapres-

em matéria de actividades não assalariadas dos bancos e outras instituições financeiras. Com a adopção dos acórdãos *Reyners* e *Van Binsbergen* pelo Tribunal de Justiça, tornou-se supérflua, devido ao reconhecimento do efeito directo dos artigos do Tratado referentes à liberdade de estabelecimento e de prestação de serviços, tendo mesmo sido derrogada na matéria relativa à exclusão de alguns agentes financeiros. Todavia, mantém, ainda hoje, alguma utilidade, nomeadamente nas disposições respeitantes à determinação conceptual da figura de "banco", "banqueiro" ou "banco de poupança".

A Primeira Directiva Bancária, de 12 de Dezembro de 1977, relativa à coordenação das leis, regulamentos e outros dispositivos normativos administrativos ordenadores do comércio e das instituições bancárias consagrou as linhas de orientação comuns no campo da actividade de supervisão exercida pelas autoridades dos diversos Estados-membros. Tal como se refere no preâmbulo, esta directiva não foi mais do que um primeiro passo no processo de coordenação [55].

Durante bastante tempo, ou seja, até à adopção da Segunda Directiva de Coordenação Bancária, de 15 de Dezembro de 1989, a Primeira Directiva Bancária foi a única base para a expansão das actividades bancárias através da Comunidade, permitindo aos bancos exercer a sua liberdade de estabelecimento no território da Comunidade.

---

tação. Nestes termos, deverá ser utilizado, em nosso entender, um critério finalístico, ou material. A livre circulação de capitais consistirá na aplicação de recursos financeiros em operações transfronteiriças de investimento em bens móveis ou imóveis, ou em títulos no mercado de capitais, entre outras aplicações possíveis não decorrentes de qualquer outra actividade de prestação positiva, pelo que não se confundirá com a livre circulação de meios de pagamento. Um critério já sedimentado para efectuar a distinção poderá decorrer das regras de inscrição das operações de capitais na balança de pagamentos.

[54] JO CE n.º L 194/135, de 16 de Julho de 1973.

[55] Cfr. W. VAN GERVEN E J. WOUTERS, "Free Movement of Financial Services and the European Contracts Conventions" in MADS ANDENAS e STEPHEN KENYON-SLADE, eds. EC Market Regulation and Company Law, Londres, Sweet & Maxwell, (1993), págs 43 a 80; EVA LOMNICKA "The Internal Financial Market and Investiment Services" in MADS ANDENAS e STEPHEN KENYON-SLADE, eds. EC Market Regulation and Company Law, Londres, Sweet & Maxwell, (1993), págs. 81 a 90; P. MENGOZZI "Libera circolazione dei capitali e mercato bancario europeo" in L. UBERTAZZI, ed. "La concorrenza bancaria" in *Il Diritto della Banca e Della Borsa*, Milão, (1985), págs. 117-134.

Os seus objectivos eram os seguintes:

a) afastar a maior parte dos obstáculos à liberdade de estabelecimentos das instituições de crédito;

b) estabelecer padrões comuns para a concessão de licenças bancárias;

c) introduzir o princípio básico de cooperação entre as autoridades supervisoras dos diferentes Estados-membros, criando o Comité Consultivo Bancário.

Contudo, mantiveram-se obstáculos à constituição de um mercado bancário unificado a nível comunitário, corporizados essencialmente na necessidade de autorização múltipla para a instituição de sucursais nos Estados-membros.

A própria Directiva, que demorou doze anos a ser concluída, é tecnicamente imperfeita apresentando, em matérias importantes, um grande número de conceitos vagos e indeterminados. Esta deficiente técnica legislativa resultou, certamente, do elevado número de compromissos necessários para obter a sua concretização. A Comissão, no sentido de potenciar o alcance da Directiva, enunciou uma série de conceitos de alcance difuso de forma a que, na sua tarefa executiva e aplicativa os pudesse concretizar, aumentando gradualmente a sua área de actuação. Porém, os resultados verificados não foram esses, e a Primeira Directiva Bancária teve um papel de relevo, mas não tanto como poderia ter tido no processo de integração bancária [56].

Passo fundamental no sentido da liberdade foi dado pela Segunda Directiva de Coordenação Bancária, de Dezembro de 1989 [57], que

---

[56] Não se concorda totalmente com JOSÉ CALHEIROS, citado, página 74, quando afirma que a Primeira Directiva Bancária teve um papel bastante reduzido no processo de integração bancária. Esta conclusão só poderá ser retirada se forem observados apenas os efeitos directos e imediatos deste diploma legal e se for esquecido o ambiente regulamentar nacional existente, naquela altura, nos diversos Estados--membros. Tendo-se firmado ambiciosos objectivos, os resultados alcançados foram modestos. No entanto, foram os possíveis nas circunstâncias concretas.

O estabelecimento de um procedimento institucionalizado de cooperação a nível das autoridades supervisoras, nomeadamente através da constituição do Comité Consultivo Bancário, permitiu uma troca útil de informações e permitiu a criação de um clima de confiança mútua entre as autoridades supervisoras que veio permitir, posteriormente, a concretização, quase a um só tempo, do Mercado Único nos serviços bancários.

[57] Citada.

visou a remoção das barreiras existentes, estabelecendo o princípio da autorização única, válida em todo o espaço comunitário.

O substrato necessário para alcançar este nível de integração foi igualmente erigido, através da constituição de um princípio de harmonização mínima, aplicável às condições de acesso, ao estabelecimento de um nível mínimo de capital social e à identidade dos accionistas ou associados que detenham uma participação qualificada na instituição. Regulou, ainda, as condições de exercício da actividade, nomeadamente no campo dos fundos próprios, aquisições ou vendas de partes qualificadas, limites à participação das instituições e os campos organizativos, administrativos e contabilísticos.

Tal como JOSÉ CALHEIROS, entende-se que o princípio da harmonização mínima tem, claramente, um papel instrumental. A própria Directiva, nos seus considerandos, afirma que *"a filosofia adoptada consiste na realização da harmonização essencial, necessária e suficiente para obter um reconhecimento mútuo (...)"*.

O processo de harmonização não se finalizou aí. Durante o final da década de 80 e o início da de 90, o sector bancário europeu enveredou por um processo de implementação legislativa de elevadas proporções tendo como objectivo a concretização plena do mercado único.

Apesar das diversas velocidade de implementação e dos padrões díspares é possível destrinçar, claramente, a evolução registada entre os sistemas europeus altamente regulados existentes na década de 80, a fase transitória que se verificou do final de 1990 até 1993, e a fase final de desregulação/ reregulação que ocorreu desde a época de transição até 1994 quando a quase totalidade das directivas europeias no campo bancário tinham sido transpostas para a legislação nacional [58].

De acordo com um questionário efectuado pela Comissão, a Irlanda, Portugal, Grécia e Itália consideraram mais importante este

---

[58] Embora a situação actual seja de díficil qualificação, é vísivel uma tendência de simplificação na regulamentação bancária europeia. No entanto, e até 1999, essa orientação não passou de uma simples pretensão. Por outro lado, verifica-se igualmente tentativas de uniformização regulatória a nível mundial, em termos espaciais, e uma tentativa de integração regulatória das diversas instituições financeiras, a um nível institucional.

processo legislativo do que o incremento da cooperação entre as autoridades supervisoras para a instituição do mercado único, enquanto que o Reino Unido e a Holanda responderam em termos opostos. Esta resposta compreende-se perfeitamente atendendo-se ao nível básico de regulação existente na fase anterior ao início do processo de integração. Por esta via, poderá também verificar-se que o impacto do princípio da harmonização mínima [59] e do reconhecimento mútuo [60] para a integração europeia variará consoante o nível

---

[59] Um problema típico se levanta. É o país de origem que determina o campo de actividade dos estabelecimentos de crédito, logo, os estabelecimentos especializados só poderão exercer nos outros Estados-membros as actividades autorizadas no país de origem. Por outro lado, o Estado-membro de destino não poderá restringir a actividade, prevista na lista anexa, a um banco de outro Estado-membro mesmo que ele o não permita a bancos nacionais. Poderá haver distorções de concorrência se actividades interditas num determinado Estado-membro puderem ser exercidas por um banco de outro Estado-membro sujeito a condicionalismos menos exigentes no país de origem. Este problema será tratado mais adiante neste capítulo.

[60] Verifica-se a preocupação da Comunidade no sentido de assegurar a igualdade de concorrência entre todos os bancos e outras instituições de crédito através da emanação de outras medidas que complementam a Segunda Directiva bancária:
- Regras relativas à fiscalização das instituições de crédito numa base consolidada (Directiva 92/30/CEE, do Conselho, de 6 de Abril de 1992, publicada no JO CE n.º L 110/52, de 28 de Abril de 1992);
- Regras relativas à elaboração e à apresentação das contas anuais e dos documentos contabilísticos (Directiva 86/635/CEE, do Conselho, de 8 de Dezembro de 1986, publicada no JO CE n.º 372/1, de 31 de Dezembro de 1986 e Directiva 89//117/CEE, do Conselho, de 13 de Fevereiro de 1989, publicada no JO CE n.º L 44//40, de 16 de Fevereiro de 1989);
- Regras relativas à harmonização do conceito de fundos próprios (Directiva 89//299/CEE do Conselho de 17 de Abril de 1989 (JO CE n.º L 124/16, de 5 de Maio de 1989) alterada pelas Directivas 91/633/CEE, do Conselho, de 3 de Dezembro de 1991 (JO CE n.º L 339/33, de 11 de Dezembro de 1991) e 92/16/CEE, Conselho, de 16 de Abril 1992 (JO CE n.º L 75/48, de 21 de Março de 1992);
- Regras relativas ao rácio de solvabilidade das instituições de crédito (Directiva 89/647/CEE, do Conselho, de 18 de Dezembro de 1989 (JO CE n.º L 386/14, de 30 de Dezembro de 1989), alterada pelas Directivas 91/31/CEE, da Comissão, (JO CE n.º L 17/20, de 23 de Janeiro de 1991), 94/7/CE, de 15 de Março de 1994 (JO CE n.º L 89/17, de 6 de Abril de 1994), 95/15/CE, de 6 de Março de 1995, (publicada no JO CE n.º L 125/23, de 8 de Junho de 1995 e 95/67/CE); de 15 de Dezembro de 1995, (publicada no JO CE n.º L 314/72, de 18 de Dezembro de 1995).
- Regras relativas à prevenção da utilização dos sistemas bancários para facilitar o branqueamento de capitais (Directiva 91/308/CEE, do Conselho, de 10 de Junho de 1991, publicada no JO CE n.º L 66/1, de 28 de Junho de 1991);

de regulação, quer quantitativo quer qualitativo, presente nos diversos ordenamentos nacionais, não sendo suficiente uma análise restrita ao ordenamento legal comunitário.

No entanto, é necessário destacar a importância da Directiva relativa aos Fundos Próprios e ao Rácio de Solvabilidade para a implementação deste nível de harmonização, que já não poderá ser considerado como mínimo [61], devido ao seu impacto nas organizações bancárias.

Pelo exposto, em todo este longo processo legislativo, assistiu--se a uma progressiva passagem de um estado de "restrição incondicionada" para um estado de "liberdade condicionada" no âmbito do acesso, em sentido lato, ao mercado bancário. O condicionamento desta liberdade é justificável por imperativos sócio-económicos, descritos seguidamente.

- Regras relativas à limitação dos riscos de crédito assumidos pelas instituições de crédito (Recomendação 87/62/CEE, da Comissão, de 22 de Dezembro de 1986 (JO CE n.º L 33/10, de 4 de Fevereiro de 1987) e Directiva 92/121/CEE, do Conselho, de 21 de Dezembro de 1992, publicada no JO CE n.º L 29/1, de 5 de Fevereiro de 1993);
- Regras relativas à fiscalização dos riscos de mercado incorridos pelas instituições de crédito (Directiva 93/6/CEE, do Conselho, de 15 de Março de 1993, publicada no JO CE n.º L 141/1, de 11 de Junho de 1993, e que entrou em vigor no dia 1 de Janeiro de 1996);
- Regras relativas aos sistemas de garantias dos depósitos (Recomendação 87//63/CEE, da Comissão, de 22 de Dezembro de 1986 JO CE n.º L 33/16, 4 de Fevereiro de 1987 e Directiva 94/19/CE, do Parlamento Europeu e do Conselho, de 16 de Maio de 1994, publicada no JO CE n.º L 135/5, de 31 de Maio de 1995);
- Directiva Post-BCCI (Directiva 95/26/CE, publicada no JO CE n.º L 168/7, de 18 de Julho de 1995).

Uma proposta de directiva respectiva à harmonização parcial e o reconhecimento mútuo do saneamento e liquidação das instituições de crédito encontra-se ainda em discussão. Hoje, por todas, veja-se a Directiva 2000/12/CE, de 20 de Março, citada.

[61] Em sentido contrário, JOSÉ CALHEIROS, citado, página 146.

CAPÍTULO II
CONCORRÊNCIA E REGULAÇÃO

1. ENQUADRAMENTO DA ACTIVIDADE BANCÁRIA

1.1. Razão de ordem. Regulação e Concorrência

Este trabalho não tem como objectivo o estudo do enquadramento regulatório da actividade bancária, mas sim os aspectos restritivos da concorrência da mesma. Será importante, então, delimitar conceptualmente as duas áreas que se interligam mutuamente, mas que mantém a sua identidade bem definida, sobretudo porque são áreas com fundamentos tendencialmente contraditórios, ou seja: concorrência--liberdade; regulação-proteccionismo [62].

O objectivo essencial da política de concorrência consiste no assegurar a melhor repartição possível dos recursos económicos, o que seria conseguido através do bom funcionamento do mercado.

No entanto, em determinados sectores económicos, como é o caso do bancário, algumas características particulares impõem formas de regulação pública que limitem ou controlem as opções concorrenciais que seriam tomadas se o mercado fosse totalmente livre. Assim, a regulação [63] poderá definir-se como uma ordenação, determinada por

---

[62] Cfr. M.N. BAILY, "Competition, Regulation, and Efficiency in Service Industries", *Brookings Papers in Microeconomics*, Vol. 2, (1993), págs. 71-59.

[63] Esta definição enquadra-se no conceito anglo-saxónico de "regulation". Adoptando esta conceptologia, partimos de uma regra de liberdade de acesso de iniciativa privada, a que subjaz um mercado concorrencial, mas com limites (sobre

imperativos de funcionamento ineficiente do mercado, em sentido lato, emitida por um organismo específico relativamente a um sector particular de forma a condicionar a liberdade de decisão e organização económica num determinado sentido. Num sistema desta ordem, admite-se a iniciativa privada em regime de mercado condicionando, porém, subordina-se o exercício dessa actividade à observância de normas jurídicas destinadas a salvaguardar o interesse geral, sujeitando as empresas à fiscalização de entidades públicas de controlo [64].

A regulação compreende limitações à liberdade de acesso ao sector e um controlo sobre os serviços prestados, sobre a produção e os investimentos bem como sobre os preços e os lucros. Na acepção adoptada, a regulação não enquadra as regras gerais não específicas de um sector particular, onde se engloba a actividade das autoridades competentes em matéria de concorrência.

A regulação encontra a sua justificação numa multiplicidade de objectivos socio-políticos e de eficiência económica [65], podendo ser

---

a diferença entre limites de acesso e limites de exercício ver SOUSA FRANCO, "Nota sobre o princípio da liberdade económica", *Boletim do Ministério da Justiça*, 355 (1986), págs. 17 e ss.). Esses limites podem traduzir-se na sujeição do acesso à actividade bancária à obtenção de uma autorização, ou no condicionamento do exercício dessa actividade ao respeito de normas prudenciais. Cfr, igualmente, J. NORTON, C. CHENG e I. FLETCHER "International Banking regulation and supervision: Change and Transformation in the 1990s", Graham & Trotman, Londres (1994); L. D. BOOTH, A. RUGMAN, M. LECRAW, J. DONALD, "Internacional Business", McGraw-Hill Internacional Editions, (1985).

Deverá ser referido, por imperativos de rigor, que a noção anglo-saxónica de "regulation" não encontra correspondência nos conceitos que nos parecem mais correctos face à ordem jurídica portuguesa, de ordenação e intervenção económica (v. por todos, SOUSA FRANCO, "Noções de Direito da Economia", Vol. 1, Lisboa, AAFDL, 1982-1983, pág. 295 e ss.). Aquele conceito engloba fenómenos que se enquadram potencialmente nas duas categorias referidas, e iremos utilizá-lo por razões de simplificação da exposição, sem prejuízo, de qualquer consideração pertinente que aconselhe a cisão das realidades, que como já referimos, não são equivalentes.

[64] Cfr. J. NORTON "The European Community Banking Law: A Paradox in Banking Regulation and Supervision - Reflections on the E.C. Second Banking Directive" in J. NORTON, C. CHENG e I. FLETCHER "International Banking regulation and supervision: Change and Transformation in the 1990s", págs. 50-78.

[65] Em tese geral, invocam-se diversas razões em favor da regulação. Em primeiro lugar, em certas situações, particularmente nos casos de monopólio natural, a regulação prossegue objectivos similares aos das normas de concorrência. Em

substituída parcialmente, ou até mesmo totalmente, pelo controlo da concorrência, ou então aplicada paralelamente [66].

Certos aspectos relativos a estruturas ou a resultados de um determinado sector poderão ser regidos por uma regulação especial enquanto outros serão submetidos a regras gerais de concorrência. Em alguns casos, a instância competente em matéria de regulação procurará reforçar os objectivos em sede de concorrência nos limites fixados pelo dispositivo regulamentar, por exemplo, através da política de atribuição de licenças a novos concorrentes.

As acções usualmente exercidas pelas autoridades de controlo de sectores regulamentados no domínio da concorrência incidem sobre as condições de acesso ao mercado, à produção, aos serviços, aos preços, aos lucros e às fusões [67].

1.2. Análise Crítica

Um estudo cuidadoso dos regimes regulatórios revela custos e inconvenientes intrínsecos, mesmo quando se tratam de mercados onde a concorrência não é, de todo, exercida. Apontam-se alguns custos directos decorrentes do exercício de funções de regulação como o retardamento da acção de gestão, a impossibilidade de, por isso, se proceder a baixas de custos, bloqueando a inovação, e o aumento da dificuldade de decisão económica sendo as estimativas de base efectuadas sobre um mercado que não é livre. Existem, igualmente, algumas vantagens, principalmente se estivermos perante um mercado oligopolista onde as distorções na concorrência provocam, entre outras distorções, preços excessivos.

As críticas mais veementes aos regimes de regulação basciam-se nos custos causados pela regulação à sociedade devido à eliminação

---

segundo lugar, nos casos não enquadrados na figura de monopólio natural mas, no entanto, caracterizados por uma estrutura oligopolista rígida, a regulação é indispensável para remediar distorções estruturais e deficiências no plano da eficácia económica, sendo essencial para limitar o poder no mercado de empresas em mercados com poucos concorrentes.

[66] Cfr. J. REVELL "The complementary nature of competition and regulation in the financial sector" in *Revue de la Banque*, nº 1 (1980), págs. 9 e ss.

[67] OCDE "Politique de la concurrence dans secteurs reglementés", Paris, (1989).

da concorrência potencial nas situações em que seria razoável pensar que uma concorrência real poderia ser efectivamente exercida, com ausência da condicionante regulatória. Os custos da regulação, neste caso, adviriam essencialmente da má repartição dos recursos resultante da determinação arbitrária de elementos de grande importância para a estrutura e comportamento dos agentes no mercado [68].

No entanto, não deveremos concluir pelos parágrafos precedentes pela impossibilidade de conciliar as políticas de regulação e as políticas de concorrência. Na realidade, se a política de concorrência e as normas regulatórias diferem nos meios utilizados, esses meios poderão ser complementares na prossecução dos mesmos objectivos de eficácia e utilização dos recursos, devendo antes discutir-se quais os meios mais adequados para fazer face a um tipo determinado de actividade. Na prática, as acções de defesa da concorrência intentadas em diversos países permitem observar a existência de um domínio residual de concorrência mesmo em sectores fortemente regulados. Ao invés, a regulação contribui para a realização de objectivos visados pela concorrência, mas inalcançáveis devido às distorções nos mecanismos de mercado [69].

---

[68] Sobre este aspecto indicamos, genericamente, cinco consequências desfavoráveis dos regimes regulatórios:
- fomento do acréscimo de custos na produção de bens ou na prestação de serviços, impulsionando operações não rentáveis de forma a satisfazer o enquadramento regulatório;
- promoção de transferência da procura de bens e serviços de uma indústria para outras indústrias;
- a fixação de preços inferiores ao custo marginal origina um decréscimo do volume de produção, o que terá custos sociais elevados;
- a regulação poderá criar distorções na concorrência, afectando sectores não regulados nos casos em que ela comporta diferenciação de preços;
- a inovação poderá ser bloqueada se os controlos em matéria de preços e de investimento forem largamente aplicados.

[69] A dosagem exacta dos dois tipos de acção referidos varia, inevitavelmente, entre os ramos da indústria, e de um país para outro, em função de um grande número de condicionantes económicas, sociais e políticas particulares. Nos anos 30, o abandono da política da concorrência efectuou-se em proveito da regulação pelos poderes públicos. Este tipo de política manteve-se no pós-guerra, mas foi posta em causa por alguns países dado que a regulação não correspondia, em certos sectores, ao interesse público. Do exposto, não resultou a aplicação de uma política económica

2. A REGULAÇÃO E A CONCORRÊNCIA NO MERCADO BANCÁRIO

A resolução destes problemas tem sido tradicionalmente obtida pela regulação, que tenta fornecer estabilidade ao sistema de forma a evitar as consequências negativas de pânicos aumentando a eficiência do sistema e protegendo os pequenos investidores e depositantes [70].

Existem dois tipos básicos de regulação, a estrutural e a imposição de regras de conduta. Como exemplos do primeiro tipo poderemos apontar a separação funcional entre instituições [71], a imposição de requisitos mínimos para a entrada no mercado, os seguros de depósitos [72], a existência de um prestador de última instância, entre muitos outros aspectos. Como exemplos de regulação em sede de

---

mais orientada para o mercado. No entanto, é de esperar que a política de concorrência possa ter um papel mais efectivo nos sectores regulados, ou que estes possam ser reformulados através da inclusão de alguns princípios inspirados na concorrência.

Actualmente, é possível estabelecer uma diferença de orientações entre duas grandes tendências no plano legislativo, relativamente à definição das derrogações às leis da concorrência. Em alguns países não se prevê expressamente, ou apenas num número muito reduzidos de casos, isenções totais ou parciais de certos ramos da indústria às leis da concorrência. Em alguns casos, uma disposição geral exclui do campo de aplicação dessas normas as medidas adoptadas no quadro de uma outra lei ou regulação em vigor, ou então excepciona essa situação da submissão à apreciação por parte das autoridades de defesa da concorrência. Esta é a situação da Austrália, da Noruega e da Suíça.

[70] Cfr. I. SWARY e B. TOPF "Global Financial deregulation", Blackwell, Cambridge (1993); M. ONADO "The State of Unification of European Financial and Banking markets on the eve of 1993" in *Annales de l'econnomie publique, sociale et coopérative*, nº 64 (1) (1993), págs. 9-38; P. VAN CAYSEELE "Regulation and Financial Market integration" in A. STEINHERR, ed. "The New European Financial MarketPlace", (1991), págs. 68-77.

[71] Como a separação entre bancos comerciais e de investimento proposta pela lei GLASS-STEAGALL nos Estados Unidos.

[72] A resposta dos Estados Unidos à crise de 1930 foi precisamente a instituição de um sistema de garantia de depósitos denominada FDIC. Na Europa, este tipo de sistemas só apareceu nos finais da década de 1970, embora ainda hoje eles sejam desconhecidos da grande maioria do público, isto talvez devido à percepção de que uma crise bancária será resolvida pela intervenção governamental sendo os contribuintes a pagar por isso e não os depositantes.

regras de conduta encontramos as regras sobre o fornecimento de informações, sobre preços e sobre a taxa de juro, entre outras.

Estas regras terão, em alguns casos, uma eficiência duvidosa, mas, para uma análise correcta da situação é imprescindível considerar a Teoria do Segundo Óptimo. Na grande maioria das ocasiões é impossível a obtenção do Óptimo Paretiano já que a regulação implicará, pelo menos potencialmente, a introdução de novas ineficiências, sendo assim necessária uma prévia análise de custos-benefícios. De facto, a teoria de regulação tradicional não fornece respostas precisas devido à complexidade de análises em sede de bem-estar. Por exemplo, as crises bancárias poderiam ser eliminadas se os bancos fossem objecto de uma regulação estrutural que os obrigasse a investir em obrigações do Tesouro isentas de risco. No entanto, isso aumentaria os custos de intermediação uma vez que estes investimentos seriam a muito longo prazo [73]. Também as acções efectuadas para incrementar a transparência de informação podem tornar os bancos mais vulneráveis a crises decorrentes de informações circunstanciais.

Mesmo a obrigação de uma reserva mínima não será de uma eficiência óbvia, uma vez que obrigará o banco a proceder a empréstimos interbancários a um nível subsidiário, que poderá levar a um desinvestimento nas reservas [74].

A existência de um qualquer mecanismo de garantia de depósitos será igualmente de eficiência duvidosa, ao prevenir o pânico bancário, incentivará os bancos a assumirem riscos demasiado elevados, efectuando investimentos com um acentuado grau de risco, ou a aumentar demasiado a taxa de juro dos depósitos, reduzindo-se ainda o incentivo ao depositante para que este proceda a uma fiscalização do grau de solvabilidade do seu banco [75].

---

[73] Ou seja, iria minimizar-se a função de fornecimento de liquidez ao mercado.

[74] Sobre este assunto, consultar, XAVIER VIVES "Banking competition and European integration" in ALBERTO GIOVANNINI E COLIN MAYER (eds.) "European Financial Integration" Cambridge, (1992), pág. 9-34.

[75] Por isso é que a garantia dos depósitos é sempre parcial e a intervenção do banco central discreta. Não obstante, deveremos ter sempre em atenção as grandes instituições bancárias susceptíveis de criar o "efeito dominó". Neste caso serão sempre necessárias, apesar das suas inevitáveis ineficiências, regras prudenciais, bem como restrições à concentração de títulos.

A regulação da taxa de juro provocará ainda maiores distorções; suprimirá a concorrência nos preços, induzindo os bancos a uma competição assente na qualidade dos serviços e produtos [76].

Outro efeito, colateral da regulação, será a protecção a instituições deficientemente geridas, que inevitavelmente ocorrerá.

Estes efeitos foram justificados com o estudo sobre os Custos da Não-Europa (estudo PRICE-WATERHOUSE), onde se verificou a ocorrência de preços de serviços financeiros acima de níveis competitivos, mantidos por acordos e práticas concertadas restritivas à concorrência - situando-se a disputa simplesmente nas áreas dos produtos e serviços -, existindo, ainda, a prática perigosa de subsídios cruzados entre as instituições bancárias.

3. A DESREGULAÇÃO E A CONCORRÊNCIA NO SECTOR BANCÁRIO

Com a integração do sector bancário e financeiro [77], que teve como instrumentos fundamentais a livre circulação de capitais e a liberdade de estabelecimento, deveria atingir-se um funcionamento óptimo do sistema financeiro comunitário o que, todavia, não ocorreu, visto existirem barreiras económicas ocultas [78].

Certos países acolheram, de forma entusiasta, o princípio da harmonização mínima [79] considerando a liberalização dos mercados um factor essencial para a criação do Espaço Financeiro Europeu. Outros

---

[76] Estas distorções poderão ser examinadas em M. KLEIN "A Theory of the Banking Firm", *Journal of Money, Credit and Banking* nº 3, (1971), pág. 205--218.

[77] Para uma análise histórica do processo de integração bancário europeu consultar J. CALIXTO "O Sistema Bancário Português Face à Criação do Mercado Único Comunitário" *Estudos BFE* nº 28 (1990) págs. 87-131.

[78] Esta situação poderia ser observada através de uma análise às quotas de mercado de bancos estrangeiros nos diferentes mercados nacionais, que variavam substancialmente.

[79] As primeiras reflexões sobre a integração financeira europeia, na década de 70, propuseram uma harmonização total de legislações no sistema financeiro. No entanto, essas posições foram abandonadas em favor da harmonização mínima, cuja

países acolheram com muitas reservas a tentativa de transpor, no domínio dos produtos financeiros, uma regulação similar à aplicável às mercadorias.

---

orientação foi oficializada pelo Livro Branco da Comissão e pelo Acto Único Europeu.

A nível teórico, a integração financeira com estas características coloca questões muito interessantes acerca do papel do governo. Existem duas correntes de pensamento principais.

A Escola do Leviatão, realça a discrepância de objectivos entre os agentes do governo e os cidadãos que representam. O governo tentará maximizar os seus recursos, estabelecendo uma base fiscal o mais alargada possível e uma regulação do capital muito rígida, limitando a escolha dos agentes privados quanto à composição da sua carteira de títulos e restringindo as operações das instituições financeiras. Desta forma, impõe níveis máximos de taxas de juro; regulamenta as transferências de capital para o exterior; canaliza recursos para o seu próprio proveito, reduzindo os custos de financiamento de défice público e diminui a sua taxa de juro para um nível inferior à taxa de inflação. F. HAYEK [na sua obra "Denationalization of Money", The Institute of Economic Affaires, Londres (1976)], analisou o efeito da liberalização neste estado de coisas focando a sua atenção na eliminação do monopólio de emissão de moeda, que iria expôr os governos à concorrência estrangeira, devendo estes fornecer uma moeda pelo menos tão boa como as estrangeiras, tanto em termos de poder de compra como de eficácia dos meios de pagamento.

Esta análise monetária, de competição com base na qualidade da moeda, poderá ser estendida para outra áreas da governação, como a política fiscal (ver BUCHANNAN E BRENNAN "Power to tax") e a regulação. No caso concreto, o governo nacional terá, perante a concorrência internacional, de remover a regulação que coloque as instituições financeiras nacionais numa situação de desvantagem competitiva nos mercados financeiros internacionais, e o resultado desse movimento será a convergência das regulamentações para níveis mínimos, necessários para assegurar a viabilidade dos mercados financeiros. Numa área mais restrita, a do sistema bancário, pode-se afirmar que a prática do passado de determinação rígida das reservas e todas as contingências bancárias efectuadas por uma combinação de normas regulatórias, supervisão prudencial, política monetária e fiscal, teve de ser moderada devido às exigências da concorrência internacional. Este assunto será tratado adiante.

A Teoria da Tributação Óptima, na sua vertente de teoria de governação, afirma, ao contrário da Escola do Leviatão, que os governantes se encontram ao serviço dos cidadãos implementando soluções benéficas a nível social. A regulação e a política fiscal são os instrumentos privilegiados para prosseguir esses objectivos. De forma a beneficiar os seus cidadãos nacionais, a concorrência entre as entidades nacionais criará distorções, conduzindo a uma muito baixa tributação e regulação dos factores

Assim, uma redução da rigidez e do proteccionismo dos mercados fez desaparecer alguns privilégios e aumentou a eficiência do mercado [80]. Permitiu-se uma maior variedade de opções para os depositantes e investidores, e conseguiu-se uma melhor colocação dos recursos financeiros, diminuindo os custos dos serviços. Mas, este panorama não é totalmente favorável, uma concorrência desregrada fará diminuir as margens de lucro das instituições de crédito para níveis pouco compatíveis com os riscos incorridos.

As estratégias seguidas são múltiplas: investimentos internos, principalmente a nível tecnológico, para melhorar a capacidade de gestão interna da instituição e a sua eficiência operacional, bem como uma permanente procura de inovação e actualização de produtos financeiros, e o mais importante, a nível estrutural do mercado, uma enorme política de fusões com outras entidades nacionais ou comunitárias, de maneira a atingir nichos de mercado cada vez mais notórios.

A área de actuação estratégica das instituições bancárias, com o advento do movimento desregulatório [81], modificou-se passando de uma fuga permanente às teias regulamentares para uma concorrência que, devido às características únicas do mercado em análise, nunca será perfeita.

Com a liberalização das taxas de juro, e de outras variáveis de destaque na actividade bancária, a tendência de concentração das instituições de crédito nas zonas de maior procura de recursos financeiros [82]

---

móveis, ou seja, ocorrerão exterioridades entre as entidades nacionais resultantes da falha de contabilização dos efeitos que a sua política causará nos outros países.

A solução para estas exterioridades internacionais será a coordenação das políticas monetárias, fiscais e regulamentares. A escola do Leviatão verá esta coordenação como um acordo entre os governos de forma a explorar os seus cidadãos.

[80] Cfr. E. BALTENSPERGER e J. DERMINE, "Banking deregulation in Europe", *Economic Policy*, April, 1987.

[81] Cfr. J. GUAL e D. NEVEN, "Deregulation of the European Banking Industry", *CEPR Discussion Paper*, n.º 703, Agosto, (1992), republicado in *Market services and European integration*, European Economy/Social Europe, *Reports and Studies*, n. 3, (1993), págs. 151-82; G.G. KAUFMAN e R.C. KONNENDI (eds.), "Deregulating Financial Services: Public Policy in Flux", Cambridge, Mass, Ballinger Publishing Company, (1986).

[82] Não podendo competir nos preços dos produtos as instituições bancárias competiam em termos de qualidade, como por exemplo a proximidade geográfica.

desaparecerá, essa concentração tornará a concorrência nos preços dos produtos severa. As instituições deverão diversificar a sua posição geográfica relaxando a competição de preços [83], pelo menos

---

[83] A longo prazo, como sustentam BAUMOL e WOLFF, (BAUMOL e WOLFF, "Productivity Growth, Convergence, and Welfare: reply" in *American Economic Review*, 1988, Vol 78 (5), págs. 1155-1159) existirá uma tendência para convergência entre os países desenvolvidos. A convergência no sector industrial bancário será definida como a relação inversa entre os níveis de PIB *per capita* do sector industrial bancário num dado ano e as taxas médias de crescimento alcançadas subsequentemente.

Entre os factores que explicam este processo de convergência natural encontram-se:

- Natureza de bem público do progresso tecnológico. Os países atrasados aprendem mais depressa com o *leader* do que o potencial de crescimento deste. Chama-se a este processo *catch-up tecnológico* através do aproveitamento das exterioridades, como bem explanou SCITOVSKY, [TIBOR SCITOVSKY "Two concepts of external economies" in Readings in Welfare Economics, (ed. K. ARROW e T. SCITOVSKY), Londres, 2.ª Ed. (1972), págs. 242-252)].

- As alterações de preferências com o elevar do nível de vida, favorecendo a qualidade de vida e de emprego em relação à quantidade de bens. O mercado interno poderá despoletar o crescimento industrial bancário e a competitividade do sector, tornando-o maior e levando a uma maior exigência de *performance* operacional, consequência da lógica de imitação entre os consumidores que tendencialmente, devido às facilidades de otenção de crédito e à reduzida tradição de poupança, consumirão além das suas posses presentes, ocasionando o efeito acelerador no sector bancário, visível no *boom* do crédito.

- As diferenças entre países nas taxas de crescimento do emprego em relação à sua população *(employment deepening)* e nas taxas de investimento *(capital deepening)*. O *catching-up* tecnológico da produtividade global seria o principal responsável pela convergência verificada na nossa economia no período 1950-1985, com influências fortes do *capital deepening*, segundo a OCDE. Sobre este assunto ver S. DOWRICK e D. NGUYEN, "OECD Comparative Economic Growth 1950-1985: Catch-up and Convergence", in *American Economic Review*, 79 (5), págs. 1010-1030.

A teoria económica não é unânime quanto aos resultados espaciais, em termos industriais, da integração.

Debate-se, em teoria económica, o que ocorrerá num processo de integração, se a divergência, com o centro a atrair o capital da periferia, se a convergência, ou seja a periferia a atrair o capital do centro. Não havendo possibilidade de, no actual estado de coisas, responder com algum grau de certeza a esta questão, afirmaremos simplesmente que se verifica actualmente um afluxo de investimento estrangeiro, o que parece confirmar a tese da convergência. Sobre este assunto, aplicado à indústria portuguesa, poderá consultar-se CARLOS BAPTISTA LOBO "Indústria Portuguesa - Aspectos Estruturais", in Estudos em homenagem ao Professor Doutor Soares Martínez, Almedina, (2000).

na área da banca de retalho. Mas este processo é muito dispendioso e uma forma de o evitar será a aquisição do rival [84].

Uma alternativa potencial à aquisição dos concorrentes será a tentativa de os colocar fora do mercado. No entanto, estas tácticas predatórias poderão lesar o próprio agente provocador, diminuindo o nível de confiança dos depositantes no sistema bancário. Pelo contrário, um banco saudável terá todo o interesse em auxiliar um banco em dificuldades precisamente para evitar as crises de confiança. Se ele falhar nesta tentativa, indiciará aos seus depositantes que o banco não possuirá uma estrutura tão sólida quanto aparenta.

Concluindo, com a efectivação do mercado único, o mercado bancário foi obrigado a introduzir novas técnicas de gestão e a lidar com novas funções. Poderemos afirmar, ainda, que os comportamentos com características de concentração floresceram, ocorrendo uma aproximação intra e intersectorial, com especial incidência na Bolsa e no Sector Segurador [85].

4. O MERCADO ÚNICO NA CONCORRÊNCIA BANCÁRIA

Por vezes é esquecido que o fundamento básico da legislação europeia, que construiu o mercado interno no sector bancário, foi a definição de um *level playing field* onde as instituições comunitárias desenvolvessem a sua actividade livremente e em condições de igualdade de concorrência, sendo o princípio da harmonização mínima e

---

[84] Com o movimento desregulatório nos Estados Unidos aconteceu precisamente isso, ocorrendo concentrações em diversos mercados locais.

[85] A. BUZELAY, "L'industrie bancaire des états membres sous l'impulsion du grand marché" in *Révue du Marché Commun et de l'Union Europeéne*, nº 361, Set/Out 1992, analisou os efeitos do mercado único na actividade bancária:
- efeitos sobre as estruturas de actividade. Devido à introdução de novas técnicas de gestão, de novas funções e de um reequilíbrio na repartição entre bancos especializados e bancos universais, que estudaremos a seguir;
- aproximação intra e intersectorial. Através de fusões ou tomadas de participação no sector bancário, assim como por uma aproximação intersectorial com os Seguros e a Bolsa;
- efeitos decorrentes das economias de escala e de envergadura, pois o grande mercado deverá favorecer uma redução do custo dos serviços bancários.

o princípio do reconhecimento mútuo meros instrumentos deste objectivo.

Uma análise histórica revela-nos um facto curioso. Embora não exista qualquer legislação comunitária relativa à desregulação das taxas de juro, é vital, dada a importância desta matéria, atentar à evolução comunitária no tratamento desta questão, pela sua natureza paradigmática. Uma política de regulação de taxas de juro distorce, em termos bastante sensíveis, a concorrência podendo colocar em causa a harmonização conseguida pela via prudencial. Desde o início da década de 50 que a regulação governamental sobre o sector bancário tem como fundamento, embora nunca se tenha referido a ele expressamente, a distorção da concorrência entre as instituições bancárias. Estas distorções operavam-se basicamente por três vias: a regulamentação das transferências transfronteiriças de capitais [86]; a regulamentação do direito de acesso aos mercados nacionais; e, a regulamentação do mecanismo de preços, *maxime*, das taxas de juro. Todos os Estados-membros regularam as taxas de juro activas e passivas ou toleraram acordos entre bancos que distorciam a concorrência nesta área.

A partir do início da década de 70, a orientação da regulamentação governamental do sector financeiro alterou-se, deixando de assentar, pura e simplesmente, na restrição das forças do mercado e passando a ser orientada pelos sistemas nele fundados. Pelo exposto, a regulação das taxas de juro abandonou-se gradualmente [87]. Todavia, muitos países, mantiveram outras formas de controlo, normalmente baseadas em cartéis formados pelas instituições bancárias nacionais e protegidos pelos governos dos Estados-membros. E, neste campo, nunca nenhum órgão comunitário emitiu qualquer decisão ou comu-

---

[86] De acordo com a OCDE, o primeiro país a liberalizar os movimentos de capitais para o exterior foi a Alemanha, em 1967; seguida do Reino Unido, em 1979; da Holanda, em 1980; da Dinamarca, em 1982; da Itália, em 1983 e da Irlanda em 1985. Os restantes Estados-membros, incluindo Portugal, em 1992, liberalizaram os seus movimentos de capitais somente na década de 90.

[87] O primeiro Estado-Membro a proceder à desregulação das taxas de juro foi o Reino Unido em Outubro de 1979, seguido da Alemanha e da Holanda em 1981 e da Dinamarca em Outubro de 1988. Os restantes Estados-membros, Portugal em Dezembro de 1992, desregularam o seu mercado na década de 90.

nicação que tratasse explicitamente destas distorções, refugiando-se sempre na especificidade do problema.

Pelo referido, será quase impossível delinear um traço divisório entre os períodos de regulação e desregulação a nível comunitário, na matéria das taxas de juro. Em termos indicativos, em meados da década de 80, os mercados da Alemanha, do Reino Unido, da Holanda e da Dinamarca eram, no geral, menos regulados do que os dos restantes Estados-membros da Comunidade, uma vez que eram menos restritivos no controlo das taxas de juro e dos movimentos de capitais. No outro extremo, Portugal, Espanha, Grécia e Bélgica eram, certamente, os mercados mais regulados. O período de 1986-1992 representou uma época de transição regulatória tendo alguns países antecipado a introdução das alterações legislativas necessárias. No início de 1993, tinha já sido construído um novo ambiente regulatório, apesar de se manterem, ainda hoje, algumas barreiras, que deverão ser removidas para a implementação de um mercado único genuíno e credíticio, no sector bancário. É incontestável, claro e evidente, que o processo de desregulação e liberalização foi gradual, embora o padrão e a velocidade de implementação não tenha sido constante. A liberalização das taxas de juro, tal como a construção do mercado único, neste sector de actividade, não foi feita unicamente através da emissão de diplomas legislativos, implicou uma dimensão económica não desprezível, senão mesmo fundamental e, neste campo, a legislação de defesa da concorrência foi essencial. Este aspecto é igualmente esquecido em muitas análises jurídicas do processo de integração o que influencia decisivamente, em termos negativos, os seus resultados. Com efeito, a dimensão económica não deverá ser desprezada caso se pretenda entender convenientemente a dimensão jurídica.

Apesar dos impactos significativos, em grande parte positivos, provenientes da instituição do mercado único nos serviços bancários [88],

---

[88] Cfr. P. MOLYNEUX, D.M. LLOYD-WILLIAMS e J. THOMTON, "European banking - An analysis of competitive conditions", in J. Revell (ed.) *Changing Face of European Banks and Securities Markets*, London, Macmillan, (1994), págs. 3-25; P. MOLYNEUX, D.M. LLOYD-WILLIAMS e J. THOMTON, "Competitive conditions in European Banking", *Journal of Banking and Finance,* Vol.18, 3, (1994), págs. 445-59.

algumas áreas da actividade mantiveram-se estranhamente inalteradas. Uma das explicações possíveis para este fenómeno de inércia consistirá na necessidade de um lapso de tempo para a tomada das decisões estratégicas que aproveitarão então, todos os benefícios decorrentes da abertura dos mercados. Ensaiando-se uma explicação alternativa apura-se que, apesar da introdução dos aspectos essenciais do mercado único, mantêm-se, ainda, algumas barreiras que impedem o aproveitamento total das virtudes do mercado único por parte das instituições bancárias.

CAPÍTULO III

RESTRIÇÕES AO ACESSO AO MERCADO

1. ÂMBITO SUBJECTIVO DE APLICAÇÃO

A Segunda Directiva Bancária [89], de 15 de Dezembro de 1989, como se referiu anteriormente, constitui, a pedra basilar da realização do mercado bancário único, instaurando a regra tríplice sobre a qual é fundado esse mercado (harmonização mínima, reconhecimento mútuo e controlo pelo Estado-Membro de origem). O seu mérito transcende este alcance, servindo esta Directiva de âncora a todas as outras supervenientes, principalmente às respeitantes ao controlo prudencial e às regras contabilísticas. O dia da sua entrada em vigor, 1 de Janeiro de 1993, coincidiu com a data prevista no Livro Branco relativo à concretização do Mercado Interno, e marca, necessariamente, a data do início do mercado bancário único.

Contudo, não se poderá entender o sistema comunitário de acesso à actividade bancário sem se recorrer à Primeira Directiva Bancária, onde se exige uma autorização prévia para o acesso ao mercado. A actividade relativa aos estabelecimentos de crédito está reservada às instituições que obtiverem uma autorização prévia por parte das autoridades competentes. Este é o princípio instituído pelo artigo 3.º da Primeira Directiva Bancária.

Apesar do consenso atingido, então, entre os Estados-Membros relativamente à adopção desta regra, a Primeira Directiva não foi

---

[89] Cit..

muito longe na concretização das condições exigidas para a elegibilidade das instituições. Uma grande liberdade de apreciação foi deixada aos Estados-Membros para fixar as condições de acesso e de exercício. Esse era o tempo onde a implantação de uma sucursal de um estabelecimento de crédito num outro Estado-Membro exigia uma nova autorização por parte da entidade competente do Estado-Membro de acolhimento. As exigências para a concessão da autorização eram similares quer a sucursal pertencesse a uma instituição de crédito comunitária ou a uma instituição de crédito situada num país terceiro. A partir do momento em que se optou pelo reconhecimento mútuo das autorizações, o que é equivalente ao conceito de autorização única ou passaporte comunitário, válido em toda a Comunidade, assegurou-se a cada Estado-Membro que as exigências impostas são aquelas que ele julga satisfatórias, e, por outro lado, uma vez a autorização concedida, o exercício da actividade é efectuado nas condições que o próprio considera, igualmente, satisfatórias.

O reconhecimento mútuo, implica um elevado grau de confiança mútua, tendo como substracto operativo a regra da harmonização mínima.

1.1. Natureza subjectiva

A noção de instituição de crédito está contida no artigo 1.º da Primeira Directiva Bancária. Essa definição compreende dois elementos cumulativos: a recepção de fundos do público e a concessão de crédito; uma instituição que não tenha vocação para realizar estas duas actividades cumulativamente não é qualificável como instituição de crédito no sentido comunitário [90].

---

[90] Em alguns Estados-Membros, como por exemplo em França, adoptaram-se definições mais abrangentes de estabelecimento de crédito, no sentido em que não é exigida a cumulatividade destas duas actividades para que seja atribuida tal qualificação. Esta falta de identidade é uma fonte de dificuldades e de interrogações: por exemplo, será que um estabelecimento de crédito, nos termos do direito francês e não nos termos do direito comunitário, se encontra submetido ao sistema legal comunitário?

A esta questão, as autoridades franceses respondem serem ainda mais exigentes que as autoridades comunitárias, uma vez que exigem às instituições que praticam

1.2. Condições para o Acesso

1.2.1. Capital Inicial

A Primeira Directiva Bancária não desenvolveu, na medida necessária, a harmonização das regras relativas ao capital das instituições de crédito, exigindo simplesmente que os fundos próprios fossem "distintos" e "suficientes". Supervenientemente, a Segunda Directiva Bancária concretizou esses dois conceitos e harmonizou o essencial nesta matéria.

A autorização não será concedida a um estabelecimento de crédito com capital inicial inferior a 5 milhões de euros (artigo 4.º n.º 1), velando as autoridades de supervisão do Estado de origem para que o estabelecimento de crédito em causa disponha, pelo menos, desse montante de capital inicial [91].

---

simplesmente uma das actividades, recepção de fundos ou concessão de crédito, as mesmas exigências aplicáveis às instituições que praticam as duas actividades cumulativamente, ou seja, embora só pratiquem uma das actividades, estas instituições estão submetidas às exigências gerais comunitárias. É pacífico o entendimento de que as autoridades francesas são mais severas que as autoridades comunitárias. No entanto, resta saber qual a reacção de uma outra autoridade nacional de controlo quando uma sucursal de uma instituição de crédito no sentido francês se estabelecer num outro Estado comunitário. Será normal que a entidade que só pratique uma das actividades, mas se encontre sujeita à totalidade das exigências comunitárias, entenda deter um passaporte comunitário.

Na ocasião da elaboração da Segunda Directiva Bancária discutiu-se a oportunidade de modificar a definição comunitária de instituição de crédito, num sentido mais restritivo, exigindo-se mais requisitos, quer num sentido menos restritivo, suprimindo-se a exigência da dupla actividade. O debate teve lugar, mas as autoridades nacionais de controlo manifestaram reservas relativamente a essa modificação. Cfr. P. CLAROTTI, "Un pas décisif vers le marché commun des banques, La deuxième directive de coordination en matière d'établissements de crédit", *Revue du Marché Commun*, (1989), páginas 453 e ss..

[91] Este montante é um limite mínimo, nada impedindo os Estados de exigirem um montante superior, tanto mais que a opção comunitária é criticável por pecar por defeito. Assim, a Bélgica, após a entrada em vigor da Lei de 22 de Março de 1993, fixou o capital inicial mínimo em 250 milhões de Francos Belgas. A França, em virtude do Regulamento do Comité de Regulamentação Bancária n.º 92-14, de 23 de Dezembro de 1992, fixou o montante de 35 milhões de Francos Franceses. Por sua vez, o Luxemburgo, após a entrada em vigor da Lei de 5 de Abril de 1993, fixou o capital inicial mínimo em 350 milhões de Francos Luxemburgueses. Deverá ter-

Todavia, nos termos do artigo 4.º n.º 2, faculta-se aos Estados-membros a concessão de autorização de categorias especiais de instituições de crédito cujo capital inicial seja inferior ao montante acima referido [92].

1.2.2. Estrutura do Capital Inicial

A Primeira Directiva Bancária, no n.º 2 do seu artigo 3.º, estabelecia que as autoridades não concederiam a autorização quando as duas pessoas com direcção efectiva da instituição não possuíssem a honorabilidade ou a experiência necessária para exercer essas funções. A Segunda Directiva vai muito mais longe, prevendo que as autoridades competentes não concedam a uma instituição de crédito a autorização de acesso à actividade antes de obterem a comunicação da identidade dos accionistas ou associados, directos ou indirectos, pessoas singulares ou colectivas, que nela detenham uma participação

---

-se sempre em consideração o princípio do reconhecimento mútuo, pelo que a exigência de um capital inicial superior não poderá ser efectuada a uma instituição detentora de uma autorização num outro Estado-Membro. Estas exigências suplementares serão aplicadas às instituições de crédito nacionais, às filiais de instituições de crédito, independentemente do local de origem da instituição-mãe, uma vez que detém personalidade jurídica autónoma, e às sucursais de instituições de crédito sediadas em países terceiros. Só assim se compreende o artigo 6.º da Segunda Directiva Bancária, onde se estabelece que " a autorização prevista no artigo 4.º da Directiva 77/780/CEE e o capital de dotação deixam de poder ser exigidos pelos Estados-membros de acolhimento no que respeita às sucursais de instituições de crédito autorizadas noutros Estados-membros".

[92] Nesta situação, o capital inicial não deverá ser inferior a 1 milhão de euros, devendo os Estados-membros interessados notificar à Comissão as razões pelas quais fazem uso dessa faculdade. Por outro lado, na publicação da lista referida no n.º 7 do artigo 3.º da Primeira Directiva Bancária, a designação da instituição de crédito em causa deverá ser precedida de uma anotação de que esta não atinge o capital mínimo exigido nos termos gerais. Note-se que esta publicação, que deveria constituir um factor adicional de segurança por incluir todas as instituições de crédito com autorização nos Estados-membros da Comunidade, não tem qualquer vantagem prática uma vez que, sendo de publicação periódica, normalmente anual, não tem uma actualização automática. Discute-se, actualmente, a possibilidade de proceder a uma publicação via *Internet*, o que possibilitaria uma actualização permanente, extraindo-se desta forma conteúdo útil a um procedimento que, no estado actual, é simplesmente burocrático.

qualificada [93] e do montante dessa participação. Assim, "as autoridades competentes deverão recusar a autorização se, atendendo à necessidade de garantir uma gestão sã e prudente da instituição de crédito, não se encontrarem convencidas da adequação dos referidos accionistas ou associados" [94]. Por sua vez, a Directiva denominada post--BCCI, de 29 de Junho de 1995, estende a condição prevista na Primeira Directiva a toda a estrutura do grupo de empresas [95].

As autoridades de controlo deverão não só efectuar uma análise quantitativa relativamente ao montante do capital inicial mas, igualmente, uma análise qualitativa dos titulares dos órgãos de gestão e dos accionistas qualificados. Esta segunda vertente de análise peca por uma extrema subjectividade e, na prática, quando se tratam de accionistas ou gestores estrangeiros, as autoridades limitam-se, simplesmente, a trocar informalmente informações. Nestes termos, esta exigência tem uma função análoga a uma cláusula de salvaguarda.

1.3. Condições de exercício

A Primeira e a Segunda Directivas Bancárias prevêem, como decorrência lógica, a harmonização das condições de exercício da

---

[93] Conforme o disposto no n.º 10 do artigo 1.º da Segunda Directiva Bancária, entende-se por participação qualificada a detenção, numa organização empresarial, de forma directa ou indirecta, de pelo menos 10% do capital ou dos direitos de voto ou que inclua a possibilidade de exercer uma influencia significativa na gestão da empresa em que exista uma participação. Este limite de 10% constitui, tal como todas as condições harmonizadas pelas directivas, uma condição mínima. Assim, os Estados--membros que pretendam exercer um controlo mais restrito das participações poderão fazê-lo. É essa a razão pela qual a França e a Bélgica estabeleceram o limite de 5% para consideração da participação como qualificada. Estas exigências justificam-se pela necessidade de acompanhamento constante da evolução da estrutura do capital, conhecida originariamente no momento da constituição da sociedade.

[94] Artigo 5.º da Segunda Directiva Bancária. Através destas medidas, os Estados-membros deverão velar para que a estrutura do capital accionista não contenha, em génese, fontes de dificuldades, devendo assegurar-se da solidez financeira dos accionistas e da sua aptidão para o fornecimento de capitais próprios, se necessários em caso de dificuldades.

[95] As graves dificuldades do *Bank for Credit and Commerce International* (BCCI), que conduziram, no Verão de 1992, à sua falência, demonstraram a necessidade de análise das estruturas de grupo ao qual pertencem as instituições de crédito, pelo que se tornou necessário alterar as directivas em conformidade.

actividade. Estas condições, na sua esmagadora maioria, não são mais do que prolongamentos das exigências que condicionaram a outorga da autorização para o acesso à actividade. Nesta matéria, os Estados--membros dispõem de mais liberdade de apreciação e de aplicação do que na matéria relativa às condições de acesso.

Não se poderá tratar este aspecto sem referir as regras contabilísticas e prudenciais mínimas, às quais as instituições de crédito se encontram submetidas. Essas condições, que são também de exercício, não serão referidas nesta sede, limitando-se a análise ao prolongamento lógico das condições de acesso à actividade, nomeadamente, os fundos próprios, a estrutura do capital, as tomadas de participações e a estrutura do grupo. A estas condições poderão acrescentar-se três mais: necessidade de inserção num sistema de garantia de depósitos; necessidade de boa organização administrativa e contabilística da instituição; e existência de procedimentos de controlo interno adequados à luta contra o branqueamento de capitais.

1.3.1. A permanência dos fundos próprios

Nos termos do princípio estabelecido no artigo 10.º da Segunda Directiva, *"os fundos próprios não podem tornar-se inferiores ao montante do capital inicial exigido (...) no momento da respectiva autorização"*, montante este que, como já foi referido, é de, pelo menos, 5 milhões de euros.

Esta exigência, de manutenção dos fundos próprios, apela necessariamente a uma definição harmonizada do conceito de "fundos próprios", que está contida na Directiva n.º 89/299/CEE, de 17 de Abril de 1989 [96], alterada pela Directiva n.º 92/16/CEE, de 16 de Março de 1992 [97] [98].

---

[96] JO CE n.º L 124/16, de 5 de Maio de 1989.
[97] JO CE n.º L 75/48, de 21 de Março de 1992.
[98] Estas directivas não podem ser entendidas sem a Directiva n.º 89/647/CEE, de 18 de Dezembro de 1989, relativa a um rácio de solvabilidade das instituições de crédito (JO CE n.º L 386/16, de 30 de Dezembro de 1989). Cfr. Directiva n.º 91/31/CEE, de 19 de Dezembro de 1990, que adapta a definição técnica «bancos

A Directiva relativa aos Fundos Próprios, estrutura os elementos componentes do seguinte modo:

Fundos Próprios Totais:

Fundos Próprios de Base (Tier I)	Art. 2 (1) 1.	+capital realizado
		+prémios de emissão
	Art. 2 (1) 2.	+reservas +resultados transitados +lucros intercalares
	Art. 2 (1) 4.	+fundos para riscos bancários gerais
	a deduzir (Art. 6 (1) (a) e (b)):	
	Art. 2 (1) 9.	- acções próprias
	Art. 2 (1) 10.	- activos incorpóreos
	Art. 2 (1) 11	- resultados negativos do exercício

multilaterais de desenvolvimento» da Directiva n.º 89/647/CEE (JO CE n.º L 17/20, de 23 de Janeiro de 1991). Assim:

Rácio de Solvabilidade ≥ 8% = Fundos Próprios/Elementos do Activo e Extrapatrimoniais ponderados em Função do Risco

A Directiva relativa aos Fundos Próprios que define o conceito uniforme de "Fundos Próprios", deverá ser interpretada conjuntamente com a Directiva relativa ao Rácio de Solvabilidade, que introduz uma supervisão da solvência harmonizada, baseada num rácio mínimo de solvabilidade de 8%. Nestes termos, a Directiva relativa aos Fundos Próprios determina o numerador e a Directiva relativa ao Rácio de Solvabilidade o denominador.

Estas normas foram desenvolvidas paralelamente com o Comité de Basileia relativo à Supervisão Bancária.

De um ponto de vista baseado na supervisão, os capitais próprios têm duas funções essenciais: (1) servirão para absorver perdas que não forem cobertas por um suficiente volume de lucros; e (2), constituem para as autoridades competentes um importante critério para avaliar a solvabilidade da instituição de crédito, bem como para outros fins de supervisão.

Poderão ser identificados alguns princípios básicos qualificadores dos fundos próprios: total disponibilidade; durabilidade; não condicionamento; capacidade de absorção de perdas; capacidade de compensar os devedores em caso de falência.

A sua natureza não é idêntica, devendo fazer-se uma distinção fundamental em função da qualidade dos elementos que compõem os fundos próprios. Desta forma, existirão elementos que compõem os fundos próprios de base (*core capital* ou *tier 1 capital*) e, por outro, os elementos que constituem os fundos próprios complementares (*suplementary capital* ou *tier 2 capital*). Como os elementos que compõem a segunda categoria não têm a mesma qualidade que os que constituem os fundos

Fundos Próprios complementares (Tier 2) (Art. 6 (1) (a)) ≤ 100% dos Fundos Próprios de Base	Boa Qualidade (upper tier 2)	
	Art. 2 (1) 3.	+ reservas de reavaliação
	Art. 2 (1) 5.	+ correcções de valor
	Art. 2 (1) 6.	+ outros elementos na acepção do art. 3. (empréstimos perpétuos, acções preferenciais cumulativas, etc.)
	Baixa Qualidade (lower tier 2) (Art. 6 (1) (b)) ≤ 50% dos Fundos Próprios de Base	
	Art. 2 (1) 7.	+Alguns compromissos
	Art. 2 (1) 8.	+Acções preferenciais remíveis em data certa; empréstimos subordinados

A deduzir (Art. 6 (1) (c)):		
	Art. 2 (1) 12	- participações em outras instituições de crédito/financeiras > 10% do capital
	Art. 2 (1) 13.	- participações em outras instituições de crédito/financeiras ≤ 10% do capital

A noção de Fundos Próprios é mais abrangente que o conceito de capital, incluindo no seu âmbito outras realidades distintas. No entanto, em termos quantitativos, a sua permanência deverá ser pelo menos equivalente ao montante do capital inicial. Esta é uma consequência lógica, tendo em consideração as exigências e a teleologia da autorização. Um estabelecimento de crédito obtém a autorização oferecendo aos seus clientes garantias suficientes de solvência, pelo que fará todo o sentido que, passado um lapso de tempo, ele tenha de oferecer pelo menos as mesmas garantias [99].

---

próprios de base, não se poderão incorporar na totalidade dos fundos próprios num montante superior a 100% dos fundos próprios de base. Além disso, a incorporação de determinados elementos de fundos próprios complementares (*lower tier 2*) deve ficar limitada a 50% dos fundos próprios de base.

[99] Segundo o n.º 5 do artigo 10.º da Segunda Directiva, quando uma diminuição dos fundos próprios é observada, as autoridades competentes têm a faculdade, quando as circunstâncias o justifiquem, de acordar uma moratória para permitir ao estabelecimento de crédito a regularização da sua situação.

Além disto, tendo consciência da necessidade de acordar um regime transitório, o n.º 2 do artigo 10.º da Segunda Directiva refere que os Estados-membros podem

1.3.2. Controlo da Estrutura de Capital

Na concessão da autorização, as autoridades competentes tomam em consideração a estrutura do capital. Fará todo o sentido que, no decurso da actividade da instituição, as mesmas autoridades possam controlar essa estrutura, sob pena de fraude à lei.

O artigo 11.º da Segunda Directiva regula precisamente esta matéria, ao distinguir as aquisições das cessões de participações. No primeiro caso, prevê-se um regime de autorização e, no segundo caso, um simples regime de informação.

A autorização das autoridades competentes é exigida em duas situações: quando qualquer pessoa singular ou colectiva pretenda deter, directa ou indirectamente, uma participação qualificada numa instituição de crédito; e quando as referidas pessoas tenham a inten-

---

decidir que as instituições de crédito existentes no momento do início de aplicação da Directiva e cujos fundos próprios não atinjam os níveis fixados para o capital inicial, possam prosseguir o exercício das suas actividades. Senão existisse esta permissão, estas instituições teriam de encerrar no momento de entrada em vigor da Directiva. Neste caso, os fundos próprios não podem tornar-se inferiores ao montante máximo atingido a partir da data de notificação da Segunda Directiva.

Porém, para evitar aquisições baseadas em intuitos que pretendessem simplesmente aproveitar esta situação favorável, o n.º 3 do artigo 10.º refere que se uma instituição de crédito beneficiária do regime especial acima referido, for adquirida por uma pessoa singular ou colectiva, diferente da que anteriormente controlava a instituição, os fundos próprios, dessa instituição devem, pelo menos, atingir o nível fixado para o capital inicial. Esta disposição, não atribuindo qualquer conteúdo de liberdade aos Estados-Membros, suprime automaticamente, numa situação de tomada de controlo, o regime derrogatório que foi tolerado para as instituições de crédito existentes.

Não obstante, este automatismo, que nos parece plenamente justificado numa primeira apreciação, comporta alguns riscos. Por exemplo, em caso de dificuldades financeiras, um pequeno banco será muito dificilmente socorrido por via de aquisição pelo motivo de que esta operação o faria perder o regime favorável referente aos fundos próprios.

Para evitar este risco, é deixada uma pequena margem de liberdade aos Estados-Membros. Em circunstâncias específicas, e com o consentimento das autoridades nacionais, sempre que ocorrer uma fusão entre duas ou mais instituições de crédito beneficiárias do regime privilegiado, os fundos próprios da instituição resultante da fusão não podem descer a um nível inferior ao do total dos fundos próprios das instituições fundidas à data da fusão, enquanto não tiverem atingido os níveis normais de capital inicial.

ção de aumentar a respectiva participação qualificada de modo tal que a percentagem de direitos de voto ou de partes de capital por elas detidos atinjam ou ultrapassem os limiares de 20%, 33% ou 50% ou que a instituição de crédito se transforme em sua filial [100]. Nestas duas hipóteses, a tomada da participação qualificada e a ultrapassagem dos limiares, as entidades adquirentes deverão informar previamente as autoridades competentes e comunicar o montante dessa participação. As autoridades competentes disporão de um prazo máximo de três meses, a contar da data da informação, para se oporem ao referido projecto se, "atendendo à necessidade de garantir uma gestão séria e prudente da instituição de crédito", não estiverem convencidas da adequação da referida pessoa, singular ou colectiva. Note-se que a harmonização nesta matéria é de conteúdo mínimo, podendo os Estados-membros prever o procedimento em limiares inferiores [101].

Por seu lado, a mera informação das autoridades competentes tem lugar em duas hipóteses precisas: se qualquer pessoa, singular ou colectiva tencionar deixar de deter, directa ou indirectamente, uma participação qualificada numa instituição de crédito; por outro lado, e num sentido paralelo ao referido do parágrafo anterior, se a referida pessoa tiver a intenção de diminuir a respectiva participação qualificada de modo tal que a proporção de direitos de voto ou partes de capital por ela detida desça a um nível inferior aos limiares de 20%, 33% ou 50%, ou que a instituição deixe de ser sua filial [102].

Os Estados-membros têm liberdade de conformação destas normas de carácter mínimo. Assim, em alguns casos (*v.g.* França), também a diminuição das participações necessita de autorização por parte das autoridades competentes, e não apenas de uma mera comunicação.

Para completar o substrato informativo essencial prevê-se, ainda, e cumulativamente, a necessidade das instituições de crédito comunicarem às autoridades, logo que delas tiverem conhecimento, as aquisições ou cessões de participação no capital em consequência das

---

[100] Artigo 11.º n.º 1 da Segunda Directiva Bancária.
[101] Por exemplo, a França e a Bélgica.
[102] Artigo 11.º n.º 3 da Segunda Directiva Bancária.

quais ocorram alterações na sua estrutura accionista, nos valores indicados, devendo, ainda, comunicar, pelo menos uma vez por ano, a identidades dos accionistas ou sócios que possuam participações qualificadas e o montante dessas participações.

Todos estes requisitos se justificam tendo em consideração a especialidade da profissão bancária e o substrato de confiança necessário, embora pequem por permitirem um excesso de discricionaridade às autoridades de controlo e supervisão.

1.3.3. Limites à Detenção de Participações

Numa perspectiva inversa à anterior, encontram-se previstas na legislação comunitária limitações a detenções de participações por parte de instituições de crédito [103].

Basta analisar a estrutura do capital relevante para o cálculo dos fundos próprios para observar a existência de limitações, neste caso indirectas, à participação de instituições de crédito em outras instituições de crédito, pois as participações superiores a uma determinada dimensão terão de ser deduzidas do montante total. Esta situação justifica-se numa tentativa liminar de limitar a contaminação sistémica de todo um sector em caso de crise.

Não são simplesmente estas tomadas de participações que são reguladas nos termos da legislação comunitária. É, assim, necessário indagar as possibilidades das instituições de crédito tomarem livremente participações em organizações industriais ou comerciais [104].

---

[103] Os limites respeitam a cálculos contabilísticos, isto é, a ajustes na fórmula de apuramento do capital de que as instituições de crédito realmente dispõem, não sendo, por isso, limites em sentido próprio.

[104] A interacção entre o sector industrial e o sector bancário é estrategicamente importante. Se o sector bancário se encontrar bem desenvolvido, a expansão e solidificação do sector industrial será facilitada, ocorrendo um rápido aproveitamento das oportunidades, uma protecção contra o risco, havendo possibilidades de definição de estratégias complexas de diversificação e de cooperação.

Também o sector bancário usufruirá de vantagens, tendo acesso directo aos desenvolvimentos tecnológicos e de gestão das empresas a que estão ligados. É, assim, natural que grande parte dos bancos comerciais assuma um papel importante na definição e orientação dos planos estratégicos das suas empresas clientes.

Neste domínio, a harmonização bancária foi extremamente difícil tendo em consideração as diferentes culturas e tradições bancárias [105], por isso mesmo, ela era ainda mais necessária.

O artigo 12.º da Segunda Directiva Bancária tenta delinear uma medida de meio termo entre as situações extremistas existentes. Cada Estado mantém o direito de autorizar, ou não, as participações de instituições de crédito em organizações industriais ou comerciais. A partir dessa autorização, deverão respeitar o duplo limite fixado na Segunda Directiva Bancária.

Este duplo limite é apreciado tendo em consideração os fundos próprios da instituições de crédito, atendendo, por um lado, ao montante da participação individual e, por outro, ao montante total das participações. Assim, nenhuma instituição de crédito poderá deter uma participação qualificada, cujo montante ultrapasse 15% dos seus fundos próprios, numa sociedade que não seja uma instituição de crédito ou uma instituição financeira. E ainda, o montante total das participações qualificadas em sociedades que não as referidas, não pode ultrapassar 60% dos fundos próprios da instituição de crédito [106].

---

[105] Numa perspectiva mundial, a Alemanha e o Japão são casos paradigmáticos. Nestes dois países o grau de integração das duas actividades é elevadíssimo, sendo difícil por vezes, distinguir onde começa um grupo industrial e onde acaba um grupo financeiro.

Na Alemanha existe uma forte ligação orgânica entre o sector industrial e o financeiro, tendo este, um peso preponderante na delimitação estratégica industrial, o que lhe permite ter uma visão geral, no terreno, das relações interempresas e intersectores.

No Japão, o procedimento é similar, mas a estrutura de complemento alemã substitui-se pelo conglomerado denominado "keiretsu", grupos económicos informais assemelhando-se a "teias de aranha", com os principais bancos japoneses no centro.

Também Portugal tem uma vasta tradição neste campo.

Sobre este assunto, consultar MÁRIO BAPTISTA "A evolução do mercado de capitais" in *Cadernos de Economia* n° 24 (1993) pág. 46-52; ANTÓNIO FÉLIX "Mercado de Capitais: o papel dos investidores institucionais" in *Cadernos de Economia* n°24 (1993) pág. 53-57; J. RIBEIRO, L. FERNANDES e M. RAMOS "Grande indústria, banca e grupos financeiros" in *Análise Social* n° 99 (1987) pág. 945-1018; BELMIRO DE AZEVEDO "Grupos económicos"in *Cadernos de Economia* Jan/Mar (1993), pág. 19-26; JOÃO PINTO "Grupos financeiros" in *Cadernos de Economia* Jan/Mar (1993), pág. 27-33; NICOLAU SANTOS "Os grupos que temos" in *Cadernos de Economia* Jan//Mar (1993), pág. 86 e ss..

[106] Artigo 12.º n.º 1 e n.º 2 da Segunda Directiva Bancária.

Quanto a estas matérias, suscitam algumas observações.

Para o cálculo deste duplo limite, deverá ter-se unicamente em conta as participações qualificadas, ou seja, as superiores a 10% do capital social da empresa, e que não sejam temporárias. As participações não qualificadas não são apreciadas no âmbito da Segunda Directiva Bancária, deixando-se aos Estados toda a liberdade neste matéria. Os dois limites deverão ser considerados como limites máximos, podendo os Estados-Membros estabelecer, se assim o entenderem, limites menores.

Por uma questão prática e de eficácia, o duplo limite deverá ser verificado numa base consolidada, sendo este um dos objectos da supervisão prudencial com estas características [107].

Este duplo limite não integra as participações financeiras, o que significa que as participações detidas por uma instituições de crédito, numa outra instituição de crédito, numa sociedade financeira ou numa instituição cuja actividade consista no prolongamento directo da actividade credíticia (como por exemplo, o *factoring*) merecem tratamentos diferenciados [108]. Quanto às participações em empresas, a Directiva indica que os Estados-membros poderão não aplicar o duplo limite, tratando essas participações de uma forma equivalente às financeiras [109].

1.3.4. Participação num sistema de garantia de depósitos

Ainda devido ao colapso do BCCI, os Estados-membros reconheceram a importância de um sistema de protecção de depósitos numa estrutura formal de supervisão de Instituições de Crédito. Este sistema é fundamental para a estabilidade do sistema financeiro e para a confiança exteriorizada [110]. No entanto, é criticado por alguns autores por não distinguir os bancos bem geridos dos bancos não confiáveis,

---

[107] Artigo 3.º n.º 5 da Directiva n.º 92/30/CEE, do Conselho, de 6 de Abril de 1992, publicada na JO n.º L 110/52, de 28 de Abril de 1992.

[108] Artigo 12.º n.º 1 e 2 e artigo 43.º n.º 2 alínea f) da Directiva n.º 86/635, de 8 de Dezembro de 1986, relativa às contas anuais e consolidadas dos bancos e das outras instituições financeiras.

[109] Artigo 12.º n.º 3.

[110] Cfr. D. DIAMOND e P. DYDRIG, "Banking Theory, Deposit Insurance and Banking Regulation", *Journal of business*, Vol. 59, n.º 1, (1986), págs. 55-68.

distorcendo assim a escolha do consumidor, que não se preocupará na selecção do seu banco.

Os sistemas de garantia de depósitos são um fenómeno relativamente recente, derivado das alterações quanto à política de rácios. Há 100 anos atrás, não existia uma grande liquidez nem uma extensa margem de manobra, no que respeita à gestão do activo do banco. A cultura vigente impunha, para que houvesse confiança, uma forte ligação entre o capital e os activos. O rácio exigido actualmente, de 8%, na grande maioria dos países ocidentais é historicamente o mais baixo de sempre, o que pressupõe a existência de um prestador de última instância ou, inevitavelmente, uma maior intervenção do Estado no suporte ao sector bancário.

Após uma larga discussão [111], foi finalmente aprovada a Directiva 94/19/CEC, de 30 de Maio de 1994 [112], relativa aos sistemas de garantia de depósitos.

Não prevendo esta Directiva um sistema de garantia de depósitos único, ela obriga a que todos os Estados-Membros se assegurem da introdução, e do reconhecimento oficial, no seu território, de um ou mais sistemas de garantia de depósitos [113].

Nos seus termos, excepto em circunstâncias excepcionais [114], nenhuma instituição de crédito autorizada, poderá perceptar depósitos do público excepto se for participante dum sistema de garantia de depósitos, constituindo esta obrigações uma verdadeira condição para o exercício da actividade.

1.3.5. Transparência da estrutura de Grupo

Em virtude da Directiva Post-BCCI, as autoridades competentes deverão tomar conhecimento da estrutura do grupo de empresas, onde

---

[111] Cfr. M. DASSESSE, "EC Banking Law", citado, págs. 365 e ss..
[112] JO CE n.º L 135/9 de 31 de Maio de 1994.
[113] Artigo 3.º da Directiva n.º 94/19/CE, de 30 de Maio de 1994.
[114] Um Estado-Membro poderá isentar a instituição de crédito da participação num sistema de garantia de depósitos, se esta participar num sistema que garanta a liquidez e a solvência da instituição, desde que não haja participação do Estado. Uma instituição de crédito excluída de um sistema de garantia de depósitos poderá continuar a exercer a sua actividade se recorrer a um esquema diverso que garanta uma igual protecção aos seus depositantes (n.º 4 do artigo 3.º).

se insere a instituição de crédito, e certificar-se que aquela estrutura não constitui um obstáculo a uma supervisão eficaz. A obrigação de clareza de estrutura de grupo, decorrente deste dispositivo normativo, derroga o disposto na Primeira Directiva Bancária quanto a esta matéria, traduz-se numa verdadeira condição de exercício da actividade, considerando-se mesmo, num momento prévio de análise, uma condição de acesso à profissão. As instituições de crédito devem informar as autoridades competentes logo que integrem a estrutura de um grupo, ou imediatamente após a modificação na estrutura desse grupo. Se dessas alterações resultar uma nebulosidade ou uma opacidade estrutural, impeditiva do desenvolvimento, por parte das autoridades competentes, da sua função supervisora, então poderão ser aplicadas sanções, culminando na susceptível retirada da autorização.

1.3.6. Existência de procedimentos de controlo interno, nomeadamente em matéria de luta contra o branqueamento de capitais

A Segunda Directiva exige, no seu artigo 13.º, uma boa organização administrativa, contabilística e de procedimentos de controlo interno adequados. A Directiva 91/308/CEE, de 10 de Junho de 1991 [115], relativa à prevenção de utilização do sistema financeiro com a finalidade de branqueamento de capitais, reforça essa imposição, prevendo, no seu artigo 11.º, que as instituições de crédito instaurem procedimentos adequados de controlo interno e de comunicação para prevenir a realização de operações com essas finalidades. Estas instituições deverão ainda tomar as medidas necessárias para sensibilizar os seus empregados na matéria. Também esta exigência se afigura uma condição de exercício da actividade.

2. *LIMITAÇÕES FUNCIONAIS INTRINSECAS*

O sistema financeiro e bancário comporta uma dimensão de bem público, pelas funções fundamentais que assume na economia, nomeadamente na recolha de fundos, na sua aplicação e respectiva

---

[115] JO CE n.º L 66/1, de 28 de Junho de 1991.

supervisão de utilização. Estas funções, tradicionalmente enunciadas pela doutrina [116], sofrem actualmente adaptações necessárias face à desactualização decorrente da instituição de sistemas de pagamentos, intermediação e consultoria. É em todas estas perspectivas que a investigação se efectuará.

A principal função de uma instituição bancária será a intermediação financeira [117], providenciando garantias de liquidez ao mercado financeiro (facilitando as transações, transferindo riqueza e transformando activos ilíquidos em passivos líquidos), distribuindo o risco pelos agentes [118] (através da gestão da carteira de títulos), e a um

---

[116] J. TOBIN, "On the efficiency of the financial system", *Loyds Bank Review*, n.º 153, (1984), págs. 1-15.

[117] Tomamos como ponto de partida na nossa análise a tese de que os intermediários financeiros aparecem como resposta às imperfeições e incompleições dos mercados financeiros. Num sistema de mercado tipo ARROW-DEBREU as instituições financeiras seriam supérfluas. No entanto, tal não acontece devido, essencialmente, à informação assimétrica. Sobre este ponto, consultar J. CHANT "The New Theory of Financial Intermediation" in K. DOWD e M. LEWIS, eds. "Current issues in financial and monetary economics", Macmillan, (1992), págs. 42-65; K. CHRYSTAL "The operation of financial markets" in K. DOWD e M. LEWIS, eds. "Current issues in financial and monetary economics", Macmillan, (1992), págs. 66-80; G. O'DRISCOLL "Banking Reform" in K. DOWD e M. LEWIS, eds. "Current issues in financial and monetary economics", Macmillan, (1992), págs. 110-127.

[118] Numa primeira análise, a intermediação financeira tem uma desvantagem. A cadeia de transacções entre um investidor inicial e o beneficiário do financiamento é longa, podendo ocasionar custos de negociação, tanto maiores quanto mais longa essa cadeia. Logo, qualquer investigação que se pretenda efectuar afirmando a preferência da intermediação financeira face ao financiamento directo envolverá, necessariamente, no seu conteúdo, a preexistência de ganhos presumidos compensadores das desutilidades decorrentes dos custos de transacção.

Não podemos esquecer o movimento de desintermediação, traduzido na mudança dos fluxos de financiamento que, deixando de utilizar a intermediação bancária, transitam directamente para o mercado de capitais. Esta situação ocorreu, em larga escala, no período de forte regulamentação da actividade bancária, colocando estas entidades numa situação concorrencialmente desfavorável face às outras. Porém, hoje verificamos serem os maiores investidores institucionais, precisamente, as entidades bancárias.

No estudo de GURLEY-SHAW, onde se dá grande proeminência à actividade de transporte dos produtos financeiros, o papel da intermediação financeira é fundamentalmente assente na diversificação do risco, que não seria conseguida através de uma prática de financiamentos directos devido às insuficiências e imperfeições do

nível diferente mas igualmente importante, possibilitando uma diminuição dos custos de transacção num contexto de informação assimétrica, mediante a avaliação prévia dos agentes e do mérito dos investimentos financiados pelos empréstimos efectuados (*monitoring*) [119].

Toda a questão se resume, assim, ao estudo da função de *monitoring* efectuada pelos bancos aos seus clientes. Este exercício poderá definir-se, em termos amplos, como qualquer forma de recolha de informação acerca do beneficiário do empréstimo, como a sua situação económica e financeira, as suas perspectivas de investimento e o seu comportamento empresarial. A informação recolhida é utilizada

---

mercado (um sistema de mercado tipo ARROW-DEBREU permitiria sempre uma eficiente distribuição do risco, não sendo necessária a actividade de intermediação financeira). No entanto, deveremos afirmar que com a inovação crescente na actividade financeira, devido ao desenvolvimento económico, através do processo de *financial deepning*, aproximaremo-nos progressivamente do sistema de mercado acima descrito.

[119] Outra posição, justificadora da intermediação financeira, observa as instituições financeiras como entidades que resolvem os problemas de informação assimétrica entre investidores e utilizadores dos recursos líquidos. Aqueles desconhecem o esforço empresarial, o grau de risco da actividade do utilizador dos recursos, só conhecendo, e por vezes não contextualizado, o resultado da actividade da empresa por relatórios realizados *ex post* (ver sobre este assunto M. HELLWIG "Banking, Financial Intermediation and Corporate Finance" in ALBERTO GIOVANNINI E COLIN MAYER (eds.) "European Financial Integration" Cambridge, (1992), pág. 35-72 e bibliografia aí citada).

D. DIAMOND no seu artigo: "Financial Intermediation and Delegated Monitoring" in *Review of Economic Studies* nº 58, (1984), págs. 393-414, demonstra como os custos de agência se reduzem pela intermediação financeira, assim:

- As actividades de acompanhamento e controlo dos financiamentos envolve economias de escala naturais. Um único intermediário consegue efectuar essas actividades tão eficientemente como 10000 accionistas, mas com menores custos;
- Se o intermediário detiver uma carteira de títulos bem diversificada das entidades que ele financia, os riscos derivados de assimetria de informação e outras imperfeições de mercado diluem-se e não afectam o rendimento do intermediário nem o dos seus depositantes.

Mas, infelizmente, o estado do conhecimento científico nas questões acima descritas ainda é imaturo, questionando alguns autores sobre se a iniciativa e a participação dos bancos na actividade empresarial não se limita simplesmente à obtenção de um nível de informação suficiente, de forma a reduzir para um grau tolerável os riscos típicos decorrentes de uma actividade creditícia.

para seleccionar os bons projectos e para punir os maus comportamentos [120].

Esta actividade coloca problemas curiosos em sede de concorrência no mercado dos contratos, dada a possível ocorrência de situações denominadas *free rider* [121], em que cada intermediário quererá obter a informação recolhida pelo outro sem efectuar qualquer esforço. Por outro lado, poderá ocorrer o problema do *winner's curse,* temendo cada intermediário que os seus clientes sejam, precisamente, os recusados pelos seus concorrentes por terem um grau de risco elevado. T. BROECKER [122], demonstra que este problema causa dificuldades na concorrência entre bancos sugerindo a existência dum elemento de monopólio natural nesse mercado.

Com o aperfeiçoamento desta actividade, que permitirá alcançar soluções próximas do primeiro óptimo, os bancos como entidades comerciais que visam o lucro, poderão iniciar um movimento de cartelização da economia, impondo comportamentos concertados aos seus clientes, facilmente globalizáveis entre as outras entidades ban-

---

[120] Estudando agora o mecanismo de intermediação português, verificamos a existência de algumas falhas, de cuja congeminação resulta a elevada taxa de juro, normalmente imputadas aos bancos. Mas, uma análise mais atenta da situação revela-nos uma outra realidade. A política bancária de altas taxas de juro baseia-se, em grande parte, no desconhecimento da realidade económico-financeira da empresa, como afirmámos anteriormente, que muitas vezes é imputável à própria indústria.

Existe, em Portugal uma elevada propensão para a evasão fiscal, sobrepondo-se, por vezes, este objectivo à própria intenção produtiva do agente económico. Desta forma, para fugir aos impostos, as empresas industriais portuguesas raramente apresentam lucros, manobrando a sua contabilidade. Este procedimento, que imediatamente terá repercussões favoráveis nas finanças empresariais (o imposto a pagar será menor), terá mediatamente, consequências desfavoráveis, uma vez que encarece o crédito, visto o agente económico apresentar um grau de risco inflacionado. Deveremos ainda referir que empresas endividadas, com excessos de passivo a curto prazo tendem a apresentar uma informação contabilística limitada.

Para este estado de coisas, muito contribui o reduzido grau de desenvolvimento do sistema de auditoria e revisão oficial de contas que não optimiza, em termos de eficiência e eficácia, a normalização contabilística efectuada com a publicação do Plano Oficial de Contabilidade.

[121] Cfr. R.J. GILBERT e X.VIVES, "Entry deterrence and the free rider problem", *Review of Economic Studies*, n.º 53, (1986), págs. 71-83.

[122] Cfr. T. BROECKER "Credit-Worthiness Tests and Interbank Competition" in *Econometrica* n.º 58, (1990), págs. 429-452

cárias dado o grau de concentração e de fácil concertação existente entre este tipo de instituições, contornando-se assim, facilmente, as imposições legais quanto à detenção de participações sociais de entidades não financeiras por instituições de crédito.

Com o movimento da desintermediação financeira a intensificação da concorrência bancária afectará de forma vigorosa o mercado da recolha de depósitos dos particulares, o que terá perigos, dadas as tendências de diminuição de margens de lucro nada compatíveis com os riscos corridos.

As fontes das falhas de mercado são precisamente as actividades de fornecimento de liquidez ao sistema financeiro e a minimização dos custos de transacção, sujeitando-se os bancos, por exercerem essas actividades, às possíveis ondas de pânico de depositantes que retiram os seus depósitos intempestivamente, devido a falhas de informação [123].

Uma corrida aos bancos, com este objectivo originará custos, uma vez que o processo produtivo bancário se interrompe e o activo é liquidado prematuramente, subsistindo, ainda, o risco de falha sistémica devido aos contágios entre os bancos, criando-se uma forte exterioridade negativa em todos os sectores da economia [124].

Esta situação agrava-se no caso de uma concorrência desregrada ou excessiva concentração das entidades bancárias. Poderão ser fornecidas informações falsas e, num ambiente concentrado, as crises repercutirão-se de forma mais rápida e intensa. Outro problema resulta do crescente volume dos investimentos financiados (havendo tendência para a concentração), reduzindo-se os activos líquidos, o que poderá originar corridas aos bancos por parte de depositantes, com a percepção de que a melhor estratégia a prosseguir será o levantamento dos seus depósitos.

---

[123] O contrato de depósito óptimo, entre os bancos e os depositantes com aversão ao risco, envolve um custo fixo por levantamentos antecipados. Um bom equilíbrio será alcançado através de um contrato que realize uma distribuição de riscos óptima. Mas existe também um mau equilíbrio, que ocorre quando se gera uma onda de pânico nos depositantes e eles retiram os seus fundos, na desconfiança que outros o façam primeiro, entrando o banco em colapso.

[124] Foi precisamente esta situação que originou a crise de 1929 conjuntamente com a má gestão da crise pela Reserva Federal dos Estados Unidos que contraíu a oferta de moeda.

Em síntese, as empresas, ou mais amplamente, os clientes do sistema bancário, tem a sua capacidade competitiva directamente relacionada com o desempenho das instituições bancárias. Mesmo num ambiente de desintermediação cada vez mais acentuado, o acesso aos mercados de capitais faz-se, na grande maioria das ocasiões, pelo recurso a um parceiro desta natureza. E, mantendo-se a perspectiva que considera a actividade bancária como bem público, não poderá ser esquecida a essencialidade da detenção, por exemplo, de uma conta bancária por qualquer sujeito, para que este consiga desempenhar as suas outras funções de uma forma conveniente.

Numa outra perspectiva, o sistema bancário possibilita exterioridades positivas no tráfego económico não despiciendas. A componente interbancária da actividade permite o relacionamento cada vez mais eficaz entre os agentes económicos, melhorando os graus de fiabilidade da informação e reduzindo os custos de transacção, por exemplo, nas transacções transfronteiriças de pagamentos. As tecnologias de informação, sucessivamente mais aperfeiçoadas devido aos processos de inovação na indústria bancária, permitem uma amplificação sucessiva de ganhos marginais aos seus clientes e à economia em geral. No entanto, numa perspectiva diversa, também poderão gerar-se exterioridades negativas, decorrentes da extrema homogeneização de processos entre todas as instituições, diminuindo, desta forma, a diferenciação de serviços postos ao serviço dos clientes [125].

3. BARREIRAS AINDA EXISTENTES

Tendo sido estudada a estrutura jurídica prudencial do acesso à actividade bancária, do seu exercício subsequente e dos condicionalismos intrínsecos à sua actividade, é agora momento de analisar

---

[125] Do ponto de vista económico, importa apreciar se os ganhos obtidos por essas tecnologias compensam eventuais perdas decorrentes da diminuição da diversidade dos serviços prestados aos consumidores. Sobre este assunto, cfr. J. ROCHET, "Analyse économique de l'interbancarité", *Revue d'economie financière*, n.º 35, (1995).

os condicionalismos concorrenciais, económicos e jurídicos que se consubstanciam em verdadeiras barreiras à actividade [126] [127] [128].

3.1. Barreiras à entrada no mercado bancário

Na ausência de barreiras à entrada, as empresas concorrentes deveriam aproximar o preço ao custo marginal [129], de forma a dissuadir potenciais concorrentes a entrar no mercado [130]. No limite, teríamos o preço igualado ao custo marginal, como no paradigma da concorrência perfeita [131].

Classificamos as barreiras à entrada no mercado bancário em três categorias básicas:

- **Barreiras derivadas de disposições jurídicas**. A legislação poderá proteger as instituições bancárias estabelecidas em relação a novas entradas, exigindo licenças, concessões, especiais qualidades, ou similar. Esta situação verificou-se, no passado, com bastante intensidade no mercado bancário. Os casos que hoje se mantém, tal como foi oportunamente referido, não são de aplicação directa mas resultam do estado de desarmonização em algumas áreas do direito. (Veja-se o recente caso BTA/BSCH) *.

---

[126] Cfr. C.C. VON WEIZSACKER, "A Welfare Analysis of Barriers to Entry", *Bell Journal of Economics*, Vol. 11, (1980), págs. 399-420.

[127] Cfr., quanto à questão dos contratos já estabelecidos, numa perspectiva micro--jurídica, P. AGHION e P. BOLTON, "Contracts as a Barrier to Entry", *The American Economic Review*, Vol. 77, n.º 3, (1987), págs. 389-401.

[128] Numa perspectiva geral de política comunitária, cfr. D. HARBORD e T. HOEHN, "Barriers to Entry and Exit in European Competition Policy", *International Review of Law and Economics*, Vol. 14, (1994), págs. 411-435.

[129] Cfr. A. SMITH e A.J. VENABLES, "Completing the Internal Market in the European Community", *European Economic Review*, Vol. 32, (1988), págs. 1501--1525; IDEM, "Economic Integration and Market Access", *European Economic Review*, Vol. 35, (1991), págs. 388-395.

[130] Cfr. T. C. HOSCHKA, "Cross-Border Entry in European Retail Financial Services", St. Martin's Press, Nova Iorque, (1993).

[131] Numa outra perspectiva, cfr. N.G. MANKIW e M.D. WHINSTON, "Free entry and social inefficiency", *Rand Journal of Economics*, Vol. 17, (1986), págs. 48-58.

* Veja-se processos C-509/99 e C-391/99, República Portuguesa contra Comissão das Comunidades Europeias, cancelados por Despachos do Presidente do Tribunal de Justiça de 14 e 13 de Setembro de 2000, respectivamente.

- **Barreiras derivadas das condições objectivas do mercado em causa**. Poderão ser por vantagens absolutas de custos se, por alguma razão, as empresas potenciais não puderem produzir um bem, a não ser a um preço superior ao das empresas instaladas. Tal ocorrerá no mercado em estudo, dado que um dos principais capitais das instituições bancárias é, precisamente, a informação, tendo os novos concorrentes que desenvolver as suas próprias bases de dados a partir do zero. Outra questão deriva, essencialmente, de razões logísticas, baseando-se no estabelecimento de uma nova rede de dependências, dado que, em princípio, os melhores locais já estarão tomados, e o *gap* temporal para efectivação desta operação será certamente bastante elevado. Factor determinante será a fraca elasticidade-preço da procura, devido à reputação e às ligações entre as instituições estabelecidas e a sua clientela, dificultadora da instalação de novos concorrentes [132]. Outro factor essencial traduz-se na falta de recursos humanos qualificados que, em princípio, estarão na posse das sociedades estabelecidas, devendo as empresas potenciais gastar quantias suplementares para cativar os colaboradores mais capazes.

Poderão, ainda, ser barreiras derivadas da existência de economias de escala importantes, o que parece não ocorrer no mercado bancário, a não ser nas chamadas economias de aprendizagem, não sendo despiciendo o factor "quota de mercado" e a criação de uma "massa crítica", que assegure uma produção mínima susceptível de lhe proporcionar uma posição concorrencial.

- Barreiras criadas por estratégias desenvolvidas entre firmas estabelecidas que tentarão assegurar uma protecção à sua posição. Nesta categoria integram-se todas as pressões efectuadas sobre o Poder Político, com a finalidade de reforçar as protecções regulamentares susceptíveis de as favorecer, como as pressões dos *lobbies* e os auxílios de Estado. Além desta vertente, poderemos ainda apontar o desenvolvimento de intimidações em relação aos potenciais con-

---

[132] Os custos de transferência são outra das condicionantes importantes, pois os consumidores, para mudar de banco irão sustentar custos associados à mudança física das contas e à falta de informação.

correntes, através de anúncios de grandes investimentos, ou mediante o incremento de uma capacidade excedentária de produção [133].

Outra estratégia de protecção, susceptível de se desenvolver, consiste na efectivação de uma política de preços que siga a "teoria do preço limite", através da fixação do preço de mercado abaixo do nível de concorrência, mas que mesmo assim seja rentável, desincentivando, não obstante, a entrada de novos concorrentes. Esta situação é prosseguida, normalmente, por práticas concertadas. No limite, poderá desenvolver-se a prática da predação, quando uma empresa dominante, ou um grupo de empresas concertadas, obriguem as empresas estabelecidas a sair do mercado, efectuando uma política de baixos preços, e compensando as suas perdas eventuais com ganhos futuros avultados [134] [135].

3.2. Barreiras económicas à saída no mercado bancário

Em princípio, a ausência de "*sunk costs*" deveria tornar os mercados contestáveis. Contudo, diversos estudos demonstraram que no

---

[133] É o que acontece, presentemente, com o mercado português, onde o número de balcões por habitante é excedentário, o que origina custos suplementares mas impede a entrada de novos concorrentes no mercado. Sobre este assunto, M. LIEBERMAN, "Excess Capacity as a Barrier to Entry", *Journal of Industrial Economics*, nº 35, (1987), págs. 607-627. X. VIVES E R. GILBERT "Non cooperative Entry Deterrence and the free-rider problem", *Review of Economic Studies*, nº2, (1987).

[134] Cfr., sobre este assunto, J.E. HARRINGTON, "Collusion and Predation under (almost) Free Entry", *International Journal of Industrial Organization*, Vol. 7, (1989), págs. 381-401; J. ROBERTS, "A Signalling Model of Predatory Pricing", *Oxford Economic Papers*, Vol. 38, Supp., (1986), págs.75-93.

[135] Num estudo recente acerca das implicações da banca virtual, JAMES ESSINGER, identifica as barreiras que se deparam a novos concorrentes, neste ambiente próprio. Assim, o novo banco virtual terá, além das dificuldades típicas resultantes da falta de experiência, de informação e de reputação, que limitar, inicialmente, a sua actividade de prestações de serviços a clientes relativamente pouco rentáveis, dado que os "*more creditworthy and wealthier customers are likely to have their banking arrangements already deeply embedded in a relationship with a traditional bank*". Por outro lado, a tecnologia hoje existente sofre ainda de enormes vícios na área da segurança e obriga à utilização de um a mão-de-obra extremamente qualificada. Cfr. JAMES ESSINGER, "The virtual banking revolution", International Thomson Business Press, Londres, (1999), págs. 116 a 119.

mercado bancário os custos irrecuperáveis, em caso de saída do mercado, são avultados. Além da dificuldade da venda dos equipamentos usados, (por exemplo, o sistema de *software* de suporte), subsistirão sempre custos irrecuperáveis em caso de liquidação ou falência, pois o banco é igualmente uma base de dados, e o seu encerramento de laboração fará com que todo o manancial de informação se perca, não havendo possibilidade de a transaccionar [136].

Verificamos, assim, a não contestabilidade do mercado bancário, devendo o Estado conduzir a sua função regulamentar e de supervisão de forma a assegurar esta qualidade e a transparência do seu funcionamento. Todavia, esta tarefa exige uma disponibilidade de meios no exercício da sua função de supervisão, que ele ainda não tem.

Esta realidade, conjuntamente com os efeitos sistémicos, constitui um dos factores essenciais que torna as falências bancárias tão gravosas. Na esmagadora maioria das ocasiões não existirá qualquer activo para liquidar e, por essa via, satisfazer, nem que numa pequena percentagem, as dívidas remanescentes.

3.3. Barreiras psicológicas - breve referência

Numa área de negócio baseada na confiança, elemento fundamental no processo de decisão económica de contratar, a criação de um vínculo psicológico, ampliado pela duração da ligação cliente-instituição de crédito, consistirá numa verdadeira barreira à entrada no mercado de novas instituições, que terão de quebrar esses elos de confiança, apresentando condições de negociação muito mais benéficas para atrair o cliente. Essa confiança, corporizada na imagem de solidez da instituição, a reputação, permite que o cliente deposite as suas economias e forneça ao banco toda a informação pretendida, o que não acontece em mais nenhuma área da actividade, consolidando a superioridade de informação dos bancos já estabelecidos.

Um elemento básico para a reputação é a nacionalidade. De facto, e uma análise do panorama europeu é esclarecedora a este respeito,

---

[136] Numa perspectiva mais genérica, cfr. J. MOORE, "The Firm as a Collection of Assets", *European Economic Review*, Vol. 36, (1992), págs. 493-507.

é difícil a uma instituição nacional de um Estado-Membro adquirir uma grande quota de mercado em outro Estado-Membro. Essa pretensão só é alcançada, de acordo com os exemplos ocorridos, através da aquisição de uma instituição nacional desse Estado-Membro.

Ainda hoje vislumbramos consequências do período de regulamentação, onde as instituições historicamente dominantes, a nível nacional, continuam a ter a grande maioria da quota de mercado. Tal só é justificável pelo elo fiduciário que as une aos seus clientes.

Esta situação só não é verdadeira quando estão em causa clientes de elevada dimensão, devocação transnacional.

4. BARREIRAS JURÍDICAS À EFECTIVAÇÃO DO MERCADO ÚNICO NOS SERVIÇOS BANCÁRIOS

Apesar de tudo o que foi apontado anteriormente existem, actualmente, barreiras específicas que impedem a perfeição do mercado único nos serviços bancários. Tal não implica, necessariamente, a subsistência de comportamentos discriminatórios relativamente aos concorrentes no mercado, mas poderá originar algum desencorajamento à entrada de concorrentes potenciais e, no extremo, poderá consistir, mesmo, numa barreira à entrada [137] [138].

---

[137] Os exemplos são numerosos. De acordo com a *British Invisibles European Committee*, existiam, em finais de 1995, as seguintes barreiras:

Bélgica - Aplicação do critério 0 na ponderação dos riscos a certas contrapartes, incluindo governos regionais, apesar da ausência de uma garantia do governo central;

Dinamarca - Proibição de utilização de técnicas de comercialização dos serviços financeiros baseadas em chamadas telefónicas e no contacto porta a porta;

França Proibição de emissões de cheques com determinadas características, nomeadamente, com o vencimento de taxas de juro; existência de regulação relativamente a sistemas colectivos de investimento que estipulam determinadas componentes do fundo; o sistema de compensações interbancário não pode efectuar certas operações com bancos estrangeiros; manutenção de restrições *de facto* à aquisição estrangeira de instituições francesas; limite de acesso ao mercado de títulos do Tesouro francês a determinados bancos nacionais e às *"maisons de titres"*; necessidade de obtenção de uma licença da Comissão das Operações na Bolsa para a efectivação de certas operações mobiliárias; adopção de várias medidas de carácter proteccionista relativamente a investimentos nos territórios ultramarinos.

Alemanha - Existência de regras rígidas na matéria do sigilo bancário e da protecção de dados que dificulta a transmissão de informação para o exterior do

Poderão indicar-se exemplos que consubstanciam casos de barreiras horizontais, qualitativamente distintas das barreiras do foro económico, de natureza eminentemente jurídica.

território alemão, resultando desta prática um desencorajamento por parte dos bancos estrangeiros no fornecimento de produtos inovadores na base da livre prestação de serviços; manutenção de restrições no marketing; obrigação de gestão dos fundos institucionais por parte de *"spezialfond"*, o que obriga um gestor de um fundo estrangeiro a ter uma ligação com uma entidade gestora alemã (*Kapitalanalagegesellschaft*), ora esta obrigação não é mais do que uma garantia de que os fundos alemães são geridos na Alemanha; ocorrência de várias variações no regime legal dos contratos, do exercício da actividade e da protecção do consumidor.

Grécia - Inspecção periódica da actividade comercial dos bancos pelas autoridades gregas, onde se incluem o Banco da Grécia, a Inspecção do Trabalho, a Inspecção Tributária e o Ministério do Comércio; exigência de requisitos bastante rígidos, no contexto europeu, para o estabelecimento de uma nova instituição bancária; obrigação de residência na Grécia para os membros-chave do Conselho de Administração; proibição do exercício da actividade de prestação de crédito hipotecário aos bancos estrangeiros.

Irlanda - Não existentes;

Itália - Restrições na utilização dos serviços de pagamentos instrumentais por não residentes; limitação do acesso a actividades de investimento, tesouro e mobiliárias a certas instituições com determinado objecto social, sendo necessária a autorização da Comissão de Mercado de Valores Mobiliários italiana (Consob); proibição de gestão conjunta de certas actividades mobiliárias com a actividade comercial bancária; limitação da promoção porta-a-porta a indivíduos autorizados pelo Banco de Itália e pela Consob, sendo necessária a formação adequada e a efectivação de um exame de conhecimentos, prevendo-se a responsabilidade pessoal pelas suas transacções.

Luxemburgo - Existência de regras de sigilo bancário bastante restritas;

Holanda - Não existentes;

Portugal - Limitação do acesso ao mercado dos títulos do Tesouro a bancos pré-seleccionados (restrição entretanto erradicada);

Espanha - Limitação numérica, nos primeiros anos, na instalação de sucursais por novos bancos que se estabelecem em Espanha; proibição de utilização de derivados por parte dos sistemas de investimento colectivo "fondos"; grande nível de exigência relativamente às qualificações profissionais dos gestores, que não são aceites sem ser obtida a sua confirmação detalhada.

Reino Unido - Existência de um elevado grau de auto-regulação nos mercados financeiros, o que origina sedes múltiplas de supervisão, diferentes tipos de procedimentos e diferentes registos.

[138] Neste campo, um subsector paradigmático será o do crédito hipotecário. Apesar da transposição do dispositivo normativo comunitário, a *European Mortgage Federation* detectou alguns obstáculos à livre prestação de serviços e à liberdade de estabelecimento nas seguintes áreas:

Em primeiro lugar, refira-se as disfunções concorrenciais. Conforme o Tratado, a política da concorrência incide em duas grandes áreas: a intervenção do Estado, nomeadamente através dos auxílios de Estado e a conduta empresarial das empresas. Ora, o padrão das aquisições e das fusões no sector bancário e financeiro, em alguns Estados-membros, indica um elevado nível de tolerância por parte dos organismos internos de tutela. A política de privatizações e o decorrente processo desregulatório parecem estimular o grau de concentração dos mercados nacionais, o que poderá não ir de encontro ao interesse do consumidor ou até mesmo inibir a entrada

---

a) Acesso ao mercado de capitais - O mercado único pressupõe o estabelecimento de uma igualdade de acesso aos mercados de capitais de diversos Estados--membros com finalidades de refinanciamento. Porém, a existência de algumas barreiras preclude ainda a possibilidade de usufruto plena desta faculdade. Em alguns países o refinanciamento de emitentes não institucionais encontra-se limitado, (e.g. Grécia), ou então sujeito a uma autorização prévia (e.g. Bélgica, Espanha, França e Itália). Por outro lado, no Reino Unido, Alemanha e França a efectivação de uma emissão de obrigações necessita de um testa de ferro com a nacionalidade do respectivo Estado-Membro.

b) Estabelecimento de procedimentos rígidos de comercialização - o sistema de garantias relativas ao crédito hipotecário varia consoante o Estado-Membro o que dificulta as actividades transfronteiriças. Nestes termos, em certos Estados-membros mantêm-se, ainda, uma variedade de comissões encapotadas bem como legislação restritiva, nomeadamente, nas matérias de registo da moeda da hipoteca, (este problema será resolvido com a instituição da União Económica e Monetária, porém, no caso dos Estados *pre-ins* ou que tenham accionado a cláusula *opting out*, poderão haver algumas disfunções, pois haverá uma tendência para o proteccionismo a nível monetário uma vez que estarão sujeitos a ondas de especulação no mercado cambial).

c) Existência de subvenções para a aquisição de habitação - Existem, nos diversos Estados-membros, uma grande variedade de subsídios para a aquisição de habitação. Embora a grande maioria destes subsídios não distorça a concorrência, os concedidos considerando o tipo da instituição vêm, de facto, distorcê-la. Em alguns Estados, as garantias de Estado e as bonificações atribuídas tornam o mercado pouco atractivo (a nível nacional, isso verificou-se, especialmente, na concessão de crédito bonificado à habitação na Região Autónoma da Madeira onde os auxílios de Estado eram outorgados, através do Orçamento do Gabinete do Ministro da República, até 1997, simplesmente a três instituições de crédito, e a partir desta data são concedidas às que o requerem).

d) Existência de diferentes regimes fiscais - A ocorrência de diversos regimes relativos ao imposto sobre o rendimento acentua as discrepâncias dos sistemas, o que por vezes é potenciado pela inexistência de convenções sobre dupla tributação claras e eficientes.

potencial de concorrentes estrangeiros naquele mercado. No entanto, uma análise destas condicionantes deverá ser temperada por uma indagação da realidade concreta, ao nível do procedimento, desses países. Assim, alguns países, com um mercado altamente concentrado e dominado pelo sector público, e que permitem, juridicamente, o livre acesso ao seu mercado, entorpecem, na realidade, os efeitos desta liberdade recorrendo a regras burocráticas e procedimentais, dificultando sensivelmente a fluidez que se pretendida.

Existe, presentemente, uma certa contradição, ao nível político, entre os objectivos da Comissão - a convergência das práticas competitivas nos sectores bancário e financeiro -, e os objectivos de alguns governos nacionais, que no âmbito do seu processo de privatizações, preparam uma concentração estrutural do mercado na lógica de uma estratégia defensiva destinada a suster o acesso ao mercado nacional por parte de instituições concorrentes não-nacionais. Se, a curto prazo, esta lógica poderá surtir efeitos - serve os interesses dos bancos dominantes a nível doméstico -, a longo prazo, poderá trazer riscos, derivados do surgimento de novas instituições não bancárias concorrentes, quer no território doméstico, quer no estrangeiro, e ainda, da inovação técnica que permitirá um estímulo, ainda maior, ao movimento de desintermediação [139].

É necessário, porém, ter em consideração que uma abertura de mercado total terá como efeito directo a entrada de concorrentes não bancários no mercado actual das instituições bancárias, tendo as instituições financeiras não bancárias um potencial de adaptação muito superior ao das instituições bancárias.

Por outro lado, a transposição da teoria da segmentação e da especialização para o mercado bancário - originando uma fragmentação

---

[139] As modernas tendências tendem a alterar o equilíbrio de poder entre as instituições bancárias e o mercado de capitais. Em muitos aspectos, e principalmente no mercado da banca universal, o mercado de capitais é um cada vez maior concorrente dos bancos. Tal deve-se, precisamente, às inovações tecnológicas que reduziram substancialmente os custos de transacção nestes mercados, ao mesmo que tempo que alargou as potencialidade a nível de prestação de serviços dos mesmo. Esta situação é visível no movimento de financiamento directo por parte das grandes empresas no mercado de capitais sem intermediação das instituições bancárias. Esta alteração estrutural deverá ser tomada em consideração, quer pelas autoridades reguladoras quer pelos próprios agentes no mercado.

dos serviços bancários nas suas componentes, que seriam fornecidos separadamente, e não necessariamente por instituições bancárias, pelo menos na sua totalidade -, não poderá ser posta de parte. Perante isto, os bancos deveriam concentrar esforços nas áreas onde tivessem uma maior vantagem comparativa ou competitiva, e não agir em coligação ou cartel. Se ocorrer este movimento de fragmentação, pelo menos em algumas áreas do mercado de serviços bancários facilitar-se-á, de forma sensível, a entrada de novos concorrentes, embora se dificulte sobremaneira a efectivação de uma actividade de supervisão efectiva.

Em segundo lugar, como barreiras de natureza jurídica à concretização do mercado único em toda a sua plenitude apontam-se as medidas de natureza fiscal. As distorções nos mercados financeiros e bancários são, muitas vezes, ocasionadas por este tipo de medidas. Por exemplo, no Reino Unido, a isenção fiscal ao crédito imobiliário distorceu completamente o mercado do financiamento para aquisição de habitação. É evidente, que em muitos Estados-membros, o tratamento fiscal de algumas actividades financeiras, nomeadamente no campo das pensões e dos seguros, poderão moldar a actividade e a estrutura do mercado de uma forma não eficiente.

As diferenças na tributação do rendimento proveniente do investimento continuam a existir e a perpetuar distorções nos fluxos de capitais entre os Estados-membros. As convenções para evitar a dupla tributação são, neste campo, algo ineficazes, e a harmonização comunitária somente agora se começa a discutir seriamente. Nesta matéria, o único movimento de coordenação consistiu na convergência das taxas de tributação dos rendimentos das sociedades, minimizando as distorções nesta área, que, não era uma das mais importantes [140].

---

[140] Devido à grande mobilidade do capital, decorrente da instituição da livre circulação de capitais, os problemas decorrentes da evasão fiscal dos rendimentos provenientes de investimento são severos. Em 1989, a Comissão propôs uma taxa de tributação de 15%. Porém, a oposição de alguns Estados-membros, tementes de uma deslocalização massiça de capitais para fora da Comunidade, precludiu esta iniciativa. Esta questão tem uma relevância extraordinária, tendo já ocorrido exemplos, de distorções que podem derivar da desarmonização fiscal, a este nível. Assim, quando, em 1993, a Alemanha institui uma taxa de 30% na tributação de rendimentos de capital, o Luxemburgo, que é um paraíso fiscal, recebeu imediatamente um fluxo de 300 biliões de marcos alemães, resultante do diverso regime fiscal dos dois Estados-Membros.

Esta é uma área de harmonização árdua. No alvor da terceira fase da União Económica e Monetária a soberania fiscal é um dos últimos resquícios da soberania financeira, em sentido clássico [141].

Em terceiro lugar, aponta-se a legislação laboral e de emprego. A primeira questão a colocar será a de saber se a emergência do mercado único nos serviços financeiros e bancários requer uma maior uniformização dos códigos laborais e das práticas dos Estados-membros, e de seguida, se a uniformização deverá ser estabelecida, em interacção com as necessidades de maior flexibilidade neste domínio, tendo em consideração a nova realidade económica. A flexibilidade é, neste âmbito, um elemento essencial para a competitividade, conjuntamente, e ao mesmo nível, com os baixos preços e a melhor qualidade.

Neste campo, as discrepâncias são enormes, quer em número de horas de trabalho, em níveis de remuneração, ou em regalias.

Como é sabido, não existe relação automática entre o movimento de integração e a harmonização das estruturas laborais, e, na ausência de mobilidade do factor de produção trabalho, as diferenças tendem a persistir. No aspecto gestionário das empresas, estes factores são tão importantes como o nível de remunerações, embora estes propendam para a convergência.

Porém, e tendo em atenção o ambiente competitivo existente, e as suas tendências num futuro próximo, o Estado será forçado a tomar acções e a introduzir medidas no sentido da estabilização e da redução dos custos indirectos do emprego, sob pena de deter um sector bancário e financeiro totalmente ineficiente e não competitivo [142].

---

[141] O Comissário MARIO MONTI afirmou, em 21 de Março de 1996, que eram necessários consideráveis esforços na eliminação das distorções do mercado único, nos campos da tributação directa e indirecta. O funcionamento pleno do mercado único necessita dos seguintes requisitos básicos:
- um sistema simplificado de IVA que tribute indeferenciadamente as transacções intra-comunitárias e as transacções domésticas;
- a adopção de taxas, na tributação pessoal, não discriminatórias dos sujeitos passivos não residentes nas transacções financeiras transfronteiriças, por exemplo, nos casos de prémios de seguros, pensões e amortizações de crédito hipotecário;
- redução das discriminações no tratamento de subsidiárias estabelecidas em outros Estados-membros, por via da eliminação da dupla tributação dos rendimentos provenientes de juros e de *royalties*.

[142] Este movimento já se começa a observar a nível europeu. Em França, por

Por último, refira-se a persistência das práticas de concessão de auxílios de Estado. Na ausência de falhas de mercado, que legitimariam a concessão da subvenção, estas tendem a distorcer os mercados, funcionando como medidas proteccionistas, ocasionando desvios de tráfego. Apesar dos esforços desenvolvidos nesta área, os subsídios continuam a ter um impacto assaz negativo e distorcivo na eficiência e na competitividade comunitária, e, na grande maioria das ocasiões, são dificilmente detectáveis, principalmente se tiverem em causa instituições públicas.

Conforme repetidas comunicações da DG Concorrência, os auxílios de Estado continuam a subsistir a um nível alarmante, embora o seu nível varie substancialmente conforme os Estados-membros em causa [143].

Os programas de privatização actualmente desenvolvidos na Comunidade são uma das formas mais dissimuladas para a concessão de uma subvenção. De facto, e essa situação vislumbrou-se com alguma frequência no passado, era comum aos Estados concederem uma comissão excessiva pelo auxílio dos bancos comerciais ou de investimento ao processo de privatização.

Os Estados estão sempre preparados para subsidiar os seus bancos cuja falência traria impacto sistémicos significativos. Estas tendências vislumbram-se no suporte, por parte de organismos estatais, a sindicatos bancários em operações que envolvam grandes montantes e

---

exemplo, quase duas mil leis laborais impedem a flexibilidade do horário de trabalho. Porém, os sindicatos acordaram a modificação dessas regras de forma a permitir aos bancos franceses a introdução dos serviços de banca telefónica. No Reino Unido, a legislação laboral tem, naturalmente, um elevado grau de flexibilidade o que permitiu à banca inglesa a abertura aos fins de semana e a possibilidade de contratar estudantes em regime de tempo parcial, de forma a reduzir os seus custos.

[143] Segundo recentes informações da Comissão, o nível global de auxílios de Estado ascende a 2% do PIB da Comunidade, a cerca de 4% das despesas públicas e a cerca do dobro do orçamento comunitário. Relativamente à sua distribuição espacial, o Reino Unido, a Dinamarca e a Holanda concedem menos de 1% do seu PIB em subsídios, enquanto que a Itália, Bélgica e Grécia têm um nível de concessão médio de cerca de 3%. A relação de subvenção não implica, necessariamente, uma transmissão monetária positiva. Por exemplo, na Alemanha, onde os bancos de poupança e os *Landerbank* dominam o sector de retalho, o suporte de um governo local ou regional é determinante. Neste sentido, os *Landerbanks* obtêm um *ranking* de triplo "A" nos mercados de capitais internacionais, devido à sua propriedade pública.

onde haja uma grande exposição ao risco. A extensão destes auxílios não são, no entanto, comparáveis à pretensão do Banco de Inglaterra no sentido da utilização de fundos estatais para salvar o Banco Barings [144] [145].

[144] No relatório sobre supervisão bancária de 1996 do Comité de Basileia existe um criticismo implícito à aproximação adoptada, muitas vezes, pelos Estados--membros no resgate de certas instituições financeiras, e que consistem na utilização avultada de recursos públicos, ao invés do investimento num adequado sistema de supervisão, que seria muito mais eficiente e barato. Estas objecções são válidas para diversos casos recentemente ocorridos, por exemplo, o caso *Credit Lyonnais*, em Novembro de 1994, onde o Estado francês adquiriu créditos no valor de 40 biliões de francos franceses e injectou 4,9 biliões de francos na instituição no sentido de manter o seu rácio de solvabilidade acima dos critérios mínimos de Basileia.

[145] De acordo com o *British Invisibles European Commitee*, subsistirão, ainda hoje, os seguintes impedimentos de natureza estrutural/horizontal à integração total no mercado único no sector bancário:

Bélgica - Existência de um grande envolvimento do sector público nos mercados financeiros; exigência, por parte da legislação regional, do uso da linguagem regional para o exercício da actividade.

Dinamarca - Elevada segmentação na indústria dos serviços financeiros;

França - Existência de um grande envolvimento do sector público que distorce a concorrência; existência de um elevado nível de regulamentação no mercado dos cartões bancários; existência de legislação laboral apertada dificultadora da entrada no mercado de sucursais estrangeiras;

Alemanha - Exigência de um agente localizado na Alemanha para a amortização de obrigações estrangeiras denominadas em marcos alemães;

Grécia - A introdução de novos produtos no mercado financeiro é parcialmente controlada pelo banco da Grécia; grande peso do sector público no mercado bancário; elevado nível de burocracia e de ineficiência do sector público o que impede a introdução de novas técnicas financeiras; concorrência do Estado na percepção de poupanças, através de títulos do Tesouro que gozam de isenção fiscal;

Irlanda - Não existentes;

Itália - A execução das transferências de fundos é, na prática, reservada aos bancos nacionais uma vez que o sistema de pagamentos exige um estabelecimento localizado no território nacional; limitação do acesso aos sistema de compensação simplesmente aos residentes; elevados custos no fornecimento de informação ao Banco de Itália, e que são desproporcionados no caso de pequenos bancos;

Luxemburgo - Não existentes;

Holanda - Não existentes;

Portugal - Elevados custos do sistema de contabilização;

Espanha - Controlo das componentes dos balanços bancários; rigidez da legislação laboral; controlo dos fundos de investimento colectivos por parte dos bancos de poupança;

Reino Unido - Não existentes.

CAPÍTULO IV

ALGUMAS QUESTÕES ESPECÍFICAS

1. O CONCEITO DE INTERESSE GERAL COMO LIMITADOR DO ACESSO À PROFISSÃO

No direito comunitário, à semelhança da maioria dos ordenamentos jurídicos supranacionais, encontra-se geralmente prevista uma margem de liberdade, concedida aos Estados-membros, no sentido da derrogação de regras respeitantes à instituição do Mercado Único. Esta margem de liberdade assenta no conceito de "interesse geral".

Historicamente, o Tribunal de Justiça tem resolvido os conflitos entre a legislação comunitária e a legislação nacional, na área da protecção do consumidor, utilizando as disposições do Tratado que estabelecem excepções ao princípio da livre circulação de bens por razões de moralidade pública, ordem pública, segurança pública e protecção da saúde. Quando está em causa, não a livre circulação de bens mas a livre prestação de serviços, o Tribunal tende a aplicar o conceito de interesse geral [146].

---

[146] Em 31 de Outubro de 1995, a Comissão Europeia adoptou uma comunicação relativa ao exercício da liberdade de prestação de serviços transfronteiriços e ao conceito de "interesse geral" na Segunda Directiva Bancária. Esta comunicação tornou-se na base de um longo debate entre as partes relevantes e os Estados-membros.

O conceito de interesse geral, justaposto na Segunda Directiva Bancária [147], adquire uma importância decisiva nesta problemática. O sector em causa amplifica, pela sua natureza específica, questões já controversas noutros sectores de actividade face à intima proximidade com o interesse geral.

Não sendo aplicável, naturalmente, às instituições não autorizadas como instituições de crédito no Estado-Membro de origem nem às actividades que não figurem na lista anexa à Segunda Directiva, por razões de inaplicabilidade dos princípios da harmonização mínima e do reconhecimento mútuo, coloca algumas interrogações quanto à sua correcta acepção.

A comunicação das questões relativas ao interesse geral, pela autoridade competente do Estado de acolhimento à instituição de crédito que pretenda estabelecer uma sucursal no seu território, no sentido do n.º 4 do artigo 19.º da Segunda Directiva, incorpora uma simples faculdade e não uma obrigação [148].

---

[147] Cit..

[148] Esta questão foi discutida no Comité Consultivo Bancário tendo surgido a dúvida devido ao emprego, na disposição em causa, da expressão «*le cas échéant*», no texto em língua francesa. Algumas delegações deduziram daí uma obrigação, enquanto outras, incluindo a portuguesa, a consideraram a existência de uma faculdade ou uma simples obrigação "moral". Seria inconcebível um entendimento que obrigasse as entidades supervisoras competentes a comunicar todo o rol de matérias que poderia constituir a noção de interesse geral, algo indefinida. Este papel será dos juristas e não das autoridades em si, e, uma qualquer conduta neste sentido postergaria os princípios gerais da aplicação do direito, quase que aniquilando o princípio de que a ignorância ou a má interpretação da lei não justifica a falta do seu cumprimento nem isenta as pessoas das sanções nela estabelecidas. Porém, não é possível concluir pela inexistência de uma obrigação, pela simples razão do texto não conter qualquer precisão relativa à forma e ao conteúdo dessa comunicação. (Seria necessário comunicar as referências dos textos em causa ou os textos *in extenso?* Seria necessário comunicar apenas as disposições desses textos relacionadas com o interesse geral, ou a sua totalidade?).

As conclusões da Comissão vão neste sentido quando afirma, "(...) *assim, uma vez que não é possível definir com precisão os contornos desta «obrigação», não seria possível determinar, em primeiro lugar, se esta foi respeitada, num caso específico, e, em segundo lugar, aplicar uma sanção ao eventual não cumprimento. Neste caso, qual seria o alcance de uma obrigação que não é comprovável nem vinculativa, uma vez que não lhe corresponde uma sanção equivalente?*", concluindo de

Outro entendimento seria impossível face à incoerência de fazer recair sobre o Estado-Membro de acolhimento um dever de informação da instituição de crédito. O dever de informação incumbe à própria instituição de crédito, que, em princípio, não deverá ignorar a legislação do país em que opera [149].

A Segunda Directiva Bancária, tal como já foi referido, contém inúmeras referências à noção de interesse geral, prevendo, nomeadamente, a obrigação para a instituição de crédito (agindo ao abrigo de uma licença única) de respeitar as disposições do país de acolhimento adoptadas em matéria de interesse geral. Esta obrigação é imposta quer no âmbito da liberdade de estabelecimento (n.º 4 do artigo 19.º), quer indistintamente (n.º 5 do artigo 21.º), englobando desta forma, a livre prestação de serviços.

---

seguida, "(...), na falta de uma definição precisa e harmonizada de interesse geral, como se poderá considerar que um Estado-Membro é obrigado a comunicar as suas disposições relativas ao interesse geral quando estas podem variar de um Estado--Membro para outro e não abranger os mesmos domínios que no Estado-Membro de origem?.." (Comunicação da Comissão relativa à liberdade de prestação de serviços e o interesse geral no âmbito da segunda directiva bancária, in JO CE n.º C 291/7, de 4 de Novembro de 1995). Uma argumentação neste sentido vai ao total arrepio da correcta hermenêutica jurídica. Não é possível concluir pela não vinculatividade de uma disposição utilizando simplesmente como referência a sua reduzida densificação e a inexistência de coercibilidade. O primeiro argumento resulta do intuito quase doentio, por parte da Comissão, de legislar e regulamentar todos os assuntos até ao mais ínfimo detalhe, e esquece a tarefa do intérprete e da doutrina na concretização conceptual do direito, que, como é unanimemente reconhecido pela doutrina, não cabe ao legislador. Quanto ao segundo argumento, há muito tempo que a teoria que considera a coercibilidade como elemento essencial da norma jurídica se encontra em crise.

[149] É concebível que uma instituição de crédito após informar, através da sua autoridade de controlo, que deseja estabelecer uma sucursal em outro Estado-Membro e pretenda obter do Estado de acolhimento informações acerca das disposições de interesse geral, as possa obter sem dificuldades, junto da autoridade de controlo do Estado de acolhimento. No entanto, um Estado-Membro que recuse satisfazer esse pedido não incorrerá em infracção, do ponto de vista do direito comunitário. E, além disso, se o Estado-Membro responder favoravelmente ao pedido da instituição de crédito, tem apenas uma obrigação em termos de meios e não de resultados, isto é, não pode ser obrigado a comunicar toda a sua legislação e, de qualquer modo, um texto não comunicado mantém-se totalmente oponível à instituição de crédito.

De acordo com a jurisprudência do Tribunal enunciam-se um certo número de critérios para que uma medida possa ser aplicável ao prestador de serviços [150]:
- ser de interesse geral [151];
- não ser discriminatória;
- ser objectivamente necessária;
- ser proporcional ao objectivo prosseguido.

Como critérios adicionais, refira-se a necessidade de que o interesse geral não seja salvaguardado pelas regras a que o prestador esteja já sujeito no Estado-Membro em que se encontre estabelecido, e, por último, é ainda imperativo que a restrição diga respeito a um domínio não harmonizado. Por exemplo, as matérias respeitantes a fundos próprios, rácio de solvabilidade, garantia dos depósitos e grandes riscos não estarão sujeitas às disposições relativas ao interesse geral de um Estado-Membro. Na verdade, o nível de harmonização atingido pelas directivas determina aquilo a que se poderá designar por «interesse geral comunitário».

Pelo exposto, ao prever que o exercício das actividades realizadas em regime de prestação de serviços apenas são restringidas pelas

---

[150] Neste contexto, poderá levantar-se a seguinte questão: desde a entrada em vigor da Segunda Directiva, um Estado-Membro de acolhimento pode impor o respeito por parte de uma instituição de crédito, que opere ao abrigo de uma licença única, das mesmas disposições de interesse geral quer a instituição exerça a sua actividade através de sucursal ou em regime de livre prestação de serviços?

De acordo com o acórdão *Sager* (acórdão de 25 de Julho de 1991, processo C-76/90, Colectânea de Jurisprudência do Tribunal, pág. I-195), o Tribunal de Justiça entendeu que: "*a livre prestação de serviços, enquanto princípio fundamental do Tratado, não pode ser limitada senão por disposições legais justificadas por razões imperiosas de interesse geral e que se apliquem a qualquer pessoa ou empresa que exerça uma actividade no território do Estado destinatário, na medida em que esse interesse não esteja já salvaguardado pelas regras às quais o prestador de serviços está sujeito no Estado-Membro em que está estabelecido. Em especial, aquelas exigências devem ser objectivamente necessárias para garantir a observância das regras profissionais e assegurar a protecção do destinatário dos serviços e não devem ultrapassar o estritamente necessário para atingir aqueles objectivos*".

[151] Ainda não se definiu o que se entende por interesse geral, porém, a utilização das razões referidas no artigo 36.º do Tratado para a sua concretização parece ser incorrecta. Esta norma é de natureza excepcional relativamente aos artigos 30.º e 34.º do Tratado. Cfr., sobre esta matéria, JOSÉ CALHEIROS, op. cit.., pág. 213 e ss..

disposições de interesse geral do país de acolhimento, a Segunda Directiva Bancária não introduz qualquer inovação relativamente à jurisprudência do Tribunal de Justiça. Com efeito, o Tribunal considerou que mesmo uma disposição não discriminatória do país de acolhimento pode ser derrogada em benefício de um prestador de serviços, caso se determine que a mencionada disposição não é de interesse geral ou, se o for, que não é necessária ou proporcional ao objectivo prosseguido.

1.1. Respeito do interesse geral por parte de uma sucursal

A Segunda Directiva ao referir a noção de interesse geral em conexão com a actividade de uma sucursal constituiu um avanço relativamente a jurisprudência do Tribunal de Justiça.

Naquela altura, a jurisprudência do Tribunal, relativa ao direito de estabelecimento, assentava no princípio da completa sujeição do operador económico às disposições legais do país em que se encontra estabelecido, salvo se demonstrado que as referidas disposições eram discriminatórias.

Desta forma, o Tribunal enunciava o artigo 52.º do Tratado como uma mera medida de não discriminação, ou seja, que um cidadão ou uma sociedade comunitária (na acepção do artigo 58.º do Tratado) não podia fazer valer esse artigo para contrariar uma disposição de um outro Estado-Membro que restringisse a sua liberdade de estabelecimento, a não ser no caso de essa disposição dar origem a uma discriminação baseada na nacionalidade, ou na localização da sede, no caso das sociedades [152].

Porém, o Tribunal admitiu duas interpretações mais flexíveis deste princípio. Considerou, em primeiro lugar, que as normas relativas ao princípio da igualdade de tratamento proibiam, também, todas as formas de discriminação dissimuladas que, aplicando critérios de distinção diversos, se corporizavam em medidas de efeito equivalente,

---

[152] Cfr., por exemplo, acórdão de 12 de Fevereiro de 1987, *Comissão vs. Bélgica*, processo 221/85, *Colectânea*, pág. 719; acórdão de 12 de Novembro de 1987, *Conradi*, processo 198/86, *Colectânea*, pág. 4469.

conduzindo efectivamente ao mesmo resultado [153]. Perante isto, o Tribunal procedeu a uma abertura da sua jurisprudência, entendendo inicialmente, no acórdão *Vlassopoulou* [154], que: "*as condições nacionais de qualificação, mesmo se aplicadas sem discriminação relativa à nacionalidade, podem ter como efeito entravar o exercício, por parte dos nacionais dos outros Estados-membros, do direito de estabelecimento, que lhes é assegurado pelo artigo 52.º do Tratado*".

Esta acórdão, embora não tratando de uma matéria relacionada ao interesse geral, impunha ao Estado-Membro a obrigação de efectuar uma análise comparativa dos diplomas académicos detidos pelo cidadão comunitário sobre as qualificações exigidas pela sua própria legislação.

Esta fase de conceptualização, foi ultrapassada inicialmente no acórdão *Ramrath* [155], e sobretudo no acórdão *Kraus* [156], onde o Tribunal afirmou que o artigo 52.º do Tratado é oponível a uma medida nacional que, mesmo não sendo discriminatória, é "*susceptível de dificultar ou tornar mais atractivo o exercício por parte dos cidadãos comunitários (...) das liberdades fundamentais garantidas pelo Tratado. Só não seria assim se essa medida prosseguisse um objectivo legítimo compatível com o Tratado, que se justificasse por razões imperiosas de interesse geral. Mas seria necessário (...) que a aplicação da regulamentação nacional em causa fosse adequada para garantir a realização do objectivo prosseguido e não ultrapassasse o necessário para o atingir*".

É facilmente verificável que, nos termos desta nova corrente jurisprudencial, o Tribunal se afasta, na matéria respeitante às quali-

---

[153] Cfr., por exemplo, acórdão de 12 de Abril de 1994, *Halliburton*, processo C-1/93, *Colectânea*, pág. 1137; acórdão de 13 de Julho de 1993, *Commerzbank*, processo C-330/91, *Colectânea*, pág. I-4017.

[154] Acórdão de 7 de Maio de 1991, *Vlassopoulou*, processo C-340/89, *Colectânea*, pág. I-2357; acórdão de 7 de Maio de 1992, *Colegio Oficial*, processo C-104/91, *Colectânea*, pág. I-3003.

[155] Acórdão de 20 de Maio de 1992, *Ramrath*, processo C-106/91, *Colectânea*, pág. I-3351.

[156] Acórdão de 31 de Março de 1993, *Kraus*, processo C-19/92, *Colectânea*, pág. I-1663.

ficações profissionais necessárias ao acesso a uma actividade [157], da sua jurisprudência tradicional, que se cingia à estrita igualdade de tratamento. Adoptando esta nova postura, o Tribunal parte do princípio de que qualquer restrição é contrária ao disposto no artigo 52.º do Tratado, excepto se for do interesse geral, necessária e proporcionada.

Relativamente, às condições de exercício de uma actividade mediante estabelecimento, o Tribunal mantém a sua jurisprudência clássica, ou seja, um Estado-Membro pode ainda, em princípio, impor no seu território condições diversas das que vigoram no Estado de origem para o exercício da actividade, desde que não sejam discriminatórias.

No domínio da actividade bancária, esta questão deixou de se colocar: a Segunda Directiva Bancária vai mais longe que a jurisprudência do Tribunal.

Este instrumento normativo prevê o reconhecimento mútuo das actividades enumeradas no anexo, exercidas quer em regime de livre prestação de serviços quer através de uma sucursal, indistintamente [158], sem prejuízo das disposições relativas ao interesse geral do país de acolhimento.

1.2. Condições de imposição das disposições relativas ao interesse geral do país de acolhimento.

Da articulação da Segunda Directiva com a jurisprudência do Tribunal em matéria de interesse geral, retira-se a conclusão que qualquer medida nacional, não discriminatória, restritiva de uma actividade bancária que beneficie do reconhecimento mútuo, exercida através de uma sucursal ou em regime de prestação de serviços, deve, para que possa ser imposta legitimamente à instituição de crédito comunitária: ser justificada por razões de interesse geral, ser neces-

---

[157] Em sentido diverso, ou seja, que o critério do interesse geral é somente aplicável às condições de exercício das actividades e não cumulativamente às condições de acesso, José Maria Calheiros in, op. cit., pág. 202.

[158] A não ser no procedimento de notificação, mais pormenorizado para o estabelecimento de uma sucursal (artigo 19.º), e as obrigações de prestação de informações, aplicáveis unicamente às sucursais (artigo 21.º).

sária e proporcionada, e não constituir uma duplicação das normas do país de origem [159].

O Tribunal reconheceu, enunciativamente, os seguintes domínios como abrangidos pelo interesse geral: as regras profissionais do destinatário dos serviços [160]; a protecção dos trabalhadores [161], incluindo a protecção social; a defesa dos consumidores [162]; a preservação da boa reputação do sector financeiro nacional [163]; a prevenção da fraude [164]; a ordem social [165]; a protecção da propriedade intelectual [166]; a política cultural [167]; a conservação do património histórico e artístico nacional [168]; a coerência fiscal [169]; a segurança rodoviária [170]; a protecção dos credores [171] e a protecção da boa administração da justiça [172] [173].

---

[159] Se a restrição for de natureza discriminatória, apenas poderá ser justificada com base nos motivos estabelecidos no artigo 56.º do Tratado, ou seja, ordem pública, segurança pública e saúde pública, que, por maioria de razão, reforçarão a lista dos domínios abrangidos pelo interesse geral Sobre este assunto, consultar: acórdão de 4 de Maio de 1993, *Federation de Distribuidores Cinematograficos*, processo C-17/92, Colectânea, pág. I-2239.

[160] Acórdão de 18 de Janeiro de 1979, *Van Wesemael*, processo 110/78 e 111/78, Col. pág. 35 e ss..

[161] Acórdão de 17 de Dezembro de 1981, *Webb*, processo 279/80, Col. pág. 3305 e ss..

[162] Acórdão de 4 de Dezembro de 1996, *Guiot*, processo C-272/94, Col. pág. I-1905.

[163] Acórdão de 10 de Maio de 1995, *Alpine Investments BV*, processo C-384/93, Col. pág. I-1141.

[164] Acórdão de 24 de Março de 1994, *Schindler*, processo C-275/92, Col. pág. 1039.

[165] Ibidem.

[166] Acórdão de 18 de Março de 1980, *Coditel*, processo 62/79, Col. pág. 881.

[167] Acórdão de 25 de Julho de 1991, *Mediawet*, processo C-353/89, Col. pág. 833.

[168] Acórdão de 26 de Fevereiro de 1991, *Comissão contra Itália*, processo C-180/89, Col. pág. 709.

[169] Acórdão de 28 de Fevereiro de 1992, *Bachmann*, processo C-204/90, Col. pág. 249.

[170] Acórdão de 5 de Outubro de 1994, *van Shaik*, processo C-55/95, Col. pág. I-4837.

[171] Acórdão de 12 de Dezembro de 1996, *Reiseburo Broede*, processo C-3/95, ainda não publicado.

[172] Ibidem.

[173] Parecer do Comité Económico e Social sobre o «Projecto de comunicação da Comissão: "A liberdade de prestação de serviços e o interesse geral no âmbito da segunda directiva bancária" in JOCE n.º C204/66, de 15 de Junho de 1996.

Não obstante, a diferente natureza da livre prestação de serviços e da liberdade de estabelecimento poderá alterar a aplicação uniforme destas regras. O próprio Tribunal de Justiça reconheceu que o prestador de serviços deve evoluir num quadro jurídico menos restritivo e mais flexível do que o estabelecimento, pelo que a mesma restrição imposta com base no interesse geral poderá, dependendo das circunstâncias, considerar-se proporcionada relativamente a uma sucursal, mas desproporcionada em relação a um prestador de serviços [174].

1.3. Articulação com a Convenção de Roma

Toda esta problemática está estreitamente relacionada com a lei aplicável aos contratos bancários.

A determinação desta lei permite definir o direito material regente do serviço proposto, nomeadamente quanto aos seus requisitos de validade e de eficácia. Porém, no actual enquadramento jurídico, onde inexiste um direito material harmonizado, e tendo em consideração que a Segunda Directiva Bancária não prevê princípios específicos, é normal e conveniente a remissão para a Convenção de Roma de 19 de Junho de 1980 [175].

Esta convenção unificou as regras que orientam os conflitos de leis entre os Estados contratantes, expondo os princípios que permitem designar, caso as partes não o tenham feito, a lei aplicável a uma obrigação contratual.

Ora, o exercício dos princípios de determinação da lei aplicável poderão, eventualmente, entrar em conflito com o princípio do reconhecimento mútuo das actividades bancárias, tendo este princípio para a aplicação da legislação do país do prestador do serviço, sob

---

[174] No acórdão *Sager*, o Tribunal fez notar que um Estado-Membro: "não pode sujeitar a realização da prestação de serviços no seu território à observância de todas as condições exigidas para um estabelecimento, sob pena de privar de qualquer efeito útil o disposto no Tratado com o objectivo precisamente de assegurar a livre prestação de serviços" (acórdão de 25 de Julho de 1991, *Sager*, processo C-76/90, Colectânea, pág. I-195).

[175] Convenção sobre a lei aplicável às obrigações contratuais, 80/934/CEE, JO CE n.º L 266/1, de 9 de Outubro de 1980.

reserva do respeito das disposições relativas ao interesse geral do país de acolhimento, desde que estas preencham os critérios referidos.

Estas divergências, baseadas nas diferentes finalidades dos dois instrumentos, poderiam originar, por exemplo, que a aplicação dos princípios consagrados na Convenção de Roma levasse a que quando é concluído um contrato com um consumidor, um tribunal designe automaticamente como lei aplicável a um contrato bancário a lei do país do consumidor, ou seja, o país de acolhimento, criando-se um conflito com o princípio do reconhecimento mútuo, com base na qual somente as disposições relativas ao interesse geral do país de acolhimento que satisfaçam os critérios definidos pelo Tribunal são oponíveis ao prestador. Contudo, em caso de conflito sobre a lei aplicável, a solução residiria no direito comunitário: a Convenção de Roma, no seu artigo 20.º, reconhece o primado deste ordenamento jurídico [176].

1.4. Conclusões

Face ao entendimento assente nas normas de interesse geral, é facilmente verificável que uma actividade não pode ser exercida nos mesmos termos no país de origem e no país de acolhimento e, é evidente que o direito civil, penal, fiscal ou social do país de acolhimento se aplicam à sucursal e ao prestador de serviços estrangeiro, evidentemente, dentro dos limites da harmonização comunitária e da jurisprudência do Tribunal de Justiça.

Todavia, na esteira do acórdão *Sager*, sobre a livre prestação de serviços, e *Gebhard*, relativo à liberdade de estabelecimento, mesmo

---

[176] A Comissão, no seu Projecto de Comunicação da Comissão relativa à liberdade de prestação de serviços e o interesse geral no âmbito da segunda directiva bancária, citada, considera necessário um raciocínio em três fases, para que o princípio do reconhecimento mútuo possa ter plenos efeitos:
 - primeira fase: determinação da lei aplicável com base na Convenção de Roma;
 - segunda fase: o resultado obtido constitui um obstáculo ao reconhecimento mútuo?
 - terceira fase: em caso de resposta negativa - aplicação da lei do país de acolhimento; em caso de resposta positiva - aplicação da lei do país de acolhimento apenas se esta puder ser justificada por um objectivo de interesse geral e se forem preenchidas as condições estabelecidas pelo Tribunal.

as restrições não discriminatórias aplicáveis ao próprio serviço (características intrínsecas, tais como: os custos, as taxas, a duração e as cláusulas contratuais; e as técnicas financeiras que lhes estão subjacentes) ou à forma como é comercializado (publicidade, angariação, etc.) devem, para serem impostas validamente à instituição de crédito comunitária, estar em conformidade com os critérios avaliadores do interesse geral (não discriminação, ausência de harmonização prévia, presença de uma razão imperativa de interesse geral, não duplicação, necessidade e proporcionalidade), seja o serviço prestado por uma sucursal ou em regime de livre prestação de serviços. Embora, como se referiu oportunamente, a apreciação não se efectue em termos idênticos nestas duas matérias.

1.5. O acórdão Keck

O acórdão *Keck and Mithouard* [177] representou uma viragem no entendimento do Tribunal de Justiça. Esta alteração baseou-se no facto de o Tribunal pretender acabar com a "chuva" de apelos por parte de operadores económicos quanto a situações que pouco, ou nada, tinham a haver com a livre circulação de bens. Referiu que: contrariamente a tudo o que havia sido decidido anteriormente, a aplicação de normas nacionais restritivas ou proibitivas de práticas comerciais a produtos provenientes de outros Estados-membros não é suficiente para afectar, directa ou indirectamente, potencialmente ou perceptivamente, o comércio entre os Estados-membros no sentido do estabelecido no acórdão *Dassonville*, desde que essas disposições se apliquem a todos os operadores situados num território nacional e que afectem, da mesma forma, de facto e de direito, as práticas comerciais dos produtos domésticos e dos produtos importados. Quando essas condições estivessem preenchidas, a aplicação dessas regras à venda dos produtos provenientes de outro Estado-Membro não tinham a natureza de impedir o acesso ao mercado, caindo fora do âmbito de aplicação do artigo 30.º do Tratado.

No acórdão *Keck*, o Tribunal de Justiça restringiu a aplicação da sua jurisprudência, iniciada pelas decisões *Dassonville* e *Cassis de*

---

[177] Processos conjuntos C-267/91 e C-268/91, Colectânea I - 6097 (1993)

Dijon, ao campo da regulação de produtos. Assim, o teste da proporcionalidade, essencial para a qualificação da regra como restritiva, é simplesmente aplicável quando as regras que estabelecem os requisitos a atingir por esses produtos (requisitos de designação, forma, tamanho, peso, composição, apresentação, etiquetagem, embalagem) são aplicados a bens de outros Estados-membros, comercializados no espaço nacional.

Consequentemente, a *ratio* da decisão assenta na distinção entre "regras relacionadas com os produtos" e " regras relacionadas com as técnicas de venda". As "regras relacionadas com os produtos" têm inequivocamente um efeito potencial mais impeditivo do comércio intra-comunitário que as normas nacionais relativas às "técnicas de vendas", que, no entendimento do Tribunal, deixam de afectar o artigo 30.º do Tratado, seja qual for o seu conteúdo.

A concretização desta jurisprudência, constante no campo da livre prestação de serviços, traria consequências gravíssimas na análise da regulamentação comunitária do sector bancário, uma vez que as normas distorcivas da concretização plena do Mercado Único, pelas características próprias do sector, assentam precisamente na regulamentação das práticas comerciais, e muito raramente nas características dos produtos.

Sob pena desta jurisprudência invalidar tudo o que foi dito quanto à concretização plena do Mercado Único no sector bancário, e tendo em consideração o campo específico dos serviços, em geral, e dos serviços financeiros, em especial, interessará sobremaneira a apreciação da jurisprudência do Tribunal neste campo, sem prejuízo das apreciações doutrinárias sobre a situação.

O acórdão paradigmático para efectuar essas avaliação é o acórdão *Alpine Investiments* [178]. Nesta situação concreta, uma sociedade financeira, a *Alpine Investiments* B.V., de direito holandês, fornecia serviços na área da gestão de carteiras, consultoria financeira e transmissão de ordens de bolsa dos clientes para corretores situados no interior e exterior da Comunidade Europeia. Apesar de não ter estabelecimento no exterior da Holanda, detinha, ao abrigo da livre

---

[178] Acórdão de 10 de Maio de 1995, *Alpine Investiments BV*, processo C-384/93, Col. pág. I-1141.

prestação de serviços, clientes na Bélgica, França e Reino Unido. Entretanto, o Ministério das Finanças holandês emitiu um decreto proibindo a efectivação de chamada telefónicas não solicitados com o objectivo de angariação de clientes (*cold callings*) no seu território nacional. Devido a diversas queixas, entretanto recebidas, as autoridades holandesas estenderam a proibição às prestações de serviços extra-fronteiriças, utilizando como argumento a defesa da reputação do sector financeiro holandês. A *Alpine Investments* objectou esta medida no Tribunal Administrativo, que a encaminhou, a título prejudicial, ao Tribunal de Justiça, de forma a este a analisar à luz do artigo 59.º do Tratado.

O Tribunal de Justiça considerou que o artigo 59.º do Tratado era aplicável, cobrindo a situação através da qual o fornecedor de serviços angaria clientes potenciais (mesmo não identificáveis a *priori*) sem sair do território onde está estabelecido. De seguida, considerou que a proibição de *"cold-callings"* poderia constituir uma restrição à liberdade de prestação de serviços dado que "privava os operadores afectados de uma rápida e directa técnica de marketing relativamente a potenciais clientes situados no território de outros Estados-membros"[179].

Esta simples observação permite observar a abertura do Tribunal de Justiça para os problemas que o fornecimento de serviços numa amplitude transfronteiriça acarreta, quando estão envolvidos meios de telecomunicações, pois estes são de fundamental importância para a angariação de clientes e é decisiva para a concretização do Mercado Único nos serviços financeiros, não aplicando a jurisprudência do acórdão *Keck*, nem efectuando qualquer teste (formal ou substancial) de proporcionalidade.

Estas não são as únicas razões para aplaudir esta decisão, baseada não num formalismo estrito mas num juízo económico orientado para o mercado relativamente ao seu acesso. Como se referiu anteriormente, o substracto da actividade financeira, e o seu fundo de inovação, é limitado às técnicas de comercialização, sendo difícil, muitas vezes, efectuar uma distinção entre regras relacionadas com os

---

[179] Acórdão *Alpine*, citado, para. 28.

produtos e regras relacionadas com os métodos de comercialização dos mesmos [180] [181].

2. SERVIÇOS DE INTERESSE ECONÓMICO GERAL NO SECTOR BANCÁRIO

2.1. Declaração do Conselho Europeu, de 18 de Junho de 1997

A questão da prestação de serviços de interesse económico geral por parte de bancos adquiriu nos últimos tempos uma grande importância. Foi adoptada no Conselho Europeu de Amesterdão, no dia 18 de Junho de 1997, uma declaração sobre instituições bancárias públicas alemãs, referindo a aceitabilidade por parte do Conselho Europeu da posição, segundo a qual, as acções para a compensação de instituições bancárias por custos incorridos na montagem de infra-estruturas financeiras em regiões mais desfavorecidas são uma questão de organização interna dos Estados-membros. Essa declaração refere, de seguida, que essas facilidades não poderão afectar adversamente a concorrência numa extensão que vá além do necessário para o desempenho das tarefas referidas.

Esta declaração do Conselho foi baseada na confirmação, por parte da Comissão, de que as regras actuais do Tratado são suficientes para legitimar a condução, por parte de entidades bancárias, de operações qualificadas como de interesse económico geral.

O texto refere particularmente as instituições bancárias públicas alemãs. No entanto, de acordo com os princípios regentes do direito comunitário, tal deverá ser entendido como sendo aplicável, também,

---

[180] No que diz respeito ao caso concreto de angariação, o Tribunal de Justiça referiu que um Estado-Membro pode, sem infringir o disposto no artigo 59.º do Tratado, proibir, por motivos de defesa do consumidor e de preservação de boa reputação do sector financeiro, a um operador económico, a prática das chamadas telefónicas não solicitadas.

[181] Importa, igualmente, estudar o impacto da jurisprudência baseada no acórdão *Keck* na liberdade de estabelecimento. O acórdão *Bosman* veio, nesse campo, acolher a perspectiva extravasada no acórdão *Alpine Investiments*.

não só às instituições privadas alemãs, bem como a todas as instituições públicas e privadas dos restantes Estados-Membros [182].

Talvez por esta razão, o Conselho Europeu mandatou a Comissão no sentido de examinar eventuais situações similares nos restantes Estados-Membros.

2.2. *Artigo 86.º n.º 2 do Tratado*

A declaração do Conselho Europeu veio despertar uma problemática que já a algum tempo se encontrava suspensa. A aplicação do conceito de interesse económico geral não se limita, naturalmente, à concretização de infra-estruturas financeiras eficientes. O âmbito de amplicação potencial é muito mais alargado. O próprio conceito evolui com o tempo, principalmente se tivermos em consideração a própria evolução do mercado interno.

Relembre-se que o n.º 2 do artigo 86.º [183] prevê a possibilidade de intervenção dos Estados-Membros em operações destinadas ao fornecimento de serviços de interesse económico geral, excepcionando o princípio base de proibição de auxílios de Estado, justaposto no n.º 1 do artigo 86.º, desde que satisfeitas algumas condições: (1) o serviço em causa deverá prosseguir o interesse económico geral e deverá ser definido, em termos precisos, pelo Estado-Membro (assegurando a respectiva publicidade e transparência); (2) a empresa em causa deverá ser encarregada formalmente pelo Estado-Membro para a prestação desse serviço (princípio da responsabilização subjectiva); (3) a aplicação das normas da concorrência terão de fazer perigar o sucesso da prestação desse serviço (porém, o juízo da proporcionalidade da excepção tem aqui um papel fundamental); (4) a excepção não poderá afectar o desenvolvimento do comércio no interior da União numa extensão que seja contrária ao interesse da Comunidade (deverá ser assegurada a aplicação do princípio do mínimo).

---

[182] Tal retira qualquer alcance à limitação redaccional constante na declaração (sem qualquer sentido, tendo em consideração as mais básicas normas comunitárias que estabelecem o princípio da não-discriminação), bem como às declarações subsequentes efectuadas pela Áustria e pelo Luxemburgo, referindo que a declaração sobre instituições bancárias públicas era igualmente aplicável às instituições dos seus países.

[183] Era o artigo 90.º, antes da entrada em vigor do Tratado de Amesterdão.

Porém, em matéria de aplicação do n.º 2 do artigo 86.º, de um aspecto existe a certeza: a sua aplicação não deverá ser efectuada em abstracto, antes exige a indagação concreta e casuística das operações levadas a cabo pelas instituições bancárias.

É, ainda, essencial ter em consideração as restantes normas do Tratado, principalmente, as referentes à livre circulação de capitais, à livre prestação de serviços e aos auxílios de Estado.

Nos termos dos artigos 2.º e 3.º do Tratado, a Comunidade atingirá os seus objectivos através do estabelecimento de um mercado comum e de uma União Económica e Monetária e pela implementação de certas políticas e actividades comuns. Toda a arquitectura do Tratado radica, pois, no desenvolvimento de um modelo de mercado e de políticas comuns, assente em intervenções dinâmicas ao nível da Comunidade e ao nível dos Estados-Membros, reguladas essencialmente pelo princípio da subsidiariedade, no sentido da construção do modelo social europeu [184].

Repara-se, então, que em nenhuma sede se identifica o conteúdo objectivo do conceito de interesse económico geral. De facto, os Estados-Membros são, em princípio, livres na atribuição dessa qualificação. Porém, o âmbito de liberdade não é total, dado que a Comissão, de acordo com o n.º 3 do artigo 86.º, deverá assegurar a correcta aplicação das excepções. Nestes termos, a Comissão deverá verificar a natureza do serviço em causa e indagar da praticabilidade do próprio mercado poder satisfazer, por si só, essas necessidades [185].

---

[184] O novo artigo 7.º D do Tratado dispõe que, sem prejuízo do disposto nos artigos 77.º, 90.º e 92.º (anterior numeração) e tendo em consideração a posição ocupada pelos serviços de interesse económico geral nos valores comuns da União bem como o seu papel na promoção da coesão territorial e social, a Comunidade e os Estados-membros, dentro dos seus respectivos poderes e do âmbito de aplicação do Tratado, deverão cuidar no sentido de que esses serviços sejam prestados na base dos princípios e condições que lhes permitam atingir esses objectivos. A limitação de acção é essencial: a prestação dessas utilidades não deverá ser efectuada de forma a fazer perigar os objectivos essenciais do Tratado, sob pena da acção excepcionada poder ter efeitos mais gravosos que o *status quo ante*.

[185] Daqui poderão advir duas situações diferenciadas: (1) a compensação atribuída gozará de uma presunção de que não reveste a figura de auxílio de Estado pois foi atribuída a empresas que foram seleccionadas para a prestação desse serviço de uma forma objectiva e clara; (2) nas restantes hipóteses, a compensação será

2.3. Os serviços de interesse económico geral no sector bancário

Poderão distinguir-se três tipos básicos de actividades susceptíveis de revestir esta qualificação:
- o fornecimento de infra-estruturas financeiras básicas, que cubram a totalidade de um determinado território desfavorecido;
- a execução de operações específicas por parte de instituições bancárias, substituindo-se aos Estados-Membros;
- a angariação de fundos exclusivamente para os Estados-Membros.

O primeiro grupo de actividades referenciado radica a sua justificação na noção de "serviço universal"[186]. De acordo com um inquérito realizado pela Comissão em 1998, além da Alemanha, somente na Áustria se assiste a uma organização de bancos de poupança que asseguram uma infraestrutura financeira compreensiva. Estes dois países sustentam que tal organização poderá ser qualificada como sendo de interesse económico geral. Também a Suécia afirmou a existência de uma subsidiária bancária dos serviços postais que assegura um sistema de pagamentos a nível nacional, recebendo uma compensação pelos custos em que incorre pela manutenção de balcões em zonas de reduzida densidade populacional. Neste último caso, assiste-se à qualificação como serviços económico de interesse geral de um determinado tipo de operações, e não à própria organização, como acontece nos dois primeiros casos.

O segundo grupo referido diz respeito a determinados serviços prestados pelas instituições bancárias. Incluem-se, neste âmbito: a) a promoção de pequenas e médias empresas; b) a concessão e garantia de créditos à exportação; c) a concessão de financiamentos para a habitação social; d) o financiamento das autoridades municipais; e) o financiamento de infra-estruturas; f) o financiamento do desenvolvimento regional. Nalguns Estados-Membros, a operação em causa

---

qualificável como auxílio de Estado, podendo ser considerada compatível se respeitar as condições previstas no n.º 2 do artigo 86.º. Neste último juízo, é essencial o respeito do princípio da proporcionalidade: a compensação atribuída deverá ser equivalente ao real custo do serviço prestado. Só assim o comércio comunitário não será afectado numa dimensão contrária aos princípios comunitários.

[186] Cfr. M. NICOLAS e S. RODRIGUES "Dictionnaire économique e juridique des services publiques en Europe", colecção ISUPE, ASPE Europe, Paris (1998).

é atribuída a uma multiplitude, ou a todas as instituições bancárias [187]. Porém, na grande maioria das ocasiões, a missão é atribuída a uma instituição especializada, criada especialmente para esse propósito. Parece claro que, nos casos acima referidos, a instituição bancária auxilia o Estado na prossecução de objectivos específicos. Porém, é duvidoso que a função de simples distribuição seja potencialmente qualificável como revestindo interesse económico geral, pois este conceito obriga a um conteúdo funcional objectivo, enquanto que essas funções são meramente instrumentais. No entanto, em qualquer das hipóteses, os requisitos previstos no n.º 2 do artigo 86.º deverão ser respeitados [188].

Finalmente, na terceira situação, encontram-se as instituições bancárias constituídas tendo simplesmente como objectivo a angariação de recursos para financiamento público [189]. Nestas condições, a qualificação poderá ficar assegurada se todas as vantagens advenientes forem aplicadas no financiamento de finalidades soberanas, ou seja, do sector público não comercial [190].

3. TRATAMENTO FAVORÁVEL/DESFAVORÁVEL DAS ENTIDADES NACIONAIS

3.1. Discriminação às avessas

Uma análise das restrições, ainda existentes, à concretização do Mercado Único no sector bancário não pode ser finalizada sem uma

---

[187] Neste caso, poderá concluir-se que a tarefa em causa poderá ser efectuada sem qualquer intervenção por parte do Estado-Membro. Na visão da Comissão, se todas as instituições puderem exercer essa actividade e receber a mesma compensação, então não existirão problemas para resolver em sede de tutela da liberdade concorrencial.

[188] Qualquer problema relativo à justificação de auxílios de Estado poderá ser resolvido se fôr demonstrado que todas as instituições em causa poderiam competir numa base igualitária à prestação desse serviço.

[189] Por exemplo, em alguns Estados-Membros, as autoridades municipais fundaram conjuntamente algumas instituições bancárias afim de alcançarem financiamentos a taxas de juro mais reduzida.

[190] Não poderá ocorrer qualquer transbordo para actividades comerciais exercidas pelo ente público, nem subsidiações cruzadas.

referência ao problema decorrente da discriminação "à rebours"[191], ou discriminação às avessas.

Toda esta problemática assenta na repartição horizontal de competências de regulação e supervisão entre a Comunidade e os Estados-membros, cabendo à Comunidade a definição do *"level playing field"* e aos Estados a supervisão das instituições bancárias cujo estabelecimento principal se situe no seu território. Nesta segunda situação nada impedirá que o Estado introduza controlos mais exigentes, dando origem a este tipo de fenómenos.

Tal como enunciado por JOSÉ CALHEIROS [192] e MOITINHO DE ALMEIDA [193], o âmbito do princípio da não discriminação em razão da nacionalidade, definido no artigo 7.º do Tratado, parece não abranger a discriminação dos próprios nacionais relativamente aos nacionais de outros Estados-membros. O princípio da subsidiariedade e o princípio geral de aplicação do direito comunitário às actividades que afectam o tráfego intra-comunitário, e não às questões internas [194], impedem, pura e simplesmente, a apreciações destas situações face ao ordenamento comunitário.

---

[191] KOEN LENAERTS, "L´Egalité de traitement en Droit Communautaire", *Cahiers de Droit Européen* 1-2, 1991, págs. 3 a 41; PATRICE RAMBAUD, "La discrimination à rebours et le droit communautaire: Un mythe juridique?", *Gazette du Palais*, Paris, 5 de Maio de 1992, págs. 339 a 344.

[192] JOSÉ MARIA CALHEIROS, ob. cit.., pág. 146-160.

[193] JOSÉ CARLOS MOITINHO DE ALMEIDA "Direito Comunitário. A ordem jurídica comunitária. As liberdades fundamentais na CEE", Centro de publicações do Ministério da Justiça, Lisboa, 1985, pág. 445.

[194] Sobre o conceito de "situações meramente internas" cfr. BAPTISTA MACHADO, "Lições de Direito Internacional Privado" 3.ª Edição, Coimbra, 1993, págs 10 e 11. Este autor distingue três tipos de situações: situações puramente internas; situações relativamente internacionais e situações absolutamente internacionais. Na primeira situação, não se coloca qualquer problema à aplicação do direito por parte do órgão nacional. A segunda situação é meramente relacional, ou seja, será uma matéria que é da absoluta competência de um Estado terceiro, e também aqui, não existirão grandes dúvidas quanto à aplicação exclusiva do direito interno desse Estado. À terceira situação, absolutamente internacional, será susceptível a aplicação do direito comunitário mas, para o elenco ficar completo, pois a aplicação do direito comunitário não se aplica simplesmente nesta situação limite, deverá prever-se uma quarta situação, de natureza mista, denominada situação relativamente interna e internacional, a ocorrer quando uma situação interna tenha reflexos no tráfego intra-comu-

MARC DASSESSE, admite a possibilidade da discriminação "*à rebours*" ser considerada como incompatível com o Tratado utilizando como base a alínea g) do artigo 3.º, mas acrescenta, logo de seguida, que o Tribunal de Justiça das Comunidades Europeias não iria, provavelmente, acolher esta interpretação [195].

Nestes termos, não existirá em nenhuma parte do ordenamento comunitário, a consagração de um princípio de não-discriminação, em termos negativos, quanto aos nacionais de um Estado-Membro quanto a acções do seu próprio Estado [196].

A pedra basilar para a apreciação jurídica desta questão coloca-se, então, no plano de repartição de competências e não no plano da não discriminação prevista no artigo 6.º do Tratado.

É essencial, nesta sede, relembrar o disposto no artigo 3.º-B do Tratado, onde se estabelece que "a Comunidade actuará nos limites das atribuições que lhe são conferidas e dos objectivos que lhe são cometidos pelo (...) Tratado. Nos domínios que não sejam das suas atribuições exclusivas, a Comunidade intervém apenas, de acordo com o princípio da subsidiariedade, se e na medida em que os objectivos da acção encarada não possam ser suficientemente realizados

---

nitário, e também nestas situações, o ordenamento jurídico competente deverá ser o ordenamento comunitário. Esta hipótese é comum quando se tratam as questões relacionadas com o direito da concorrência e os desvios de comércio, e é apenas nesta hipótese que se colocam os problemas decorrentes da possibilidade de efectivação de uma discriminação às avessas: somente aqui se poderá encontrar um elemento de conexão entre a ordem jurídica nacional e a ordem jurídica comunitária, para detectar se a situação em causa afecta dos direitos conferidos pelo Tratado.

Uma sinopse da jurisprudência comunitária relativamente a esta matéria poderá ser encontrada em JOSÉ MARIA CALHEIROS, citado, págs. 149 a 155.

[195] MARC DASSESSE, "Serviços Bancários de retalho em 1992", Revista da Banca, n.º 9, pág. 107.

[196] Concordamos com SÉRGIO GONÇALVES DO CABO, quando afirma: "como o âmbito de aplicação do princípio da igualdade em direito comunitário se refere a situações que relevem da ordem jurídica comunitária (cfr. artigo 6.º do TUE) não haverá que procurar nele uma proibição para o exercício das competências nacionais em matéria de regulação das actividades económicas. Seria ir longe demais no actual estado de integração, erigir o princípio da não-discriminação contido no artigo 6.º do TUE numa espécie de princípio constitucional da igualdade entre ordens jurídicas, ou de proibição de regras nacionais mais exigentes. Que elas podem existir resulta desde logo do artigo 100.º-A, n.º 4 e do artigo 130.º-T do TUE".

pelos Estados-membros e possam, pois, devido à dimensão ou aos efeitos da acção prevista, ser melhor alcançados ao nível comunitário. A acção da comunidade não deve exceder o necessário para atingir os objectivos (...) do Tratado."

A aceitação de uma proibição jurídica da discriminação "*à rebours*" equivaleria à negação dos princípios básicos em que assenta o direito comunitário e a competência da Comunidade, a saber, o princípio da especificidade, da subsidiariedade e da proporcionalidade.

Porém, na prática, a questão revelou-se falsa. A acção dos Estados-membros, em nenhum momento e em nenhum lugar prejudicou, inserindo restrições, o desenvolvimento concorrencial das suas instituições bancárias. Pelo contrário, todos os Estados-membros tentaram, por via de derrogações [197] e, por vezes, mediante transposições insuficientes das directivas comunitárias, fornecer um nível de protecção.

3.2. Concorrência entre ordens jurídicas

O problema real não assenta na discriminação às avessas, mas na concorrência entre ordens jurídicas (*competition among regulators*) [198]. O novo enquadramento concorrencial global a nível micro-

---

[197] Veja-se o caso da derrogação corporizada na permissão de uma limitação das provisões a 50% até 1999 em operações de crédito imobiliário comercial concedida aos bancos imobiliários alemães e austríacos.

[198] Não concordamos com SÉRGIO DO CABO, "Integração Económica Comunitária do Sector Segurador", policopiado, (1994), págs. 196 e ss., quando refere que "a concorrência entre ordens jurídicas só se verifica nas áreas onde opera o reconhecimento mútuo. Nas áreas onde funciona a harmonização mínima, essa concorrência, em princípio, não se verifica.". No nosso entendimento, mesmo onde haja harmonização mínima, poderá verificar-se concorrência entre ordens jurídicas por duas razões fundamentais:
- Se a função da legislação comunitária for no sentido de fixar uma obrigação que estabeleça um conteúdo mínimo de regulação numa determinada área, então, a transposição nacional das directivas não poderá conter um tratamento mais privilegiado. Porém, se a harmonização, que também é mínima, for efectuada tendo como escopo a fixação de um qualquer conteúdo regulamentar máximo, então existirá liberdade de conformação, e, consequentemente, uma concorrência entre ordens

-económico resultante do mercado interno no sector bancário, a nível comunitário e da globalização dos mercados potencia, no sentido do alcance de maiores vantagens competitivas, a concorrência entre os ordenamentos jurídicos dos diversos Estados-membros. Esta situação, na União Europeia, decorreu essencialmente do processo de desregulamentação/re-regulamentação, que estabeleceu um *"level playing field"* no mercado das instituições de crédito e sociedades financeiras, tendo-se eliminado a grande maioria das barreiras jurídicas de acesso ao mercado, específicas do sector, anteriormente vigentes.

Ao nível global, a internacionalização dos mercados e as melhorias acentuadas nos meios de comunicação informáticos fomentaram, igualmente, um nível de integração e de condições concorrenciais elevado.

O mercado bancário é paradigmático quanto a estas matérias. Quer a nível global, quer a nível comunitário, os Estados-membros tentam retirar o máximo de vantagens possíveis para assegurar a competitividade das suas instituições, e não para as discriminarem negativamente numa situação de concorrência externa.

Isto compara-se no método de transposição de directivas que fixam conteúdos máximos e, principalmente, na matéria laboral e fiscal [199].

---

jurídicas, que tendencialmente acabará por nivelar esse quadro regulamentar num nível zero;

- Não sendo os sistemas jurídicos compartimentados, mesmo no caso de fixação de um quadro regulamentar mínimo, existirá sempre a tendência para conceder um tratamento privilegiado às instituições nacionais numa área limítrofe.

[199] A concorrência entre normas jurídicas tem, na esfera das instituições de crédito e sociedades financeiras, especial importância em sede de ordenamento fiscal.

Esta perspectiva macroeconómica suscita questões no plano da tributação da actividade. Sendo um sector horizontal, sem autonomia específica ao nível do direito fiscal, dado que as instituições financeiras se moldam no âmbito de incidência do imposto sobre o rendimento, do imposto sobre a despesa e do imposto sobre o património, estará especialmente sujeito aos equilíbrios e à evolução desses sistemas de impostos. Neste sentido, será necessário, dada a importância do sector na economia e para a economia, efectuar uma análise integrada do mesmo. Este procedimento, há primeira vista evidente, irá efectuar-se, pela primeira vez, na nossa história.

Por outro lado, não serão simplesmente salientadas as implicações ao nível substantivo mas igualmente os procedimentos adjectivos. Pelo que, e nesta última área, será fundamental um processo de concertação firme e contínuo com a autori-

Numa apreciação comunitária, importa referir que a ordem jurídica não é compartimentalizável. E, numa situação de União Económica e Monetária, que não é uma união económica, não existe integração a nível das políticas económicas, mas simplesmente uma mera coordenação, a desarmonização fiscal gerará uma erosão da base tributável, já visível na tributação da poupança e dos juros, devido às práticas de concorrência fiscal desenvolvidas por alguns países da União. Este é um indicador da acção das autoridades nacionais neste campo, porém, não poderia ser mais paradigmático.

4. CONCLUSÕES

O principal objectivo da instituição do mercado único foi o de modificar o ponto focal das estratégias bancárias, que num ambiente fechado e protegido tende para a concertação e atenuação dos níveis

---

dade supervisora, uma vez que os requisitos prudenciais estão intimamente relacionados com a realidade da tributação.

Uma tributação realista deverá conhecer as relações concorrenciais e as relações com a clientela. Uma correcta percepção deste realidade só poderá ser efectuada em concertação e diálogo permanente com os agentes do mercado.

Neste sentido, o novo enquadramento fiscal deverá atender não só a realidade internacional, altamente concorrencial, (incluindo as questões decorrentes das zonas francas) mas também a realidade interna, nomeadamente, os recentes esforços de investimento e de segmentação do mercado, tendo em atenção das razões de deslocalização do capital, partindo sempre da ideia de que o regime do sigilo bancário não será minimamente afectado pela presente reforma

Porém, a tributação deste sector de actividade não deverá fundar-se unicamente em critérios de eficiência económica. Sendo uma área compreensiva, deverão ser, igualmente, contempladas preocupações de ordem equitativa. Neste campo, poderá mesmo afirmar-se a existência de um *trade-off* eficiência/equidade. A concorrência entre ordenamentos fiscais nacionais incrementará a adopção de uma perspectiva baseada na eficiência. Por seu lado, o elevado nível de tributação dos rendimentos provenientes do trabalho dependente, e o esforço comparativo da sua percepção incitará uma perspectiva baseada na equidade.

Uma vez que o sector assenta na estabilidade estrutural, mais importante do que uma tributação leve poderá ser a durabilidade e a estabilidade dos níveis e tipos de tributação. Nesta área em especial, a previsibilidade, logo, as legítimas expectativas dos contribuintes, deverão revestir uma tutela especial, as decisões financeiras a longo prazo, ancoradas na análise do risco, não poderão ser afectadas pela instabilidade legislativa, também ela fonte de risco por excelência.

concorrenciais, dando maior ênfase ao mercado externo e ao teste contínuo de novos produtos e serviços no mercado, numa palavra, inovação. É, claro que todo o edifício legislativo comunitário foi erigido no sentido de tornar o sector bancário mais competitivo em termos internos e externos, e mais orientado para o mercado e pelo mercado.

É hoje evidente, que os bancos dão mais atenção à eficiência dos seus métodos de gestão, seja em termos de risco, e neste domínio uma gestão competitiva obriga a que se estabeleçam acções na sua fronteira, seja em termos de rentabilização dos capitais próprios. Todas estas alterações comportamentais são potenciadas pela crescente atenção dos accionistas no desempenho do conselho de administração. Em termos de *marketing* estratégico, é presentemente evidente uma especial preocupação com a qualidade do produto e com a prestação do serviço, bem como pela crescente titularização dos activos. Esta última tendência, exercida principalmente por médias e grandes empresas, promove o aparecimento de numerosos bancos de investimento.

A instituição do mercado único consistiu num forte catalisador para estas mudanças, mas não o único. A globalização e as novas tecnologias são igualmente factores enformadores da estratégia decisivos.

Ao nível legislativo aferem-se dois movimentos de natureza distinta mas que tenderam para o mesmo objectivo: a desregulação da estrutura bancária e das regras de conduta e a regulação das normas de supervisão (normas prudenciais). O objectivo básico do primeiro movimento foi o de aumentar os níveis concorrenciais do mercado, porém, na fase de transição de um processo desregulatório os riscos sistémicos aumentam exponencialmente, e por conseguinte, foi necessária a prossecução de um processo regulatório ao nível da supervisão. Nesta área específica, a Comunidade Europeia deu os primeiros passos, a nível mundial, na internacionalização de normas acordadas referentes à adequação do capital e aos grandes riscos.

Uma estrutura bancária desregulada e as regras de conduta adoptadas pressionaram no sentido da diminuição dos lucros, resultado directo do aumento da concorrência entre as instituições num mercado mais aberto (mão invisível). A reregulação da supervisão, constitui um factor de mais fácil percepção e claramente destrinçável. Todavia, o seu impacto nos lucros é precisamente no sentido inverso do referido anteriormente, sentido-se, os bancos, pressionados a obter boas remunerações de capital de forma a cumprir os seus requisitos de adequação de capital.

Pelo exposto, é facilmente apurável o impacto do mercado único nas estratégias concorrenciais da actividade bancária.

5. IMPACTO DA UNIÃO ECONÓMICA E MONETÁRIA NO SECTOR BANCÁRIO

O sector bancário será afectado pela introdução da Moeda Única. As receitas bancárias irão, necessariamente, reduzir-se, o que até poderá ser benéfico, ocorrendo uma transferência de riqueza para outros sectores económicos. As margens de intermediação diminuirão sensivelmente, e, os proveitos que agora são perceptados derivam de circunstâncias meramente conjunturais, que não se manterão inalterados no futuro.

Por outro lado, os custos da integração serão elevados, quer a nível informático quer a nível contabilístico. Porém não serão tão elevados como alguns agentes divulgam - por exemplo, os custos decorrentes da adaptação dos sistemas informáticos seriam sempre suportados devido à necessidade de adaptação constante desses sistemas-.

Da restruturação das economias nacionais derivarão igualmente custos. No entanto, com outras feições qualitativas.

A União Económica e Monetária potencia os níveis de concorrência no interior dos sectores, prevendo-se um impacto equivalente ao da abertura das fronteiras nacionais [200].

---

[200] A bibliografia existente nesta matéria é já, felizmente, imensa. Cfr., por todos CARLOS BAPTISTA LOBO, JOÃO AMARAL TOMÁS "Euro - Aspectos Legais e Questões Práticas Fundamentais", Rei dos Livros, Lisboa, (1998). Bastante interessantes são, igualmente, duas intervenções proferidas na Conferência organizada pelo FMI, em 17 e 18 de Março de 1997, relativa ao tema "EMU and International Monetary System". Cfr., A. PRATI e G. SCHINASI "EMU and Internacional Capital Markets: Structural Implications and Risks" in EMU and International Monetary

Não existindo riscos cambiais, pequenas empresas de outros Estados-membros entrarão, certamente, nos mercados nacionais acentuando sensivelmente o nível concorrencial no mercado das PME. Os ajustamentos cambiais não serão mais possíveis.

Relativamente aos fluxos de capitais, degladiam-se duas teses: uma prevê que o movimento de integração fomentará a concentração de capitais nos centros financeiros mais evoluídos, penalizando as praças financeiras menores; e uma outra, com menos defensores, defende a desconcentração de capitais pelas zonas mais desfavorecidas, com maiores índices de rentabilidade potencial.

Não sendo esta a sede própria para tratar deste assunto, basta referir que todo este movimento de integração económica, visando a União Económica e Monetária, seria impensável sem a criação anterior de um Mercado Único no sector bancário que, não tenhamos dúvidas, ainda hoje se encontra em construção. A concretização deste espaço superior de integração será essencial para a finalização deste processo, a maior parte das distorções actualmente existentes, terão obrigatoriamente de desaparecer, dada a natureza dos espaços montários unificados e a sua influência nos fluxos de capitais e na política fiscal dos Estados-membros participantes [201].

System, P. MASSON, T. KRUEGER, B. TURTELBOOM (eds.), IMF, Washington, (1997), págs. 263 a 319; R. MCCAULEY e W. WHITE, "The euro and European Financial Markets" in EMU and International Monetary System, cit., págs. 324 a 388.

[201] O estudo realizado pela Faculdade de Economia da Universidade Nova de Lisboa em colaboração com o Ministério das Finanças, entitulado "O Impacto do Euro na Economia Portuguesa" contém todo um capítulo dedicado a esta problemática. Algumas das suas conclusões mais evidentes assentam na indagação da verificação de uma tendência de concentração dos mercados bancários cada vez mais forte, congeminada com uma diminuição das margens. FACULDADE DE ECONOMIA DA UNIVERSIDADE NOVA DE LISBOA / MINISTÉRIO DAS FINANÇAS, "O Impacto do Euro na Economia Portuguesa", Ministério das Finanças, Lisboa, (1998).

CAPÍTULO V

PRÁTICAS COMERCIAIS

1. ESTRATÉGIAS CONCORRENCIAIS ACTUAIS

1.1. Elementos conformadores da estratégia

A reacção das maiores instituições bancárias à liberalização do mercado financeiro europeu efectuou-se através da adopção de uma estratégia competitiva global [202]. Muitos desses bancos consideram a Europa como um passo para alcançar a totalidade do mercado mundial. A chave para o sucesso desta estratégia consiste na concentração da actividade do banco em produtos ou segmentos do mercado onde detém uma vantagem competitiva. Só um número bastante reduzido de bancos optou por uma estratégia global, na generalidade dos produtos, ou seja, por uma actividade geograficamente indissociável

---

[202] Sobre esta matéria consultar: J. ABRAHAM e F. LIERMAN "European Banking Strategies in The Nineties: A Supply Side Approach" Institute of European Finance, (1991); M. HELLWIG "Banking, financial intermediation and corporate finance" in ALBERTO GIOVANNINI e C. MAYER, (eds.) "European Financial Integration", CEPR IMI, Cambridge (1991), págs. 35-57; H. DE CARMOY "Strategie Bancaire: Le refus de la derive", PUF, Paris, (1990); J. CANALS "The transformation of the Banking Business: a corporate perspective" in Competitive Strategies in European Bank, J. Canals (ed), Clarendon Press, Oxford (1993), págs. 185 a 196; IDEM, "The value-creation process in Banking" in Competitive Strategies in European Bank, J. Canals (ed), Clarendon Press, Oxford (1993), págs. 197 a 206; L. S. RITTER, W.L. SILBER "Principles of money, banking, and financial markets", Basic Books, New York, (1991).

comportando todos os produtos financeiros [203]. A visão de que a actividade bancária é uma indústria global é unanimemente suportada [204], mas no sentido de que a posição estratégica dos competidores em mercados particulares é fundamentalmente aferida pela sua posição a nível absoluto [205]. Esta globalização foi despoletada por uma diminuição da regulação governamental, pelo esbatimento das diferenças entre os sistemas económicos, por condicionalismos sociais e pelo desenvolvimento das tecnologias da informação [206]. Essa é precisamente a situação da União Europeia: a integração dos mercados de mercadorias, serviços e factores de produção harmonizou o enquadramento regulamentar e reduziu as diferenças nos mercados nacionais [207].

Nesta nova configuração de mercado [208], as instituições bancárias deverão desenvolver um estratégia englobando duas ordens de factores, os endógenos e os exógenos.

---

[203] Cfr. J. REVEL (ed.) "The Changing Face of European Banks and Securities Markets" St. Martin´s Press, Chippenham, (1994); E. GARDENER, "Bank Marketing, Organisation and Strategy" in J. REVEL (ed.) "The Changing Face of European Banks and Securities Markets" (1994), págs. 59-78; W. GUTH "Bank Strategy in an age of rapid change" in *The Banker*, Abril (1986), págs. 35-45.

[204] Cfr. J. STIGLITZ, "Why Financial Structure Matters", *Journal of Economic Perspectives*, Vol. 2, n.º 4, (1988), págs. 121-126; R. CAVES, "Industrial organization, corporate strategy and structure", *Journal of Economic Literature*, March, (1980), págs. 64-92; D. HAY e D.J. MORRIS, "Industrial Economics and Organization", Oxford University Press, (1991).

[205] Cfr. S. STANSELL (ed.) "International Financial Market Integration", Blackwell, Cambridge (1993); A. ABURACHIS "International Financial Markets Integration: An Overview" in S. STANSELL (ed.) "International Financial Market Integration", cit., págs. 26-41; C. HULTMAN e R. MC GEE "International Financial markets integration and Commercial Banks" in S. STANSELL (ed.) "International Financial Market Integration", cit., págs. 125-140.

[206] Cfr. M.A. KLEIN, "A theory of the banking firm", *Journal of Money, Credit and Banking*, (1971).

[207] Cfr. I. MORISON "Organisational Changes in U.K. Clearing Banks: The causes and Consequences" in J. REVEL (ed.) "The Changing Face of European Banks and Securities Markets" (1994), págs. 79-92; J. REVEL "Strategies of Major British Banks since Big Bang" in J. REVEL (ed.) "The Changing Face of European Banks and Securities Markets"(1994), págs. 93-132.

[208] Sobre este assunto, consultar os interessantes trabalhos de J. CANALS, "The forces of change in the European Banking Industry" in Competitive Strategies in European Bank, J. Canals (ed), Clarendon Press, Oxford (1993), págs. 7 a 56; IDEM

1.1.1. Factores estratégicos endógenos

Os factores endógenos são constituídos, como a sua denominação indica, pelos factores internos da empresa bancária relativos ao índice de competitividade da organização, logo, à sua força no mercado a nível estrutural e aos objectivos e constrangimentos dos seus elementos gestores.

1.1.1.1. Factores endógenos de ordem estrutural

Esta ordem de factores compreende uma série de realidades fundamentais para o elemento institucional da organização, englobando uma forte estrutura de capital próprio, um determinado perfil de interesses detidos, o factor inovatório da actuação bem como o processo de aprendizagem contínuo, a flexibilidade da actuação e a detenção de uma importante quota do mercado.

1.1.1.2. Factores endógenos de gestão

Estes factores estão, por sua vez, mais relacionados com o perfil de actuação da empresa, incluindo a sua atitude perante o risco, as precauções contra os predadores, um corpo de colaboradores dinâmico e diversificado imbuído numa cultura empresarial flexível e a tendência para o lucro a curto e a longo prazo.

1.1.2. Factores estratégicos exógenos

Este grupo é constituído pela oportunidades do mercado e pela composição dos clientes e da sociedade em geral, ou seja, pelos elementos externos à organização.

1.1.2.1. Factores exógenos baseados no mercado

Este conjunto engloba o tamanho e o crescimento do mercado, as barreiras à entrada, as ameaças de retaliação, as ameaças a novas entradas, as barreiras à saída e a eficácia dos competidores.

"Changes in the Banking Industry and the challenge of 1992" in Competitive Strategies in European Bank, cit., págs. 256 a 268; IDEM "Competitive strategies of the European Banks" in Competitive Strategies in European Bank, cit., págs. 207 a 255; IDEM "The evolution of the European Banking Industry: an overview" in Competitive Strategies in European Bank, cit., págs. 57 a 83.

1.1.2.2. Factores exógenos baseados na clientela

Como elementos constituintes desta categoria encontramos a forte tendência para a utilização de bancos nacionais, a sua habituação a transacções internacionais, e o papel do sector público.

1.1.3. Conclusão

Uma estratégia conformada por estes factores englobará evidentemente, a nível microeconómico, considerações de expansão para novos mercados europeus, numa procura constante em ultrapassar novos competidores, devendo efectuar-se uma escolha cuidadosa da escala geográfica de actuação, do alcance dos mercados a atingir e dos produtos a oferecer.

A decisão de diversificação, ou não, deverá basear-se, *inter alia*, num cálculo apurado dos custos e benefícios, na identificação exacta das suas vantagens produtivas (tais como as economias de escala e de envergadura), e na perspectiva actual ou prospectiva dos capitais próprios, entre outros factores.

Do exposto, extrai-se a necessidade de uma investigação mais voltada para o mercado e de uso de técnicas de planeamento estratégico mais formais. As decisões baseadas em vagas noções de mercado assentes em sentimentos e intuições estão sujeitas a riscos sérios, ainda mais no ambiente actual, onde os constrangimentos são cada vez mais reduzidos e o ambiente mais competitivo. O consumidor é, hoje, livre de escolher o produto bancário que se lhe afigura mais aprazível, o que abalou a estrutura tradicional de produtos financeiros e as tendências encobertas de subsidiariedade cruzada.

Os produtos financeiros devem ser personalizados e as decisões de preço transparentes, respeitando os custos marginais dos *inputs* involvidos incluindo a remuneração normal do capital aplicado.

Uma consideração fundamental assenta na necessidade de uma redução dos custos de operação e sua melhor distribuição, evitando-se duplicações, reforçando-se a presença em domínios considerados vitais, fazendo face à intensificação da concorrência e promovendo o crescimento dos interesses lucrativos [209]. Uma forma rápida de alcançar estes objectivos poderá ser a efectivação de participações

---

[209] Apesar destas observações, que parecem irrefutáveis, muitos bancos comunitários adoptaram uma estratégia defensiva como reacção à instituição de um mercado único no sector. A principal estratégia adoptada passou pela efectivação de fusões ou de aquisições e pelo crescimento orgânico, privilegiando-se, neste campo, a extensão da rede de sucursais. Esta última táctica foi implementada em larga medida na Itália e na Espanha, mercados originariamente bastante regulados. Os Estados-Membros de menores dimensões, logo com mercados mais pequenos e desprotegidos, optaram por exercer uma política assente na prática de fusões e aquisições a nível doméstico.

Um inquérito postal efectuado pela Comissão forneceu algumas provas quanto a este aspecto. O *National Westminster Bank*, segundo banco comercial do Reino Unido, considerou que o movimento de alteração legislativa da Comunidade não poderia ter-se como o principal factor condicionador da actuação mas, pura e simplesmente, como uma alteração nos parâmetros de actuação dos bancos que facilitou a prossecução de objectivos anteriormente estabelecidos, trazendo novas oportunidades e, igualmente, novas ameaças. Considerou, ainda, não obstante a constituição do *"level playing field"*, que as características nacionais da actividade bancária continuariam a prevalecer, embora não deixasse de admitir uma estratégia de internacionalização para mercados onde as oportunidades de lucro, baseadas na percepção do rácio custo/rendimento, fossem apetecíveis.

A gestão interna revelou-se um aspecto primordial para o sucesso no novo mercado. Este banco tomou como essencial uma gestão eficiente e racional. A nível de mercados, preferiram-se aqueles onde a instituição bancária era um dos actores preponderantes, ou onde poderia ter esse papel, o que origina necessariamente uma política de segmentação, quer em termos territoriais, quer em termos de produtos. Relativamente a este aspecto, esta instituição bancária suscitou uma questão premente, a saber: as diversas barreiras existentes nos vários mercados, quer a nível jurídico, económico, psicológico e, até mesmo, a nível tradicional constituem factores decisivos numa opção pela internacionalização. Muitos dos produtos comercializados por uma instituição de crédito num determinado país não poderão ser comercializados, *tout court*, num outro país pois os hábitos dos consumidores poderão não ser idênticos. Por exemplo, o mercado de cartões de crédito na Alemanha é reduzido, existindo uma aversão natural dos alemães a este produto, independente de quaisquer razões económicas. Esta realidade dificilmente será ultrapassável pela mudança do enquadramento regulamentar. Em Itália, o termo "banco" era deliberadamente evitado numa qualquer campanha publicitária. Todos, este vectores, conjuntamente com os aspectos fiscais e laborais, são um elemento fortemente condicionador das estratégias de internacionalização. Foi, no entanto, interessante, observar que este banco considerou a conformação das suas estruturas com a legislação comunitária como uma vantagem competitiva, uma vez que tal facto aumentava a confiança do cliente no seu banco.

cruzadas entre parceiros com as características desejadas [210], ou então, através de fusões ou aquisições.

Toda esta problemática gira em torno de dois vectores principais, a saber, a Inovação e a opção entre Especialização e o modelo de Banco Universal.

Para o *Bank of Ireland* o impacto do mercado único foi extremamente significativo em três áreas principais:
- a abolição das restrições aos movimentos cambiais;
- a desagregação do cartel na matéria das taxas de juro;
- a exposição dos bancos irlandeses à concorrência externa.

À semelhança do *National Westminster Bank*, este banco considerou fundamental a melhoria dos sistemas de gestão interna da instituição, devendo reduzir-se os custos de actividade e melhorar a eficiência dos processos produtivos de forma a fazer face à concorrência estrangeira. As iniciativas comunitárias, segundo este operador, não vieram senão confirmar as tendências que o banco iria, igualmente, adoptar sem qualquer estímulo externo. Estranhamente, ou talvez não, esta instituição admitiu que a desregulação das taxas de juro teve um impacto positivo nos rendimentos do banco e não gerou concorrência acrescida.

A sua estratégia de internacionalização não foi afectada, o seu mercado natural de expansão é o do Reino Unido, e desde há 150 anos que ele se encontra totalmente aberto. Porém, este movimento de integração originou receios no âmbito do seu conselho de administração, principalmente devido aos perigos de uma aquisição hostil.

Um outro banco, o *Unibank*, segundo grupo bancário dinamarquês, identificou uma outra reacção, ao ambiente mais competitivo resultante da desregulação: a intensificação da concorrência pelos preços por parte dos bancos domésticos contra os bancos estrangeiros. O *Unibank* adoptou uma nova postura estratégica fazendo um enfoque nos clientes dinamarqueses, com ênfase num grupo restrito de produtos fornecidos por uma bem desenvolvida rede de sucursais domésticas e por um número limitado de balcões no estrangeiro. Por seu lado, a actividade internacional deverá ser dirigida ao fornecimento de serviços à clientela de nacionalidade dinamarquesa, prosseguindo, assim, uma estratégia regional ao invés de uma estratégia europeia.

[210] Como exemplos destes acordos poderemos citar a aliança entre o *Midland Bank*, britânico e o *Hong-Kong & Shangai Banking Corporation*, tendo este último adquirido uma participação de 14,9% do capital do primeiro, fechando, no entanto, diversas filiais e sucursais em locais onde o *Midland* estivesse também presente e transferindo-as para este último. O mesmo acordo foi instaurado entre o *Banco Santander* e o *Royal Bank of Scotland*.

2. INOVAÇÃO

2.1. Conceito

VAN HORNE define a Inovação Financeira como todos aqueles produtos e processos que "*...tornem os mercados mais eficientes num sentido operacional e/ou mais completos*", conseguindo-se, desta forma, uma melhor aplicação dos recursos [211].

A inovação, como processo contínuo e compreensivo, englobará toda uma multiplicidade de transformações, na totalidade dos aspectos produtivos, que pela natureza deste estudo se tornam impossíveis de analisar em todo o seu âmbito [212].

Tradicionalmente, as teorias económicas limitavam o estudo da inovação à relação linear mecanicista "Investigação-Invenção-Inovação". Hoje, reconhece-se a importância de outros factores como os comportamentos de imitação e outros mecanismos de difusão das inovações [213].

Para haver Inovação não será suficiente a adopção de uma técnica já existente. A Inovação só surge quando o deslocamento se dá para uma nova função de produção, correspondente a uma tecnologia

---

[211] VAN HORNE, J. "Of Financial Inovation and Excesses" in *Journal of Finance,* nº 40, (1985), págs. 621-631.

[212] J. VINALS, A. BERGES e F. VALERO "Financial Inovation, Regulation and Investiment: International Aspects" in The New European Financial Marketplace (A. STEINHERR ed.), Longman, Londres (1992), págs. 163 191; M. AGLIETTA "Savings, Financial Inovations and Growth" in The New European Financial Marketplace, cit., págs. 192-207; C. BELHOMME, C. DUPUY, N. MATTA e R. SALOMON "Ten Years of Inovation in Europe: development of markets and change in financial behaviour" in The New European Financial Marketplace, cit., págs. 105-133; D. THORNTON e C. STONE "Financial Innovation: Causes and Consequences" in K. DOWD e M. LEWIS, eds. "Current issues in financial and monetary economics", Macmillan, (1992), págs. 81-109.

[213] O conceito de inovação tem sido bastante estudado. FREEMAN in "Unemployement and Technical Innovation", Londres, (1982), afirmou que Inovação será a primeira introdução de um novo produto, processo ou sistema na actividade comercial ou social normal de um país.

inovadora não utilizada previamente na empresa [214], não necessitando de ser inédita na economia nacional ou mundial [215].

As Inovações retiraram a economia do seu estado estacionário «natural» [216], desencadeando processos de desenvolvimento económico por acumulação concorrencial de inovações, eliminando-se as empresas e empresários que não aderiram à tendência. É precisamente esta situação que está a ocorrer na banca portuguesa.

2.2. Enquadramento Teórico

A existência de mercados financeiros poderá justificar-se por dois factores: o tempo e a incerteza.

Em relação ao factor tempo, as decisões de poupança e investimento são efectuadas pelos agentes económicos após a resolução de complexos problemas de optimização num determinado período. Graças aos mercados financeiros é permitido a estes agentes transferir poder de compra do presente para o futuro e *vice versa*, canalizando os seus recursos para as oportunidades de investimento mais rentáveis, o que melhorará a eficiência económica dos recursos.

---

[214] A função do empresário é correr o risco da Inovação, isto é, utilizar uma tecnologia não testada, antecipando as suas receitas associadas à introdução da nova técnica, fundando a sua expectativa no facto, de que, enquanto for o detentor único da tecnologia, terá um certo poder de monopólio sobre o mercado o que lhe permite atingir um sobrelucro.

[215] Não poderemos neste contexto utilizar o conceito puro de Inovação de J. SCHUMPETER in "Teoria do Desenvolvimento Económico", 2ª Edição, Fundo de Cultura, Rio de Janeiro (1926), cujo fundamento único seria a procura de "bolsas de monopólio", ou, como afirmam SAMUELSON e NORDHAUS in "Economia" 14ª Edição, McGraw Hill, Lisboa (1996), a procura de conseguir vender a sua produção a preços de monopólio.

[216] A teoria neoclássica do crescimento económico sugere que quando uma economia alcança um estádio estacionário, ou seja, numa situação de pleno emprego, cada trabalhador detém um *stock* de capital cujo rendimento marginal é alterado pelo lapso de tempo do investimento. Neste condicionalismo, e na ausência de progresso tecnológico, a economia somente evoluirá consoante a taxa de crescimento do factor de produção trabalho. Desta forma, para o acréscimo do rendimento *per capita* é fundamental o progresso técnico. Cfr., sobre este assunto, T. NICHOLAS "Strategic management of technology" in Competition & Co-operation in World Bankings" The Institute of Bankers, London (1995), págs. 99 a 132.

No que diz respeito ao factor incerteza, a presença do risco na vida económica poderá ser um sério impedimento à aplicação eficiente dos recursos, salvo se existir uma série completa de mercados contigentes [217], ou de produtos financeiros diversos, o que não acontece na realidade, pelo menos por agora.

Os mercados financeiros são incompletos, no sentido de que os instrumentos financeiros são insuficientes em relação ao número de contingências, originando sérias ineficiências económicas. Sofrem ainda de ineficiências operacionais associadas aos elevados custos de transacção derivados da canalização das poupanças para o investimento, reflectidas no *gap* entre o rendimento dos depósitos e as taxas de juro dos empréstimos.

Assim, a falta de mercados para muitos instrumentos financeiros e o funcionamento imperfeito do mercado dos existentes origina uma procura imperfeita dos instrumentos financeiros. Se esta situação for convenientemente sanada poderão gerar-se lucros económicos, distorcendo-se a face redistributiva do sistema económico.

2.3. Factores de Inovação

Este progresso poderá revestir-se de duas formas: uma inovação de processos que permite a produção de um mesmo bem com menor dispêndio de *inputs*, ou então, a criação de novos produtos ou melhoramento dos existentes.

O principal factor de inovação nas empresas consiste na compra de equipamento, seguindo-se a adaptação do produto ao gosto do consumidor ou às especificações de cliente; a pressão da concorrência; a melhoria dos equipamentos; a política activa de *marketing* e vendas; a admissão de quadros ou pessoal qualificado e a alteração dos custos de factores de produção.

Como principal barreira à inovação aparecem os trabalhadores insuficientemente qualificados e, de seguida, a falta de apoio estatal; a rigidez no mercado de trabalhadores; os riscos comerciais; a ausên-

---

[217] K. ARROW "The role of Securities in the optimal allocation of risk-bearing" in *Review of Economic Studies,* nº31, (1964), págs. 91-96.

cia de investigação e desenvolvimento; a fraca dimensão do mercado e a ausência de cooperação com a comunidade científica.

Os resultados da inovação no produto reflectem-se essencialmente a dois níveis: aumento da qualidade dos produtos e consequente alargamento da quota de mercado nacional e penetração em mercados externos.

Além das inovações no produto, ocorreram inovações nos processo e na gestão.

Nos últimos anos, a inovação nos processos foi tão importante para os bancos como para qualquer outro sector. A automação foi um factor exógeno aplicado a todas as indústrias e, igualmente, aos bancos, proporcionando uma redução de custos nos serviços relativos aos cheques; à percepção de depósitos; aos sistemas de pagamento e ao processamento de dados em geral.

As inovações no processo repercutem-se também nos recursos humanos, exigindo-se um reajustamento de qualificações e um novo paradigma tecno-organizativo. Na produção, repercutem-se através da modificação das características do produto, ajustando-o às exigências do mercado.

Este processo é dirigido na prossecução de um nível qualitativo [218] de produção superior, englobando uma estratégia integrada, acima descrita, não bastando, somente, uma política de diferenciação, ou um produto inovador, mas sobretudo uma imagem melhorada. Desta forma, esta actividade perde praticamente todo o seu carácter defensivo, ou seja, de fuga à regulação.

Mas como processo que é, implica uma melhoria contínua, sendo as inovações acções correctivas que resultam de descobertas do dia a dia, acessíveis a nível do indivíduo, e na grande maioria das ocasiões não dependentes de grandes investimentos.

2.4. Limites à inovação bancária

O primeiro limite à inovação bancária é, precisamente, a sua exaustibilidade. Enquanto que nas outras indústrias o processo inova-

---

[218] FRANCISCO SANTOS "Qualidade como factor estratégico", O Economista (1993), págs. 123-132.

tório se exerce numa área cujos limites não estão definidos, na banca, o custo de intermediação poderá ser comprimido, aproximando-se do zero. O desenvolvimento da computação permitirá que qualquer pagamento, depósito ou outra transacção, se efectue sem intervenção humana directa, não podendo haver mais inovação a partir daí. O mesmo acontece nos produtos financeiros: as suas características básicas são sempre remissíveis a um empréstimo, a um depósito, ou a uma transferência de pagamentos. Apesar de se submeterem a um grande processo de maquilhagem, uma análise apurada revelará sempre a mesma estrutura básica, o que a médio prazo limitará este meio de concorrência. De referir que, historicamente, o maior motor que impulsionou a Inovação nos produtos financeiros foi o intuito de fuga à regulação. Assim, num espaço financeiro europeu completamente liberalizado, deveria ter ocorrido um *boom* inicial de inovação e, uma vez esse momento ultrapassado, a inovação dos produtos estagnaria-se num nível próximo do zero. Porém, nenhuma destas condições ainda hoje ocorreu.

Esta visão é reforçada por uma outra particularidade da inovação financeira, susceptível de se considerar como um bem público. O agente inovador não recebe qualquer direito de monopólio sobre a sua exploração, significando a comercialização a sua revelação aos concorrentes, actuais e potenciais. Neste estado de coisas, o único factor compensador será o custo da inovação na banca, certamente inferior ao das outras indústrias, correndo o risco pelos utilizadores do produto e não pela instituição implementadora, que, no entanto, joga a reputação, factor primordial na indústria bancária [219].

---

[219] Devido ao conhecimento incompleto, os depositantes e os accionistas confiam nos sinais revelados para avaliar a reputação de um banco. As variações a curto-prazo nos lucros são o indicador principal e um declínio temporário poderá gerar uma quebra de confiança, exacerbando as dificuldades do banco e conduzindo, a ondas de pânico. Na indústria, porém, uma quebra nos lucros não induz os consumidores a comprar os produtos dos concorrentes. Desta forma, os bancos serão naturalmente aversos ao risco, preferindo as fontes de rendimento mais regulares às mais voláteis, mesmo que estas sejam mais proveitosas. Sobre este assunto consultar P. GILIBERT e A. STEINHERR "The Impact of Financial Market Integration on European Banking Industry" in *EIB Papers* nº 8 Março de 1989, pág. 21, nota de rodapé nº 2.

Conclui-se assim que as estratégias competitivas bancárias baseadas na Inovação são finitas. Nestes termos, as tácticas a seguir por esta indústria deverão ser implementadas noutras áreas do jogo concorrencial, nomeadamente os acordos e a concentração [220]. Mas, será importante recordar que a inovação financeira não se limita, actualmente, à inovação nos produtos e nos processos, englobando uma série de características em mutação nos mercados financeiros, tais como: o crescente recurso aos mercados de capitais, em detrimento dos mercados credíticios; a cada vez maior actividade dos bancos em domínios não tradicionais, como a consultoria e a auditoria; e ainda, a integração global e a internacionalização dos mercados financeiros.

3. ESPECIALIZAÇÃO OU BANCA UNIVERSAL?

3.1. Introdução

A concorrência e a regulação originaram uma grande variedade de estruturas bancárias. Nos Estados Unidos, mais do que em qualquer outro local, a regulação expressa pelo *MCFADDEN Act* e pelo *GLASS-STEAGALL Act* [221] moldou uma estrutura bancária estritamente

---

[220] A definição de Inovação Financeira, anteriormente enunciada, poderá revelar-se útil para debater o grau de utilidade dessas inovações. De facto, as pseudo--inovações poderão não ser mais do que um jogo praticado intra-mercado financeiro, que leva o consumidor a efectuar mais transferências e transacções sem benefícios para economia, não afectando favoravelmente as decisões económicas reais, como a poupança, o investimento e a produção. Desta forma, aqueles instrumentos, que são vendidos no mercado como inovações financeiras, mas que não diminuem os custos de transacção ou não contribuem para uma melhor distribuição do risco, não terão qualquer efeito favorável na eficiência do sistema ou na compleitude do mercado financeiro, não podendo, por isso, ser considerados inovações financeiras, visto que nada de novo se oferece.

[221] A segmentação da actividade bancária nos Estados Unidos foi efectuada através destes dois diplomas. O primeiro limitou a ramificação das instituições a Estados individuais e o segundo separou os bancos comerciais dos bancos de investimento. A principal razão para a implementação desta regulamentação era a concentração de poder de alguns banqueiros, em particular J. P. MORGAN, detentor

especializada [222]. Após a desregulação do mercado verificou-se uma rápida resposta dos bancos que investiram no estrangeiro, tendo os bancos comerciais investido em bancos de investimento [223], e os maiores tornado-se supra-regionais.

No entanto, esta observação não implica que o modelo do "Banco Universal" seja necessariamente a única e dominante forma de organização num ambiente desregulado. Nos mercados nacionais, onde o modelo do banco universal é permitido, subsistem instituições financeiras especializadas a operar de forma igualmente satisfatória [224].

Similarmente, a ausência de restrições regionais nos mercados nacionais não levou ao desaparecimento dos bancos locais e regionais. Nos mercados europeus nacionais coexistem bancos europeus,

---

de *holdings* industriais. A justificação para esta regulamentação assentou nos possíveis efeitos de contágio dos riscos da bolsa sobre os depósitos bancários, dada a íntima relação entre os dois sectores.

Na Europa, as correntes reguladoras encontravam-se divididas em duas escolas opostas. A experiência americana influenciou significativamente países como a Itália e Bélgica, enquanto outros viram a banca diversificada como uma fonte de dispersão do risco e de uma maior estabilidade na percepção de rendimentos. Nestes países, normalmente de influência germânica, os bancos tomaram igualmente certas posições na indústria, criando, recuperando ou reestruturando um grande número de empresas. Este nível de segmentação reduzido foi adoptado progressivamente demonstrando ser portador de uma maior estabilidade.

A desregulação e a abertura dos mercados nacionais à concorrência externa tiveram um efeito intenso nestas áreas, esbatendo as linhas que dividiam as diferentes actividades bancárias, tornando a segmentação conceptual e pragmaticamente nublosa.

[222] A. STEINHERR E C. HUVENEERS "Universal Banking in the Integrated European Marketplace" in The New European Financial Market Place, cit., págs. 49-67.

[223] O fenómeno da desintermediação e do crescente recurso a títulos mobiliários ameaçou fortemente os bancos comerciais, criando um incentivo para compensar as perdas na actividade bancária comercial tradicional através da tomada de posições na área da banca de investimento. O incentivo para a banca de investimento tomar posições na banca comercial também existe, mas é menos prenunciado, baseando-se nos enormes activos dos bancos comerciais necessários em momentos de recessão bolsista, e na utilização da sua rede para a oferta de serviços.

[224] Cfr. M.CHAFFAI e M. DIETSCH, "Should banks be universal? The relationship between the economies of scope and efficiency in the French banking system", Faculté d'Economie et de Gestion de SFAX, Institut d'Etudes Politiques Université Robert Schuman de Strasbourg, (1995).

nacionais e locais, não estando a expansão geográfica directamente relacionada com o aumento do lucro, o que nos leva a concluir que a banca universal em oposição à banca especializada, bem como a banca global em oposição à banca geograficamente restrita, têm vantagens e desvantagens, sendo útil para a avaliação da possível configuração futura do mercado bancário europeu a discussão destas possibilidades.

3.2. Banco Universal

3.2.1. Conceito

A definição de banca universal não é absoluta [225]. Nos Estados Unidos o *Bank Holding Act* permitiu o reagrupamento de várias instituições financeiras e não financeiras independentes numa *holding* [226]. Este modelo de banca universal está próximo do modelo adoptado recentemente na Itália.

No Reino Unido, os bancos de maior dimensão adquiriram os bancos de investimento e outras instituições financeiras sem perder a sua independência. Não obstante, a concepção mais vasta de universalidade encontra-se na Alemanha, onde os bancos, no exercício das suas atribuições legalmente definidas, poderão efectuar virtualmente todas as transacções financeiras e deter qualquer participação nas empresas industriais.

F. BLACK [227] caracterizou esta situação através de uma aproximação baseada nas contas dos bancos universais, elaborando uma conta generalizada, com diversos compartimentos assentes nos inte-

---

[225] Cfr. L. ALLEN e A. RAI, "Global Financial Intermediation: Universal versus specialized banking", *Paper presented at the 20th Annual Meeting of the European Finance Association*, Copenhagen Business School, 26-28 Aug., published in Section 11-D of the Proceedings, (1993), págs. 1-33;

[226] Cfr. P. R. ALLEN e W.J. WILHELM, "The Impact of the 1980 Depository Institutions Deregulation and Monetary Control Act on Market Value and Risk: Evidence from the Capital Markets", *Journal of Money, Credit and Banking*, Vol. 20, No. 3, August, Part 1, (1988).

[227] Cfr. F. BLACK, "Bank funds management in an efficient market" in *Journal of Financial Economics*, nº 2, (1975).

resses dos clientes. Um dos compartimentos geriria as hipotecas, outro os títulos da carteira do cliente e os restantes controlariam as finanças correntes e os fluxos de rendimentos do cliente. Qualquer depósito serviria para reduzir eventuais débitos e os depósitos positivos remunerar-se-iam numa base competitiva. Os pagamentos dos serviços eram efectuados separadamente para evitar a subsidiariedade cruzada.

3.2.2. Conclusões

Algumas das vantagens resultantes da adopção do modelo de banca universal são evidentes. Do ponto de vista do consumidor, existirá toda a conveniência na concentração de todas as actividades financeiras num único banco, reduzindo o tempo despendido, os custos de transporte e os custos de comunicação, que iriam restringir a sua potencialidade de consumo. Esta análise de custos favorece a banca universal, que oferece uma larga panóplia de serviços financeiros, sendo o custo marginal do serviço adicional próximo do zero. O único constrangimento ao tecto de crédito do cliente será a sua riqueza global e o seu rendimento e não a soma de constrangimentos separados e não transaccionáveis (a hipoteca, as finanças correntes, etc.) controlados pela entidade que terá uma visão global das duas vertentes e optimizando a gestão da conta do seu cliente.

Do ponto de vista do banqueiro ocorrem, também, fortes vantagens do custo fixo originado na gestão da rede de balcões e do relacionamento com os clientes, o que coloca a já *vexata questio* referente à eventual existência de economias de escala ou de gama na actividade financeira.

Se não for exequível explorar economias de escala, será possível, pelo menos, diversificar o custo pelos diferentes serviços prestados. Esta é, sem dúvida, a razão principal para a adopção do conceito de banca global ou *"Allfinanz"*. O novo ciclo europeu, muito prenunciado na Alemanha e no Reino Unido, propõe a integração das entidades bancárias, das sociedades de construção, de consultoria e de seguros. Estas iniciativas não são efectivadas simplesmente pelos bancos, mas também pelas seguradoras, que adquiriram posições na indústria bancária com a finalidade de terem acesso a uma rede de distribuição barata (economias de gama). Por razões similares, os bancos adquiriram, ou aliaram-se a seguradoras, com a finalidade de acederem aos seus produtos a preços mais reduzidos, e ao mesmo tempo, ganharem acesso a grandes fundos de investimento e a uma sólida base de capital [228].

O elemento informação é crucial nas relações financeiras, sendo um dos activos de maior valor das instituições bancárias. Nos bancos de vocação universal, esse vector será conseguido com menor custo, só sendo necessária informação para a realização de uma série de operações diferentes e, com o alongar da relação com o cliente, fruto da universalidade de serviços que presta, ocorrerá uma progressiva acumulação de informação sobre o cliente, decisiva para o manuseamento do risco. Por exemplo, quando o cliente for uma sociedade, a percepção dos seus projectos futuros, bem como do seu "*goodwill*" financeiro, constituirão uma garantia mais forte do que as garantias materiais normais, permitindo uma flexibilidade de tratamento por parte do banco, impossível em outro caso.

Por outro lado, as instituições financeiras lidam com produtos de elevado grau de substituição. Uma especialização, efectuada com a finalidade de explorar ao máximo as virtudes de um determinado produto, corre o risco de fracassar se ocorrer uma mudança de comportamento por parte dos consumidores, devido a mudanças regulamentares, incentivos fiscais, diminuição dos custos de transacção, entre outros factores. Os bancos universais tratam muito mais facilmente com essas alterações comportamentais tendo em consideração à sua estrutura diversificada, podendo desviar com rapidez os

---

[228] Apontam-se, ainda, outras razões pelo crescente interesse dos bancos na aquisição ou cooperação com as seguradoras: a expansão do seu sistema de distribuição, através dos agentes das companhias de seguros; a inter-penetração de mercados (as companhias seguradoras fornecem planos de poupança, e os bancos fornecem planos de investimento aparentados aos planos de seguros, verificando-se actualmente a tendência de canalização de poupanças para os seguros do ramo Vida); e o fornecimento de pacotes mistos que tenderão a optimizar a eficiência de todos os instrumentos disponíveis.

Outro factor de fundamental importância decorre da diminuição dos custos de informação e de vigilância, bastando uma base da dados, tendencialmente mais completa e integrada.

seus recursos, consoante a modificação de preferências por parte do público.

No entanto, a banca especializada também tem vantagens. Nenhum banco poderá ser igualmente competitivo em todas as áreas dos produtos financeiros. Uma organização especializada deverá ser eficiente no sector em que opera, ou então, não teria sobrevivido, sendo a sua gestão mais fácil do que a dos bancos universais e os seus fins mais claros [229].

Em relação à dispersão geográfica da instituição deveremos ponderar dois factores antagónicos. Um banco universal, que tente a maior dispersão geográfica possível, terá de gerir uma rede bastante complexa de estabelecimentos, podendo revelar-se algumas deseconomias de escala no seu funcionamento. Uma rede multinacional de balcões comercializando uma multiplitude de produtos diversificará o risco, factor essencial na correcta gestão bancária.

A criação do mercado financeiro europeu terá, inevitavelmente, como consequência a expansão dos grandes bancos para os mercados nacionais integrados, diversificando o risco das suas aplicações, e mesmo que a existência de economias de escala seja duvidosa, o poder e o prestígio seduzirão muitos banqueiros, que optarão por uma perspectiva optimista de expansão, sempre justificada pela crucialidade de aquisição de uma maior quota de mercado.

Nos últimos anos, o panorama sofreu alterações face à tensão modelística Banco Universal /Banco Especializado, verificando-se uma vitória a toda a margem do modelo assente no Banco Universal. Nota-se, apesar disso, o recrudescimento de estratégias de especialização e de segmentação. Contudo, estas tácticas têm já um fundamento teórico diverso, pois não assentam numa política de especialização funcional mas numa estratégia de especialização por clientela. Não desprezando toda a gama de serviços bancários dispo-

---

[229] Em algumas áreas importantes, a banca especializada está ligada a operações comerciais específicas, como, o financiamento do sector automóvel. Neste domínio, a instituição acompanhará o circuito de distribuição das viaturas, possibilitando a sua aquisição a crédito, aproveitando a rede de distribuição da empresa e a simplicidade resultante da normalização dos contratos. Por outro lado, necessita de pessoal próprio.

níveis, as instituições bancárias tentam oferecer a um determinado público-alvo, o melhor leque que satisfaça as suas necessidades. Aparece, assim, um novo modelo, o de Banco Universal Especializado.

CAPÍTULO VI

TEORIA ECONÓMICA DA CONCORRÊNCIA BANCÁRIA

1. ECONOMIAS DE ESCALA

1.1. Conceito

Essencialmente, as economias de escala exprimem a variação dos custos unitários de produção, de um determinado bem, em função das quantidades produzidas.

Identificamos economias de escala na actividade bancária quando com um aumento da quantidade dos factores de produção (trabalho, capital ...) ocorram ganhos de eficácia tais, que a quantidade de bens e serviços financeiros produzidos cresça de forma mais do que proporcional em relação à quantidade de factores aplicados. Nestas circunstâncias, os custos de produção unitária diminuem [230].

---

[230] As economias de escala poderão classificar-se em economias de dimensão e em economias de crescimento.

As economias de dimensão nascem do aumento da quantidade dos factores empregues, originando economias reais se for reduzido o número de factores necessários para a produção de um bem, ou economias monetárias, se o custo dos factores diminuir unitariamente.

As economias reais reflectem os ganhos de eficácia. Distinguem-se nelas, as economias reais em sentido estrito, que surgem quando ocorra uma modificação determinante no processo de produção (diminuição dos custos por uma melhor divisão do trabalho, plena utilização dos factores de produção), aplicando-se: o princípio das transacções, que determina a vantagem de se efectuar um grande número de transacções; o princípio dos múltiplos, ou seja, a aquisição de vantagens derivadas de um bom equílibrio de processos; o princípio das reservas acumuladas, segundo o qual ocorre uma redução da probabilidade de se efectuarem erros se a dimensão da empresa aumentar, e o princípio da experiência acumulada, que estatui o melhoramento contínuo da produtividade ocasionado pela repetição contínua dos actos.

Os outros tipos de economias reais baseiam-se na percepção, segundo a qual, com o crescimento das unidades produzidas, os processos de produção também se modificam. Dentro destas poderão distinguir-se:

- as economias de multiplicação ou economias inter-estabelecimento. A partir do momento que uma instituição bancária adquira uma dimensão mínima óptima ela poderá preferir aumentar o número dos seus balcões em vez de expandir os existentes. As instituições poderão realizar economias de gestão e de pesquisa na medida em que o centro das operações é comum a toda a rede de estabelecimentos. O princípio dos múltiplos terá aqui aplicação congeminado com a redução dos custos de comunicação para aceder a mercados diversificados. Nestes termos, a instituição bancária em causa poderá especializar os diversos estabelecimentos e aumentar a flexibilidade das diversas operações;

- as economias de substituição, que derivam da possibilidade crescente de substituição do capital e do trabalho à medida que o número de bens e serviços produzidos aumenta, podendo efectuar-se o denominado "salto tecnológico";

- as economias de integração. Estas economias nascem da facilidade de relacionamento entre as empresas, possibilitando uma melhor introdução de novos processos, beneficiando todas as dependências da troca de experiências efectuadas intra-grupo;

- as economias de gama. Nestas, os mesmos factores de produção poderão ser utilizados para produzir bens e serviços diversos sem aumento de custos, distiguindo-se dentro delas as economias de multiprodução, quando um mesmo balcão realize operações diferentes e as economias de recursos, quando num mesmo momento e utilizando a mesma chamada telefónica se possa tratar de assuntos diversos.

As economias monetárias têm uma natureza diversa. Assim, à medida que as empresas crescem adquirem um poder de domínio sobre o ambiente em que actuam reforçando o seu poder de negociação. Esta situação permitir-lhes-á actuar em posição vantajosa no mercado dos factores de produção, aumentando a sua reputação e a sua estabilidade aparente.

Ao invés, as economias de crescimento não estão ligadas directamente à escala das actividades mas à rapidez de passagem de uma actividade para outra. Observa-se que uma taxa elevada de crescimento permite uma redução rápida dos desequílibrios que existem entre as capacidades de produção dos diferentes factores de produção, devido ao forte incentivo de modificação do seu processo de produção.

Sobre este assunto poderá consultar, entre muitos, G J. STIGLER "The Economies of Scale" in *Journal of Law and Economics* nº1 (1958) págs 54-71; C. PRATTEN "A survey of the Economies of scale" in Custos da Não Europa, vol 2, série D (1988); YVES MORVAN "Fondements d'Economie Industrielle", Economica, 2ªed., Paris (1991), págs 221-241.

1.2. Economias de escala e de gama na actividade bancária

A potencial existência de economias de escala e de gama na actividade bancária originou uma longa discussão doutrinária [231], não havendo, ainda hoje consenso na matéria.

1.2.1. Doutrina Americana

O primeiro estudo a sustentar a existência de economias de escala substanciais foi o de SCHWEIGER E MCGEE [232], originadas pelo uso mais eficiente do factor de produção trabalho.

O factor tempo foi introduzido por BENSTON [233], argumentando este autor, que os bancos de elevada dimensão teriam vantagens competitivas resultantes de uma melhor administração dos depósitos, das hipotecas e das carteiras de títulos, que não seria explicada unicamente por estas instituições contratarem gestores especializados, pois este vector seria anulado pelos elevados custos de coordenação entre os balcões e os serviços especializados.

Este autor [234] demonstrou, ainda, que as estruturas de custos de bancos ramificados, de bancos de agência singular, e dos bancos em relações de *holding,* não são idênticas: os primeiros teriam custos de operação mais reduzidos.

---

[231] Cfr., sobre este assunto, A.N. BERGER, G.A. HANWECK e D.B. HUMPHREY, "Competitive viability in banking: Scale, scope and product mix economies", *Research Papers in Banking and Financial Economics*, Washington DC: Federal Reserve Board, (1986); A.N. BERGER, G.A. HANWECK e D.B. HUMPHREY, "Competitive viability in banking: Scale, scope and product mix economies", *Journal of Monetary Economics*, 20, (1987), págs. 501-20; D.B. HUMPHREY, "Cost Dispersion and Measurement of Economies in Banking", *Federal Reserve Bank of Richmond Economic Review*, 73, May/June, (1987); W.C. HUNTER e S.G. TIMME, "Core deposits and physical capital: a re-examination of bank scale economics and efficiency with quasi-fixed inputs", *Journal of Money, Credit and Banking*, 27, 1, (1995), págs. 165-85.

[232] Cfr. I. SCHWEIGER E J. MCGEE, "Chicago banking: The structure of banks and related financial institutions in Chicago and other areas" in *Journal of Business*, nº34, Julho (1961).

[233] Cfr. G. BENSTON "Economies of scale and marginal costs in banking operations" in *National Banking Review,* nº 2 (1965).

[234] Cfr. G. BENSTON "Economies of Scale of Financial institutions" in *Journal of Money, Credit and Banking*, nº 4, Maio (1972).

GREENBAUM [235] foi o primeiro a transcender o enquadramento microeconómico dominante, construindo uma ponte entre a actividade bancária e a economia financeira. Foi igualmente contra a visão, quase unânime na época, de que a concentração bancária era permitida por as regras concorrenciais não se aplicarem nesta área de actividade, sendo percursor da corrente de pensamento que toma a concentração como consequência directa do elevado desempenho dos bancos eficientes. Concluiu pela existência de economias de escala na banca americana na ordem dos 3% a 7%, de acordo com a estrutura interna da organização. Nas vésperas da "grande onda" de desregulação, esta tese teve uma importância extrema dado que a potencial existência de um monopólio natural poderia lesar, em larga medida, os interesses dos clientes.

Estes resultados foram atacados por BAUMOL [236]. Este autor demonstrou que as economias de escala não seriam condição suficiente ou até mesmo necessária para provar a existência de um monopólio numa indústria multi-produtos, como é a indústria bancária. Concluiu pela necessidade de introduzir novos indicadores para a efectivação de uma análise dos custos. A principal função destes indicadores seria a de descortinar a eventualidade do monopólio ser uma decorrência natural de um mercado não regulamentado.

Uma vez que as economias de escala eram um mau indicador, adicionou ao estudo os factores assentes nas economias de gama e na produção conjunta, sendo fundamento da introdução deste último vector a possibilidade de produzir diferentes bens e serviços a partir dos mesmos factores de produção. A apreciação destes dois elementos deveria ser suficiente, mas não o foi. Só a sub-aditividade do custo seria condição suficiente e necessária [237]. A sub-aditividade representaria um indicador de monopólio permitindo aferir se seria

---

[235] Cfr. S. GREENBAUM, "Competition and Efficiency in the Banking system: empirical research and its policy implications" in *Journal of Political Economy,* nº 75 (1967).

[236] Cfr. W. BAUMOL "On the proper cost tests for natural monopoly in a multiproduct industry" in *American Economic Review*, nº 67, Dezembro (1977).

[237] Cfr. W. BAUMOL, J. PANZAR e R. WILLIG, "Contestable Markets and the Theory of Industry Structure", Harcourt Brace Jovanovich, Nova Iorque, (1988).

mais caro dois ou mais bancos fornecerem um dado volume de serviços, em relação a uma única organização.

1.2.2. Doutrina Europeia

No final dos anos 60 uma onda de fusões industriais e bancárias varreu as economias europeias, baseada nas políticas, então populares, da escolha dos "Campeões Nacionais".

Os estudos doutrinais eram dificultados devido à ausência de dados quanto ao número de contas das instituições bancárias. O estudo de LÉVY-GARBOUA [238] concluiu que as economias de escala não eram significativas para o rendimento das operações financeiras, dependendo estas largamente das estruturas de emprego e de recursos.

De acordo com estes autores "...*num período de tempo extenso, os custos operacionais unitários da banca francesa decresceram; alcançando-se ganhos consideráveis de produtividade por via de reduções de pessoal e a uma melhor distribuição de responsabilidades; uma certa massa crítica deverá ser obtida antes de ser lucrativa a expansão através de novos balcões*". O estudo sugeria que, quanto maior fosse o número de contas bancárias no sistema bancário francês, menor seria o custo unitário de cada conta. No entanto, na década de 70, o número de contas duplicou e o custo unitário não decresceu. Este facto não invalida os méritos do estudo. Existia, na altura, uma rigidez regulamentar, monetária e salarial, que poderá ter impossibilitado a prossecução de economias de escala pelas instituições bancárias. Na Itália, *v.g.*, foi implementada uma série de regulamentação evitando a abertura de novos balcões, dado que os estudos efectuados nesse país revelavam economias de escala significativas, susceptíveis de aumentar o grau de concentração do sistema bancário italiano [239].

---

[238] Cfr. L. LÉVY-GARBOUA e V. LÉVY-GARBOUA "Les coûts opératoires des banques françaises: une étude statistique" in *Révue de Economie Politique*, nº 80 (1975)

[239] Os estudos italianos dos anos 70 revelaram economias de escala substanciais no sector bancário, o que reforçou a visão dos legisladores, mantendo este país fortes barreiras à entrada no mercado doméstico. Depara-se, nesta situação concreta, com uma regulação contra o mercado, acentuando, propositadamente, a ineficiência da organização económica.

Apenas um estudo apontou, nessa altura, a existência de deseconomias de escala, o de PACOLET e VERHEIRSTRAETEN [240]. De acordo com estes autores, os maiores bancos belgas esgotaram o seu mercado rapidamente, alcançando uma dimensão que excedia as necessidades do seu mercado. Neste enquadramento decorrem inevitáveis efeitos desfavoráveis na estrutura custos-eficiência, tendo o seu desenvolvimento decrescido e a sua quota de mercado diminuído em favor de instituições bancárias de média dimensão que alcançaram a dimensão óptima. Esta situação explica a precoce tendência de diversificação e internacionalização da banca belga [241].

Os estudos recentes demonstram a existência de economias de escala, porém, a um grau muito inferior ao revelado pelos estudos anteriores. ONADO [242], chega mesmo a questionar se a estabilidade e a eficiência do sistema bancário italiano não ganharia com o relaxamento da legislação de concorrência, devido à elevada vulnerabilidade dos pequenos bancos. Segundo este autor, deveria permitir-se e, até mesmo, incentivar-se a prática de fusões e aquisições, só assim ocorreria um efeito sistémico de melhoria da gestão, uma vez que as instituições mais eficientes adquiririam as menos eficientes.

Em França, DIETSCH [243] concluiu, após o estudo de uma amostra de 243 bancos locais, comerciais e de poupança, que os resultados

---

[240] Cfr. J.PACOLET e A. VERHEIRSTRAETEN "Concentration and economies of scale in the Belgian financial sector" in A. VERHEIRSTRAETEN (ed.) Competition and regulation in Financial markets, Londres, (1981).

[241] Cfr., para o caso italiano, D. BALDINI e A. LANDI, "Economie di scala e complementarità di costo nell'industria bancaria italiana", in L`Industria, n.º 1, (1990), págs. 25-45; D. COSSUTTA, M.L. DI BATTISTA, C. GIANNINI, e G. URGA, "Processo produttivo e struttura dei costi nell 'industria bancaria italiana", in F. Cesarini, M. Grillo, M. Monti, M. Onado (eds.), Banca e Mercato a Cura, Bologna, 11 Mulino, (1988); C. CONIGLIANI, R. DE BONIS, G. MOTTA e G. PARIGI, "Economie di scala e diversificazione nel sistema bancario", Banca d`Italia, Temi di discussione 150, (1991).

[242] Cfr. M. ONADO "Competition in banking services and its implications: The Italian Case" in Financial institutions in Europe under new competitive conditions (C. BOISSIEU e D. FAIR, eds.) Kluwer Academic Press, (1989).

[243] Cfr. M. DIETSH "Returns to scale and returns to scope in the French banking Industry" 3º Franco-American Seminar, National Bureau for Economic Research, Julho (1990); M. DIETSCH, "Economies d'échelle et économies d'envergure dans les banques de dépôts françaises", mimeo, Institut d'Etudes Politiques de Strasbourg, (1988).

identificavam economias de escala "*...não estando a viabilidade dos pequenos bancos garantida para o futuro*", e economias de gama. As conclusões demonstravam que o modelo do "banco universal" era mais vantajoso que o modelo dos bancos especializados. Este autor afirmou, de seguida, que "*... no futuro, a competição entre os bancos deveria ser analisada no campo da teoria da concorrência imperfeita*". No entanto, os seus estudos econométricos não evidenciaram a presença dessas economias. Os resultados eram bastante ténues, integrando-se na margem de variação normal de resultados.

Uma outra investigação, efectuada por MULDUR e SASSENOU [244], levou estes Autores a formularem as seguintes conclusões: primeiro, as economias de custos operativos existem em bancos ramificados mas tendem a diminuir com o tempo; de seguida, as economias de custos totais são compensadas pelas deseconomias dos custos financeiros. Desta forma, os rendimentos manter-se-iam constantes na banca francesa; finalmente, a complementaridade subsistiria somente em certos pacotes de produtos, sugerindo compensações recíprocas às economias de gama nos casos de elevada diversificação. As deseconomias nos custos financeiros detectadas não derivavam dos bancos de maior dimensão remunerarem melhor os depósitos do que os bancos de menor dimensão, mas antes das estruturas contabilísticas aumentarem exponencialmente, consoante a maior dimensão do banco, bem como o seu custo. É igualmente notório que os grandes bancos operam com maior intensidade nos mercados interbancários e no mercado de capitais [245], o que influencia decisivamente, distorcendo-a, a base onde assenta o estudo, não sendo os requisitos básicos aplicados uniformemente [246].

---

[244] Cfr. U. MULDUR e M. SASSENOU "Economies of scale and scope in French Banking and Saving Institutions" in *Journal of Productivity*, Julho (1990).

[245] É interessante notar que os estudos belgas mais recentes também insistem na possibilidade de compensação recíproca das diferentes economias de custo e, curiosamente, devido ao seu parco mercado, os grandes bancos belgas que estenderam demasiado a sua rede de balcões, causando-lhes graves deseconomias de operação, tendem a compensá-las remunerando de forma mais baixa os depósitos do que os seus rivais de pequena e média dimensão, jogando, de forma a obstar a essa desvantagem competitiva, com a proximidade física e com a sua reputação.

[246] Numa perspectiva mais geral, cfr., E.P. DAVIS, et al., "Measuring the performance of banks", *Business Strategy Review*, 4(3), Outono, (1993); A.N. BERGER,

1.3. Conclusões

A extrapolação de resultados dos estudos, de economias de escala e de gama em outras indústrias, para a indústria bancária é de correcção dúbia. O mesmo poderá dizer-se da extrapolação dos resultados de diferentes sistemas nacionais.

Os produtos bancários, ao contrário dos produtos da generalidade das indústrias, não estão sujeitos aos constrangimentos físicos normais, são não duráveis de produção e distribuição instantânea, tornando a banca dependente da procura e da regulação existente, e futura. Os custos de distribuição dos serviços financeiros são directamente influenciados pelos preços dos factores de produção; pelo comportamento dos clientes; pela dispersão geográfica; pela regulação; pelas normas prudenciais; pelos riscos; pelas condições macroeconómicas gerais e pela estrutura física e demográfica do país. Todo este condicionalismo torna impossível transferir os resultados dos custos de uma indústria para outra ou de um país para outro.

No entanto, da investigação europeia e americana poderá retirar--se um ponto unanime: o considerável impacto negativo dos custos do excesso de abertura de novos balcões [247]. As estruturas remunera-

---

W.C. HUNTER e S.G. TIMME, "The efficiency of financial institutions: A review of research past, present, and future", *Journal of Banking and Finance*, 17, (1993), págs. 221-49; E.I. KAPARAKIS, S.M. MILLER e A.G. NOULAS, "Short-run cost inefficiencies of commercial banks", *Journal of Money, Credit and Banking*, 26, 4 (November), (1994), págs. 875-93; P.R. KRUGMAN, "Scale Economies, Product Differentiation, and the Pattem of Trade", *American Economic Review*, (1980), págs. 950-59.

[247] Promenorizando um pouco mais esta questão, suspeita-se que a rede de retalho dos bancos portugueses seja sobredimensionada. O número de habitantes por balcão é, em Portugal, cerca de um terço do verificado na Alemanha e metade do observado em França e na Itália. É certo que a Espanha apresenta uma ainda maior cobertura, no entanto, com características diferentes. Em Espanha, o número médio de empregados por balcão é de nove enquanto que em Portugal é de dezanove. Os depósitos por empregado ou o crédito por empregado apresentam valores muito inferiores (cerca de metade relativamente ao observado em países como a Alemanha, a França, a Itália, a Dinamarca, etc.). Daqui poderá concluir-se que existe uma efectiva margem para uma redução da oferta de serviços de banca de retalho em Portugal. Não obstante, poderá encontrar-se um fundamento para esta situação de

tórias dos colaboradores são, igualmente, importantes, sendo mais difícil na Europa premiar a *performance* individual do que nos Estados Unidos.

A escolha de um indicador, para a efectivação do estudo, também não é isenta de dúvidas. Se for escolhida a quantidade total de títulos detidos, os custos médios dos bancos japoneses, alemães e franceses serão subavaliados por diferentes razões. A escala da actividade interbancária em França e a detenção de acções do sector industrial, por parte de instituições bancárias na Alemanha e no Japão, poderão sobreavaliar a sua dimensão, logo subavaliando os custos médios dos factores de produção empregues [248].

A existência de economias de escala ou de gama na indústria bancária é dúbia. Porém, durante os anos 80, a doutrina tendeu a vislumbrar escassas economias de escala, mas também algumas deseconomias. Em 1965, BENSTON ligou a ocorrência de economias de escala ao progresso tecnológico. Os bancos de maior dimensão esta-

---

excesso de cobertura, que será o preenchimento do mercado doméstico com vista a evitar a entrada ou a expansão de concorrentes estrangeiros, num quadro de total abertura, estando os bancos portugueses dispostos a suportar um sobre-custo temporário com o objectivo da preservação da sua presença no mercado interno.

[248] A problemática inicial a resolver, para se proceder a um estudo sobre as economias de escala e de gama na indústria bancária é, precisamente, a questão do método.

Estudos recentes, nos Estados Unidos, adoptando o critério do capital movimentado, revelam economias de escala na ordem de 5% dos custos em bancos de pequena dimensão (entre 100 e 300 milhões de dólares) e em bancos de maior dimensão (entre 2 a 6 biliões de dólares). Contudo, estas investigações, que detectam pequenas economias nos custos, padecem de falhas. Ignoram factores essenciais, como a maior possibilidade de diversificação do risco, não integráveis nas análises econométricas. Falta, igualmente, uma boa metodologia para o discernimento de economias de gama.

Por seu lado, o estudo da eficiência X tenta medir a eficiência para um mesmo volume de produção, de forma a vislumbrarem-se economias de custos, o que se distingue das economias de escala. Estas englobam todas as fronteiras de eficiência e não só uma amostra. Nestas análises, demonstraram-se diferenças nos níveis de eficiência da ordem dos 25%. Porém, eram provenientes da diferença de eficácia da gestão. Se um banco eficiente adquirir um banco deficientemente gerido irá, consequentemente, diminuir os custos do segundo, melhorar a sua rentabilidade e a sua eficiência X. No entanto, estes estudos baseam-se nos rácios e não no volume dos produtos, o que poderá distorcer, decisivamente, os resultados.

riam mais avançados na aplicação da nova tecnologia, proporcionando-lhes uma diminuição do custo médio de operação. Em meados dos anos 70, a expansão da microelectrónica trouxe grandes mudanças, possibilitando a bancos mais pequenos o acesso às mesmas economias de escala e de gama, inibindo as vantagens competitivas das grandes instituições.

Mas, será uma ilusão pensar que os bancos de pequena e média dimensão têm a viabilidade assegurada. A progressiva abolição das barreiras geográficas e regulamentares parecem servir os interesses dos grandes bancos, em prejuízo dos mais pequenos. Assim, num espaço europeu completamente desregulado, os grandes bancos farão uso das suas economias de custos de operação, aumentando a sua competitividade na percepção de depósitos, penalizando, obviamente, os bancos regionais, locais e de poupança.

HUMPHREY [249] analisou os efeitos combinados da desregulação e da mudança tecnológica demonstrando que a desregulação americana, nos anos 80, teve um impacto negativo na estrutura dos custos bancários tornando as inovações tecnológicas um fenómeno desfavorável. Quem mais sofreu com este condicionalismo foram os bancos de pequena e média dimensão. Devido às características dos produtos financeiros, os ganhos dos grandes bancos internacionais, provenientes da globalização dos mercados, ultrapassaram os ganhos dos pequenos bancos, auferidos à base das mudanças tecnológicas.

No contexto do Espaço Financeiro Único Europeu, a questão das economias de escala e de gama é de crucial importância. A inexistência de uma regulação correcta ou de uma entidade supervisora a nível europeu legitima-nos a questionar se a corrente vaga de fusões e aquisições não levará à formação de um cartel, controlado por mega-conglumerados financeiros, que substituirá os mercados competitivos e estáveis.

No que diz respeito ao caso específico de Portugal, todos os estudos elaborados sobre esta problemática revelaram-se inconclusivos. Aparentam a existência de alguns vestígios de economias de escala na banca portuguesa em situações em que o aumento de dimensão

---

[249] Cfr. D. HUMPHREY "Cost and technical change: effects from bank deregulation" in 3º Franco American Economic Seninar, cit..

não se proceda por alargamento da rede de balcões. Nos casos mais frequentes, tais economias desaparecem para a maioria das instituições, apenas se mantendo para os bancos de menor dimensão [250].

2. PARTICULARIDADES DO SECTOR

2.1. A nível micro-económico

2.1.1. Factores de produção

A análise económica da concorrência bancária terá, para ser fiável, de ponderar as diversas particularidades e especificidades do sector [251].

Uma primeira particularidade, relativamente às empresas industriais ou comerciais, resulta de que, enquanto estas tiram proveito da concorrência entre os fornecedores de matérias-primas e de mercadorias, as empresas do sector bancário têm de concorrer para obter os capitais, matéria-prima da sua actividade. Os bancos trabalham com capitais que na maior parte não lhes pertencem, derivando daí as apertadas imposições feitas pelas autoridades nacionais com vista à salvaguarda dos interesses dos depositantes [252]. Desta observação decorre a impossibilidade, a nível estrutural, de os bancos se dedicarem a uma concorrência desenfreada que levaria necessariamente a um desrespeito dos rácios de cobertura capitais próprios/capitais

---

[250] Cfr. P. PITTA BARROS e P. SOARES PINHO, "Estudos sobre o Sistema Bancário Português", policopiado, Universidade Nova, (1995); V. MENDES, "Scale and Scope Economies in Portuguese Commercial Banking: the years 1965-88", Economia, n.º 15 (1991).

[251] Cfr. A. PALMA "Compatibilité partielle et externalités de réseau: application au cas de la concurrence bancaire", *Bulletin Trimestriel Banque de France*, nº 87, Setembro (1993), pág. 123-128; B. SHULL "Banking Competition" in *Contemporary Policy Issues*, Vol. VI, Abril (1988), págs. 24-39; R. PINDYCK e D. RUBINFELD, "Microeconomics", 2.º Edição, Maxwell Macmillan, Nova Iorque, 1992; P.R. KRUGMAN e A.J. VENABLES, "Integration, Specialization and Adjustment", *Discussion Paper Series, n.º 886*, London, CEPR, December (1993); M. KUCZYNSKI e L. SPAJIC, "Competition in Financial Intermediation: Implications for Pricing", mimeo, Cambridge University, (1996).

[252] Cfr. A. ROLNICK "New evidence on the Free Banking Era" *Quarterly Review*, (1985), pág 2-9.

alheios impostos pelas autoridades, fazendo perigar a solvabilidade das instituições de crédito. Assim, a concorrência entre bancos deverá residir, essencialmente, numa tentativa constante de melhoramento qualitativo dos serviços [253].

É importante referir que o mercado bancário não se limita a exercer actividades desta índole, desempenhando funções complementares como o encaminhamento de investimentos, de poupanças, e actividades de controlo, consultoria e auditoria.

Não se poderá esquecer, porém, o florescimento de novas sociedades financeiros, com produtos com um grau de substituibilidade elevada em relação aos produtos bancários e o grau de interdependência mútua entre as instituições de crédito. A sua produção só será possível se exercida em termos conjuntos [254].

2.1.2. Relações de clientela

O efeito da reputação [255], que constitui uma barreira à entrada importante, é fundamental para a compreensão das especificidades deste sector. A qualidade de um banco relaciona-se intimamente com a percepção dos seus clientes acerca da sua solvabilidade e probabilidade de falência [256] [257]. Estes factores dependem, obviamente, da

---

[253] Outra questão deriva da dificuldade de estabelecimento do que constitui os *inputs* e os *outputs* no processo produtivo da banca. A teoria da assimetria informativa conduz a uma conclusão oposta da prevalecente dos finais dos anos 70, que considerava o empréstimo como *input*, o depósito como processo intermédio e os serviços de pagamento como produto final. Se colocarmos o ênfase no ordenamento contabilístico passivo/activo e relegarmos a função monetária para um papel acessório, obtemos uma representação do processo produtivo que vê os depósitos e outros recursos reais como *input*, e os serviços de pagamento e de valoração do crédito como produto final.

[254] Cfr. M. DIETSCH "Quel modèle de concurrence dans l´industrie bancaire" in *Revue Economique*, vol. 43, nº 2, Março 1992, págs. 229-260; M. DIETSCH " La concurrence bancaire: vers de nouvelles règles du jeu" *Revue d´economie financière*, Abril (1991).

[255] Cfr. D. KREPS e R. WILSON, "Reputation and Imperfect Information", *Journal of Economic Theory*, Vol. 27, (1982), págs. 253-79.

[256] Veja-se o caso dos bancos suiços.

[257] Cfr. J. CHESSEN, "Market perceptions of bank risk", *Issues in Bank Regulation*, Outono, (1985).

correcção dos investimentos, da gestão, mas também da base de clientela.

Identificando a reputação como factor crucial, poderá introduzir-se o conceito de diferenciação vertical [258] na concorrência bancária. Nestes termos, se todos os bancos oferecessem as mesmas taxas e não existissem quaisquer outros elementos diferenciais, os depositantes prefeririam os mais sólidos, não sendo difícil imaginar a situação onde os bancos de reduzido risco conseguissem as maiores margens de rentabilidade, de lucros e de quotas de mercado. Este enquadramento poderá dar à banca, congeminado com o factor dos elevados custos de entrada, uma estrutura de oligopólio natural, onde a diversidade dos consumidores, em termos de aversão, ao risco é reduzida, proporcionando uma elevada vantagem inicial às instituições estabelecidas [259].

A estrutura de oligopólio natural é reforçada pelo denominado efeito da bola de neve (*snowball effect*), nos seguintes termos: por exemplo, dois bancos estabelecidos no mercado, sendo o Banco A maior e mais diversificado que o Banco B. Neste condicionalismo, abrindo-se um novo mercado, os consumidores formarão expectativas racionais acerca das diferentes probabilidade de insucesso dos dois bancos. O Banco A conseguirá, naturalmente, capturar uma maior quota de mercado do que o Banco B, ampliando a sua vantagem inicial.

Por outro lado, os bancos, como intermediários financeiros que são, superam as assimetrias de informação [260], e para esta superação é necessária uma certa duração do vínculo com o cliente [261]. Para este efeito, é essencial a instauração de uma relação de clientela que possibilitará ao banco produzir informação sobre o seu próprio cliente, tendo como base uma relação directa e repetida com ele,

---

[258] Cfr. X. VIVES, "Banking competiton and European Integration", cit..

[259] Cfr. J. ROCHET "Concurrence imparfaite et stratégie bancaires" in *Revue Economique,* vol. 43, nº 2, Março 1992, págs. 261 e ss;

[260] Cfr. B. NALEBUFF e J. STIGLITZ, "Information, Competition and Markets", *American Economic Review,* Vol. 73, (1983), págs.278-83.

[261] Cfr. D. JAFFEE e T. RUSSELL, "Imperfect Information, Uncertainty and Credit Rationing", *Quarterly Journal of Economics,* Vol. 90, n.º 4, (1976), págs. 651-66.

permitindo-lhe efectuar uma selecção activa e um controlo periódico relativamente à sua solvabilidade [262].

2.1.3. Risco

Esta condicionante é indissociável da anterior. As empresas necessitam de fundos a longo prazo, mas o risco associado ao financiamento, que irá determinar a taxa de juro do empréstimo, só será conhecido passado algum tempo. Nessas condições, afigura-se conveniente, tanto para o banco como para a empresa, aderir a um contrato implícito, em virtude do qual o primeiro fornece fundos pelo prazo estabelecido e o segundo compromete-se a não se envolver com outro intermediário, na fase intermédia, quando as verdadeiras características do risco puderem ser calculadas. Nesta situação, a relação a longo prazo é condição necessária para que o banco acolha um risco que não conhece com precisão.

2.2. A nível macro-económico

2.2.1. Controlo público

Alguns autores sustentaram que a existência de uma acérrima regulação tornaria política da concorrência inútil. Mas, já se demonstrou a incorrecção desta afirmação. No entanto, terá de se concordar que a importância do sector na realidade económica é demasiado elevada, obrigando a um certo nível de regulação, mais ou menos estreito. Contudo isso não fará, nunca, obnubilar o relevo das normas da concorrência [263]. Essa regulação tentará ordenar o mercado, retirando o supérfluo e o danoso, evitando que as estratégias bancárias colidam com outros interesses públicos, como a estabilidade dos intermediários e a eficácia das políticas económicas [264].

---

[262] O vínculo financeiro constituído pela relação de clientela irá, assim, incrementar o bem-estar social devido ao sucessivo acréscimo da quantidade de informação disponível que permitirá optimizar o desempenho económico.

[263] Cfr. COMISSÃO EUROPEIA, "Competition Issues" in *Single Market Review*, subseries V, vol. 3, 1997; Idem, "Credit Institutions and Banking" in *Single Market Review*, subseries II, vol. 3, (1997).

[264] Veja-se o caso do Philadelphia National Bank em 1962.

2.2.2. Potencial geração de exterioridades

A função típica de antecipação de capital a investidores é fundamental para uma economia em crescimento. Desta forma, uma qualquer crise no sistema bancária repercutir-se-á em todo o sistema económico, multiplicando os seus efeitos num "efeito dominó" ou "castelo de cartas".

2.2.3. "Vida Tranquila"

Devido a todos estes factores, é natural que as instituições bancárias adoptem uma postura de aversão ao risco, de "vida tranquila"[265], o que numa estrutura de mercado oligopolista, poderá incentivar a prática de acções orientadas pela concertação, maximizando o lucro mas prejudicando a eficiência do sistema no seu conjunto.

2.3. Conclusões parciais

Desta forma, e em termos sintéticos, o conceito de concorrência bancária moderna deverá constituir-se pelos seguintes elementos:
- mais de que uma concorrência pelos preços, uma concorrência pela qualidade;
- exercida por um número restrito de empresas de dimensão desigual, implicando o estudo da teoria do oligopólio;
- admitindo a presença de barreiras à entrada e à saída;
- entendida numa perspectiva de evolução, implicando uma concepção dinâmica das relações entre os agentes admitindo fenómenos de dominação, desde que sejam reversíveis;
- baseada numa estrutura eminentemente subjectiva assente na confiança bilateral entre os agentes, condicionando todos os factores básicos, nomeadamente, a base nacional de actividade, fruto da necessidade de proximidade e do conhecimento histórico da instituição.

---

[265] Cfr. J. HICKS "Anual Survey of Economic Theory: The Theory of Monopoly" in "Readings in Price Theory" Chicago, Irwin, Econometrica, (1952).

3. A CONCORRÊNCIA PERFEITA

Com a abertura dos mercados nacionais às instituições bancárias comunitárias, movimento este, acompanhado por uma desregulação global, ou se se preferir, por uma reregulação dos aspectos mais básicos - que deixa um grande espaço à pseudo livre concorrência entre as instituições -, importará analisar o modo como se processa essa mesma concorrência.

Poderá ensaiar-se um conceito de concorrência, afirmando-se, *lato sensu*, que ela designa a disputa entre dois sujeitos económicos ou sectores económicos, com o fito de produzir ou comprar nas melhores condições [266]. Se for prosseguida uma concepção mais restritiva, como fizeram os economistas liberais, limita-se a concorrência a um tipo de mercado. Sendo assim, um mercado de concorrência seria aquele em que a formação dos preços se daria pelo ajustamento recíproco da oferta e da procura, através de uma plena liberdade de comportamentos dos agentes económicos, determinados pelo objectivo da maior vantagem individual e com influência infinitesimal nas quantidades oferecidas e procuradas e nos preços de mercado [267].

Mas poderá a regulação dos aspectos básicos ofuscar os espaços de autonomia e iniciativa, postulados por qualquer liberdade de concorrência?

O pensamento hoje predominante não se identifica com o dominante na época liberal (apesar das correntes neo-liberais), onde se aprendeu a não confiar inteiramente a regulação e o equilíbrio das relações económicas às meras forças do mercado. Não se defende o esquema oitocentista da concorrência perfeita [268], simples modelo

---

[266] SOUSA FRANCO, in Concorrência, Enc. Luso-Brasileira de Cultura, Ed. Verbo, Vol. V, pág 1240.

[267] Idem, pág. 1241. Cfr., igualmente, J. VICKERS, "Concepts of Competition", Oxford, Clarendon Press, (1994); R. WHISH, "Competition Law", 3.ª ed., Butterworths, (1993). Numa perspectiva mais ampla, cfr K.J. KÜHN, "On the Role of Economic Theory in Competition Policy", *Cuadernos Economicos*, Vol. 5 7, (1994), págs. 9-29; S.J. NICKELL, "Competition and Corporate Performance", *Journal of Political Economy*, Vol. 104, n.º 4, (1996), págs. 724-46.

[268] Um modelo de concorrência pura e perfeita terá presente as seguintes características: (1) grande número de empresas concorrentes; (2) homogeneidade de

matemático de um pseudo-equilíbrio estático da oferta e da procura, segundo o qual, o Estado, deveria, pura e simplesmente, abster-se de qualquer intervencionismo nos mercados, não impondo ou limitando preços, nem fixando as quantidades de bens a transaccionar [269].

Mas este modelo ideal não corresponde à realidade dos mercados reais. À dispersão e multiplicidade das pequenas empresas concorrentes sucedeu a concentração das actividades produtivas, a homogeneidade foi preterida à diferenciação. O mercado, em vez de ser transparente, é opaco. A informação sobre as condições de compra ou de venda é escassa. Finalmente, a fluidez, entendida como a liberdade de fixação de preços e dos bens a transaccionar, cedeu lugar a uma rígida mobilidade dos factores de produção.

4. A CONCORRÊNCIA IMPERFEITA

A atomicidade deixa de existir logo que alguns agentes económicos do mercado, quer do lado da oferta quer do lado da procura, se tornam suficientemente poderosos para, pelas variações da sua oferta ou da sua procura individuais, influírem na fixação do preço. Mas, note-se, a inexistência de uma concorrência perfeita não implica

---

produtos; (3) liberdade de entrada e de saída; (4) mercado transparente; (5) perfeita mobilidade dos factores de produção; (6) independência entre as unidades; (7) racionalidade absoluta.

Teoricamente, num mundo onde os gostos são imutáveis, os consumidores e produtores perfeitamente informados e onde a concorrência é perfeita, o objectivo são as condições do bem-estar, atingidas quando as condições marginais paretianas forem alcançadas. Desta forma, o modelo neo-clássico procura uma combinação de preços e produção eficiente. Por definição, será impossível melhorar a situação de alguns sem prejudicar a situação de outros. A eficácia paretiana óptima requer que as taxas marginais de transformação, no que concerne à produção, e as taxas marginais de substituição, no que respeita ao consumo, sejam idênticas em toda a economia. Isto implicará que o preço de um bem seja igual ao seu custo marginal e, que o custo de um factor seja igual ao seu produto marginal.

[269] Sobre esta matéria poderá consultar, entre muitos outros: PEDRO SOARES MARTÍNEZ, Manual de Economia Política, Almedina, Coimbra (1996); SAMUELSON E NORDHAUS, Economia, 14º Edição, Mc Graw Hill (1995); YVES MORVAN, Fondements d'Economie Industrielle, 2ª Edição, Economica, Paris (1991); RAYMOND BARRE, Manual de Economia Política, Vol. II, 2ª Ed., pág. 197.

a ocorrência de um monopólio perfeito. O que a realidade contemporânea nos oferece não se enquadra na grelha dicotómica: concorrência perfeita ou monopólio. As actuais estruturas do mercado são imperfeitas. Para esta situação contribuiu, fundamentalmente, a concorrência dinâmica exercida pelas empresas, não se limitando, estas, a adaptar-se ao mercado, mas sim adaptando o mercado a elas. A concorrência deixou de ser considerada como estado de mercado para ser entendida como comportamento sobre o mercado, como se verá no estudo da *"workable competition"*.

Os mercados do mundo real contêm elementos significativos de imperfeições monopolísticas a par de elementos de concorrência. Uma ideia a avançar, na caracterização de um mercado de concorrência imperfeita, é a de que os agentes económicos influenciarão os preços do mercado [270].

O domínio que uma empresa, inserida num mercado de concorrência imperfeita, pode ter sobre o preço varia consoante o grau de imperfeição de cada mercado. Este grau pode ir desde um domínio ténue até ao caso limite de poder absoluto [271].

---

[270] A definição de SAMUELSON (*cit.*) é a seguinte: a concorrência imperfeita verifica-se numa actividade, ou num grupo de actividades, sempre que os vendedores individuais são concorrentes imperfeitos enfrentando curvas da procura não horizontais, detendo, por tal motivo, um certo grau de domínio sobre o preço. De facto, uma empresa em concorrência perfeita pode vender tanto quanto quiser ao longo da sua curva horizontal da procura sem jamais fazer baixar o preço do mercado. Pelo contrário, numa empresa em concorrência imperfeita concluir-se-ia que a sua curva de procura se inclina para baixo à medida que aumentam as quantidades de bens oferecidas, forçando a uma descida do preço.

[271] SAMUELSON questiona que alguns mercados desfrutam de um clima próximo da concorrência perfeita, enquanto outros são dominados por um grupo restrito de empresas de grande dimensão, como é o caso do mercado bancário, afirmando que as duas fontes de imperfeição dos mercados são as condições de custo e as barreiras à concorrência. A primeira razão funda-se na ocorrência de economias de escala que são de duvidosa existência no mercado bancário. De entre as barreiras à concorrência, que se registam quando elementos legais ou psicológicos reduzem o número de concorrentes ou o vigor da rivalidade, a níveis inferiores aos normalmente apurados, salientam-se as restrições legais e a diferenciação de produtos. As restrições de origem legal jogaram, e continuam a jogar, um papel importante na imperfeição da concorrência bancária, através da regulamentação e das barreiras à entrada, que estudaremos adiante. O outro aspecto, referente à diferenciação, ocorre

4.1. O Monopólio

O caso limite do mercado de concorrência imperfeita caracteriza-se pela existência de uma polissituação do lado da procura, de um determinado bem ou serviço, e de uma monossituação do lado da oferta, desse mesmo bem ou serviço [272].

Quanto à sua origem, o monopólio pode ser de direito ou de facto. Os monopólios de direito são os constituídos com base numa disposição legal enquanto os monopólios de facto constituem-se pela posse de um bem de qualidades únicas ou de mecanismos de mercado únicos, provocando o afastamento dos outros concorrentes [273].

Este grau de domínio depende da existência de bens sucedâneos, relativamente ao oferecido pelo detentor do monopólio, e do grau de sucedaneidade desses bens concorrentes. Há uma relação entre as variações dos preços dos bens no mercado e as variações das quantidades procuradas, sendo a medida dessa relação a elasticidade da procura de um bem. Essa elasticidade revela-nos o grau de dependência da procura às variações de preço do bem procurado.

Quanto maior for o número de sucedâneos, com que o produto de um monopolista se defrontar, e o seu grau de sucedaneidade, maior será a elasticidade dessa procura e o efeito de substituição com que o produto do monopolista se defronta em relação à curva da procura do produto. Tal revela que, num mercado de monopólio, o vendedor não tem um domínio absoluto sobre o preço [274].

---

igualmente no mercado bancário e traduz-se em cada bem ser quase um substituto imperfeito dos bens rivais. Porém, nesta situação concreta, o consumidor revela alguma preferência subjectiva, o que fará inclinar um pouco a curva da procura da empresa, devido à especial reputação, ou a maior segurança de um banco ou tipo de produto.

[272] SOARES MARTÍNEZ, Manual de Economia Política, cit..

[273] TEIXEIRA RIBEIRO "Monopólio, Concorrência Monopolista e Oligopólio", Coimbra, (1977), ensaia uma classificação dos monopólios em legais, naturais e de facto, sendo estes últimos aqueles que se criam em virtude de certas circunstâncias ligadas ao funcionamento do mercado; E. H. CHAMBERLIN "The Theory of Monopolistic Competition", Harvard University Press, (1956); K. GEORGE "Monopoly and Merger Policy", Fiscal Studies n.º 6, Fevereiro (1985), págs. 70-81.

[274] Se o monopólio se constituir do lado da procura, configura-se uma situação denominada monopsónio. Para delimitar o grau de monopólio, ver a sucinta

O mercado bancário não será, certamente, um mercado monopolístico. O número de concorrentes garante, pelo menos, a não ocorrência de um controlo total do mercado por parte de somente um deles. O elevado grau de sucedaneidade entre os produtos oferecidos pelas diversas instituições de crédito, e entre os produtos destas e as restantes sociedades financeiras assegurará, por si só, a não existência de mercados monopolísticos na actividade bancária, a não ser nos casos extremos de monopólios legais, como, a emissão de moeda pelos bancos centrais. No entanto, a curto prazo, a actividade bancária comercial parece ressalvada. Quando, adiante, estudarmos a lógica da concentração, as conclusões poderão ser diferentes.

4.2. O Oligopólio

O oligopólio [275] encontra-se numa posição intermédia no âmbito dos mercados de concorrência perfeita, definindo-se como o tipo de mercado onde se encontra uma polissituação do lado da procura e uma oligossituação do lado da oferta [276].

Esta situação caracteriza-se pela existência de um número relativamente reduzido de empresas de grande dimensão, concorrendo umas com as outras [277].

---

exposição em C. CABOZ SANTANA "Abuso da Posição Dominante no Direito da Concorrência", Edições Cosmos, Lisboa, (1993), pág. 34, onde se conclui que o grau de monopólio é inversamente proporcional à elasticidade da procura enfrentada pelo monopolista e que quanto mais rígida for a procura, tanto maior será o poder do monopolista, e, portanto, o seu domínio sobre o preço e o mercado.

[275] Entre muitos, cfr. J. SIROEN "La Domination Oligopolistique" in *Problemes Economiques* nº 2.423, Maio (1995) págs. 9-14; J.J. TEIXEIRA RIBEIRO "Monopólio, Concorrência Monopolista e Oligopólio", Coimbra, 1977; P. SOARES MARTÍNEZ "Economia Política", Coimbra, (1993); P. PIGASSOU, "Les Oligopoles et le Droit", PUF, (1984).

[276] Se a oligossituação se encontrar do lado da procura, havendo do lado da oferta uma polissituação, fala-se então de oligopsónio.

[277] Cfr. G.J. STIGLER, "A Theory of Oligopoly", *Journal of Political Economy*, Vol. 72, (1964), págs. 44-61; IDEM, "Monopoly and oligopoly by merger", *American Economic Review*, May, (1950), págs. 23-34; M.I. KAMIEN e N.L. SCHWARTZ, "Cournot oligopoly with uncertain entry", *Review of Economic Studies*, Janeiro, (1995), págs. 125-31.

O oligopolista considera a procura a que se dirige como imperfeitamente elástica, na medida em que, se desejar aumentar as suas vendas, terá que baixar o preço e, se o elevar, poderá verificar uma diminuição do volume das suas vendas. Não obstante, um sujeito económico nesta posição de mercado não se limita à análise das reacções da procura. Terá em conta, igualmente, as reacções dos concorrentes [278].

O oligopólio classifica-se de diversas formas. No entanto, na sua base conceptual encontram-se fundamentalmente dois factores: a tentativa de optimização do lucro por parte do oligopolista, que para isso, procura agir de uma maneira concertada [279]; e, como segundo factor, uma atitude de antagonismo fundamental, baseada na pretensão de percepção da maior parte do lucro no seu sector. Por outras palavras, verifica-se, num mercado com estas características, uma tensão fundamental entre a optimização do lucro baseada na racionalidade colectiva e na racionalidade individual.

Deste modo, e seguindo BARRE, [280] distinguir-se-ão, no mercado bancário, as seguintes situações quanto ao grau de coordenação:

- O oligopólio será completamente coordenado, quando através de um acordo, as empresas centralizem as vendas estabelecendo convenções de cartel. Esta situação ocorrerá no mercado bancário, por exemplo, mediante a fixação de comissões comuns, taxas de juro comuns, procurando as empresas elevar ao máximo os lucros do conjunto (contudo, as suas componentes são juridicamente distintas);

- Será parcialmente coordenado, quando se manifestar entre os oligopolistas uma cooperação voluntária, sem acordo ou organização formal, inspirando-se numa certa ética, existente, sem dúvida, no mercado bancário. Esta ética é de fundamental importância. A falência de uma qualquer instituição lança imediatamente uma aura de desconfiança sobre as demais, preservando-se, pela cooperação voluntária, o interesse comum e a tolerância recíproca. Neste caso, os

---

[278] Ver, sobre este assunto, FRANCISCO P. DE MOURA, Lições de Economia, Clássica Editora, 3ª ed., Lisboa (1969), pág. 169.

[279] PEDRO SOARES MARTÍNEZ, cit., pág. 646.

[280] R. BARRE, Manual de Economia Política, Ed. Fundo de Cultura, Rio de Janeiro citado por C. CABOZ SANTANA, cit..

concorrentes tenderão para repartir o mercado, recebendo cada um o lucro correspondente às suas vendas. O preço, ou taxa de juro, não será muito elevado, dado que as condições atractivas poderão atrair novos concorrentes. Esta é a forma de oligopólio mais frequente, historicamente, no mercado bancário, pois o grau de comunicação entre os concorrentes é elevado [281].

- O oligopólio poderá, ainda, ser não coordenado, propiciando três tipos de situações: a guerra de preços entre os oligopolistas, o que não é normal no mercado em causa, devido à propensão para a vida tranquila e aos riscos sistémicos; o oligopólio ultra competitivo, onde as empresas desenvolvem alguma diferenciação, realizando políticas de venda agressivas, sendo este tipo de oligopólio o que se encontra no mercado bancário, quando não existe coordenação; e, o oligopólio em cadeia, quando cada empresa puder ser oligopolista face a outras empresas, tornando cada vendedor membro de um subgrupo oligopolista.

O mercado bancário, na maior parte dos países, é constituído por agentes económicos numa posição oligopolística, quase natural, considerando os diversos factores atrás analisados.

A política de crédito aparece como elemento determinante da política económica, velando os Governos e os Bancos Centrais pela solvabilidade e liquidez das instituições de crédito. Este facto torna a banca a mais regulamentada das actividades económicas. Esta regulação terá objectivos antagónicos. Tentará evitar a concentração

---

[281] A outra vertente do oligopólio parcialmente coordenado, corresponde à existência de uma empresa líder, dominante por ser a maior, que coexiste com um certo número de empresas menores, mas que em termos relativos resultam numa fraca participação no mercado. Desta forma, a empresa dominante fixará o preço, comportando-se no mercado como empresa monopolística, escolhendo, na convenção, o preço mais conveniente para maximizar os seus lucros. Esta situação será de difícil observação no mercado bancário pela inexistência de economias de escala significativas, e devido à estrutura da procura, que padece de um considerável grau de elasticidade.

A outra situação corresponde à fixação do preço por uma empresa barométrica. Reflectindo esta, com grande aproximação, as condições do mercado, iria fixar um preço ao qual as outras aderiram. A primeira deteria um maior grau de informação. Este caso será de difícil verificação no mercado bancário. O estudos de mercado e as transmissões de informação mostram-se céleres entre os concorrentes.

excessiva do poder económico, mas obrigará a uma estrutura forte, com um elevado capital base, desenvolvendo coeficientes de solvabilidade e liquidez que, conjugados com a especial fidelidade da clientela bancária (sendo o acesso ao mercado subordinado ao controlo e a uma autorização administrativa, por vezes baseada em critérios bacocos de apreciação da idoneidade do percursor de um qualquer projecto), dificultarão o acesso ao mercado, fomentando a concentração que se tenta evitar.

5. A CORRENTE DA "CONCORRÊNCIA PRATICÁVEL"

Face às críticas colocadas ao modelo da concorrência pura ou perfeita, alguns autores, rejeitando o seu formalismo estéril e acentuando a vertente comportamental de forma pragmática criaram a corrente da "*workable competition*" [282], assente em três pressupostos básicos:
 - Este tipo de concorrência não se baseia numa situação estática, é uma situação de concorrência dinâmica;
 - É a natureza de cada uma das componentes da trilogia "Estrutura-Comportamento-*Desempenho*", que contribui para a definição de boa concorrência, onde as estruturas (ausência de barreiras à entrada, boa informação,...) [283], as normas de Comportamento [284] (rivalidade intensa, não discriminação desrazoável, resposta rápida dos consumidores,...) e Desempenho [285] (preços correctos, produção eficaz e lucros que estimulem a inovação,...) são interdependentes;

---

[282] J. CLARK "Towards a Concept of Workable Competition", in *American Economic Review,* Maio, (1940).

[283] As estruturas do mercado são geralmente caracterizadas através de cinco pontos principais: (i) a diferenciação entre os produtos; (ii) a importância das barreiras à entrada; (iii) a integração; (iv) a estruturas dos custos e, sobretudo, (v) o grau de concentração dos vendedores. São estudadas com o objectivo de verificar se a diversidade estrutural verificada poderá ser explicada pelas diferenças de comportamento em relação a um certo número de variáveis, a saber, as reacções aos preços, à produção, à inovação e à publicidade.

[284] A componente comportamental engloba a política de preços, de produção, de investigação e desenvolvimento e as tácticas jurídicas.

[285] A *Performance* é medida em função da eficácia na produção, na aplicação dos recursos, no emprego, na rentabilidade, no desenvolvimento técnico, e demais factores.

- Este tipo de concorrência recusa todo o carácter dogmático e define-se em função das suas coordenadas espaciais e temporais.

A concorrência praticável poderá encontrar-se quando o número de rivais no mercado é inferior ao necessário para uma concorrência perfeita. No entanto, o número total dos envolvidos e as outras circunstâncias relevantes assinaladas, originam um grau de concorrência mais acérrimo, e um tempo de reacção distinto do verificado numa situação oligopolística.

Apesar disso, a fronteira entre estas duas situações é ténue, devido à definição nebulosa do conceito da concorrência praticável. Esta corrente enriqueceu as noções de concorrência tornando-a mais adaptada para o estudo do mercado bancário.

6. TEORIA DOS MERCADOS CONTESTÁVEIS

Embora se esteja na presença de um mercado de características tendencialmente monopolísticas, alguns autores como W. BAUMOL, J. PANZARD e R. WILLIG [286] desenvolveram a teoria denominada *"contestable markets"*, que renovou a aproximação à teoria da concorrência. Afirmam ser possível, em certas condições, um óptimo social num quadro de mercados oligopolistas (ou mesmo monopolistas) sem intervenção do Estado.

Um mercado poderá ser considerado como contestável se estiverem preenchidas duas condições:

- Uma livre entrada no mercado, significando isto que nenhum agente já estabelecido disponha de uma vantagem em relação a novos concorrentes que eventualmente entrassem no mercado;

- A saída do mercado deverá ser efectuada sem custos, ou seja, os agentes económicos não suportarão custos, salvo os decorrentes da utilização de estruturas e da depreciação do capital.

A conjugação destas duas condições permitirá entradas e saídas rápidas (*hit and run*) de firmas exteriores ao mercado, quando surgirem ocasiões de lucro. Tal facto atemorizará os agentes estabelecidos,

---

[286] W.BAUMOL, J. PANZARD e R. WILLIG "Contestable Markets and the Theory of Industrial Structures", Nova Iorque, Harcourt, (1982).

modificando as suas tendências de concertação para maximização do lucro, dado que o sobre-lucro das empresas monopolistas incentivaria a entrada de novas empresas e, realmente, a entrada nos mercados bancários nacionais a instituições comunitárias é livre.

Esta tese é criticável. Além de existirem outras barreiras à entrada e custos de saída de elevado montante, no sector bancário, estes autores sobreapreciaram o papel da concorrência potencial, colocando-a ao nível da concorrência efectiva, o que, evidentemente, não é correcto. Com efeito, as estratégias *hit and run* não assentam em mecanismos automáticos, mas em decisões económicas, alicerçadas em informações assimétricas, logo não perfeitas, que impossibilitam uma acção rápida e precisa, essencial nos termos da teoria proposta.

7. CONCLUSÃO

Poderá ensaiar-se, algo empiricamente, que o termo "oligopólio" traduz o domínio do mercado por um pequeno número de grandes empresas. Mas, num mercado oligopolista nenhum dos concorrentes está em posição dominante. Pelo contrário, visto qualquer deles ser uma grande empresa, nenhum pode ignorar a presença e a estratégia dos outros, ou seja, cada um dependerá dos outros.

Este fenómeno de interdependência oligopolista está no centro duma controvérsia de economistas e juristas, com mais de 50 anos de existência. Debate-se a aplicabilidade das leis da concorrência a mercados e condutas oligopolistas, havendo várias correntes de opinião.

Segundo a teoria da interdependência oligopolística, a estrutura do mercado impede a concorrência. Não podendo, autodecidir-se por si só, as grandes empresas que o compõem criam uma estabilidade não concorrencial. E, como os proveitos alcançados pelas mesmas empresas são obtidos sem elas precisarem de entrar em acordos ou em meras trocas de informação do género daquelas que as legislações *anti-trust* proibem, se não se combater o oligopólio, mesmo sem haver acordos, tolerar-se-ão preços mais altos do que os resultantes da livre concorrência ou mesmo de uma situação monopolística.

Esta teoria foi criticada [287], aduzindo-se não apenas factores ou argumentos decorrentes de situações mais complexas do que as encaradas pela teoria (por exemplo, a pressão concorrencial exercida pelas empresas mais pequenas e ainda, o facto de no interior de vários mercados oligopolistas a concorrência ser muito intensa), mas ainda considerações decorrentes da irrazoabilidade de aplicar uma proibição legal a comportamentos racionais, ditados pelas forças económicas, defendendo-se, em especial, que o mero facto de os preços serem idênticos, num mercado oligopolístico, não é suficiente para basear um juízo de *conspiracy*, ou seja, uma coordenação deliberada entre as partes. Assim, o simples *price leadership* deve considerar-se, na ausência de qualquer prova de colusão, como de todo lícito.

No fundo, estará em causa a aplicação de normas legais pensadas para comportamentos lesivos da concorrência a situações em que o único ou verdadeiro problema é a estrutura oligopolista do mercado.

Nos Estados Unidos, tal extensão das leis *antitrust* foi recusada pelo Supremo Tribunal, em 1954 no caso *Theatre Entreprises vs. Paramount Film Distributing Corp.*

Na Comunidade Europeia, e não obstante uma perspectiva diferente da Comissão (actuada não apenas no caso a seguir referido, mas ainda na aplicação mais exigente do artigo 85°, por exemplo, às *joint--ventures* entre as empresas oligopolistas), o Tribunal de Justiça entendeu, em 1979, no caso *Hoffman-La Roche*, que o artigo 82.° do Tratado não pode utilizar-se para o controlo directo dos oligopólios, visto nele se proibir a conduta de empresas em posição dominante que, como tal, se determina em grande medida unilateralmente, não sendo por isso a posição dominante confundível com o caso peculiar dos oligopólios onde as condutas das empresas se influenciam mutuamente [288].

O controlo dos oligopólios e dos seus efeitos nefastos, deverá ser feito, porque se trata de estruturas do mercado, por via indirecta. Por conseguinte, no tocante à manutenção de uma "*workable competition*" é proposto o controlo do comportamento das empresas, mediante a fixação governamental dos preços a um nível considerado competitivo ou, também, o estabelecimento de comunicação periódica

---

[287] Cfr. R. WISH "Competition Law", Londres-Butterworths, (1985).
[288] Sobre este assunto ver J. SIMÕES PATRÍCIO, cit..

dos preços praticados à Administração, o que reduziria a capacidade de reacção ao comportamento das outras. Propõem-se ainda, como prevenção à concentração, o controlo das fusões de empresas que se insiram no mercado oligopolista.

Numa perspectiva baseada nos mercados contestáveis, a legislação concorrencial visará, sobretudo, a manutenção do mercado livre. E, se não for o caso, tentará eliminar, o mais possível, as barreiras quer à entrada, quer à saída.

Não obstante, e como se apreenderá da leitura das linhas anteriores, o julgamento das estruturas dos mercados particulares e das formas de comportamento para finalidades de política da concorrência, têm-se elaborado considerando padrões comportamentais previsíveis. Uma aproximação, assente numa perspectiva de ineficiência macro-económica em conexão com a combinação de factores fundados em estruturas de mercado exógenas, tem sido algo controversa no campo científico da política da concorrência [289].

---

[289] Neste âmbito, foi levado a cabo um debate especial sobre a relevância da concentração do mercado, para finalidades de política de concorrência, e sobre a importância do grau de concentração do mercado e da dimensão das empresas para a análise do domínio do mercado. Durante os anos 70, a Escola de Chicago criticou fortemente os estudos empíricos, relativos à problemática da interconexão da concentração com a rentabilidade, principalmente se utilizados como uma base económica para a definição de uma política da concorrência. Os argumentos desta escola, assentes na concepção de que maiores quotas de mercado manifestavam primariamente uma maior eficiência, foram, igualmente, duramente criticados e tiveram pouco impacto na definição da política de concorrência europeia. Contudo, as críticas da escola de Chigago tiveram o mérito de chamar a atenção de novos problemas, uma vez que a investigação se baseava, até à altura, no aferimento da relação concentração/rentabilidade. Nesse sentido, foi elaborado um grande número de estudos empíricos, tendo em consideração a quota de mercado. Relativamente a esta matéria, ver por todos, E. KANTZENBACH E J. KRUSE, "Colective Dominance - The concept and its Applicability to Competition Policy", Comissão Europeia, Bruxelas, (1987). Os resultados destes estudos foram, porém, desanimadores. Não indicavam situações concertadas quando o preço era o parâmetro competitivo em análise. Em termos práticos, as implicações destas obras para a política da concorrência revelaram-se, igualmente, desanimadoras, principalmente no campo da aplicação dos controlos de fusões e aquisições, pois concluindo-se que os factores que inibiam ou encorajavam os comportamentos concertados só seriam determinados caso a caso ou sector a sector. Esta conclusão entrava em claro conflito com o requisito básico da política da concorrência, na altura, e que radicava na aplicação de critérios gerais de decisão para todos os sectores da actividade económica.

A experiência de aplicação da legislação comunitária da concorrência ao sector bancário revela-nos, sucessivamente, a necessidade de demonstração de domínios oligopolísticos do mercado. Ora, um estudo de uma situação competitiva desta índole obriga, necessariamente, a uma análise das estruturas do mercado.

8. A NOVA TEORIA DE ORGANIZAÇÃO INDUSTRIAL

Os problemas metodológicos resultam, essencialmente, da dificuldade de identificação e de avaliação dos factores condicionantes dos comportamentos concertados e da sua estabilidade.

Inicialmente, a questão colocada referia-se ao impacto das interdependências oligopolísticas entre os produtores, em mercados concentrados no comportamento desses mercados. Neste campo, a Teoria da Nova Organização Industrial (também conhecida como Nova Economia Industrial) pronunciou-se numa orientação teórica baseada nos jogos. Forneceram-se novas vias de estudo, assentes na perspectiva estratégica das decisões dos agentes no mercado, em contraposição com a tendência anterior, fundada basicamente nos aspectos estruturais dos mercados.

As empresas (em sentido amplo) não deverão considerar-se simplesmente como unidades económicas respondendo aos estímulos exógenos do mercado - determinados pela sua estrutura intrínseca e tendencialmente inalterável -, mas sim como agentes modeladores dessas condições, de maneira a atingirem os seus objectivos económicos. Ao adoptar-se esta perspectiva, e no caso de ser verdadeira e operacional, as interacções entre os agentes e o mercado não poderão ser analisadas unicamente numa perspectiva a longo prazo [290]. Pelo contrário, as barreiras à entrada no mercado, as vantagens competitivas e o grau de diferenciação dos produtos serão determinados de forma endógena pelas empresas, a curto ou a muito curto prazo. O resultado desta nova visão é evidente: os atributos do mercado,

---

[290] Cfr. M. SLADE e A. JACQUEMIN, "Strategic Behaviour and Collusion", in G. NORMAN e M. LA MANNA (eds.), The New Industrial Economics, Aldershot, (1992), págs. 47-65.

anteriormente considerados como elementos estruturais, logo dificilmente mutáveis, transformaram-se em simples variáveis no processo decisório.

Segundo alguns autores [291], esta nova perspectiva contesta as conclusões das anteriores aproximações, relativamente à racionalidade dos comportamentos concertados, afirmando-se mesmo que tal obrigará, imperativamente, a uma alteração dos métodos tradicionais de julgamento [292]. A nosso ver, essa conclusão não poderá ser dada como certa [293], no entanto, tem certamente o mérito de enfocar um número de factores que até então tinham recebido uma atenção muito reduzida, permitindo novas aproximações às condições estruturais dos mercados, e inserindo na problemática novas variáveis, como a qualidade da informação disponível pelos sujeitos [294]. Não obstante, a inovação mais importante foi a superação da ideia de estabilidade rígida dos mercados, transportando para o campo de apreciação a incógnita relativa à evolução futura dos mesmos.

8.1. Conceitos básicos

Do ponto de vista da política da concorrência [295], a questão fulcral que se coloca, no momento da análise de um mercado com uma

---

[291] Cfr. D.A. YAO e S. DE SANTI, "Game Theory and the Legal Analysis of Tacit Collusion", in *Antitrust Bulletin*, Vol. 38, n.º 1, (1993), págs. 113-141.

[292] Cfr., por exemplo, P. GEROWSKY e A. JACQUEMIN, "Dominant Firms and Their Alleged Decline", in *International Journal of Industrial Organization*, Vol. 2, (1984), págs. 1-27.

[293] Uma vez que o periodo de análise é alterado, passando do longo prazo para o curto prazo, poderá questionar-se se os diferentes resultados obtidos se devem à nova orientação teórica ou simplesmente à mudança de perspectiva a nível temporal. Sobre este assunto consultar: ERHARD KANTZENBACH, ELKE KOTTMANN e REINALD KRUGER, "New Industrial Economics and Experiences from European Merger Control - New Lessons About Collective Dominance?", estudo elaborado a pedido da Comissão Europeia, Bruxelas, (1995), págs. 5 e ss.

[294] Cfr. W. KOVACIC, "The Identification and Proof of Horizontal Agreements under the Antitrust Laws" in *Antitrust Bulletin*, Vol. 38, n.º 1 (1993), págs. 5-81; D. REITMAN, "Partial Ownership Arrangements and the Potential for Collusion" in *Journal of Industrial Economics*, Vol. 42, n.º 3 (1994), págs. 313-322.

[295] Cfr. L. PHLIPS, "Competition Policy: A Game-theoretic Perspective", Cambridge University Press, (1995).

elevada concentração de produtores é a de se saber se existirá um pequeno grupo deste tipo de agentes com uma elevada quota do mercado, susceptível de restringir a concorrência [296]. Repare-se que esta situação não é qualificável como oligopalística no sentido clássico, uma vez que para tal qualificação ser plenamente operacional deveria haver um pequeno número de agentes do lado da oferta, o que poderá não ser o caso nas situações em apreço. De facto, e tendo em consideração a moderna legislação de tutela da concorrência, o regime legal de proibição de acordos, práticas concertadas ou mesmo de fusões ou aquisições restritivas ou potencialmente restritivas da concorrência, verifica-se a não utilização, na sua base, do conceito clássico de monopólio mas sim de uma perspectiva mais abrangente, assente numa renovação do conceito de oligopólio [297].

Este conceito é aplicável à situação de um pequeno grupo de empresas, num mercado onde a variação de um parâmetro comportamental, de uma empresa inserida num grupo concorrente de empresas, causa uma alteração perceptível nas condições de venda das outras firmas concorrente, provocando uma resposta por parte destas, exteriorizada na alteração dos seus comportamentos no mercado [298]. Já não será necessária a existência de um pequeno número absoluto de agentes no mercado, *tout court*, mas apenas a concentração do poder de mercado em poucos agentes, mesmo que estes existam em

---

[296] Cfr., A. JACQUEMIN, "Sélection et Pouvoir dans la Nouvelle Economie Industrielle", Louvain-la-Neuve/Paris, (1985); IDEM, "Colusive Behaviour, R & D and European Policy" in M. BALDASSARRI (eds.), Oligopoly and Dynamic Competition, Londres (1992), págs. 203-230; T. JORDE e D. TEECE, "Innovation and Cooperation: Implications for Competition and Antitrust" in *Journal of Economic Perspectives*, Vol. 4, n.º 3 (1990), págs. 75-96.

[297] Cfr. D. D´ASPREMONT e J. GABSZEWICZ, "On the Stability of Collusion" in J. STIGLITZ e G. MATHEWSON (eds.), New Developments in the Analysis of Market Structure, Londres (1986), págs. 243-261; I. DOMOWITZ, "Oligopoly Pricing: time-varying Conduct and the Influence of Product Durability as an Element of Market Structure" in G. NORMAN e M. LA MANNA (eds.), The New Industrial Economics, Aldershot (1992), págs. 214-235; J. FRIEDMAN, "Oligopoly Theory", Cambridge, (1983)

[298] Cfr. M.E. SLADE, "Interfirm Rivalry in a Repeated Game: An Empirical Test of Tacit Collusion", *Journal of Industrial Economics*, Vol. 35, (1987), págs. 499--516.

grande número em termos absolutos, poder esse traduzido na maior parte da quota do mercado [299].

O mercado bancário acompanhou a evolução conceptual nesta área. Historicamente, o mercado bancário constituía a figura de um mercado oligopolista típico, em sentido clássico, com um reduzido número de agentes no mercado detentores, obviamente, de grandes quotas de mercado. Actualmente, com a globalização da economia e a liberalização dos serviços financeiros, o panorama alterou-se substancialmente [300]. O número de operadores no mercado aumentou exponencialmente, mas o grau de concentração das quotas do mercado num reduzido número de agentes tem sido estável e, em alguns países, em que o exemplo de Portugal é paradigmático, o grau de concentração tem mesmo aumentado, dada a política de aquisições e fusões a nível nacional anteriormente mencionada. Esta nossa preocupação é tanto mais potenciada quanto mais unânime é a opinião dos agentes do mercado relativamente aos efeitos da União Económica e Monetária no crescimento do grau de concentração no mercado bancário, a analisar mais adiante.

O novo conceito de oligopólio é substancialmente mais operativo, e permite-nos um estudo fácil da realidade do mercado, no sentido de discernir os fundamentos dos comportamentos concertados dos agentes do mercado. Só assim se poderá analisar, de uma forma consciente e fundada, as normas jurídicas respeitantes à tutela da concorrência.

Dado o elevado grau de concentração estrutural do sistema bancário poderá legitimamente temer-se pela deterioração das condições concorrenciais do mesmo.

No entanto, esta afirmação não é mais do que uma suspeita. Cientificamente, não existem indicações conclusivas acerca dos efeitos isolados do nível de concentração do mercado no comportamento concorrencial futuro dos agentes em mercados oligopolísticos, sendo

---

[299] Cfr. T. BRESNAHAN, "Empirical Studies of Industries with Market Power" in R. SCHMAMENSEE e R. WILLIG (eds.), Handbook of Industrial Organization, Vol. II, Amesterdão (1989), págs. 1011-1057.

[300] Cfr. W. MACLEOD, G. NORMAN e J. THISSE, "Competition, Tacit Collusion and Free Entry" in *Economic Journal*, Vol. 97 (1987), pág. 189-198.

necessário efectuar uma apreciação casuística dos incentivos existentes para comportamentos colectivos restritivos da concorrência e das condições para a sua manutenção no tempo [301].

Em mercados altamente concentrados, como é o caso do sector bancário, pelo menos a nível europeu, deverá efectuar-se uma distinção entre os grandes grupos bancários, pertencentes a um estreito conjunto oligopolístico e os outros bancos de menor dimensão. O primeiro grupo de empresas, no processo de elaboração de decisões, contemplam os interesses do grupo, bem como as suas potenciais reacções. Estes membros nucleares do oligopólio consideram as empresas menores como meras ajustantes passivas do mercado [302], pelo que se lhes afigura desnecessário atender aos seus interesses e às suas reacções nas decisões [303].

As relações concorrenciais entre os membros do oligopólio deverão tomar-se como concorrência interna, enquanto que as relações similares entre empresas nucleares e as empresas de menor dimensão constituem concorrência externa. No caso em apreço, conclui-se que não existirá uma actividade concorrencial sensível a nível interno e que o grupo oligopolístico detém uma quota dominante do mercado. Nesta situação, importa saber quais as circunstâncias, ao nível da estrutura do mercado, que possibilitam o comportamento concertado dos oligopolistas e a sua manutenção no tempo. A comparação só será possível efectuando-se um rastreio casuístico a nível do mercado em especial, perscrutando-se, essencialmente, as relações concorrenciais internas [304].

---

[301] Cfr. E. KANTZENBACH e J. KRUSE, "Collective Dominance - The concept and its applicability to Competition Policy", estudo encomendado pela Comissão, Bruxelas, (1987).

[302] Cfr. E. KANTZENBACH, E. KOTTMANN, R. KRUGER, citado, pág. 9 e ss.

[303] Na prática, porém, poderá haver alguma dificuldade na distinção entre as empresas nucleares e as empresas de menor dimensão, uma vez que esta assenta numa clivagem radical e, no mercado, existem empresas de média dimensão que poderão ter alguma influência que ultrapasse o mero ajustamento do mercado invalidando um raciocínio meramente bilateral.

[304] Esta questão está intimamente relacionada com o problema, largamente debatido, de se saber se os oligopólios geram ineficiências a nível macroeconómico, num mercado onde os agentes em causa gozam de uma larga independência, o que

Nestes termos, e para a aplicação fundamentada da legislação de tutela da concorrência será necessário indagar quais os factores que incentivam a concertação e as práticas restritivas da concorrência bem como quais os indicadores que, no mercado bancário, sugerem uma probabilidade acrescida de concertação.

A concertação poderá ser explícita, se exteriorizada num acordo, ou implícita e se corporizada numa prática concertada ou num simples paralelismo comportamental. Ou seja, neste último caso, sem a percepção, por parte das empresas que prosseguem práticas restritivas. Do ponto de vista do aplicador do direito, e a experiência comunitária é rica nesta matéria, é extremamente difícil distinguir entre as práticas de concertação explícitas e as práticas de concertação implícitas [305].

8.2. Tipos de concertação

Um comportamento concertado poderá dar-se em qualquer dos parâmetros vectoriais do processo de decisão estratégica da insti-

---

cria condições no mercado para uma concorrência feroz ou, ao invés, para um comportamento concertado, como é o caso paradigmático do sector bancário. Deste modo, como é evidente, serão as determinantes da estrutura concorrencial interna a investigar.

[305] Porém, como se verá mais adiante, esta distinção não tem relevância na aplicação da legislação da concorrência, tratando esta, de forma idêntica, as duas situações. Também neste sentido, por exemplo, R. REES, "Tacit Collusion" in *Oxford Review of Economic Policy*, Vol. 9, n.º 2, (1993), págs. 27-40. Face a critérios estritamente económicos, existirá fundamentação para a ocorrência de mais casos de concertação implícita do que de concertação explícita. Além dos acordos primeiramente citados serem mais dificilmente comprováveis pelas autoridades de defesa da concorrência, a tentativa de alcançar uma concertação explícita envolve, necessariamente, elevados custos de transacção. Esta observação é tanto mais verdadeira quanto mais complexas forem as relações concorrenciais entre os sujeitos e quanto maior a necessidade de ajustamentos sistemáticos aos acordos alcançados. Ora, estas características ocorrem de um forma evidente no mercado bancário, pelo que, neste, haverá uma elevada propensão para a concertação implícita. Por outro lado, de acordo com as conclusões da teoria da contratação, é igualmente sabido que os acordos meramente relacionais, que consistem em mútuas expectativas comportamentais que não necessitam de ser explicitamente formalizadas e que têm como fundamento as expectativas de benefícios a longo prazo pela prática desse comportamento, são preferidos relativamente aos contratos rígidos.

tuição, significando que tanto incidirá na política de fixação de preços, na decisão relativa à capacidade de produção, na especialização, ou na distribuição de produtos ou de mercados. Estas condicionantes variarão, obviamente, consoante as condições estruturais dos mercados, os atributos concorrenciais do sector bem como face às características das empresas individualmente consideradas.

Tomando como partida a legislação de tutela de concorrência comunitária, nomeadamente os artigos 81.º e 82.º do Tratado, poderão distinguir-se três tipos de concertação: de preços; de capacidade de produção; e, de áreas do mercado. As três possibilidade enunciadas, sendo de alcance muito amplo, poderão incluir no seu contexto outras formas marginais de comportamentos concertados. Porém, como referem E. KANTZENBACH, E. KOTTMANN e R. KRUGER [306], a existência de um elevado grau de heterogeneidade dos produtos poderá obstar a uma concertação pelos preços [307]. Contudo, e como se mencionou anteriormente, na indústria bancária não se encontra esse nível de heterogeneidade, pelo que a objecção não terá eficácia.

8.2.1. Concertação pelos preços

Este tipo de concertação é o mais tratado, quer na perspectiva jurídica quer económica. A razão funda-se em ser uma das formas mais lineares e mais comuns de concertação, sendo, igualmente, a que dá maiores problemas do ponto de vista da tutela da concorrência [308].

---

[306] E. KANTZENBACH, E. KOTTMANN, R. KRUGER, citado, pág. 11.

[307] Embora possa ser vantajosa a concertação tendo em vista a separação dos mercados. Cfr., quanto a este último ponto, D. LEVY e J. REITZES, "Product Differentiation and the Ability to Collude: Where Being Different Can Be an Advantage", in *Antitrust Bulletin*, Vol. 38, n.º 2, págs 349-368.

[308] Cfr. J. BAKER, "Two Sherman Act Section 1 Dilemmas: Parallel Pricing, the Oligopoly Problem, and Contemporary Economic Theory", in *Antitrust Bulletin*, Vol. 38, n.º 1 (1993) págs. 143-219; D. GINSBURG, "Nonprice Competition" in *Antitrust Bulletin*, Vol. 38, n.º 1, pág. 83-111; E. GREEN e R. PORTER, "Non Cooperative Collusion under Imperfect Price Information" in *Econometrica*, Vol. 52, n.º 1 (1984), págs. 87-100; M. CHANG, "The Effects of Product Differentiation on Collusive Pricing" in *International Journal of Industrial Organization*, Vol. 9 (1991), págs. 453-469.

Num mercado concorrencial, as empresas utilizam a sua capacidade produtiva até ao ponto de optimização dos seus custos ou, por outras palavras, empregam a sua capacidade produtiva no sentido de minimizarem o preço médio dos seus produtos. Se todos os produtores apresentarem uma estrutura de custos idêntica, poderá afirmar-se a existência de uma concertação pelos preços quando todos os produtores aumentam o valor monetário dos seus produtos acima do custo marginal. No extremo, os produtores agirão colectivamente da mesma forma que um agente em situação monopolista. Ao agravar os preços, no caso dos bancos, elevando as taxas de juro, ou mantendo-as acima do normal nível do mercado, reduz-se o nível da procura no mercado, logo, ocorrerá uma diminuição da quantidade de produtos, em sentido amplo, vendidos a cada cliente pelo que o produtor produzirá em menor quantidade. Assim, graças ao comportamento concertado, as empresas produtoras ampliarão os seus lucros globais [309].

Porém, nesta situação cada produtor, individualmente considerado, terá um incentivo adicional para alargar os seus lucros aumentando a quantidade de bens e serviços que fornece, pois a sua capacidade de produção encontra-se subaproveitada, reduzindo ainda mais o preço corrente. Ou seja, haverá uma propensão para a "fraude à concertação". Esta propensão será tanto maior quanto maior for a diferença entre a capacidade de utilização das suas potencialidades, nos termos do preço concertado, e o nível óptimo de utilização, nos termos do preço original.

E. Kantzenbach, E. Kottmann e R. Kruger, apontam ainda como factor de propensão para a "fraude à concertação" a existência de um padrão elástico na estrutura de procura de cada empresa individualmente considerada. Portanto, se os consumidores não forem rigidamente determinados nas suas opções de aquisição, (existência de produtos de características homogéneas), o nível de sucedaneidade seria elevado. Esta situação, que é a existente no mercado bancário, deveria propiciar a que uma pequena descida no preço fosse suficiente para gerar um efeito relativamente alargado na quantidade de produtos fornecidos, gerando um acréscimo substancial dos lucros

---

[309] Cfr. S. Borenstein, "Price discrimination in free-entry markets", *Rand Journal of Economics*, n.º 16, (1985), págs. 380-397.

perceptados pela empresa que efectivasse essa conduta. Todavia, no mercado bancário, apesar de existir um elevado nível de homogeneidade dos produtos, este comportamento não seria possível, dada a forte relação fiduciária entre os clientes e os bancos, que impossibilita a deslocação maciça originada por pequenas flutuações de preços [310].

Estas razões, que ocasionam rigidez na procura, dificultam a indagação da "fraude à concertação" por parte dos outros membros do oligopólio. Numa situação de procura elástica, as variações quantitativas, derivadas da mudança das preferências dos consumidores, seriam perceptíveis quase imediatamente [311]. A relação fiduciária entre as instituições bancárias e os seus clientes torna inoperacional o mecanismo interno de fiscalização [312].

Esta curta exposição demonstrou um dos problemas fundamentais relacionado com a estabilidade das concertações, a saber, o conflito inerente entre a racionalidade colectiva do grupo oligopolista e a racionalidade individual de cada uma das firmas componentes.

---

[310] Cfr. M. ARMSTRONG e J. VICKERS, "The Access Pricing Problem", *Discussion Papers in Economics and Econometrics*, n.º 9506, University of Southampton, (1994).

[311] Cfr. M. ARMSTRONG e J. VICKERS, "Price Discrimination, Competition, and Regulation", *Journal of Industrial Economics*, Vol. 41, (1993), págs. 335-360.

[312] As relações especiais banco/clientes foram já mesuradas em termos econométricos, pelos que os modelos económicos que estudam à realidade concorrencial bancária adoptam um índice que reflecte essa relação e as suas repercussões no mercado (cfr. e.g., E. BALTENSPERGER e T. DEVINNEY, "Credit Rationing Theory: A Survey and Synthesis" in *Journal of Institutional and Theoretical Economics*, n.º 141, págs. 475-502). Estas relações poderão ser racionalizadas de diversas formas; por exemplo, poderão ser explicadas por vários serviços acessórios praticados pelos bancos, não directamente relacionados com a actividade principal, ou poderão basear-se na proximidade geográfica entre os clientes e o balcão.Contudo, estes dois factores encontram-se actualmente em crise. A concorrência estre os bancos aproximou o nível de serviços prestados e as novas tecnologias da informação tornam a distância geográfica um elemento de menor importância. Porém, e sem qualquer dúvida, mantêm-se, ainda hoje, circunstâncias subjectivas baseadas na estabilidade e na segurança das instituições bancárias que geram preferências não decorrentes do mercado. Não obstante, esta conclusão terá de ser mitigada pela observação de que estas relações subjectivas terão mais influência nuns tipos de operações bancárias do que em outras.

8.2.2. Concertação pela capacidade

Esta segunda forma de concertação respeita às opções das firmas relativamente à sua escala e à sua capacidade de produção [313]. Uma concertação deste tipo levará a uma limitação colectiva da capacidade produtiva de um bem num determinado mercado [314]. Esta limitação poderá operar por uma diminuição da capacidade existente ou por uma não expansão, que se ocorresse, seria eficiente num mercado competitivo. O resultado desta conduta, restritiva a nível colectivo, será o fornecimento de um menor número de bens ou de serviços no mercado. Desta prática resultarão, necessariamente, maiores preços e maiores lucros para as firmas produtoras. Nesta hipótese, numa indústria típica, a propensão para a "fraude à concertação" será menor, uma vez que a empresa, para se submeter à conduta oligopolista, limitou a sua capacidade de produção, o que é dificilmente realizável num curto prazo. Por outro lado, assumindo-se que as empresas envolvidas operam próximo da sua máxima capacidade (que relembre-se foi reduzida, ou não foi aumentada), não haverá incentivo suficiente para a uma redução de preços. Em tese, a empresa não poderá alargar a curto prazo, como se referiu anteriormente, a sua capacidade produtiva.

Na indústria bancária, em princípio, as limitações de aumento da capacidade da produção a curto prazo não serão tão estruturais como na maior parte das restantes indústrias. Com efeito, não se negando a existência de alguma rigidez na sua estrutura produtiva, bastará, na maioria das vezes, uma simples opção de gestão para possibilitar, por exemplo, a concessão de um maior volume de crédito, não havendo, nesta decisão, qualquer influência condicionante por parte do activo

---

[313] Cfr. J. BAKER e T. BRESNAHAN, "The Gains from Merger or Collusion in Product-Differentiated Industries" in *Journal of Industrial Economics*, Vol. 23, n.º 4 (1985), págs. 427-444; J. FRIEDMAN e J. THISSE, "Partial Collusion Fosters Minimum Product Differentiation" in *Rand Journal of Economics*, Vol. 24, n.º 4 (1993), pág. 631-645; F. GUL, "Noncooperative Collusion in Durable Goods Oligopoly" in *Rand Journal of Economics*, Vol. 18, n.º 2, (1986), págs. 248-254.

[314] Cfr. R.W. STAIGER e F.A WOLAK, "Collusive Pricing with Capacity Constraints in the Presence of Demand Uncertainty", *Rand Journal of Economics*, Vol. 23, (1992), págs. 203-20.

imobilizado da instituição, portanto estático, e que nas outras indústrias é fundamental.

Nesta área, e numa perspectiva individual, a tentação para a expansão da capacidade produtiva dependerá, inicialmente, de uma indagação quanto ao montante do lucro global. Assim, um aumento dos lucros alcançado pela elevação do volume de produção deverá compensar, ou ser superior, à redução dos lucros resultante da queda do preço de venda do produto no mercado. Pelo exposto, a procura global do mercado terá, neste contexto, um papel determinante. Poderá formular-se uma regra, segundo a qual, quanto mais sensível for a variação do preço ao aumento do volume de produção, menor o incentivo para a expansão da produção, *ceteris paribus*. Uma outra condicionante da conduta individual do membro oligopolista será o montante de investimento irreversível, necessário para o crescimento da sua produção, ou seja, quanto maior for o seu grau de comprometimento relativamente à decisão a tomar, maior será o risco envolvido, e menor será a sua propensão à tomada dessa decisão.

A concertação pela capacidade difere das outras formas de concertação. Deverá ser observada numa perspectiva a longo prazo. Deste modo, as empresas quando tomam as suas decisões estratégicas assentam-nas em condicionalismos estruturais que mantém no tempo (em tempo de indefinição e de conturbação não existirão, por definição, decisões estratégicas, mas simplesmente tácticas). Ao adoptar--se esta forma de concertação, a sua manutenção é propiciada pela necessidade estratégica de manutenção do comportamento, e, uma vez que as decisões de investimento da empresa individualmente considerada é facilmente perceptada pelos outros membros do grupo oligopolista, a manutenção do *status quo* será possível sem a efectivação de acordos explícitos.

Pelas razões expostas, este tipo de concertação dificilmente se apresenta no sector bancário. Como se referiu, as opções condicionantes do aumento de capacidade de produção são exercitáveis com alguma facilidade, o que dificulta imensamente, e em termos liminares, a concertação devido à grande probabilidade de condutas "batoteiras".

8.2.3. Concertação relativa à divisão dos mercados

Este tipo de concertação consiste na efectivação de acordos ou no estabelecimento de entendimentos tácitos, através dos quais os sujeitos oligopolistas dividem os mercados consoante os tipos de produtos ou as regiões [315]. Neste hipótese, os produtores comportam--se concertadamente, especializando-se em determinados segmentos do mercado, quer em termos de produtos [316], quer em termos espaciais [317], e reconhecem as especializações de cada um de forma recíproca, o que origina, necessariamente, uma diminuição da actividade concorrencial num determinado mercado [318].

Para a indagação da existência deste tipo de concertação é necessário investigar as barreiras à mobilidade entre os diversos segmentos de mercado [319]. Poderá, então, formular-se uma regra, segunda a qual, quanto maiores as barreiras naturais à mobilidade dos agentes no mercado e quanto mais claramente destrinçáveis os diversos segmentos de mercado, mais praticável será o exercício de actividades

---

[315] Cfr. P. ASCH e J. SENECA, "Caracteristics of Collusive Firms" in *Journal of Industrial Economics*, Vol 23, n.º 3, págs. 223-237.

[316] Cfr. J. HACKNER, "Collusive Pricing in Markets for Perfectly Differentiated Products", *International Journal of Industrial Organization*, Vol. 12, (1994), págs. 155-77; J.A. HAUSMAN, G. LEONARD e J.D. ZONA, "Competitive analysis with differentiated products", *Annales d'économie et de statistique*, April-June (1994), 159-80.

[317] Cfr. P. REY, e al., "'The role of exclusive territories in producer's competition", *Rand Journal of Economics*, Outono, (1995), págs.431-51; J.F. THISSE e X. VIVES, "On Strategic Choice of Spatial Price Policy", *The American Economic Review*, Vol. 78, (1988), págs. 122-37.

[318] Cfr. S.P. ANDERSON e J.F. THISSE, "Price Discrimination in Spatial Competitive Markets", *European Economic Review*, Vol. 32, (1988), págs. 578-590; S.P. ANDERSON, A. DE PALMA, e J.F. THISSE, "Spatial Price Policies Reconsidered", *Journal of Industrial Economics*, Vol. 38, (1989), págs. 1-18.

[319] Cfr., sobre estes assunto, D. SCHARFSTEIN, "Product-Market Competition and Managerial Slack", *Rand Journal of Economics*, Vol. 19, (1988), págs. 147-55; F. SCHERER e T. ROSS, "Industrial market structure and economic performance", Chicago, Rand McNally, revised, (1990); C. MATUTES e P. REGIBEAU, "Standardization across Markets and Entry", *Journal of Industrial Economics*, Vol. 37, n.º 4, (1989), págs. 359-71; P. MILGROM e J. ROBERTS, "Limit Pricing and Entry under Incomplete Information and Equilibrium Analysis", *Econometrica*, Vol. 50, (1982), págs. 443-58.

concertadas, uma vez que o grau de sucedaneidade ou de elasticidade cruzada entre os produtos será reduzido.

Este tipo de concertação ocorre tipicamente nas situações em que as empresas envolvidas competem num número diferente de mercados e será potenciado se os contratos, resultantes das suas relações comerciais, ocasionarem dependências recíprocas.

Do ponto de vista das entidades supervisoras, este tipo de concertação é dificilmente apurável, embora cause um elevado grau de restrição à concorrência e de ineficiência económica. O exame a efectuar incidirá na indagação das razões da especialização, que poderá, eventualmente, ter ocorrido pela existência de diferentes mercados, segmentados devido ao reduzido grau de elasticidade da sucedaneidade, e não por razões ocasionadas por práticas restritivas das partes.

No sector bancário, este tipo de concertação é facilmente concretizável. As ligações de proximidade entre o banco e o cliente são uma das componentes fundamentais da relação fiduciária, e havendo um elevado número relações comerciais entre as instituições, estas causam dependências recíprocas. Este comportamento ocorre essencialmente no mercado aferido em termos espaciais mas poderá sobrevir, igualmente, em mercados segmentados pela especialização em determinado tipo de actividades. Como se apurou atrás, apesar de se ter adoptado na legislação comunitária o modelo alemão assente no "banco universal", tal não impede, e por vezes alguns factores até o incentivam, a especialização de um determinado banco num certo segmento de mercado, (banca privada, banca de empresas, banca de investimentos, etc.).

8.2.4. Conclusões preliminares

Os pontos referidos revelaram alguns factores que contribuem para a estabilidade das concertações. Tomando em consideração as novas teorias decorrentes da Nova Economia Industrial, dois deles aparentam uma importância fundamental: a ligação entre a elasticidade da procura e as flutuações dos preços nos mercados; e, os incentivos à concertação ou à "fraude à concertação". A estes elementos primordiais acrescenta-se o impacto das irreversibilidades na estrutura decisória dos produtores.

Numa perspectiva mais abstracta, observa-se que todos estes factores dependem essencialmente da estrutura da procura - são condicionados ou condicionantes dela -. Nestes termos, e numa análise mais sintética, o estudo da questão poderá ser efectuado tendo em atenção os dois factores primordiais, a saber: o grau de elasticidade da procura no mercado no seu conjunto; e, o grau de elasticidade da procura aferido em termos da empresa individualmente considerada.

O grau de elasticidade da procura no mercado é um simples reflexo da intensidade das relações concorrenciais entre produtores em mercados adjacentes. Quanto maiores oportunidades tiverem os agentes, do lado da procura, para mudarem as suas preferências consumistas para outros produtos, isto é, quanto maior for a concorrência em bens sucedâneos, mais elástica será a procura no mercado [320]. O grau de elasticidade da procura no mercado terá um impacto não somente no incentivo à concertação mas igualmente no incentivo à fraude à concertação. Um elevado grau de elasticidade do preço significa, então, que a procura global do mercado se reduzirá substancialmente se os produtores subirem colectivamente os preços, pelos que estes poderão esperar uma diminuição correspondente do grau de bens susceptíveis de serem adquiridos.

Simultaneamente, poderá afirmar-se que os efeitos nos preços ocasionados por uma restrição colectiva de bens fornecidos serão inversamente proporcionais ao grau de elasticidade da procura. Ou seja, os efeitos serão menores se a elasticidade for elevada, e vice--versa. Numa visão aplicada, as vantagens das empresas, avaliadas em termos colectivos, no desenvolvimento de uma concertação, diminuirão à medida que a elasticidade da procura aumente. Individualmente, as vantagens variarão, necessariamente, no mesmo sentido. Assim, se a concertação se basear somente nos preços, a capacidade

---

[320] Cfr. V. LAMBSON, "Aggregate Efficiency, Market Demand, and the Sustainbility of Collusion" in *International Journal of Industrial Organization*, Vol. 6 (1988), pág. 263-271; L. PHLIPS, "Parallélisme de Comportements et Pratiques Concertées" in *Revue d'Économie Industrielle*, Vol. 63, 1.º trimestre (1993), págs. 25-44; T. ROSS, "Cartel Stability and Product Differentiation" in *International Journal of Industrial Organization*, Vol. 10, n.º 1 (1992), págs. 1-13.

produtiva será fortemente afectada, ficando subaproveitada, o que fará elevar o custo marginal de cada unidade produzida. Esta última conclusão, válida no plano industrial normal, poderá não se manifestar em toda a sua intensidade na indústria bancária. Relembre-se, ainda não foi aferida a existência de economias de escala nesta indústria. Pelo exposto, a conclusão de E. KANTZENBACH, E. KOTTMANN e R. KRUGER [321], onde se afirma a não existência de incentivo para a concertação, ou a existência de incentivo para a fraude à concertação, não será válida no plano da indústria bancária, dado que o custo marginal de cada produto fornecido não aumentará de uma forma substancial, se ocorrer uma diminuição da capacidade produtiva.

Consequentemente, se a procura revelar pouca elasticidade não existirão incentivos para a fraude à concertação. Por outro lado, o risco de uma grande perda de lucros no caso de desagregação da concertação tenderá a fornecer estabilidade às concertações no caso de procura rígida.

Por todas estas razões, parece evidente a relação entre a elasticidade da procura e a atractividade e estabilidade dos comportamentos concertados. Este princípio parece ser aplicável a todos os tipos de concertações [322].

Esta conclusão tem implicações fundamentais na tarefa de aplicação do direito. As condições da procura no mercado constituirão um factor interpretativo imediato, na análise de comportamentos concertados. Uma parte importante desta tarefa resultará do exame ao alcance das relações de sucedaneidade entre mercados vizinhos, quer em termos de produtos quer em termos geográficos [323].

---

[321] E. KANTZENBACH, E. KOTTMANN E e R. KRUGER, citado, pág. 15.

[322] Neste sentido também E. KANTZENBACH, E. KOTTMANN e R. KRUGER, citado.

[323] No entanto, é necessário ter em consideração a durabilidade do grau de elasticidade observado. A procura poderá ser rígida a curto prazo, mas poderá ser elástica a médio ou a longo prazo. Ou seja, depende do lapso de tempo necessário para o aparecimento de produtos alternativos ou para a adaptação dos consumidores a produtos alternativo. Estes aspectos, no plano bancário, deverão ser destrinçados. Num plano institucional, verifica-se a existência de barreiras à entrada de novos concorrentes devido ao elevado capital inicial necessário, à falta de informação e de reputação. Por outro lado, os pequenos bancos, com fraca reputação, não conseguirão retirar quotas de mercado, pelos menos de forma substancial, aos bancos

Os problemas de interpretação recrudescem no momento da análise da elasticidade da procura (preço-procura) tendo em consideração as empresas individualmente consideradas. Tal acção fornecerá uma expressão das relações concorrenciais, entre os diversos produtores num mercado relevante. Porém, em contraste, enquanto um elevado grau de elasticidade da procura nesse mercado praticamente impede uma concertação, não existirá uma ligação clara entre as elasticidades da procura relativamente às empresas individualmente consideradas e as probabilidades de concertação. Quanto mais proximamente os diferentes produtores se confrontarem no mercado, mais elevada será, tendencialmente, a elasticidade da procura bem como o grau de sucedaneidade entre os produtos fornecidos pelas empresas individualmente consideradas. Todos estes factores, a que acresce a exacerbação da concorrência, fornecerão incentivos para a efectivação de uma conduta concertada. Esta situação é potenciada em mercados com uma fraca possibilidade de deslocação de clientes para outra entidade, por razões puramente assentes numa pequena descida de preços devido a uma relação fiduciária eventual, estabelecida entre os componentes do mercado. Um exemplo paradigmático é, precisamente, a relação fiduciária entre o banco e o cliente[324]. Neste caso, a homogeneidade dos produtos fornecidos pelas empresas será um elemento de propensão para a concertação,

---

coligados, pelo que, tendencialmente, o grau de elasticidade não variará significativamente ao longo do tempo. Num plano operacional, a situação poderá alterar-se dada a possível existência de produtos sucedâneos oferecidos por instituições não bancárias que, se forem facilmente adaptáveis às necessidades dos consumidores, poderão ser determinantes para a modificação temporal do grau de elasticidade.

Se, como acontece no segundo caso, o grau de elasticidade da procura subir com o tempo, também aumentarão os incentivos para a fraude à concertação, através da efectivação de condutas concorrenciais paralelas, que farão colapsar a concertação a médio prazo. Nestes termos, face a uma grande discrepância entre os graus de elasticidade a curto e a longo prazo, quaisquer que sejam as condições da procura no presente, não serão fornecidos dados válidos para o aferimento de uma concertação.

[324] Este elemento, como se mencionou, impede a fraude à concertação por esta via. Contudo, dada a existência de produtos sucedâneos, fornecidos por outras instituições financeiras, só se poderá referir inequivocamente a apetência para a concertação pelo preço nestas situações se o padrão de substituição por produtos similares ocasionar elevados custos de transacção.

dado essa realidade facilitar os termos do acordo já que todas as situações concorrenciais estão normalizadas.

Porém, esta conclusão só é verdadeira nos casos de concertação pelos preços. Nas situações de concertação pela capacidade ou pela distribuição do mercado tal factor já não será tão relevante. Nestes tipos de concertação, a segmentação de mercados poderá, em algumas circunstâncias, facilitar os acordos, uma vez que os oligopolistas poderão pensar que a estabilidade da sua concertação se encontra pouca ameaçada. Acresce, ainda, a reduzida propensão para a fraude à concertação, pois essa prática seria facilmente detectável, e retaliável, perturbando, esta segunda acção, somente aquele segmento de mercado e não a globalidade.

É óbvia, neste contexto, a conclusão, segundo a qual, em mercados com produtos heterogéneos, logo com elasticidades cruzadas reduzidas, o incentivo para a fraude à concertação tenderá a ser menor - as empresas necessitariam de efectuar grandes descontos para aumentar a quantidade dos produtos fornecidos, o que poderá não ser rentável -, mantendo-se a concertação. Desta observação - existência de um elevado grau de elasticidade entre os produtos -, não se poderá retirar a conclusão inequívoca duma reduzida propensão para a concertação, podendo bastar o receio de uma concorrência feroz para formar ou manter um domínio colectivo.

A questão básica a colocar, nestas situações, radicará nos benefícios da concertação esperados a longo prazo, e se, num mercado naturalmente conturbado, as empresas tomarem decisões a muito longo prazo baseando-se em factores que, em princípio, não seriam fiáveis, tal acção poderá, eventualmente, indiciar a existência de uma concertação [325].

Também a irreversibilidade das decisões jogará um papel importante nesta problemática. A estabilidade de uma concertação relaciona-se directamente com a irreversibilidade dos investimentos efectuados no exercício dessa concertação, ou seja, na actividade concorrencial interna do grupo oligopolista. A irreversibilidade

---

[325] Cfr. A. JACQUEMIN e M. SLADE, "Cartels, Collusion, and Horizontal Merger" in R. SCHMALENSEE e R. WILLIG (eds.) Handbook of Industrial Organization, Vol. 1, Amesterdão, págs. 415-473.

poderá ser entendida como uma expressão da extensão do comprometimento de um factor de produção a uma aplicação económica. Por outras palavras e em termos relativos, se esse factor for empregue para outra finalidade a sua utilidade baixará significativamente. Esta situação constitui uma barreira à saída do mercado, pelo que a curva da oferta será inelástica. Tal ocorre imaterialmente no sector bancário. Como se referiu, o principal activo de uma instituição deste tipo é a sua informação e, como se sabe, este investimento não é reversível (relembre-se o sigilo bancário e outras normas de protecção de dados pessoais).

Perante este estado de coisas, se ocorrer uma quebra de procura, existirá, necessariamente, uma baixa da produção e, consequentemente, um grande incentivo à criação de uma concertação pelos preços, para evitar o colapso do mercado, protegendo-se os investimentos irreversíveis já efectuados. Mesmo perante algumas perdas, as instituições bancárias não poderão sair do mercado. Pelo exposto, e formulando uma outra regra, os benefícios para as empresas de uma concertação pelos preços são directamente proporcionais à quota dos cursos irreversíveis nos custos totais. Pelas mesmas razões, os incentivos à fraude à concertação também são reduzidos na mesma medida.

De referir, para finalizar, que os investimentos irreversíveis, principalmente no caso da indústria bancária, constituirão, igualmente, fortes barreiras à entrada no mercado.

8.3. A Nova Economia Industrial e o Seu Impacto na Avaliação do Domínio Colectivo

Durante a década de 80, os estudos baseados na teoria dos jogos tornaram-se os instrumentos predominantes na análise dos modelos e dos problemas subjacentes à economia industrial [326]. Esta mudança de aproximação levou à adopção de uma nova ordem da economia

---

[326] Cfr. R. SCHMALENSEE, "Industrial Economics: An Overview" in *Economic Journal*, Vol. 98, (1988), págs. 643-681; IDEM, "Inter-Industry Studies of Structure and Performance" in R. SCHMALENSEE e R. WILLIG (eds.), Handbook of Industrial Organization, Vol. II, Amesterdão, (1989), págs. 951-1009.

industrial, precisamente denominada como a "Nova Economia Industrial"[327]. A investigação informada pela teoria dos jogos é sensivelmente diferente da fundada nos pressupostos teóricos anteriores, (agora denominada "Antiga Economia Industrial"). Esta nova perspectiva permitiu uma maior endogeneização do mercado e toma em consideração as influências competitivas em períodos mais longos[328].

A Nova Teoria de Organização Industrial prossegue uma aproximação analítica assente no comportamento, possibilitando prognoses relativamente ao tipo de acções a desenvolver pelos produtores, nas diversas situações económicas de um mercado determinado[329]. Consequentemente, um aspecto comum a todos estes modelos consiste em, inicialmente, ser necessário tomar algumas opções específicas sobre o comportamento de agentes económicos rivais no mercado - estes concorrentes são reconhecidos como participantes no jogo-. Os resultados deste estudo preliminar dependem das "regras do jogo" e do "espaço estratégico" disponível[330].

A principal diferença entre a perspectiva da teoria dos jogos e o entendimento micro-económico tradicional baseado na interdepen-

---

[327] Cfr., e.g., J.E. STIGLITZ e G.F. MATHEWSON (eds.), "New Developments in the Analysis of Market Structure", Londres, (1986); G. NORMAN e M. LA MANNA (eds.), "The New Industrial Economics", Aldershot, (1992); S.K. LAYSON, "Market Opening under Third-degree Price Discrimination", *Journal of Industrial Economics*, Vol. 42, (1994), págs. 335-40; D.J. NEVEN e L. PHLIPS, "Discriminating Oligopolists and Common Markets", *Journal of Industrial Economics*, Vol. 34, (1985), págs. 133-49.

[328] Cfr. A. JACQUEMIN, "What is at Stake in the New Industrial Economics" in M. BALDASSARI (ed.) Oligopoly and Dynamic Competition, Londres (1992), págs. 37-53; F. FORGES e J. THISSE, "Game Theory and Industrial Economics: An Introduction" in G. NORMAN e M. LA MANNA (eds.), The New Industrial Economics, Aldershot (1992), págs. 12-46.

[329] Cfr. F. SCHERER e D. ROSS, "Industrial Market Structure and Economic Performance" 3.ª ed., Boston, (1990); W. SHEPHERD, "The Economics of Industrial Organization", 3.ª ed., Englewood Cliffs, N. J., (1990); J. SUTTON, "Explaining Everthing, Explaining Nothing? Game Theoretic Models in Industrial Economics" in *European Economic Review*, Vol. 34, (1990), pág. 505-512; J. TIROLE, "The Theory of Industrial Organization", Cambridge, Ma., (1988); E. WOLFSTETTER, "Oligopoly and Industrial Organization", Humboldt-Universitat Discussion Paper, Economic Series, n.º 10, Berlim, (1993).

[330] M. SLADE e A. JACQUEMIN, citado, págs. 49 e ss

dência oligopolista é que esta encara cada produtor como prosseguindo a "sua melhor estratégia", através das "melhores estratégias" dos concorrentes [331]. Pelo exposto, a nova teoria desenvolve a ideia, aflorada na anterior construção teórica, de que os oligopolistas, no momento da tomada das suas decisões, ponderam as respostas possíveis (acção *a posteriori*) dos concorrentes à sua conduta mediante observações *ad hoc* [332], estabelecendo, a nova orientação, um enquadramento para a formação de expectativas (acção *a priori*) tendo como base a escolha de estratégias pelos rivais. Ou seja, enquanto que a anterior aproximação cingia-se as acções das firmas rivais a uma determinada actuação do sujeito, a nova engloba, em termos prévios, as possíveis estratégias dos rivais.

Na nova orientação, todos os oligopolistas são assumidos como jogadores racionais e, num jogo não cooperativo [333], o conceito aplicado por qualquer dos jogadores, para aceder à melhor resposta às estratégias prosseguidas pelos seus concorrentes, é conhecido como o equilíbrio de NASH.

A característica básica deste equilíbrio é o reconhecimento de que as empresas individuais não terão qualquer incentivo para alterar a sua estratégia (NASH) enquanto os seus concorrentes adoptarem estratégias NASH [334]. Simplificadamente, numa situação de equilíbrio de NASH, as estratégias escolhidas pelos jogadores são as melhores respostas recíprocas disponíveis entre eles.

---

[331] Cfr. D. YAO e S. DE SANTI, "Game Theory and the Legal Analysis of Tacit Collusion" in *Antitrust Bulletin*, Vol. 38, n.º 1 (1993), págs. 113-141.

[332] Cfr. D. YAO e S. DE SANTI, cit.., pág. 123. Numa perspectiva comparativística com os modelos tradicionais de oligopólio, cfr. R. REES, cit., págs. 28 e ss.

[333] Cfr. D. FUNDENBERG e J. TIROLE, "Noncooperative Game Theory for Industrial Organization: An Introduction and Overview" in R. SCHMALENSEE e R. WILLIG (eds.) Handbook of Industrial Organization, Vol. 1, Amesterdão, págs. 259--327; N. GREEN e R.H. PORTER, "Non-cooperative Collusion under Imperfect Price Information", *Econometrica*, Vol. 52, (1984), págs. 87-100.

[334] FRIEDMAN forneceu a definição fundamental nos seguintes termos: "*each firm has a family, or set, of strategies from which it can choose, and each has an objective function it wishes to maximize. A noncooperative equilibrium consists of n particular strategies, one for each firm, so chosen that no single firm could possibly have obtained higher profits if it, alone, had selected a different strategy*". Cfr. J. FRIEDMAN, "Oligopoly Theory", Cambridge, (1993), pág. 49.

A análise do objecto da concertação neste caso, aferida nos termos da teoria dos jogos, baseia-se no princípio do "dilema do prisioneiro". Este jogo, provavelmente o mais conhecido de todos, oferece a melhor ilustração dos problemas de formação de decisão interactiva colocados aos membros do grupo oligopolista na sua concorrência interna. Por outras palavras, este jogo demonstra o conflito permanente, inerente à concertação entre a racionalidade colectiva e a racionalidade individual [335].

---

[335] Assim, numa situação de duopólio em que, contrariamente às assumpções aplicadas nos modelos de Cournot ou de Stackelberg, as duas firmas reconhecem a sua interdependência mútua, a interacção entre elas resultará ou numa concertação ou numa concorrência oligopolística. No caso normal de concertação pelos preços/ /quantidade, cada empresa terá uma quota parte estabelecida no mercado e poderá vender o equivalente a essa quota, a qualquer preço, dentro das margens da elasticidade da procura. Neste caso concreto, o incentivo aos fornecedores, para se comportarem conjuntamente como se tratassem de um único monopolista, é óbvio. Cada agente desejará a fixação de um determinado preço que satisfaça o requisito do rendimento marginal ser equivalente ao custo marginal. Se todas as firmas tiverem uma estrutura de custos e de procura idêntica, então o preço do mercado será o desejado. Nesta hipótese, se os duopolistas acordarem numa acção concertada, eles irão acordar as quantidades de bens oferecidas, da mesma forma que um monopolista o faria (para uma perspectiva gráfica desta realidade cfr. E. KANTZENBACH, E. KOTTMANN e R. KRUGER, cit., págs. 21-23). Se é uma realidade insofismável que os duopolistas maximizam os seus lucros pela concertação, sendo essa a conduta óbvia da racionalidade colectiva das firmas individualmente consideradas, também é inegável que, numa perspectiva agregada, estas condutas colectivas têm efeitos nefastos na eficiência económica global, levando a perdas de bem-estar, em termos distributivos, e conduzindo a subutilizações da capacidade produtiva, gerando ineficiências técnicas.

Mas mesmo que as firmas fixem um preço inferior, ainda existirá incentivo para essa concertação, dado que o risco de instabilidade do mercado será significativamente reduzido. Ou então, se a quota de mercado estiver delimitada, poderá ser racionalmente aconselhável aos agentes, tomados individualmente, utilizar a sua máxima capacidade de produção, o que elevará os seus lucros, mas, como se referiu, a um preço inferior ao da concertação, fazendo "fraude à concertação". Nota-se que o termo "fraude à concertação" não tem uma conotação negativa, uma vez que esta prática concorrencial terá efeitos benéficos no nível de bem-estar económico global do mercado, podendo mesmo afirmar-se que a "fraude à concertação" reduz tanto mais as perdas de bem estar, quanto o preço praticado pelo "batoteiro" se aproxima do ponto de equílibrio de Cournot. Apurando-se, pois, um aumento sucessivo de eficiência.

Por exemplo, no campo das taxas de juro passivas, poderá construir-se a seguinte matriz, onde se vislumbrará as vantagens da concertação:

		BANCO X	
		Taxa Baixa	Taxa Alta
BANCO C	Taxa Baixa	C-4;X-4	C-0;X-6
	Taxa Alta	C-6;X-0	C-3;X-3

Por esta matriz, que retrata de forma simplificada os lucros de duas instituições bancárias relativamente à sua estratégia de fixação das taxas de juro dos depósitos, retiram-se algumas conclusões.

Assim, se o Banco X praticar uma taxa mais elevada, remunerando melhor os depósitos e o Banco C praticar uma taxa mais baixa será natural [336] que os clientes apliquem o seu aforro no Banco X - o seu lucro será de 6, resultante da aplicação dessa grande quantidade de aforro em aplicações activas enquanto que o lucro do Banco C será de 0, uma vez que não conseguiu absorver nenhum depósito-. Porém, o Banco C tem, na sua estratégia individual, esta percepção, e poderá entrar numa guerra de preços, aumentando a sua taxa de remuneração, de forma a conseguir angariar aforradores. A longo prazo essa conduta prejudicará, necessariamente, as margens de lucro de ambos os concorrentes, para além dos inevitáveis efeitos nefastos decorrentes da instabilidade do mercado. Nestes termos, será conveniente para ambos concertarem-se, e aqui, apresentam-se duas opções.

A primeira consistiria em ambos praticarem as mesmas taxas de juro elevadas, e, neste caso, os aforradores distribuiriam-se uniformemente pelas duas instituições, que teriam, ambas, um lucro de 3. Uma vez que o risco de não terem lucro era inexistente, esta opção é preferível à não existência de concertação. Contudo, uma outra opção é susceptível de ser tomada pelas duas firmas em concertação, e que consiste na remuneração comum dos depósitos por uma baixa taxa de juro, ocasionando um lucro de 4, logo, superior ao da hipótese anterior. Em termos de racionalidade microeconómica, será essa,

---

[336] Ignorando as condicionantes da relação fiduciária banco/cliente.

inevitavelmente, a conduta a adoptar, pelos bancos naquele mercado. Desta situação decorrem, obrigatoriamente, custos quanto ao bem-estar dos consumidores e à eficiência macroeconómica naquele mercado.

No entanto, a utilidade deste instrumento não se esgota neste exercício, permitindo analisar realidades e estratégias mais complexas.

Nesta exposição, que pressupõe a existência da concertação, cada duopolista tem duas opções estratégicas. Uma baseada na racionalidade colectiva e a outra assente na racionalidade individual. O agente, na delimitação da estratégia a seguir, deverá escolher entre o preço resultante da concertação (PM) ou o preço resultante da fraude à concertação (PC):

		BANCO X	
		Concertação (PM)	"Fraude à concertação" (PC)
BANCO C	Concertação (PM)	πm,πm (100,100)	πp,πa (10,150)
	"Fraude à concertação" (PC)	πa,πp (150,10)	πc,πc (30,30)

No exemplo dado, cada célula individual contém as vantagens quantificadas para os sujeitos duopolistas, nas diversas situações estratégicas possíveis [337].

São evidentes as razões que levam à escolha da fraude à concertação como estratégia dominante a prosseguir primariamente, pois os rendimentos provenientes de uma estratégia da concertação são inferiores. É essa a conclusão normal em sede de teoria dos jogos. Logo,

---

[337] No caso em análise, πm representa o lucro obtido pelo exercício de um monopólio colectivo, πc representa o lucro obtido quando os dois agentes fazem "fraude à concertação", πp representa o lucro obtido pelo sujeito que mantém o exercício do preço concertado enquanto o outro sujeito faz "fraude à concertação" e, finalmente, πa é o lucro obtido pelo sujeito que faz "fraude à concertação" enquanto o outro sujeito mantém o preço coligado.

a estratégia dominante é aquela que individualmente é mais racional. Esta conclusão leva-nos, irremediavelmente, para a situação πc,πc, e embora se esteja perante um equilíbrio NASH, tal prática ocasiona um menor rendimento para ambas as firmas do que no caso de prossecução da estratégia de maximização colectiva do lucro, ou seja, πm,πm. Concluindo, a prossecução de uma racionalidade individual conduz forçosamente a uma lesão dos interesses das duas partes.

Quais serão, então, os factores determinantes para o equilíbrio da concertação [338]?

8.4. Factores determinantes do equilíbrio na concertação

Pelo exposto no número anterior, presenciamos um dilema, uma vez que o duopolista não tem incentivo para a manutenção da concertação, uma vez concretizada. Esta realidade é tanto mais provisória, e sensível, quanto o nível de desformalidade existente - recorde-se, não é necessário nenhum compromisso formal, apenas simples acordos de cavalheiros ou outro compromisso de natureza informal-. Nestas condições, é premente investigar-se a concertação poderá advir e, nesse caso, indagar o período de tempo em que vigorará.

A resposta à primeira questão é afirmativa e, relativamente à segunda, se se observarem os benefícios a médio e longo prazo e não os benefícios a curto prazo, poderá sustentar-se, tendencialmente, que a concertação poderá prolongar-se por um período razoável de tempo [339].

Adoptando uma perspectiva a longo prazo, o interesse do oligopolista poderá alterar-se, conformando-se com o compromisso assumido, mesmo sem qualquer vinculação forte. A capacidade para

---

[338] Note-se que a resposta a esta pergunta é essencial para a aplicação do direito da concorrência. Sendo este de aplicação sucessiva, dependerá e será condicionante dos factores de equilíbrio da concertação.

[339] A análise efectuada até agora baseia-se na pressuposição de que os jogadores só se confrontam um com o outro, sendo esta situação denominada *"one-shot games"*. Logo, na perspectiva da teoria dos jogos, todos os modelos tradicionais de oligopólio (Cournot, Bertrand, Stackelberg, só para citar os mais conhecidos), deverão ser entendidos como *"one-shot games"*.

transformar experiências passadas em expectativas de comportamento para o futuro e a percepção de que os concorrentes também pensam dessa forma permitem aos agentes do mercado declinar os benefícios a curto prazo, decorrentes da prática de "batota", pois, a longo prazo, os prejuízos seriam elevados (relembre-se as guerras relativamente às margens entre taxas de juro activas e passivas).

No sector bancário, que assenta em interacções repetidas entre as instituições no mercado, poderia pensar-se que a concertação seria a situação mais fielmente representativa da realidade. Há primeira vista, este tipo de entendimento colectivo seria o mais razoável: o incentivo para a obtenção de benefícios a longo prazo excederia os benefícios a curto prazo, resultantes da "batota". Porém, a teoria dos jogos demonstra que essa conclusão poderá não ser verdadeira.

Os jogos a longo prazo, nos termos da teoria dos jogos, denominam-se como "jogos repetidos"[340], e no contexto do sector em análise, o sector bancário, será crucial saber se as repetições das interacções dos concorrentes no mercado poderão criar, e em que extensão, uma situação em que a concertação poderá ser resgatada do logro resultante da prática de "batota" pelos agentes individuais uma vez que os concorrentes não estão em condições de estabelecer contratos formais, devido à legislação de tutela da concorrência. Por todos estes condicionalismos, inexistirá qualquer mecanismo externo de vigilância das práticas concorrenciais individuais, com a finalidade de prevenir essas práticas desconformes com os termos concertados. Paradoxalmente, esta característica, que torna a concertação um acordo auto-vigiado, fornece um incentivo endógeno para que os sujeitos adiram à concertação, não sendo os seus termos rígidos.

No entanto, o entendimento baseado na mera repetição de jogos constituirá um argumento insuficiente para explicar o interesse individual na concertação em situações a longo prazo. A punição da prática da "batota" só poderá ser exercida pelos outros participantes no jogo no período futuro, pelo que será essencial saber se existirá

---

[340] Tem-se criticado o termo "jogos repetidos". Segundo alguns autores (por exemplo, M. HOLLER e G. ILLING), os jogos a longo prazo não deverão ser encarados como uma mera sucessão de jogos a curto prazo repetidos, mas como um novo jogo por direito próprio.

esse período futuro no qual o jogo será repetido [341]. No caso de não existir, não haverá tempo para a imposição da punição. Se os agentes tiverem consciência desta situação, não ocorrerá incentivo para a manutenção da concertação pois não decorrerão benefícios a longo prazo [342].

Assim, e retirando todas as consequências deste raciocínio, os jogadores só terão um incentivo para a concertação nos períodos precedentes se souberem que a sua vontade presente de cooperação será recompensada num período posterior pelo facto dos seus rivais terem adoptado estratégias cooperantes similares. Consequentemente, no último período, todos os jogadores saberão que nenhum adoptará os termos da concertação [343], pelo que a concertação será impossível.

Porém, não se negando a utilidade doutrinária da teoria, que em termos psicológicos reflecte a não propensão para a concertação na antecedência de fases de ruptura ou de transição, este argumento é auto-destrutivo de toda a doutrina baseada nos jogos repetidos - nenhum dos concorrentes poderá esperar um comportamento pacífico por parte dos outros, nos penúltimos períodos do jogo -, sendo esta linha de argumentação aplicável reversivelmente até ao primeiro período do jogo [344].

Concluindo, em jogos que se repitam por um número finito de vezes, a cooperação não constitui uma situação de equilíbrio [345]. No

---

[341] Nestes termos, só se manterá o equilíbrio enquanto os concorrentes não souberem quando o jogo acaba. Cfr., sobre este aspecto, R. REES, "Tacit Collusion" in *Oxford Review of Economic Policy*, Vol. 9, n.º 2, (1993), págs. 27-44.

[342] A doutrina denomina esta situação como "indução reversa". Ver, por exemplo, D. KREPS, "A Course in Microeconomic Theory", Cambridge, Cambridge University Press, (1990)

[343] E. KANTZENBACH, E. KOTTMANN e R. KRUGER, cit., pág. 27.

[344] Em sentido contrário, considerando que em jogos finitos existirá ainda viabilidade para a concertação, cfr. J. P. BENOIT e V. KRISHNA, "Finitely Repeated Games" in *Econometrica*, Vol. 53, (1985), págs. 905-922.

[345] Esta situação denomina-se equilíbrio perfeito do sub-jogo, e foi introduzida por SELTEN, sendo um aperfeiçoamento do conceito de NASH adaptado aos jogos dinâmicos. O equilíbrio NASH, como foi referido anteriormente, requer, simplesmente, que os jogadores não tenham iniciativa para alterar a sua estratégia de equilíbrio enquanto os rivais também prosseguirem as suas estratégias de equilíbrio. O equilíbrio perfeito do sub-jogo requer adicionalmente que os jogadores não tenham qualquer incentivo para alterar a sua estratégia num sub-jogo particular, ou seja, num

sector bancário, essa realidade vislumbra-se na antecedência de momentos de transição, como aconteceu com a criação do Mercado Único nos serviços financeiros, e como sucedeu nos momentos anteriores à União Económica e Monetária. Na antecedência de situações de transição ou de ruptura, a concertação não constitui uma opção racional para os participantes no jogo.

Onde não existirá dificuldade em encontrar, e justificar, comportamentos concertados será nas situações em que os jogos se repetem indefinidamente, - os super-jogos-. Nestes caso, o exercício da punição por um comportamento "batoteiro" será sempre possível no momento posterior, pelo que a retaliação será uma ameaça praticável, logo, credível. Esta situação é tão clara que não necessita de mais desenvolvimentos [346].

A punição deverá ser severa, ou então, não será ameaçadora, fazendo com que os benefícios perceptados no curto prazo não sejam

---

período particular. R. SELTEN, "Spieltheoretishe Behandlung einer Oligopoltheorie mit Nachfragetragheit" in *Zeitschrift fur die gesamte Staatswissenscaft*, Vol. 12, (1965), págs 301-324, citado por E. KANTZENBACH, E. KOTTMANN e R. KRUGER, cit.., nota de rodapé n.º 55.

[346] O exercício da retaliação efectivar-se-á de diversas formas. A estratégia "gatilho" consiste no pressuposto de que os agentes só manterão a sua situação de concertação se todos a tiverem mantido no jogo anterior, ou seja, no período anterior. Se tal não acontecer, exercerão a sua estratégia futura na situação de equilibrio de NASH, o que implica menores lucros. Cfr. D. KREEPS, cit.., pág. 517 e ss. Uma outra estratégia, apresentada por ABREU (D. ABREU, "On the Theory of Infinitely Repeated Games with Discounting" in *Econometrica*, Vol. 56, (1988), pág. 383 a 396), é denominada como "vara e cenoura". Esta punição é mais severa do que a estratégia "gatilho", em que a única punição é o retorno ao equílibrio NASH. A estratégia tem essa denominação dado que opera em duas fases. Na primeira, a fase da vara, qualquer jogador apanhado a fazer "fraude à concertação" é punido severamente pelos outros jogadores que aumentam a quantidade oferecida numa margem superior à racional numa situação de equílibrio NASH, com o objectivo de depreciar os preços para um nível baixo, no qual o ofensor não poderá realizar qualquer lucro. Depois desta fase de guerra nos preços, proceder-se-á ao retorno ao nível de produção concertado, o que constituirá a fase "cenoura". Nesta segunda fase, proceder-se-à a um aumento progressivo dos lucros de forma a compensar o jogador batoteiro pela sua severa punição. No sentido de se assegurar que a estratégia é de facto retaliatória, a punição na fase da "vara" deverá colocar o jogador batoteiro abaixo da seu "nível de segurança", constituído pelo "*maximin value*", que é o lucro mais elevado que o jogador poderá ainda obter exercendo a estratégia menos favorável das suas possíveis opções,

superiores aos benefícios no médio e longo prazo. Deverá, ainda, ser rápida. Se a situação se mantiver no tempo, haverá maiores possibilidades de rentabilizar a batota, ou então, para o "batoteiro" compensar a futura perda de lucros resultante da quebra da concertação, ou então, da punição [347].

Alterando-se de forma brusca o comportamento de uma instituição bancária, - não cobrando comissões por um determinado ser-

---

por outras palavras, é o menor lucro que o jogador tem a certeza de obter. O que motivará o jogador punido a cooperar com os colegas de concertação, após a fase de punição, será a ameaça eminente do retorno à fase da "vara" se ele reincidir na "fraude à concertação", atrasando-se, desta forma, o seu retorno à fase lucrativa da concertação. Por outro lado, os restantes parceiros tomarão consciência de que as sanções são eficazes, pelo que eles próprios são alvos potenciais se adoptarem uma conduta desconforme com os termos da concertação, preferindo estar do lado de quem pune, do que do lado de quem é punido, facto que constitui um enorme desincentivo à "fraude à concertação". Se a punição não fizer mais do que colocar o "batoteiro" no seu nível de segurança πs por um período definido, ela poderá não ser eficaz. Se $\pi c > \pi m > \pi s$, o jogador não terá interesse em exercer uma conduta batoteira a não ser que o ganho obtido no período da "fraude à concertação" ($\pi c - \pi m$) for superior ao valor presente das perdas de receitas futuras ($\pi m - \pi s$)/r (r representa a taxa de juro verificada em cada período), ou seja: $\pi c - \pi m <= (\pi m - \pi s)/r$.

A "punição *maximin*" não será credível em sectores onde existam preferências individuais com alguma força, como no sector bancário, uma vez que seria dificilmente quantificada pelos sujeitos que aplicam a sanção. Cumulativamente, se o valor *"maximin"* do jogador batoteiro for inferior ao menos favorável dos equilíbrios NASH, não será equilibrado, em termos NASH, que os outros jogadores o coloquem abaixo do seu valor *"maximin"* por um longo período de tempo. Concluindo, a estratégia *maximin* de retaliação não é perfeita em sede de sub-jogos.

[347] Este factor é por vezes desprezado, contudo revela um interesse fundamental. Até agora pressupôs-se que a "fraude à concertação" seria detectada no período inicial e que as práticas retaliatórias seriam aplicáveis sem demora. No entanto, esta pressuposição nem sempre é verdeira, presumindo a existência de um nível perfeito de informação.

A teoria dos jogos não cooperativos oferece, igualmente, soluções que não assentam na pressuposição de que os oligopolistas seleccionam as suas estratégias tendo como base o que sabem acerca das estratégias dos seus concorrentes em períodos precedentes. GREEN e PORTER focaram a sua análise nesta questão e concluíram que os tipos de retaliação estudados não necessitam de ser exercidos na prática, embora seja necessária a imposição de uma medida disciplinar contra os jogadores que desertem dos seus acordos. Desta forma, GREEN e PORTER negam a possibilidade de ocorrência de uma guerra de preços entre oligopolistas, do tipo "vara e cenoura". Cfr. E. GREEN e R. PORTER, "Noncooperative Collusion under Imperfect Price Information" in *Econometrica*, Vol. 52, n.º 1, (1984), págs. 87-100.

viço ou baixando significativamente as taxas de juro -, se, de um momento para o outro, se verificar alguma agitação no mercado e um consequente recuo nessa prática, essa ocorrência será um forte indício da existência de concertação.

Porém, os super-jogos, que assentam em horizontes temporais infinitos não representam fielmente, por essa razão, a realidade dos mercados. Permitem, igualmente, um número elevado de equilíbrios perfeitos dos sub-jogos. De facto, qualquer alteração do comportamento dos agentes, que resulte na imposição de algum mecanismo retaliatório poderá ser explicado, na grande maioria das ocasiões, como um comportamento equilibrado, em termos de perfeição do sub-jogo [348].

No entanto, as condutas retaliatórias penalizam não só os jogadores que não respeitam os termos da concertação mas, também, os que exercem a punição - os seus lucros serão igualmente reduzidos -, pelo que estes pretenderão minimizar o mais possível as suas desvantagens, resultantes do exercício da acção retaliatória, o que poderá tornar a punição ineficaz.

Concluindo, a teoria dos superjogos apenas apresenta as combinações possíveis de interacções entre os agentes no mercado, mas é incapaz de fornecer um informação irrefutável à solução que vai ser adoptada na prática. Poderá, porém, extrair-se dela uma importante conclusão em sede de aplicação do direito, ou seja: quando nenhum dos concorrentes tenha conhecimento de como, ou quando, a interacção dos agentes no mercado finalizará, estão em posição de aplicar os acordos de concertação, através de estratégias retaliatórias endógenas, não sendo necessária qualquer infra-estrutura cooperativa para a sua manutenção e fiscalização.

Em tese, poderá construir-se um modelo com quatro fases de progressão influenciadoras da estabilidade da concertação [349]:

concertação⇒batota⇒detecção⇒punição

---

[348] Esta situação é denominada na teoria dos jogos como "*folk theorem*", pois a sua descoberta não pode ser atribuída a nenhuma fonte específica, e é excepcionada pela retaliação *maximin*.

[349] E. KANTZENBACH, E. KOTTMANN e R. KRUGER, cit., pág. 33. Cfr., igualmente, SALOP, que propõe uma progressão alternativa de factores, nos seguintes termos: "*successful oligopolistic co-ordination consists of three elements - agreement about co-operative outcome, achievement of that outcome, and maintenance of the*

8.5. Nova teoria da organização industrial e incentivos à concertação

A nova teoria da organização industrial tem estudado os factores incentivadores ou inibidores da prática de concertações. Poderá afirmar-se, liminarmente, que os incentivos à concertação dependem da existência de um ambiente favorável ao seu desenvolvimento. Será necessário que os agentes comuniquem uns com os outros, demonstrando reciprocamente as suas estratégicas micro-económicas individuais, que fundamentarão um padrão comum de comportamento. Este ambiente é, como se referiu, típico do sector bancário uma vez que os jogadores comunicam reciprocamente, interagindo permanentemente, sendo os produtos oferecidos homogéneos [350], a estrutura de custos similar e as empresas dominantes em número reduzido.

---

outcome over time, in the face of changing conditions and private incentives to compete". Cfr. S. SALOP, "Practices that (Credibly) Facilitate Oligopoly Co-ordination" in J. STIGLITZ e G. MATHEWSON (eds.), New Developments in the Analysis of Market Structure, Londres, pág. 265-290.

[350] A heterogeneidade dos produtos tem um impacto negativo no requisito assente na necessidade de comunicação entre os oligopolistas, com propósitos de concertação, o que dificulta *ab initio* a emergência da concertação dado que esse acordo terá de ser complexo, regulando mais matérias do que as tipicamente abrangidas: o preço único e a quantidade global fornecida. Quanto mais complexas as negociações, menores probabilidades de êxito terão, para não referir as dificuldades de vigilância acrescidas à conduta dos participantes. Ora, esta não é a situação do mercado bancário, muito pelo contrário.

O grau de evolução do desenvolvimento tecnológico cria constrangimentos à prática de concertações, alterando continuamente o ambiente operativo das instituições envolvidas, originando elevados custos de transacção. Quanto a esta questão, o sector bancário apresenta duas realidades diversas, sendo imperativo efectuar-se uma distinção. Assim, no campo dos produtos financeiros, *stricto sensu*, o nível de evolução tecnológica dos produtos e dos serviços encontra-se em desaceleração, pelo que a dificuldade não se colocará. Em contraposição, e precisamente no mesmo campo, verifica-se uma tendência diametralmente oposta no regime dos fluxos de informação e dos processos de fabrico, *lato sensu*. A sociedade da informação existente e a revolução digital que se adivinha, poderão criar dificuldades, já que facilitarão, decisivamente, a desintermediação. Pelo exposto, este factor poderá obstar ao aparecimento de concertações (note-se que este factor está intimamente relacionado com a percepção futura dos mercados por parte dos agentes). No entanto, um raciocínio inverso também possível. Para que os serviços informáticos sejam utilizados

A concertação, adoptando uma outra perspectiva, pode ser exercida em termos implícitos ou em termos explícitos. A concertação implícita é entendida num sentido lato, incluindo todos os comportamentos dos agentes, que tomando em consideração a sua interdependência oligopolística, renunciam ao uso ofensivo dos parâmetros competitivos e à prossecução de vantagens individuais a curto prazo, procurando, ao invés, as vantagens colectivas a longo prazo.

A concretização do acordo não é, como se referiu, a fase final do processo, sendo necessário manter a estabilidade do mesmo, impedindo-se deserções, ou seja, batotas. Esta prática, desconforme com os termos da concertação, dependerá do nível de lucros obtidos por essa prática individual, que será dependente, como se esclareceu atrás, do nível de preços, do rendimento marginal de cada oligopolista; do custo marginal de produção [351]; da curva da procura; do grau

---

na sua máxima eficácia será necessário proceder à sua normalização maciça, e este elemento poderá facilitar o acordo entre os operadores.

Por outro lado, e em tese, a análise do impacto da heterogeneidade dos produtos na concertação poderá não ser sempre negativa. Por exemplo, é facilmente demonstrável que a diferenciação dos produtos poderá auxiliar a efectivação de um acordo em termos de espaço do mercado. (Cfr. D. LEVY e J. REITZES, "Product Differentiation and the Ability to Collude: Where Being Different Can Be an Advantage" in *Antitrust Bulletin*, Vol. 38, n.º 2, (1993), págs. 349-368). Neste sentido, igualmente, cfr. T. ROSS, "Cartel Stability and Product Differentiation" in *International Journal of Industrial Organization*, Vol. 10, n.º 3, (1992), págs. 1-13; M. CHANG, "The Effects of Product Differentiation on Collusive Pricing" in *International Journal of Industrial Organization*, Vol. 9, (1991), págs. 453-469. Porém, não se poderá esquecer a influência do grau de elasticidade da procura na estabilidade da concertação: se houver alguma rigidez, a prática de "fraude à concertação" será desincentivada, uma vez que uma pequena baixa de preços ou um pequeno aumento da quantidade de produção não gerará grandes efeitos na transferência de clientela. Existindo heterogeneidade entre os produtos, o grau de sucedaneidade será reduzido, pelo que a procura será tendencialmente rígida. No caso de existir uma diferenciação entre os produtos, isso facilitará a imposição de práticas retaliatórias localizadas aos "batoteiros".

[351] A heterogeneidade entre os custos de produção dos oligopolistas é outro dos factores importantes a considerar no estudo das concertações. Um acordo deste tipo é menos frequente se determinadas empresas tiverem vantagens competitivas decorrentes de uma menor estrutura de custos. Numa situação desta índole coloca-se o problema da redistribuição dos ganhos provenientes da concertação. Cfr, sobre este assunto, R. SCHMALENSEE, "Competitive Advantage and Collusive Optima", in *International Journal of Industrial Organization*, Vol. 5, (1987), págs. 351-367; M. SLADE e A. JACQUEMIN, citado, págs. 47-65.

da sua elasticidade; dos níveis das preferências individuais; da capacidade produtiva; da homogeneidade do mercado; do grau de irreversibilidade dos investimentos praticados e das perspectivas de evolução futura das condições do mercado.

Na perspectiva das práticas sancionatórias, a concertação dependerá da severidade e da credibilidade da retaliação, bem como da sua detecção atempada.

Quanto a estes últimos aspectos, a detecção da "batota" no sector bancário é facilmente operada, dado o elevado grau de interconexão das actividades, sendo fácil a uma instituição bancária identificar alterações do comportamento concorrencial do parceiro. A sua punição é igualmente simples. Tendo em consideração que actividade bancária consiste numa cadeia de produção contínua, estando cada instituição dependente das outras, o exercício da uma sanção punitiva retaliatória poderá ser exercido sem dificuldades, quer pela via dos preços que por outra via.

Contudo, e por vezes esquecido, o nível da procura não é estável, estando sujeito a alterações aleatórias, o que poderá originar a estratégias de curto prazo baseadas na diminuição dos preços [352] devido à situação de informação imperfeita. Nestes termos, o preço do mercado não reflecte, na grande maioria das ocasiões, o nível de quantidade oferecido ao mercado. Por outras palavras, numa situação de baixa de preços é dificilmente destrinçável a sua origem - poderá decorrer de "batota", ou então, de queda aleatória da procura global. Este facto torna, na grande maioria das ocasiões, a detecção da fraude à concertação árdua senão mesmo impossível [353]. Porém, no sector

---

[352] Esta questão foi primeiramente identificada por G. STIGLER, "A Theory of Oligopoly" in *Journal of Political Economy*, Vol. 72, págs. 44-61. Mais recentemente, cfr. C. SHAPIRO, "Theories of Oligopoly Behaviour" in R. SCHMALENSEE e R. WILLIG (eds.) Handbook of Industrial Organization, Vol. 1, Amesterdão, págs. 329-414; E. GREEN e R. PORTER, citado, págs. 89 e ss.

[353] E. GREEN e R. PORTER apresentam como solução para esta situação a fixação de um preço crítico mínimo abaixo do qual os oligopolistas assumirão que um dos seus membros está a fazer "fraude à concertação", despoletando-se, de seguida, a guerra de preços. Segundo estes autores, este será o único meio de manter uma concertação num sector onde existam imperfeições na informação acentuadas.

Esta conclusão é de grande utilidade para o aplicador da legislação de tutela da concorrência, reconhecendo a extrema importância da infra-estrutura informativa

bancário, o nível de oscilação da procura não é acentuado, estando sujeito a ciclos regulares assentes na conjuntura macro-económica global, pelo que, este problema não se colocará em termos tão radicais.

A antiguidade dos grandes grupos bancários é igualmente um factor de propensão para a concertação. O mesmo poderá dizer-se da vivência retirada da anterior experiência de mercado protegido, dado que tal enquadramento propiciava a contactos regulares entre os banqueiros que, muitas das vezes, se manterão actualmente.

---

existente entre os oligopolistas se eles quiserem levar a cabo o seu domínio colectivo, pelo que, verificando-se um grande fluxo de informação entre os sujeitos oligopolistas, tal poderá indiciar a existência de uma concertação.

Uma forma de simplificar este fluxo de informação é a fixação de preços através da utilização de pontos básicos, usual nos serviços bancários.

Um outro método, susceptível de ser utilizado, e que torna as trocas de informação menos importantes, consiste na contratação com o cliente de cláusulas do tipo "o cliente mais favorecido" e "encontro com a concorrência". Nos termos da primeira cláusula, um desconto oferecido a um cliente deverá ser estendido aos demais, tornando a fraude à concertação mais detectável. Na segunda cláusula, o fornecedor acordará com o cliente que ele só pagará o mais baixo preço que encontrar na concorrência, devolvendo o vendedor o excedente. Com a imposição de um sistema deste tipo, existirá um incentivo para os consumidores declararem qualquer quebra de preços ocorrida no mercado. Os oligopolistas não se preocuparão com a detecção da fraude à concertação. A sua prática iria auto-incriminar quem a efectuasse.

The French view: regulators are good, so optimal mechanisms can be designed and will work.
The American view: regulators are evil. They will maximize their own self-interest. They are also invertebrate so they will do whatever is expedient ex post.

Raguram G. Rajan, University of Chicago, 1995

PARTE II
A APLICABILIDADE DO DIREITO DA CONCORRÊNCIA COMUNITÁRIO À ACTIVIDADE BANCÁRIA

CAPÍTULO I
EVOLUÇÃO HISTÓRICA

1. POSIÇÃO INICIAL DA COMUNIDADE

A posição inicial da Comunidade em relação a esta matéria era nebulosa, grassando pela incerteza e pela indecisão.

Embora a Comissão nunca tenha negado, abertamente, a aplicabilidade dos artigos 81.º e 82.º à área da concorrência bancária, o entendimento dominante era de que os acordos interbancários, tolerados ou incentivados pelas autoridades públicas, relevavam essencialmente da política monetária e, por consequência, não se encontravam abrangidos pelo artigo 81.º. Quanto muito, para evitar a incerteza jurídica, impunha-se a edição de legislação especial relativa ao sector bancário [354].

---

[354] Os Estados Unidos tomaram uma posição sobre esta matéria em 1963, tendo o Supremo Tribunal decidido, em dois acordãos, que as leis *anti-trust* se aplicavam, em princípio, ao sector bancário. Cfr. C. MARMOL "La application des lois antitrust américaines et reglement de la bourse aux fusions de banques" *Revue de la Banque*, (1963), págs. 675-686.

Nessa época, apenas uma associação bancária belga notificara a Comissão do conjunto de acordos em que interviera, nos termos do Regulamento 17 [355], formulando o pedido principal de uma atestação negativa e, subsidiariamente, o pedido do isenção nos termos do artigo 81.º [356] n.º 3. No entanto, a posição oficial foi adiada por 24 anos [357].

No segundo Relatório sobre a política da concorrência, em 1973, a Comissão afirmou que a legislação comunitária sobre a concorrência abrangia, em princípio, o sector bancário, mas sublinhou, e repetiu em relatórios posteriores, que tinha a consciência que a aplicação da tais regras deveria considerar o carácter específico de certos ramos da economia, em particular, o sector bancário, devido: à especificidade do mercado; à susceptibilidade de interferências das políticas financeiras e monetárias, através da intervenção dos bancos centrais; à supervisão das autoridades nacionais, e às exigências do controlo cambial. O Relatório afirmou, então, que a Comissão procuraria determinar o eventual recurso à alínea c) do n.º 2 do artigo 83.º [358] (que permite ao Conselho, após proposta da Comissão, definir, se necessário, o âmbito de aplicação dos artigos 81.º e 82.º [359] aos vários sectores da economia), com a finalidade de salvaguardar os imperativos decorrentes da política monetária, bem como para

---

[355] Regulamento 17, do Conselho, de 6 de Fevereiro de 1962 (publicado no JO CE n.º 13/204, de 21 de Fevereiro de 1962). No seu artigo 2.º prevê-se a atestação negativa, mediante a qual as empresas obtêm da Comissão a declaração de que determinada prática ou acordo não suscita a intervenção fiscalizadora desse órgão comunitário. Apesar desta declaração não inibir posterior fiscalização. Tal significava, implicitamente, que a acção concertada ou o acordo não preenchia os requisitos das proibições dos artigos 81.º e 82.º. Mas, na prática, era conveniente que o pedido de atestação negativa viesse acompanhado da notificação para efeitos do n.º 3 do artigo 85.º, conforme o disposto no n.º 1 do artigo 4.º do Regulamento 17.

[356] Após a entrada em vigor do Tratado de Amesterdão, o artigo 81.º passou a ser o artigo 81.º.

[357] J. SIMÕES PATRÍCIO, "Disciplina Comunitária da Concorrência Bancária" in *Documentação e Direito Comparado*, n.º 31/32, (1987).

[358] Após a entrada em vigor do Tratado de Amesterdão, o artigo 87.º passou a ser o artigo 83.º.

[359] Após a entrada em vigor do Tratado de Amesterdão, o artigo 86.º passou a ser o artigo 82.º.

especificar, no domínio bancário, o âmbito de aplicação dos artigos 81.º e 82.º, e as consequentes regras de aplicabilidade do n.º 3 do artigo 81.º e do n.º 2 do artigo 82.º.

Verificamos, porém, que a Comissão, ao expressar esta posição, e na inexistência de direito especial, reconheceu a aplicabilidade das regras gerais do artigo 81.º e 82.º[360].

2. O ACÓRDÃO ZUCHNER

2.1. Enquadramento

Este acórdão[361] aprecia um caso em que um indivíduo, GERHARD ZUCHNER, sacou sobre o seu banco, o *Bayerische Vereinsbank A. G.*, um cheque de 10000 marcos à ordem de um residente em Itália, tendo sido debitada na sua conta essa importância, acrescida de uma comissão de 0,15%.

Apesar do montante ser reduzido, o cliente accionou o banco no Tribunal de Rosenheim, para o efeito de lhe ser restituída a comissão debitada, que considerou ilícita. A ilicitude provinha do facto de, no seu entender, se tratar de uma comissão diferente das comissões

---

[360] Em 1978, no oitavo Relatório sobre a Política da Concorrência, a Comissão, embora observando que em diversos Estados-Membros a actividade estava parcial ou totalmente isenta da aplicação das regras de concorrência nacionais devido à existência de legislação promenorizada especial, não deixou de reafirmar o princípio de que as regras de concorrência comunitárias e os seus regulamentos de execução se aplicavam, de maneira geral, ao sector bancário. COMISSÃO CEE "Oitavo Relatório sobre a Política da Concorrência - 1978", Office das Publications Officielles des Communautés Européenes, Bruxelas-Luxemburgo, 1979, n.º 32, pág. 34. Esta posição da Comissão contrastava com a atitude dos bancos.

[361] Colectânea, 1981, pág. 2021 e seguintes. Sobre este assunto poderá consultar: P. MALAQUIAS "As regras comunitárias de Concorrência e a actividade bancária" in *Revista da Banca*, nº 6, Abril/Junho (1988), págs. 87 e seguintes; J. SIMÕES PATRÍCIO, citado; JOÃO FERREIRA "Os bancos e a Concorrência" in *Cadernos DGCP* n.º 21, Nov (1993); A. PAPPALARDO, "L´approche de la Commission et la jurisprudence communautaire", in *Le Secteur Bancaire et la Concurrence*, AEDBF, Bruylant, Bruxelas, (1997), págs. 79 e ss.; J. STEENBERGEN, "Régles da la concurrence et le secteur bancaire" in *Le Secteur Bancaire et la Concurrence*, AEDBF, Bruylant, Bruxelas, (1997), págs. 79 e ss.

cobradas nas transferências internas [362] e, por outro lado, ser uma comissão uniforme estabelecida pela entente formada entre os bancos alemães.

O Tribunal entendeu que a invocação do anterior artigo 67.º não era legítima, destinando-se, este dispositivo normativo, unicamente aos Estados-membros, mas julgou aplicável o regime dos artigos 81.º e 82.º do Tratado. Assim, nos termos do artigo 177.º do Tratado (actual 234.º), suspendeu a acção e pediu ao Tribunal de Justiça que decidisse, como questão prejudicial, se a cobrança por parte das entidades bancárias de uma comissão uniforme em transferências bancárias, operações de pagamento e em movimentos de capitais intra-comunitários, seria susceptível de afectar as trocas comerciais violando as disposições do Tratado acima descritas [363].

Dada a importância do caso, o Tribunal de Justiça apreciou o caso em plenário de juizes.

2.2. Discussão de Direito

Os argumentos da defesa basearam-se, essencialmente, em dois pontos: na inaplicabilidade das regras da concorrência às instituições bancárias visto estas deverem entender-se como empresas incumbidas da gestão de serviços de interesse económico geral, nos termos do n.º 2 do artigo 86.º do Tratado [364], pela natureza especial dos serviços

---

[362] Artigo 67º do Tratado.

[363] O banco demandado apressou-se a creditar a conta do cliente com os 15 marcos em questão, tentando evitar o envolvimento em matérias tão delicadas, mas o Tribunal não retirou a questão posta ao Tribunal Europeu, tendo a Segunda Instância reafirmado a conveniência da interposição, pois o cliente poderia vir ulteriormente a ser debitado da mesma forma.

[364] O n.º 2 do artigo 86.º dispõe que as empresas encarregadas da gestão de serviços de interesse económico geral ou que tenham a natureza de monopólio fiscal ficam submetidas às disposições do Tratado, designadamente, às regras da concorrência, na medida em que a aplicação destas regras não constitua obstáculo ao cumprimento, de direito ou de facto, da missão particular que lhes foi confiada. Porém, o desenvolvimento das trocas comerciais não deve ser afectado de maneira que contrarie os interesses da Comunidade. LOUIS VILARETT afirmava, em 1962, o seguinte: *"na medida em que os bancos são chamados a desempenhar um papel de prossecução das políticas económicas e monetárias dos Estados, eles são "empre-*

fornecidos e no papel crucial desempenhado pelos bancos nas operações de transferências de capitais; em segundo lugar apontaram-se as disposições dos anteriores artigos 104.º e seguintes do Tratado, relativos à política económica.

Esta argumentação foi afastada categoricamente pelo Tribunal de Justiça.

Quanto ao n.º 2 do artigo 86.º, o órgão jurisdicional declarou, sem qualquer hesitação, que as transferências internacionais, normalmente efectuadas pelos bancos, derivavam efectivamente da sua actividade especial, em particular no tocante aos movimentos de capitais. Mas isso não bastava para atribuir a essas instituições o carácter de empresas de interesse económico geral, nos termos do artigo citado, a não ser, que ao efectuarem essas transferências, os bancos prestassem um serviço de interesse económico geral de que estivessem encarregados *"em virtude de um acto do poder público"* [365].

---

sas" encarregadas da gestão de serviços de interesse económico geral, nos termos do n.º 2 do artigo 86.º (...); nessa medida, então, eles só se encontram sujeitos às regras da concorrência do Tratado CEE, e em particular ao artigo 81.º, na medida em que essas regras não constituam obstáculo ao seu desempenho, de direito ou de facto, relativamente às tarefas que lhes foram confiadas. As disposições constantes no n.º 2 do artigo 86.º, que foram especialmente redigidas tendo em consideração a situação do sector bancário, não poderão ser aplicadas a todo e qualquer acordo. Mas constitui uma certeza que elas se aplicam àqueles acordos que são conhecidos pelas autoridades nacionais e considerados por estas autoridades como sendo necessários para assegurar que níveis elevados de concorrência não afectem a prossecução dos tarefas económicas e monetárias cometidas aos bancos". Cfr. L. VILA-RETT, "Comment appliquer aux activités bancaires les règles de la concurrence du Traité CEE ?", *Revue Banque,* Paris, (1962), pág. 515 (tradução nossa); MARC DASSESSE "Aplicação do Princípio do Direito Europeu da Concorrência ao Sector Bancário", Comentário policopiado; Idem "Application de principe du droit europèen de la concurrence au secteur bancaire" in *Revue de la Banque* n°1 (1982), págs. 81 e ss.; V. KORAH "Zuchner v. Bayerische Vereinsbank AG - joint dominance" in *European Law Review,* n°3 (1982), págs. 226 e ss.; C. GAVALDA "Commentaire" in *Revue trimestrielle de Droit Européen,* n°4 (1982), pág. 475.

[365] No entanto, o alcance desta reserva não foi especificado, nem teria de ser naquele caso concreto. Apesar disso, foi utilizada, na altura, para definir num sentido restrito o conceito de empresas abrangido pelo n.º 2 do artigo 86.º. Por seu turno, autores como M. DASSESSE e I. STUART [in "The Impact of EEC competition law on banking actitivities, *Journal of International Banking Law,* Set (1982)] e C. GAVALDA, [in "Commentaire" in *Revue Trimestrelle de Droit Européen,* n°4, (1982),

No que diz respeito ao argumento baseado nos artigos 104.º (actual 101.º) e seguintes [366], o Tribunal considerou que tais dispo-

---

págs. 745 e ss.] estendem a reserva formulada pelo Tribunal a operações que não englobam o objecto normal dos bancos, tais como: o previlégio de emissão; a concessão de crédito à exportação e ao investimento, embora com algumas dúvidas quando beneficiem de garantias, totais ou parciais dos poderes públicos, ou de uma bonificação dos juro; e, de forma limitada, às transferências internacionais, se realizadas por delegação instituições estatais, mas já não, por exemplo, nos acordos entre operadores de crédito para determinação da taxa de juro. A mesma reserva era estendida, em termos duvidosos, à imposição de um encargo anual aos portadores de cartões.

Assim, o argumento de que a distribuição de crédito acaba por se ligar ao previlégio da emissão de moeda não será procedente, não havendo qualquer acto especial de atribuição de competências, por parte da autoridade pública.

Mas, em situações especiais, levantam-se dúvidas, v.g., quando as interacções entre o controlo prudencial do crédito e da moeda e a política monetária forem intensas. As autoridades monetárias poderão considerar desnecessário intervir a título preventivo, desde que as instituições credítícias, eventualmente solicitadas, pelas referidas autoridades, adoptem acordos ou práticas de auto-regulação dos mercados, ajustando-as aos objectivos prosseguidos pelas autoridades, mas sem intervenção directa destas, devendo então entender-se que essas empresas bancárias desempenham uma missão de interesse económico geral, sendo estranha a imposição aos Estados-membros duma intervenção directa.

[366] O artigo 104.º do Tratado estabelecia a necessidade de prossecução, pelos Estados-membros, de uma política económica que assegurasse o equilíbrio da sua balança de pagamentos e mantivesse a confiança na moeda nacional, garantindo, simultaneamente, um elevado nível de emprego e um estabilidade dos preços. Por seu lado, o artigo 105.º determinava a coordenação das políticas económicas dos Estados-membros, para atingir os objectivos constantes do artigo 104.º. Nesses termos, deveriam os Estados-membros tomar medidas para que os seus departamentos administrativos e os seus Bancos Centrais cooperassem com as instituições similares dos outros Estados. Pelo exposto, estas disposições legitimavam uma lógica de coordenação na área da política económica, que ainda hoje se mantém, conquanto noutras vestes, veja-se os artigos 98.º A e 99.º do Tratado. No plano monetário, previa-se já a existência do Comité Monetário, com estatuto de órgão consultivo, com as seguintes funções: acompanhar a situação monetária e financeira dos Estados-membros e da Comunidade, bem como o sistema geral de pagamentos dos Estados-membros e apresentar regularmente o correspondente relatório ao Conselho e à Comissão, e; formular pareceres, quer a pedido do Conselho ou da Comissão quer por iniciativa própria, destinados a estas instituições. Actualmente, com o acréscimo de competências previstas no artigo 114.º C, este órgão tornou-se fundamental. É a este nível que são propostas e decididas as posições finais, antes dos Conselhos Económicos e Financeiros e Europeus, dos Estados-membros nas matérias respei-

sições não subtraiam os bancos do cumprimento das regras da concorrência. Essas disposições regulavam as matérias relativas à balança de pagamentos - tendo simplesmente os Estados-membros como destinatários-, prevendo-se, a esse nível, uma mera coordenação entre as administrações nacionais, incluindo os bancos centrais, no sentido de se evitarem obstáculos aos pagamentos correntes.

Não acolhida a tese apresentada pelo banco, o Tribunal de Justiça analisou a questão à luz dos artigos 81.º e 82.º do Tratado, afastando liminarmente o segundo. Concentrando-se no artigo 81.º, tido definitivamente por aplicável, admitiu a possibilidade duma prática concertada proibida, fornecendo os parâmetros interpretativos à jurisdição alemã [367] [368] [369].

---

tantes à terceira fase da União Económica e Monetária. Mesmo em matérias não previstas no Tratado, como o Pacto de Estabilidade, este órgão teve um papel preponderante no delinear das matérias a decidir ao mais alto nível.

Contudo, como poderemos concluir por esta breve exposição, estes dispositivos normativos não constituem uma fundamento mínimo para a subtracção das instituições bancárias às normas de tutela da concorrência.

[367] A análise da decisão do Tribunal de Justiça revela-nos a necessidade de apreciação separada do contexto geral de aplicação das normas da concorrência comunitárias, no que diz respeito ao contexto particular de aplicação dessas normas ao sector bancário. A decisão do Tribunal não desenvolve, no primeiro aspecto, nenhuma orientação inovadora. Um facto curioso neste processo resultou do Tribunal de Rosenheim ter questionado se a comissão em causa seria contrária ao disposto nos artigos 81.º e 82.º, e o Tribunal de Justiça ter restringido o seu exame às questões relacionadas com a previsão do artigo 81.º. Esta instituição procedeu desta forma por entender que a única restrição possível seria a existência de uma prática concertada e que *"o artigo 82.º lida com o abuso de posição dominante e não cobre a existência de práticas concertadas, às quais simplesmente se aplicam as previsões do artigo 81.º"*.

[368] O *acordão Zuchner* rejeitou implicitamente as doutrinas que sustentavam o entendimento, segundo o qual, os bancos nacionalizados deveriam ser considerados como empresas encarregues pelo Estado da distribuição de crédito, e consequentemente, cometidas de serviços de interesse económico geral. Neste sentido, B. GOLDMAN, "Droit Commercial Européen" 3.ª edição, Dalloz, (1985) para. 258. Esta interpretação lata do n.º 2 do artigo 87.º resultava do facto do sector da banca comercial nacionalizada (bastante extenso em alguns Estados-membros, como a França, antes da década de 90 e a Grécia) terem um tratamento privilegiado relativamente ao sector privado no respeitante à aplicação das normas da concorrência. Em 1978, a Comissão, respondendo a uma questão escrita do Parlamento Europeu, exprimiu

o seu desacordo relativamente a essa interpretação do n.º 2 do artigo 87.º afirmando o princípio de igual tratamento independentemente da natureza do titular das instituições bancárias. (Resposta à questão escrita 835/77, publicada no JO CE CE n.º 74/10, de 28 de Março de 1978). Num discurso efectuado em Londres, no dia 30 de Novembro de 1981, entitulado "Banking in the EEC - the balance between co-operation and competition", FRANS ANDRIESSEN, o Comissário responsável pela área da concorrência de então, afirmou: *"a nacionalização (de bancos) não infringe, por si só, as previsões do Tratado de Roma. De facto, o artigo 222.º (actual 295.º) do Tratado reserva especificamente aos Estados-membros o poder para regular o seu regime de propriedade. Porém, quando em empresa é nacionalizada deverá, nos termos do artigo 87.º, respeitar as disposições do Tratado, nomeadamente as normas da concorrência.*

A Comissão assegurará que o processo de nacionalização e o procedimento de exercício do controlo não venha a prejudicar a legislação comunitária no que diga respeito à liberdade de circulação de capitais, à liberdade de prestação de serviços na CEE, à liberdade de estabelecimento, às regras da concorrência..." [discurso citado por M. DASSESSE, S. ISAACS e G. PENN, "EC Banking Law", 2.ª Edição, Lloyd´s of London Press, Ltd, págs. 267 e 268, (1994), tradução nossa]. A Comissão reafirmou esta sua perspectiva em 1984, no décimo terceiro Relatório sobre Política da Concorrência. Estas declarações deverão ser entendidas tendo em atenção a conjuntura da época, embora, como é óbvio, ainda sejam plenamente aplicáveis. Em 1981, iniciou-se a política de nacionalização do sector bancário, por parte das autoridades francesas, o que causou um certo mal-estar entre as entidades comunitárias. Estes argumentos podem ser transladados naturalmente para qualquer forma de titularidade pública de uma instituição bancária, quer seja originária, como a Caixa Geral de Depósitos no caso português, quer seja derivada, isto é, resultante de um acto de nacionalização de uma empresa originariamente detida pelo sector privado. De entre os factores exógenos típicos, que afectam a concorrência, poderão encontrar-se dois tipos de influência proveniente dos governos nacionais, resultantes da sua função, natural nestas situações, de garante das instituições e de titular, simultaneamente, do Banco Central e do órgão supervisor do mercado. No que dis respeito ao primeiro aspecto, (função de garante) será necessário indagar se este facto não vai distorcer a concorrência na matéria dos rácios de solvabilidade, dos fundos próprios e dos grandes riscos, numa lógica de garantia dos depósitos. Esta questão encontra-se hoje assegurada pelo direito derivado comunitário aplicável, pois foi precisamente para evitar o papel de garante que o Estado, inevitavelmente, viria a assumir que foi emitida a Directiva do Conselho n.º 89/299/CEE, de 17 de Abril de 1989, relativa aos fundos próprios (citada). Este instrumento legal, conjuntamente com a Directiva do Conselho n.º 89/647/CEE, de 18 de Dezembro, relativa ao rácio de solvabilidade das instituições de crédito e com a Directiva do Conselho n.º 93//6/CEE, de 15 de Março, relativa aos grandes riscos, (citadas), constituem a disciplina legal essencial para o estabelecimento do regime comunitário de harmonização de estruturas de capital das instituições bancárias comunitárias. Este enquadramento pode ser criticável: esta harmonização não respeitou o princípio da igualdade na sua vertente material, equiparando, em termos de regime legal, situações com algum grau de diversidade.

A preocupação da Comissão na equiparação dos regimes relativos às instituições bancárias do sector privado e do sector público, transparece também na sua Decisão de 24 de Abril de 1985, (JO CE n.º L 152/25, de 11 de Junho de 1985). Estava em causa uma prática discriminatória do governo grego aplicada às instituições seguradoras privadas. A legislação daquele Estado-Membro obrigava os clientes das instituições bancárias públicas a utilizarem os serviços de companhias seguradoras do sector público. Coagia, ainda, que toda a propriedade do sector público fosse segurada somente por entidades seguradoras do mesmo sector de propriedade. Embora esta decisão respeite ao sector segurador, por paridade de razões, e no campo da actividade bancária, ela proibirá que as empresas públicas recorram exclusivamente a entidades bancárias do sector público e impedirá que estas instituições detenham o direito exclusivo de conceder linhas de crédito bonificadas pelo Estado a empresas, quer do sector público quer do sector privado.

Numa resposta a uma questão escrita, em 1992, a Comissão reafirmou o princípio da igualdade do sector público e do sector privado no que diz respeito às regras da concorrência. Afirmou, então, que o artigo 92.º (actual 87.º) "(...) *estabelece um princípio segundo o qual o auxílio de Estado que distorça a concorrência no comércio intra-comunitário é proibido. Estabelece também certas derrogações a esse princípio. Uma Caixa Postal (que não está submetida à Primeira Directiva Bancária de 1977) que percepte depósitos e conceda crédito encontra-se no âmbito de aplicação daquele artigo. Consequentemente, quando receba auxílios estatais para o desempenho das suas funções, esses auxílios deverão ser previamente notificados à Comissão, nos termos do n.º 3 do artigo 88.º do Tratado. A Comissão está consciente de que algumas instituições financeiras postais estão envolvidas em actividades creditícias e de recebimento de depósitos, e encontra-se examinando essa matéria, mas irá, quando apropriado, aplicar as disposições da Directiva 80/723/CEE, relativa à transparência nas relações entre os Estados-membros e as empresas públicas, nos termos da Directiva 85/413/CEE.*" (Resposta da Comissão à questão escrita 1975/91 de F. HERMAN, (JO CE n.º C 55/44, de 2 de Março de 1992).

Igualmente, no seu vigésimo segundo relatório sobre política da concorrência de 1992, a Comissão afirmou que se "*encontra a investigar diversas queixas relativamente a auxílios de Estado no sector dos serviços bancário postais e do sector bancário público*" e relembrou que "*naquele ano havia adoptado uma das primeiras decisões relativas a auxílios de Estado no sector bancário. (Essa decisão) aplicou o princípio do investidor privado operando em condições económicas normais à recapitalização do Banco da Sicília e da Centrale di Risparmio (Sicilicassa). Iniciou, ainda, procedimentos, nos termos do n.º 2 do artigo 88 do Tratado, relativamente a medidas fiscais italianas especificamente aplicadas a bancos e companhias seguradoras de Trieste.*" (COMISSÃO, "22.º Relatório sobre Política da Concorrência - 1992", Office das Publications Officielles des Communautés Europeénes, Bruxelas--Luxemburgo, 1993, n°s 46 e 47)

Quanto à polémica da titularidade do Banco Central e da Instituição Supervisora do Mercado por parte do Estado, a independência dos Bancos Centrais, critério de convergência jurídico para a terceira fase da União Económica e Monetária, poderá ser suficiente para afastar este receio. Porém, ainda hoje, em alguns Estados-membros, o órgão de supervisão do mercado não está integrado no Banco Central, e tal não é obrigatório (ao invés, assiste-se actualmente a uma tendência de separação das funções através da criação de entidades supervisoras comuns a todas as instituições financeiras - a Financial Services Authority britânica). No entanto, as garantias de independência desses orgãos são mais do que satisfatórias.

[369] É conveniente, em sede de análise comparativístiva intersectorial, proceder à comparação entre o caso *Zuchner* e o caso *Verband der Sachversicherer (VdS)*, de 27 de Janeiro de 1987, (proc.º n.º 45/85, Col. 1987, pág. 405 e ss.) relativo ao sector segurador. Tal como no sector bancário, as instituições seguradoras consideraram, durante um longo período de tempo, que as normas da concorrência não lhes eram aplicáveis, devido às características específicas do sector. Contudo, tal como no caso dos bancos, a Comissão havia tomado, desde 1973, a posição de que as normas relativas à concorrência eram aplicáveis ao sector segurador nos mesmos termos em que seriam aplicáveis a outros sectores da economia. Em 1984, a Comissão tomou a sua primeira decisão relativamente à violação do n.º 1 do artigo 81.º no sector segurador. Considerou, então, que a *Verband der Sachversicherer (VdS)*, uma associação germânica de seguradores de propriedades, havia infringido esse artigo ao recomendar um aumento dos prémios de seguro na ordem do 10% a 30%, em Junho de 1980. A *VdS* emitiu essa recomendação em 1980, que seria aplicável no final de 1982, de forma a estabilizar e aumentar os prémios de seguro contra incêndios no sector industrial, que haviam decaído bastante, (Decisão da Comissão de 5 de Dezembro de 1984, publicada no JO CE n.º L 35, de 7 de Fevereiro de 1985, bem como o 14.º Relatório sobre Política da Concorrência - 1984, ponto 75). A VdS recorreu dessa decisão para o Tribunal de Justiça em termos semelhantes aos do utilizados pelo *Bayerische Vereinsbank* no caso *Zuchner*. No seu julgamento de 27 de Janeiro de 1987, o Tribunal de Justiça não deu provimento ao recurso, o que se poderá considerar como uma reafirmação da sua posição no caso *Zuchner*. Porém, dois argumentos avançados pela *VdS* e rejeitadas pelo Tribunal merecem um comentário especial. Primeiro, a *VdS* argumentou no sentido da inaplicabilidade do n.º 1 do artigo 81.º ao sector segurador, pois o Conselho não havia emitido legislação especial, nos termos da alínea c) do n.º 2 do artigo 83.º, para a adaptação do disposto naquele artigo à especificidade do sector segurador. Perante isto, o Tribunal afirmou o seguinte: *"não existe nenhuma disposição no Tratado CEE comparável ao artigo 42.º (actual 36.º) (relativo à agricultura), que disponha no sentido de que as normas da concorrência não são aplicáveis aos seguros, ou tornem dependente a aplicação dessas normas de uma decisão do Conselho."* (17.º Relatório sobre Politica da Concorrência - 1987).

Em segundo lugar, a *VdS* alegou no sentido de que, através da proibição de implementação da recomendação de aumentou dos prémios, a Comissão havia perturbado o delicado eqüilíbrio, existente na República Federal da Alemanha, entre a supervisão consolidada do sector segurador e os requisitos regulatórios próprios do país com a política concorrencial nacional e, por isso, havia interferido com a política económica e concorrencial nacional. Quanto a este ponto, o Tribunal referiu

3. REACÇÃO DA COMISSÃO

A Comissão reagiu a este acórdão no décimo primeiro Relatório da Política da Concorrência [370] confirmando a aplicabilidade das regras de concorrência ao sector bancário, salvo se o comportamento anticoncorrencial da entidade tiver sido imposto pelas autoridades monetárias [371].

Sustenta ainda, que as regras de concorrência são aplicáveis ao sector bancário, da mesma forma que o são a outros sectores da

---

o seguinte: *"a decisão da Comissão não interfere com a política económica geral da República Federal Alemã, nem afecta, em termos adversos, o efectivo exercício da supervisão no sector segurador nacional. Embora nada exista para prevenir a associação estreita entre as normas de concorrência nacionais e a regulamentação prudencial da indústria seguradora, apesar das diferentes finalidades prosseguidas por cada tipo de normas, a aplicação dos artigos 81.º e 82.º não poderá ficar dependente do sistema regulatório nacional para uma determinada indústria."*

[370] No 11.º Relatório sobre Política da Concorrência - 1982, a Comissão afirmou que a decisão do acordão *Zuchner* "*tornou claro que o sector bancário só se encontra isento das normas da concorrência simplesmente nos casos em que essa conduta anticoncorrencial dos bancos lhes foi imposta pelas autoridades monetárias. O Tribunal clarificou quaisquer dúvidas que restassem acerca de acordos e práticas concertadas no sector privado (...) Quando os seus efeitos se estendam além das fronteiras nacionais eles deverão ser notificados à Comissão a fim de uma possível isenção nos termos do n.º 3 do artigo 81.*'", COMISSÃO CE "11º Relatório sobre a Política da Concorrência - 1982", Office das Publications Officielles des Communautés Europeénes, Bruxelas-Luxemburgo, (1983), ponto 61.

[371] No âmbito de uma conferência sobre a actividade bancária, que teve lugar em Londres, no final de 1981, o Comissário da Concorrência FRANS ANDRIESSEN apresentou a reacção da Comissão ao acórdão *Zuchner*, susceptível de se resumir nos seguintes pontos:
- reitera o reconhecimento da actividade bancária como um sector especial da economia;
- admite que, enquanto não existir uma política monetária comum, os Estados-membros, possam, por considerações de ordem económica, financeira e monetária, optar por serem eles mesmo a fixar as taxas de juro;
- condena as práticas ou decisões de auto-regulamentação do mercado pelas partes nele intervenientes;

Estes aspectos poderão ser consultados em P. MALAQUIAS, *art. cit..*, págs. 118--122; J. BIANCARELLI, "La aplication du droit communautaire de la concurrence au secteur financier", *Gazette du Palais*, (1991), págs. 247 e ss; M. DASSESSE e S. ISAACS, "EEC Banking Law", Lloyds of London Press, (1985).

economia, mesmo que regulamentações especiais tenham sido publicadas para sectores particulares, como a agricultura e os transportes rodoviários, ferroviários e fluviais [372].

A Comissão referiu, igualmente, face ao acórdão *Zuchner*, que os acordos e decisões proibidos nos termos do n.º 1 do artigo 81.º eram automaticamente considerados inválidos e, na ausência de notificação à Comissão, as empresas em questão ficariam expostas ao risco de imposição de pesadas coimas [373].

---

[372] COMISSÃO CE "13º Relatório sobre a Política da Concorrência - 1983", Office des Publications Officielles des Communautés Europeénes, Bruxelas-Luxemburgo, (1984), n.º 67, pág. 63.

[373] No discurso, anteriormente referido, o Comissário ANDRIESSEN tornou claro, que à luz do acordão *Zuchner*, a Comissão não hesitaria na imposição de pesadas coimas a instituições bancárias que não cumprissem o formalismo de prévia notificação. Afirmou o seguinte: *"a Comissão vê favoravelmente os acordos entre bancos, especialmente os transfronteiriços, pois constituirão contribuições importantes para o progresso económico, podendo derivar para os utilizadores dos bancos consideráveis benefícios. Porém, a valoração válida desses acordos obrigará a uma notificação à Comissão. De outra forma, nenhuma isenção poderá ser concedida. Por outro lado, a notificação é a única forma de atribuição de imunidade de coimas às partes"*.

A mesma posição foi fortemente reafirmada pelo Comissário ANDRIESSEN em Maio de 1984, numa conferência de imprensa sobre a política de concorrência da Comissão: *"um canal de diálogo poderá ser aberto, em certas condições, relativamente à aplicação da regulamentação da concorrência neste sector particular, na condição de que os bancos mostrem vontade e notifiquem formalmente a Comissão dos acordos e ententes que os ligam. Entretanto, a Comissão não abandonará os inquéritos existentes bem como os processos que já se iniciaram, mas adiará a sua decisão de forma a permitir o diálogo bem como avaliar a vontade demonstrada pelos bancos."* (AGENCE EUROPE, Bulletin 3866 (nova série) de 8 de Junho de 1984. Consultar igualmente, COMISSÃO CE "13.º Relatório sobre Política da Concorrência - 1984", (1985), ponto 69.

Pelo teor desta intervenção advinham-se as dificuldades da Comissão na acção investigadora das práticas comerciais restritivas no campo bancário. O inquérito, acima referido, teve como resultado a conclusão de que existiam, na maior parte da CEE, na altura constituída por dez Estados-membros (já tinha ocorrido a adesão da Grécia, mas não a de Portugal e da Espanha), acordos que pareciam incompatíveis com o disposto no artigo 81.º. Iniciaram-se conversações entre a Comissão e a Federação Bancária Europeia. Após a discussão do problema, as associações bancárias nacionais declararam, pela primeira vez de forma formal, que as regras da concorrência se aplicavam ao sector bancário, e anunciaram igualmente que abandonariam os acordos de serviços bancários, ou então, notificá-los-iam à Comissão. Em

Actualmente, as preocupações dominantes situam-se ao nível da concentração e dos acordos que poderão obnubilar as vantagens decorrentes da livre circulação de capitais e de serviços, bem como da preparação para a terceira fase da União Económica e Monetária. A Comissão está, no entanto, disposta a legitimar formas de cooperação, que à luz das características específicas do sector, contribuam para a criação de acordos eficazes em benefício do consumidor, desde que tais procedimentos não ameacem a concorrência efectiva [374] [375].

4. CONDUTA POSTERIOR DO TRIBUNAL

Posteriormente a esta decisão, o Tribunal de Justiça determinou que quaisquer das variadas situações de possível confrontação deveriam ser ponderadas pela solução expressa, subsumindo-se a *ratio decidendi* ao facto concreto em análise [376].

O julgamento do Tribunal incidiu sobre uma prática bancária sem conteúdo monetário, podendo aplicar-se a doutrina estabelecida à

Junho de 1984, as organizações bancárias efectuaram a notificação formal dos acordos não abandonados voluntariamente. No seguimento dessas notificações, a Comissão encontrava-se em posição de, em 1986, adoptar três decisões, nos casos dos acordos entre bancos irlandeses, belgas e italianos, e em 1989, adoptar uma decisão mais abrangente, respeitante a acordos entre bancos holandeses. Estas questões serão analisadas posteriormente.

[374] COMISSÃO CE " 21.º Relatório sobre a Política da Concorrência - 1991", Office das Publications Officielles des Communautés Europeénes, Bruxelas-Luxemburgo, 1993, n°32, pág 36.

[375] Cfr. C. EHLERMANN, "L´huile et le sel: le secteur bancaire et le droit européen de la concurrence", *Revue Trimestralle de Droit Européen*, (1993), págs. 457 e ss.; J. PARDON, "L`application du droit européen de la concurrence en matière bancaire et financière" in *Revue de droit des affaires internationales,* (1990), págs. 115 e ss.; IDEM, "L´application du droit européen de la concurrence dans le secteur bancaire" in *Hommage à J. Heenen*, Bruylant, Bruxelas, (1994); X. MALOUX, "Le quadre juridique de la cooperation et de la concentration de banques dans la communauté européen" *Cahiers de droit européen*, (1989), págs. 533 e ss.; F. SCHWERER, "Marché bancaire et droit européen à la concorrence" in *Revue de droit bancaire et de la Bourse*, (1994), págs. 212 e ss..

[376] Cfr. P. MENGOZZI" Efficienza e concorrenza degli istuti di credito alla luce della giurisprudenza della Corte di Giustizia della CEE" in *Diritto Comunitario e degli Scambi Internazionall*i", n° 1/2, (1984).

delimitação de mercados; códigos de conduta para a publicidade e *marketing*; comissões por garantias ou por operações de crédito documentário, desde, que se tratem de operações e serviços em relação ao estrangeiro.

O Tribunal declarou, explicitamente [377], que a noção de comércio intra-comunitário abrange, igualmente, as trocas monetárias. A Comissão afirmou, no Segundo Relatório sobre a Política da Concorrência, que no vocábulo "comércio" se albergavam quaisquer actividades comerciais, incluindo a prestação de serviços tais como os oferecidos por bancos e companhias de seguro e os serviços públicos, dado que os bancos não "vendem dinheiro", mas fornecem crédito, de natureza diversa da moeda em sentido físico. Em suma, a actividade bancária inclui-se num conceito de comércio que abrange todos os bens susceptíveis de circulação ou troca entre os agentes económicos dos Estados-membros [378].

---

[377] Considerando 18° do acórdão.

[378] Poderia julgar-se que o comércio intracomunitário só podia ser afectado quando a prestação do serviço implicasse o fornecimento e a deslocação material, física, do respectivo suporte material, e não nos casos dos serviços invisíveis, como ocorre na maioria das operações bancárias. O n.° 2 do artigo 4.° do Regulamento 17, considerou como isentas, genérica e abstractamente, da proibição do artigo 81.°, as ententes nacionais que, embora afectem virtualmente o comércio intracomunitário, não respeitem a importações ou a exportações entre os países membros. No entanto, a prática da Comissão e a jurisprudência do Tribunal orientaram-se noutro sentido, explicando-se, desta forma, a declaração veemente de que a noção de comércio entre os Estados-membros, constante do artigo 81.°, abrange também as trocas monetárias, na hipótese os meros fluxos monetários, mesmo de simples moeda escritural implicados nas operações bancárias.

CAPÍTULO II

A APLICABILIDADE DAS LEIS INTERNAS DE CONCORRÊNCIA AO SECTOR BANCÁRIO APRECIAÇÃO DE DIREITO COMPARADO

1. INTRODUÇÃO

Dada a vastidão tipológica de instituições que a nível mundial são susceptíveis de ser qualificadas como entidades bancárias, limitaremos a nossa apreciação comparada [379] às instituições financeiras que cumprem os critérios comunitários a esse respeito e a outras realidades mais próximas como as caixas económicas e as caixas de crédito mútuo. Esta opção baseia-se no papel preponderante dos bancos, no sentido institucional comunitário, no sistema bancário. Na exposição, irá tomar-se em consideração simplesmente este tipo de instituições, salvo indicação em contrário. O seu papel preponderante comprova-se através do estudo do nível de reservas detidas, dos rácios de solvabilidade e das taxas de juro praticadas.

Tendo em atenção a sua importância vital, este tipo de instituições não estão sujeitos apenas ao regime da concorrência, mas igualmente a uma regulação detalhada em quase todas as suas actividades, como,

---

[379] OCDE, "Politique de la Concurrence dans Secteurs Reglementés", Paris, (1989); Idem, "La Concurrence dans le Secteur Bancaire", Paris, (1989); Banca d'Italia, "La tutela della concurrenza nel settores del credito", Roma, (1992); DIRECÇÃO-GERAL DE CONCORRÊNCIA E PREÇOS "Legislações Nacionais de Concorrência - Finlândia, Hungria e Suécia", Caderno n.º 24, (1995).

no acesso à profissão; nas fusões; nos acordos bancários; nas taxas de juro; no tipo de serviços prestados à clientela; no montante máximo de empréstimo a conceder por banco individual; nas restrições a investimentos em outros ramos do mercado e nas restrições na criação de novas sucursais [380].

2. *SECTOR PÚBLICO BANCÁRIO*

O sector público bancário existe, sensivelmente, em todos países examinados [381]. Esse tipo de propriedade é particularmente ponderoso na Bélgica e na França. Contudo, excluindo as funções típicas de um Banco Central, nenhuma outra actividade do sector bancário é assegurada exclusivamente por empresas pertencentes, ou controladas, pelo Estado ou outras colectividades públicas. Desta forma, os bancos públicos coexistem com os bancos privados, embora em algumas situações não se possa afirmar que se encontram em concorrência directa. Os bancos públicos, na sua maioria, foram criados com a finalidade de prossecução de objectivos sociais determinados em certos ramos de actividades económicas, como a agricultura, as pescas, o pequeno comércio, ou então para favorecer

---

[380] Cfr. OCDE "Politique de la concurrence dans les secteurs réglementées" (1979), pgs 77; G. BROKER "La concurrence dans le secteur bancaire-Tendences de la structure et de la réglementation des systèmes bancaires dans les pays de l´OCDE", Ed. OCDE, Paris, (1989), pg 215 e ss; JOÃO FERREIRA "Os bancos e a concorrência", cit.; BANCA DE ITALIA "La tutela della concorrenza nel settore del credito", Setembro (1992); S. MACCARONE "Disciplina della concorrenza, norme comunitarie e accordi interbancari in Italia" in L. UBERTAZZI, ed. "La concorrenza bancaria" in *Il Diritto della Banca e Della Borsa,* Milão, (1985), pgs 316-329; N. RONZITTI, ed. "Il mercato unico europeu nel settore bancario", Futura 2000; R. SOTO "Competencia y Banca: La incidencia de la normativa comunitaria en materia de competencia sobre el derecho espanol" in N. RONZITTI, ed. "Il mercato unico europeu nel settore bancario", Futura 2000, págs. 159-172;

[381] Poderá questionar-se quanto à oportunidade de inclusão de um ponto referente ao sector público bancário, já que o artigo 295.º do Tratado refere que a Comunidade é neutral no que diz respeito aos sistemas de propriedade dos Estados-Membros. Porém, as práticas gestionárias, bem como a estreita relação entre o poder decisório e estas instituições, com implicações no nível concorrencial do sistema, torna interessante um vislumbre da situação.

A Aplicabilidade das Leis Internas de Concorrência 221

certas políticas económicas, como o desenvolvimento regional e o financiamento da construção.

Apura-se a existência de bancos com capitais públicos em onze países - Alemanha [382], Austrália [383], Bélgica [384], Canadá [385], França [386],

---

[382] As empresas de capitais públicos existentes são essencialmente as caixas económicas. São sociedades de direito público, que contam com alguns benefícios fiscais. Relativamente à coexistência de sectores, podemos observar uma tendência para a intensificação da concorrência no sector bancário. A Administração Federal dos Correios, que concorre com os bancos no sector das caixas económicas postais e no serviço dos vales postais ocupa uma posição particular. Os seus concorrentes pretendem que esta instituição assegure os serviços gratuitamente, financiando-se pelas taxas cobradas no serviço de correio, de que detém o monopólio.

As empresas de capitais públicos são geridas como se de bancos comerciais se tratassem, não visando realizar objectivos de política económica ou social. No entanto, as caixas económicas e os organismos públicos de crédito imobiliário desempenham um papel preponderante no domínio do financiamento dos projectos locais.

[383] A *Commonwealth Banking Corporation* e seus afiliados, criada pelo *Commonwealth Banks Act* (1959-1974) constitui a organização bancária mais importante na Austrália, sendo a primeira caixa económica e o segundo banco comercial.

Esta organização exerce a sua actividade em concorrência com as instituições bancárias privadas.

Por outro lado, os bancos comerciais e as caixas económicas dos diversos Estados da Federação exercem as suas actividades em concorrência com as instituições privadas e com os bancos da *Commonwealth*. Estas instituições estaduais são mais activas na área das caixas económicas do que na área das actividades comerciais bancárias.

[384] Neste país existe um grande número de instituições de crédito públicas que exercem um papel de relevo na economia, sendo reguladas por textos especiais.

[385] As instituições de crédito privadas e públicas coexistem num sistema financeiro externo ao sector bancário daquele país. Dentro deste, o Banco do Canadá (Banco Central) exerce a sua actividade bem como quatro instituições federais (Sociedade para o Desenvolvimento dos Assuntos Federais, Sociedade de Crédito Agrícola, a as Sociedade Centrais de Hipotecas e de Habitação), às quais se juntam um grande número de instituições estaduais.

As empresas de capitais públicos desempenham funções particulares nos mercados financeiros, actuando em áreas específicas de actividade, não se dirigindo, na sua grande maioria, ao público em geral. Nestes casos, não se afirmará que se encontram em concorrência directa com as instituições privadas.

[386] Em França, as sociedades bancárias públicas e privadas coexistem, submetendo-se à mesma regulação e actuando no mesmo mercado.

Japão [387], Noruega [388], Holanda [389], Portugal [390], Suécia [391] e Suíça [392] -. Na Dinamarca, o sector público bancário não existe. À excep-

---

[387] No Japão foram constituídas dez sociedades financeiras públicas com a finalidade de efectuarem empréstimos a longo prazo a uma taxa de juro pouco elevada - operações difíceis de realizar por instituições credíticias normais - no domínio da agricultura, da silvicultura, das pescas, do pequeno comércio, da habitação e dos hospitais. Existem, igualmente, dois bancos pertencentes ao Estado, criados para encorajar o financiamento das instituições de crédito em certos sectores do desenvolvimento industrial, favorecendo as exportações, as importações e os investimentos no estrangeiro. Estas doze instituições de crédito são sujeitas a um rigoroso controlo pelo Estado. Estes bancos públicos não estão em concorrência directa com os bancos privados tendo sido expressamente erigidos para cobrir as lacunas dos serviços prestados por estes últimos. Eles visam, essencialmente, servir os interesses da colectividade.

[388] Na Noruega foram criadas oito instituições bancárias públicas para a prossecução de fins sociais e económicos precisos: o Banco das Pescas, o Banco da Agricultura, o Banco Municipal, o Banco da Indústria, o Banco para a Habitação, o Fundo de Empréstimo aos Estudantes, o Fundo de Desenvolvimento Regional, a Caixa Económica dos Correios. Alguns destes bancos, como o Banco da Indústria, o Banco Municipal e o Banco da Habitação são financiados pela venda de obrigações pelo Estado, enquanto que outros o são directamente pelo Orçamento de Estado. A Caixa Económica dos Correios é a única destas instituições bancárias que assegura todos os serviços bancários correntes.

[389] Na Holanda, as empresas de capitais públicos e privados coexistem. Além do Banco Central de capitais públicos (*Nederlandse Bank*) existe ainda uma caixa económica importante de capitais públicos (*Nederlandse MiddenstandsBank*). Por outro lado, certos bancos formaram-se com o objectivo de desenvolver em fins ou sectores especiais. Essas instituições não podem exercer as suas actividades senão após um acordo prévio com o Governo, nas áreas do crédito à exportação de alto risco e no financiamento de certos tipos de investimentos. Porém, os bancos comerciais são todos de capitais privados.

[390] Com a nova redacção da Lei Orgânica do Banco de Portugal, o Banco de Portugal tem uma natureza jurídica similar à de um Instituto Público, embora dotado de um elevado grau de autonomia. Após as reprivatizações, mantém-se na titularidade o Estado somente o Grupo Caixa Geral de Depósitos, sociedade anónima de capitais públicos.

[391] Na Suécia, há um único banco comercial de capitais públicos, que se sujeita à mesma regulação e é gerido nas mesmas bases que as demais instituições do sector privado.

[392] Na Suíça existe um importante número de instituições geridas pelos Cantões ou pelas Comunas. Tendo sido formados para prosseguir o interesse geral estão expostos à concorrência dos bancos privados, devendo conformar-se às condições gerais do mercado de capitais.

ção das funções típicas dos Bancos Centrais, nenhum estado concede, em exclusivo, as funções de um sector específico da actividade bancária a uma empresa pública ou de capitais públicos, apesar de terem uma função sectorial na sua quase totalidade. Verifica-se, assim, na grande maioria dos países analisados, a coexistência de instituições bancárias públicas e privadas num plano de igualdade perante as normas de defesa da concorrência e face às normas regulatórias. Porém, em certos países, acentuam-se algumas obrigações complementares às entidades públicas, visto prestarem um serviço público ou serviço de interesse geral [393], sendo ainda sublinhado o carácter específico das funções a prosseguir, que poderão limitar de forma sensível as suas possibilidades concorrenciais.

---

[393] Pela exposição efectuada, relativamente às participações do sector público nas instituições bancárias, estamos agora habilitados a discutir se a actividade bancária corresponde a uma necessidade colectiva cuja satisfação tenha que ser assegurada pela colectividade através da instituição de serviços públicos e do recurso a meios financeiros ou se, pelo contrário, corresponde a uma necessidade individual a prover pelo mercado. Esta problemática prende-se à noção económica de «serviço público» e deve-se a STUART MILL. Efectivamente, MILL alega que a livre concorrência se tornou manifestamente incapaz de governar as empresas de rede, onde se poderá integrar, pelo menos potencialmente, o sistema bancário, essencial para a circulação do factor de produção capital, pelo que não se poderá mais reconhecer como económica ou moralmente válidos todos os «direitos de propriedade que se opõem à utilização pública», e que «mais vale tratar esta indústria, de uma vez por todas, como uma função pública». Para o efeito, o Estado tem o dever de procurar saber «quem poderá explorá-la nas condições mais vantajosas para o público» e de «nunca renunciar ao controlo», (J. S. MILL "Principles of Political Economy with Some of Their Application to Social Philosophy", University of Toronto Press, Routledge & Kegan, EUA, 1965, Livro I, capítulo IX). Esta doutrina de "função pública" foi retomada e desenvolvida por um dos principais fundadores da teoria microeconómica do equilíbrio dos mercados, ALFRED MARSHALL (A. MARSHALL, "Principes d´économie politique", tradução francesa, 4.ª edição, Giard et Brière, Paris, 1898, Livro V, capítulo XII). Finalmente, A. C. PIGOU, elevou todo este capítulo particular, mas secundário, da reflexão económica à dignidade de objecto de estudo, sob a designação de "economia do bem estar" (A.C. PIGOU, "Economics of Welfare", Macmillan, Londres, 1920) . O controlo dos monopólios naturais é por ele encarado como um dos motivos mais sérios da intervenção pública útil, a par da gestão de exterioridades (sobre este assunto ver nosso, "Imposto Ambiental, Análise Jurídico-Financeira", in *Revista Jurídica do Ambiente e Urbanismo*, n.º 2, Dezembro de 1994, Almedina, Coimbra, págs. 11 a 49), ou da protecção dos

3. APRECIAÇÃO GERAL

Tem ocorrido, nos últimos anos, uma evolução nas legislações nacionais que inverteu a regra, vigente na década de 80, de isenção total de submissão do sector bancário às disposições normativas gerais da concorrência. Esse entendimento, baseado na ideia de auto-exclusão entre os sistemas regulatórios e a concorrência, foi inicialmente ultrapassado nos Estados Unidos, no Canadá, na Dinamarca, no Japão, na Nova Zelândia, no Reino Unido, na Suécia e na Suíça.

---

consumidores e da saúde pública. Os vários modelos possíveis de intervenção pública são por ele examinados um a um, confrontados entre si e com os critérios de maximização da utilidade privada e da utilidade social.

KEYNES, por sua vez, ignorou deliberadamente toda a microeconomia do bem-estar, embora reconhecendo a actualidade da doutrina de "função pública" de STUART MILL no seu próprio manifesto neoliberal de 1926: *"Muitas grandes empresas, particularmente as public utilities (água, gás e electricidade) e as outras que exigem um capital fixo muito elevado, também devem ser semi-socializadas e submetidas em última instância à soberania da democracia, expressa pelo Parlamento"* (J. M. KEYNES, "The End of Laissez-Faire" (1926) in *The Collected Writings of John Maynard Keynes*, Volume IX, Macmillan Press & Royal Economic Society, Londres, (1972).

Durante os anos de 1940 e 1950, a doutrina económica de serviço público foi submetida a nova prova decisiva, ao ser confrontada com outro desenvolvimento da teoria microeconómica dos mercados, o do equílibrio geral. Daí resultou uma importante renovação dos métodos de análise propostos por A. C. PIGOU, bem como o lançamento de uma "nova economia do bem-estar". Desta forma, com M. ALLAIS (in "Traité d'Economie Pure. Tome I. Les données générales de l'Economie Pure", Imprimerie Nationale, Paris, *1952*, citado por IPE, "Europa, Concorrência e Serviço Público", IPE, Lisboa, *1996* e M. BOITEUX "Haut Tension", éd. Odile Jacob, Paris, 1993, capítulos VI a IX), a doutrina económica de serviço público extraiu a sua teoria racional de gestão que combina a política tarifária com a política de investimento. De notar que WALRAS tinha já tomado, vigorosamente, partido contra a negligência em matéria de monopólios naturais e pelo respectivo controlo público ou exploração pública, contra a discriminação tarifária e pela igualdade de tratamento dos utentes, admitindo embora que outras considerações de interesse geral, como a procura de coesão nacional, possam orientar a política de intervenção pública. A primeira síntese entre os aspectos microeconómicos e macroeconómicos da intervenção pública nas economias de mercado foi proposta por R. MUSGRAVE in "The Theory of Public Finance; A Study in Public Economy", Mc Graw-Hill, Nova Iorque, (1959). Cfr., igualmente, MURIEL NICOLAS e STÉPHANE RODRIGUES, "Dictionnaire économique e juridique des services publiques en Europe", colecção ISUPE, ASPE Europe, Paris (1998).

Nos final da década de 80, as leis reguladoras da concorrência eram aplicáveis, na generalidade, às actividades no sector bancário. Somente três dos países analisados, a Áustria, a Finlândia e a Irlanda, mantinham a isenção total da actividade das leis reguladoras da concorrência, enquanto que outros três, a Alemanha, a Noruega e o Reino Unido, isentavam parcialmente os acordos horizontais sobre taxas de juros, concluídos entre os bancos comerciais e as autoridades monetárias, no que concerne unicamente ao exercício do controlo financeiro pelas autoridades monetárias. Na Bélgica, as instituições de crédito públicas excluíam-se do campo de aplicação da legislação de defesa da concorrência sendo submetidas a outras formas de controlo ou a regulamentação de carácter administrativo.

Numa apreciação geral, a aplicação do direito da concorrência ao sector bancário constitui um facto relativamente recente. Historicamente, a adopção de legislação destinada ao controlo de serviços é aplicada de forma indirecta, ou seja, através da publicação de diplomas normativos incidentes sobre os produtos em causa. Porém, a importância crescente do sector bancário conduziu ao interesse, cada vez maior, dos poderes públicos pelo mercado em causa [394].

Limita-se a análise aos países paradigmáticos, de modo a não tornar exaustiva a exposição.

3.1. Bélgica

Na Bélgica [395], a Lei de 27 de Maio de 1960 não se aplicava aos estabelecimentos públicos ou às instituições submetidas à autoridade

---

[394] O Comité de Peritos sobre Práticas Comerciais Restritivas, no seu Relatório sobre Política da Concorrência e Desregulação (OCDE 1986) afirmava, já então, que o sector bancário tinha sido objecto, naqueles anos, de um grande número de medidas e propostas tendentes à liberalização do sistema regulatório e à abertura desse sector à concorrência, sob reserva do respeito pela legislação geral nessa matéria.

[395] Cfr. OCDE, "La concurrence dans le secteur bancaire", Paris, (1989); DIRECÇÃO-GERAL DE CONCORRÊNCIA E PREÇOS, "Legislações Nacionais de Concorrência - Bélgica", Série Cadernos, n.º 22, (1993), págs. 61 e ss.; D. WAELBROECK, "Le secteur bancaire au regard du droit de la concurrence - Principes juridiques de base", in *Le Secteur Bancaire et la Concurrence*, Cahiers AEDBF, Bruylant, Bruxelas, 1997, págs. 11 e ss; G. QUADEN "The Belgium Case" in *Annales de l´econnomie publique, sociale et coopérative*, n° 64 (1) (1993), págs. 39-54.

ou controlo permanente do Ministério responsável. As instituições financeiras enquadráveis nesta definição de instituições públicas eram numerosas, e por conseguinte, isentas da aplicação da lei.

A publicação da Lei da defesa da concorrência económica, de 5 de Agosto de 1991, coloca estas instituições no seu âmbito. O artigo 47.º dispõe que somente as empresas públicas e as empresas às quais as autoridades públicas concedem direitos especiais ou exclusivos estão sujeitas às disposições da lei, na medida em que essa aplicação não impeça de direito e de facto a missão especial que lhes foi incumbida por essa lei [396].

---

[396] A secção 1.º da Lei regula as práticas restritivas da concorrência. O artigo 2.º proíbe todos os acordos entre empresas, todas as decisões de empresas e todas as práticas concertadas que tenham por objecto ou efeito impedir restringir ou falsear, de forma sensível, a concorrência no mercado belga, ou numa parte substancial deste, nomeadamente as que consistem em:

a) fixação de preços;

b) limitação ou controlo da produção, dos mercados, do desenvolvimento técnico ou dos investimentos;

c) repartição dos mercados ou das fontes de abastecimento;

d) tratamento deferenciado aos parceiros comerciais não fundamentado;

e) subordinação da celebração de contratos a outras prestações suplementares não relacionadas com o objecto desses contratos.

O n.º 3 do artigo 2.º estatui que as disposições do n.º 1 podem considerar-se inaplicáveis a acordos, decisões de associações e práticas concertadas que contribuam para melhorar a produção ou a distribuição, ou para promover o progresso técnico ou económico, ou que permitam que as pequenas e médias empresas reforçem a sua posição concorrencial no mercado em questão ou no mercado internacional, tendo, contudo, que reservar sempre aos utilizadores uma parte equitativa do lucro resultante. Mas sem que:

a) imponham às empresas interessadas restrições que não sejam indispensáveis para a consecussão desses objectivos;

b) dêem às empresas a possibilidade de eliminar a concorrência de uma parte substancial dos produtos em causa.

O artigo 3.º regula os abusos de posição dominante. O artigo 1.º define posição dominante como aquela que permite a uma empresa colocar impedimentos à manutenção duma concorrência efectiva, permitindo-lhe comportamentos independentes, de importância apreciável, perante os seus concorrentes, clientes ou fornecedores. Desta forma, é proibida a exploração, por uma ou várias empresas, de forma abusiva, de uma posição dominante no mercado belga, numa parte substancial ou relevante desse mercado.

Por sua vez, o artigo 9.º define, para efeitos de aplicação da lei, se existe uma situação de concentração de empresas. O n.º 5 dispõe que não se verifica operação

No que diz respeito às concentrações, o artigo 5.º dispõe que as condições relativas ao volume de negócios anual, previstas no n.º 2 do artigo 12.º da Lei de 17 de Julho de 1975, não são aplicáveis a bancos, instituições de crédito e outras instituições financeiras. O n.º 3 do artigo 46.º estabelece que o volume de negócios é substituído por um décimo do total do orçamento quando se trate de bancos, instituições de crédito e outras instituições financeiras.

3.2. Finlândia

Neste país [397], o artigo 3.º da Lei de 1973 sobre a promoção da concorrência económica estipulava que "o controlo dos bancos, das companhias de seguros e de crédito rege-se por legislação especial". Desta disposição poderia concluir-se que estes ramos de actividade económica não estariam sujeitos à legislação geral da concorrência. No entanto, em virtude da legislação sobre inspecção de bancos, estas instituições eram controladas por uma autoridade especial - a Inspecção dos Bancos.

Actualmente, vigora na Finlândia a Lei 480/92 relativa a práticas restritivas da concorrência (*Laki Kilpailunrajoituksista, 480/92*). Conforme o disposto no seu artigo 1.º, somente não é aplicável a contratos ou acordos relativos ao mercado de trabalho ou à produção de bens de primeira necessidade referidos nas disposições sobre rendimento agrícola, pelo que se poderá inferir pela sua aplicabilidade ao sector bancário, contrariamente à orientação anterior.

---

de concentração nos casos em que instituições de crédito, outras instituições financeiras ou empresas de seguros, cuja actividade normal inclua a transacção e a negociação de títulos por conta própria ou por conta de outrém, detenham, a título temporário, participações adquiridas numa empresa com vista à sua revenda, desde que não exerçam os direitos de voto correspondentes a essas participações com o objectivo de determinar o comportamento concorrencial dessa empresa ou desde que exerçam esses direitos de voto para prepararem a realização da totalidade ou de parte dessa empresa ou dos seus activos ou a realização dessas participações e que essa realização tenha lugar no prazo de um ano a contar da data de aquisição.

[397] Cfr. OCDE, "La concurrence dans le secteur bancaire", Paris, (1989); DIRECÇÃO-GERAL DE CONCORRÊNCIA E PREÇOS, "Legislações Nacionais de Concorrência - Finlândia", Série Cadernos, n.º 24, (1994), págs. 11 e ss.

O artigo 13.º estabelece, por seu lado, que quando um caso não seja submetido ao Conselho da Concorrência pelo Serviço de Concorrência [398], ou pela Inspecção de Bancos, que é a entidade de supervisão bancária finlandesa, poderá sê-lo por uma empresa directamente afectada pela restrição, ou por uma organização que defenda os interesses das empresas ou dos consumidores. Se o caso ocorrer no mercado bancário, a Inspecção de Bancos tem o direito de emitir parecer.

3.3. Irlanda

Na Irlanda [399], todas as instituições que exercessem actividades bancárias estavam isentas da legislação de defesa da concorrência (Secção 1 (1) (b) da Lei de 1972 sobre práticas restritivas). Todavia, o Banco Central podia utilizar os seus poderes para controlar as actividades bancárias e interditar as práticas desleais ou restritivas.

Com a publicação da Lei da Concorrência, n.º 24, de 22 de Julho de 1991, o panorama modificou-se por completo. O seu artigo 22.º revogou expressamente a Lei de 1972 e demais diplomas decorrentes. Daqui resulta que a isenção já não existe, encontrando-se o mercado bancário sujeito às normas de concorrência gerais.

---

[398] Dispõe o artigo 12.º que compete ao Serviço de Concorrência investigar as práticas restritivas de concorrência e os seus efeitos. Sempre que o Serviço da Concorrência considere que uma determinada restrição à concorrência tem efeitos prejudiciais, nos termos do artigo 9.º (ou seja: afecte a formação de preços; reduza ou seja susceptível de reduzir a eficácia do comércio; impeça ou obstrua o comércio de terceiros; ou seja incompatível com qualquer convenção internacional que vincule a Finlândia), deverá tomar medidas necessárias à sua supressão. Compete à Administração Local investigar as práticas restritivas da concorrência e os seus efeitos e, após submissão ao Serviço de Concorrência, tomar as medidas necessárias à sua eliminação. Sendo impossível extinguir os efeitos prejudiciais de uma prática por meio de negociações ou por qualquer outro modo, o Serviço da Concorrência apresentará o caso ao Conselho da Concorrência. Esta apresentação também poderá ser efectuada pela Inspecção de Bancos, quando envolvam actividades sob a sua supervisão.

[399] Cfr. OCDE, "La concurrence dans le secteur bancaire", Paris, (1989); DIRECÇÃO-GERAL DE CONCORRÊNCIA E PREÇOS, "Legislações Nacionais de Concurrência - Irlanda", Série Cadernos, n.º 22, (1993), págs. 27 e ss.

A disciplina das fusões, aquisições e monopólios da Parte IV (artigos 13.º a 19.º) não prevê uma disciplina especial para as instituições de crédito.

3.4. Canadá

Encontramos, neste país, um caso de isenção parcial. No Canadá, os bancos estão isentos da aplicação da Lei relativa às inquirições sobre coligações, sendo aplicável legislação específica.

Depois de 1976, as instituições bancárias foram submetidas à legislação mencionada na matéria referente a infracções de monopólios, de fixação de preços abusivos, de preços impostos e de protecção dos consumidores. As outras formas de comportamento anticoncorrencial escapam a esta lei, mas constituem infracções face à Lei sobre os Bancos. Pode citar-se, nesta matéria, a hipótese de um representante de um banco concluir, deliberadamente, um acordo com outro banco sobre taxas de juro de depósitos ou de empréstimos, ou então concertar posições sobre matérias respeitantes à remuneração de serviços, ao montante ou ao tipo de crédito, ao tipo de serviço a fornecer ao cliente, ou à classificação dos clientes que poderão usufruir do crédito. A legislação especial bancária é, igualmente, aplicável às fusões bancárias.

Alterações recentes à legislação geral da concorrência canadiana e à lei bancária, atenuaram esta divisão de competências.

3.5. Reino Unido

No Reino Unido [400] [401], *a Restrictive Trade Practices Order*, prevê excepções parciais para determinados serviços financeiros [402]:

---

[400] Cfr. OCDE, "La concurrence dans le secteur bancaire", Paris, (1989); BANCA D'ITALIA, "La tutela della concorrenza nel settore del credito", Roma, (1992), Apêndice Reino Unido.

[401] O princípio básico ordenador da legislação de tutela da concorrência do Reino Unido, principalmente quando se valora alguma prática concorrencial numa estrutura determinado do mercado, é o do interesse público. Este princípio não é defi-

nido explicitamente em nenhum diploma, todavia, o *Fair Trading Act* elenca cinco objectivos a prosseguir no âmbito da tutela de tal interesse:

- manutenção e promoção de uma efectiva concorrência entre os sujeitos que oferecem bens e serviços no Reino Unido;

- protecção dos interesses dos consumidores, dos adquirentes e outros utilizadores de bens e serviços no Reino Unido, no que diz respeito à qualidade e à variedade dos bens e serviços oferecidos;

- fomento, através da concorrência, da redução de custos, do desenvolvimento de novas técnicos e de novos produtos, facilitando o ingresso de novos concorrentes no mercado existente;

- promoção e manutenção de uma distribuição equilibrada de actividades económicas no Reino Unido;

- impulsão e conservação da actividade concorrencial no mercado dos produtores e fornecedores em benefício e ao serviço do Reino Unido.

[402] Os principais documentos normativos em vigor, na matéria em apreciação, são:

- o *Fair Trading Act* (FTA 1973), que disciplina o controlo sobre situações de monopólio e operações de concentração;

- o *Restrictive Trade Practices Act* (RTPA 1976) que regula a matéria respeitante a acordos restritivo do comportamento de outra parte contratante.;

- o *Resale Price Act* (RPA 1976), que se aplica aos acordos de preços;

- o *Competition Act* (CA 1989) que estabelece as normas para o controlo do comportamento anti-concorrencial.

Relativamente à análise de instrumentos normativos secundário, a falta de uma definição conceptual de *public interest* torna a disciplina da tutela da concorrência no Reino Unido amplamente discricionária. Pelo exposto, os agentes económicos vão procurar elementos de certeza para a formulação da sua decisão económica a canais não oficiais.

O primeiro canal é constituido pelo *City Code on Take-overs and Mergers*, elaborado pelo *Merger Panel*. Esta instituição, embora não tenha qualquer poder reconhecido pela lei, foi formado por uma decisão do Banco de Inglaterra, em 1968, com a finalidade de delimitar conceptualmente, de modo sistemático, as operações de aquisição e concentração no mercado financeiro. Embora não tendo força de lei, este diploma contém as regras de conduta que a associação, formadora do *Panel*, considera mais apropriada para os procedimentos a efectuar numa operação de concentração. (Este organismo é composto por representantes das seguintes associações: *Accepting Houses Comittee; Association of Investments Trust Companies; Association of British Insurers; Comittee of London and Scottish Bankers; Confederation of British Industry; Council of Stock Exchange; Finantial Intermediaries, Managers and Brokers Regulatory Association; Institute of Chartered Accountants in England and Wales; Investment Management Regulatory Association; Issuing Houses Association; National Association of Pension Funds; The Securities Association; Unit Trust Association*).

- Os acordos celebrados entre o Tesouro, ou o Tesouro e a Secretaria de Estado competente em matéria de preços e protecção dos consumidores, de uma parte, e as sociedades de crédito imobiliário, de outra parte, quando incidam sobre matérias respeitantes a empréstimos. As sociedades de crédito imobiliário podem, igualmente, concluir entre elas acordos que regulem este mercado, excepto no respeitante às taxas de juro das operações [403];

- Os acordos onde são partes as autoridades monetárias, desde que visem o exercício de controlo sobre as instituições financeiras e sobre o sistema monetário em geral;

- Os acordos entre *"trustees"* ou gestores de fundos de investimento *(unit trust schemes)*, caso incidam sobre a compra, a gestão e a venda de títulos.

Deste modo, não existe uma verdadeira e própria isenção à actividade no sector creditício. No que diz respeito às instituições bancárias, presencia-se à aplicação total da disciplina normativa da concorrência

No tocante à actividade de investimento, definida no *Financial Services Act*, (FSA), de 1986, o exercício da legislação de tutela da concorrência é realizada de forma indirecta.

Um outro canal importante serão as *confidential guidelines*, elaboradas *pelo Office of Fair Trading*. Este organismo estabelece contactos com os operadores na fase de elaboração do projecto de concentração. Com base na informação perceptada, o *Office of Fair Trading* apontará as modalidades de comportamento a evitar, que podiam ocasionar, com elevado grau de probabilidada, o indeferimento pela *Monopolies and Merger Comission* da operação de concentração, observando, nomeadamente, o *public interess*.

[403] A legislação que permite estas situações foi emanada no dia 25 de Julho de 1986, entrando em vigor no dia 1 de Janeiro de 1987. Estas sociedades tem duas funções principais: financiar as aquisições de habitação e oferecer um bom produto para o investimento de pequenos aforradores. Desta forma, estas instituições estão isentas de um bom número de disposições, em vigor em matéria de concorrência. A lei autoriza essas derrogações sob condição, isto é, estas instituições são obrigadas a operar em mercados tradicionalmente reservados aos bancos *stricto sensu*, como por exemplo, as transferências de fundos, operações cambiais, investimento imobiliário, e até mesmo seguros. Nestes domínios, estas instituições estão submetidas à lei geral da concorrência. É por esta via que é suprimida a derrogação às leis de concorrência de acordos que versem sobre taxas de juro.

O *Director General of Fair Trading* [404] (DGFT) efectua uma análise das consequências concorrenciais de todas as directivas, regulamentos ou de outros instrumentos normativos emanados pelo órgão tutelar do sector mobiliário (*Securities and Investment Board*, SIB), ou pelas associações de intermediário financeiros de valores mobiliários (*Self-Regulatory Organizations*, SROs). Por conseguinte, o artigo 125.º do *Financial Services Act,* isenta de registo prévio, regulado nos termos do *Restrictive Trade Practices Act,* os acordos de constituição de uma SRO, da qual façam parte a SIB ou outra SRO, ou ainda uma pessoa jurídica controlada por esse organismo. O artigo 124.º do mesmo diploma estabelece, ainda, que a valoração de uma situação de monopólio ou de abuso de posição dominante [405]

---

[404] As principais autoridades de tutela da concorrência são:
- o *Secretary of State for Trade and Industry*;
- o *Director General of Fair Trading*;
- a *Monopolies and Merger Comission.*
Somente a *Monopolie and Merger Comission* analisa o caso do ponto de vista do *public interess.*

[405] A situação de monopólio, prevista nos artigos 6.º, 7.º e 8.º do FTA assimila-se, substancialmente, ao conceito de posição dominante. Engloba duas realidades básicas:
- situação de monopólio estrutural, que ocorre quando pelo menos 25% dos bens ou serviços do mercado em causa são oferecidos por uma só entidade empresarial;
- situação de monopólio comportamental, que se vislumbra quando pelo menos de 25% da quota do mercado pertence a um reduzido número de empresas que, independentemente da presença de acordos, conduzem a actividade de modo a restringirem ou distorcerem a concorrência, de um determinado mercado.
O FTA atribui ao *Director General of Fair Trading* a obrigação geral de se manter informado sobre essas situações, a fim de identificar as áreas de poder monopolístico e abusivo exercido sobre um mercado por uma empresa, ou empresas nas situações referidas. Este orgão, após ponderação dos desempenhos económicos do sector bancário, e da recolha de dados e indicações provenientes do público e das outras instituições bancárias, poderá descrever à MMC a situação do mercado, como por exemplo, se existe alguma empresa em situação dominante. A MMC, após uma análise aprofundada, apurará se essa situação se dá efectivamente, e em caso afirmativo, valorá-la-á tendo em conta o *public interess*, comunicando a sua decisão à SSTI. Após esta confirmação, a SSTI disporá de uma ampla gama de meios de acção, susceptíveis de remediar o eventual abuso confirmado pela MMC (sobre este assunto ver BANCA D´ITALIA "La tutela della concorrenza nel settore del credito", cit., apêndice Grã-Bretanha).

prevista nos termos do *Fair Trading Act,* abrangerá as "*guidelines*" emanadas pelas SROs ou pela SIB.

Deste regime distingue-se a disciplina das operações de concentração. De acordo com o FTA, existe uma operação de concentração quando duas ou mais empresas, das quais pelo menos uma tem sede no Reino Unido ou é controlada por uma empresa [406] sediada no Reino Unido, deixam de ser pessoas jurídicas diferenciadas.

Isso poderá acontecer quando:

- duas ou mais empresas venham a estar sujeitas a uma propriedade comum [407] ou a um controlo comum [408];

- uma empresa cesse a sua actividade no mercado no seguimento de um acordo com outra empresa.

A aquisição de um qualquer nível de controlo configura uma concentração, a analisar através do critério omnipresente assente no *public interest* pela MMC. Nesta situação, o FTA estabelece a disciplina da relevância dimensional na valoração desse critério. [409]

---

[406] Por empresa, o FTA entende toda a a instituição cuja actividade ou parte de actividade seja caracterizada pelos seus fins lucrativos.

[407] No sentido do artigo 77.º do FTA, a sujeição de uma ou mais empresas a uma propriedade comum realiza-se quando as empresas associadas e um qualquer outro orgão societário de empresa diversa, que controlavam, deixem de ser considerados pessoas jurídicas distintas.

[408] O controlo comum, no sentido dado pelo artigo 65.º (2) do FTA, implica diversos graus de influência de uma empresa sobre outra. Esta norma refere, relativamente ao grau mais elevado de controlo, as empresas cujos orgãos sociais estão coligados (por exemplo, uma empresa mãe e todas as suas subsidiárias e filiais. Neste caso, o controlo é obtido através da posse ou aquisição da maioria das acções com direito a voto). O nível imediatamente inferior ao precedente consiste na possibilidade de influência, directa ou indirecta, na política da empresa, no entanto, sem a posse da maioria do capital social. Finalmente, o nível mais baixo de controlo comum afere-se pela capacidade material de influência da política da empresa de um sujeito, que fazendo parte dos orgão sociais da empresa, exerce, ao mesmo tempo, uma actividade empresarial (a detenção de 15% do capital accionista é reconhecida como suficiente para deter este último nível de controlo).

[409] Em particular, somente as operações de concentração de empresas com activos superiores a 30 milhões de libras, ou cuja quota de mercado resultante seja superior a 25% do mercado britânico, serão notificadas à MMC para essa análise.

3.5.1. Acordos e práticas concertadas

A disciplina de tutela da concorrência concernente a estas matérias está regulada no *Restrictive Trade Practices Act* (RTPA 1976) e no *Competition Act* (1980).

O primeiro diploma ocupa-se da caracterização formal de determinadas práticas restritivas da concorrência, enquanto que o segundo tem como objectivo controlar os efeitos que tais práticas possam causar.

O RTPA obriga, tendo como finalidade o conhecimento com o mais elevado grau de certeza de todas as situações restritivas, ao registo no *Office of Fair Trading* (OFC) de todos os acordos celebrados entre dois ou mais sujeitos, onde pelo menos uma das partes consentiu uma restrição à sua própria actividade comercial [410]. Este registo é condição de validade do acordo celebrado, e terceiros que hajam sofrido algum dano, em consequência da aplicação deste acordo, terão direito ao ressarcimento. O DGFT tem a obrigação de levar os acordos registados ao conhecimento do *Restrictive Practices Court*, o qual deverá decidir se tal acordo é contrário ao *public interess* - a presunção é sempre neste último sentido -. Às partes incube o ónus de provar o contrário, demonstrando que o acordo está conforme com alguma das condições de isenção (*gateways*) previstas expressamente na lei [411]. Porém, a SSTI poderá intervir no processo

---

[410] O artigo 1.º (1) do RTPA define as categorias de acordos sobre bens, serviços e troca de informações como susceptíveis de registo obrigatório. A sua definição, antes da última revisão, era muito formal: um acordo que versasse parcialmente sobre matérias de serviços e trocas de informações sobre serviços não poderia ser registado, visto não satisfazer os requisitos particulares de cada uma das categorias.

[411] Os artigos 28.º a 34.º do RTPA descrevem minunciosamente quais as modalidades de acordos em que é possível conceder uma isenção, precisamente: os acordos e práticas autorizadas por outra regulamentação; os acordos respeitantes a propriedade intelectual; os acordos sem impacto no mercado britânico; e os acordos de *know-how*. O artigo 29.º atribui à SSTI a faculdade de concessão de isenção de registo a determinados acordos indispensáveis para o funcionamento de um outro acordo de substancial importância para a economia, ou que promovam a eficiência e a produtividade. Um outro poder de isenção ao dispôr da SSTI é o *Restrictive Trade Practices Exclusion Order*.

demonstrando que os acordos são de pequena importância, pelo que poderão ser aprovados.

O CA (1989) regula a matéria dos comportamentos restritivos da concorrência. Este diploma atribui ao DGFT o poder de investigar qualquer conduta susceptível de produzir efeitos restritivos da concorrência. Se for este o caso, o DGFT poderá tentar induzir as partes à subscrição de um protocolo, onde se vinculem a eliminar os efeitos danosos causados pelo acordo à concorrência.[412] É de recordar que o *Anti-Competitive Practices Exclusion Order* isenta do plano aplicativo do CA os acordos e as práticas concertadas cujas partes sejam instituições bancárias, o Tesouro e o Banco de Inglaterra.

3.5.2. Aplicação da legislação de tutela da concorrência ao sector bancário

Nos termos do RTPA, as cláusulas de certos tipos de acordos restritivos deverão ser comunicados ao DGFT. Tratando-se de serviços bancários, as restrições contratuais em causa são, normalmente, atinentes a tarifas; a condições para o fornecimento de serviços, quer em volume quer em qualidade; a modalidades de prestações; e a beneficiários dos serviços (pessoas ou sectores). Desta forma, os acordos concluídos entre os bancos, por exemplo, sobre taxas de juro, são geralmente submetidos ao registo em aplicação da lei. No entanto, alguns escapam a esta legislação, nomeadamente: os acordos celebrados entre sociedades de crédito imobiliário; os acordos respeitantes ao exercício, pelas autoridades monetárias, do controlo das instituições de crédito, do sistema monetário em geral, do mercado monetário e do mercado de instrumentos de dívida do sector público, bem como os referentes ao mercado cambial. *A Restrictive Trade Practice*

---

[412] O artigo 5.º (1) do CA estabelece que, no caso das partes recusarem a assinatura desse protocolo, ou se este for juridicamente insuficiente, o DGFT deverá comunicar tal facto à MMC, a qual deverá aprofundar a análise a fim de verificar se tal conduta se enquadra com o *public interest*. Se considerar que a conduta é contrária ao *public interest*, deverá comunicar a sua decisão à SSTI que tem o poder de emitir uma ordem que proiba a prática ilegal. É de referir que a SSTI não é obrigada a seguir a proposta da MMC.

Services Amendement Order suprimiu a derrogação de que beneficiavam as instituições bancárias da Irlanda do Norte.

Os bancos estão, assim, submetidos à obrigação geral de registar os acordos restritivos e, além disso, estão sujeitos às disposições gerais do *Competition Act* e do *Fair Trading Act*.

Este último diploma regula, igualmente, as fusões entre bancos. Quanto a este aspecto, importa destacar a acção da *Monopolies and Merger Comission*.

Uma das principais acções deste órgão, no sector bancário, e que servirá de referência, presenciou-se no projecto de fusão entre e o *Barclays Bank Ltd*, o *Lloyds Bank Ltd* e o *Martins Bank Ltd*. Estes bancos elaboraram diversos acordos do tipo carteliano, restritivos da concorrência na área dos depósitos e do crédito. Esses acordo limitavam, de forma sensível, a concorrência em matéria de preços daquelas duas actividades, que eram as principais funções destes bancos. Por outro lado, o Tesouro e o Banco de Inglaterra, haviam imposto aos bancos coeficientes de tesouraria e de liquidez que limitavam as possibilidades dos bancos concorrerem na diversificação de investimentos. Impunham ainda, periodicamente, *plafonds* máximos de crédito que eles poderiam prestar ao sector privado, bem como a constituição de depósitos especiais. As autoridades monetárias consideravam benéficos os acordos privados entre as instituições bancárias. No seu entendimento, iriam trazer benefícios ao sistema bancário, diminuindo o risco, e fornecendo crédito mais barato.

A MMC decidiu, porém, que esses projectos de fusão iam de encontro ao interesse público, mas colocou como condição, para a autorização da fusão, que o Banco único, resultante da mesma, não participasse no *London Clearing Banks Comittee,* onde se estabeleciam acordos para a fixação da taxa de juro, invocando como principal motivo que o Tesouro desejava a manutenção desses acordos.

Dois outros célebres relatórios da MMC referem-se aos projectos de fusão entre o *Hong-Kong and Shanghai Banking Corporation* (HSBC) e o *Royal Bank of Scotland Group Limited*, bem como entre o *Standard Chartered Bank Limited* e este último. Quanto a este projecto, a MMC concluiu que, na globalidade, causaria efeitos desfavoráveis ao interesse público no Reino Unido. Estimou, ainda, em relação à oferta do HSBC, que ela iria trazer, igualmente, efeitos desfavoráveis. A transferência do controlo do *Royal Bank Group* para o exterior do Reino Unido poderia suscitar um conflito de interesses, que sem essa transferência não seriam produzidos. Concluiu, assim, que em cada um dos projectos, os efeitos desfavoráveis prevaleciam sobre os efeitos favoráveis previsíveis, e que, por consequência, os dois projectos contrariavam o interesse público. Note-se que a MMC não pode sugerir qualquer meio para remediar, ou evitar, os efeitos desfavoráveis previstos, a não ser a interdição da fusão [413].

O abuso de posição dominante no sector bancário é regulado pelo *Fair Trading Act* e pelo *Competition Act*. Até hoje, nenhuma destas leis foi aplicada expressamente ao sector bancário mas somente aos serviços de cartões de pagamento.

Em 23 de Junho de 1977, o DGFT questionou a MMC sobre uma eventual situação de monopólio na prestação desses serviços no Reino Unido. A questão delimitava-se aos cheques de viagem do tipo dos emitidos pela American Express e Diners Club, e aos cartões de crédito renováveis, emitidos pelos bancos, que excluíam os cartões privados emitidos pelas grandes superfícies comerciais, e não podiam ser utilizados nestas.

O relatório, publicado em Setembro de 1980, concluiu pela existência de um monopólio do *Barclays Bank*, nas operações com o cartão de crédito *Barclaycard*, bem como da sociedade de prestação de serviços conjuntos *Joint Credit Card Company Limited* (JCCC) e dos seus cinco bancos accionistas, no que diz respeito ao cartão de crédito *Access*. As conclusões do relatório foram no sentido de que estas posições dominantes não feriam o *public interest*. Porém, as situações de monopólio complexo em favor do *Barclays, JCCC*, dos cinco bancos do *Access*, da *American Express*, do Diners Club e de outras sociedades gestoras de cartões de crédito que aplicavam uma cláusula de "não discriminação" (no sentido de que seria interdito aos comerciantes que aceitassem os cartões de crédito a aplicação de

---

[413] A preocupação essencial da MMC, mas que não foi exteriorizada de forma expressa, era a de que as instituições bancárias escocesas, em geral, e os bancos de *clearing*, em particular, não deviam, em nenhuma circunstância ficar sob controlo de sociedades cuja sede se situasse fora da Escócia. A MMC recomendou a não autorização dos dois projectos de fusão, sendo esta recomendação aceite pela SSTI.

preços diferentes, conforme os clientes efectuassem a sua transacção com cartões de crédito, com cheque, ou com dinheiro) já não seriam conformes com o *public interess*, recomendando o relatório a interdição dessa prática. A MMC concluiu, ainda, que deveriam ser abandonadas as práticas comunicacionais entre a JCCC e o *Barclays*, com o objectivo de prossecução de um entendimento comum, sobre as questões susceptíveis de afectar sensivelmente a concorrência entre as duas instituições.

O DGFT detectou outras situações no mercado de cartões de crédito susceptíveis de prejudicar o interesse geral, como o montante das comissões exigidas aos pequenos comerciantes pelas sociedades gestoras dos cartões de crédito; os níveis das taxas de juro; a extensão dos cartões de crédito privativos, bem como os níveis de endividamento ligado à utilização dos cartões de crédito.

3.6. Alemanha

3.6.1. Legislação existente e autoridades tutelares da concorrência

No dia 1 de Janeiro de 1990 entrou em vigor a quinta versão da lei contra as restrições da concorrência (GWB), vigente na Alemanha desde 1957 [414] [415].

O substrato teleológico deste diploma legal consiste na preservação da estrutura concorrencial do mercado e na manutenção da sua estabilidade, impondo limites a comportamentos empresariais não justificados.

---

[414] Cfr. OCDE, "La concurrence dans le secteur bancaire", Paris, (1989); DIRECÇÃO-GERAL DE CONCORRÊNCIA E PREÇOS, "Legislações Nacionais de Concurrência - Alemanha", Série Cadernos, n.º 19, (1993), págs. 11 e ss; BANCA D`ITALIA, "La tutela della concorrenza nel settore del credito", Roma, (1992), Apêndice Alemanha; J. CANALS "The German Banking Industry" in Competitive Strategies in European Bank, J. CANALS (ed), Clarendon Press, Oxford (1993), págs. 84 a 100.

[415] A Lei da Alemanha é denominada Lei contra as Restrições à Concorrência, mas é frequentemene designada por "Lei Constitucional da Economia", tal o alto grau de prioridade que, naquele país, a tutela da concorrência atingiu no período do após-guerra.

A autoridade competente denomina-se *Bundeskartellamt*, a quem são notificadas todas as operações de concentração e de acordos restritivos da concorrência. Após a alteração legislativa de 1990, foi cometido a esta instituição o poder de emanar normas regulamentares que salvaguardem, pontualmente, o sector bancário e segurador da disciplina geral da concorrência. O Ministro Federal da Economia detém um poder de apelo, podendo modificar o juízo formulado pelo *Bundeskartellamt,* quando estão em causa determinados tipos de acordos, ou de concentrações.

Em particular, em operações de concentração, o Ministro poderá considerar que estas, apesar de desconformes com as regras da concorrência, poderão ser justificadas após a efectivação de um balanço económico. Deverá referir-se, porém, que os seus poderes não são totalmente discricionários, não podendo sindicar as conclusões do *Bundeskartellamt* sobre os efeitos restritivos da concorrência. A sua margem de decisão restringe-se à ponderação dos efeitos benéficos da operação, para a globalidade da economia, podendo revogar a decisão ou modificar as condições impostas para a conceder.

3.6.2. Posição dominante

De acordo com o artigo 22.º do GWB uma sociedade ocupa uma posição dominante no mercado desde que, como fornecedora ou compradora de um certo tipo de bens ou serviços, não tenha concorrentes ou não esteja exposta a uma qualquer concorrência significativa ou goze, no mercado, de uma situação preponderante face às suas concorrentes. Convém ter em conta, não apenas o lugar que a empresa ocupa no mercado mas, principalmente, o seu poder financeiro, as suas possibilidades de acesso aos mercados fornecedores ou de escoamento dos bens e serviços, as ligações que mantém com outras empresas, assim como obstáculos de facto, ou de direito, à entrada de outras empresas no mercado.

Duas ou mais empresas devem também reconhecer-se como dominantes no mercado, quando não se assste entre elas, num determinado tipo de bens ou serviços, a uma concorrência significativa, quer por razões de ordem geral, quer por existirem mercados específicos, contanto que, em conjunto, não tenham concorrentes ou não estejam expostas a uma qualquer concorrência significativa externa [416].

O *Bundeskartellamt* dispõe de poderes [417] para fazer face a empresas em posição dominante que abusem desta posição no mercado de bens e de serviços comerciais. Existirá abuso, nesta acepção, se uma empresa, fornecedora ou compradora de um determinado tipo de produtos ou serviços comerciais, comprometer as possibilidades concorrenciais de outras empresas sem justificação. Ou, então, se exigir remunerações, ou outras condições comerciais, diferentes das que ocorreriam se existisse uma concorrência efectiva (neste contexto, é necessário ter em conta, nomeadamente, práticas de empresas em mercados similares que se caracterizem pelo exercício de um tal tipo de concorrência). Existirá, ainda, abuso de posição dominante se a empresa impuser remunerações, ou outras condições comerciais, menos favoráveis do que aquelas que exige a compradores análogos, em mercados similares, a menos que esta diferença seja justificada por factos decorrentes da especificidade do mercado em causa.

Nos termos do artigo 22.º do GWB os bancos estão submetidos ao controlo de abuso de posição dominante. No entanto, devido à disseminação das quotas de mercado bancário na Alemanha, até hoje, ainda não houve qualquer indício de abuso de posição dominante.

---

[416] De acordo com o n.º 3 do artigo 22.º do GWB, na situação de uma empresa não ter concorrência significativa, deve presumir-se que ocupa uma posição dominante se a sua quota de mercado for, pelo menos, de um terço num certo tipo de bens ou de serviços. Uma tal presunção não será legítima tratando-se de uma empresa cujo volume de negócios, no decurso, do último exercício, tenha sido inferior a 250 milhões de marcos alemães.

O abuso de posição dominante colectivo presume-se quando, num certo tipo de bens ou de serviços, três, ou menos de três empresas, detiverem conjuntamente uma quota de mercado igual ou superior a 50%, ou então, cinco ou menos de cinco empresas detiverem conjuntamente uma quota de mercado igual ou superior a 2/3. Esta presunção não será legítima no caso de empresas cujo volume de negócios, no decurso do último exercício, não ultrapasse 100 milhões de marcos alemães.

[417] Esta instituição pode proibir às empresas em posição dominante uma prática abusiva e declarar nulos certos acordos. É possível, ainda, nesta matéria, aplicar analogicamente o disposto no artigo 19. do GWB, que se refere aos acordos.

3.6.3. Operações de concentração

Os números 1 a 5 do artigo 23.º do GWB delimitam taxativamente as operações de concentração atendíveis para a aplicação da lei. Assim, qualquer fusão deverá ser comunicada, imediatamente, à autoridade de controlo dos cartéis se, no conjunto e no exercício imediatamente anterior à fusão, as empresas participantes tiverem registado um volume de negócios, de, pelo menos, 500 milhões de marcos alemães. Tratando-se de estabelecimentos de crédito ou de caixas de poupança, o volume de negócios é substituído por um décimo do total dos activos.

Na acepção da lei em análise, consideram-se fusões as seguintes operações:

- aquisição da totalidade, ou de uma parte substancial dos activos de uma empresa, por absorção, restruturação, ou por qualquer outro meio;

- aquisição de participações numa outra empresa, desde que tais participações, isoladas ou conjuntamente com outras já detidas pela empresa adquirente, representem pelo menos 25% ou 50% do capital votante da empresa, ou proporcionem à empresa uma posição maioritária.

O cálculo das participações da empresa adquirente incluirão, também, as de uma empresa a ela ligada, ou as de qualquer outra empresa da responsabilidade de uma delas [418].

---

[418] São, ainda, classificadas como operações de fusão, a aquisição pelo adquirente, por meio de acordos, por lei ou por resolução, de posições superiores a 25% do capital com direito a voto. A celebração de acordos entrarão, igualmente, na previsão deste artigo se:
- preverem a formação de um grupo de sociedades, na acepção do artigo 18.º das Lei sobre Sociedades Anónimas, ou o alargamento de um grupo desse tipo;
- existir a obrigação, para a outra empresa, de prosseguir as suas actividades por conta da primeira ou transferir para esta a totalidade, ou parte, dos seus lucros, ou o arrendamento, à empresa, das instalações, ou de grande parte destas, da outra empresa;
- se verificar uma situação em que os membros do Conselho Fiscal, do Conselho de Administração, ou os de qualquer outro orgão, nomeados pelas empresas para gerir os respectivos negócios, sejam, pelo menos relativamente a metade deles, os mesmos;
- da combinação de empresas resultar que uma, ou várias delas, ficarem em condições de exercer, directa ou indirectamente, uma influência dominante sobre outra empresa.

Se uma instituição de crédito adquirir participações numa outra empresa, no momento em que esta se constitui ou procede a um aumento de capital, com a intenção de vender essas participações no mercado, a fusão não será atendível enquanto a instituição de crédito em questão não exercer o direito de voto decorrente das participações que adquiriu e na condição das referidas vendas ocorrerem no prazo de um ano.

Qualquer operação de concentração deve ser notificada ao *Bundeskartellamt* [419].

3.6.4. Acordos e práticas concertadas

A lei alemã não define expressamente o conceito de acordo. No entanto, o n.º 1 do artigo 1.º dispõe que "os acordos celebrados entre empresas, ou entre associações de empresas, assim como as decisões destas, tendo em vista objectivos comuns, são nulos se susceptíveis de influenciar, através de restrições à concorrência que deles decorram, as condições do mercado relativo às tocas de bens ou à prestação de serviços."

Os artigos sucessivos (até ao final do artigo 21.º) elencam acordos isentos desta disposição.

Sinteticamente, poderemos distinguir:

- acordos em que o *Bundeskartellamt* foi notificado, e concluiu que correspondiam com um determinado tipo definido por lei, mas, aos quais, não levantou qualquer objecção;

- acordos que, apesar de desconformes com as regras da concorrência, o *Bundeskartellamt* poderá autorizar por um prazo máximo de três anos. [420]

---

[419] Artigos 23.º, 23.º A, 24.º, 24.ºA, 24.ºB. Além do *Bundeskartellamt* foi criada a Comissão dos Monopólios, que aprecia de forma regular o desenvolvimento, na Alemanha, do fenómeno da concentração de empresas. Tem ainda como objectivo velar pela aplicação das disposições do artigos 22.º a 24.ºA. No seu parecer, esta Comissão deverá pronunciar-se sobre o estado da concentração de empresas, o sentido provável da sua evolução, assentando em pressupostos assentes na política económica e, particularmente, na política de concorrência.

[420] Este procedimento poderá ser requerido pelo interessado, nos casos dos artigos: 4.º (em situação de regressão das vendas, devido a uma alteração prolongada

O artigo 15.º da GWB estabelece que os acordos entre empresas, são nulos, se susceptíveis de restringir a liberdade de uma das partes na fixação, de preços e condições comerciais, na negociação de bens e serviços fornecidos a terceiros. O artigo 18.º dispõe, ainda, que o *Bundeskartellamt* poderá declarar nulos acordos que imponham a uma das partes:

- restrições à liberdade de utilizar as mercadorias entregues, outras mercadorias ou prestações de serviços comerciais;
- restrições à possibilidade de comprar a terceiros, ou de lhes fornecer, outras mercadorias ou prestações de serviços comerciais;
- restrições à venda a terceiros das mercadorias entregues;

---

da procura, poderão as empresas produtoras ou transformadoras serem autorizadas a celebrar um acordo, ou a tomarem uma decisão, se necessária a uma adaptação metódica à procura no mercado, à adaptação das capacidades de produção. No entanto, deve ter sempre em consideração a economia geral e o interesse público); artigo 5.º n.º 2 (poderão ser autorizados os acordos ou decisões, se estes procedimentos forem susceptíveis de promover a racionalidade das actividades económicas e proporcionar um aumento substancial da eficiência ou da produtividade das empresas participantes, quer no plano técnico, quer no da gestão comercial, permitindo-lhes responder melhor à procura. De notar que os efeitos da racionalidade devem corresponder às restrições à concorrência que ela implique); artigo 5.º n.º 3 (se o acordo, ou a decisão, tiver em vista alcançar uma racionalização, através de entendimentos ao nível dos preços, ou fazendo intervir organizações de compra ou venda em comum, a autorização só será concedida se tal racionalização não puder ser alcançada senão por esse meio e se for de interesse geral); artigo 6.º n.º 2 (no caso de acordos ou decisões que tenham em vista garantir e promover a exportação, através da disciplina da conduta concorrencial dos agentes, poderá haver autorização se ocorrerem trocas de bens ou a prestação de serviços, no âmbito de aplicação da lei); artigo 7.º (o *Bundeskartellamt* pode, se solicitado nesse sentido, conceder autorização para celebrar um acordo, ou tomar uma decisão, desde que se trate exclusivamente de disciplinar a importação na área de aplicação desta Lei e os importadores alemães tenham negócios com fornecedores que não concorram entre si, ou o façam de maneira pouco significativa); e artigo 8.º (o Ministro da Economia, poderá ainda, se solicitado, autorizar um acordo ou uma decisão, quando, excepcionalmente, uma restrição à concorrência for necessária do ponto de vista da economia e do interesse público. Se a maior parte das empresas, de um dado sector económico, estiverem directamente ameaçadas quanto à continuidade do exercício das suas actividades, esta autorização só poderá ser concedida se for impossível tomar medidas legislativas, ou de política económica, ou tomá-las a tempo, e se a restrição à concorrência permitir afastar aquela ameaça).

- a obrigação de aceitar mercadorias, ou prestações de serviços que, de facto, ou segundo os usos e costumes comerciais, não tenham qualquer relação entre si; e isso de tal modo que:

a) por causa de tais acordos um determinado número de empresas, significativas em termos concorrenciais, fiquem vinculadas e indevidamente restringidas no seu direito à concorrência; ou

b) por motivo de tais acordos, o acesso ao mercado, por parte de outras empresas, seja restringido indevidamente; ou

c) pela extensão de tais restrições, a concorrência no mercado seja substancialmente comprometida para essas mercadorias, quer para outras, quer para prestações de serviços.

Outro artigo relevante na delimitação da matéria em análise é o artigo 38.º. O parágrafo 11.º do seu n.º 1 determina que se comete uma infracção quando são emitidas recomendações com o efeito, graças a um comportamento uniforme, de iludir as proibições consagradas na lei, ou as decisões tomadas pelo *Bundeskartellamt*.

3.6.5. Aplicação da legislação de tutela da concorrência ao sector bancário

Em princípio, a legislação de defesa da concorrência alemã é aplicável ao sector bancário [421], nas matérias do abuso de posição dominante e do controlo das operações de concentração.

A quinta versão do GWB alterou, assim, tendo em atenção a versão precedente de 1980, o princípio básico de isenção da actividade creditícia. Até finais de 1990, vigorava o princípio do "abuso de isenção", através do qual as instituições bancárias poderiam realizar acordos restritivos da concorrência, desde que não utilizassem esta faculdade com a finalidade de formalização de acordos que - pelo menos explicitamente - despontassem uma posição dominante. Com a quinta versão, este princípio, não exteriorizado, foi substituído por um verdadeiro e próprio dever de não efectuar essas condutas.

No entanto, prevêem-se normas especiais que isentam desse dever determinado tipos de acordos e recomendações. O artigo 102.º do

---

[421] A única excepção ao princípio de aplicação geral encontra-se estatuído expressamente no artigo 101.º do GWB, onde se afirma que esta lei não se aplica ao Banco Federal da Alemanha e ao Instituto de Crédito para a Reconstrução.

GWB isenta expressamente os acordos e recomendações das instituições de crédito, assim como as decisões e recomendações tomadas pelas associações de empresas desse género, da disciplina dos artigos 1.º, 15.º e 38.º (1) n.º 11, da mesma lei, se:
- estiverem ligados a actos sujeitos à aprovação ou ao controlo da instituições federais, com legitimidade para a fiscalização de instituições de crédito; ou pelas autoridades do *Lander* encarregadas desta mesma fiscalização, e
- forem necessários ao aumento, ou à manutenção, da eficiência das empresas participantes, sob o ponto de vista técnico, organizacional ou económico, particularmente através da cooperação entre empresas ou de regras comerciais uniformes, conduzindo, por isso, a uma melhoria da procura. De referir que, o efeito esperado deve ser proporcional à restrição da concorrência a ele ligado (princípio da proporcionalidade).

Esta nova disciplina, prevista na última versão da lei, introduziu uma avultada novidade doutrinal: a isenção não é concedida simplesmente (como na quarta versão) por necessidades de racionalização interna dos entes financeiros, mas igualmente nos casos em que é imprescindível a cooperação entre os bancos, de forma a alcançar-se um aumento da capacidade produtiva dos parceiros no acordo.

Estes acordos, decisões e recomendações deverão ser notificados ao *Bundeskartellamt*, o qual enviará uma cópia da notificação à autoridade fiscalizadora competente. Efectuada a notificação, deverá ser feita prova de que as condições, para a concessão da isenção, estão satisfeitas. Os referidos acordos, decisões e recomendações apenas produzirão efeitos legais se o *Bundeskartellamt* não lhes levantar objecções no prazo de três meses, a contar da data de notificação, ou antes de expirar aquele prazo informar, por escrito, o autor da notificação de que não haverá objecções à mesma. Em determinadas situações, este prazo poderá ser reduzido, ou até mesmo suprimido, se, por exemplo, as disposições acordadas ou as recomendações formuladas forem no sentido da prossecução do interesse da clientela do banco ou se forem essenciais para a política de supervisão, para a política monetária ou de gestão do sistema financeiro. Durante o prazo referido, o *Bundeskartellamt* deverá informar o meio económico dos seus pontos de vista. Este procedimento já não será imperioso se estiver em causa um assunto de reduzida relevância, ou então, os actos restritivos visem unicamente os métodos e procedimentos bancários.

Na prática, as recomendações formuladas pelas associações centrais da profissão bancária não têm carácter obrigatório. Nos últimos anos, não foi emitida qualquer recomendação no sentido da fixação de uma taxa de juro, mas simplesmente orientações gerais. No futuro, a probabilidade de ocorrência de tal conduta será quase nula.

As recomendações e os acordos sobre comissões e condições na banca, elaborados por associações centrais são, muitas vezes, concluídos entre instituições financeiras e têm por escopo a normalização de certos métodos e técnicas de pagamento (eurocheques, ATM´s, etc.). Em geral, as novas técnicas de comunicação e de informação, que são largamente utilizadas no sector bancário, tendem a desembocar em acordos e recomendações que originam uma gestão mais eficiente e económica do volume dos meios de pagamento, beneficiando a clientela.

Relativamente às fusões, as instituições bancárias estão sujeitas, como já referimos, ao regime dos artigos 23.º e 24.º a) da Lei contra as restrições da concorrência. Os processos de concentração, no passado, reportaram-se ao sector dos bancos cooperativos e das caixas de poupança. Actualmente, este processo é particularmente sensível nos pequenos bancos privados. Esta evolução, que poderá ser extravasada a nível mundial, explica-se, basicamente, por as instituições em causa serem especializadas e pouco proeminentes, oferecendo serviços que não se enquadram na sua especialidade (*v.g.* aconselhamento de investimento, prestados, com um grau superior de eficiência pelos grandes bancos com vocação universal associados a toda a gama de serviços bancários). Esta tendência, para a concentração no sector dos pequenos bancos privados, explica-se, igualmente pelo montante limitado dos seus recursos próprios, pelas suas confinações geográficas, e pelo seu refinanciamento efectuado, em termos assaz onerosos, no mercado interbancário.

O n.º 2 do artigo 102.º estabelece, ainda, a inaplicabilidade dos artigos 1.º e 15.º à prestação de crédito em sindicato.

3.7. França

3.7.1. Legislação existente e autoridades tutelares da concorrência

A legislação em vigor, nesta área, está contida, basicamente, no Decreto n.º 86-1243, de 1 de Dezembro de 1986, relativo à liberdade dos preços e da concorrência [422]. Este diploma legal regula unitariamente matérias que se encontravam dispersas por diversas normas [423].

O Conselho da Concorrência é a autoridade competente para as inspecções, para a emanação de decisões e para a aplicação de sanções a práticas anticoncorrenciais.

Na matéria das operações de concentração [424], o poder de controlo mais amplo compete ao Ministro da Economia e das Finanças, a quem devem ser notificados os projectos de operação.

Esta entidade poderá:

- opor-se expressamente à operação (artigo 42.º);

- consentir tacitamente, se for emitida qualquer decisão no prazo de dois meses a contar da data da notificação (artigo 40.º);

- submeter o projecto de operação a parecer do Conselho da Concorrência (artigo 38.º). Esta entidade apreciará o projecto, apurando se é susceptível de beneficiar o progresso económico e, nesse caso, compense, pelos seus efeitos benéficos, as restrições à concorrência.

---

[422] Cfr. OCDE, "La concurrence dans le secteur bancaire", Paris, (1989); DIRECÇÃO-GERAL DE CONCORRÊNCIA E PREÇOS, "Legislações Nacionais de Concorrência - França", Série Cadernos, n.º 19, (1993), págs. 11 e ss; BANCA D'ITALIA, "La tutela della concorrenza nel settore del credito", Roma, (1992), Apêndice França; M. VIÉNOT "The France Case" in Annales de l'econnomie publique, sociale et coopérative, n° 64 (1) (1993), págs. 55-61; J. CANALS "The French Banking Industry" in Competitive Strategies in European Bank, cit., págs 126 a 144.

[423] Disciplina dos preços (Decreto n.º 45/1483, de 30 de Junho de 1945); Controlo das Concentrações (Lei n.º 77/806, de 19 de Julho de 1977).

[424] Nos termos do artigo 39.º, a concentração resulta de qualquer acto, seja qual for a forma que este assuma, que implique transferência de propriedade ou de fruição de todos ou de parte dos bens, direitos e obrigações de uma empresa e que tem por objecto, ou por efeito, permitir a uma ou a um grupo de empresas, exercer, directa ou indirectamente, uma influência determinante em relação a uma ou várias empresas.

O Conselho deverá ter em conta a competitividade internacional das empresas em causa (artigo 41.º).

3.7.2. Acordos e abuso de posição dominante

São consideradas práticas restritivas da concorrência, nos termos do diploma legal em análise:

- a exploração abusiva de uma posição dominante no mercado, ou numa prática significativa deste, por uma empresa ou grupo de empresas (artigo 8.º); [425]

- as acções concertadas, convenções e "ententes" expressas ou tácitas [426], nomeadamente quando revelarem tendência para (artigo 7.º):

(i) limitar o acesso ao mercado ou o livre exercício da concorrência por parte de outras empresas;

(ii) pôr obstáculos à determinação dos preços pelo livre jogo do mercado, favorecendo, artificialmente, quer a sua "alta", quer a sua "baixa";

---

[425] A lei francesa não contém uma definição de posição dominante. Todavia, a título exemplificativo, o artigo 8.º n.º 2 cita alguns casos típicos:
- Recusas de venda, vendas ligadas ou condições de venda discriminatórias, assim como a ruptura de relações comerciais pela simples razão do parceiro comercial, confrontado com tais abusos, recusar submeter-se a condições comerciais injustificadas;
- Exploração abusiva da situação de dependência económica em que se encontra, por parte da empresa ou grupo de empresas, a uma empresa cliente, ou um fornecedor que não disponha de solução alternativa;
Apesar da lei não prever uma definição de posição dominante poderemos, contudo, apontar três elementos constitutivos dessa situação: a empresa, ou o grupo de empresas, deverá exercer a sua posição dominante num mercado delimitado geograficamente e economicamente, disfrutando tal facto de modo abusivo. De acordo com uma publicação oficial da *Association Française des Banques* - ABF, de 16 de Outubro de 1987, a jurisprudência do Conselho aplicável às instituições bancárias considera que a empresa disfruta abusivamente de uma posição dominante quando coloca obstáculos ao funcionamento normal do mercado.

[426] Todas as "ententes" pressupõem um acordo de vontade livremente expresso entre empresas juridicamente distintas e economicamente independentes, qualquer que seja a sua forma. O Conselho considera que, na ausência de provas materiais ou de indícios probatórios de realização desses acordos de vontade, a sua existência será deduzida pela simples identidade de comportamentos que não seria explicada senão pela prossecussão de um objectivo anticoncorrencial.

(iii) limitar ou controlar a produção, o escoamento de mercadorias, os investimentos ou o progresso técnico;

(iv) repartir os mercados ou as fontes de abastecimento.

Nos termos do artigo 9.º, são nulos todos os contratos, convenções ou cláusulas contratuais que versem uma prática proibida pelos artigos 7.º e 8.º.

Não ficam sujeitos a este regime as práticas:

- que resultem da aplicação de um texto legislativo ou de um diploma que o regulamente;

- cujos autores possam justificá-las no sentido destas garantirem o progresso económico reservando aos utilizadores uma parte equitativa dos lucros delas resultantes, não dando às empresas interessadas a possibilidade de eliminar a concorrência numa parte substancial dos produtos em causa. Além disso, não devem impor restrições à concorrência, excepto se indispensáveis para alcançar o progresso económico (artigo 10.º). No caso de serem consideradas essenciais para a melhoria de gestão de pequenas e médias empresas, exige-se o reconhecimento por decreto do Ministro da Economia e das Finanças.

Nos termos do artigo 11.º, o Conselho da Concorrência pode ser convocado pelo Ministro da Economia, reunir-se oficiosamente, ou por iniciativa das empresas. Analisará as práticas, no sentido de concluir se caiem no âmbito de aplicação dos artigos 7.º e 8.º ou se, pelo contrário, são justificadas nos termos do artigo 10.º, podendo tomar medidas cautelares.

O Decreto em causa regula ainda, separadamente, as práticas restritivas da concorrência, reservando o título IV para as seguintes matérias:

- vendas ligadas (artigos 29.º e 30.º). Nos termos previstos nestes artigos é proibida qualquer venda, ou oferta de venda, de bens, ou qualquer prestação ou oferta de prestação, de serviços feita aos consumidores, dando direito, a título gratuito e de imediato ou a prazo, a um prémio constituído por produtos, bens ou serviços que não sejam idênticos aos que são objecto da venda ou da prestação. De referir que esta disposição normativa não é aplicada às amostras, ou objectos e serviços de reduzido valor, situação que é normal no campo bancário.

É igualmente proibido recusar a um consumidor a venda de um produto, ou a prestação de um serviço, salvo motivo legítimo, e, ainda, fazer depender a venda de um produto da compra da quantidade imposta, ou da compra concomitante de outro produto, ou serviço, assim como é proibido subordinar a prestação de um serviço à de um outro ou à compra de um produto (relembre-se o caso dos seguros coligados);

- imposição de preços discriminatórios (artigo 33.º). Qualquer produtor, grossista ou importador é obrigado a comunicar ao revendedor, que lhe fizer uma encomenda, as suas tabelas de preços e condições de venda. Estas deverão compreender as condições de pagamento e, se for o caso, os descontos e os reembolsos (é neste enquadramento que se deverão julgar as práticas de tratamento privilegiado de alguns clientes);

- imposição de preços mínimos de revenda (artigo 34.º). É punida a imposição, directa ou indirecta, de um carácter mínimo aos preços de revenda de um produto ou de um bem, ao preço de um prestação de serviço ou a uma margem comercial;

- contratos de exclusividade (artigo 36.º).

3.7.3. Definição de controlo e operações de concentração

O artigo 39.º do Decreto n.º 86-1243, de 1 de Dezembro de 1986, define como concentração qualquer acto, seja qual for a forma que este assuma, que implique transferência de propriedade ou de fruição de todos ou parte dos bens, direitos e obrigações de uma empresa e que tenha por objecto, ou por efeito, permitir a uma ou a um grupo de empresas, exercer, directa ou indirectamente, uma influência determinante em relação a uma ou várias outras empresas [427].

---

[427] No respeitante aos aspectos dimensionais, estas disposições só são aplicáveis quando as empresas que são partes no acto de concentração, ou são objecto dele ou lhe estão economicamente ligadas, tenham realizado, no conjunto, mais de 25% das vendas, das compras ou de outras transacções, no mercado nacional de bens, produtos ou serviços, ou numa parte substancial do mesmo mercado, ou tenham realizado um volume de negócios, impostos não incluídos, superior a 7 mil milhões de francos, com a condição de pelo menos duas das empresas que são partes na concentração, terem realizado um volume de negócios de, pelo menos, 2 mil milhões de francos.

Depois da reforma legislativa de 1986, os únicos órgãos dotados com poder decisional em matéria de concentrações são o Ministro da Economia e das Finanças e o Ministro da Tutela, cabendo ao Conselho da Concorrência um papel meramente consultivo.

As empresas têm a faculdade de notificar previamente o Ministro da Economia da fusão projectada. A obrigação legal encontra-se estabelecida no artigo 40.º, devendo qualquer concentração, que não tenha mais de 3 meses, ser notificada àquela entidade. A notificação poderá incluir compromissos e se, ao fim de dois meses, não houver qualquer resposta, equivalerá a uma decisão tácita de aceitar o projecto de concentração, ou a concentração, assim como os compromissos constantes da notificação, quando os houver. Se o Ministro submeter a operação ao parecer do Conselho da Concorrência [428], esta entidade apreciará o projecto de concentração, ou a concentração já consumada, no sentido de averiguar se a mesma é susceptível de prestar ao progresso económico um contributo tal que compense as restrições à concorrência, estabelecendo-se uma *"rule of reason"*, bastante comum na apreciação deste tipo de operações.

No seguimento de um parecer negativo do Conselho da Concorrência, o Ministro da Economia e das Finanças e o Ministro da tutela do sector económico em causa podem, mesmo assim, autorizar a operação, considerando o contributo da operação em causa não somente económico, mas também social [429]. Se tal não acontecer, e a operação não for autorizada, deverá ser represtinado o *"status quo ante"*. No entanto, previamente à adopção de um qualquer procedimento, o Ministro deve comunicar a sua decisão ao Conselho da Concorrência, para eventuais observações.

Nos termos do artigo 44.º, na situação de desrespeito pelas empresas de alguns dos compromissos referidos, o Ministro da

---

[428] O referido prazo terá a duração de 6 meses, se o Ministro submeter o projecto de concentração, ou a concentração já consumada, ao Parecer do Conselho da Concorrência. Este prazo, mais alargado, pode justificar-se visto a conduta do Ministro da Economia indiciar dúvidas acerca da compatibilidade da operação em análise com o direito da concorrência.

[429] Neste caso a decisão ministerial será legitimada pela observância de uma qualquer disposição, por exemplo, a manutenção de um nível suficiente de concorrência.

Economia e o Ministro da tutela do sector económico envolvido podem, ouvido o Conselho da Concorrência e dentro dos limites do seu parecer, prescrever o pagamento de uma multa de natureza pecuniária, cujo montante máximo, de acordo com o artigo 13.º, é da ordem dos 5% do volume de negócios, taxas e impostos não incluídos, realizado em França no último exercício. Se o infractor não for uma empresa, o valor máximo é de 10 milhões de francos.

Não estão previstas quaisquer sanções de natureza penal, contrariamente ao previsto para as práticas anticoncorrenciais e para o abuso de posição dominante.

3.7.4. Aplicação ao sector credíticio

O artigo 53.º do Decreto n.º 86-1243, de 1 de Dezembro de 1986, estabelece que as suas regras se aplicam a todas as actividades de produção, de distribuição e de serviços, incluindo as que são desenvolvidas por entidades públicas. É evidente o princípio geral da aplicabilidade do direito da tutela da concorrência a toda a actividade empresarial em sentido lato. Eventuais derrogações poderão ser efectuadas, mas em termos bastante restritos.

O Título VII do referido Decreto n.º 86-1243 contém numerosas disposições de remissão das normas tutelares da concorrência a sectores específicos, onde se integra o bancário.

O ponto de referência para esta análise, no direito francês, é a Lei Bancária n.º 84/46, de 24 de Janeiro de 1984, cujo artigo 89.º contém a norma de relação com o direito da concorrência. Em finais de 1984, a disciplina da concorrência estava ainda contida na legislação citada, no início da exposição relativa ao caso francês, estabelecendo o artigo 89.º que o Decreto 45/1483, relativo aos preços, era aplicável à banca, porém, simplesmente à actividade denominada extrabancária. O segundo parágrafo atribuía à Comissão Bancária o poder de contestar e sancionar, nas condições previstas na lei bancária, os acordos e os abusos de posição dominante, mas, e de novo, somente quando estavam em causa actividades extra-bancárias [430]. Desta

---

[430] São definidas como extra-bancárias as actividades que não se enquadrando na função típica tradicional dos bancos, compreendam a recolha de depósitos do público, a prestação de crédito e a gestão dos meios de pagamento.

forma, conclui-se que a lei bancária de 1984 comportava uma derrogação ao direito comum da concorrência, atribuindo à Comissão Bancária o poder de, em termos discricionários, controlar comportamentos anticoncorrenciais.

O actual artigo 89.º da Lei Bancária, modificado em 1989 com a aprovação do Decreto n.º 86-1243, de 1 de Dezembro de 1986, subverteu o princípio de derrogação estabelecido anteriormente ao atribuir o poder de inspecção e de sancionamento ao Conselho da Concorrência.

Esta área de competência do Conselho da Concorrência é exercida tanto no âmbito da actividade bancária como no da actividade extra-bancária, no entanto, em termos diferenciados:

- <u>Operações tipicamente bancárias</u>: Este tipo de operações estão submetidas às disposições dos artigos 7.º e 10.º do Decreto n.º 86--1243, de 1 de Dezembro de 1986, relativo à liberdade dos preços e da concorrência no que concerne aos acordos, aos abusos de posição dominante ou à exploração abusiva de uma situação de dependência económica. As eventuais infracções são sancionadas pelo Conselho de Concorrência. Por outro lado, este diploma legal aplica-se, na sua totalidade, às operações bancárias efectuadas no quadro das disposições legislativas ou regulamentares que regem estes estabelecimentos pelo Tesouro Público, Banco de França, Serviços Financeiros Postais, Instituto Ultramarino e pela Caixa de Depósitos;

- <u>Operações conexas e tomada de participações</u>. Os acordos ilícitos e os abusos de posição dominante enquadram-se no âmbito de competência da Comissão Bancária, mesmo se as infracções forem realizadas fora do campo das actividades bancárias;

- <u>Operações diversas</u>. Este tipo de operações estão submetidas à legislação comum, aplicando-se, na totalidade, o Decreto n.º 86-1243, de 1 de Dezembro de 1986, sendo a competência operacional do Conselho da Concorrência;

- <u>Operações de concentração bancária</u>. No que diz respeito a este tipo de operações, aplicam-se as disposições da Lei Bancária que conferem, na generalidade, ao Comité de Regulamentação Bancária, o poder de regulamentação das participações bancárias e ao Comité dos Estabelecimentos de Crédito o poder de acordar e derrogar as autorizações em vigor. Parece, assim, que na matéria de concentração bancária, o poder do Ministro da Economia e das Finanças é exercido por canais diversos dos utilizados para os restantes sectores da economia. A sua intervenção é filtrada pelos órgão com competência na regulamentação da actividade bancária [431].

Em conclusão, o Decreto n.º 86/1243, de 1 de Dezembro de 1986 derrogou o artigo 45.º da Lei Bancária [432] investindo ao Conselho da Concorrência o poder de tutelar a concorrência no sector credíticio. Todavia, o Decreto n.º 86/1309, de 29 de Dezembro, regulamentador do Decreto n.º 86/1243, disciplinou a relação entre o Conselho da Concorrência e as diversas autoridades administrativas sectoriais, como, a Comissão Bancária. Especificamente, o artigo 16.º dispõe que o Conselho da Concorrência comunicará à autoridade administrativa os casos que se enquadrem no âmbito da sua actividade. Esta entidade terá, então, dois meses para apresentar eventuais observações.

3.8. Itália

3.8.1. Legislação existente e autoridade de tutela da concorrência

Com a publicação da Lei n.º 287, de 10 de Outubro de 1990, denominada Lei para a Defesa da Concorrência e do Mercado, a tutela da concorrência no sector financeiro assumiu relevo explícito no quadro normativo vigente em Itália [433] [434].

---

[431] É de referir que o Ministro da Economia e das Finanças é o Presidente do Comité de Regulamentação Bancária, e o Director-Geral do Tesouro do Ministério da Economia é membro do Comité dos Estabelecimentos de Crédito.

[432] Este artigo confere à Comissão Bancária o poder de sancionar os entes credíticios que violem alguma das leis regulamentadoras da actividade daqueles entes.

[433] Cfr. OCDE, "La concurrence dans le secteur bancaire", Paris, (1989); DIRECÇÃO-GERAL DE CONCORRÊNCIA E PREÇOS, "Legislações Nacionais de Concorrência - Itália", Série Cadernos, n.º 15, (1992), págs. 77 e ss; BANCA D'ITALIA, "La tutela della concorrenza nel settore del credito", Roma, (1992); D. WAELBROECK, "Le secteur bancaire au regard du droit de la concurrence - Principes juridiques de base", in *Le Secteur Bancaire et la Concurrence*, Cahiers AEDBF, Bruylant, Bruxelas, (1997), págs. 11 e ss; L. BONATO, R. FAINI e M. RATTI, "Financial markets' liberalisation and the role of banks" in *Financial choices of industrial firms:*

Esta lei constituiu uma inovação importante para o ordenamento do sistema económico italiano. Em similitude com os outros países comunitários, a nova legislação foi formulada de modo coerente com

---

the Italian case, Vittorio Conti e Rony Hamaui (ed), Cambridge University Press, (1993); CANALS, J. "The Italian Banking Industry" in Competitive Strategies in European Bank, J. Canals (ed), Clarendon Press, Oxford (1993), págs 164 a 184.

[434] Esta tutela, como veremos adiante, é exercida sobre as empresas operadoras no sistema financeiro por uma autoridade com competência não exclusiva. Este é o ponto de chegada na evolução histórica do sistema italiano de tutela da concorrência, que é transposta para a maior parte dos países europeus. Esta evolução poderá sintetizar-se em três fases: 1) da lei bancária de 1936 até ao final da década de 70; 2) a década de 80; 3) a fase actual, a partir da publicação da nova lei.

As duas primeiras fases caracterizam-se pela ausência de normas de tutela da concorrência, pelo que a tutela do mercado era exercida na mais ampla discricionariedade pelo Governo. Porém, a tendência da actuação dos organismos do Estado, no primeiro período, foi a de uma progressiva limitação da concorrência. Essa orientação resultava do peso preponderante atribuído ao sector bancário, previlegiando o Estado o valor da segurança e da estabilidade à eficiência do sistema bancário. Este comportamento tolerante das autoridades provocou a imersão de vários procedimentos limitativos da concorrência. Estas limitações eram provocadas por comportamentos anticoncorrenciais dos operadores, tolerados e por vezes encorajados pelas autoridades. Estas condições, conjuntamente com o rígido controlo à entrada de novas instituições, a regulamentação rígida sobre especialização bem como com os vínculos administrativos sobre o crédito levou a formação de cartéis bancários, que constituíram grupos de pressão fortes.

A partir da década de 80, a ideia de que era necessário introduzir uma maior eficiência operacional e distributiva no sistema bancário foi introduzida progressivamente, sem que daí adviesse qualquer perigo para a estabilidade do sistema ou para a condução da política monetária. Este avanço ocasionou uma nova política bancária, mais atenta às virtudes da concorrência, dando maior relevo às questões da eficiência do sistema. Desta forma, desvaneceram-se progressivamente as barreiras à entrada, as normas sobre especialização bem como os vínculos administrativos da política de concessão de crédito. Sobre este assunto consultar: MINISTERO DEL TESORO, "Per un`ipotesi di legge delega. Rapporto al Ministro del Tesoro del Gruppo di Lavoro per il riordinamento delle disposizioni in materia di intermediazione finanziaria bancaria e non bancaria", Roma, Istituto Poligrafico e Zecca dello Stato, (1991), págs. 62 a 69; R. COSTI "L`Ordinamento Bancario", il Mulino, Bolonha, (1986).

Somente na década de 90, com a introdução da nova Lei para a Defesa da Concorrência e do Mercado se admitiram, explicitamente, os valores da concorrência no sistema normativo num quadro global de gestão da concorrência no sistema bancário.

as normativas comunitárias. Dispondo a Itália de um sector público alargado, ele foi igualmente abrangido pela lei [435].

Este novo dispositivo legal assume um enorme relevo para o sistema bancário. De facto, a legislação não exclui do seu âmbito de aplicação qualquer sector de actividade [436].

Poderá afirmar-se, previamente, que o regime de tutela da concorrência do sector credíticio adoptado é similar ao dos outros países comunitários. Porém, em alguns aspectos, a tradição regulamentadora tem ainda algumas manifestações, como se verá mais adiante, nas matérias respeitante à aquisição de participações qualificadas.

Apesar desta posição, surpreendentemente, ou talvez não, a legislação italiana considera que as limitações à concorrência não derivam somente do comportamento de empresas, mas igualmente de normas legislativas e administrativas. Esta previsão funciona na legislação italiana como uma "válvula de escape" face à tradição passada.

No campo específico do sector credíticio, assumem particular importância as disposições contidas nos artigo 21.º e 22.º.

As normas contidas nestas disposições legais visam contribuir para uma mais completa defesa da concorrência e do mercado, atribuindo competência à Autoridade para identificar os casos particularmente relevantes, em que normas legislativas, regulamentares, ou disposições administrativas de ordem geral, determinam distorções da concorrência ou do funcionamento correcto do mercado, e que não se justificam por necessidades de interesse geral. Neste sentido, a autoridade competente deverá denunciar as situações de distorção, que decorram de disposições legislativas, ao Parlamento e ao Presidente do Conselho de Ministros, e noutros casos, aos

---

[435] O n.º 1 do artigo 8.º dispõe que as normas substantivas da lei se aplicam tanto às empresas privadas como às públicas, bem como às empresas detidas maioritariamente pelo Estado. Por seu lado, o artigo 21.º atribui à Autoridade competência para identificar os casos em que disposições legislativas ou regulamentares determinam distorções na concorrência ou no funcionamento correcto do mercado que não se justifiquem por necessidades de interesse geral.

[436] O n.º 2 do artigo 8.º excepciona as empresas que, por norma legislativa, exerçam a gestão de serviços de interesse económico geral, ou que intervenham no mercado em regime de monopólio, no que respeita estritamente à realização de tarefas específicas que lhes foram confiadas.

Ministros competentes e às colectividades locais e territoriais em causa [437].

Por seu lado, o artigo 22.º dispõe que a Autoridade poderá elaborar pareceres sobre iniciativas legislativas ou regulamentares e problemas respeitantes à concorrência e ao mercado, se o considerar oportuno, ou a pedido das administrações e dos organismos públicos interessados. O Presidente do Conselho de Ministros pode solicitar parecer à Autoridade quanto a iniciativas legislativas ou regulamentares que tenham directamente por efeito a sujeição do exercício de uma actividade, ou o acesso a um mercado, a limitações quantitativas, ao estabelecimento de direitos exclusivos a certas zonas ou a imposição de práticas generalizadas em matéria de preços e de condições de venda.

Não será por acaso que esta disposição aqui se encontra. Uma análise histórica revela que era esta a situação existente anteriormente em Itália no mercado bancário.

Ora, nem o artigo 21.º nem o artigo 22.º excluem qualquer sector de actividade do âmbito de aplicação dos poderes atribuídos à Autoridade. Logo, a Autoridade terá competência para a indagação da conformidade dos regulamentos emitidos pelo Banco de Itália para o sector bancário.

Como conclusão, pode afirmar-se que, apesar de não se ter atribuído à Autoridade uma competência de iniciativa legislativa, o exercício das suas funções, bem como a publicação das suas decisões e pareceres irá influenciar, decisivamente, a conduta do Parlamento, do Governo ou da Administração, induzindo, à conduta destes órgãos, uma maior precaução na actividade futura nas matérias da concorrência. O poder da autoridade será tanto maior quanto maior for a sua acção no mercado e a relevância que a opinião pública atribui a estas matérias.

No respeitante à actividade futura da autoridade monetária, é improvável, com o advir da União Económica e Monetária, que ela

---

[437] Nos termos do n.º 3 do artigo 21.º, caso se justifique, e é ela que o decide, a Autoridade poderá elaborar um parecer relativo às iniciativas necessárias para eliminar ou prevenir as distorções e poderá publicar os casos detectados, e os pareceres, da forma que achar mais conveniente, em função da natureza e da importância das situações de distorção.

recorra a medidas de controlo dos agregados creditícios ou a vínculos credíticios restritivos da concorrência. Porém, noutros aspectos, a Banca de Itália terá em atenção que a Autoridade poderá assinalar, mesmo publicamente, as distorções concorrenciais de um simples procedimento [438].

Pelo exposto, poderá afirmar-se que a concessão destes poderes materiais à Autoridade de tutela da concorrência influencia decisivamente o comportamento das outras autoridades na tarefa de criação normativa, obrigando a que estas elaborem uma análise *ex ante* do conteúdo dos diplomas. Na prática, daqui resultarão métodos alternativos aos delineados inicialmente, mas menos lesivos da concorrência [439].

A lei italiana de tutela da concorrência inspirou a inserção progressiva de objectivos concorrenciais no mercado financeiro. Esta realidade revela-se, além das competências acima mencionadas, quer no momento de aplicação das normas quer no momento da atribuição de poderes para a essa aplicação. Assim, de acordo, com a primeira observação, a lei italiana adoptou a via comunitária, não excluindo do âmbito de aplicação das normas o sistema financeiro. Quanto

---

[438] Por exemplo, a limitação da concorrência entre as diversas instituições de crédito e as outras sociedades financeiras, relativamente a quotas de mercado, o que, no máximo, poderá implicar um total congelamento das quotas. Sobre este assunto, consultar A. CARDANI e M. MONTI, "Teoria economica e tutela della concorrenza, "in Economia e management, n.º 1, (1988).

[439] Nesta linha, e tendo como objectivo tornar institucionalmente mais difícil o recurso a instrumentos administrativos reguladores do sistema financeiro foram formuladas duas propostas: a primeira, mais radical, propunha a derrogação, pura e simples, da previsão da Lei Bancária que permitia à Banca de Itália a emanação de regulamentos [MINISTERO DEL TESORO, "Rapporto del Comitato scientifico consultivo sul debito pubblico", Roma, Istituto Poligrafico e Zecca dello Stato, pág. 33 (1989)]; a segunda, vinha propor a institucionalização de um procedimento de consulta *ex ante* entre o Ministério do Tesouro, a Banca de Italia e a Autoridade garante da concorrência e do mercado, e tornava o Presidente desta última autoridade membro da «*Commissione per la vigilanza sul sistema finanziario*» [MINISTERO DEL TESORO, "Per un ipotesi di legga delega. Rapporto al Ministro del Tesoro del Gruppo di Lavoro per il riordinamento delle disposizioni in materia di intermediazione finanziaria bancaria e non bancaria", Roma, Istituto Poligrafico e Zecca dello Stato, pág. 27 e ss., (1991)]. Nenhuma destas propostas obteve a maioria no Grupo de Trabalho, não tendo sido implementadas.

ao segundo ponto, atestamos que não se atribui à autoridade de tutela do sector a competência total no que concerne à concorrência. A Autoridade garante da concorrência e do mercado tem, como foi assinalado, a competência exclusiva na aplicação das normas no caso de empresas que não sejam instituições de crédito, companhias de seguros, ou sociedades financeiras. No caso de sociedades seguradoras, a Autoridade terá competência para a aplicação das normas, mas somente após parecer do *Istituto per la Vigilanza Sulle Assicurazioni Private e d'Interesse Colectivo* (ISVAP). No caso de instituições de crédito, a Autoridade deverá emitir um parecer obrigatório, ainda que não vinculativo para a Banca de Itália.

3.8.2. Acordos e Abuso de Posição Dominante

O regime previsto na legislação italiana para os acordos, decisões e práticas concertadas (artigo 2.º) e para o abuso de posição dominante (artigo 3.º) é em tudo idêntico ao regime comunitário.

Se algum agente económico, que não seja uma sociedade financeira, exercer, no âmbito do mercado creditício, uma actividade restritiva da concorrência, a aplicação das normas tutelares é da competência da autoridade instituída nos termos do artigo 20.º da lei italiana [440].

Conforme o disposto no n.º 2 do artigo 20.º a competência para a aplicação do dispositivo normativo concorrencial a instituições de crédito é do Banco de Itália [441].

---

[440] A *Autorità garante della concorrenza,* no decurso de 1993 e 1994, reviu todos os acordos envolvendo bancos italianos que a Comissão Europeia considerou não afectarem o comércio entre os Estados-membros. Nestes termos, os acordos que fixavam condições uniformes para a locação de cofres, estabelecendo regras uniformes nas operações de pagamento automático de facturas da electricidade e de telefone e que previam a adopção de contratos-tipo para operações de caucionamento foram interditos. Ao inverso, ao acordo Bancomat foi concedida uma isenção após algumas alterações. Sobre estes assunto, cfr. D. WAELBROECK, "Le secteur bancaire au regard du droit de la concurrence - Principes juridiques de base", in *Le Secteur Bancaire et la Concurrence*, Cahiers AEDBF, Bruylant, Bruxelas, 1997, págs. 21.

[441] Se uma instituição de crédito exercer uma prática restritiva num mercado não financeiro (por exemplo, contratos para aquisição de bens ou serviços em termos abusivos, com um forncedor), continua o Banco de Itália a ser competente para a tutela destas situações, uma vez que o artigo 20.º faz depender a sua competência, não do mercado mas, da qualidade do agente causador da prática restritiva.

Desta forma, comete-se ao Banco de Itália a faculdade de autorizar, por um período limitado, acordos, decisões de associações e práticas em derrogação da proibição estabelecida no artigo 2.º, por exigências de estabilidade do sistema monetário, tendo em conta os critérios estabelecidos no n.º 1 do artigo 4.º [442]. Esta autorização deverá ser concedida em concordância com a autoridade genérica, a qual aprecia se a prática restritiva é, ou não, susceptível de eliminar a concorrência.

Apuramos a co-existência de duas Autoridades, com competência na matéria de concessão de isenções no sector creditício, o Banco de Itália e a *Autorità Garante Della Concorrenza* [443].

3.8.3. Aplicação prática

Foi analisado, em Janeiro de 1996, um protocolo de acordo subscrito entre a *Banca Popolare Veneta*, a *Banca Popolare Vicentina*, a *Banca Popolare di Asolo e Montebelluna* e a *Banca Popolare di Castelnuovo Veneto*, tendente a coordenar o comportamento concorrencial das partes na actividade de recolha de depósitos e de concessão de empréstimos bancários.

As instituições bancárias interessadas operavam essencialmente na região do Veneto e detinham, em algumas províncias, quotas de mercado de um certo relevo, (por exemplo, no mercado dos depósitos bancários controlavam, no seu conjunto, 27% do mercado na província de Vicenza, 21% na província de Treviso e 16% na província

---

[442] Nos termos deste artigo, a Autoridade pode autorizar, através de uma disposição que lhe compete adoptar, ainda que seja por período limitado, a existência de certas categorias de acordos, decisões e práticas concertadas, proibidos nos termos do artigo 2.º, que contribuam para melhorar as condições de oferta no mercado, oferecendo vantagens importantes aos consumidores, desde que sejam susceptíveis de garantir às empresas a competitividade necessária no plano internacional e que se destinem, especificamente, a aumentar a produção ou a melhorar qualitativamente a produção ou a distribuição, ou, ainda, o incentivo ao progresso técnico e tecnológico.

[443] As medidas a tomar pelo Banco de Itália serão adoptadas após parecer da Autoridade responsável pela concorrência e pelo mercado, que se deverá pronunciar num prazo de trinta dias, a contar da data da recepção da documentação que constitui o fundamento da medida.

de Padova). As autoridades consideraram que tal acordo, tendo como objecto a fixação concertada de taxas de juro e de outras condições acessórias a praticar com a clientela, bem como a coordenação da política de expansão territorial entre os bancos aderentes, se encontrava em claro contraste com o disposto nas alíneas a) e c) do n.º 2 do artigo 2.º da Lei Italiana de Tutela da Concorrência[444]. Porém, mais recentemente, verificou-se a abertura de novas dependências da *Banca Vicentina* no âmbito geográfico de prevalecente operacionalidade da *Banca Veneta*, em colisão com as previsões do protocolo do acordo. Embora ainda não exista uma decisão final neste assunto, parece que os potenciais efeitos anticoncorrenciais do protocolo não foram produzidos.

3.8.4. Concentração e tomada de controlo

A matéria relativa à concentração encontra-se expressamente prevista, nos termos gerais já estudados anteriormente, nos artigos 5.º e 6.º da Lei 287/1990 [445], pelo que não interessará uma análise muito aprofundada.

---

[444] Este artigo dispõe que: "são proibidos todos os acordos, decisões e práticas que tenham por objecto ou como efeito impedir, restringir ou falsear, de modo sensível, o jogo da concorrência, no todo ou em parte significativa do mercado nacional, nomeadamente os que consistam em: a) fixar, directa ou indirectamente, preços de compra ou de venda ou impor quaisquer outras condições de transacção, e; c) repartir os mercados ou as fontes de investimento."

[445] O artigo 5.º considera que se realiza uma operação de concentração quando: a) duas ou mais empresas são objecto de fusão; b) uma ou mais pessoas que já detêm o controlo de pelo menos uma empresa, ou uma ou mais empresas, adquiram directa ou indirectamente, por tomada de partes de capital ou compra de elementos do activo, por via contratual ou por qualquer outro meio, o controlo do conjunto ou de partes de uma ou mais empresas; c) duas ou mais empresas, ao constituírem uma nova sociedade, acabem por criar uma empresa comum. As operações que tenham por objecto, ou como efeito principal, a coordenação do comportamento de empresas independentes não dão lugar a uma concentração, podendo cair no âmbito da norma tutelar dos acordos.

Quanto às operações de concentração, *"a autoridade (competente) avaliará se as mesmas comportam em si a constituição ou o reforço de uma posição dominante no mercado nacional, por forma a eliminar ou a reduzir a concorrência de um modo considerável e durável. Esta situação deve ser avaliada tomando-se em consideração*

Porém, o Título V da Lei italiana estabelece uma série de regras em matéria de participação no capital de instituições de crédito. Desta forma, o artigo 27.º prevê um regime rígido no enquadramento jurídico da aquisição de participações qualificadas, condicionando a compra ou a subscrição de acções ou de partes de instituições de crédito, realizadas por qualquer entidades, directamente ou através de sociedades controladas, sociedades fiduciárias ou por interpostas pessoas, à autorização do Banco de Itália, a menos que a compra represente, atendendo às acções ou às partes já detidas, uma participação superior a cinco por cento do capital da instituição de crédito e, independentemente deste limite, desde que implique o controlo da dita instituição. Sempre que a participação tenha ultrapassado cinco por cento do capital, é necessária uma nova autorização para as alterações posteriores que, por si só ou conjuntamente com alterações precedentes, impliquem um aumento ou uma diminuição da participação superior a dois por cento do capital da instituição de crédito. As entidades, com exclusão das instituições de crédito e dos organismos ou sociedades financeiras, assim como as sociedades ou os organismos financeiros que controlem essas entidades, ou que são por estas controlados, não podem ser autorizados a comprarem ou a subscreverem, directamente ou através de sociedades controladas, ou fiduciárias, ou por interpostas pessoas, acções ou participações de uma instituição financeira que perfaçam, com as já detidas, uma participação superior a quinze por cento do capital da instituição, para a tomada de controlo sobre esta. Na hipótese de um controlo pela participação em sindicatos de voto [446], pode conceder-se autorização

---

as possibilidades de escolha dos fornecedores e dos utilizadores, a posição no mercado das empresas envolvidas, o seu acesso às fontes de abastecimento ou aos circuitos de distribuição, a estrutura dos mercados, a situação competitiva da indústria nacional, os entraves è entrada no mercado de empresas concorrentes, assim como a evolução da procura e da oferta dos produtos ou serviços em questão".

Este preceito não é mais do que a transposição para lei de algumas considerações doutrinárias.

[446] Nos termos do n.º 2 deste artigo e para efeitos do disposto no artigo 2359.º do Código Civil italiano, entende-se que existe controlo, ainda que um só membro, ou vários membros, pela participação num sindicato de voto - em qualquer caso, cada um deles é considerado como controlador - possuam mais de um quarto do número total de acções ou de títulos, ou mais de um décimo, tratando-se de uma sociedade

no caso de a participação no sindicato da entidade requerente, tomando em consideração as acções e as participações detidas e controladas, não ser determinante na formação da maioria requerida para as deliberações do próprio sindicato.

Verifica-se assim, que, conquanto estas disposições não englobem matérias directamente qualificadas como normas concorrenciais, o legislador italiano utilizou a lei da concorrência como veículo para a introdução de regras sobre participação no capital. Estas terão, certamente, uma influência reflexa na matéria da concorrência e da concentração [447].

---

por acções, cotada na bolsa, sem que exista um membro ou um outro sindicato de voto, composto por outros membros com um mais importante número global de acções ou de títulos, ou que de qualquer forma controle a sociedade. Por sindicato de voto entende-se qualquer acordo entre membros que determine o exercício do direito de voto. Assim, qualquer acordo deste tipo deverá, conforme o estabelecido na parte final do n.º 2 do artigo 27.º ser comunicado ao Banco de Itália, num prazo de 48 horas após a sua realização, sob pena de nulidade.

[447] Não será inútil efectuar ponderações técnico-jurídicas suplementares sobre o assunto em análise. A lei italiana sujeita a autorização a aquisição de controlo de uma instituição de crédito independentemente da percentagem de capital suficiente para levar a cabo tal desiderato. Por outro lado, o legislador italiano, tomando em conta a estrutura empresarial típica dos grupos económicos italianos, equipara o controlo directo ao controlo indirecto. O n.º 2 do artigo 27.º da Lei italiana vem estabelecer o conceito de controlo: a) posse de, pelo menos, 25% do capital social (10% se se tratar de uma empresa cotada na bolsa de valores); b) a posse de, pelo menos, 25% do capital social por um sindicato de voto (10% se se tratar de uma empresa cotada em bolsa de valores). Esta noção de amplia exponencialmente as acções submetidas a autorização prévia. Ora, este sistema rígido, onde um sujeito que detenha 1% do capital social reconhece-se controlador da instituição, se participar num sindicato de voto, tem, certamente, um impacto fortemente anticoncorrencial, devido aos obstáculos impostos à movimentação do capital social da sociedade. Por este facto verifica-se que uma regulamentação acérrima de uma determinada área de actividade, no sentido de a tornar mais concorrencial, poderá, na prática, ter efeitos perversos. Neste sentido, o Decreto de 5 de Junho de 1991, acolhe uma interpretação restritiva de controlo de participações em sindicato de voto, nos termos do n.º 2 do artigo 27.º, identificando como relevantes os pactos de sindicato directo. Desta forma, não serão julgados como detentores de uma participação de controlo os sujeitos componentes do sindicato.

3.8.5. Aplicação prática

Desde a entrada em vigor da Lei n.º 287/90, foram previamente notificadas, nos termos do artigo 16.º, cento de setenta e nove operações de concentração envolvendo instituições bancárias e outros sujeitos a operar no mercado financeiro, com exclusão das aquisições por parte das companhias de seguros e das operações intragrupo.

Deste condicionalismo resultou um aumento do grau de concentração do mercado, apesar do crescimento do número de dependências bancárias por habitante.

Em Março de 1996, a Autoridade e a Banca de Itália subscreveram um documento comum tendo como objectivo a simplificação dos procedimentos processuais para a aplicação do artigo 20.º da lei n.º 287/90. Este acordo visa essencialmente as operações de concentração. No entanto, é igualmente aplicável aos casos de acordo e de abuso de posição dominante.

O acordo prevê, em particular, uma forma simplificada de procedimento para as concentrações entre instituições bancárias de onde não resulte uma quota de mercado superior a 15% do mercado de depósitos a nível provincial (depósitos a pronto e a prazo, compreendendo os certificados de depósito) e do mercado de crédito bancário (a curto e médio prazo) a nível regional. Este procedimento, criticável à partida por considerar *a priori* o mercado relevante em termos bastante estritos, não prejudica a possibilidade futura de delimitação de modo diverso, se necessária, do mercado relevante, quer do ponto de vista geográfico quer do ponto de vista do produto.

Com a finalidade de simplificação do processo de notificação, o acordo prevê a possibilidade de as empresas enviarem as notificações a qualquer uma das instituições que se encarregarão de a transmitir à outra para a valoração no âmbito das respectivas competências.

Foram objecto de valoração, no ano de 1995, quarenta e oito casos de concentração entre empresas do sector financeiro. Destes casos, trinta e dois consistiam em operações de concentração entre instituições bancárias.[448] No caso *Fondazione Cassa di Risparmio di Verona, Vicenza, Belluno e Ancona - Fondazione Cassamarca*, verificou-se uma operação de concentração entre estas sociedades e o *Mediocredito della Venezie Spa* e a *Federalcasse Banca Spa*. A *Cassa di Risparmio di Verona* é a instituição líder do grupo bancário com a mesma denominação, ao qual pertencem, ainda, a *Banca del Monte di Rovigo Spa* e o *Credito Fondiario delle Venezie*. Este grupo está instalado na região centro-setentrional de Itália, detendo trezentos e seis estabelecimentos, concentrados essencialmente na região de Veneto. O *Mediocredito delle Venezie* e a *Federalcasse Banca* são bancos especializados no crédito a médio e longo prazo, e que operam na mesma zona.

Quanto aos efeitos desta operação no mercado dos depósitos, apurou-se que a única sobreposição de actividades se presenciava no mercado dos depósitos a médio e a longo prazo. Neste âmbito, as obrigações e os certificados de depósito emitidos pelos bancos em causa encontram-se em concorrência quer com os títulos emitidos pelos sujeitos públicos, quer com as obrigações emitidas pelas empresas, num mercado de dimensão não inferior à do território nacional. Pelo oferecido, as Autoridades consideraram que a operação não era susceptível de ter um impacto significativo sobre a situação concorrencial no mercado específico da precepção de poupanças[449].

Por seu lado, quanto ao mercado do crédito bancário, a *Casa di Risparmio di Verona* incrementou a sua quota de mercado na região de Veneto. Assim, enquanto que no momento anterior à operação esta instituição detinha 22% da quota total do mercado de crédito a médio e a longo prazo, após a operação, ficou com 32% do mercado. Para a valoração deste acréscimo de quota de mercado, as Autoridades utilizaram como referência o facto de que, em Veneto, operavam numerosos bancos concorrentes, dotados de significativas quotas de

---

[448] As operações de concentração analisadas consistiam na aquisição por parte de um banco de uma outra instituição bancária, ou então de uma sociedade operadora na intermediação mobiliária (dois casos), na gestão de patrimónios (três casos), na intermediação seguradora (dois casos) e na prestação de serviços financeiros (um caso).

[449] AUTORITÀ GARANTE DELLA CONCORRENZA E DEL MERCATO "Relazione Annuale Sull`Attività Svolta", Presidenza del Consiglio dei Ministri, Roma, pág. 136, (1996).

mercado, tendo crescido, nos últimos quatro anos, o número de dependências em cerca de 58%, valor este que era superior à média nacional (38,5%). Analisou-se, ainda, o aumento, na região em análise, de 23,5% para 33%, do peso relativo das dependências de bancos cuja sede principal não se situava na região, o que, na prática, reflecte uma boa capacidade de oferta no mercado relevante do crédito a médio e a longo prazo no território regional. Pelo exposto, o Banco de Itália, atendendo ao elevado número de concorrentes, à sua posição no mercado e à sua capacidade de expansão, não proibiu a operação nos termos do artigo 6.º da Lei italiana.

No caso *Banca di Roma - Bonifiche Siele Finanziaria*, estava em causa a aquisição por parte da *Banca di Roma Spa*, controlada pela *Cassa di Risparmio di Roma Holding Spa*, da maioria do capital social da *Bonifiche Siele Finanziaria Spa*. A *Cassa di Risparmio di Roma Holding Spa* era a sociedade líder do grupo *Cassa di Risparmio di Roma*, constituído por trinta e oito sociedades, entre as quais a *Banca de Roma Spa*, a *Banca Mediterranea Spa* e o *Mediocredito de Roma Spa*. A *Bonifiche Siele Finanziaria Spa* era uma sociedade financeira, líder do grupo *Bonifiche Siele*, composto por diversas sociedades entre as quais a *Banca Nazionale dell'Agricoltora Spa* e a *Interbanca - Banca Nazionale per i Finanziamenti a Medio e Lungo Termine Spa* [450].

Relativamente aos depósitos a médio e a longo prazo, tendo em atenção a dimensão do mercado relevante do produto, aferida nos termos atrás explicitados, concluiu-se que a operação não afectava de forma significativa as condições concorrenciais. Quanto aos depósitos a curto prazo e aos empréstimos, demonstrou-se que no mercado geográfico em causa ocorreram sobreposições entre as áreas de actividade da empresa adquirente e da adquirida, nas províncias de Roma e de Campobasso no que concerne aos depósitos e, na região de Lazio e de Molise, aos empréstimos [451].

---

[450] AUTORITÀ GARANTE DELLA CONCORRENZA E DEL MERCATO "Relazione Annuale Sull'Attività Svolta", cit., pág. 137.

[451] Nesse âmbito, as quotas de mercado detidas pelo *Gruppo Cassa di Risparmio di Roma* aumentaram de 28% para 32% no mercado de depósitos na província de Roma, de 34% para 37% no mercado de depósitos na província de Campobasso, de 17% para 19% no mercado de empréstimos na região de Lazio e de 20% para 22% no mesmo mercado da região de Molise.

A Aplicabilidade das Leis Internas de Concorrência 267

Na análise desta situação foi estudada a presença de numerosos e qualificados operadores, de relevância local e nacional, dotados de quotas de mercado significativas. No mercado dos depósitos, tomou-se em consideração a ocorrência de uma reduzida sobreposição operativa ao nível das áreas comunais entre as duas empresas, o que determinou a conclusão pela inexistência de uma situação de monopólio a nível comunal. Por outro lado, quer na Província de Roma quer na Província de Campobasso, apurou-se, no ano de 1995, uma taxa de crescimento de negócios superior à média italiana, o que indiciará uma potencial receptividade para a abertura de novas dependências bancárias. Nestes termos, após a análise da estrutura dos mercado relevante, esta operação foi considerada como não tendo o efeito de constituir ou reforçar uma posição dominante que viesse reduzir de forma substancial e permanente a concorrência [452].

---

[452] Outros casos de concentrações bancárias foram examinados pelas autoridades italianas nos anos de 1995 e 1996. Em Outubro de 1995 investigou-se o mérito da operação de concentração entre o *Credito Italiano* e a *Carimonte Banca Spa*. A operação consistia na fusão por incorporação da *Carimonte Banca Spa*, anteriormente controlada pela *Carimonte Holding Spa*, no *Credito Romagnolo Spa*, que faz parte do grupo bancário *Credito Italiano*. Tendo analisado as quotas de mercado detidas conjuntamente pelas partes, sobretudo no mercado de depósitos em algumas províncias da Emilia Romagna, a Banca de Italia enviou instruções para valorar os aspectos concorrenciais no mercado relevante. No mercado dos depósitos bancários, a concretização da operação levaria a que as quotas de mercado detidas pelo grupo Credito Italiano aumentassem de 22% para 36% na província de Bologna, de 2% para 29% na província de Modena e de 21% para 26% na província de Ravenna. No respeitante ao mercado dos empréstimos na Emilia Romagna, o *Credito Italiano* deteria uma quota de mercado na ordem dos 15%. No parecer emitido pela Autoridade Geral a pedido da Banca de Italia, aquela instituição atestou que a operação não determinaria a constituição de uma posição dominante, conduzindo simplesmente a um reforço operacional do grupo adquirente. Em termos idênticos aos das decisões anteriores, a Autoridade inferiu que a presença de numerosos e qualificados operadores no mercado relevante seria suficiente para garantir a manutenção de um nível concorrencial adequado. Porém, foi dada uma particular importância ao facto de, no mercado geográfico estudado, as taxas de juro passivas serem equivalentes à média do mercado nacional e as taxas de juro activas serem um pouco superiores à média nacional, pelo que se poderia suspeitar da existência de alguma prática concertada quanto a este aspecto.

Em Dezembro de 1995, foi analisada a operação de concentração entre a *Cassa di Risparmio di Jesi Spa* e a *Banca delle Marche Spa*. Esta última empresa detinha

3.8.6. Algumas observações sobre o sistema italiano

A construção do sistema italiano permite-nos analisar, na prática, as questões que se suscitam quando se confunde o sistema regulatório e de supervisão e o sistema concorrencial, pelo que se impõe um estudo com maior profundidade.

Como foi visto, à Banca de Itália é atribuída a competência para a aplicação da legislação *antitrust* às actividades das instituições de crédito, que são qualificadas como tal nos artigos 5.º e 41.º da Lei Bancaria Italiana, bem como às instituições que são sucessivamente habilitadas para o exercício de actividades especiais de crédito [453].

Porém, o âmbito de sujeitos submetidos à supervisão da Banca de Itália é mais amplo do que o acima referido, tendendo a coincidir, embora com graus de intensidade diversos, com toda a panóplia de empresas financeiras, à excepção das companhias seguradoras. Assim, por exemplo, as sociedades gestoras de fundos de investimento, as sociedades correctoras ou financeiras de corretagem, bem como todas as sociedades financeiras em geral, encontram-se sujeitas à vigilância prudencial da Banca de Itália, apesar de, nos termos do

---

uma posição competitiva relevante na província de Macerata e Pesaro. A *Cassa di Risparmio di Jesi*, que operava exclusivamente a nível regional, é o principal operador bancário, em termos de quota de mercado, na província de Ancona. No mercado dos depósitos, da concretização da operação resultaria um acréscimo da quota detida pela Banca delle Marche de 52% para 54% na província de Mancerata e de 1% para 19% na província de Ancona. No mercado regional dos empréstimos, a quota de mercado do banco adquirente aumentou de 12% para 15%. A especificidade desta decisão baseou-se na observação, por parte das autoridades, que naquela área a taxa de dependências bancárias era particularmente capilar, caracterizando-se por uma relação depósito/sucursal inferior à média nacional. Desta caracterização poderia concluir-se a reduzida probabilidade da ocorrência de processos de abertura de novas dependências nos anos futuros. Mesmo assim, as autoridades concordaram com a operação. Apesar da *Banca delle Marche* deter uma posição de absoluto relevo na província da Macerata, a presença de numerosos operadores bancários universais no mercado seria elemento suficiente para admitir que a concorrência se manteria num nível substancial e durável. AUTORITÀ GARANTE DELLA CONCORRENZA E DEL MERCATO "Relazione Annuale Sull´Attività Svolta", Presidenza del Consiglio dei Ministri, Roma, págs. 135 a 140.

[453] O n.º 5 do artigo 20.º dispõe que "A Autoridade de controlo das empresas e das instituições de crédito, pode também autorizar...".

artigo 20.º da Lei 287/90, pareça excluir-se a competência da Banca de Itália em matéria *antitrust* quando estejam em causa tais sujeitos.

Numa primeira apreciação, uma interpretação extensiva parece, dado o teor da norma, incorrecta. No plano sistemático, a extensão da letra da lei poderá originar obstáculos ulteriores por legislador ter emanado normas como as do n.º 2 do artigo 16.º, referente à determinação do volume de negócios, e do n.º 2 do artigo 5.º, relativo às participações temporárias, onde expressamente constam os termos "instituições bancárias e financeiras".

Vem, assim, criar-se uma evidente desarmonia, entre o âmbito de supervisão e o de competência para a aplicação das regras da concorrência, que só fará sentido se recordarmos as competências substitutivas dos Bancos Centrais nos assuntos de particular relevância, como a questão da estabilidade monetária. De acordo com o legislador italiano, este perfil só será encontrado nas actividades do sector creditício, em sentido estrito, e não nas actividades dos outros entes financeiros que, recorde-se, se encontram igualmente submetidos à supervisão da Banca de Itália. Esta opção é muito discutível, nos alvores da União Económica e Monetária, e esquece as decisões pioneiras do Tribunal de Justiça quanto a estas matérias.

A atribuição da competência em matéria de concorrência à Banca de Itália exclusivamente às empresas e instituições de crédito coloca, assim, graves e delicados problemas no plano aplicativo. No caso de uma operação de concentração entre uma instituição de crédito e um empresa financeira não creditícia, não se sabe, desde logo, qual é a Autoridade tutelar da concorrência com a competência para indagar da legalidade da operação [454].

No campo da legislação da concorrência, o artigo 20.º da Lei n.º 287/1990 não oferece uma clara solução para o problema, estabelecendo no seu n.º 7 que "..., sempre que se verifiquem acordos, decisões de associações, práticas concertadas, abusos de posição

---

[454] Poderá, obviamente, fazer-se uso da legislação relativa aos conglomerados creditícios, normal em diversos países europeus mais ainda inexistente a nível comunitário, embora esteja em fase de preparação. Este legislação existe em Itália, corporizada no decreto legislativo n.º 356/1990. A simples utilização da legislação referente à supervisão numa base consolidada não afasta estas questões.

dominante ou operações de concentração, por parte de empresas que operem em sectores sujeitos a várias tutelas, cada uma delas pode adoptar as medidas de sua competência".

A clareza desta disposição legislativa deixa muito a desejar. Parece que, em hipóteses de operações mistas, englobando empresas submetidas a autoridades tutelares da concorrência diversas, se perfila um sistema do tipo «dupla barreira», ou seja, qualquer uma das autoridades competentes valorará o impacto da operação sobre a concorrência, perfilando-se a necessidade de um duplo juízo favorável. No caso de uma operação entre instituições de crédito e sociedades financeiras bastará que uma das autoridades, a Autoridade Geral ou a Banca de Itália, não conceda uma isenção, para que a operação seja bloqueada.

Esta solução, no plano sistemático, causa alguma perplexidade. Porém, verifica-se, no plano real, os imensos poderes de que a Banca de Itália dispõe no âmbito da competência substitutiva relativamente ao controlo da "estabilidade monetária".

E, poderá ser essa competência substitutiva que venha a solucionar o problema da "dupla barreira". Assim, uma resposta mais coerente com esse princípio básico consistiria na atribuição à Banca de Itália de todas as competências no tratamento das operações mistas onde participem instituições de crédito. Este entendimento é sustentável se o n.º 7 do artigo 20.º for interpretado como fazendo referência às autoridades reguladoras de um qualquer sector, exceptuando as previstas na disciplina jurídica tutelar da concorrência. Desta forma, uma concentração entre uma instituição bancária e uma sociedade financeira seria unicamente sujeita ao controlo concorrencial da Banca de Itália [455].

Uma solução diversa para este problema será alcançada através da utilização do conceito "empresa" na legislação *antitrust*. Neste sentido, a "empresa" tem um conteúdo substancial coincidente com a unidade económica, englobando compreensivamente todos os

---

[455] Neste sentido, P. MARCHETTI e M. MONTI, "Il sistema finanziario nella disciplina della concorrenza: il quadro internazionalle e la normativa italiana", in L´integrazione europea e la regolamentazione dei mercati finanziari, editado por Angelo Cura, EGEA, Milão, pág. 55 e 56 (1992).

sujeitos económicos sujeitos a uma direcção unitária. A realidade revela-nos que, na esmagadora maioria das ocasiões, a imputação do comportamento de uma qualquer operação do tipo das analisadas é recondutível à empresa credíticia, em sentido económico, pelo que, no essencial, estas operações serão reconduzidas, em termos de imputação, para o seio de um grupo credíticio [456].

Apesar da Banca de Itália ser a entidade competente para a aplicação da legislação de tutela da concorrência no sector credíticio, tal não implica que se proceda a derrogações a normas processuais (a não ser para a necessidade de parecer da parte da Autoridade garante da concorrência) nem de normas substanciais [457].

---

[456] A circunstância da direcção unitária constitui uma característica específica dos grupos credíticios que reforça a tese segundo a qual a disciplina *antitrust*, dos acordos e da concentração não poderá ser aplicada no seio de um grupo de empresas. A noção de "empresa" na disciplina *antitrust* deve ser compreendida num sentido económico, no perfil da titularidade do poder de direcção, e não sobre o aspecto da autonomia formal dos sujeitos, foi perfilhada pelo legislador comunitário, bem como pelo legislador italiano, (artigo 1.º e n.º 1 do 4.º da Lei 287/90).

[457] Existem, porém, algumas excepções ao princípio geral que importa analisar:

a) Nas normas referentes às isenções de acordos, é previsto um condicionalismos particular para o sector credíticio. O n.º 5 do artigo 20.º dispõe que *"a autoridade de controlo das empresas e das instituições de crédito pode também autorizar, por um período limitado, acordos, decisões de associações e práticas, em derrogação da proibição do artigo 2.º, por exigências de estabilidade do sistema monetário, tendo em conta os critérios estabelecidos no n.º 1 do artigo 4.º(...)"*. Repare-se que, esta isenção é concedida em consonância com a Autoridade Geral, a qual aprecia se a prática restritiva é susceptível de eliminar a concorrência.

Pela redacção do artigo conclui-se que a isenção se atribui *"tendo em conta"* os critérios gerais para a concessão da isenção. Logo, no limite, estes critérios não funcionarão para impedir a emissão de uma isenção especial por exigências de estabilidade monetária. Não será, então, essencial para a decisão que o comportamento restritivo comporte um substancial benefício para o consumidor nem que a restrição da concorrência seja mantida no âmbito estritamente necessário para a prossecussão dos seus objectivos.

Quanto à natureza do parecer da Autoridade Geral, esta situação envolve alguma especificidade. Enquanto que em todos os outros casos o parecer é obrigatório e não vinculativo, nesta situação é imperativa a concordância dessa Autoridade. Este requisito justifica-se uma vez que as isenções por exigências de estabilidade monetária, ao contrário das outras, tendem a legitimar a eliminação total da concorrência (por exemplo, no caso limite, e que ocorreu durante muitos anos em

Itália, a proibição de constituição de novos bancos no sentido de controlar o volume de moeda escritural em circulação).

b) O artigo 25.º prevê uma isenção às operações de concentração. Determina que o Conselho de Ministros, sob proposta do Ministro da Indústria e do Comércio, definirá, em linhas gerais e prévias, os critérios, com base nos quais a Autoridade poderá, a título excepcional, autorizar, por razões de interesse geral da economia nacional, no âmbito da economia europeia, operações de concentração proibidas por força do artigo 6.º, desde que não sejam susceptíveis de eliminar a concorrência no mercado ou de causar restrições na concorrência que não sejam inteiramente justificadas pelos interesses gerais já citados.

O n.º 3 do artigo 20.º, ao identificar a competência substitutiva da Banca de Italia à Autoridade Geral, menciona os artigos 2.º, 3.º, 4.º e 6.º (normas sobre acordos, suas isenções, abuso de posição dominante e concentração), mas não refere o artigo 25.º. Coloca-se, assim, a questão de se saber se às instituições de crédito se aplica a isenção excepcional, prevista no artigo 25.º, ou seja, isenção por razões de política económica e, em caso afirmativo, qual é a Autoridade competente para identificar e aplicar os critérios gerais da isenção.

Relativamente à primeira questão, não existirá qualquer dúvida no sentido de aplicar ao sector bancário a disciplina prevista no artigo 25.º uma vez que o artigo 20.º, ao delimitar a competência substitutiva da Banca de Italia, não legitima qualquer subtracção do sector ao âmbito de aplicação de normas gerais, como é o caso da regra em análise. Logo, a competência para circunscrever o âmbito desta isenção no sector bancário será do Conselho de Ministros. Pelo exposto, não será legítimo aplicar analogicamente as normas que atribuem à Banca de Italia a competência substitutiva à Autoridade Geral, sendo o condicionalismo diverso. No caso das duas autoridades, a substituição é efectuada a um nível inferior, entre dois orgãos da Administração. Na situação *sub judice*, como vimos, a competência é do Conselho de Ministros e, nos termos das normas gerais, o Conselho de Ministros só poderá delegar competências nos Ministros, embora com faculdade de subdelegação. No entanto, nunca poderá haver uma delegação numa instituição independente e autónoma, como têm de ser os Bancos Centrais, já hoje, e totalmente, na terceira fase da União Económica e Monetária (um dos denominados critérios de convergência jurídicos). Porém, no momento da valoração dos interesses gerais da economia, o Conselho de Ministros terá de ter em consideração os aspectos monetários envolventes e deverá respeitar o sistema de competências próprio da matéria. A competência quanto à política monetária é, por imposição comunitária, do Banco Central, ou seja, da Banca de Itália. E, é esta observação que nos permite resolver a questão de delimitação de competências do artigo 25.º. Desta forma, e em resposta à segunda questão colocada, a Autoridade que definirá as medidas necessárias, com vista ao estabelecimento das condições de plena concorrência no mercado bancário, será a Banca de Italia e não a Autoridade Geral. Será essa a única solução coerente com o sistema complexo de repartição de competências, actualmente vigente em Itália nestas matérias.

c) O n.º 2 do artigo 5.º dispõe que *"não existe controlo de uma empresa quando bancos ou instituições financeiras, por ocasião da criação de uma empresa ou de*

3.9. Estados Unidos da América

A concorrência no sector bancário nos Estados Unidos não se submete somente às leis *antitrust*, mas igualmente a diversas formas de regulação. Estas disposições normativas compreendem leis e regulamentos reguladores do capital, seguros, poderes das autoridades de supervisão dos mercados, limites legais de exercício de poder e de participação de bancos no capital de outras instituições de crédito, ao nível federal ou estadual bem como regras fixadas por agências governamentais para a interpretação e aplicação dos limites consagrados [458]. O comportamento dos bancos, no lado da oferta, e na

---

aumento do seu capital social, adquiram participações dessa empresa, tendo em vista a sua venda, desde que aqueles não exerçam os direitos de voto inerentes a tais participações, enquanto na posse das mesmas, ou em qualquer caso, por um período que não ultrapasse os 24 meses". Esta norma, típica nas legislações concorrenciais, permite ressalvar algumas actividades específicas e institucionais dos bancos e das instituições financeiras, que, formalmente e por um período transitório, adquirem uma participação, não prosseguindo, no entanto, uma finalidade económica de concentração.

[458] Nos Estados Unidos, diversos textos normativos prevêm derrogações completas ou parciais às leis da concorrência em sectores regulados. Esta problemática é importante no nosso estudo, pois a actividade paradigmática de incidência de um sistema regulatório, no direito americano, é precisamente a bancária. A *Lei Morris--La Guardia*, a *Lei Clayton* e a lei reguladora das relações entre o empregador e o trabalhador estabelecem diversas derrogações às leis *antitrust,* na área específica das relações laborais. A *Lei Sobre as Fusões Bancárias*, de 1966, instalou um critério uniforme para a ponderação dos projectos de fusão interbancários, por parte das Comissões Bancárias e dos Tribunais. Criou um procedimento, de carácter provisório, de oposição automática, que permitia ao *General Attorney*, no prazo de 30 dias após a autorização pela *Comissão de Controlo Bancário,* a contestação da operação em aplicação das leis *antitrust*. No entanto, o desenvolvimento jurisprudencial permitiu a definição e a delimitação, com alguma clareza, do campo de aplicação das derrogações previstas em sectores regulados. Entendeu-se no acórdão *Georgia vs. Pennsylvania R. Co*, que as indústrias reguladas não são isentadas *per se* da aplicação da *Lei Sherman*. O Supremo Tribunal de Justiça sublinhou que a partir do momento que o Congresso introduz alguma derrogação às leis *antitrust*, caberá aos Tribunais a sua interpretação de forma restritiva, em contraste com a orientação do Tribunal de Justiça da União Europeia. Assim, os tribunais deverão considerar que o Congresso apenas pretendeu uma derrogação parcial ao dispositivo normativo regulamentador da concorrência. Desta forma, e ao contrário da orientação anterior da jurisprudência americana, a existência de um plano especial de regulação

do sector bancário não legitima a presunção de inaplicabilidade das disposições gerais da legislação *antitrust* a esse sector económico. No acórdão *Estados Unidos vs. Philadelphia National Bank*, o Supremo Tribunal de Justiça americano sustentou que a derrogação das leis *antitrust,* por uma regulamentação de controlo não é, em princípio, admissível, só sendo de adoptar essa posição quando exista uma total incompatibilidade entre estes dois tipos de disposições normativas. Assim, e nos termos do próprio Tribunal, "*... não é exígivel uma concorrência acérrima no sector bancário, (...), mas exige-se que se permita às forças da concorrência que se manifestem no quadro da regulação estabelecida pelo Governo para essa indústria*". E sublinhou, ainda, que "*o facto da a indústria bancária ser uma actividade altamente regulamentada para responder às exigências de bem-estar da nação, não torna o jogo concorrencial pouco importante, mas, pelo contrário, torna-o ainda mais importante.*" (acórdãos citados em OCDE, "Politique da la Concurrence dans Secteurs Reglementés, Paris (1989), págs. 25 a 29).

A regra que se opõe a uma abrogação implícita das leis *antitrust* é aplicável mesmo às situações onde as disposições penais da *Lei Sherman* forem empregues. O acórdão *Estados-Unidos vs. Borden Co.* ilustra a complexidade do relacionamento entre as disposições *antitrust* e a regulação de controlo. Esse acórdão considerou os produtores e distribuidores de leite e respectivas associações profissionais, um sindicato e alguns funcionários municipais como elementos constitutivos de uma "entente" relevante para efeitos de aplicação da *Lei Sherman*. A defesa argumentou no sentido de que todos os acordos celebrados por agricultores tinham sido retirados do âmbito de incidência da legislação *antitrust* pelo Congresso. Esta instituição tinha emanado dois diplomas federais subsumíveis à agricultura. O primeiro desses diplomas habilitava o Secretário de Estado para a Agricultura, em determinadas condições, a aprovar e, consequentemente, a subtrair da aplicação da legislação *antitrust* os acordos relativos à comercialização de leite levados à sua apreciação, antes de serem aplicados. O segundo diploma autorizava, expressamente, os produtores a agrícolas a associarem-se para fins de distribuição e a concluir todos os contratos necessários a esse propósito. De acordo com a defesa, estes contratos beneficiariam de uma isenção expressa às leis *antitrust,* em virtude do artigo 6.º da *Lei Clayton*. O Supremo Tribunal de Justiça sustentou, porém, que nenhum destes diplomas poderiam apoiar a pretensão da defesa de abrogação total da legislação *antitrust*, sendo esta utilizável. Quanto ao primeiro diploma, as partes não haviam submetido o acordo à apreciação prévia do Secretário de Estado para a Agricultura, e consequentemente tinham a natureza jurídica de simples acordos privados de intuito anti-concorrencial, não sendo relevante saber se seriam isentos, no caso de aprovados pelo Secretário de Estado. O segundo diploma não seria aplicável em razão da espécie. Regulava os acordos entre produtores agrícolas e, neste caso, estavam em causa diversas categorias de pessoas que, conjuntamente, exerciam um controlo total sobre o mercado do leite. Aproveitando a ocasião, o Supremo Tribunal de Justiça estabeleceu os princípios orientadores para a jurisprudência:

- a simples existência de regulamentação de controlo não implica a derrogação das disposições *antitrust*;

fixação das taxas de juro, das tarifas dos serviços e das comissões releva essencialmente para as leis *antitrust*. Porém, estas não constituem o seu único constrangimento.

- mesmo os acordos anticoncorrenciais susceptíveis de aprovação por uma entidade administrativa, e retirados do âmbito de incidência das leis *antitrust* por uma regulamentação específica, poderiam ser colocados em causa tendo como referencial a *Lei Sherman*, se implementados sem a respectiva autorização administrativa;
- os acordos que não reproduzam na íntegra os termos da regulamentação específica, nomeadamente quanto às partes ou quanto ao objecto, extravasando os seus limites, seriam colocados em causa através da aplicação da *Lei Sherman*.

Esta decisão tem uma importância crucial no sector bancário. Os Tribunais tinham adoptado, na altura, uma doutrina denominada "imunidade implícita". Se uma indústria fosse alvo de uma regulação rígida e abrangente, um comportamento anticoncorrencial submetido à esfera de controlo de uma autoridade administrativa seria isento da legislação sobre práticas comerciais restritivas, na medida necessária à realização do objectivo de controlo prosseguido pelo Congresso, por exemplo, a fixação e manutenção de uma taxa de juro uniforme e razoável. Considerava-se, assim, que a legislação *antitrust* seria inaplicável a comportamentos cujo "elemento essencial" relevasse da jurisdição da autoridade regulamentadora. Dessa forma, a imunidade do sector em causa às disposições *antitrust* seria tanto mais presumida quanto mais regulado fosse o sector. A área onde a regulação era mais abrangente, intensa e rigorosa era, precisamente, o das tarifas, acesso e saída, fusões, tomadas de participações e práticas financeiras do sector bancário.

Outra orientação da jurisprudência americana, de excepcional relevância no nosso estudo, é a doutrina da "competência prejudicial" ou de "primeiro recurso". De acordo com esta orientação, é concedido aos Tribunais, nos processos relativos a comportamentos anti-concorrenciais, um meio processual que permite a estas instituições o reenvio do processo, ou a sua submissão, à consideração das entidades administrativas competentes para a aprovação, controlo ou supervisão do comportamento em causa. Os Tribunais tendem para requerer essa decisão prejudicial à autoridade de controlo competente sempre que:

- a aplicação da lei *antitrust* às práticas comerciais restritivas pareça incompatível com a política de regulação prosseguida;
- as decisões que consubstanciam as práticas comerciais restritivas sejam da competência da autoridade administrativa;
- a experiência da autoridade administrativa possa contribuir para a solução dos problemas relacionados com as restrições à concorrência.

Cfr., sobre este assunto M. CUTLER e J. WEMPLE "The Federal Bank Merger Act and the Antitrust Laws", in Business Law Review, Vol. 16, (1961), págs. 994 e ss.; F. J. PHILLIPS-PATRICK e R. NACHTMANN "The competitive impact of foreign underwriters in the United States" in The Changing Markets in Financial Services, A. GILBERT (ed), Kluwer Academic Publishers, Boston, (1992), págs. 211 a 241.

3.9.1. Acordos

A matéria relativa às taxas de juro dos depósitos em instituições bancárias encontra-se submetida a controlo federal. O *Depository Institutions Deregulation Act*, de 1980, determinou que, a partir de 1 de Abril de 1986, toda a regulamentação nessa matéria seria suprimida. A única restrição a esta abolição consiste, ainda hoje, na proibição de vencimento de juros nos depósitos à vista efectuados por empresas.

A aplicabilidade da legislação *antitrust* neste campo não encontra nenhum obstáculo, sendo a infracção mais frequente a fixação da taxa de juro por acordos entre instituições bancárias.

As tarifas uniformes, firmadas por acordo, por serviços prestados, emissão de correspondência ou pela concessão de determinado tipo de empréstimo são, igualmente, consideradas desconformes com a legislação da concorrência se não forem julgadas "razoavelmente necessárias", face às circunstâncias do caso concreto.

Recentemente, a política *antitrust* revela um interesse especial pelas empresas comuns, destinadas a assegurar os serviços de transferência electrónica de fundos. É orientação da divisão a não interdição deste tipo de *"joint ventures"*, nomeadamente nas matérias respeitantes às ATM´s, em razão da eficácia económica acrescida de soluções deste tipo. Por outro lado, a não permissão de acesso a este sistema constitui, já, uma restrição à concorrência, devido à discriminação subjacente a essa decisão.

A Secretaria de Estado reconhece, de modo idêntico, como prática desconforme com a legislação da concorrência o acto comum de partilha de clientes ou de territórios de actividade. O mesmo entendimento poderá ser encontrado no caso de acordos de venda exclusiva.

O princípio do Direito da Concorrência, segundo o qual, aquele que controla um serviço essencial de utilidade comum deverá assegurar, em termos razoáveis, o acesso a esse serviço de todos os interessados, em condições de igualdade e sem discriminação, tem sido aplicável, de forma semelhante, aos bancos de compensação (*Clearing Banks*). No acórdão *Northern Bank & Trust Co. vs. National Bank Americard*, questionava-se se os membros de uma associação gestora de cartões de crédito de um banco nacional poderia recusar a adesão, a esse sistema, de outros bancos pelo motivo de estes gerirem, simultaneamente, outros cartões em sistemas diferentes. A questão em apreço não foi resolvida em termos substanciais, dado que o inquérito não foi conclusivo quanto aos efeitos anticoncorrenciais. Porém, a Secretaria de Estado da Justiça interditou as práticas restritivas da concorrência, com base nas disposições relativas às fusões.

3.9.2. Fusões e concentrações

Nos termos do artigo 18.º alínea c) da Lei de 1966, sobre Fusões Bancárias, o *Comptroller of the Currency* (OCC) para os bancos nacionais, a *Federal Deposit Insurance Corporation* (FDIC), no respeitante aos bancos que não fazem parte do *Federal Reserve System*, bem como a *Federal Reserve Board* (FRB), para os bancos que fazem parte do sistema, deverão examinar, entre eles, os projectos de fusão dos bancos, do ponto de vista da concorrência, podendo obter relatórios sobre os factores concorrenciais do mercado da Divisão *Antitrust* do Ministério da Justiça. Para estes efeitos, a instância competente aplicará a regra definida no artigo 1828.º alínea c), que adopta os critérios estabelecidos pelo artigo 7.º da *Lei Clayton*, bem como os dos artigos 1.º e 2.º da *Lei Sherman*. Se a fusão for aprovada pela instância competente, a Divisão *Antitrust* disporá de um prazo de 30 dias, que será encurtado em caso de urgência ou de falência provável, para analisar o processo afim de interditar a fusão por razões de concorrência e obter uma suspensão automática da operação.

Findo esse prazo, a operação não poderá ser contestada por violação da legislação *antitrust*, excepto, a título do artigo 2.º da *Lei Sherman*. O mesmo procedimento é aplicável logo que a FRB dá o seu acordo à aquisição de bancos por *holdings* bancárias. As aquisições de estabelecimentos não bancários, nomeadamente, os investimentos em *joint ventures*, deverão ser aprovados pela FRB, nos termos do artigo 4.º do *Bank Holding Company Act* (BHCA). Os processos de autorização de fusões ou aquisições de estabelecimentos de poupança são menos rígidos, no entanto, são examinados pela Divisão *Antitrust*.

Esta divisão estuda exaustivamente os processos de aquisição e fusão, tendo como referência as directivas da Secretaria de Estado da Justiça nesta matéria, desde que aplicáveis às instituições bancárias. A análise de conformidade comportará juízos sobre três factores: o mercado do produto, o mercado geográfico, e os efeitos anticoncorrenciais potenciais. Quanto a este último, será imperativa a referência aos critérios jurídicos constantes do artigo 7.º da *Lei Clayton*. Esta disposição interdita uma fusão ou uma aquisição *"desde que essa operação afecte de forma notável a concorrência, ou tenda à constituição de um monopólio, num qualquer ramo ou numa qualquer actividade comercial numa qualquer região do país"* [459]. Na ausência de outros elementos de valoração, que indiquem um efeito contrário à concorrência, a Divisão *antitrust*, não se oporá, em princípio, à fusão de instituições bancárias ou de estabelecimentos de poupança, se o índice *Herfindahl-Hirschman*, após a fusão, for igual ou superior a 1800 pontos e se a progressão do índice for superior a 200 pontos [460].

---

[459] No acórdão *Estados Unidos vs. First National Bank & Trust Co.*, o Supremo Tribunal de Justiça julgou que a fusão em questão eliminava a concorrência de forma suficiente para constituir "uma restrição desrazoável ao comércio", nos termos do artigo 1.º da Lei *Sherman*.

As fusões entre concorrentes directos, num mesmo mercado, recaem, na grande maioria das ocasiões, no âmbito de incidência das normas *antitrust*.

[460] Por vezes, negoceiam-se mesmo abandonos de sucursais, bem como dos depósitos e activos correspondentes, de forma a suprimirem-se as preocupações concorrenciais. A situação, frequente nos Estados Unidos, de tomada de controlo por uma só entidade de dois ou três bancos de uma comunidade local é, normalmente, julgada desconforme com o direito *antitrust*. A Secretaria de Estado da Justiça tem como posição constante o juízo de que todas as operações de fusão de pequenos bancos que eliminam a concorrência directa e aumentem consideravelmente a concentração no mercado local são ilícitas, nos termos da legislação contra as fusões. Essa posição vislumbra-se numa série de decisões sobre casos de fusões horizontais, nos quais o Supremo Tribunal de Justiça rejeitou uma interpretação alargada dos conceitos de "conveniência e necessidade" que o Congresso havia definido na Lei sobre as fusões de bancos, de 1966. No acórdão *Estados Unidos vs. Phillipsburg National Bank and Trust Co.*, o Tribunal interditou a fusão entre dois bancos pouco importantes, em prejuízo da argumentação de que essa fusão intensificaria a eficiência dos serviços, favorecendo a concorrência e melhorando a gama dos serviços prestados. O Tribunal considerou que a fusão incrementaria sensivelmente o grau de concentração dos bancos comerciais num mercado já concentrado. No acórdão

A Aplicabilidade das Leis Internas de Concorrência 279

São circunstâncias atenuantes a prova de que existe um mercado concorrencial, o acesso recente ou previsível de concorrentes ao mercado, a eficiência dos estabelecimentos em causa, bem como a situação precária de um banco, se não existir outra solução menos danosa para a concorrência.

3.9.3. Correntes doutrinárias americanas

É importante reter que mesmo nos Estados Unidos as orientações, quanto ao direito e à política da concorrência, diferem em larga escala. Assim, e com a prevenção de que as correntes, por definição dinâmicas, são permeáveis, é possível distinguir quatro escolas de

---

Estados Unidos vs. Third National Bank, o argumento da "conveniência e da necessidade" não foi aceite para justificar uma derrogação às leis *antitrust*. Havia sido simplesmente demonstrado que o banco necessitava de uma gestão mais vigorosa e eficiente, não se tendo apresentado, ao mesmo tempo, que outros métodos susceptíveis de ser utilizados apresentariam dificuldades excepcionais.

A Secretaria de Estado da Justiça contestou, igualmente, a aquisição de um banco local importante no seu mercado por um banco que fazia parte de um pequeno grupo dominante no Estado em causa. Neste caso, foi sustentado que a concorrência potencial havia sido eliminada em razão da extensão geográfica. Por sua vez, no acórdão *Estados Unidos vs. Marine Bancorporation*, estava em causa a aquisição de um banco urbano que assegurava os serviços de correspondência com outros bancos através de uma sociedade gestora de participações sociais que detinha um banco noutra cidade. O Supremo Tribunal reafirmou o princípio que as fusões interbancárias estavam sujeitas à legislação *antitrust* quando a operação erradique toda a concorrência entre os bancos que se fundem. Mas, uma vez que o Estado havia regulado o desenvolvimento de sucursais reconheceu, num juízo baseado na teoria da concorrência potencial, que esta se encontrava *ab initio* prejudicada, pelo que considerava a fusão justificada.

Em tipos diversos de operações de concentração, a Secretaria de Estado da Justiça baseia a sua argumentação na "teoria da oclusão vertical". A aplicação desta orientação pode ser observada no projecto de fusão da *First National Bancorporation*, uma vasta *holding* que controlava um importante banco de correspondência, com um outro grande banco, de uma grande cidade. A Secretaria de Estado argumentou que a *Bancorporation* deixaria de ser um concorrente potencial, onde o banco adquirido se encontrava estabelecido pelo que a fusão reduziria a concorrência no Estado do mercado da correspondência bancária. No entanto, o Tribunal entendeu que o volume de actividade comercial afectado pela operação era diminuto para qualificar a operação como ilegal.

pensamento [461]. Estas, por outro lado classificam-se em duas categorias: a primeira é mais favorável à definição dos instrumentos de controlo da concorrência, bem como à implementação de uma política nesse domínio, essencial para a definição das relações económicas internacionais, cada vez mais globalizadas e integradas, principalmente no sector bancário, onde incluiremos os pontos de vista de uma parte dos "bostonianos" da escola de gestão estruturalista inspirada pela Universidade de Harvard e os seguidores da escola *antitrust*, mais recente, de Chicago; a segunda, pode classifica-se como mais hostil a esta visão ultra-liberal, rebatendo a simples existência de uma política económica global.

As duas correntes da primeira categoria baseiam-se na concepção neoclássica do modelo de concorrência perfeita, que assenta nas ideias de MANDEVILLE que, cerca de um século antes de ADAM SMITH cria o conceito de "Mão Invisível" do mercado, a partir do qual se atinge o ponto óptimo económico e social graças à concorrência. Outro ponto comum às duas correntes é a aceitação de uma perspectiva mais ou menos favorável ao controlo da concorrência por autoridades dotadas de poderes para esse efeito.

Porém, a visão da escola de Harvard diverge, radicalmente, da de Chicago, no tratamento dos comportamentos das empresas em competição no mercado. Deste modo, a problemática das barreiras à entrada surge como linha divisória entre as duas escolas, o que as faz divergir profundamente acerca dos meios de política de concorrência. Neste último ponto de vista, as duas perspectivas coincidem num único ponto, que é a proibição rigorosa e por natureza (*prohibition per se*), dos acordos de cartelização, geralmente baseados nos preços. Estas duas correntes de pensamento assentam em inúmeros trabalhos, no caso da corrente "bostoniana" de Harvard, com fundamentos empíricos, e quanto à corrente de Chicago, com base essencialmente teórica. São, igualmente, estas duas correntes que influenciam mais directamente as autoridades de concorrência nos Estados Unidos.

---

[461] Adopta-se, neste trabalho, a classificação mais usual das escolas de pensamento norte americanas, assim, DAVID AUDRESTSH, "The Four Schools of Thought in Antitrust Economics", WZB Papers, IIM/IP 85-32, Berlim (1985); R. KHEMANI, "Glossário de Economia Industrial e de Direito da Concorrência", OCDE, Paris, (1993).

Na segunda categoria colocam-se os adversários da política de concorrência. Estes tiveram pouca participação no exercício de funções administrativas ou jurisdicionais, mas que frequentemente exercem as mais elevadas funções do corpo docente norte-americano. As duas correntes componentes desta categoria tendem a rejeitar, com premissas e objectivos diametralmente opostos, os actuais instrumentos jurídicos e administrativos da política da concorrência clássica, baseada no modelo de concorrência perfeita. Aqui torna-se necessário distanciar, por um lado, "bostonianos", agrupados, no essencial, em torno do *Massachussetts Institute of Technology*, constituindo uma escola "evolucionista" ou industrialista e, por outro, uma escola ultraliberal ou "niilista".

Os evolucionistas bostonianos, fazendo uso de uma análise com forte conteúdo empírico, em que predominam os contributos da História Económica e da política da concorrência, tal como tem vindo a ser aplicada por seguidores das escolas de Harvard ou de Chicago, concluem que o sistema actual cria um factor de incerteza ou, até mesmo, de distorções da concorrência que diminuem a eficiência global. Essa perda de eficiência é sobretudo imputável, na perspectiva da economia global, adoptada pelas escolas da primeira categoria, às desvantagens comparativas introduzidas, com prejuízo das empresas americanas e em benefício das empresas com fraca cultura em matéria da política da concorrência [462]. Desta forma, o

---

[462] Com o advir do novo GATT, as relações comerciais internacionais sofreram uma enorme mutação. Os agentes que competem na nova ordem comercial mundial já não são os países mas as empresas. Não poderemos então falar de vantagens comparativas, em sentido tradicional. As facilidades de aquisição e transporte dos factores de produção obnubilaram, quase por completo, toda a fundamentação teórica baseada nos pressupostos clássicos. A situação actual causou um vazio teórico no estudo das relações económicas internacionais. Até hoje, a teoria fundava-se num pressuposto de imobilidade dos factores produtivos - terra, trabalho, capital e tecnologia - sendo cada Estado-Nação dotado nestes factores, originaria e fatalmente, ditando-se a concorrência em termos de vantagens comparativas (vide ALAN SMITH e DAVID RICARDO, por exemplo), assentando-se todo o paradigma macro-económico no livre cambismo e no fatalismo dos recursos naturais.

Actualmente, o estudo das vantagens dos Estado, efectuada anteriormente num âmbito macro-económico, passou a operar-se a um nível micro-económico. Substitui--se o objecto do estudo das vantagens comparativas das nações para os factores de

enquadramento económico actual justificaria, para estas correntes, a implementação, no plano nacional, de uma política industrial "por objectivos" visando a procura de vantagens comparativas, e outrossim, o estabelecimento de uma ordem mundial de concorrência. Pelo exposto, poderemos concluir que os evolucionistas aceitam uma política de concorrência caso se admita, em particular, que todos os países adoptam as mesmas regras de análise concorrencial, o que acontece na zona do Atlântico, mas não, na zona do Pacífico.

Os ultraliberais niilistas combatem todas as formas de intervenção do Estado em matéria económica. A base conceptual desta corrente assenta num modelo de concorrência imperfeita com um importante conteúdo matemático e investigação avançada, de que a "teoria dos jogos" constitui uma ilustração.

3.10. Conclusões

A apreciação de direito comparado revelou, em concreto, o papel fundamental da regulação, dada a importância do sector para o interesse geral, sendo essencial a sua estabilidade. Por outro lado, a capacidade de multiplicação da base monetária fez com que o sector em causa se tornasse o instrumento principal, através do qual as autoridades monetárias, utilizando uma série de controlos directos e indirectos, colocavam em prática as políticas monetárias e económicas do Estado.

Esta base dogmática - que qualificava a indústria bancária como *regulated industry* [463] impedindo, *in limine*, a aplicação do quadro normativo geral da concorrência ao sector -, colocava a questão do nível de concorrência desejável.

---

competitividade da empresa através da adopção do conceito de vantagens competitivas, aferidas em termos de superioridade nas questões de optimização de produções, sendo factor primordial os desenvolvimentos tecnológicos.

[463] P. MARCHETTI e M. MONTI, "Il Sistema Finanziario nella Disciplina della Concorrenza: Il Quadro Internazionale e la Normativa Italiana", in Centro di Economia Monetaria e Finanziaria "Paolo Baffi" dell´Università Bocconi, "L´Integrazione Europea e la Regulamentazione dei Mercati Finanziari", Angelo Porta, ed., EGEA, Milão, (1992), pág. 26 e ss.

Todavia, todos os países analisados reconheceram, de uma forma progressiva, que a necessidade de uma tutela incisiva do sistema bancário não prejudicava a aplicação das normas tutelares da concorrência. Por conseguinte, nenhum ordenamento jurídico estudado estabelece uma isenção total do sector bancário às normas tutelares da concorrência. Porém, a inexistência deste tipo de isenções não prejudica a consideração de algumas características específicas do sector no processo de aplicação das normas.

Na generalidade dos ordenamentos estudados, os acordos interbancários, em sentido lato, e os abusos de posição dominante estão sujeitos à disciplina concorrencial geral, sempre que esse comportamento resulte da aplicação directa de uma norma da legislação bancária nacional [464].

Nos Estados Unidos, todavia, deverá ser assinalada a presença de uma disciplina específica relativa aos *interlocking dictorates* [465] e aos *tie-ins* [466].

No respeitante aos acordos e às práticas não contempladas por um enquadramento normativo específico aplicam-se, obviamente, as normas gerais.

---

[464] O exemplo típico deste caso é o Japão. Neste país, os acordos, as práticas concertadas e o abuso de posição dominante no sector bancário estão tratados na legislação da concorrência. No entanto, a extensão e profundidade da regulamentação do sector, composta pela Lei Bancária e pela Lei do Ajustamento Temporal da Taxa de Juro, torna meramente residual o espaço de intervenção da autoridade *antitrust*. Sobre este assunto, ver G. BROKER, citado.

[465] Por *interlocking dictorates* entende-se, numa primeira apreciação, a concentração das competências de gestão por parte de um sujeito em empresas diversas. Esta situação é limitada no âmbito do sector bancário. De facto, a secção 8.ª do *Clayton Act* proíbe aos administradores e aos funcionários de uma instituição bancária o exercício de funções similares em outra instituição idêntica. O *Depositary Institution Management Interlocks Act* limita esta acumulação às *depository institutions*. O *Investment Company Act*, de 1940, proíbe que uma *registered investment company* tenha como administrador, funcionário ou empregado uma pessoa que já tenha exercido essas funções na banca.

[466] Este tipo de acordos é previsto pela secção 106 do *Bank Holding Company Act*, de 1970, que proíbe uma série de acordos entre instituições de crédito, sem ter em consideração os seus efeitos anticompetitivos. Apresenta-se, assim, duvidosa a relação entre este diploma legislativo e o *Sherman Act*, que parece não ser derrogado nesta matéria.

Quanto às isenções, muitos sistemas prevêem a possibilidade de isenções, individuais ou por categoria, a acordos restritivos da concorrência. Estas isenções só são concedidas quando os benefícios económicos ocasionados compensam os efeitos nocivos, ao nível concorrencial do mercado. Estes procedimentos são comuns no sector bancário em virtude da sua particular natureza e função.[467]

Em alguns países, nota-se uma recente tendência de restrição de concessão de isenções a determinadas categorias de empresas bancárias, ou ao sector bancário na sua globalidade.

No Reino Unido, por exemplo, a actividade das *Building Societies*, que se dedicam às operações de poupança e de concessão de crédito com finalidades de aquisição de habitação própria, era totalmente isenta, em virtude da sua relevância social, das disposições do *Restrictive Trade Practices Act*, de 1976, como das outras normas de tutela da concorrência[468].

Particularmente relevante é a experiência alemã. Anteriormente à publicação da quinta versão do GWB, que entrou em vigor no dia 1 de Janeiro de 1990, encontrava-se vigente um amplíssimo sistema de isenções para os acordos no campo da actividade bancária. O artigo 102.º do GWB estabelecia, expressamente, a possibilidade de concessão de isenções aos acordos interbancários, recomendações e decisões de associações que fossem comunicados aos órgãos de supervisão bancária, os quais deveriam comunicar ao *Bundeskartellamt*. Na prática, as isenções eram concedidas a todos os casos em que era possível demonstrar que o acordo ou a recomendação se destinava a favorecer os clientes, ou era essencial para a política monetária ou para o interesse nacional. Porém, a não aplicação das normas tutelares da concorrência ocorria somente no momento constitutivo do acordo. O *Bundeskartellamt* poderia, em colaboração com os órgãos supervisores aplicar, de forma sucessiva, as normas

---

[467] Trataremos adiante deste assunto de uma forma mais específica na análise do ordenamento comunitário.

[468] A publicação do *Building Societies Act*, de 1986, que ampliou bastante o objecto de actividade destas instituições credíticias derrogou a maior parte das normas que legitimavam as isenções à legislação *antitrust* das actividades das *Building Societies*.

gerais da concorrência, declarando a prática inadmissível em virtude de instituição beneficiar, de forma abusiva, da posição do mercado, conseguida através da isenção concedida. Com a aprovação da quinta versão do GWB, este princípio foi substituído pela regra da aplicabilidade geral do direito da concorrência ao sector creditício, temperado pela possibilidade da concessão de isenções a acordos interbancários que, sendo lesivos da concorrência, são necessários para manter ou aumentar a capacidade produtiva das empresas creditícias (artigo 102.º, n.º 2). Esta mudança de orientação foi motivada pelas exigências de harmonização com a disciplina concorrencial comunitária, e é indicadora da relevância do sector bancário nas normas tutelares da concorrência dos países comunitários. É interessante notar uma sincronia de harmonização entre as legislações nacionais e o ordenamento comunitário e que segue a evolução jurisprudencial do Tribunal de Justiça das Comunidades Europeias, nos casos que envolvem matérias concorrenciais nos mercados bancários. É de salientar, porém, que a harmonização não é exigida por nenhuma disposição comunitária, antes reveste uma acção voluntária de todos os Estados-membros no sentido da opção comunitária, que apreciaremos adiante em todas as suas componentes.

Relativamente às operações de concentração, entre instituições bancárias, não é evidenciada, na análise efectuada, qualquer exigência particular no sentido da modificação substancial do regime geral. Normalmente, as fusões e aquisições de instituições bancárias são controladas pelas autoridades de supervisão, do ponto de vista da estabilidade do sector creditício. A este controlo sobrepõe-se um outro que tem como finalidade a manutenção de uma situação concorrencial no mercado creditício.

Em numerosos países, a aplicação da legislação da concorrência referente às concentrações é confiada à autoridade *antitrust* "geral".

O ordenamento norte-americano diferencia-se neste aspecto. A concentração bancária é submetida a uma disciplina específica, o *Bank Merger Act*, de 1960, cuja aplicação está confiada ao órgão de supervisão do sector bancário. Assim, a concentração entre bancos, neste sentido, deverá ser previamente autorizada por essa instituição. A finalidade deste diploma legal é idêntica à da legislação geral, sendo simplesmente mais tolerante no tratamento de fusões que tenham como finalidade salvaguardar instituições bancárias em dificuldades. Esta disciplina específica não impede a aplicação da secção 7.ª do *Clayton Act* [469].

Nesta matéria, alguns países procederam à alteração da legislação geral no sentido de tomar em consideração características específicas da actividade das instituições bancárias e a sua estrutura operacional. Algumas legislações prevêem, na apreciação da obrigatoriedade de comunicação de operações de concentração ao órgão de vigilância, que o limiar se calcule, não pelo volume de negócios mas, sim, pelo total dos activos, embora, como veremos adiante, esta solução seja bastante criticável.

É, igualmente, de salientar uma outra norma, comum nos diversos ordenamentos e que influencia de forma determinante o conceito de "operação de concentração". Não devem ser consideradas como concentrações as operações financeiras que se traduzam na aquisição de participações numa outra empresa, no momento em que esta se constitui ou procede a um aumento de capital, com a intenção de venda dessas participações no mercado, não podendo a instituição de crédito exercer o direito de voto decorrente das participações que adquiriu e na condição das referidas vendas ocorrerem no prazo de um anos. Porém, se a subscrição das acções tiver como finalidade a constituição de uma empresa, o exercício do direito de voto na primeira assembleia geral não conduz à fusão [470].

---

[469] Relativamente ao *Bank Merger Act* e às suas relações com a disciplina *antitrust* geral, ver: J. WEMPLE e M. CUTLER, "The Federal Bank Merger Act and the Antitrust Laws", in *Business Law Review*, Vol. 16, (1961), págs. 994 e ss; G. SOBEL, "The application of the Antitrust Laws to Combinations Approved under the Bank Merger Act", in *New York University Law Review*, Vol. 37, (1962), págs. 735 e ss, A. HORVITZ e P. SCHULL, "The Bank Merger Act of 1960: a decade after", in *Antitrust Bulletin*, in Vol. 19, (1974), págs. 321 e ss; P. SCHULL, "Provisional Markets, Relevant Markets and Banking Markets: the Justice Departament´s Merger Guidelines in Wise Country Virginia", in *Antitrust Bulletin*, Vol. 34, (1989), págs. 411 e ss.

[470] Nos termos do n.º 5 do artigo 3.º do Regulamento 4064/89, de 21 de Dezembro de 1989, considera-se que não é realizada uma operação de concentração, quando qualquer outra instituição de crédito, cuja actividade normal englobe a transacção e negociação de títulos por conta própria ou de outrém, detenha, a título temporário, participações que tenham adquirido numa empresa para fins de revenda, desde que

Este dispositivo normativo justifica-se. A sua não adopção impediria um conjunto de operações meramente financeiras, típicas das instituições bancárias sem substrato concentracional, embora, materialmente o sejam.

É na opção pelo órgão competente, para aplicar a legislação nos mercados, que os ordenamentos legislativos analisados apresentam as maiores divergências. Tais divergências resultam, sobretudo, do grau de intervenção da autoridade judiciária, no confronto com a autoridade administrativa ou governativa que tutela a política da concorrência e, consequentemente, da tradição de intervenção de mercado do país, ou organização, bem como do grau de regulação do mercado.

Observam-se, em bastantes ocasiões, referências à autoridade *antitrust* geral, entendo-se como tal o órgão competente para a aplicação da disciplina geral (como, por exemplo, a *Anti Trust Division* do Ministério da Justiça dos Estados Unidos, o *Conseil de la Concurrence* em França, a Comissão da União Europeia, ou o *Bundeskartellant* alemão), sendo assaz diversas as formas de interligação entre as entidades. Em alguns países, como a França, o Reino Unido ou Alemanha, as decisões da autoridade geral, poderão, quando o interesse geral ou nacional o obrigue, ser reanalisadas e eventualmente julgadas ineficazes pelo órgão governativo ou Ministério competente.

Em nenhum dos ordenamentos sob apreciação se prevê a substituição da autoridade de supervisão sectorial à autoridade *antitrust* geral na aplicação da disciplina geral da concorrência [471].

---

não exerça os direitos de voto inerentes a essas participações com o objectivo de determinar o comportamento concorrencial da referida empresa ou apenas exerça tais direitos de voto com o objectivo de preparar a alienação total ou parcial da referida empresa ou do seu activo, ou a alienação dessas participações, e que tal alienação ocorra no prazo de uma ano a contar da data da referida aquisição.

[471] Somente em França, e num breve período de tempo, o artigo 89.º da Lei Bancária (Lei n.º 84/46, de 24 de janeiro de 1984) atribuía à *Commission Bancaire* o poder de indagar e sancionar as práticas restritivas da concorrência e os abusos de posição dominante, tal como eram definidos na altura (Ordonnance n.º 45/1483, de 30 de Junho de 1945, que estabelecia a disciplina dos preços, à qual se adicionou sucessivamente a Lei n.º 77/806, de 19 de Julho de 1977, relativa ao controlo das concentrações), na matéria das instituições de crédito. O artigo 89.º foi pouco tempo depois alterado pela aprovação definitiva da nova lei da concorrência francesa (Lei

Nos Estados Unidos, em alguns casos, é atribuída competência à autoridade de vigilância sectorial, para a aplicação de uma disciplina *antitrust* específica [472].

Nos outros países, pelo contrário, é a autoridade *antitrust* geral que aplica a disciplina *antitrust* geral e específica ao sistema financeiro. São, todavia, previstas, em todos os ordenamentos, formas de colaboração e de coordenação entre os órgãos de supervisão sectorial e a autoridade *antitrust*. Essa colaboração é disciplinada de modo específico. Por exemplo, a legislação francesa prevê a obrigação de comunicação, por parte do *Conseil de la Concurrence* à *Commission Bancaire*, dos processos que se insiram na área de competência específica deste órgão, que terá dois meses para produzir alguma observação ou proposta, não vinculativos, mas que deverão ser tomados em consideração pelo *Conseil de la Concurrence* [473] [474].

---

n.º 86/1243, de 1 de Dezembro de 1986) que subtraiu totalmente a competência para aplicação da legislação da concorrencia à *Commission Bancaire*, atribuindo-a ao *Conseil da la Concurrence*, em todas as operações bancárias e extrabancárias de instituições de crédito. Sobre esta transição consultar J. MOUSSERON E V. SELINSKY, "Le droit français nouveau de la concurrence", 2.ª Edição, Paris, Litec, (1988).

[472] Na hipótese de concentração entre bancos o *Bank Merger Act* é aplicado exclusivamente pela autoridade de supervisão bancária, ouvida a autoridade *antitrust* geral. Esta tem a competência exclusiva para a aplicação do *Clayton Act*, que é a norma geral, e que neste âmbito não foi derrogado.

[473] Esta norma encontra-se prevista num diploma regulamentador da lei *antitrust* francesa, o artigo 16.º do Decreto n.º 86/1309, de 29 de Dezembro de 1986.

[474] Uma forma diferente de colaboração encontrava-se estabelecida na versão anterior do artigo 102.º da Lei Alemã. Neste artigo atribuia-se ao orgão de supervisão sectorial (*Bundesaufsichtsamt fur das Kreditwesen*) a competência para decidir acerca do fundamento da concessão de uma isenção. De acordo com o sistema vigente na altura, o órgão de supervisão recebia a notificação da parte do grupo de bancos que pretendiam beneficiar da isenção, comunicando a sua decisão ao *Bundeskartellamt*. Por outro lado, a eventual decisão do *Bundeskartellamt* respeitante às práticas restritivas com base no artigo 102.º, em que fosse observado um abuso da posição no mercado, só poderia ser tomada em concertação com o orgão sectorial.

O novo artigo 102.º estabelece que o *Bundeskartellamt* adoptará a sua decisão ouvida a autoridade de supervisão sectorial, não estando previsto o sistema de interposição de competências na concessão de isenções. Esta solução resolveu os problemas originado pela obrigação de concertação anteriormente prevista, que gerou situações de conflito de competências na maior parte dos raríssimos casos ocorridos na altura. Um dos mais graves passou-se entre o *Bundeskartellamt* e o *Bunde-*

A análise efectuada aos sistemas de direito da concorrência revelou, ainda, que o aspecto da concentração, em sentido amplo, detém um papel determinante na quantificação dos efeitos anticoncorrenciais das ententes. É em referência à importância deste aspecto que se definem as posições, no tocante ao controlo das práticas colusivas.

Nos sistemas jurídicos europeus prevê-se um limite mínimo de poderio económico das empresas, abaixo do qual os efeitos restritivos de um determinado comportamento escapam à proibição legal, quaisquer que sejam as características intrínsecas do comportamento [475]. Por outro lado, estabelecem, muitas vezes, um limite máximo de poderio económico além do qual o efeito anticoncorrencial não

---

saufsichtsamt fur das Kreditwesen relativamente a uma recomendação sobre taxas de juro. Dada a oposição deste órgão, o *Bundeskartellamt* renunciou, por impossibilidade de concertação, à abertura de um procedimento formal no sentido do impedimento da recomendação. Sobre este assunto consultar, H. BUNTE, "Die 5.º GWB Novelle", Betriebs-berater, n.º 15, Maio, (1990), pág. 1001, citado por P. MARCHETTI e M. MONTI, "Il Sistema Finanziario nella Disciplina della Concorrenza: Il Quadro Internazionale e la Normativa Italiana", cit..; D. HOFFMAN e S. SHAUB, "The German Competition Law - Legislation and Commentary", Deventer, Holanda, (1983).

[475] Todos os sistemas europeus de direito da concorrência determinam níveis mínimos de poderio económico dos agentes, a partir dos quais os efeitos anticoncorrenciais são tolerados. A exigência de "sensibilidade" do efeito anticoncorrencial da "entente" é geral. A COMISSÃO FRANCESA, (Relatório sobre a Política da Concorrência, 1981, pág. 21) apresenta a introdução do "limiar de sensibilidade" como uma inovação jurisprudencial, embora uma análise mais atenta das decisões anteriores da Comissão revele, pelos menos de forma implícita, a sua adopção num momento anterior. O *Bundeskartellamt,* adoptou, em 8 de Julho de 1980 uma "Comunicação relativa aos acordos de bagatela" ("*Bagatellbekanntmachung*"), (Comunicação n.º 57/80), com a intenção de favorecer a cooperação entre as pequenas e médias empresas exluíndo-as do campo de aplicação do artigo 1.º do GWB.

É, no entanto, no direito comunitário, que a exigência do carácter sensível do efeito anticoncorrencial é mais antiga e mais abrangente. Em 27 de Março de 1970, a Comissão Europeia formaliza, pela primeira vez, o princípio que tinha já sido enunciado nas suas decisões individuais, publicando uma Comunicação relativa aos acordos de importância menor, definindo os limiares quantitativos, estabelecidos em função do poderio económico das empresas que sejam partes das "ententes", abaixo dos quais os seus comportamentos não relevariam para aplicação do artigo 85.º do Tratado. Actualmente, vigora a Comunicação de 3 de Setembro de 1986 (JO CE n.º C 231, de 12 de Setembro), quanto a estes aspectos.

poderá ser isentado, independentemente das razões que as empresas em causa fizessem valer na contestação dessa proibição.

Esta apreciação substancial, do efeito restritivo, é ajuizada de forma diferenciada no direito norte-americano. Embora, estes aspectos quantitativos tenham um papel importante na apreciação dos efeitos da "entente", não são cruciais, intervindo conjuntamente com outros elementos de apreciação para a determinação do carácter substancial do impacto anticoncorrencial [476].

A análise comparativística do direito da concorrência nos diversos Estados é esclarecedora da evolução e estruturas.

É permitido efectuar duas observações:

— em países de economia de mercado ocorreu um desenvolvimento diferenciado, mas que tendeu para a mesma solução, dos sistemas de direito da concorrência no seio de famílias jurídicas tradicionalmente tidas como diferentes: os países da *common law*, principalmente os Estados Unidos, - o Reino Unido, com a integração na União Europeia tem vindo a adoptar os conceitos romano-germânicos, mais operacionais, - e os países de tradição romano-germânica;

— o lapso temporal no desenvolvimento da solução comum, ou seja, a submissão do mercado bancário às regras gerais da concorrência, inicialmente concretizada no sistema americano, é explicável pela antiguidade relativa desse direito, de primeira geração, que data dos finais do século XIX, enquanto que os sistemas romano-

---

[476] Nos Estados Unidos, a apreciação dos efeitos do acto restritivo da concorrência é efectuada por meio de uma "regra de razão" no quadro da qual "*o Tribunal deve normalmente considerar as circunstâncias específicas do sector de actividade em causa, a sua situação anterior e posterior à intervenção da restrição, a natureza desta e os seus efeitos reais ou prováveis*" (*Chicago Board of Trade vs. United States*, 246 US 231, 238 (1918).

A capacidade económica dos autores do comportamento não constitui o factor de qualificação do efeito anticoncorrencial mas, simplesmente, um elemento de apreciação deste. Desta forma, os comportamentos desconformes com as regras da concorrência poderão ser proibidos, qualquer que seja a dimensão económica dos seus autores, a partir do momento em que as suas características intrínsecas sejam consideradas suficientemente nocivas. Por outro lado, os comportamentos restritivos provenientes de grandes empresas poderão escapar à interdição do artigo 1.º do *Sherman Act*, se o seu impacto no mercado for limitado.

germânicos de direito da concorrência se desenvolveram, essencialmente, a partir da segunda metade do século XX.

Porém, a solução dos sistemas romano-germânicos deriva de um acontecimento recente, precisamente, o *acórdão Zuchner*, de 1981. É visível a diferenciação de concepções entre estes grandes sistemas de direito. A preocupação fundamental, no direito norte--americano [477], que é transmitida *ipso facto* ao intérprete, prende-se precisamente à ligação íntima do sistema normativo com o sistema económico. A doutrina dominante tende a conceber que a finalidade primordial, senão exclusiva, das regras da concorrência, é a satisfação das necessidades dos consumidores e a afectação óptima dos recursos disponíveis [478]. Esta interpretação economicista reflecte-se na concepção da *"rule of reason"*, que constitui o método de apreciação, por excelência, dos comportamentos acordados ou concertados no direito americano [479]. Abandonando todos os valores "extra--económicos", a concepção americana tem finalidades de intervenção que não se consubstanciam somente na concorrência, assegurando a protecção do emprego, favorecendo a dispersão do poder económico e social ou estimulando a inovação tecnológica. De facto, não é reconhecido ao juiz americano, actualmente, o poder de proibir uma "entente" se esta contribuir para a melhoria da eficácia económica [480].

---

[477] Limitaremos a nossa análise comparativa sistemática ao direito norte americano. O sistema de direito do Reino Unido, após as influências comunitárias já não servirá de bom exemplo. Para uma comparação geral entre o direito norte americano da concorrência e o direito comunitário, B. HAWK, "The American (anti-trust) revolution: lessons for the EEC?", European Competition Law Review, n.º 1, (1988), págs. 53 e ss.

[478] Neste sentido, numa perspectiva quase fundamentalista cfr. R. POSNER, "Antitrust Law, An Economic Perspective", The University of Chicago Press, (1976); R. Bork, "The Antitrust Paradox", New York, Basic Books, (1978). Numa perspectiva mais temperada, ver: A. BLAKE e W. JONES, "In defense of Antitrust", *Columbia Law Review,* 377, (1965), pág. 65 ; IDEM, "Toward a Three Dimensional Antitrust Policy", *Columbia Law Review,* 422 (1965); O. WILLIAMSON, "Antitrust Law and Economics", Philadelphia, Dame Publications, (1980), pág. 165.

[479] Cfr., sobre este assunto, R. JOLIET, "The rule of reason in Antitrust Law", Faculté de droit de Liège, La Haye, Martinus Nijhoff, (1967).

[480] Cfr. *Continental TV, Inc vs. GTE, Sylvania Inc*, 433 US 36 (1977); *National Society of Professional Engineers vs. United States*, 435 US 679 (1978). Neste último acórdão, o Supremo Tribunal declara: *"contrariamente à sua denominação, a regra*

O Direito aparece como um puro auxiliar da concorrência e apresenta-se, não como um instrumento de escolha, mas como um meio de realização de uma teoria económica, a teoria da concorrência.

O Direito Europeu, por seu lado, é marcado por uma forte tradição histórica de colbertismo, ou de cartelização, pelo que os sistemas europeus se situam no extremo oposto às concepções americanas. É recente a aceitação das virtudes do modelo de livre concorrência pelos sistemas europeus. Este condicionalismo é ainda ampliado pela concepção de intervencionismo estático existente, que além de legítimo se afigura necessário. Adoptando esquemas de economia mista, é concedida ao Estado a função de regulamentação [481] do jogo concorrencial.

Entendeu, ainda, que a concorrência não é o melhor meio de afectação óptima dos recursos raros, não assegurando o funcionamento harmonioso do jogo social. Não é de surpreender, com este lastro conceptológico, que os sistemas jurídicos europeus tomem o direito da concorrência como um instrumento de intervenção ao serviço dos objectivos económicos e sociais, determinados pelas autoridades de controlo [482]. Adoptando-se esta concepção, as regras da concorrência não são senão simples expressões da política da concorrência, sendo esta parte integrante da política económica.

A elaboração dos sistemas europeus foi, e é ainda hoje, fortemente determinada pela arquitectura dos sistemas de controlo. O n.º 3 do artigo 81.º do Tratado da União Europeia constitui uma boa ilustração dessa situação. Este artigo dispõe que, em determinadas situações, as "ententes" que contribuam para o progresso económico poderão ser isentadas da interdição geral. A noção de "progresso" contém, em si, uma conotação positiva que implica a ponderação das consequências sociais do desenvolvimento, autorizando as autoridades de controlo a fazer opções, em larga medida discricionárias,

---

de razão não abre o campo do direito da concorrência a todos os argumentos razoáveis que permitissem defender uma restrição da concorrência. Ela simplesmente se interessa pelo impacto da restrição nas condições concorrenciais".

[481] Em sentido técnico.

[482] P. BONASSIES, "Les fondements du droit communautaire de la concurrence: la théorie de la concurrence-moyen" in "Études dédiées à Alex Weill", Paris, Dalloz, (1983), pág. 51.

quanto à estrutura económica pretendida. Por outras palavras, a melhoria estrutural do mercado não será resultado natural do jogo da concorrência, tendo o direito como função a correcção dos desvios resultantes dos desenvolvimentos naturais [483].

Estes estudos sofrem do mesmo vício conceptual: tentando elaborar um modelo abstracto, exageram na adopção de elementos estruturantes dominantes, e consequentemente, esquecem uma parte importante da realidade.

A limitação da função do direito da concorrência ao combate dos efeitos económicos do poder monopolístico aparenta-se tão irrealista e esquemática como a sua identificação, pura e simples, a um instrumento de política económica. A luta contra a concentração monopolística não é somente justificável por razões económicas. As regras da concorrência têm, igualmente, como objectivo o combate aos "poderes fora do mercado" das grandes empresas. Não se adopta, porém, a concepção de LOUIS VOGEL [484], quando afirma que os objectivos prosseguidos pelas regras não são redutíveis ao dogma da eficácia económica, que sob uma aparência de neutralidade, acolhe na realidade um esquema de economias de massa, de grandes dimensões, em detrimento da concorrência pela qualidade e do desenvolvimento de unidades económicas de pequena e média dimensão. Neste aspecto é visível, actualmente, uma modificação espontânea, logo, não condicionada externamente, das tendências do mercado, que privilegiam, presentemente, a qualidade e as denominadas produções personalizadas [485].

---

[483] No acórdão *Metro vs. Commission*, (processo n.º 26/76, Colectânea 1977, pág. 1875), o Tribunal de Justiça autorizou a criação de canais de distribuição que permitiam a subsistência de retalhistas especializados, perante a concorrência dos novos métodos de distribuição, praticando preços mais elevados, embora a lógica da concorrência e a simples tomada em consideração das exigências de eficácia económica conduzam, em princípio, ao seu desaparecimento.

[484] L. VOGEL, "Droit de la Concurrence et Concentration Économique", Paris, Economica, (1988), pág. 20.

[485] O paradigma anterior que assentava o nível de desenvolvimento da nação no grau de dimensão das indústrias, favorecendo indubitavelmente as unidades fabris de grande dimensão, grandes consumidoras de mão de obra e energia encontra total falência de fundamento. Nos nossos dias, privilegia-se, o florescimento de indústrias ligeiras (as teorias de gestão são férteis em tendências, mas o substrato básico é

Este fenómeno é recente, sendo resultado da melhoria do nível de vida global e das tecnologias de produção.

Não parece, outrossim, possível reduzir o direito da concorrência à política da concorrência, realidades diversas vezes confundidas, principalmente pelos autores americanos. As cláusulas normativas que definem, na generalidade, o poder de concessão de uma isenção às autoridades de controlo em situações concretas, na base do entendimento de que as vantagens da operação superam as desvantagens assentam, basicamente, em critérios de escolha de política económica, subalternizando os critérios jurídicos.

Embora, numa primeira apreciação, os sistemas europeus aparentem a adopção do mesmo entendimento, uma análise mais profunda revelará um sistema de decisão diferenciado.

Como é demonstrado pela legislação alemã sobre as restrições na concorrência (GWB), o legislador aplicando a este diploma a técnica de redacção que havia prevalecido na elaboração do Código Civil - que GIERKE [486] qualificou como "casuísmo abstracto", destinado a regular sem qualquer omissão todos os casos concretos através de disposições abstractas -, distinguiu dois procedimentos de isenção. O primeiro releva da competência de verificação, concedida ao

---

sempre idêntico, ou seja, a redução da dimensão da empresa, mantendo ou aumentando a quota de mercado e melhorando a sua eficiência. Com este objectivo apareceram as técnicas do *downsizing, rightsizing, reengenharia,* etc.), em detrimento da indústria pesada, que irão actuar em pequenos nichos de mercado. Com a especialização de produções, uma determinada empresa não concorrerá no sector global do tipo de produção em que exerce a sua actividade, mas numa área restrita, onde aplicará a experiência acumulada e desenvolverá as aptidões do seu produto, de forma a torná-lo mais apelativo e procurado pelo mercado, também ele bastante mais flexível e cada vez mais livre de falhas.

Esta situação transporta-nos incondicionalmente para outra área de evolução recente, que será precisamente, a eclosão das tecnologias descentralizadas, favorecendo as produções magras e abandonando os processos de produção em massa. Assim, estas produções magras deverão, pelo seu próprio conceito, ser em pequeno número e personalizadas, consoante o cliente concreto, de forma a satisfazer as suas singulares pretensões. É precisamente este esforço que é visível, hoje em dia, na indústria bancária, na personalização do produto e do atendimento ao cliente.

[486] P. ARMINJON, B. NOLDE e M. WOLFF, "Traité de droit comparé", Paris, LGDJ, 1950, tomo II, n.º 474.

Bundeskartellamt, no caso concreto, das condições tipologicamente delimitadas na lei, (artigo 2.º a artigo 7.º). O segundo, previsto no artigo 8.º, somente é aplicável se não estiverem reunidas as condições previstas nos artigos 2.º a 7.º e, neste caso, reconhece a um órgão político, o Ministro da Economia, a competência para a autorização excepcional de um acordo ou de uma decisão que, em princípio, seriam proibidos quando "*..., uma restrição à concorrência for, por motivos essenciais, necessária do ponto de vista da economia e do interesse público*". Porque a norma de direito da concorrência é uma norma de direito económico, ela é, na generalidade dos sistemas jurídicos, a tradução de uma escolha de política económica. No entanto, a partir do momento que essa opção é positivada, cristaliza-se e escapa à vontade do legislador histórico. Assim, na Europa, mesmo que o enquadramento legal da concorrência tenha contornos pouco definidos, o que permite um certo grau de discricionariedade na decisão, as soluções são, em larga medida predeterminadas, invariáveis, e não submetidas a uma margem de arbitrariedade decorrente de uma vontade política conjuntural.

Pelo exposto, é lícito concluir que o direito da concorrência é mais do que um mero servidor de uma teoria ou de uma política económica, obedecendo a uma lógica e exprimindo uma coerência própria, ou seja, constituindo um sistema jurídico *per si*. Fazendo--se prevalecer o seu pólo económico ou político sobre o pólo jurídico - opção tentadora face ao condicionalismo e posição própria do sistema bancário [487] -, a análise tradicional insiste na especificidade do direito da concorrência, mas nega a sua autonomia, demonstrando simplesmente as suas insuficiências [488].

Deste entendimento, é possível reconhecer a autonomia do direito da concorrência, subalternizando-se as tentativas de transposição de uma lógica externa, puramente económica, que não correspondem, senão parcialmente, aos objectivos prosseguidos pelo sistema de direito da concorrência, prejudicando *ab initio* todas as simplificações abusivas que tendam a observar este ramo do direito como desprovido

---

[487] Vide posição comunitária anterior ao Acórdão Zuchner.
[488] L. VOGEL, "Droit de la Concurrence et Concentration Économique", citado, pág. 21.

de finalidades próprias. Por conseguinte, é indispensável a compreensão dos desenvolvimentos do direito da concorrência [489].

Assim, mais de que uma conclusão que exprima as diferenças intrínsecas dos sistemas de direito da concorrência, é essencial reter que a negação ou, na outra perspectiva, o exagero da sua dimensão jurídica, conduz a uma visão redutora do direito da concorrência e, consequentemente, a uma interpretação errónea da sua evolução e fundamento. Neste aspecto, a aplicação da legislação da concorrência ao sistema bancário é paradigmática. Partindo-se de um entendimento que excluía liminarmente este sector de actividade das regras da concorrência, devido à importância do seu papel para a economia, verificou-se, através da uma análise comparativístíva histórica, um movimento gradual de aplicação dos princípios gerais do direito da concorrência, eliminando-se os receios, historicamente existentes, de que o Jurídico seria demasiado rígido, logo desadequado, para a regulamentação do Económico.

É de salientar a extrema importância desta problemática. A globalização do mercado bancário e a sua integração a nível mundial torna de extraordinário relevo a fixação de um *"level playing field"* uniforme pelo que diferenças na aplicação de um mesmo conceito poderão resultar na criação de uma vantagem competitiva para as instituições de algumas nações, para utilizar a terminologia de MICHAEL PORTER.

---

[489] Quanto a estes aspectos, a evolução da regulamentação referente ao controlo das concentrações é paradigmática.

Como é sabido, somente em 1989, através do Regulamento 4064/89, a CEE dispôs de um instrumento incontroverso específico para o controlo das concentrações.

Porém, a sua raíz histórica encontra-se, como não poderia deixar de ser, nos Estados Unidos, onde em 1914 foi instituída, pela primeira vez, uma regulamentação deste tipo, embora só se tenha tornado verdadeiramente eficaz a partir de 1950. Na Europa, os primeiros alvores deram-se apenas em 1973 e em 1977, na Alemanha e na França, respectivamente.

CAPÍTULO III

REGIME JURÍDICO CONCORRENCIAL DA COMUNIDADE EUROPEIA

1. APRECIAÇÃO GERAL

Toda a construção institucional e legal comunitária originária das Comunidades Europeias - Tratado de Paris, de 18 de Abril de 1951, que instituiu a Comunidade Europeia do Carvão e do Aço e os Tratados de Roma, de 25 de Março de 1957, que instituíram a Comunidade Económica Europeia e a Comunidade Europeia da Energia Atómica -, assentou no princípio doutrinal fundamental, e ao mesmo tempo, fundamentante, do livre jogo do mercado.

Nos objectivos essenciais da Comunidade, enunciados no artigo 2.º do Tratado C.E., considera-se "o estabelecimento do mercado comum" como o primeiro dos meios a utilizar com vista à concretização daquele objectivo.

Essa concretização pressupõe a supressão de numerosas barreiras ao mercado tradicionais (direitos alfandegários, encargos de efeitos equivalente, restrições quantitativas, medidas de efeito equivalente, discriminações fiscais, proteccionismo no mercado de emprego, entre outras) e a instituição da livre circulação de bens (artigos 30.º e ss.), da livre prestação de serviços (artigos 59.º e ss.), da liberdade de estabelecimento (artigos 52.º e ss.), e da livre circulação de capitais (artigos 67.º e ss.) *.

---

* Todos os artigos são referidos na sua versão originária.

Na óptica do legislador comunitário, de 1957, a plena realização das liberdades fundamentais teria como consequência o estabelecimento de um regime que asseguraria que a concorrência não seria falseada no mercado comum [490].

O legislador de Maastricht, ao alargar substancialmente as finalidades da Comunidade, confirmou *tout court* que a livre concorrência constitui um dos pilares da construção comunitária [491].

Para que barreiras de origem micro-económica não substituam as barreiras macro-económicas erradicadas [492], e possam fazer perigar os objectivos enunciados, o Tratado previu regras de tutela da concorrência, contidas num capítulo da Parte III, referente às políticas da Comunidade.

Estas normas cindem-se, porém, em duas categorias. A primeira é constituída pelos auxílios de Estado às empresas (artigos 87.º a 89.º) bem como por outras medidas estáticas susceptíveis de restringir a concorrência no mercado comum (artigo 86.º) [493]. A segunda categoria apresenta no seu âmbito dois aspectos: de uma parte as práticas restritivas da concorrência e do comércio; e por outro lado, as operações de reagrupamento de empresas, *verbi gratia*, as concentrações. Não sendo, estas últimas, propriamente reguladas no Tratado, situam-se na linha natural de evolução da regulamentação da concorrência [494].

---

[490] Cfr. artigo 3.º, alínea f) do Tratado CEE.

[491] Cfr. artigo 4.º, que dispõe o seguinte: "para alcançar os fins enunciados no artigo 2.º, a acção dos Estados-membros e da Comunidade implica, (...) a adopção de uma política económica baseada na estreita coordenação das políticas económicas dos Estados-membros, no mercado interno e na definição de objectivos comuns, e conduzida de acordo com o <u>princípio de uma economia de mercado aberto e de livre concorrência</u>" (sublinhado nosso).

[492] Embora nem todas o tenham sido até agora.

[493] Por razões de índole prática, esta problemática só será referida em termos acidentais.

[494] Nestes termos, poderão indicar-se como fontes, por excelência, do direito comunitário da concorrência, os artigos 81.º e 82.º do Tratado, o Regulamento n.º 17 do Conselho, de 6 de Fevereiro de 1962 (J.O n.º 13, de 21 de Fevereiro de 1962, pág. 204) e o Regulamento 4064/89, de 21 de Dezembro de 1989 (J.O. n.º L 395, de 30 de Dezembro de 1989, tendo sido a publicação corrigida no J.O. n.º L 257//13, de 21 de Setembro de 1990).

A política comunitária da concorrência não se limita a este tecido normativo básico [495]. As instituições da comunidade acumularam, em décadas de acção constante, experiências que constituem um *acquis* de indiscutível utilidade, quer em termos prudenciais quer, principalmente, em termos jurisprudenciais. Estas acções das instituições comunitárias contribuíram não só para a resolução *ex post* das situações anticoncorrenciais mas igualmente, para a consciencialização *a priori* dos agentes do mercado, relativamente às virtudes do modelo da livre concorrência [496].

Estas conclusões não impedem o processo de aplicação das normas concorrenciais ao sector bancário é disso paradigmático -, a constante crítica às acções comunitárias, assente nos pretensos excessos formalistas e na rigidez excessiva.

Não se poderá esquecer que a política comunitária da concorrência é parte integrante da política comunitária global, constituindo um instrumento fundamental para a integração económica. Por aqui se verifica que os objectivos da política da concorrência variarão consoante forem os objectivos de integração económica, e esta encontra-se em mutação permanente [497].

Os artigos 81.º e 82.º estabelecem as previsões substantivas do tecido normativo da concorrência, aplicável as empresas públicas e privadas. O artigo 86.º consagra uma previsão especial aplicável a entes públicos ou a entes a quem os Estados-membros concedam

---

[495] Cfr. B. GENESTE, "Droit Communautaire de la Concurrence", Vuibert, Paris, (1993); X. DE ROUX e D. VOILLEMOT, "Le droit de la concurrence de la CEE", Dicionnaire Joly, actualização periódica; C. GAVALDA e G. PARLEANI, "Droit Communautaire de les affaires", Litec, (1990); B. GOLDMAN c A. LYON-CAEN, "Droit commercial européen", Précis Dalloz, (1996); A. BRAUN, A. GLEISS A. e M. HIRSCH, "Droit des Ententes de la Communauté Économique Européene", (1977).

[496] Cfr. R. KOVAR, "Code Européen de la Concurrence", Dalloz, (1990); L. E J. VOGEL, "Le droit européen de les affaires", Dalloz, (1992); M. WAELBROECK, "Concurrence" in *Commentaire Mégret: le droit de la CE*, Tomo 4, ed. Université de Bruxelles, (1997).

[497] Veja-se, nos últimos anos, a evolução deste conceito com a entrada em vigor do Tratado da União Europeia, a ratificação do Acordo sobre o Espaço Económico Europeu, a aprovação do Livro Branco sobre o Crescimento, a Competitividade e o Emprego, as Conclusões da Presidência referentes ao Conselho de Madrid, o Pacto de Estabilidade, Crescimento, só para citar alguns instrumentos.

direitos especiais ou exclusivo. O Artigo 85.º impõe o dever da Comissão assegurar a aplicação dos princípios vertidos nos artigos 81.º e 82.º, através da investigação dos casos suspeitos e da possibilidade de propositura de medidas adequadas, de forma a suster uma qualquer infracção. Tendo como efeito tornar estes princípios exequíveis, o Conselho emanou, em 1962, o Regulamento 17.

Nos termos da alínea c) do n.º 2 do artigo 83.º do Tratado, o Conselho poderá adoptar regulamentos ou directivas que definam, caso haja necessidade, o alcance das previsões dos artigos 81.º e 82.º nos diversos ramos de actividade económica. Esta opção foi equacionada em termos de delimitar o alcance dos artigos 81.º e 82.º ao sector bancário.

Contrariamente aos tratados internacionais tradicionais, que se dirigem principalmente aos Estados e excepcionalmente às pessoas, os tratados que instituíram as Comunidades Europeias contém normas que os particulares podem invocar directamente perante, os juizes nacionais. Ora, os artigos 81.º e 82.º incluem-se no elenco dessas normas, dotadas de efeito directo [498].

Por outro lado, estes artigos são dirigidos às empresas, diferentemente das outras disposições, que são simplesmente aplicáveis aos Estados-membros. Desta forma, uma restrição à concorrência imposta por um Estado-Membro, no exercício da suas funções soberanas, não poderá ser abrangida por estas disposições. Porém, o Estado-Membro não pode permitir, através de medidas de nível nacional, que as empresas escapem a este enquadramento legal. Este entendimento foi confirmado, em 1977, pelo Tribunal de Justiça, no acórdão *INNO v. ATAB* [499] e reafirmado nos acórdãos *Cognac* [500]. Nestes processos, o

---

[498] O princípio do efeito directo do direito comunitário foi enunciado pela primeira vez pelo Tribunal de Justiça no acórdão *Van Gend & Loos* (acórdão de 5 de Fevereiro de 1963, processo 26/62, Colectânea 1962, pág. 1). O efeito directo das normas de tutela da concorrência foi reconhecido pelo acórdão *B.R.T./S.A.B.A.M.* (acórdão de 30 de Janeiro de 1974, processo 127/73, Colectânea 1973, pág. 62).

[499] Processo n.º 13/77, Colectânea 1977, págs. 2115 e ss. Neste acórdão foi discutido a compatibilidade da legislação comunitária com uma medida nacional que permitia às empresas privadas escaparem à proibição estatuída no artigo 82.º do Tratado. Estes princípios são igualmente aplicáveis no que diz respeito ao artigo 81.º: (ver página 2144-2145, pontos 28 a 33).

Tribunal considerou que os acordos relevantes tinham sido alcançados no âmbito de um enquadramento dirigido por um ente público, mas tal facto não colocaria essa concertação fora da incidência do n.º 1 do artigo 81.º; e mais, a um qualquer acto subsequente das autoridades do Estado-Membro que adoptasse ou acolhesse essa solução seria igualmente aplicável esse regime. Ou seja, um Estado membro que recebesse medidas desta natureza estaria a defraudar as normas de tutela da concorrência do Tratado [501].

2. EMPRESAS

Sendo o âmbito de incidência dos artigos 81.º e 82.º do Tratado relativos a comportamento de empresas, importa precisar o conceito económico de empresa, não contendo essas disposições qualquer definição.

O conceito "empresa" tem sido interpretado da forma mais ampla possível, fundando-se num duplo critério material e orgânico [502]: se a empresa é o suporte de uma actividade económica, então ela será igualmente um centro de decisão autónomo [503]. Tem-se incluido na

---

[500] Processo n.º 267/83, *BNIC v. CLAIR*, Colectânea 1985, págs. 391 e ss; Processo n.º 136/86 *BNIC v. Aubert*, Colectânea 1987, págs. 4789 e ss.. Estes acórdãos versaram sobre acordos restritivos da concorrência, entre produtores e distribuidores de *cognac*, patrocinados por uma instituição pública, o *Bureau National Interprofissionel du Cognac*. Nos termos da legislação francesa, os acordos firmados dentro da BNIC eram colocados em prática através de regulamentos ministeriais.

[501] P. JACOBS e J. STEWART CLARK, "Competition Law in the European Community", 2.ª ed., Kagen Page, (1991).

[502] Cfr. C. GRYNFOGEL, "Droit Communautaire de la Concurrence", L.G.D.J., Paris, (1997); C. GAVALDA e G. PARLEANI, "Droit Communautaire des affaires", Litec, Paris, (1994); C. GAVALDA e G. PARLEANI, "Droit des affaires de l'Union Européene", Litec, Paris, (1995); B. GOLDMAN, A. LYON-CAEN e L. VOGEL, "Droit Commercial Européen", Dalloz, Paris, (1994); J. SCHAPIRA, G. LE TALLEC e J. BLAISE, "Droit Européen des affaires", PUF, Paris, (1994).

[503] O Tribunal de Justiça interpretou o conceito de uma forma bastante lata. Assim, no acórdão *Macroton* (acórdão de 23 de Março de 1991, processo n.º C-41/ /90, Col. I, págs. 2016 e ss.) estabeleceu o seguinte: *"no contexto do direito da concorrência (...) a noção de empresa compreende todas as entidades que exerçam uma actividade económica, independentemente do estatuto jurídico dessa actividade*

definição, além das sociedades comerciais, onde se inserem naturalmente as instituições financeiras, pessoas singulares [504], organizações de índole não lucrativa [505] e, até mesmo, órgãos do Estado [506] des-

---

e do seu modo de funcionamento". Cfr., acórdão do Tribunal de Primeira Instância *Enichem - A.N.I.C* (acórdão de 17 de Dezembro de 1991, processo n.º T-6/89, Col. II, pág. 1695, que precisou que as empresas, entidades económicas, "*são constituídas por um conjunto de elementos materiais e humanos*".

[504] Cfr. decisão *A.I.O.P-Beyrard* (decisão de 2 de Dezembro de 1975, JO CE n.º L 6/8, de 13 de Janeiro de 1976). Ver, igualmente, por exemplo, acórdão *RAI/ /Unitel*, citado; acórdão *Breeders'Right - Maize Seed* (JO CE n.º L 286/23, de 12 de Outubro de 1978).

[505] Acórdãos *Van Landewyck vs. Comissão*, processos n.º 209-215 e 218/78, Colectânea 1980, pág. 3125 e ss.

[506] Uma questão controversa é a de se saber se as regras de tutela da concorrência aplicáveis às empresas poderão incidir sobre medidas de Estado restritivas da concorrência. Este debate teve origem num acórdão onde o Tribunal se pronunciou sobre a interpretação do artigo 82.º, articulado com a alínea f) do artigo 3.º (que requer a instauração de um regime de concorrência não falseado) e com a alínea 2 do artigo 10.º (que obriga os Estados a respeitar as obrigações impostas pelo Tratado), quanto à problemática, segundo a qual, a eventual fixação do preço de venda de um produto pelo Estado não consistiria numa prática similar a um abuso de posição dominante. Esta polémica teve particular acutilância no plano bancário, pois muitas das vezes era o Estado a delimitar superiormente as condições de transacção de determinados produtos bancários. A resposta do Tribunal não se fez esperar, e foi no sentido de considerar que "se era verdade que o artigo 82.º se dirigia às empresas, também não era menos verdade que o Tratado impunha aos Estados a não tomada, ou a não manutenção, de medidas susceptíveis de eliminar os efeitos úteis dessa disposição" (acórdão *Inno/A.T.A.B.*, de 16 de Novembro de 1977, Colectânea, pág. 2144). Esta orientação do Tribunal levou a que a doutrina se pronunciasse no sentido idêntico, considerando que as disposições constantes nos artigos 81.º e 82.º seriam aplicáveis, nos termos expostos, aos Estados-membros, o que a nosso ver era bastante criticável devido à natureza intrínseca das disposições. Porém, recentemente, o Tribunal alterou a sua jurisprudência constante e afirmou que "*o artigo 81.º (e necessariamente também o artigo 82.º) diz respeito unicamente a comportamentos de empresas, não visando medidas legislativas ou regulamentares emanadas pelos Estados-membros*".

Apesar desta conclusão, que nos parece óbvia, a nosso ver, o artigo 81.º deverá ser interpretado conjuntamente com o artigo 10.º do Tratado em situações específicas, como os casos em que o Estado impõe ou favorece a conclusão de ententes contrárias ao artigo 81.º, ou reforça os efeitos dessas ententes, ou até mesmo quando retira à sua própria regulamentação o seu carácter estático, delegando em operadores privados a sua responsabilidade de intervenção em matéria económica. Todavia, uma conclusão diferente deverá ser retirada se a regulamentação estática for adoptada na

providos de personalidade jurídica desde que não exerçam funções de autoridade pública mas *"actividades económicas de carácter industrial ou comercial que consistam na oferta de bens e serviços no mercado"* [507].

A Comissão estabeleceu que *"o conceito funcional de empresa do n.º 1 do artigo 81.º engloba qualquer actividade dirigida ao comércio de bens ou de serviços, independentemente do estatuto legal ou do intuito lucrativo do sujeito"* [508].

Uma análise atenta da legislação e da jurisprudência permite retirar algumas conclusões, quanto ao substrato conceptual do termo "empresa". É essencial para essa qualificação que o sujeito em causa exerça uma actividade económica ou comercial [509].

Se o acordo se verificar no interior de um grupo de empresas, ou seja, entre uma empresa mãe e uma empresa subsidiária ou entre duas empresas dominadas, em termos jurídicos, por uma terceira, já não cairá na incidência do artigo 81.º [510].

Nestes casos, entende-se que as empresas coligadas formam uma unidade económica. As subsidiárias não terão uma suficiente margem de liberdade, na determinação da sua acção concorrencial no mercado que fundamente a aplicabilidade deste dispositivo normativo [511]. Pela

---

ausência de qualquer ligação directa com os comportamentos das empresas visados pelo artigo 81.º do Tratado. Cfr., sobre este assunto, acórdão *Terminais de Telecomunicações* (acórdão de 19 de Março de 1991, processo 202/88, Colectânea 1991, I, pág. 1223).

[507] Acórdão de 16 de Junho de 1987, processo 118/85, Colectânea 1987, I, pág. 2621.

[508] Decisão da Comissão *"Filmes Adquiridos pelas Estações de Televisão Alemãs"*, in JO CE n.º L 248/36 (1981), pág. 41.

[509] Acórdão *BRT vs. SABAM*, processo n.º 127/73, Colectânea 1974, págs. 313, 322-323. Cfr., e.g., W. PITT, "More equal than others: a directors guide to EU competition law", Director´s Guide, Hermel Hampstead, (1995); F. SOUTY, "Le droit da la concurrence da l'Union Européen", Montchrétien, Paris, (1997).

[510] Esta posição tomada pelo Tribunal de Justiça, no contexto do Tratado C.E., é diametralmente oposta à seguida no tratado C.E.C.A. Esta orientação torna inaplicável a teoria da *intra-enterprise conspiracy* (utilizando a terminologia do direito anglo-saxónico).

[511] Acórdão *Central Farm vs. Sterling Drug*, processo n.º 15/74, Colectânea 1974, 1147, 1167; acórdão *Hidroterm vs. Compact*, processo n.º 170/83, Colectânea 1984, págs. 1999 e ss.; acórdãos *Ford vs. Comissão*, processos n.º 228 & 229/82,

mesma ordem de razões, as sucursais bancárias não são empresas, no sentido do artigo 81.º [512].

Não obstante, se uma sucursal bancária exercer, por ela própria, comportamentos anticoncorrenciais, esses actos serão imputados à sociedade-mãe [513].

No mercado bancário, poderão levantar-se mais algumas hipóteses susceptíveis de apreciação conceptual nesta sede. Os empregados por conta de outrém (assalariados, mandatários) não poderão ser qualificados como "empresas" [514]. Porém, no tratamento dos agentes,

---

(n.º 1), Colectânea 1984, págs. 1129 e ss.. A exclusão destes acordos do campo de aplicação do artigo 81.º baseia-se, segundo J. CASEIRO ALVES, (in Lições de Direito Comunitário da Concorrência, Coimbra: Curso de Estudos Europeus da FDUC, 1989, pág. 34) numa opção das autoridades comunitárias *"inspirada sobretudo em razões de política económica, bem mais do que em critérios de rigor jurídico"*.

[512] Decisão *Fire Insurance*, in JO CE n.º L 80/36 (1982).

[513] Esta consequência, que constitui o reverso da medalha, foi claramente ilustrada no caso *Solventes Comerciais* (acórdão de 6 de Março de 1974, processos 6 e 7/73, Colectânea 1977, pág. 257). A sociedade-mãe (C.S.C.) detentora duma posição de monopólio sobre o produto em causa foi julgada pela Comissão como a verdadeira responsável pelo abuso (recusa de venda a um cliente) praticado por uma sociedade-filha.

[514] Acórdão *Suiker Unie vs. Commissão*, processo n.º 40/73, Colectânea 1975, págs. 1663 e ss. No entanto, uma pessoa singular pode ser qualificada como "empresa", para efeitos de aplicação do artigo 81.º, se exercer uma actividade económica ou comercial por conta própria, quer como profissional independente, quer como empresário em nome individual, utilizando os conceitos do direito fiscal. Têm sido emanados diversos acórdãos que sustentam esta solução, assim, o acórdão *Nungesser vs. Commissão*, processo n.º 258/78, Colectânea 1982, págs. 2015 e ss.; acórdão *BAT vs. Commissão*, processo n.º 35/83, Colectânea 1985, págs. 363 e ss.. A detenção de acções por uma pessoa singular, por si só, não bastará para qualificar o detentor como "empresa". Tal facto será suficiente se essa pessoa detiver participações sociais bastantes para exercer o controlo, e torne efectivo esse poder. Assim, acórdão *Reuter/BASF*, citado.

Aproveitando a oportunidade para a clarificação do conceito de empresa, compreendido no artigo 81.º, que corporiza a legitimidade subjectiva para a aplicação do dispositivo normativo, é pacífico o entendimento que compreende as empresas públicas, ou de capitais públicos, no âmbito de aplicação deste artigo, deste que tenham por objecto actividades económicas ou comerciais, onde se poderá incluir a actividade de prestação de serviços públicos. Esta posição poderá ser vislumbrada no Acórdão *Sachi*, processo n.º 155/73, Colectânea 1974, págs. 409 e ss.. O artigo 86.º n.º 1 do Tratado dispõe que, no tocante a empresas públicas e a empresas às

já se colocam algumas dificuldades de qualificação. É possível, contudo, afirmar que um acordo entre uma instituição bancária e um agente, *proprio sensu*, não cairá no âmbito de incidência do artigo em causa [515].

Pelo exposto, poderemos concluir que, como se apontou anteriormente, o Tratado não definiu a noção de empresa para efeitos de aplicação do artigo 81.º. Por seu lado, o Tribunal de Justiça limitou-se a estabelecer linhas de orientação interpretativa, assentes num critério funcional qualificando como empresa toda a unidade

---

quais são concedidos direitos especiais ou exclusivos, os Estados-membros não deverão tomar ou manter qualquer medida contrária *inter alia* ao disposto nos artigos 81.º a 89.º do Tratado. O n.º 2 desse artigo, por seu lado, estabelece que as empresas encarregadas da gestão de serviços de interesse económico geral ou que tenham a natureza de monopólio fiscal ficam submetidas ao regime da concorrência, na medida em que a aplicação destas regras não constitua obstáculo ao cumprimento, de direito ou de facto, da missão particular que lhes foi confiada. Também os Estados-membros não são qualificáveis como "empresas", pelo menos no exercício de actividades de soberania ou de natureza administrativa, embora estejam sujeitos ao procedimento de infracção previstos no artigo 226.º do Tratado. É, todavia, duvidoso que um Estado-Membro esteja sujeito ao procedimento previsto no Regulamento 17, nos casos em que seja parte num acordo comercial com outro sujeito qualificado como empresa. No nono Relatório sobre Política da Concorrência (1980), ponto 114, a Comissão, na decisão *French State/Suralmo*, julgou que o regime de utilização de uma patente, detida pelo Estado francês, se englobava no âmbito de incidência do artigo 81.º. Porém, parece que os Estados não poderão sofrer penalizações de natureza financeira, nos termos do artigo 256.º do Tratado. Esta problemática é importante sendo usual a prestação de auxílios financeiros a Estados através de sindicatos bancários, que incluem, por vezes, auxílios de Estados nacionais, por exemplo, no caso da dívida dos países em vias de desenvolvimento. Já quanto aos acordos de natureza comercial elaborados num enquadramento de direito público não existem dúvidas na correcção da aplicação do artigo 81.º, acórdão *BNIC vs. Clair*, citado. Se estiverem em causa autoridades regionais ou locais, a questão encontra-se ainda em aberto, sendo aconselhável a posição que equipare o seu regime ao da administração central (nos termos do artigo 2.º da Directiva 80/723, App. 27 post, as autoridades regionais e locais são consideradas como "autoridades públicas" e não como "empresas").

[515] Quanto aos denominados representantes de comércio e agentes comerciais, a qualificação como empresa depende do modo de exercício da actividade. Se a função que exercem de facto tem carácter autónomo, ou seja, se forem assumidos por estes sujeitos os riscos financeiros das operações comerciais e se tiverem poderes para determinar as condições das transacções, poderão ser vistos como negociantes independentes e consequentemente, como empresas autónomas.

económica, em analogia com o direito fiscal, mesmo que do ponto de vista jurídico essa unidade económica seja constituída por entidades jurídicas autónomas, dotadas de personalidade jurídica própria, por exemplo, nos casos de acordos entre sociedades que pertencem ao mesmo grupo. Não é exigível nenhum tipo específico de configuração jurídica nem o intuito lucrativo, essencial para a definição mercantilista de empresa, podendo a pessoa ser singular ou colectiva, privada ou pública.

Bastará o exercício permanente de uma actividade económica e um mínimo de autonomia real nas decisões e acções.

3. AFECTAÇÃO DO COMÉRCIO ENTRE ESTADOS-MEMBROS

As restrições à concorrência deverão ser sentidas no interior do mercado comum. Este requisito define os limites de aplicação da legislação comunitária a países terceiros.

Os artigos 81.º e 82.º só serão aplicáveis se as práticas restritivas forem susceptíveis de afectar o comércio entre os Estados-membros. Esta regra, que resulta expressamente do texto das duas disposições é, segundo PAPPALARDO, "a expressão da partilha de competências e reflecte o carácter parcialmente federal da Comunidade"[516].

Os artigos 81.º e 82.º aplicam-se, certamente, quando o acordo tenha sido elaborado por empresas situadas no espaço comunitário e cujo escopo seja a restrição da concorrência nesse espaço. Porém, aplicam-se igualmente quando o segundo requisito é preenchido, ou seja, quando somente os efeitos anticoncorrenciais se sintam no interior do Mercado Interno[517].

---

[516] A. PAPPALARDO, "La réglementation communautaire de la concurrence: les dispositions du traité C.E. et de droit dérivé relatives aux ententes entre entreprises, à l'abus de position dominante et au contrôle des concentrations." in *Revue Internationale de Droit Economique*, n.º especial, ano VIII, n.º 3, (1994), pág. 346.

[517] O Tribunal de Justiça decidiu no acórdão *Ahlstrom vs. Commissão* (*Wood Pulp*), processo n.º 89/85, Colectânea 1988, págs. 5193 e ss., o seguinte: se a aplicabilidade das proibições estabelecidas na legislação da concorrência dependesse do local de origem do acordo, decisão ou prática concertada, o resultado seria obvia-

Desta forma, um acordo que apenas produza os seus efeitos no exterior da Comunidade, não será proibido, mesmo se tiver sido concluído por empresas situadas no seu interior. Por sua vez, um acordo restritivo da concorrência que necessite de um qualquer acto interno positivo de implementação, para produzir os seus efeitos no interior do espaço comunitário, cairá na proibição do artigo 81.º, mesmo que as partes se situem num ou mais países terceiros [518].

Os Estados-membros terão como tarefa intervir nas restrições da concorrência que tenham um alcance meramente nacional. O Tribunal confirmou este critério por diversas vezes [519].

A interpretação jurisprudencial de delimitação de competências conferiu à condição em questão a natureza de uma verdadeira norma de conflitos e fez surgir dúvidas quanto ao seu alcance como direito material. Porém, a nosso ver, o problema é meramente terminológico e deverá ser observado de duas vertentes: a vertente objectiva - afectação do comércio - e a espacial - espaço afectado -. Assim sendo, deverão realizar-se dois juízos, que poderão não ser cumulativos.

A observação objectiva da afectação do comércio poderá ser positiva ainda que "as circunstâncias do acordo favorecerem um

---

mente, o fornecimento às empresas de um meio fácil de evasão a estas disposições. O factor de apreciação decisivo será o local de implementação do acordo. Neste caso, os produtores implementaram o seu acordo de preços no interior do mercado comunitário. Para este juízo é irrelevante se as actividades foram levadas a cabo por filiais, agentes, ou sucursais estabelecidas no interior da Comunidade. A competência jurisdicional da Comunidade Europeia é exercida de acordo com o princípio da territorialidade, nos termos universalmente reconhecidos pelo Direito Internacional Público.

[518] Cfr., por exemplo, acórdão *Béguelin vs. SAGL*, processo n.º 22/71, Colectânea 1971, págs. 949 e ss.

[519] No acórdão *Grundig-Consten* (processos 6 e 7/73, Colectânea 1973, pág. 257), o Tribunal confirmou que o critério em questão: "*tend à determiner, em matière de réglementation des ententes, l'empire du droit communautaire par rapport à celui des États; (...) c'est en effect dans la mesure oú l'accord peut affecter le commerce entre États membres que l'altération de la concurrence provoquée par cet accord relève des prohibitions de droit communautaire de l'article 85 (81.º), alors qu'au cas contraire elle y échappe; (...) à cet égard, il importe notamment de savoir si l'accord est susceptible de mettre en cause, soit de manière directe ou indirecte, soit actuellement ou potentiellement, la liberté du commerce entre États membres dans un sens qui pourrait nuire à la réalisations des objectifs d'un marché unique entre États.*"

aumento, mesmo considerável, do volume de comércio entre os Estados"[520].

O âmbito espacial da afectação do comércio não coloca, em princípio, grandes questões se as empresas em causa operarem em diferentes países da União Europeia, mas mesmo uma prática restritiva exercida simplesmente por empresas nacionais de um Estado-Membro poderá ser abrangida pela disposição comunitária, se tiver efeitos extraterritoriais, ou então, no caso de fechar o acesso ao mercado nacional a empresas dos outros Estados-membros[521].

No entanto, a maior integração do mercado comunitário torna o critério da afectação do comércio cada vez menos praticável, dado que a eliminação das barreiras tradicionais entre os Estados impossibilita a utilização dos critérios anteriormente empregues. Por outro lado, a aplicação do princípio da subsidiariedade alterou a repartição de competências, fortalecendo as autoridades nacionais. Por todos estes aspectos, é de esperar uma alteração da corrente jurisprudencial do Tribunal, relativamente ao critério da afectação do comércio[522].

4. A APLICAÇÃO EXTRA-TERRITORIAL DO DIREITO COMUNITÁRIO DA CONCORRÊNCIA

É essencial, nesta sede, focar a questão da aplicação extraterritorial do direito comunitário, dado que um dos mercados mais globalizados é precisamente o bancário.

O campo de aplicação territorial das normas da concorrência, tal como das outras disposições do Tratado, é delimitado pelo seu artigo 227.º.

Nesta matéria, colocam-se dúvidas particulares no domínio da concorrência. As restrições, no mercado bancário, originadas por uma

---
[520] *Idem*, pág. 495.
[521] Acórdão *Cementhandelaren* (processo n.º 8/72, Colectânea 1972, pág. 992)
[522] Por outro lado, para que o artigo 81.º seja aplicado é necessário que os efeitos sejam sensíveis. A jurisprudência do Tribunal baseou-se no princípio *de minimis non curat praetor*. Tendo o Tribunal enunciado este princípio em termos generosos, a Comissão apressou-se a estabelecer limites quantitativos, como se verá adiante.

entente, um abuso de posição dominante ou uma concentração, poderão ser causadas por empresas que tenham a sua sede principal, e por vezes única, no exterior do espaço territorial da Comunidade. Perante esta observação pergunta-se se a adopção de actos jurídicos, por parte da autoridade comunitária de tutela da concorrência, dirigidos a essas empresas, não constituiria um caso de aplicação extraterritorial da lei interna, incompatível com os princípios mutuamente reconhecidos do direito internacional [523].

A Comissão vem apoiando a sua posição, no tratamento desta questão, na doutrina denominada "dos efeitos", nos termos da qual afirma que se uma entente, ou um outro comportamento abusivo, provoca efeitos restritivos sensíveis no seio da Comunidade, afectando o comércio entre os Estados-membros, o disposto nos artigos 81.º e 82.º seria aplicável, independentemente do local onde se encontrem as sedes das empresas causadoras desses comportamentos. A nosso ver, os requisitos de direito internacional não são plenamente satisfeitos se a autoridade aplicadora do direito legitimar a sua acção unicamente nos "efeitos". Será necessário, pelo menos, que o comportamento restritivo apresente algum vínculo de conexão com o território no qual os efeitos restritivos foram produzidos. Pelo exposto, deverá provar-se, no mínimo, que o comportamento incriminado teve lugar, nem que seja parcialmente, no território em causa.

Num primeiro momento, a solução do Tribunal de Justiça assentava na imputação das actividades das filiais que operavam no território da Comunidade às sociedades mães situadas em países terceiros, tomando como base de decisão a noção de empresa como unidade económica. Recentemente, o Tribunal alterou os seus termos decisórios, julgando que uma prática restritiva, contrária ao disposto nos artigos 81.º e 82.º, implica dois elementos de comportamento, precisamente, a formação da prática restritiva e a sua aplicação. Considerou, ainda, que fazer depender a aplicabilidade das interdições do local de formação da prática restritiva tem como consequência o fornecimento às empresas de um meio de se subtraírem facilmente à aplicação das mesmas. Por exclusão de partes, o Tribu-

---

[523] Esta questão colocou-se pela primeira vez, no direito comunitário, no acórdão *Matérias Colorantes Corantes* (processo n.º 48/69, Colectânea 1972, págs. 619 e ss.)

nal concluiu que o local onde a prática restritiva é exercida seria o vínculo determinante para a aplicação da lei. Verifica-se, pois, que até mesmo o Tribunal ignorou a questão da intensidade dos elementos de conexão, adoptando uma posição idêntica à da Comissão nesta matéria.

5. A RELAÇÃO ENTRE O DIREITO COMUNITÁRIO E O DIREITO NACIONAL

As relações entre o direito comunitário e os direitos nacionais da concorrência são regidas pelo princípio do paralelismo, temperado pelo princípio do primado do direito comunitário.

O Tribunal tem determinado, em primeiro lugar, que o direito comunitário é aplicável às práticas restritivas *"em razão dos entraves que poderão resultar (dessas práticas) para o comércio entre Estados-membros"*, enquanto que *"as legislações internas, inspiradas por considerações próprias a cada uma delas, consideram as práticas restritivas nos seus quadros próprios"*. No entanto, uma prática restritiva pode, em princípio, *"ser objecto de dois procedimentos paralelos"*. As autoridades nacionais poderão, em particular, *"intervir contra uma prática restritiva, em aplicação do direito interno, mesmo que o exame dessa prática, à luz do direito comunitário, se encontre pendente na Comissão"* [524]. Ao mesmo tempo, o Tribunal precisou, igualmente, que a salvaguarda das finalidades gerais constantes no Tratado exigem que a acção paralela *"não seja admitida a não ser que não traga prejuízo à aplicação uniforme, em todo o mercado comum, das regras comunitárias em matéria de práticas restritivas"*. Em caso de conflito, estes deverão ser resolvidos pela aplicação do princípio do primado do direito comunitário [525]. Obviamente que isto

---

[524] Acórdão *Walt Wilhelm* (processo n.º 14/68, Colectânea 1969, pág. 14).

[525] O Tribunal pronunciou-se sobre as principais hipóteses que se poderão apresentar na prática. Assim, se após o procedimento comunitário aparecer um procedimento nacional sobre o mesmo assunto, as autoridades nacionais deverão respeitar os efeitos do primeiro. Se, por outro lado, os dois se encontrarem em curso, e houver o perigo potencial da decisão comunitária ser diferente da decisão a nível

não quererá significar que se excluem dois procedimentos paralelos que prossigam fins distintos, porém, neste caso, exigências de equidade obrigam a que se tomem em consideração todas as decisões repressivas anteriores, na determinação da eventual sanção.

6. OS PRODUTOS BANCÁRIOS

6.1. Prévio

Colocar-se-á liminarmente a questão relativa à averiguação material objectiva, ou seja, é necessário indagar se o jogo concorrencial no mercado bancário tem como objecto uma gama compósita de produtos, ou pelo contrário, se é limitado a um reduzido número de elementos negociáveis, coligados eventualmente, mas detentores de uma individualidade singular.

As duas aproximações terão implicações diferentes. Caso se opte pela primeira, poderão excluir-se da concorrência, actual e potencial, os sujeitos que não operam na gama inteira dos produtos bancários. No segundo caso, deverá determinar-se a estrutura da oferta de um qualquer produto, sem precludir a sua origem institucional, que até poderá ser não bancária.

6.2. Delimitação do produto

Nos Estados Unidos, a jurisprudência do Supremo Tribunal Federal afirma que a actividade bancária assentava na oferta de uma única

---

nacional, as autoridades nacionais deverão tomar as medidas apropriadas para tal não acontecer. Cfr. acórdão *Walt Wilhelm,* citado, pág. 15.

As soluções enunciadas, descritas em termos sumários, não são aplicáveis quando a Comissão, ao invés de adoptar uma decisão, informa as empresas por uma simples carta administrativa, - a prática das cartas administrativas tem por finalidade a conclusão de facto de um procedimento, dotando as empresas visadas de um mínimo de segurança jurídica e evitando as inevitáveis demoras de um procedimento formal - , de que não encontra razões para intervir ou que pretende arquivar o processo. Nestes casos, as autoridades nacionais são livres de aplicar as disposições de direito interno, eventualmente mais severas. Cfr. acórdão *Giry et Guerlain* (processos n.ºs 253/78 e 1 a 3/79, Colectânea 1979, págs 2374 e ss.)

gama compósita (*cluster of products*) [526]. Por conseguinte, o mercado bancário será individualizado pela gama de produtos oferecida pelas instituições de crédito, sendo estas as únicas entidades que têm a possibilidade de oferecer a sua totalidade. A actividade bancária consistiria, assim, na oferta de um produto fortemente coeso, tendo a prática norte-americana individualizado o depósito como o que melhor representava todo o *cluster*.

Poderemos criticar esta posição, devido à drástica simplificação em que incorre, censurável do plano teórico e empírico, tal como foi exposto *supra*.

Actualmente, o desenvolvimento da microeconomia bancária faz convergir a visão da banca numa óptica de fornecimento de serviços de pagamento e valoração do risco de crédito, num processo produtivo, no qual os depósitos e os recursos próprios figuram como *inputs* e os empréstimos e serviços de pagamento como *outputs*.

Como foi referido oportunamente, no plano teórico, o sector bancário tem a capacidade de delinear toda a concorrência potencial na generalidade dos sectores da economia. Esta realidade manifesta-se com mais evidência na actividade de concessão de empréstimos do que na de percepção de depósitos.

Num plano empírico, é evidente que a capacidade competitiva de um banco, no mercado dos empréstimos e no mercado dos depósitos não é necessariamente igual, até porque, a recolha de depósitos dá-se em relação às famílias e a concessão de empréstimos é executada em relação às empresas. Poderá então concluir-se, e no sentido de simplificar o mais possível esta questão, que, no mínimo, deverão distinguir-se dois mercados.

6.2.1. O mercados dos empréstimos

Nesta sede deverá indagar-se se as relações de substituição entre os vários instrumentos financeiros não são, pelo menos actualmente, tais, que privem da análise do grau de concorrência presente algum instrumento financeiro que não seja fornecido pelo sector bancário.

---

[526] *U. S vs Philadelphia National Bank*, 1963 e *U. S. vs Connecticut National Bank*, 418 U.S 656, 1974.

Nestes termos, será necessário proceder a um estudo que permita individualizar algum elemento que possa caracterizar o empréstimo bancário em relação aos instrumentos similares concedidos por outros intermediários financeiros.

Tal análise abrange os seguintes termos:

a) as instituições bancárias têm vantagens relativas na área da valoração do mérito do crédito ao cliente, podendo apropriar-se de informações derivadas da sua participação directa no mecanismo de pagamentos;

b) de um ponto de vista estritamente microeconómico, tanto as instituições bancárias como os outros intermediários concedem crédito sobre a forma de moeda, não havendo neste ponto qualquer diferença relevante. Mas os crédito concedido por outros intermediários financeiros são condicionados pela disponibilidade, ou pela a aquisição por parte do sujeito de activos particulares: normalmente uma operação de locação financeira é condicionada à aquisição de maquinaria ou imóveis; uma operação de facturação está ligada ao financiamento do crédito comercial; uma operação de crédito ao consumo está ligada à aquisição de um bem consumível; os crédito concedido por institutos especiais é vinculado à função que deriva da natureza da entidade (obras públicas, agricultura,...).

A instituição bancária é a única capaz de satisfazer, por inteiro, as exigências de financiamento de uma empresa, atribuindo crédito sem qualquer vínculo especial de destino, e sem condições rígidas no que diz respeito ao activo onde será aplicado [527].

c) o crédito concedido por intermediários diversos das instituições bancárias é vinculado a formas contratuais rígidas, normalmente colaterais ao contrato de financiamento, tais como garantias hipotecárias que acompanham muitos créditos especiais ou a propriedade do bem, no caso da locação financeira;

---

[527] Não deveremos excluir, porém, qualquer forma de crédito que condicione o agente a uma qualquer conduta, mas normalmente, a distinção é efectuada pela taxa de juro.

d) alguns financiamentos, outorgados por intermediários qualitativamente diferenciados das instituições bancárias, impõem ao financiado uma associação, baseada no empréstimo e na concessão de algum serviço (locação financeira e contrato de facturação).

Perante isto, poderá concluir-se no sentido de que, apesar da importante relação de substituição entre os financiamentos concedidos por instituições bancárias e por outros intermediários financeiros, as duas situações não são simétricas. Existirá um preço relativo, pelo qual o crédito bancário substitui todos os outros, o que não ocorre no inverso.

Ao adoptar-se esta perspectiva poderá separar-se o mercado dos empréstimos bancários das restantes operações activas de crédito. É imprescindível ponderar os desenvolvimentos recentes da prática bancária, que tende, ela própria, a separar o seu crédito bancário típico do crédito bancário especial. No entanto, as análises estatísticas são quase inexistentes.

Poderá, eventualmente, desagregar-se o denominado crédito bancário, individualizando produtos específicos, como o crédito às pequenas empresas, o crédito pessoal, e outros.

Mas, parece que esse caminho não é de seguir. Os critérios explanados (a-d) para justificar a separação entre o crédito bancário e o das outras instituições não é susceptível de utilização no interior da categoria do crédito bancário. Assim, numa primeira aproximação, será preferível conceber o crédito bancário como um único produto.

6.2.2. O mercado dos depósitos

Do lado da recolha de fundos, a questão principal a resolver é apartar o depósito a pronto do depósito a prazo.

Embora num plano abstracto, a solução que os toma como produtos diversos pareça preferível, num plano histórico-empírico a conclusão já se nos aparenta diversa.

Durante bastante tempo o depósito bancário teve um papel dominante no *portfolio* familiar. Independentemente da forma contratual subjacente, os depósitos superavam, em termos temporais, o período meramente transitório. A situação modificou-se rapidamente com o acesso directo dos consumidores aos títulos de dívida pública, com a profusão dos certificados de depósito e das contas em movimento, deixando de se poder separar os dois produtos. Em relação à distinção dos depósitos bancários de outros processos de recolha de fundos, efectuados por instituições não bancárias, poderá afirmar-se que estas últimas não concedem um igual grau de tutela ao investidor nem fornecem uma igual capacidade monetária. Esta situação tende a alterar-se o que poderá obrigar à integração no estudo dos métodos de percepção de riqueza por entidades não bancárias.

6.3. Conclusão

Ao aplicar-se o critério da prevalência das trocas, intra-área e inter-área, torna-se obrigatório estudar estatisticamente a frequência das trocas, o que não aconteceu até hoje.

Perante este facto, poderá afirmar-se empirica e tendencialmente, que a segmentação territorial do mercado dos depósitos é mais intensa que a do mercado dos empréstimos, já que o depósito tem um substituto parcial, que é o título, acessível uniformemente.

No mercados dos empréstimos, as empresas tendem a actuar num âmbito territorial mais amplo do que os particulares [528].

6.3.1. Uma questão actual - a moeda electrónica como depósito

A querela acerca da natureza jurídica da moeda electrónica é actual e constitui um exemplo paradigmático das dificuldades qualificativas decorrentes da evolução nos serviços bancário. Está em causa a sua qualificação como depósito.

Nos termos do artigo 3.º da Segunda Directiva Bancária, o carácter reembolsável dos fundos, no âmbito da relação bilateral entre o depositante e a instituição depositária, constitui a característica essencial de um depósito, representando o elemento nuclear do

---

[528] Cfr., um estudo deste tipo efectuado à realidade italiana na BANCA D' ITALIA "La tutela della concorrenza nel settore del credito", Setembro (1992), págs.112-120 .

acordo contratual e reflectindo o equilíbrio dos interesses respectivos. Isto é, o interesse do depositante, em assegurar uma guarda e gestão seguras dos seus fundos por uma instituição de confiança, e o interesse da instituição depositária em dispor livremente dos fundos recebidos e investi-los por conta própria [529].

Ao invés, considera-se que os mecanismos contratuais subjacentes à emissão de moeda electrónica, nas suas formas mais correntes, se caracterizam por elementos jurídicos significativamente diferentes. Não obstante o eventual direito do utilizador ao reembolso, o adiantamento de fundos em contrapartida de moeda electrónica representa, essencialmente, o pagamento prévio de bens ou serviços oferecidos pela entidade emitente, que poderá não ser um banco (moeda electrónica com finalidade única ou limitada). Situação diversa será aquela em que a moeda electrónica é aceite pelos sujeitos que entregaram bens ou prestaram serviços contra a recepção da moeda electrónica (moeda electrónica com finalidade múltipla). Porém, a possibilidade de reembolso de fundos poderá ser acordada. Será que este facto não tornará este instrumento financeiro numa figura similar ao depósito?

Se a resposta for afirmativa então o elemento diferenciador básico, normalmente utilizado para diferenciar as instituições bancárias das restantes entidades, poderá ser obnubilado, já que, actualmente, permite-se a instituições não bancárias a emissão de *chip-cards* contendo moeda electrónica. Uma vez que os requisitos prudenciais destas instituições são bastante reduzidos, esta situação gerará, potencialmente, uma distorção da concorrência.

Sem prejuízo de uma reflexão futura [530], poderá afirmar-se que numa relação contratual desta natureza, ao invés do que acontece com um contrato típico de depósito, a possibilidade de reembolso dos

---

[529] Os serviços de pagamento inerentes a um depósito, ou seja, a diversidade das técnicas aplicáveis que permitem ao depositante transferir os fundos depositados para terceiros, não põem em causa os elementos estruturais da definição de depósito, designadamente, o seu carácter reembolsável, no âmbito da relação bilateral entre os depositantes e a instituição depositária. Qualquer transferência deste tipo será normalmente efectuada pela instituição depositária e sujeita à sua autorização prévia.

[530] Que deverá ser efectuada numa base casuística.

fundos não constitui o objectivo visado pelo contrato. Consequentemente, o equilíbrio dos interesses do utilizador e do emitente, da moeda electrónica, é fundamentalmente diferente do verificado entre o depositante e a instituição depositária. O utilizador não procede ao adiantamento de fundos à entidade emitente a fim de assegurar a sua guarda e gestão. De facto, o poder de compra subjacente aos fundos continua plenamente nas suas mãos. Um utilizador pode, assim, dispor do seu poder de compra sem qualquer interferência por parte da entidade emitente, praticamente da mesma forma como dispõe de numerário e o seu porta-moedas electrónico encontra-se exposto aos mesmos riscos de furto ou perda que o numerário do seu porta-moedas tradicional. Nestes termos, a manutenção do registo contabilístico individualizado para cada conta de fundos, que se impõe no caso dos depósitos, revela-se desnecessária para os fundos adiantados em contrapartida da moeda electrónica. É a totalidade dos fundos que deve ser salvaguardada sem necessidade da entidade emitente estabelecer uma ligação individualizada com o utilizador que procedeu à respectiva entrega [531].

Pelo exposto, mesmo se a possibilidade de reembolso dos fundos for contratualmente acordada, este carácter reembolsável reveste uma importância secundária, não constituindo um elemento característico da relação contratual entre o emitente e o utilizador, pelo que, no que diz respeito à emissão de moeda electrónica nas suas formas mais correntes, considera-se que o artigo 3.º da Segunda Directiva Bancária não foi concebido, nem se pode interpretar como fornecendo soluções prudenciais adequadas e equilibradas com vista a assegurar a protecção dos utilizadores de moeda electrónica. Esta situação ocasiona, a montante, graves distorções de concorrência [532] [533], não

---

[531] Sintetizando, sem prejuízo de uma análise casuística futura, poderá admitir-se que a emissão de moeda electrónica não tem a natureza de um depósito uma vez que: (i) não tem os objectivos típicos de um depósito; (ii) envolve montantes muito reduzidos; (iii) pode haver reembolso, mas este elemento reveste uma importância residual; (iv) tem a mesma exposição ao risco de perda ou de furto que um porta-moedas normal.

[532] Este assunto está longe de ser pacífico. De facto, poderá referir-se que, do ponto de vista económico, o grau de similitude entre o depósito de fundos e o adiantamento de fundos em contrapartida de moeda electrónica é elevado. Por outro

constituindo, senão, um mero exemplo das dificuldade de qualificação de novos produtos resultantes da inovação, com reflexos pertinentes em sede de plataforma concorrencial.

Ao invés, a não imposição de regulamentação adicional aos prestadores bancários, e a sua imposição aos prestadores não bancários, poderá gerar, igualmente, distorções na concorrência, nomeadamente por favorecer indevidamente os prestadores bancários em termos de acesso ao mercado, caso estes fossem eximidos da observância de limites quanto ao investimento dos fundos recebidos em contrapartida de moeda electrónica.

De forma a atenuar este estado de coisas é fundamental estabelecer uma quadro regulatório [534] que tente equiparar o *"level playing*

---

lado, poderá salientar-se que a interpretação restritiva do conceito de carácter reembolsável enunciada não se coaduna com a Primeira e a Segunda Directivas Bancárias, que apelam para uma interpretação extensiva destinada a assegurar a aplicação do princípio da supervisão potencial a um vasta leque de actividades envolvendo a recepção de depósitos de particulares. Nesta perspectiva, do ponto de vista prudencial, uma instituição de crédito que se consagrasse à prestação de serviços exclusivamente ligados a depósitos à ordem suscitaria as mesmas preocupações que uma instituição que se especializada na emissão de moeda electrónica.

[533] Discutem-se aqui os diferentes significados dos termos *"reimbursable"* e *"repayable"*. A versão inglesa do n.º 2 do artigo 3.º enuncia o conceito de *"deposits and other repayable funds"*, potencialmente aplicável a todos os agentes económicos e não somente aos bancos. Deixa, no entanto, em aberto a apreciação dos fundos qualificados como *"repayable"*. Em termos semânticos, os fundos terão essa característica quando a instituição detentora dos depósitos estiver obrigada, a pedido do depositante, a transferir os fundos envolvidos para uma terceira parte (*i.e.* um comerciante que aceite o pagamento em moeda electrónica). Ao adoptar-se esta perspectiva abrangente, mesmo quando o reembolso for excluído contratualmente, os fundos envolvidos poderão integrar-se no âmbito do conceito *"repayable"*, pois é o depositante que determina a quem e quando as quantias são pagas.

[534] De maneira a obstar-se a distorções na concorrência, todos os fornecedores de serviços de dinheiro electrónico, quer sejam bancos ou não, deverão preencher requisitos básicos idênticos. Desta forma, uma directiva relativa a esta matéria deverá ser elaborada tendo em consideração as linhas orientadoras das directivas bancárias existentes. Nesses requisitos prudenciais deveriam ser englobados as qualidades de gestão da instituição bem como do sistema operativo que suporta o dinheiro electrónico, a adequação de capitais e de solvabilidade e, obviamente, a infraestrutura financeira e legal do sistema.

field" no qual assenta as operações das diversas instituições envolvidas [535].

6.3.2. Uma outra questão - operações de capitalização de seguros

A Primeira Directiva Seguro de Vida (79/267/CEE) [536] inclui no seu âmbito de aplicação "operações de capitalização baseadas numa técnica actuarial, que se traduzam na assunção de compromissos determinados quanto à sua duração e ao seu montante, como con-

---

[535] A legislação dinamarquesa, com base na derrogação prevista no artigo 3.º da Segunda Directiva Bancária, autoriza a emissão de moeda electrónica por empresas que não as instituições de crédito que operem numa base estritamente nacional e que se encontram sujeitas a um regime de supervisão distinto do imposto pelas directivas bancárias.

A um nível comunitário, deverá ser atribuída uma especial atenção ao facto de os riscos de liquidez e de operacionalidade serem característicos da prestação dos serviços de moeda electrónica, atribuindo-lhes especial atenção em matéria de supervisão. Assim, numa perspectiva de risco de liquidez, a questão deverá ser abordada mediante a imposição de limites adequados em matéria de investimento, em detrimento da concepção de um complexo regime de supervisão harmonizada. No que diz respeito ao risco operacional, a legislação harmonizada deverá circunscrever-se a uma declaração geral da obrigação de as instituições disporem de uma sólida gestão, bem como de procedimentos e controlos internos fiáveis. Porém, tomando em consideração a importância dos riscos operacionais inerentes a uma tecnologia em rápida mutação, na base da prestação de serviços de moeda electrónica, a melhor via a prosseguir consistirá na tomada de medidas legislativas e administrativas flexíveis a nível nacional.

Por tudo isto, a regulamentação futura deverá estabelecer uma distinção entre as instituições bancárias e não bancárias enquanto prestadoras de serviços. Relativamente aos prestadores bancários, o enquadramento regulamentar em vigor criado pelas directivas bancárias comunitárias poderá ser suficiente. Quanto à abordagem regulamentar aplicável aos prestadores não bancários, a eventual regulamentação harmonizada deverá prever uma derrogação para a moeda electrónica com finalidade única e limitada e uma supervisão prudencial apenas para os prestadores de moeda electrónica com finalidade múltipla. Por uma questão de coerência do regime, deverá ser estabelecida uma diferenciação entre sistemas que permitam uma transferência entre porta-moedas electrónicos (sistemas *multi-loop*), onde a moeda electrónica circula livremente de uma forma análoga à moeda com curso legal emitida pelos bancos centrais, e os sistemas que não a permitam (sistemas *single-loop*).

[536] Primeira Directiva do Conselho, de 5 de Março de 1979, relativa à coordenação das disposições legislativas, regulamentares e administrativas, respeitantes ao acesso à actividade de seguro directo de vida e ao seu exercício (JO CE n.º L 63/1, de 13 de Março de 1979).

trapartida de prestações únicas e periódicas, previamente fixadas" [537]. Para fazer a distinção entre estas operações de capitalização de seguros e produtos de poupança similares é essencial interpretar a condição de as referidas operações se basearem numa técnica actuarial. Ora, o termo "técnicas actuariais" implica um elemento imprevisível ligado à duração da vida humana, ou seja, um factor de mortalidade, ou então, simplesmente a existência de elementos unicamente de carácter financeiro. Por outras palavras, será necessário discernir se a noção de "risco" utilizada para a aplicação de técnicas actuariais se prende, sempre, a elementos imprevisíveis, relacionados com a duração da vida humana, ou pode também cotejar-se com aspectos puramente financeiros [538]. Adoptando-se esta última posição, dificilmente se distinguirá o produto segurador do produto bancário.

Na opinião do *Groupe Consultatif des Associations d'Actuaires*, o termo "técnicas actuariais" implica, em geral, que os cálculos se reportem a acontecimentos prolongados no tempo, podendo ter carácter certo ou incerto, sendo suficiente a presença de elementos exclusivamente de carácter financeiro. Nestes termos, atenderão-se, nas técnicas actuariais, aos seguintes elementos:

- a taxa de juro (fixa ou variável);
- uma comissão de gestão para a cobertura dos custos;
- o valor de resgate.

---

[537] Artigo 1.º, n.º 2 alínea b). Porém, esta directiva não enuncia a forma específica que deverá revestir uma operação de capitalização. Os serviços da Comissão são da opinião que o facto de tais produtos serem títulos nominativos ou ao portador não constitui um elemento decisivo quanto a serem, ou não, abrangidos pela definição de operações de capitalização constante na directiva. O *Groupe Consultatif des Associations d'Actuaires* é da mesma opinião e observa que as operações de capitalização que identificam o segurado e o beneficiário, em caso de morte ou no momento do vencimento do contrato, as distinguem de produtos bancários similares. Contudo, refere logo de seguida, que os produtos sem qualquer destas referências, e que revertem em benefício do portador, continuam a ser considerados como operações de capitalização, caso satisfaçam os requisitos da directiva. Pelo exposto, em termos jurídicos, não existe um factor diferenciador evidente entre estes produtos e os produtos bancário, que na prática são bastante semelhantes.

[538] Estes aspectos poderiam limitar-se, por exemplo, a uma taxa de juro antecipadamente fixada no contrato, ou até mesmo, em última instância, à duração do próprio contrato.

Este último elemento poderá incluir uma taxa de juro diferente, uma taxa compensatória de resgate e uma referência à vigência remanescente do contrato de seguro. Esta última característica não se verifica com os "valores de resgate" da maior parte dos produtos bancários similares. Por outro lado, deverá referir-se que, nos produtos da indústria seguradora, os custos de administração e gestão são fixados para o período completo de vigência do contrato, em contraste com os custos variáveis dos produtos bancários de aplicação da poupança. Porém, estas pequenas diferenças são insuficientes para justificar uma tratamento diferenciado em sede de requisitos prudenciais, e por vezes fiscais. Tal é distorcivo da concorrência dado que as operações de seguros são geralmente tratadas como passivo no balanço. Deverá, pois, ser exigido às seguradoras que estabeleçam provisões técnicas, cobertas por activos sujeitos a regras rigorosas quanto à sua admissibilidade, diversificação e distribuição. Por seu lado, as operações bancárias são tratadas de forma oposta e sujeitas a diferentes regras prudenciais quanto aos riscos envolvidos.

CAPÍTULO IV
O ARTIGO 82.º. O ABUSO DE POSIÇÃO DOMINANTE

1. A POSIÇÃO DOMINANTE

1.1. Conceito

Numa situação de concorrência pura e perfeita nenhuma empresa poderá adquirir um grau de poder económico que lhe permita influenciar, de forma sensível, o comportamento das outras empresas ou dos consumidores, devendo estar inteiramente submetida aos mecanismos de mercado. O que significa que, no momento da sua decisão económica, ela deverá tomar em consideração o comportamento das outras empresas, bem como o dos consumidores. Na prática, diversos factores - tais como a inevitável superioridade de certas empresas em relação a outras, as barreiras à entrada e à saída do mercado, a falta de transparência, a insuficiente informação -, impedem que o mercado funcione dessa forma, criando-se condições para que determinados agentes económicos detenham posições de poder económico que impedem o exercício de uma concorrência efectiva [539].

---

[539] Cfr., entre muitos, E. CEREXHE "L´Interprétation de l`article 86 du traité de Rome et les premiers décisions de la Commission" in *Cahiers de Droit Europèen*, nº3, (1972); CARLOS CABOZ SANTANA "O Abuso de Posição Dominante no Direito da Concorrência", Edições Cosmos, Lisboa (1993); G. GUGLIELMETTI "Ceni sull`applicabilità dell`art. 86 del Trattato CEE agli accordi interbancari" in L. UBERTAZZI, "La concorrenza bancaria", cit., págs. 316-326.

Estão, assim, criadas as condições para a presença de uma posição dominante [540], que o Tribunal de Justiça define como sendo: *"uma situação de poderio económico, detida por uma empresa, que lhe dá o poder de colocar obstáculos à manutenção de uma concorrência efectiva no mercado em causa, e lhe permite a possibilidade de exercício de comportamentos independentes, numa medida apreciável, relativamente aos seus concorrentes, fornecedores e clientes"* [541].

Um banco em posição dominante pode aumentar as comissões a pagar pela prestação dos seus serviços, impor condições acessórias nos seus contratos, bem como exercer outras condutas empresariais, de uma forma independente e autónoma, ignorando os condicionalismos normais do mercado.

Esta situação origina um estado de dependência dos seus parceiros no mercado relativamente à empresa em situação dominante, bem como dos seus concorrentes, dos seus utilizadores, dos seus fornecedores e mesmo dos concorrentes potenciais, constituindo a presença de uma empresas nestas circunstâncias um importante obstáculo à entrada no mercado.

O objectivo do artigo 82.º será o de impedir que a empresa, em posição dominante, explore a sua posição proeminente no mercado prejudicando de forma sensível as diferentes categorias de operadores económicos, e por consequência, a concorrência [542].

Ao contrário da maior parte das legislações nacionais [543], o artigo 82.º do Tratado não contém uma definição de posição dominante, limitando-se a exemplificar as principais práticas através das quais se poderá vislumbrar o desfrute abusivo de tal posição [544].

---

[540] Sobre este assunto: B. GOLDAMAN "Droit Commercial Européen", Dalloz, 3ª Ed., pgs 398 e ss; E. CEREXHE "L'interpretation de l'article 86 du Traité de Rome et les premiers décisions de la Comission" in *Cahiers de Droit Européen,* nº 3 (1972), pgs 272 e ss..

[541] Acórdão *U.B.C.* (processo n.º 27/76, Colectânea 1978, pág. 281, para. 65)

[542] Cfr. R. KOVAR, "Code Européen de la Concurrence", cit.; L. E J. VOGEL, "Le droit européen de les affaires", cit.; M. WAELBROECK, "Concurrence" in *Commentaire Mégret: le droit de la CE,* cit..

[543] Cfr. C. CABOZ SANTANA, cit., págs. 75-82.

[544] A. BRAUN, A GLEISS e M HIRSCH "Droit des Ententes de la Communauté Économique Européene", (1977), pág. 3318

Uma análise do artigo permite detectar quatro condições, que observadas cumulativamente determinam a interdição da prática [545], mas note-se, este artigo não condena, em si, uma posição dominante de uma empresa num determinado mercado. O que a lei condena é o abuso dessa posição.

1.1.1. Os casos Continental Can e United Brands

No primeiro caso [546] a Comissão afirmou que "*... uma empresa encontra-se numa posição dominante quando dispuser de uma ampla liberdade de comportamento que lhe permita agir sem ter em conta os concorrentes, os clientes e os fornecedores*". Esta definição aparenta-se pouco feliz. Só numa situação de monopólio, a empresa poderá delinear a sua estratégia sem considerar os seus concorrentes, mas nem mesmo aí poderá ignorar os seus clientes, devendo agir de acordo com a elasticidade da procura [547].

No caso *United Brands*, em 1978, o Tribunal decidiu por uma posição substancialmente idêntica, que como já demonstramos é manifestamente insuficiente.

1.1.2. Interacção estratégica e posição dominante: aspectos teóricos

Durante muito tempo, tal como foi referido atrás, o estudo da concorrência baseou-se em dois extremos, a concorrência perfeita e o monopólio, sendo impossível chegar a uma conclusão unívoca e incontroversa. Com a superação deste entendimento, admitindo-se a concorrência imperfeita, a teoria dos oligopólios e o alvor da teoria

---

[545] É necessário que:
- Haja uma ou várias empresas a exercer uma posição dominante;
- A posição dominante se faça sentir no mercado comum ou numa parte substancial dele;
- Seja afectado o comércio entre os Estados membros;
- Haja uma exploração abusiva.

[546] Acórdão *Euroimballage Corporation e Continental Can Co., Inc.*, 1972.

[547] O acórdão *Metro*, de 1978 confirmou esta posição por parte do Tribunal de Justiça.

dos mercados contestáveis, este estado de coisas alterou-se substancialmente.

Esta última teoria, já estudada, pôs em relevo a concorrência potencial e, em particular, as barreiras à entrada e os custos irrecuperáveis.

A análise da concorrência não poderá limitar-se aos aspectos estruturais. Um mercado concentrado poderá agir em termos próximos aos da concorrência perfeita e um mercado disperso, poderá, por acordo ou concertação, adoptar estratégias próximas do monopólio.

Uma apreciação desta índole levanta, obrigatoriamente, o problema da individualização de uma posição dominante, que como já foi referido, não deverá ser aferida em termos intrínsecos ao mercado, mas pelos efeitos da conduta empresarial. Adoptando esta perspectiva consequencialista, poderá afirmar-se, como muitos países na sua legislação, que uma empresa, ou um grupo coordenado de empresas [548] goza de uma posição dominante sobre um mercado, quando é de facto líder da concorrência.

Uma empresa, ou um grupo coordenado de empresas, estará em posição dominante quando, em consequência da estratégia adoptada ou, eventualmente, de factores exógenos, é parcialmente protegida quer da concorrência efectiva [549] quer da concorrência potencial.

---

[548] Sobre esta problemática ver análise desenvolvida por C. CABOZ SANTANA, cit..

[549] Vários autores estruturam diversos critérios práticos para a determinação de uma posição dominante.

Cfr. J. VAN DAMME, "La politique de la concurrence dans la CEE", ed. Kortrijk, Bruxelas, (1977), sistematiza os critérios de forma tri-partida:

- Estrutura. Deve ter-se em consideração a dimensão absoluta e relativa da empresa, a diferenciação entre produtos, as barreiras à entrada e o desenvolvimento da indústria;

- Comportamento. Mede o poder de uma empresa em retirar quotas de mercado aos seus concorrentes;

- Desempenho. Tem em conta um conjunto de resultados, tais como as relações de preços, ou a rentabilidade. A posição dominante revelar-se-á logo que as empresas se mostrem com desempenhos diferentes dos que apareceriam com uma estrutura concorrencial.

DUBOIS, cit., mantém o critério do comportamento e muda os outros dois, apontando um único que denomina de posição sobre o mercado, onde distingue vários sub-critérios, susceptíveis de evidenciar uma posição dominante:

- número de empresas sobre o mercado;
- a grandeza da quota de mercado de uma ou várias empresas;

Portanto, o sujeito deverá influenciar o comportamento dos outros agentes económicos presentes no mercado, inibindo-os de desenrolar uma actividade plenamente eficaz e, ao mesmo tempo, deverão existir barreiras à entrada e à saída, que impeçam o ingresso de novos sujeitos para o mercado. É indiferente que esta capacidade seja exercida por um único sujeito ou por um grupo, que decidiu coordenar-se e agir como um único só, embora o grau de concertação não seja despiciendo [550].

- a relação preços-custos na empresa;
- a importância relativa e absoluta dos lucros;
- a elasticidade da procura;
- o poder de fixar preços com toda a independência;
- o poder de determinar as condições de entrada na indústria.

Certamente, que, para detectar uma posição dominante, terão de se conjugar, muitas vezes, quer os critérios de comportamento, quer os de posição sobre o mercado.

[550] Num memorando de 1 de Dezembro de 1965, a Comissão considerou que "*se pronunciava pela aplicação do artigo 86.º (82.º) às concentrações desde que elas visassem directamente o abuso de posição dominante, assim obtido*".

A doutrina tem debatido este assunto com muita vivacidade, mas poderá afirmar-se que o entendimento prevalecente apoia a aplicação do artigo 82º aos agrupamentos de empresas, bastando que exerçam a posição dominante em conjunto; não se tornando, portanto, necessário que a explorem também em conjunto. Quando, entre várias empresas, não houver concorrência, a posição dominante é mais fácil de estabelecer. Tal facto poderá levantar algumas dificuldades quando, apesar de tudo, exista alguma concorrência entre as empresas, mas estas se subtraiam à concorrência com os restantes concorrentes do mercado.

DUBOIS, citado, apresentou dois casos em que várias empresas podem exercer uma posição dominante, apesar da concorrência entre elas. Num, uma empresa abusa da sua posição contra os clientes potenciais, os fornecedores, os consumidores, mas nunca contra os seus clientes no mercado. Noutro, um grupo restrito de empresas adquirem, rapidamente, um poder económico superior, quer através da fusão quer através de acordos. Em princípio, todas as empresas oligopolísticas, para não falar das monopolísticas, são poderosas no mercado, sendo por isso susceptíveis de adquirir, se não as possuírem já, posições dominantes de que poderão vir a abusar. Este assunto será tratado oportunamente.

2. O MERCADO RELEVANTE

2.1. A parte substancial

A noção de posição dominante é, por excelência, relativa, uma vez que é definida em ligação com o quadro onde a domínio é exercido. Esse quadro é, precisamente, o mercado, pelo que a sua delimitação constitui uma etapa preliminar indispensável para a verificação da situação de posição dominante. Esta indagação exige a circunscrição de uma possível zona de concorrência efectiva, na qual se poderão encontrar os concorrentes da empresa. Só após essa análise ao poder de mercado, concretizada através do método comparativo, é que se poderá determinar se a empresa goza de uma posição dominante.

O Tribunal de Justiça afirmou que tal prática deveria seguir em duas direcções: *"as possibilidades de concorrência, nos termos do disposto no artigo 86.º (82.º) do Tratado, deverão ser examinadas em função das características do produto em causa e por referência a uma zona geográfica definida na qual o produto é comercializado ou onde as condições de concorrência são suficientemente homogéneas para se poder apreciar o jogo do poderio económico da empresa interessada"* [551].

O artigo 82.º do Tratado estabelece a incompatibilidade com o mercado comum, proibindo, na medida em que seja susceptível de afectar o comércio entre os Estados-membros, a exploração por uma ou mais empresas de uma posição dominante no mercado comum ou numa parte substancial deste. Deixando as outras problemáticas para a sua sede própria, verificamos que o Tratado não se pronuncia sobre a expressão "parte substancial do mercado comum".

A primeira questão a colocar é a de se saber se aquela substancialidade, de que fala o artigo 82º, deverá ser delimitada por critérios puramente territoriais, ou por outros.

A doutrina maioritária afasta o raciocínio que restringe este conceito a uma dimensão puramente territorial, afirmando a importância

---

[551] Acórdão *U.B.C*, citado, pág. 271, para. 11.

económica em relação ao conjunto da Comunidade [552]. Abandona-se, pois, o critério geográfico em favor de um critério económico [553].

2.2. O mercado em causa

Esta concepção assenta no estudo da fracção de mercado controlado para um certo produto. Só quando o mercado em causa, para um determinado produto, assumir a dimensão económica suficiente para o fazer coincidir, pelo menos, com o conceito de parte substancial do mercado comum, é que será possível fazer funcionar o artigo 82.º do Tratado.

Nos termos deste critério, deverá recorrer-se a três requisitos distintos para se discernir a delimitação do mercado em causa [554]:
- A delimitação espacial ou geográfica;
- A delimitação temporal;
- A delimitação material.

2.2.1. Delimitação espacial

O mercado é o ponto de encontro de vendedores e compradores em ordem à fixação dos preços e, em termos territoriais, corresponderá ao espaço onde os agentes económicos serão chamados a encontrar-se, na oferta e na procura do produto. Duas empresas poderão pertencer ao mesmo mercado, em sentido económico, sem estar em concorrência directa, desde que exerçam as suas actividades em espaços geográficos distintos, separados por obstáculos de natureza económica diversos, como, os custos de transporte ou de natureza jurídica, anteriormente referidos.

---

[552] Ver por exemplo, B. GOLDMAN, "Droit Commercial Européen", Pécis Dalloz, 3ª ed, Paris (1975).

[553] O critério económico está consagrado no caso *"Sirena"*, através do acordão de 8 de Fevereiro de 1971, onde se estabelece um território reveste uma importância suficiente para constituir *"uma parte substancial do mercado comum"* a partir da análise da estrutura e do volume da produção e do consumo do referido produto, bem como dos hábitos e das possibilidades económicas de vendedores e compradores.

[554] C. CABOZ SANTANA, cit..

Porém, a actividade bancária, apresenta características específicas, nada obrigando que um espaço do mercado seja necessariamente físico, e inúmeras vezes não o é, certamente. Esta situação decorre naturalmente do desenvolvimento das telecomunicações e da livre circulação de capitais, pelo que o critério da resistência ao transporte não poderá vingar. Teoricamente, o mercado geográfico a que se refere o artigo 82.º poderá, no caso do mercado bancário, estender-se até ao seu limite máximo: o da totalidade territorial dos países pertencente à Comunidade [555]. No entanto, teremos sempre como válvula de escape a exigência de se exercer numa parte substancial do mercado comum. A prescrição do artigo 82.º do Tratado somente é aplicável aos mercados em causa que atinjam, no mínimo, a dimensão daquele mercado.

O n.º 7 do artigo 9.º do Regulamento 4064/89, de 21 de Dezembro, enuncia uma definição nos seguintes termos: *"o mercado geográfico de referência é constituído por um território no qual as empresas envolvidas intervêm na oferta e procura de bens e serviços, no qual as condições de concorrência são suficientemente homogéneas e que pode distinguir-se dos territórios vizinhos especialmente devido a condições de concorrência sensivelmente diferentes das que prevalecem nesses territórios"*, acrescentando ainda que *"nessa apreciação, é conveniente tomar em conta, nomeadamente, a natureza e as características dos produtos ou serviços em causa, a existência de barreiras à entrada, as preferências dos consumidores, bem como a existência, entre o território em causa e os territórios vizinhos, de diferenças consideráveis de partes de mercado das empresas ou de diferenças de preços substanciais"*.

A delimitação do mercado comum ou de uma sua parte substancial como mercado geográfico de referência é matéria de jurisprudência constante do Tribunal de Justiça [556].

---

[555] Cfr., em sentido idêntico, noutras circunstâncias, J. WOLKEN "Geographic Market Delineation: A Review of the Literature" in *Federal Reserve System Staff Studies* (1984).

[556] Se uma empresa detiver uma posição dominante num mercado puramente local, o direito comunitário não será aplicável, tendo as autoridades nacionais a incumbência de aplicar as suas regras da concorrência. Contudo, os requisitos para

O mercado geográfico é, por definição, baseado intrinsecamente nas condições da oferta e da procura. As condições da oferta compreendem diferentes critérios, ligados às suas características e ambiente, que permitem distinguir vários mercados geográficos. Por exemplo, a presença simultânea num mercado de concorrentes de várias nacionalidades, como acontece actualmente com o mercado bancário - um indício da internacionalização global desse mercado -. Pelo contrário, se os mercados em causa forem díspares, com as inevitáveis consequências face à oferta, então o grau de interpenetração será reduzido [557].

As singularidade do mercado, resultantes da diversidade das condições da oferta, são originadas por diversos factores, nomeadamente as normas técnicas, o grau de concentração do mercado [558] e o grau de maturidade do mesmo [559].

---

a qualificação de uma parte do mercado comum como fundamental, no sentido do artigo 82.º, ainda não foram clarificados de uma forma satisfatória. De acordo com o Tribunal, que adoptou uma perspectiva eminentemente económica, deverá ter-se em atenção "*a estrutura e o volume da produção e do consumo*" do produto em causa, assim como "*os hábitos e as possibilidades económicas dos vendedores e dos consumidores*" (acórdão *Sucre*, de 16 de Dezembro de 1975, processos n.ºs 43 e 73, Colectânea 1975, pág. 1978, para. 371). Neste acórdão, o Tribunal analisou a estrutura do mercado do açúcar em duas partes do mercado comum (o mercado belga e luxemburguês e a parte meridional do território alemão) quanto à produção e ao consumo à escala comunitária e concluiu que as duas regiões constituiam partes substanciais no sentido do artigo 86.º, utilizando, assim, um critério primancialmente económico. Todavia, esta orientação não é absoluta, não faltando exemplos, na prática da Comissão e do Tribunal, que interpretam a noção de parte substancial do mercado tendo simplesmente em consideração o conjunto do território de um Estado--Membro (por exemplo, acórdão *Magill*, citado, pág. 48, n.º 21)

[557] Na sua decisão *BSN/Euralim*, de 7 de Junho de 1994, a Comissão entendeu que os mercados de refeições preparadas tinham características idênticas enquanto que na decisão *CEAC/Magneti Marelli*, de 29 de Maio de 1991, (publicada no JO CE n.º L 222, de 10 de Agosto de 1991, pág. 38), considerou que o mercado francês de baterias para automóveis era específico relativamente a todos os outros devido às especiais condições da oferta.

[558] Cfr. decisões da Comissão: *Varta/Bosch*, de 31 de Julho de 1991, (publicada no JO CE n.º L 320, de 22 de Novembro de 1991, pág 26); *CEAC/Magneti Marelli*, citada e *Nestlé Perrier*, de 22 de Julho de 1992, (publicada no JO CE n.º L 356, de 5 de Dezembro de 1992, pág. 1).

[559] Cfr. decisão da Comissão *TNT/Canada Post, DBP Postdienst, La Poste, PTT Post e Sweden Post*, de 2 de Dezembro de 1991.

As condições da procura, por seu lado, são tão vastas como os gostos e preferências dos consumidores. Esta observação tem idêntica validade no sector bancário pois o movimento de personalização de cada uma das instituições do mercado tem, justamente, origem nas diferentes apetências do cliente. Por exemplo, no sector bancário, observa-se a criação de bancos personalizados, de uma banca popular virada para o crédito ao consumo, de uma banca personalizada e privada com um reduzido número de clientes, de uma banca empresarial e de uma banca retalhista situada nos hipermercados.

Os critérios baseados na procura, onde se incluem as particularidade culturais e linguísticas, têm sido utilizados abundantemente pela Comissão [560] na delimitação do mercado geográfico de referência.

2.3. Aplicação ao sector bancário

Os critérios baseados nas diferentes condições da oferta não tem aplicação no actual grau de integração a nível comunitário, embora o tivessem, no início deste processo, designadamente devido ao elevado grau de protecção que detinham algumas instituições em determinados Estados-membros. O movimento de regulação comum da profissão foi igualmente decisivo para determinar um "*level playing field*" uniforme em toda a comunidade o que originou um necessário movimento de uniformização das condições da oferta.

Poderemos, sinteticamente, afirmar que o mercado geográfico bancário de referência corresponderá ao território geográfico homogéneo, sem barreiras internas onde as práticas de uma instituição bancária reencontram a concorrência efectiva de outras instituições

---

[560] Na decisão *Varta/Bosch* e *Magneti Marelli/CEAC*, citados, a Comissão assentou a delimitação geográfica do mercado nas diferentes estruturas do parque automóvel bem como nas preferências de marca. Este mesmo factor de decisão foi utilizado nas decisões *Allied Lyons/HWE - Pedro Domecq*, de 28 de Abril de 1994, ponto n.º 19 e *BSN/Euralim*, citada, ponto n.º 25 para delimitar os mercados de bebidas alcoólicas e de refeições preparadas.

bancárias [561]. Factores como as relações de clientela e a concentração da oferta também auxiliarão nessa definição [562].

Estas indagações permitem a enunciação de um critério baseado na prevalência das relações [563]. Assim, a área geográfica de um

---

[561] Cfr. F. FISHER "Horizontal mergers: Triage and Treatement" in *Journal of Economic Perspectives*, Outubro (1987), afirma que a definição de mercado geográfico é artificial e só interessa para a aplicação da lei antitrust. Parafraseando, *"market definition is an artificial construction created by antitrust litigation. For any other purpose of economic analysis the binary question of whether particular firms or products are in or out of a given market is a meaningless one"*.

[562] Cfr. J. WOLKEN "Geographic Market Delineation: A Review of the Literature" in *Federal Reserve System Staff Studies* (1984).

[563] A concorrência pressupõe, por definição, a existência de um mercado. É nesse local que se operam as relações concorrenciais entre os diversos agentes. Quer se trate de ententes, posições dominantes, auxílios de Estado, concentrações, todas estas situações são produzidas sobre um mercado específico. Nos termos da doutrina clássica, o mercado é definido como o local de encontro entre a oferta e a procura de produtos ou serviços que são considerados substituíveis pelos consumidores. As empresas são necessariamente representadas como entidades abstractas, que prosseguem os seus objectivos de maximização do lucro nesse espaço. Nesta representação, as noções de confrontação e de troca impessoal são essenciais para o bom desenvolvimento do processo concorrencial, o que pressupõe uma concepção ideal de concorrência perfeita. No entanto, e como já foi referido, essa realidade não é aplicável no mundo real senão num reduzido número de mercados (como o das matérias-primas). Perante esta observação, a teoria das organizações em muito contribuiu para enriquecer este modelo microeconómico, considerando o mercado como uma instituição, o que permite distinguir os mercados de fraca organização (*flat organised*) dos mercados fortemente organizados (*deep organised*). O mercado em sentido clássico é susceptível de se inserir na primeira classificação, enquanto os mais sofisticados ou que pressupõem uma actividade cooperativa ou de intermediação, sendo um caso paradigmático o mercado bancário, poderão encontrar uma fundamentação em termos de eficiência numa outra teoria de organização, como é o caso da teoria da empresa e dos custos de transacção e da teoria dos jogos. No que diz respeito à teoria dos custos de transacção, formulada por O. WILLIAMSON, (in "Market and hierarchies: Analysis and antitrust implications", NY Free Press, 1975), baseada em trabalhos anteriores de R. COASE (in "The nature of the firm", Economica, 1937), a empresa tem a apetência de interiorizar as suas transacções a partir do momento em que o investimento específico, canalizado para essa transacção, é elevado, bem como o seu risco e frequência. A formulação de um contrato tem como finalidade estabilizar o ambiente envolvente, regulando o relacionamento entre os agentes do mercado, alterando as características qualitativas do mercado, não mais baseado no paradigma da concorrência perfeita. No limite, assistia-se a uma oposição radical entre o princípio de livre mercado e o princípio da organização,

determinado mercado bancário, em relação a um único produto, será delimitada na base da quase exclusividade de relações de troca entre o banco e os consumidores presentes naquela área (prevalência das trocas intra-área em relação às trocas inter-área). Segundo este critério, a delimitação geográfica de um mercado singular, em relação a um único produto, corresponde à mais pequena área delineada, de modo que as relações entre sujeitos externos à área e as instituições bancárias não excedam uma simples prestação única, não se desenvolvendo, aí, relações de clientela. Concluindo, as relações de clientela fundadas em vínculos fiduciários jogam, nesta matéria, um papel primordial.

No entanto, a jurisprudência constante do Tribunal de Justiça assenta na conceptualização lata de mercado geográfica - a totalidade do mercado comum ou uma parte substancial, nos termos atrás enunciados -, não é isenta de críticas se aplicada, *expressis verbis*, ao sector bancário.

Tal como foi demonstrado no momento do estudo do enquadramento macro-económico da actividade, as barreiras de ordem jurídica, que poderão originar, por exemplo, monopólios nacionais [564] e a ausência de harmonização técnica [565] da uma actividade, poderão

---

tendo como base a proliferação de ententes e de alianças estratégicas. A teoria dos jogos, por seu lado, é exposta no local próprio.

Além de todas as observações generalistas referidas, ver: F. FISHWICK "Definition of the relevant market in community competition policy", Doc. Comissão (1986); B. SOUSI-ROUBI "Marchés bancaires et droit européen de la concurrence" in *Cahiers de l'Institut Européen de droit bancaire et de la bourse* n° 45, Setembro/ /Outubro (1994).

[564] A decisão da Comissão no caso *Elf/Ertoil*, de 29 de Abril de 1991, referiu-se à exclusividade de direitos da actividade de refinagem em Espanha; e a decisão *Accor/Wagons-Lits*, de 28 de Abril de 1992, publicada no JO CE n.° L 204, de 21 de Julho de 1992, pág. 1, contemplou as concessões exclusivas de exploração da actividade restauradora nas auto-estradas francesas.

[565] Na decisão *Sanofi/Sterling Drug*, de 10 de Junho de 1991, estava em causa o mercado farmaceutico, que é puramente nacional, apesar dos primeiros esforços de harmonização a nível comunitário, uma vez que todos os novos compostos terão de ser analisados por um laboratório do Estado-Membro antes de serem colocados à disposição dos consumidores. Por seu lado, a decisão *AG/Amev*, de 21 de Novembro de 1991, aplicada ao sector segurador, atendeu, especificamente, às diferentes legislações nacionais reguladoras do exercício da actividade. Por outro lado, com o

isolar os mercados nacionais face aos mercados dos outros Estados--Membros.

A aplicação destas condicionantes ao mercado bancário não será inteiramente correcta. Com a publicação da Segunda Directiva Bancária, as instituições da comunidade tiveram acesso ao "passaporte comunitário" o que lhes permitiu o estabelecimento e a prestação de serviços em Estados-membros da Comunidade que não o de origem. Em consequência, os Estados tiveram de eliminar as barreiras jurídicas ao acesso do seu espaço nacional, bem como as suas limitações internas, que em alguns casos, eram bastante rígidas (*v.g.*, Itália).

No tocante à harmonização técnica, a regulamentação prudencial da actividade bancária na Comunidade é hoje bastante abrangente, podendo mesmo pensar-se numa situação de sobre-regulação, o que tem originado alguns esforços, não muito coerentes, da Comissão, no sentido de sanar situações de claro exagero. Nestes termos, os aspectos essenciais da actividade económica bancária encontram-se regulados quase uniformemente em todo o espaço comunitário, à excepção, de um ponto, que se encontra em fase de preparação, respeitante à liquidação e saneamento das instituições bancárias e sociedades financeiras.

Pelo exposto, as duas condições limitativas anteriormente referidas, as barreiras jurídicas e a não harmonização técnica, não se aplicarão como condicionantes importantes da delimitação do mercado geográfico relevante no interior da Comunidade, embora o mercado interno bancário ainda não esteja totalmente consolidado.

Porém, tal como foi demonstrado existem, ainda, outras barreiras de natureza económica ou psicológica, com possibilidade de influenciar a definição geográfica do mercado.

---

avento do mercado interno, as decisões mais recentes tendem para uma definição do mercado geográfico relevante correspondente ao espaço da Comunidade. Nestes termos, e somente a título de exemplo, a decisão *GE/ENI/Nuovo Pignone*, de 6 de Maio de 1994, julgou que o mercado de turbinas de gás correspondia ao mercado comunitário - as barreiras derivadas dos mercados públicos tinham sido já levantadas-. No extremo, existem, ainda, decisões da Comissão que tomam como mercado geográfico relevante todo o mercado mundial. Neste sentido, Decisão *Philips/Hoecht*, de 11 de Março de 1994, que reconheceu que o mercado de discos ópticos correspondia ao mercado mundial, devido às normas técnicas estabelecidas pela Organização Internacional de Normalização (ISO).

Este tipo de barreiras poderão assumir formas diversas. A globalização dos mercados poderá ser impedida por custos de transporte elevados atendendo ao custo de produção do produto, originando uma localização espacial restrita do mercado de alguns produtos [566].

Estes tipos de constrangimentos não serão, em princípio, aplicáveis ao sector bancário. A actividade prestada consiste, essencialmente, na prestação de serviços e, com o desenvolvimento actual dos meios de comunicação informáticos e dos sistemas de informação, os custos são reduzidos ou até mesmo desprezíveis.

Uma questão diferente diz respeito ao nível de saturação do mercado. Quando um mercado chega a uma situação de maturidade poderão constituir-se, naturalmente, barreiras à entrada a novas instituições de natureza económica [567].

2.4. Delimitação temporal

Obviamente que a percepção do mercado em causa deverá ser evolutiva e não estática, sobretudo numa actividade como a bancária. Importa, para aplicar o artigo 82.º, definir a posição detida sobre o mercado pela instituição bancária que comete um acto pretensamente abusivo.

Quanto à relevância do período temporal, será interessante analisar a decisão da Comissão *Elopak Italia vs. Tetra Pak (n.º 2)*, onde se definiu o mercado relevante do produto tendo como referência um curto período de tempo. Num período longo, as fronteiras entre os vários mercados alteram-se de forma substancial. Este processo é extremamente visível no mercado bancário, sendo o grau de substituibilidade entre os produtos elevadíssimo.

---

[566] Na decisão *Nestlé/Perrier*, de 22 de Julho de 1992, (publicada no JO CE n.º L 356, de 5 de Dezembro de 1992, pág. 1), a Comissão considerou que o mercado de água engarrafada era puramente nacional, sendo suficiente para esta conclusão a indagação dos efeitos dos custos de transporte nos grande volume de mercadoria a transportar tendo em conta o reduzido preço unitário da mesma.

[567] Na decisão *Nestlé/Perrier*, a Comissão considerou que o acesso ao mercado francês de água engarrafada era dfícil face ao elevado número de marcas e de gamas existente.

2.5. Delimitação material

A delimitação do "mercado dos produtos", embora não sendo obrigatória nos termos do artigo 82.º, responde a uma estrita exigência de ordem económica. Não se poderá avaliar o poderio económico da empresa tendo simplesmente em linha de conta o seu produto individualmente considerado, se os utilizadores dispuserem de alternativas válidas que lhes permitirão não aceitar as condições que a empresa dominante lhes pretenda impor, como acontece, na grande maioria das ocasiões, no mercado bancário.

É necessário, então, que as condições de concorrência sejam apreciadas *"no quadro de um mercado que reagrupe um conjunto de produtos que, em função das suas características, sejam particularmente aptos a satisfazer as necessidades constantes e tenham um grau de sucedaneidade baixo relativamente a outros produtos"* [568].

A delimitação material do produto em causa, é, outrossim, fértil em dificuldades. A referência a um determinado bem ou serviço é essencial para a definição do mercado em causa. Mas, outros obstáculos se levantam, pois produtos fisicamente idênticos não pertencem, necessariamente, ao mesmo mercado, enquanto que produtos distintos fazem parte do mesmo mercado [569].

As grandes diferenças de preços, entre as diversas zonas, para produtos semelhantes poderão originar condições concorrenciais

---

[568] Acórdão *L´Oréal* (processo n.º 31/80, Colectânea 1989, pág. 3793, para. 25)

[569] Cfr. JEAN VICTOR LOUIS, J. MÉGRET, D. VIGNES e M. WAELBROECK, "Le droit de la Communauté Économique Européene", Vol. IV, Concurrence, Ed. Université de Bruxelles, (1972).

Algumas decisões da Comissão têm sustentado esta perspectiva. Na decisão *Mannesmann/Hoesch*, de 12 de Novembro de 1992, (publicada no JO CE n.º L 114, de 8 de Maio de 1993, pág. 4 e ss., ponto 77), a definição do mercado de condutas para o transporte de gás teve em consideração não as características técnicas, que eram idênticas em todos os Estados-membros, mas as diferenças de regulamentação, pelo que a Comissão entendeu este mercado como sendo puramente nacional. No caso *Nestlé/Perrier*, citado, as diferenças de condicionamento das garrafas ditaram a diferenciação de mercados, utilizando-se normalmente, na Alemanha, garrafas de 75 cl., que nunca são empregues em França (ponto 28).

heterogéneas, permitindo aos operadores praticar políticas comerciais adaptadas a cada país [570].

Esta análise depende do grau de sucedaneidade entre os bens, sendo que, quanto maior for esse grau, maior será o efeito de substituição; e quanto maior for este efeito, maior será a elasticidade da procura de um bem.

DUBOIS [571], estabelecendo a noção de permutabilidade funcional, assenta a delimitação material na capacidade de substituição de um produto por um outro. Nestes termos, a extensão do mercado prolongará-se-á até que a substituição entre produtos se torne impossível na prática. Resta averiguar quais os critérios de apreciação de substituibilidade dos produtos em causa.

2.5.1. Critério da substituibilidade razoável

De harmonia com este critério não bastaria qualquer tipo de substituibilidade de bens para definir um mercado, sendo necessário que tal substituibilidade fosse razoável [572]. Para aferir dessa razoabilidade haveria que colocar o observador sob o ponto de vista do consumidor, medindo-se o índice de satisfação da necessidade do indivíduo em concreto face aos dois produtos.

Verifica-se, nesta exposição, o grau de subjectividade imanente que torna impossível uma valoração razoável da questão.

---

[570] Decisão da Comissão *Varta/Bosch*, de 31 de Julho de 1991, publicada no JO CE n.º L 320, de 22 de Novembro de 1991, pág 38. Por outro lado, na decisão *Mannesmann/Vallourec/Ilva* (de 31 de Janeiro de 1994, publicada no JO CE n.º L 102, de 21 de Abril de 1994, pág. 15), a Comissão rejeitou a tese segundo a qual a relação interdependência entre os preços praticados em diferentes mercados seria suficiente para concluir que se estaria perante um mercado geográfico homógeneo, afirmando que outros elementos seriam necessários para esse entendimento, tais como a interpenetração dos mercados ou a existência de condições análogas de procura e de oferta nas diversas zonas.

[571] Cfr. J. DUBOIS "La position dominante et son Abus dans l'article 86 du traité de la CEE", Librairies Techniques, Paris, (1968).

[572] Cfr. C. CABOZ SANTANA, cit..

2.5.2. Critério da taxa de elasticidade cruzada

Numa economia de mercado todos os produtos, e todos os mercados onde se encontram os produtos, cruzam-se e interpenetram-se. Esta realidade permitirá analisar o grau de complementaridade//sucedaneidade em abstracto, tendo como base a elasticidade da procura.

Quando o grau de sucedaneidade entre os dois bens ou serviços é elevado, uma certa variação do preço de um deles corresponderá a uma grande variação, no mesmo sentido, da procura do outro. Assim, quando a elasticidade cruzada entre os dois bens apresentar valores altos, tal resulta da existência de um elevado grau de sucedaneidade, podendo ser indicativo que esses dois bens pertencem ao mercado em causa.

Também DUBOIS questiona o emprego do critério da elasticidade cruzada com o argumento de que a mesma não é teoricamente determinável, sendo desconhecida para a própria empresa e não podendo ser utilizada pelo juiz, ficando sempre por resolver o problema da fixação do valor da elasticidade cruzada, a partir do qual se poderia dizer que havia uma substituibilidade razoável entre os produtos [573].

2.6. Restante legislação comunitária e prática das Instituições Comunitárias

O conceito de "mercado" [574] não é, igualmente, definido no Regulamento 4064/89, de 21 de Dezembro. Porém, o formulário CO, referente às operações de concentração indica, na sua secção 6.º, que

---

[573] O critério do teste dos cinco por cento poderá fornecer um valor guia para esta determinação.
Este elemento de ponderação foi introduzido nos Estados Unidos pelo Departamento de Justiça e pela Comissão Federal do Comércio no documento "Horizontal merger guidelines". No entanto, poderá criticar-se a arbitrariedade na selecção desse valor guia. Este critério foi raramente utilizado pelos órgãos comunitários. Cfr. acórdão *U.B.C.*, citado e acórdão *Hilti* (acórdão de 12 de Dezembro de 1991, processo T-30/89, Col. II, pág. 1439).

[574] Referir-se-á indistintamente o "mercado em causa" (terminologia comunitária) e ao "mercado relevante" (terminologia anglo-saxónica).

ele compreende "todos os produtos e/ou serviços que o consumidor considere como sucedâneos ou substituíveis" [575].

A delimitação do mercado exige, como foi referido *supra*, uma investigação de alguma complexidade, devendo ser assente, no caso concreto, em critérios algo diversos. O formulário CO invoca, de maneira sintética, a corrente baseada na avaliação do relacionamento entre os produtos por parte do consumidor, em razão das suas características, preços e fins para os quais são obtidos. Este entendimento avalia as condições intrínsecas dos produtos adoptando, ainda, asserções de natureza extrínseca, tais como as condições de concorrência, tanto do ponto de vista da estrutura da procura como da oferta. Contudo, mesmo uma atendendo conjuntamento aos critérios enunciados, não será suficiente. A sua importância será analisada em termos relativos uma vez que o grau de substituibilidade entre os produtos, ou seja, a aferição concreta do mercado, é eminentemente subjectiva, logo indeterminada. Esta conclusão é confirmada pela própria Comissão quando, nas suas decisões, faz menção ao "grau razoável de substituibilidade" [576], o que confere, inevitavelmente, uma postura subjectiva à sua apreciação [577].

---

[575] Esta definição corresponde, grosso modo, à utilizada no domínio do artigo 82.º do Tratado, relativa à situação, comum, em que as partes são empresas de produção. Esta definição não poderá ser utilizada no caso da concentração ter lugar no lado da procura - quando o mercado tenda para uma situação monopsónica.

[576] Decisão *Du Pont/ICI*, de 30 de Setembro de 1992, (JO CE n.º L 7, publicada em 13 de Janeiro de 1993, pág 13). Neste decisão a Comissão afirmou que *"para que dois produtos possam ser considerados como sucedâneos, é necessário que o cliente considere como realista e racional a possibilidade de reagir, por exemplo, a um aumento significativo de preço, adquirindo outro produto num curto espaço de tempo. Cada produto deverá ser razoavelmente substituível por um outro, quer do ponto de vista económico quer do ponto de vista técnico"*. Como é evidente, esta decisão assenta em critérios eminentemente subjectivistas.

[577] Parece evidente que o consumidor tem um papel central na avaliação da substituibilidade entre os produtos. Porém, na grande maioria das decisões da Comissão, o ponto de vista do consumidor é unicamente suposto com base na experiência da Comissão, não resultando de um processo de consultas. Este último procedimento é impossibilitado, na prática, pelo curto espaço de tempo que a Comissão tem para tomar a decisão. O formulário CO invoca essas dificuldades incluindo nas informações, relativas à estrutura da procura nos mercados afectados, a obrigação de descrição da repartição da clientela entre os diversos grupo bem como

Todavia, um dos principais critérios utilizados pela Comissão para o início das suas investigações baseia-se nas características técnicas ou físicas dos produtos. No entanto, com o decorrer do processo, na maioria das ocasiões, a Comissão conclui que estas particularidades são menos importantes que certos factores externos, tais como as condições de concorrência que prevalecem nos diversos mercados [578].

De facto, uma simples verificação das características físicas dos diferentes produtos poderia conduzir a uma fragmentação excessiva dos mercados. Uma análise do mercado bancário, tendo simplesmente como suporte a óptica referida, seria quase impraticável, sendo incorrecto, em termos dogmáticos, referir elementos físicos numa actividade que é essencialmente imaterial. Este crítica não se limita ao mercado bancário, sendo extensível à grande maioria das actividades de prestações de serviços.

Pelo oferecido, a análise do mercado bancário, na óptica dos produtos (em sentido amplo), deverá basear-se não tanto em observações preliminares, tais como as suas características intrínsecas, mas sim em considerações finalísticas. Concretizando, toda a actividade da Comissão, nesta área, deverá ser temperada pela indagação do uso e do fim particular que os sujeitos dão aos produtos prestados [579].

---

a descrição do cliente típico de cada grupo. Se existirem inquéritos ou sondagens de opinião então o consumidor terá um papel mais específico na definição do mercado. Assim, no caso *Nestlé/Perrier*, citado, a Comissão apoia-se em diversos inquéritos de opinião para concluir que, de acordo com os consumidores em causa, o mercado das águas engarrafadas é distinto do mercado das outras bebidas refrescantes não alcoolizadas, pois, embora os dois tipos de produtos tenham como objectivo a satisfação da necessidade "sede", os consumidores preferem a água de nascente que apresenta uma imagem de pureza e de produto natural.

[578] Cfr. A. PAPPALARDO, "La réglementation communautaire de la concurrence (deuxième partie, le contrôle des concentrations d'entreprises: recentes développments), *Revue Internacionale de Droit Economique* n.º 3 (1996), págs. 326 e ss.

[579] Por exemplo, na decisão *Sanofi/Sterling Drug*, de 10 de Junho de 1991, a Comissão referiu que a distinção entre medicamentos não deveria basear-se nos seus compostos químicos mas nas suas propriedades terapeuticas. Neste sentido A. PAPPALARDO, cit..

2.7. Outros factores relevantes

A diferenciação sensível de preços, ou de custos de exploração, poderá ser evocada para recusar a sucedaneidade, no sentido em estudo, entre dois produtos. Por exemplo, na sua decisão *Aérospatiale-Alenia/de Haviland* [580] a Comissão recorreu a este critério para eliminar, do mercado dos aviões turbopulsores, os aviões a reacção, uma vez que o seu preço e custo de exploração eram sensivelmente superiores. Dadas as especificidades do sector bancário, este critério terá uma aplicação potencial reduzida, senão mesmo nula.

Noutros casos, a Comissão tem recorrido ao critério da elasticidade cruzada da procura. Assim, na decisão *Nestlé/Perrier* [581], a Comissão entende que *"os produtores de águas minerais nacionais haviam conseguido aumentar consideravelmente os seus preços, quer os nominais quer os reais, apesar da tendência para a baixa dos preços das bebidas refrescantes ocorrida no mesmo período"*.

A estrutura da procura é, concomitantemente, um factor importante para a indagação das condições concorrenciais do mercado. O número de potenciais consumidores poderá ser decisivo para distrinçar as condições de concorrência. Na Decisão *Varta/Bosch* [582], a Comissão distinguiu o mercado das baterias, tendo em consideração as diferentes categorias de potenciais consumidores, para os dois produtos, o que modificava sensivelmente as condições de concorrência entre os dois mercados [583].

A substituibilidade dos produtos, factor que constitui o aspecto central da noção de mercado, é, assim, examinada, na grande maioria

---

[580] Decisão de 2 de Outubro de 1991, JO CE n.º L 334, de 5 de Dezembro de 1991, pág. 42.

[581] Decisão de 22 de Julho de 1992, JO CE n.º L 356, de 5 de Dezembro de 1992, pág. 1.

[582] Decisão de 31 de Julho de 1991, JO CE n.º L 320, de 22 de Novembro de 1991, pág. 26.

[583] A análise das decisões da Comissão e dos acórdãos do Tribunal de Justiça e do Tribunal de Primeira Instância demonstram que, na maior parte dos casos, são adoptadas definições muito estreitas de mercado dos produtos. Relativamente aos Tribunais, os acordãos *Magill* (acórdãos de 10 de Julho de 1991, processos T-69//89, T-70/89 e T-76/89, Col. II, págs. 485 e ss.) e *Hilti*, citado, ilustram bem essa orientação.

das ocasiões, pelo lado da procura, assentando nos diferentes produtos que são efectivamente oferecidos, num momento, por vários produtores. Em razão das suas afinidades, mais ou menos estreitas, poderá entender-se que eles pertencem ao mesmo "mercado de produtos".

A análise pela perspectiva da substituibilidade da oferta é igualmente praticável. Adoptando esta posição, deverá ser averiguada a possibilidade, ou a probabilidade, de entrada num mercado por parte de uma empresa que opera num mercado vizinho do precedente. Esta situação poderá ser concretizada se os seus produtos forem aparentados, mas não sucedâneos, dos comercializados no primeiro mercado, decidindo a empresa adaptar a sua produção tendo como objectivo a penetração nesse mercado [584].

No mercado bancário, onde o produto prestado é essencialmente derivado de uma actividade de prestação de serviços, a reconversão da actividade será efectuada sem grandes custos pelo que todas as empresas, do segundo mercado, poderão ser compreendidas como concorrentes potenciais relativamente aquelas que operam no primeiro mercado.

Esta perspectiva, baseada na teoria da concorrência potencial, que tem a sua aplicação típica na área da análise dos índices de concentração do mercado poderá à primeira vista, ser utilizada para a delimitação do mercado dos produtos.

Contudo, tendo como base os pressupostos teóricos assinalados, anteriormente criticados, sofrerá de algumas falências. Ao ter em atenção todos os fornecedores do tipo de produto em causa e, igualmente, fornecedores de produtos diferentes, mas que a todo o momento poderão entrar no mercado do produto, diluirá excessivamente a fronteira delimitadora tornando quase impraticável uma qualquer decisão. E, numa perspectiva apurada verificamos que esta investigação já teve em atenção as características intrínsecas dos produtos, vislumbradas necessariamente na óptica do consumidor,

---

[584] Esta perspectiva está intimanente ligada com a teoria dos concorrentes potencial, funcionando no âmbito dos pressupostos *supra* referidos, consistindo mesmo, na visão mais praticável para esta teoria, uma vez que os órgãos decisores da empresa poderão aproveitar as sinergias da sua unidade no sentido de alterar o seu processo produtivo, na maioria das ocasiões sem grandes custos.

pois somente assim se sabe se o produto é similar, ou sucedâneo, pelo que, a adoptar-se esta solução estaria-se, simplesmente, a duplicar os critérios de investigação [585].

3. CONCEITO - ABUSO DE POSIÇÃO DOMINANTE - ARTIGO 82.º

O n.º 1 do artigo 82.º dispõe que: "*é incompatível com o mercado comum e proibido, na medida em que tal seja susceptível de afectar o comércio entre os Estados-membros, o facto de uma ou mais empresas explorarem de forma abusiva uma posição dominante no mercado comum ou numa parte substancial dele*". Este dispositivo normativo é um dos corolários do princípio previsto no artigo 3.º alínea g), que visa garantir que a concorrência não seja falseada no mercado comum.

De acordo com uma decisão da Comissão e alguns acórdãos do Tribunal, a situação de posição dominante será exercida de forma singular ou plural [586]. A ausência de um comportamento concorrencial, entre duas ou mais empresas, poderá indicar um acordo ou prática concertada entre elas, ou então, uma situação de posição dominante

---

[585] Apesar disso, a Comissão aplicou esta postura de análise em algumas decisões, nomeadamente: decisão *Mannesmann/Hoescht*, de 12 de Novembro de 1992, publicada no JO CE n.º L 114, de 8 de Maio de 1993, págs. 34 e ss, ponto 68; decisão *Electrolux/AEG*, de 21 de Junho de 1994, ponto n.º 11; decisão *Aéropatiale-Alenia/de Haviland*, de 2 de Outubro de 1991, publicada no JO CE n.º L 334, de 5 de Dezembro de 1991, págs. 42 e ss., ponto 14; Decisão *Nestlé/Perrier*, de 22 de Julho de 1992, publicada no JO CE n.º L 356, de 5 de Dezembro de 1992, pág. 1 e ss., pontos 14 e 15; Decisão *Accor/Wagon-Lits*, de 28 de Abril de 1992, publicada no JO CE n.º L 204, de 21 de Julho de 1992, pág. 1, ponto n.º 15.

[586] O artigo 82.º interdita "*o facto de uma ou mais empresas explorarem de forma abusiva uma posição dominante no mercado comum ou numa parte substancial deste*". A noção de "posição dominante colectiva (conhecida no direito anglo-saxónico como *shared monopoly*) não foi ainda suficientemente interpretada no direito comunitário, embora a questão tenha sido já analisada, por exemplo, no acórdão *S.I.V.* (acórdão de 10 de Março de 1992, processos T-68,77 e 78/89, Col. II, pág. 1403) e na Decisão da Comissão de 1 de Março de 1992 (J.O. n.º L 134, de 18 de Maio de 1992, pág.1)

exercida de forma abusiva [587]. A principal vantagem para a Comissão decorre de, neste caso, não necessitar de provar a existência do acordo ou da prática concertada.

3.1. Posição Dominante

Estando o mercado delimitado, poderá proceder-se à avaliação da posição da empresa quanto às restantes empresas que operam no mercado. Já se referiu que a posição dominante se caracteriza por um grau de independência apreciável de que a empresa goza no tocante aos seus parceiros comerciais e aos seus concorrentes. Uma vez que estas empresas poderão constituir obstáculos à instauração de um sistema de concorrência efectiva, elas serão sujeitas a um controlo concorrencial mais severo.

Perante estas conclusões, uma interrogação deverá ser colocada: como é que se estabelece, no caso concreto, que a empresa em causa tem efectivamente um grau de independência que a permite qualificar como empresa em posição dominante?

Em teoria, e como se mencionou no momento da análise económica, a autoridade de tutela poderá estudar o seu comportamento baseando-se na curva dos seus preços, na sua estratégia industrial, na evolução das suas relações com os clientes e os fornecedores, entre muitos outros indicadores susceptíveis de serem enumerados. Contudo, estas investigações deveriam ser levadas a cabo durante um período significativo de tempo, inviabilizando qualquer tomada de posição em tempo útil.

Por esta ordem de razões será imperativa a aplicação de critérios céleres, mas suficientemente precisos, na indagação do poder de mercado.

O Tratado é lacunar quanto ao significado do termo "posição dominante". No seu Memorandum de Dezembro de 1965, sobre Concentrações de Empresas no Mercado Comum, a Comissão produz os seus primeiros comentários à filosofia e aos conceitos contidos no

---

[587] Decisão *Italian Flat Glass* (1989) em JO CE n.º L 33/44 e acórdãos T-68//89 e T-77-78/89, *Società Italiana Vetro SpA vs. Comissão* (1992) 5 CMLR 302.

artigo 82.º, considerando que uma empresa se encontra em posição dominante se tiver "domínio de mercado", isto é, se tiver a capacidade de, através de uma determinada conduta, influenciar o mercado de forma substancial e previsível [588]. Na decisão *BBI/Boosey & Hawke* [589], a Comissão declarou que "*além da capacidade para agir independentemente da pressão competitiva, (a posição dominante) implica, igualmente, a capacidade de exclusão da concorrência actual e futura*" [590]. A detenção por uma empresa de uma quota de mercado substancial será uma clara indicação da existência de uma posição dominante [591].

Para este juízo, a definição de mercado relevante é crucial. O mercado relevante deverá ser conceptualizado tendo como referência o produto e o espaço geográfico [592].

No acórdão *Michelin*, o Tribunal sustentou que o mercado de pneus recauchutados era independente do mercado de pneus novos, uma vez que a procura de pneus recauchutados era diversa da procura

---

[588] A definição do Tribunal de Justiça pode ser visualizada no acórdão n.º 322/ /81, *Michelin vs. Commission* (1983) ECR 3461 e no acórdão n.º 311/84, Télémarketing (1985) ECR 3261. Segundo o Tribunal, a posição dominante reflete-se na situação de força económica de que goza uma empresa e que lhe permite, se o entender, impedir a manutenção de uma concorrência efectiva no mercado relevante, actuando de forma independente aos seus concorrentes e clientes, e em última instância, face aos consumidores. Esta posição, adoptada pelo Tribunal de Justiça e pela maioria da doutrina (ver, ultimamente, SOFIA MORAIS, "O controlo das concentrações no Direito Comunitário da Concorrência", Almedina, Coimbra, (1996,)) é criticável. Nem numa situação de monopólio a empresa poderá negligenciar as consequências do seu comportamento, por exemplo, nos consumidores, podendo existir bens ou serviços sucedâneos, tanto do lado da procura como do lado da oferta. Sobre este assunto ver *Europemballage and Continental Can vs. Commission*, citado, e acórdão *L'Oréal*, citado.

[589] *In* JO CE L 286/36, (1987).

[590] Consultar, igualmente acórdão *Bodson vs. Pompes funèbres des régions liberées AS*, processo n.º 30/87, Colectânea 1988, págs. 2479 e ss., e acórdão *Alsatel vs. Novosam*, processo n.º 247/88, Colectânea 1991, págs. 5987 e ss.

[591] Acórdão *Hilti AG vs. Comissão*, processo n.º T-30/89, Colectânea 1992. Porém, a detenção de uma quota substancial de mercado por uma empresa não implica, necessariamente, a detenção de uma posição dominante quando existir um número alargado de produtores concorrentes de bens sucedâneos ou se o conhecimento técnico para a produção desse bem ou serviço fôr de fácil aquisição.

[592] Acórdão *United Brands*, citado.

de pneus para veículos novos. Na área dos serviços será interessante examinar o acórdão *General Motors* [593]. Esta empresa detinha o monopólio de emissão de certificados necessários, segundo a legislação belga, para a importação de motores para a Bélgica. Consequentemente, sendo possível o fornecimento desse serviço por sujeito diverso, o Tribunal considerou que o mercado relevante seria o dos "formulários e o da emissão de certificados de conformidade".

Poderá concluir-se, pela experiência das instituições comunitárias nesta matéria, que a indagação da situação de posição dominante resulta, em regra geral, de múltiplos factores que tomados isoladamente não seriam necessariamente determinantes [594].

Dos critérios elencados destaca-se, por razões de ordem prática baseadas no custo/benefício do esforço de investigação, o critério relativo à quota de mercado. Com efeito, resulta da jurisprudência do Tribunal que *"as quotas do mercado (...) constituem elas próprias, e salvo alguma circunstância excepcional, a prova de existência de uma posição dominante"* [595]. Nos outros casos será necessário recorrer aos outros critérios enunciados [596].

---

[593] Acórdão *General Motors vs. Commission,* processo n.° 26/75, Colectânea 1975, págs. 1367 e ss..

[594] Acórdão *U.B.C.*, citado, pág. 281.

[595] No acórdão *Hoffmann-La Roche* (acórdão de 13 de Fevereiro de 1979, processo n.° 85/76, pág. 461), o Tribunal referiu que *"la possession d´une part de marché extrêmement importante met l´entreprise qui la détient pendant une période d´une certaine durée, par le volume de production et d´offre qu´elle représente - sans que les détenteurs de parts sensiblement plus réduits soient en mesure de satisfaire rapidement le demande qui désirerait se détourner de l´entreprise détenant la part la plus considérable - dans une situation de force qui fait d´elle un partenaire obligatoire et qui, déjà de ce fait, lui assure, tout au moins pendant des périodes relativement longues, l´independence de comportement caractéristique de la position dominante".*

[596] No acórdão *U.B.C.*, citado, o Tribunal afirmou *"que um operador não detém uma posição dominante sobre o mercado de um produto a não ser que disponha de uma quota não negligenciável desse mercado"* e que, por outro lado, a detenção por uma entidade de uma quota de mercado de 40% ou 45% não permite concluir com certeza que existe um controlo do mercado por parte dessa entidade pois tal dependerá da força e do número dos restantes concorrentes (págs. 286 e ss). Esta questão mereceu um grande aperfeiçoamento no acórdão *Hoffmann-La Roche,* citado, no qual o Tribunal entendeu que quotas de mercado superiores a 74% seriam, por

Esta apreciação pecará, por vezes, num extremo simplismo. As quotas de mercado não são senão uma expressão *ex post* do domínio da empresa. Nestes termos, uma apreciação com estas vestes não será preventiva mas correctiva, o que contende com os princípios gerais de aplicação do direito comunitário da concorrência. Esta situação observa-se com particular acuidade no mercado bancário.

3.2. Abuso

O Tratado é igualmente lacunar no tratamento da definição do conceito de "abuso" de posição dominante. O Tribunal de Justiça definiu-o pela primeira vez no acórdão *Hoffmann-La Roche vs. Comissão* [597] como um conceito objectivo relacionado com o comportamento de uma empresa que detém uma posição dominante, que pela simples presença no mercado o influencia de forma decisiva, diminuindo o grau de concorrência através do recurso a métodos que não seriam utilizados em condições concorrenciais normais, e que têm como objectivo a diminuição do nível de concorrência ainda existente no mercado em causa, ou o seu não crescimento.

Porém, uma análise da enumeração constante no artigo 82.º poderá levar a pensar que o legislador se preocupou sobretudo, senão exclusivamente, com os actos abusivos que pudessem ferir os clientes da empresa dominante e os seus fornecedores e não com os actos que se dirijam contra os seus concorrentes. Por exemplo, a proibição de imposição, de forma directa ou indirecta, de preços de compra ou de venda ou outras condições de transacção não equitativas é inaplicável, por falta de objecto, às relações entre sujeitos situados num mesmo plano concorrencial. Idêntica observação poderá realizar-se nas restantes alíneas. Nesta perspectiva, o artigo 82.º não seria aplicável

---

si só, suficientes para concluir pela existência de uma posição dominante (págs. 525 e ss.). Esta observação é de extrema importância quando se tratar a posição dominante colectiva. Em outros casos, onde as percentagens eram inferiores (até a um mínimo de 47%) o Tribunal apoiou-se em índices complementares na formação das suas conclusões, tais como o avanço tecnológico sobre os seus concorrentes (ver para. 51) ou a dimensão relativa das quotas de mercado (para. 63 e 66).

[597] Citado.

senão aos abusos designados "de exploração", ou seja, aos casos em que a empresa dominante retira o melhor proveito do seu poderio económico às custas dos seus co-contratantes [598]. A disposição em causa foi de facto aplicada nesse contexto em diversas ocasiões [599].

No entanto, o Tribunal exclui liminarmente, naquele que foi o primeiro acórdão em matéria de abuso de posição dominante - o acórdão *Continental Can* [600] -, que o artigo 82.º só seria aplicável aos

---

[598] Cfr. A. PAPPALARDO, "La reglementation communautaire de la concorrence: les dispositions du traité C.E. et de droit dérivé relatives aux ententes entre entreprises, à l´abus de position dominante et au contrôle des concentrations", citado, pág. 417.

[599] As práticas anti-competitivas poderão traduzir-se na imposição de práticas injustificáveis, tais como:
- Recusa de fornecimento quando o fornecedor detiver uma posição dominante no mercado relevante. Esta situação é comum em paises onde a rede de ATM´s não é uniforme ocorrendo, por vezes, uma recusa de acesso ao serviços, por parte da entidade gestora, a determinados bancos. Quanto a estas ocorrências poderemos extrair do caso *London European Airways vs. Sabena* algumas referências para a sua solução. Nesta situação concreta, a Sabena recusou à London European Airways o acesso ao seu sistema computadorizado de reservas dado que a política de baixos preços exercida por esta empresa poderia colocar em perigo o tráfego de passageiros da própria Sabena. A Comissão considerou a prática da Sabena como abusiva, violando, assim, o artigo 82.º do Tratado. Sobre este assunto ver, COMISSÃO, "17.º Relatório sobre Política da Concorrência, 1987", (1988), pág. 86;
- Imposição de preços predatórios, discriminatórios, ou injustos que enfraqueçam ou eliminem a concorrência em mercados onde a empresa detenha uma posição dominante. Como exemplos, poderemos consultar: acórdão *AKZO Chemie BV vs. Comissão* (acórdão de 3 de Julho de 1991, processo C-62/86, Colectânea I, 1991, pág. 3359; acórdão *Continental Can*, citado, pág. 245, para. 20-21;
- Exigência de prestações suplementares que não tenham relação com o mercado em causa, e que poderiam ser livremente contratadas no mercado (acórdão *Hilti*, citado);
- Abuso de direitos de propriedade intelectual. Esta questão é controversa. Ver, porém, acórdão *Radio Telefits Eireann and Others vs. Comissão,* processo n.º T--69/89, Colectânea, II, 1991, págs. 485 e ss.;
- Interdições de exportações visando isolar os mercados no seio da Comunidade. Cfr., decisão *U.B.C* (de 9 de Abril de 1976, JO CE n.º L 95, de 9 de Abril de 1976, pág. 1);
- Reduções de fornecimentos a determinados clientes em períodos de penúria. (Decisão *B.P.*, de 19 de Abril de 1977, JO CE n.º L 117, de 9 de Maio de 1977, pág. 9, anulada pelo acórdão de 29 de Junho de 1978, processo 77/77, Col., pág. 1513.

[600] Acórdão *Continental Can* (acórdão de 21 de Fevereiro de 1973, processo 6/72, Col. pág. 245, para. 20-21).

casos mencionados, em exclusão das restantes matérias, que poderão ser qualificadas como "abusos de exclusão", quanto às relações com os restantes concorrentes, ou como "abusos de estrutura", se afectarem as condições concorrenciais do mercado em causa.

Esta interpretação extensiva da noção de abuso de posição dominante, desenvolvida no acórdão *Hoffmann La Roche* [601], influenciou decisivamente a política da Comissão na matéria.

Na prática, a grande maioria dos casos de aplicação do artigo 82.º abrangem acções que integram o conceito de abuso de exclusão, ou seja, actos desenvolvidos por empresas em posição dominante que restringem as possibilidades de acção dos seus concorrentes, em especial, o acesso ao mercado, e que no extremo, levam o concorrente a abandonar o mercado [602].

Algumas situações poderão ocorrer, tipicamente, no mercado bancário, como a obrigação imposta, por uma empresa em situação dominante, ao cliente, obrigando-o a contratá-la para o fornecimento total do bem ou serviço em questão (como veremos adiante, tal acto poderá ser justificado em determinadas circunstâncias) ou, então, fixando taxas de juro passivas extraordinariamente baixas que possam integrar o conceito típico de preços predatórios [603].

---

[601] Nos termos deste acórdão, "*a noção de exploração abusiva é uma noção objectiva que visa os comportamentos de uma empresa em posição dominante que sejam de natureza a influenciar a estrutura do mercado ou (...) o grau de concorrência já estabelecido e que tenham por efeito a colocação de obstáculos, através do recurso a meios diferentes daqueles que governam uma concorrência normal dos produtos ou serviços na base das prestações dos operadores económicos, à manutenção do grau de concorrência já existente no mercado ou ao seu desenvolvimento*" (Acórdão *Hoffmann La Roche*, citado, pág. 541, para. 91).

[602] Para uma inventariação sucinta destes casos consultar A. PAPPALARDO, citado, pág. 418.

[603] A compatibilização dos preços "demasiadamente baixos" com as regras da concorrência foi uma das questões mais discutidas, quer da perspectiva jurídica quer da perspectiva económica (A. PAPPALARDO, citado). Será necessário determinar critérios para que a autoridade de tutela da concorrência possa indagar que um preço "anormalmente baixo" não constitui um instrumento de concorrência comercial mas uma prática desleal e abusiva. Exemplos paradigmáticos de práticas desleais e abusivas serão encontradas no acórdão *Akzo* (acórdão de 3 de Julho de 1991, processo C-62/86, Col. I, pág. 3359) e no acórdão *Hoffmann La Roche*, citado.

Este último aspecto é problemático no sector bancário. O Tribunal de Justiça contrapõe usualmente a noção de exploração abusiva ao conceito de concorrência normal, concluindo que o artigo 82.º contém uma interdição dirigida à empresa em posição dominante, no sentido desta não desenvolver comportamentos que visem eliminar concorrentes no mercado ou reforçar a sua posição no mercado, que não decorram de uma concorrência pelo mérito. Esta indagação é suficiente para enunciar que uma concorrência pelos preços não é legítima [604].

Porém, este desenvolvimento é inútil na resolução de uma questão essencial - qual é o preço juridicamente correcto?-. Na averiguação é essencial ter-se a consciência de que o preço de mercado poderá não ser o juridicamente admitido. Na matéria, o Tribunal de Justiça ensaia algumas tentativas de criteriação, afirmando que *"os preços inferiores à média dos custos variáveis (ou seja, aqueles que variam em função das quantidades produzidas) pelos quais a empresa dominante tenta eliminar um concorrente deverão ser considerados como abusivos"*. A razão para sustentar esse critério baseia-se na ideia de que as perdas no curto prazo só poderão ser explicadas pelo desejo de eliminação de um concorrente no presente e terão como consequência necessária a elevação dos preços a médio e a longo prazo.

Refira-se, no entanto, que esta posição esquece que a estratégia empresarial não poderá ser vista, simplesmente, numa estrutura de curto prazo, ainda mais, no sector bancário, onde o planeamento estratégico se efectua, por excelência, a longo prazo, e onde na grande maioria dos cenários, os lucros imediatos não são esperados. Por outro lado, o critério enunciado, fazendo referência aos custos variáveis, também não terá uma aplicabilidade total no sector - a existência de economias de escala é duvidosa e a estrutura de custos mantém-se quase inalterada apesar de alterações no nível de produção -. Numa outra perspectiva, apura-se que apesar da enunciação inicial pelo Tribunal de Justiça de um critério objectivo, ele só será aplicável *"se a empresa dominante tenta(r) eliminar um concorrente"*. Esta última condição volta a trazer apreciações de índole subjectiva para uma matéria onde se pretendia o máximo de objectividade possível.

---

[604] Cfr., acórdão *Akzo*, citado, pág. 3455.

O Tribunal de Justiça, em desenvolvimento da sua posição, afirma posteriormente que *"os preços inferiores à média dos custos totais, que compreendem os custos fixos e variáveis, mas superiores à média dos custos variáveis, deverão ser considerados como abusivos, desde que sejam fixados num plano que tenha como objectivo a eliminação da concorrência"* [605].

Como se poderá facilmente observar, na primeira hipótese a conclusão de que se trata de um abuso é automática. Na segunda, ao invés, é necessário que a Comissão forneça a prova da intenção de lesão do concorrente. Nestes termos, um banco com grandes capacidades poderá fixar um preço no nível que se situe entre a média dos custos totais e a média dos custos variáveis, o que se admitirá nos termos do artigo 82.º, se não tiver a intenção de eliminar o concorrente. Porém, como se poderá facilmente notar, a apreciação subjectiva mantém-se, com todos os seus inconvenientes.

3.3. A posição dominante colectiva. Remissão

Pela sua relevância a matéria da posição dominante colectiva no sector bancário será tratada autonomamente.

3.4. Conclusões

Não basta existir uma posição dominante, é necessário um abuso dessa posição dominante, exemplificando o artigo 82.º algumas práticas julgadas abusivas que, no entanto, não chegam para fixar um conceito de abuso. O Memorando da Comissão, anteriormente referenciado, definiu o "abuso" como o facto do detentor de uma posição dominante utilizar possibilidades que dela resultavam para obter vantagens que não lograria no caso da concorrência praticada ser plenamente eficaz. Esta posição baseia-se numa situação concorrencial hipotética, e que, com tal subjectivismo, se estaria a dar à autoridade comunitária um poder discricionário para orientar o comportamento das empresas dominantes [606].

---

[605] Idem, *loc. ult, cit.*.
[606] Cfr. C. CABOZ SANTANA, cit., pág. 187.

É obvio que aquilo que se poderia chamar de situação concorrencial hipotética relaciona-se com o problema dos diversos graus em que a concorrência, num determinado mercado, pode funcionar. Para uma apreciação correcta desta problemática é crucial ponderar os eventuais desvios numa base casuística, tendo em consideração que algumas empresas necessitarão de mercados mais alargados que outras (relembre-se as economias de escala), devendo julgar-se o conceito a partir do atentado ao interesse geral e não somente de uma perspectiva dos consumidores, tal como é enquadrado pelos artigos 2.º, 3.º, 81.º e 82.º do Tratado, susceptível de afectação, quer por uma conduta subjectiva, quer por uma situação objectiva.

Por outro lado, a aplicação da proibição do artigo 82.º supõe que a exploração abusiva seja susceptível de afectar o comércio entre os Estados-membros [607].

3.5. O abuso de posição dominante no sector bancário

A identificação de uma posição dominante no mercado bancário não difere substancialmente do apurado nos outros ramos de actividade. No entanto, algumas dificuldades suplementares se levantam [608].

---

[607] De uma maneira geral valerão, nesta sede, as considerações a produzir adiante no capítulo referente ao artigo 81.º, mas deverá sublinhar-se uma especificidade, resultante da jurisprudência do Tribunal. Num dos seus primeiros acórdãos relativos à recusa de venda, o Tribunal de Justiça decidiu que *"a partir do momento que em que o detentor da posição dominante estabelecido no mercado comum pretenda explorá-la abusivamente com a finalidade de eliminar um concorrente estabelecido no mercado comum, é indiferente que se saiba (para a aplicação do direito comunitário da concorrência) se esse comportamento se dirige a actividades exportadoras ou a actividades no mercado comum, desde que essa eliminação tenha repercussões na estrutura de concorrência do mercado comum"*. Cfr., acórdão *Commercial Solvents* (acórdão de 6 de Março de 1974, processos n.º 6 e 7/73, Colectânea 1974, pág. 257)

[608] Conclusões distintas serão atingidas conforme se opte por uma apreciação intra-sistema bancário ou extra-sistema bancário, e isso resulta da análise do grau de sucedaneidade dos produtos oferecidos fora do mercado bancário, que se for elevado, obriga a uma segmentação de mercado. E, esta segmentação de mercado é extremamente complexa. O contínuo processo de inovação bancária torna ténue a fronteira entre as actividades destas instituições e as restantes instituições financeiras.

As particularidade deparam-se-nos, logo, devido à peculiaridade do produto bancário.

O empréstimo bancário, por exemplo, é imbuído de um particular conteúdo informativo, que se poderá associar a uma posição de monopólio bilateral. Se, no limite, se aceitar a interpretação que faz do crédito uma *"named commodity"*, a relação entre os dois sujeitos em causa poderá qualificar-se como uma situação de monopólio bilateral, o que tornaria impossível a atribuição de uma noção de posição dominante no estudo deste tipo de concorrência.

Não adoptando esta posição, poderemos vislumbrar, nas soluções que os intermediários oferecem para ultrapassar as falhas de mercado, algumas práticas que podem ser julgadas anticoncorrenciais. A posição de vantagem informativa que permite à banca financiar uma qualquer actividade, a um nível próximo do óptimo, poderá ser utilizada como protecção da concorrência efectiva e concorrencial, e dar azo a abusos de uma posição dominante.

E isso acontece, porque essa instituição detêm uma posição de vantagem informativa em relação às outras, que se poderá tornar numa barreira à entrada, devido à intensidade das relações de clientela neste contexto de informação assimétrica. O mesmo poderá ser dito do mecanismo de criação de reputação, relação fiduciária, que configura um custo irrecuperável, e logo uma barreira à saída. Mas estes condicionalismos são intrínsecos à actividade das instituições de crédito, o que tornará duvidosa a averiguação de um abuso de posição dominante em relação aos concorrentes potenciais, devido à não contestabilidade natural do mercado bancário [609].

Do ponto de vista macro-económico, apontam-se tradicionalmente dois níveis potenciais de aplicação do artigo 82.º do Tratado às operações bancárias.

---

[609] Esta conclusão coloca em crise a conclusão do Tribunal de Justiça no acórdão *Hoffmann La Roche*, citado, de que tanto as obrigações de aprivisionamento exclusivo como os vínculos de fidelidade *"são incompatíveis com o objectivo de uma concorrência não falseada no mercado comum pois não repousam (...) sobre uma prestação económica que justifique essa obrigação (...) mas terão como objectivo a restrição das possibilidades de escolha no que concerne às fontes de aprovisionamento e a barrar o acesso ao mercado aos outros produtores"*.

No primeiro nível situa-se um grande banco ou um grande grupo profissional que gozem, de facto ou *de iure*, de uma posição dominante num sector particular da indústria financeira. O segundo nível, mais modesto, diz respeito à hipótese de um determinado banco disfrutar de uma posição monopolística num determinado serviço bancário.

A primeira situação, que consiste na aplicação do artigo 82.º a qualquer banco ou associação profissional de grande dimensão, que goze de uma situação dominante, de facto ou *de iure*, no mercado relevante, é mais óbvia para a aplicação destas disposições. As circunstâncias que potenciam esta ocorrência são numerosas. Por exemplo, nos mercados com sistemas de compensação de grande dimensão, quer a nível nacional quer a nível internacional, ou então, na situação de existência de um grande emissor de cartões de pagamento, ou mesmo ainda, numa sistema onde haja uma rede uniformizada de *Automatic Teller Machines* (ATM). Este último mercado, totalmente uniformizado em Portugal, encontra-se em franca expansão no território comunitário graças aos denominados acordos de interoperacionalidade, através dos quais se tornam duas redes distintas numa só, de grande dimensão.

Nestes mercados específicos, a potencialidade de aparecimento de um abuso de posição dominante não é simplesmente teórica, sendo facilmente conjunturável a prática de admissões restritivas com o escopo de excluir potenciais aderentes a estes sistemas [610]. Ou então, poderão os actuais ou potenciais utilizadores dos sistemas estabelecidos ser obrigados à aquisição de serviços adicionais não relacionados. Este seria o caso da obrigação da aquisição de sistemas de máquinas registadoras uniformes para utilização conjunta com a rede

---

[610] A decisão da Comissão "*London European Airways vs. Sabena*" poderá ser utilizada como caso paradigmático no mercado bancário. Sobre este assunto, consultar, COMISSÃO "17.º Relatório sobre a Política da Concorrência referente a 1987", Bruxelas, (1988), ponto 86. Existem alguns exemplos nos mercados financeiros, tais como: no período de constituição do sistema de pagamentos e de transferência de mensagens SWIFT, os bancos que detinham grandes montantes sobre custódia tentaram impedir o acesso dos gestores de fundos ao sistema temendo que estes os contornassem na sua função. Sobre este assunto, consultar M. DASSESE, S. ISAACS E G. PENN "EEC Banking Law", Lloyd´s of London Press, Ltd, (1994), pág. 317.

automatizada dos cartões de crédito. Esta imposição vai além dos objectivos, justificados, de segurança e de uniformização técnica do sistema de pagamentos.

Uma outra situação paradigmática poderá sobrevir quando um sujeito detentor de uma posição dominante num mercado específico, pretenda estender a sua posição a áreas de actuação não directamente relacionadas com a sua [611]. Tal poderá ocorrer no mercado financeiro se, por exemplo, a autoridade de supervisão do mercado de capitais, que em alguns Estados-membros tem uma natureza privada, reclamar para si o monopólio da venda ao público, ou aos jornais especializados, das informações que os correctores lhe devem fornecer sobre operações fora do mercado ou que as companhias lhe prestem quando ocorre um facto relevante que possa influenciar significativamente o preço das acções. Porém, a hipótese com mais probabilidades de ocorrer consiste na exigência, por parte de um banco ou de um grupo de bancos, da realização de um seguro de vida ou de um seguro de propriedade numa empresa seguradora do grupo, a um cliente que contrate com o banco um empréstimo hipotecário.

A Comissão, em algumas comunicações recentes sobre os serviços financeiros, tem sustentado, com total correcção, que as regras do Tratado de tutela da concorrência se aplicam aos acordos de cooperação entre as instituições bancárias no campo técnico, legal e operacional relativos aos sistemas de compensação multilateral e de transferências de fundos bem como nos acordos de compatibilização das redes de ATM.

Os sistemas sobre os quais versam estes acordos constituem uma parte significativa, senão total, dos sistemas de pagamento nacionais ou internacionais de um segmento de mercado. Esta situação é visível, por exemplo, nos sistemas automáticos de compensação dos pagamentos efectuados por cartões de débito, ou então, nos sistemas de compensação multilateral de divisas, pelo que deverão ser tomados como essenciais, e não restritos a um certo número, fechado, de

---

[611] Esta situação é directamente inspirada no caso *TV Guide*. Decisão da Comissão de 21 de Dezembro de 1988, publicada no JO CE n.º L78 de 21 de Março de 1989. Poderá, ainda, consultar-se COMISSÃO EUROPEIA "18.º Relatório sobre a Política da Concorrência referente a 1988", Bruxelas, (1989), pág. 79.

participantes, desde que os potenciais utilizadores preencham critérios delimitados *a priori*.

Este entendimento poderá colocar problemas no campo da autonomia contratual das partes envolvidas. Quando um número limitado de instituições institui um sistema de pagamentos, elas escolherão, certamente, os seus parceiros de acordo com a sua estratégia global para aquela mercado e não poderão ser forçadas a abrir o seu acordo particular a outros parceiros, mesmo se estes tiverem características semelhantes. Pelo que, pensamos, o princípio da não exclusividade deverá ser temperado de acordo com as circunstâncias concretas do mercado.

A delimitação apriorística dos critérios não é, também, isenta de problemas.

Critérios que, numa primeira análise, poderiam ser justificáveis, como o volume de negócios e as capacidades técnicas, poderão, na prática, ser incomportáveis para bancos estrangeiros, de implantação recente; ou para novos bancos, que tendo acabado de ser criados não preencherão, certamente, os critérios quantitativos exigidos.

Noutra perspectiva, a imposição de critérios baseados no volume de negócios será razoável se a implementação do sistema exigir um investimento avultado, evitando-se, desta forma, o aparecimento de *free riders* dado que os bancos de razoável dimensão tem, sempre, o interesse em participar, *ab initio*, na construção deste tipo de sistemas [612].

O segundo nível de potencial aplicação do artigo 82.º do Tratado às operações bancárias, corresponde aos casos em que uma determinada instituição bancária, independentemente da sua dimensão, detém uma posição monopolística no fornecimento de um determinado produto [613]. Um exemplo vislumbra-se na situação jurídica decorrente

---

[612] Poderão, ainda, subsistir outros problemas. A diferença entre os volumes de negócios poderá ser incomportável para o funcionamento dos sistemas, quer a nível operacional quer a nível de repartição de custos. Por outro lado, no caso de um banco estrangeiro, outras questões se colocam: deverá atender-se ao volume de negócios no seu país de origem, simplesmente, ao volume de negócios da dependência naquele território? A resposta a estas questões só poderá ser encontrada através da análise do caso concreto.

[613] Cfr. M. DASSESSE, S. ISAACS E G. PENN, cit., pág. 318 e ss.

do saque de um cheque por um cliente sob a sua conta de um determinado banco e que foi posteriormente endossado a um terceiro. Na grande maioria dos Estados-membros, o único banco em posição de aceitar o cheque ao terceiro que o detém é o banco sacado. Nos termos da jurisprudência do Tribunal de Justiça [614], o banco sacado deverá ser sempre considerado como detendo uma posição dominante relativamente ao pagamentos dos cheques passados pelos seus clientes. Neste enquadramento, são qualificadas como abusivas todas as imposições sobre a exigência de pagamento de uma tarifa ou comissão, ou então a imposição de práticas dilatórias de pagamento ao beneficiário, se já tiver debitado o montante na conta do seu cliente.

Por idênticas razões, o artigo 82.º do Tratado poderá, outrossim, ser aplicado, em certas circunstâncias, às comissões exigidas pelas instituições bancárias pela creditação, na conta do seu cliente, dos fundos transferidos pelo outro banco, detentor da conta do terceiro que ordena a transferência.

Não consta terem ocorrido, a nível comunitário, casos de abuso de posição dominante no sector bancário, explicitamente analisados ou decididos pelas instâncias comunitárias. Como foi referido *supra*, o Tribunal de Justiça afastou a invocabilidade do artigo 82.º do Tratado no caso *Zuchner*, por razões de carácter processual, aliás pertinentes. Todavia a Comissão já foi interpelada no Parlamento quanto a certas práticas julgadas abusivas [615].

---

[614] Acórdão *Hugin vs. Comissão*, processo n.º 22/78, Colectânea 1979, págs. 1869 e ss.; acórdão *General Motors Continental vs. Comissão*, processo n.º 26/75, Colectânea 1975, págs. 1367 e ss.; acórdão *British Leyland vs. Comissão*, processo n.º 226/85, Colectânea 1986, págs. 3263 e ss..

[615] Foi formulada uma pergunta escrita (in JO CE n.º C 38 de 13/2/84, pg 37) respeitante à taxa uniforme de 5% sobre o câmbio de cheques, cobrados por um banco holandês a bordo do *ferry-boat* que efectua a ligação entre o Reino Unido e a Holanda. A Comissão respondeu que, em princípio, não se tratava de abuso de posição dominante.

Outra pergunta (JO CE n.º 272 de 23 de Outubro de 1985) referia-se a abusos dos bancos americanos, 52% dos quais conservavam alegadamente os cheques a creditar entre dois dias a mais de uma semana, a fim de perceberem indevidamente os respectivos juros. Interrogava a Comissão sobre se algo de semelhante se passava na Comunidade e, em caso afirmativo, se seriam tomadas medidas nos termos dos

No entanto, e tendo em atenção as recentes movimentações na estrutura da banca europeia, a questão da posição dominante colectiva reveste uma cada vez maior importância, dada futura estrutura do mercado. Por essa razão, destacou-se o seu estudo para um momento posterior.

Relembre-se, para finalizar, a impossibilidade de concessão de isenções a abusos de posição dominante, ao contrário do que acontece com os acordos, práticas concertadas e decisões de associações, nos termos do n.º 3 do artigo 81.º. Saliente-se, ainda, que a concessão de uma isenção, nesses termos, não preclude de nenhuma forma a potencial aplicabilidade do artigo 82.º. Pelo exposto, não será por ter sido concedida uma isenção ou um atestado negativo a um acordo entre instituições bancárias - por exemplo, na edificação de um sistema de compensação de cheques -, que certas circunstâncias abusivas não poderão ser tidas como tais, nos termos do estabelecido no artigo 82.º do Tratado.

---

artigos 82.º ou 81.º do Tratado. Na resposta, a Comissão apresentou uma lista relativa à situação em cada país comunitário, observando que os custos suportados pelos bancos dos beneficiários de cheques são cobertos pelos juros produzidos pela colocação dos fundos não compensados, argumentos que, no mínimo, são duvidosos. Afirmou, também, que *"nenhum banco ou pequeno grupo bancário parece deter na Comunidade ou num Estado-Membro uma posição dominante no que respeita ao pagamento de cheques (pelo que) o artigo 82.º não se afigura portanto aplicável"*. Acrescentou, ainda, a Comissão, estar disposta a examinar qualquer processo em que se apresentem atrasos no pagamento de cheques, susceptíveis de afectar o comércio intracomunitário, resultantes de acordos ou práticas concertadas entre bancos.

CAPÍTULO V

ACORDOS, PRÁTICAS CONCERTADAS E DECISÕES DE ASSOCIAÇÕES DE EMPRESAS

1. O ARTIGO 81.º

1.1. Apreciação geral

O artigo 81.º proíbe as "ententes" entre empresas que tenham por objecto restringir a concorrência e, cumulativamente, possam afectar o comércio entre os Estados-membros [616]. O escopo deste dispositivo normativo será evitar que as empresas exerçam formas de coordenação das suas estratégias que venham reduzir, ou até mesmo, eliminar, a pretensão normal de cada uma prevalecer sobre os seus concorrentes na luta do mercado.

Nos termos do Tribunal de Justiça, na "*concepção inerente às disposições do Tratado relativas à concorrência (...) todos os operadores económicos devem determinar, de forma autónoma a política*

---

[616] Cfr., entre muitos, L. PAIS ANTUNES "Agreements and Concerted Practices under EEC Competition Law: Is The distinction Relevant?" *in Yearbook of European Law,* nº 11, (1991); R. GREAVES "EC Competition Law", Chancery, Londres, (1992); R. KOVAR, "Code Européen de la Concurrence", cit.; L. E J. VOGEL, "Le droit européen de les affaires", cit.; M. WAELBROECK, "Concurrence" in *Commentaire Mégret: le droit de la CE*, cit..

que pretendem seguir no mercado comum, satisfazendo as opções dos destinatários da sua oferta e das suas vendas" [617].

A noção de "entente" é utilizada na prática para englobar, no texto do artigo 81.º, três noções distintas: o acordo, a prática concertada e a decisão de associação de empresas. As dificuldades de distinção entre estas três figuras relevam do direito civil. Porém, o Tribunal de Justiça, na sua jurisprudência, adoptou uma perspectiva pragmática que facilita a análise assente na vontade expressa pelas partes ou na sua atitude.

1.2. Análise na especialidade

1.2.1. Acordos entre empresas - Artigo 81.º

O elemento primordial do acordo é, obviamente, o encontro de vontades de dois ou mais sujeitos. É, no entanto, dúbio se relevam nesta categoria somente os actos negociais de onde resultam obrigações juridicamente vinculantes entre as partes, ou, ao invés, se se poderão enquadrar, numa visão mais ampla, outros actos de difícil qualificação jurídica, como os "acordos de cavalheiros". Esta segunda hipótese parece ser a adoptada, na linha das orientações reflectidas nos Estados Unidos e no ordenamento comunitário [618], até porque só assim se consegue retirar um conteúdo prático à disposição.

O artigo 81.º contém a regulamentação dos "acordos entre empresas, decisões de associações de empresas e práticas concertadas" [619].

---

[617] Acórdão *Sugar* (acórdão de 16 de Dezembro de 1975, processos 40 e ss., Colectânea 1975, pág. 1942). Este acórdão desenvolve ainda mais a posição do Tribunal: *"essa exigência de autonomia não exclui o direito dos operadores económicos a adaptarem-se inteligentemente ao comportamento observado (...), ela opõe-se de forma rigorosa a todos os contactos directos ou indirectos entre esses operadores, que tenham por objecto ou efeito, quer influenciar o comportamento no mercado de um concorrente actual ou potencial, quer obrigar o concorrente a prosseguir o comportamento decidido, ou que o próprio pretende exercer no mercado".*

[618] Sobre a abrangência da posição comunitária ver acórdão *Sandoz vs. Comissão*, de 11 de Janeiro de 1990 in COMISSÃO, "20.º Relatório sobre a Política da Concorrência - 1991", cit., pág. 128.

[619] Na acórdão *Van Landewyck vs. Comissão*, processo n.º 209/78, Colectânea 1980, na pág. 3310, o Advogado Geral REISCHL afirmou que as diferenças de qualificação entre um "acordo", uma "decisão e uma "prática concertada" eram argumentos de nenhuma importância para a decisão.

Em nenhuma disposição do Tratado se definem estes conceitos [620]. A orientação acolhida pela legislação comunitária neste aspecto é de uma amplitude considerável, não englobando as posições adoptadas pelos Estados-membros nas suas legislações nacionais. A definição abrange, assim, todos os acordos de vontades, que podem revestir qualquer forma jurídica possível, de onde derivem obrigações juridicamente vinculativas para as partes. Mas não só, o conceito engloba ainda todos os acordos, mesmo que tácitos ou não assinados, que resultem em restrições de qualquer natureza, incluindo sanções morais ou económicas, à liberdade de autonomia empresarial de alguma das partes. Portanto, a qualificação "acordo de cavalheiros" não retira a concertação do âmbito de aplicação da proibição contida no n.º 1 do artigo 81.º [621]. A mesma solução é aplicável às uniões informais verbais [622], às circulares assinadas [623], aos actos unilaterais

---

[620] A Comissão declarou, na decisão *Polypropylene*, in JO CE n.º L 230/1, n.º 81 (1986) que *"bastará que um das partes limite voluntariamente a sua liberdade de acção relativamente à outra parte"* para se entender esse acordo, *lato sensu*, como inserido no âmbito de aplicação do artigo. Um compromisso moral é sujeito ao regime do n.º 1 do artigo 81.º, (acórdão *ACF Chemiefarma vs. Comissão*, processo n.º 41/69, Colectânea 197º, pág. 693). O mesmo entendimento é aplicável aos acordos orais informais (decisão da Comissão *National Panasonic*, in JO CE n.º L354/ /28). Por sua vez, uma medida governamental não constitui, por si só, um acordo, nos termos do artigo 81.º do Tratado, embora, em determinadas circunstâncias, os Estados-membros possam violar as suas obrigações decorrentes do Tratado, *maxime* artigo 86.º, ou mesmo do artigo 81.º se houver uma medida estatal que dê cobertura a um acordo privado. A mesma posição é aplicável se os acordos tiverem sido firmados ou encorajados pelas autoridades nacionais (acórdão *VBVN & VBBB vs. Comissão*, processo n.ºs 43 & 63/82, Colectânea 1984, págs. 19 e ss.), ou mesmo se tiverem sido homologados expressamente por legislação nacional (decisão *AROW/ /BNIC* in JO CE n.º L 379/1, de 10 de Novembro de 1983).

[621] Acórdão *ACF Chemiefarma* (acórdão de 15 de Julho de 1970, processo n.º 41/69, Colectânea 1970, págs. 695, para. 111 e ss.). Mais recentemente, o Tribunal de Primeira Instância, resumiu toda a jurisprudência do Tribunal no acórdão *Rhône-Poulenc* (acórdão de 24 de Dezembro de 1991, processo T-1/89, Colectânea II, 1991, pág. 1073, para. 120. Este foi um dos catorze acórdãos pronunciados pelo Tribunal de Primeira Instância no caso *Polipropilenos*).

[622] Cfr. acórdão *Tepea* (acórdão de 20 de Junho de 1977, processo 28/77, Colectânea 1977, pág. 1391).

[623] Cfr. decisão *WEA* (decisão de 22 de Dezembro de 1972, JO CE n.º L 303, de 31 de Dezembro de 1972, pág. 52); acórdão *BMW Bélgica* (acórdão de 12 de Julho de 1979, processos 32 e 78, Colectânea 1979, pág. 2435).

mas tacitamente aceites pelos outros contraentes [624] e mesmo aos actos preparatórios de contratos futuros. O ponto fundamental assenta numa "certa ideia de permanência, de continuidade" na regulação do comportamento [625].

---

[624] Cfr. caso *A.E.G* (decisão da Comissão de 6 de Janeiro de 1982, JO CE n.º L 117, de 30 de Abril de 1982, pág. 15 e acórdão de 25 de Outubro de 1983, processo 107/82, Colectânea 1983, pág. 3151) e acórdão *Sandoz* (acórdão de 11 de Janeiro de 1990, processo C-277/87, Colectânea 1990, pág. 45). Estes casos versaram sobre a aposição, pelo fornecedor, de cláusulas restritivas que os restantes contratantes aceitavam tacitamente. Apesar dos fornecedores argumentarem no sentido de se tratar de uma prática unilateral, o Tribunal considerou-o um acordo contrário ao disposto no artigo 81.º. O Tribunal, no acórdão *Sandoz*, referiu o acordo inicialmente celebrado com o fabricante *"fundava-se na aceitação tácita por parte dos clientes da linha de conduta adoptada (pelo fabricante) relativamente a eles"*.

[625] Cfr. J. VANDAMME e M. GUERRINI, "La réglementation de la concurrence dans la CEE", Paris, PUF, 1974, pág. 108-109. Os acordos, como veremos adiante, no mercado bancário poderão ser qualificados como horizontais (*i.e.* acordos entre dois ou mais fornecedores ou dois ou mais adquirentes *inter se*) ou verticais (*i.e.* acordos entre o fornecedores e os clientes) ou seja, não são necessariamente efectuados entre partes concorrentes, podendo englobar no seu conteúdo as matérias mais diversas. Os acordos impostos por um fornecedor aos seus clientes incluem-se também, como já referimos, neste enquadramento normativo, (acórdão *BMW Bélgica*, cit.., pág. 2435). Por outro lado, a cedência sucessiva de posição relativamente aos intentos de um fornecedor por parte de um cliente poderá dar lugar a uma prática concertada. As acções unilaterais não cairão, em princípio, no âmbito de incidência do artigo 81.º. No entanto, se um fornecedor, num mercado restrito, recusa o fornecimento a um determinado cliente, este procedimento, aparentemente unilateral, poderá infringir o disposto no n.º 1 do artigo 81.º se resultar de um entendimento, tácito ou expresso, entre o fornecedor e os outros clientes, no sentido da exclusão de outros sujeitos do circuito de distribuição (caso *A.E.G*, decisão da Comissão de 6 de Janeiro de 1982, JO CE n.º L 117, de 30 de Abril de 1982, pág. 15 e acórdão de 25 de Outubro de 1983, processo 107/82, Col., pág. 3151). Poderia colocar-se a questão de uma eventual aplicação do artigo 81.º a contratos caducados. Quanto a este aspecto, se o acordo ou contrato já não vigorar mas, apesar disso, subsistir concertação entre as partes e o seu comportamento se mantiver convergente, o artigo 81.º n.º 1 será susceptível de aplicação, (Acórdão *EMI vs. CBS*, processo n.º 51/75, Colectânea 1976, págs. 811, 848-850; Acórdão *Sirenn vs. Eda*, processo n.º 40/70, Colectânea 1971, pág. 69). No respeito aos acordos restritivos da concorrência que cumpram decisões judiciais dos Tribunais nacionais, eles não estão excluídos do procedimento previsto no artigo 81.º, (Acórdão *Nugesser vs. Comissão*, processo n.º 258/78, Colectânea 1982, pág. 2015, 2074-2076)

1.2.2. Prática concertada

Esta categoria é de árdua delimitação devido à heterogeneidade de actos que lhe podem ser reconduzidos. Elemento essencial será certamente a convergência de vontades e comportamentos.

O conceito "prática concertada" pretende cobrir as situações onde não exista um acordo ou uma decisão, ou então, existindo, seja impossível às autoridades a sua prova. Por estes condicionalismos, a noção torna-se de difícil definição [626]. Nos termos da Comissão e

---

[626] Os "*leading cases*" no Tribunal de Justiça relativamente às "práticas concertadas" são o *Dyestuffs* (Acórdão *ICI vs. Comissão*, Processo n.º 48/69, Colectânea 1972, pág. 619), *Sugar* (Acórdão *Suiker Unie vs. Commission*, Processo. n.º 40/73, citado) e *Pionner* (Acórdão *Musique Diffusion Française vs. Commission*, processo n.º 100/80, Colectânea 1983, pág. 1663).

No caso *Dyestuffs*, quase todas as empresas que produziam a anilina desse tipo, na Itália e no Benelux, efectuaram subidas de preços uniformes e simultâneas. Na sua decisão a Comissão, (JO CE n.º L 195/11, 1969, CMLR D23) sustentou que as partes eram culpadas de práticas concertadas e aplicou coimas. Baseou a sua decisão na similitude dos montantes e das datas de efectivação dos aumentos de preços, concluindo pela existência de contactos informais entre as empresas. As partes, por seu lado, contestaram este entendimento, afirmando que os aumentos de preços simplesmente reflectiam o comportamento paralelo das empresas em relação à empresa líder (*price-leader*), característico de um mercado oligopolístico, onde os contactos entre as empresas eram frequentes e estreitos, e as margens de lucros mínimas. O Tribunal decidiu que as condutas em causa se incluíam no conceito de "prática concertada" constituindo uma forma de coordenação entre as empresas que evitava os riscos da concorrência. Acrescentou que, embora o comportamento paralelo não seja condição suficiente para a aferição de uma prática concertada, poderá corporizar um forte indício se conduzir a uma condição concorrencial que não corresponda às condições normais do mercado. Nesta situação concreta, o Tribunal decidiu que o mercado em causa se encontrava fragmentado e dividido, pelo que o comportamento paralelo não se baseava na similitude de condições, mas unicamente numa concertação que visava a eliminação dos riscos futuros do mercado o que permitia às empresas o planeamento das actividades futuras com um grau muito reduzido de risco, principalmente no aumento de preços dos seus produtos.

O conceito de prática concertada, no Acórdão *Sugar*, deveria ser entendido, segundo o Tribunal, "*à luz do conceito inerente às disposições do Tratado relacionadas com a concorrência. Desta forma, o operador económico deverá determinar de forma independente a política que deseje adoptar no mercado comum nomeadamente no respeitante aos clientes e fornecedores. No entanto, este grau de independência não poderá precluir o direito de adaptação dos operadores económicos às actividades dos concorrentes no mercado. Preclude, porém, qualquer contacto,*

do Tribunal, não se exige nenhum acordo ou decisão conjunta, nem nenhuma declaração de vontade no sentido da criação de vínculos jurídicos entre as partes. Por exemplo, é improvável, num mercado livre e concorrencial, a aplicação lícita de preços idênticos por todas as empresas intervenientes nesse mercado, pelo que a troca regular e detalhada de informação indiciará uma prática concertada. Nesta situação, seria praticamente impossível a prova, de forma irrefutável, dum acordo ou decisão de associação de empresas. Assim, a noção de prática concertada baseia-se no conceito de cooperação informal, mas consciente, entre empresas de um determinado mercado.

Exige-se, assim, algo mais do que comportamentos paralelos ou condutas idênticas, mesmo que conscientes [627]. A existência de

---

directo ou indirecto, entre os operadores, cujo objecto ou efeito seja o de influenciar a conduta, ou mesmo excluir, um determinado ou potencial concorrente do mercado".

No Acórdão *Pioneer*, o Tribunal julgou o conceito de prática concertada ao nível do distribuidor e não do produtor. As partes do processo eram as subsidiárias europeias principais da empresa japonesa *Pioneer* e distribuidores exclusivos dessa empresa em França (*MDF*), na Alemanha (*Melchers*) e no Reino Unido (*Shriro*). Os preços dos equipamentos da *Pioneer* eram mais elevados em França do que na Alemanha ou no Reino Unido. O distribuidor francês queixou-se à *Pioneer* devido às importações paralelas de equipamentos da marca dos dois países referidos com destino à França. Da reunião realizada em Antuérpia nenhum registo escrito foi deixado, não obstante, o distribuidor alemão e o distribuidor britânico proibiram a exportação de produtos da marca para França. Perante estes factos, a Comissão (JO CE n.º L 60/ /21, 1980, 1 CMLR 457) sustentou que a *Melchers* na Alemanha e a *Shriro* no Reino Unido tinham agido no sentido pretendido pela *MDF* sob pressão da *Pioneer*. A Comissão apurou a existência de duas práticas concertadas para prevenir as importações paralelas para o território françês entre (i) a *MDF, Pioneer* e a *Melchers*; e (ii) a *MDF, Pioneer* e a *Shiro*. O total das coimas ascendeu aos sete milhões de ECU.

No recurso contencioso, o montante das coimas foi substancialmente reduzido. Contudo, o Tribunal afirmou que a *Pioneer* havia participado na prática concertada quando transmitiu as queixas da *MDF* aos outros distribuidores, através da marcação e da presidência da reunião de Antuérpia, e que *"pela sua posição central, estaria obrigada a uma particular vigilância no sentido de prevenir esforços concertados daquele tipo que consubstanciavam práticas desconformes com as regras da concorrência"* (ponto n.º 75, 79 e 132 do Acórdão).

[627] Cfr. W.B. MACLEOD, "A Theory of Conscious Parallelism", *European Economic Review*, Vol. 27, (1985), págs. 25-44; W.B.MACLEOD, G. NORMAN e J.F. THISSE, "Competition, Tacit Collusion and Free Entry", *The Economic Journal*, Vol. 97, (1987), págs. 189-98; R. REES, "Tacit Collusion", *Oxford Review of Economic Policy*, Vol. 9, Oxford University Press, (1993), págs. 27-40.

uma prática concertada impõe que o comportamento paralelo resulte de uma cooperação ou de uma concertação entre as empresas de um certo mercado, ou nas palavras do Tribunal, de *"uma forma de coordenação entre empresas que, sem ter sido levada até à realização de uma convenção propriamente dita, substitui conscientemente os riscos da concorrência por uma cooperação prática entre elas"* [628]. O Tribunal de Justiça, reiterou no acórdão *Zuchner* a orientação estabelecida, de que o conceito de prática concertada contida no n.º 1 do artigo 81.º do Tratado consiste numa forma de coordenação entre empresas, que sem atingir um nível que fundamente a sua qualificação como acordo, encerra em si os mesmos riscos para a concorrência. Os requisitos de coordenação e cooperação, necessários para a qualificação de uma prática como concertada, prejudicam *ab initio* o espaço de liberdade necessário para que uma empresa implemente um plano de acção livre e independente, essencial para o desenvolvimento de uma acção concorrencial. Todavia, este requisito de independência não preclude o direito das empresas se adaptarem às condutas existentes ou de adoptarem procedimentos futuros comuns aos seus concorrentes. Impede, isso sim, qualquer contacto, directo ou indirecto, entre os operadores desse mercado, cujo objecto [629] ou efeito traduzisse condições con-

---

[628] Acórdão de 14 de Julho de 1972, Imperial Chemical Industries Ltd. c. Commission des Communautés européenes, Proc. 48/69, Recueil, Vol XVIII-1, 1972, pág. 619. Tal sucederá, como afirmam ANTÓNIO CARLOS DOS SANTOS, MARIA EDUARDA GONÇALVES E MARIA LEITÃO MARQUES (in Direito Económico, Almedina, Coimbra, 2.ª Edição, 1995, pág. 372), por exemplo, com a existência de contactos que visem revelar a um concorrente o comportamento que uma empresa decidiu adoptar no mercado, ou com a publicação de anúncios de preços, seguidas do alinhamento pelas empresas concorrentes no sentido dos comportamentos sugeridos. Ao elemento material «comportamento paralelo» aduz-se um elemento intelectual, a vontade de agir em conjunto, deduzido, em regra, a partir de presunções ou índices de diverso tipo.

[629] Se as partes contactaram entre si no sentido de influenciar ilicitamente as condições concorrenciais, mas não tiverem exteriorizado a sua concertação, o artigo 81.º não terá sido violado, a "concertação" nunca terá sido posta em "prática" (*Acórdão ACF Chemiefarma vs. Commission*, Proc. n.º 41/69, 1970, Colectânea, págs. 714-715, pelo Advogado-Geral GAND). O mesmo entendimento é aplicável se os efeitos na concorrência forem ínfimos

correnciais não correspondentes às circunstâncias normais no mercado, atendendo à natureza dos produtos ou serviços prestados e à sua dimensão.

Concluindo, os requisitos básicos para a existência de uma prática concertada atestam-se, cumulativamente:

(a) na existência de contactos entre as partes, que poderão consistir quer em reuniões, discussões, trocas de informação, ou meras sondagens informais, quer na forma escrita quer na forma oral; e

(b) se esse contacto:

(i) tiver como objecto influenciar o comportamento do mercado, através da remoção do grau de incerteza e de risco na conduta concorrencial futura da empresa, ou

(ii) tiver como efeito a manutenção ou a alteração da conduta comercial da empresa fora das regras normais do mercado.

A existência de uma prática concertada tem de ser devidamente provada [630]. No entanto, evidências circunstanciais poderão ser suficientes [631].

Na prática, se:

(a) existir um comportamento paralelo no mercado; e

(b) forem provados a existência de contactos entre as partes;

a prática concertada será imediatamente aferida. Porém, como foi afirmado anteriormente, o comportamento paralelo *per se* é insuficiente para estabelecer a existência de uma prática concertada, embora seja forte demonstração nesse sentido (se aquele comportamento for anormal em condições normais de mercado) [632].

A adequação espontânea do comportamento de uma empresa, ao comportamento de outro concorrente (paralelismo consciente) poderá

---

[630] O Advogado-Geral MAYRAS, no Acórdão *ICI*, afirmou que: "*pelo menos será necessário demonstrar - primeiramente, que o comportamento consciente paralelo não se deve exclusivamente, ou em grande parte às condições económicas ou à estrutura do mercado; - e, em segundo lugar, que quando não existe um encontro de vontades expresso, alguns padrões de comportamento conduzirão inequivocamente à convicção que a conduta paralela seria resultado de uma concertação, de uma política coordenada*".

[631] *Musique Diffusion Francaise*, citado.

[632] Acórdão *ICI*, citado, n.ºs 65-68; acórdão *Zuchner*, citado, págs. 2031-2034.

representar um indício de existência de concertação [633], podendo esse comportamento constituir uma *facti specie* de concertação tácita [634].

A prática concertada não será confirmada se houver uma explicação alternativa [635]. A observação de troca de informações sobre matérias confidenciais [636] ou a existência de contactos estreitos [637] possibilitarão, por si só, a prova segura da concertação. A proximidade de datas de movimentações comerciais importantes [638], e a ausência de comércio concorrencial serão elementos relevantes para o julgamento, mas o aspecto conclusivo reside numa justificação económica plausível para o comportamento paralelo.

Para finalizar, é inteiramente lógico concluir-se que a prática concertada constitui uma forma de cooperação entre empresas. No entanto reveste um conteúdo formal menos forte e completo que o acordo.

A diferença assenta, e este aspecto é quase unânime na doutrina, no seguinte: o acordo gera obrigações que as partes deverão respeitar, e a prática concertada, pela sua própria denominação, consiste fundamentalmente num comportamento, mas não necessariamente num compromisso. É quase consensual a seguinte observação: existirá, nos dois casos, um encontro de vontades, visando a coordenação da actividade no mercado. Mas, essa coordenação, na prática con-

---

[633] No caso *"matéria corante"* de 14 de Fevereiro de 1972, o Tribunal entendeu que "... *a concertação não implica necessariamente que os interessados estabeleçam um plano comum para adoptar um determinado comportamento, sendo suficiente que se coloquem ao corrente reciprocamente da prossecussão das suas intenções de forma a que um possa agir na convicção de que o outro concorrente adoptará um comportamento análogo*".

[634] Esta última categoria poderá ser igualmente considerada como um abuso de posição dominante colectiva. Esta segunda hipótese aparenta-se preferível quando seja impossível comprovar a existência de um acordo. No contexto comunitário talvez seja preferível inserir a concertação tácita no contexto do abuso de posição dominante. Cfr., sobre este assunto, decisão da Comissão n° 89/93, de 7 de Dezembro de 1988, in JO CE n° L 33/44, de 4 de Fevereiro de 1989.

[635] Acórdão *CRAM and Rhenzink vs. Comissão*, processo n.° 29 & 30/83, Colectânea 1984, págs. 1679, 1702, n.° 16.

[636] Acórdão *Sugar*, citado, págs 1965 e ss.; Acórdão *Zuchner*, citado, n.° 22;

[637] Por exemplo, reuniões, cartas, telefaxes, telefonemas: Ver sobre este assunto Acórdãos *Sugar, Musique Diffusion Française,* citados.

[638] No Acórdão *ICI*, citado, foram aumentados os preços no mesmo dia.

certada, não gera para as partes uma obrigação em sentido jurídico, significando isto que não existe um qualquer substrato normativo a esta actuação, por muito rudimentar que seja. Esta posição é acolhida no Tratado, como se poderá confirmar pelo disposto no n.º 2 do artigo 81.º, que prevê a nulidade dos acordos ou decisões proibidas, mas não menciona as práticas concertadas, pois, na lógica exposta, não existindo vínculos jurídicos, não haverá objecto para uma declaração de nulidade.

Toda esta construção, na nossa opinião, baseia-se em pressupostos erróneos. No momento da análise económica, não há concertação se não existir uma possibilidade de punição por práticas "batoteiras". A punição a exercer pelos outros concorrentes que não abandonaram a concertação não pode ser qualificada senão como uma sanção jurídica por violação da concertação. A punição não assenta em pressupostos contratuais formais. Todavia, encontra-se implícita, sob pena de "fraude à concertação" generalizada. Pelo oferecido, não se poderá negar a sua jurisdicidade. Por estas simples conclusões apura-se que a fronteira entre o acordo tácito e a prática concertada poderá ser inexistente, uma vez que o argumento essencial, precisamente a falta de jurisdicidade da prática concertada, cai pela base.

Assim, esta figura poderá não revestir um tipo jurídico autónomo mas simplesmente um meio a utilizar por facilidade de prova, ainda mais porque o Tribunal recorre certos indícios, como a troca de informações entre os concorrentes, como presunções inilidíveis da ocorrência de uma prática concertada, mesmo na ausência de qualquer actividade positiva sobre o mercado.

1.2.3. Decisão de empresas

Nesta categoria deverão integrar-se as expressões que constituam a soma de vontades de empresas agrupadas no seio de uma estrutura comum, tendente a impor aos seus membros um comportamento atinente ao exercício da actividade económica. Esta categoria de concertação poderá ser reconduzível ao acordo. Elemento essencial parece ser a presença de um organismo de coordenação. A previsão legislativa evidencia uma grande amplitude, reconduzindo-se a ela entes desprovidos de personalidade jurídica.

As diversas modalidades de concertação são, obviamente, tão eficazes quanto mais vinculativa for a ligação entre as empresas participantes, neste caso, os "acordos" e as "deliberações" afiguram ter um maior grau de estabilidade, sendo implantados por um acto negocial explícito. Por outro lado, no plano prático, o mais fácil discernimento da ilicitude destas práticas tenderá, provavelmente, a favorecer o desenvolvimento de práticas concertadas [639].

Desta forma, uma recomendação emanada por uma associação de empresas que retracte de forma fidedigna a intenção dos seus membros na institucionalização, ou adopção *ex novo,* de uma prática compulsória anticoncorrencial, entre eles, num mercado particular será condição suficiente para a aplicação do n.º 1 do artigo 81.º [640]. A vontade que aqui está em causa é uma vontade colectiva, e não um concurso de vontades individuais formadas em conformidade com os estatutos orgânicos do sujeito colectivo em questão.

1.3. Critério do prejuízo sensível

Em sede comunitária, afirma-se a necessidade de valorar a concertação, enquadrado-a no contexto jurídico-económico, onde se insere.

Nesta óptica, os organismos comunitários, inspirando-se no modelo da "concorrência eficiente", tentaram delimitar toda uma

---

[639] No âmbito de aplicação deste artigo, deveremos dedicar uma atenção especial aos acordos de cooperação, entendendo-se como tais aquela categoria de acordos cujo propósito é a prossecussão de objectivos de racionalização da estrutura financeira, de especialização e de melhor utilização dos recursos, por parte de empresas que disfrutam e conservam a independência económica. Nestas situações, a Comissão não exclui liminarmente estas formas de cooperação, bem pelo contrário. Segundo o seu entendimento, diversas vezes exteriorizado em comunicações, este tipo de práticas nem sequer se enquadrariam na previsão legal do artigo 81º do Tratado. No âmbito da casuística referida por esta instituição comunitária incluem-se: as trocas de opiniões e de experiências, nas prospecções de mercado; a cooperação contabilística; a execução comum de programas de investigação e desenvolvimento; e a prestação de serviços comuns de assistência ao cliente. No entanto, para este tratamento preferencial é necessário que o acordo tenha como objecto exclusivo as áreas acima referidas.

[640] Acórdão *Van Landewyck vs. Comissão,* citado.

gama de concertações restritivas, onde relevavam somente aquelas que prejudicassem de modo sensível a concorrência no mercado, em relação à situação de terceiros [641]. Por conseguinte, nem todos as concertações lesivas da concorrência seriam relevantes, mas somente as constituídas por empresas de alguma dimensão e detentoras de quotas de mercado significativas [642].

Este princípio, explanado na Comunicação da Comissão de 3 de Setembro de 1986, aponta a existência de acordos de importância menor. Esse documento precisa que os acordos, em sentido amplo, de produção ou de distribuição ou de prestação de serviços não são, em geral, abrangidos pela proibição do nº 1 do artigo 81º:

- quando os produtos ou serviços objecto do acordo (produtos contratuais) e os outros produtos ou serviços das empresas participantes considerados similares pelo utilizador por força das suas propriedades, preço e utilização, não representem mais de 5% do mercado conjunto desses produtos ou serviços, no território do mercado comum onde os acordos produzem efeitos,

e

- quando o volume de negócios total, realizado durante o exercício pelas empresas participantes, não exceda 200 milhões de ECU´s.

De referir que estes limites têm um carácter meramente indicativo, o que origina um elevado grau de discricionariedade.

A Comissão considera, além disso, que os acordos supracitados também não são abrangidos pela proibição do nº 1 do artigo 81.º se, durante dois anos consecutivos, a quota de mercado ou o volume de negócios assim fixados não forem excedidos em mais de um décimo.

1.4. Critérios de análise económica

A análise económica deverá, preliminarmente, prestar atenção, nas práticas concertadas, aos factores que induzem a concertação, identificando as suas configurações mais prováveis. Desta forma, tentaremos individualizar, não só os comportamentos explicitamente

---

[641] Acordão *VOLK*, de 9 de Julho de 1969, nº 69.

[642] Esta orientação da Comissão responde à exigência de não se prejudicar a cooperação entre pequenas e médias empresas.

concertados, mas também aqueles que poderão favorecer a emergência de concertações tácitas.

Neste sentido, é possível apontar, com especial incidência no sector financeiro, as seguintes situações:

- a difusão de informação sobre as preferências dos concorrentes e sobre as condições do mercado, através da recolha de informação por parte de associações da categoria, cujo estudo facilitará a identificação de possíveis equilíbrios de concertação;

- a normalização do produto e das cláusulas contratuais, que elimina algumas componentes da concorrência que não o preço, factor particularmente presente no sector financeiro. O efeito final deste mecanismo não é unívoco. Uma vasta doutrina sustenta que a normalização, quando realizada de modo apropriado, poderá ter efeitos positivos na concorrência [643];

- alguns casos particulares, como, a presença de barreiras à entrada, poderão tornar proveitosa a concertação entre as empresas presentes num mercado.

Esta indagação não poderá prescindir de uma averiguação do poder de mercado. No caso de uma prática concertada, onde não é evidente o número e o tipo de sujeitos concertados, poderemos ter o auxílio da "*rule of reason*".

1.4.1. Critério da "rule of reason"

Segundo este critério, o comportamento derivado da concertação é avaliado tendo como base os seus resultados. A prova efectiva da existência de um fenómeno patológico é nos dada, se demonstrarmos que o nível de concorrência subsistente é inferior ao preexistente [644].

A Comissão segue esta linha determinando, casuisticamente, comportamentos anticoncorrenciais, logo ilícitos, através do estudo:

---

[643] Cfr. J. FARREL e G. SALONER "Competition, Compatibility and Standards: The Economics of Horses, Penguins and Lemmings", in L. GABEL (ed.), Amesterdão, (1987).

[644] Este critério é frequentemente utilizado na jurisprudência americana, e obviamente, tem como base uma análise económica. Por exemplo, *Board of Trade vs. United States*, 246 US, 238, 1918.

- de todos os aspectos peculiares no sector económico em questão, individualizando o mercado de referência e as empresas actuantes;
- da situação preexistente e sucessiva, à concertação suspeita;
- de todos os actos negociais e comportamentos, postos em prática pelas empresas.

É, portanto, possível individualizar, com uma certa margem de aproximação, a concertação e os seus efeitos na concorrência se empreendermos uma análise mista, englobando elementos económicos e jurídicos. O problema será a adaptação de um instrumento de *common law* a um sistema que se funda na lei.

1.5. "Objecto ou efeito" do acordo, decisão ou prática concertada

Um acordo, decisão ou prática concertada só serão proibidos, nos termos do artigo 81.º, se tiverem como objecto ou efeito a prevenção, restrição ou distorção da concorrência.

Na maior parte dos casos os efeitos restritivos são evidentes. No entanto, em outras situações, a questão está longe de ser óbvia, o que se deve, pelo menos parcialmente, à dificuldade da definição conceptual de "restrição da concorrência" [645] na grande diversidade das hipóteses. Na pureza dos conceitos, todos os contratos comerciais afectam a concorrência, - a partir do momento em que A vende bens a B, A não poderá negociar esses bens com mais ninguém e B não está interessado em adquiri-los noutro lugar -. Não obstante, este entendimento seria uma *redução ao absurdo*, dado que, na sua adopção, o comércio prejudicaria o próprio comércio.

---

[645] Também no ordenamento norte americano a situação se coloca. Assim, nos termos da secção 1.ª do *Sherman Act* de 1980, "*Every contract, combination in the form of trust or otherwise, or conspiracy, in restraint of trade or commerce among the several States, or with foreign nations, is declared to be illegal. Every person who shall make any contract or engage in any combination or conspiracy hereby declared to be illegal shall be deemed guilty of a felony, and, on conviction thereof, shall be punished by fine not exceeding $10,000,000 if a corporation, or, if any other person, $350,000, or by imprisonment not exceeding three years, or by both said punishments, in the discretion of the court*".

A interpretação do artigo 81.º, quanto a este aspecto, não é inequívoca.

Deverá o artigo 81.º n.º 1 ser interpretado como proibindo todas as restrições à concorrência levadas a cabo pelas partes, permitindo, porém, que algumas se justifiquem nos termos do n.º 3 do mesmo artigo? Ou será que alguns destes acordos, aparentemente restritivos, não se incluem na previsão do artigo 81.º n.º 1 por falta de requisitos de aplicabilidade deste artigo? Adoptando esta última acepção, deverão demarcar-se as restrições que se incluem no âmbito de aplicabilidade do artigo 81.º n.º 1 das restantes?

A resposta a estas simples questões não é clara. Há divergências entre as posições do Tribunal de Justiça e da Comissão, tendo esta última instituição a interpretar o artigo 81.º n.º 1 de uma forma mais ampla.

Na análise do conceito de "restrição à concorrência" é útil distinguir-se entre restrições horizontais e verticais. Um acordo, em sentido amplo, numa perspectiva horizontal [646], consiste num pacto entre empresas do mesmo nível de produção, concorrentes no mesmo mercado relevante. Por seu lado, um acordo vertical [647] é celebrado

---

[646] Este tipo de acordos constituem as restrições clássicas à concorrência. Suponha-se, no entanto, que duas empresas de dimensão média juntam esforços, através da constituição de uma empresa comum, com o objectivo de produzir um bem que sozinhas não originariam, o que as torna mais competitivas face a terceiros poderosos. Estas empresas não concorrem entre si - este facto impediria a constituição da empresa comum *ab initio* -. Desta situação fáctica resulta uma questão básica: será que este acordo é proibido nos termos do n.º 1 do artigo 81.º, mas susceptível de ser isento nos termos do n.º 3 do mesmo artigo; ou será que os benefícios globais prejudicam a aplicação do artigo 81.º n.º 1 *in limine*?

[647] Saber-se o que é "proibido" ou o que é "permitido" também se coloca nas restrições à concorrência ocasionadas por acordos verticais. Este tipo de restrições consubstanciam-se, normalmente, em casos em que um produtor não consegue vender os seus produtos a não ser que um determinado distribuidor se encarregue em exclusivo da sua distribuição. O distribuidor, aqui, tentará proteger-se dos "*free riders*" que pretenderão aproveitar-se da criação do mercado pelo distribuidor, que incorreu em custos elevados, como a publicidade emitida, mediante a comercialização da mesma gama de produtos, todavia, de origem diferente e a preços mais reduzidos. Situação análoga é a da protecção da propriedade intelectual. Aqui, será necessário aceitar certas restrições à concorrência intra-marca de forma a promover uma concorrência inter-marca mais efectiva. Porém, desta situação ressalta um outro

entre sujeitos económicos situados em níveis diversos do ciclo económico, normalmente cliente e fornecedor. Estes últimos contém, habitualmente, restrições à liberdade do fornecedor que fica impedido de celebrar contratos de fornecimento com um qualquer outro potencial cliente, ou então, na situação inversa, restrições à liberdade contratual do consumidor que se obriga a adquirir bens ou serviços somente a um fornecedor. Ou ainda, e por último, poderá comportar restrições à liberdade do adquirente na determinação do preço de revenda do produto, ou o seu destino [648].

A estrutura do artigo 81.º legitima duas ordens de aproximação, para a definição do conceito de "restrição à concorrência", nos termos do n.º 1 desse artigo. Na primeira hipótese, interpreta-se amplamente a proibição: as condutas restritivas só seriam permitidas através de isenções individuais ou por categorias concedidas nos termos do

---

dilema: a protecção ao distribuidor poderá impedir outras empresas de aceder a esse produto ou mercado, o que parcelará de forma artificial o mercado comum, contrariando os objectivos básicos do Tratado. De facto, o distribuidor protegido poderá manter uma política de preços mais elevados estando defendido das importações paralelas de bens similares por parte de distribuidores situados fora do território do distribuidor protegido (cfr. Acórdão *Costen and Grundig vs. Comissão*, citado). Nestes casos, o direito comunitário deverá realizar um balanço económico, em sentido amplo, entre os interesses legítimos do distribuidor, ou do detentor da licença, e o grau de protecção do interesse comunitário relativo à livre circulação de bens. No entanto, a questão inicial depara-se-nos outra vez, ou seja, este juízo deverá ser produzido com base no n.º 1 do artigo 81.º, no n.º 3 do mesmo artigo, ou numa combinação dos dois?

[648] A solução adoptada no direito *antitrust* norte-americano radica numa apreciação jurisprudencial casuítica das restrições proibidas nos termos do *Sherman Act*. Assim, a prática restritiva da concorrência poderá ser ilegal *per se* (fixação de preços ou repartição de mercados) ou apenas ilegal quando ocasionar uma restrição da concorrência de grau desrazoável (a rule of reason). Porém, a solução americana é desajustada ao contexto comunitário, por duas ordens de razões: o direito norte-americano não tem uma disposição semelhante ao n.º 3 do artigo 81.º; os Estados Unidos vivem já numa situação de união económica e monetária perfeita, pelo que é menos imperativo o uso de normas legais para a promoção da livre circulação de bens entre os Estados. Esta última questão foi salientada pelo Advogado-Geral *Verloren van Themaat* no acórdão *Pronuptia de Paris vs. Schillgalis,* processo n.º 161/84, de 29 de Janeiro de 1986, apontando exemplos de acórdãos norte-americanos como o *Sylvania* (441 US 942), onde as restrições verticais eram consideradas benéficas para a concorrência inter-marcas.

n.º 3 do artigo 81.º. Nesta aproximação abrangente, a quase totalidade das restrições aceites pelas partes seria incluída na proibição do n.º 1 do artigo 81.º, e permitidas unicamente se coubessem na previsão do n.º 3 do artigo 81.º. Esta foi a filosofia da Comissão na resolução das questões resultantes dos acordos de distribuição e licenciamento.

Existe uma segunda hipótese, que adopta uma figura similar à da *"rule of reason"*. Nesta perspectiva nem todas as "restrições" são limitações à concorrência, no sentido do n.º 1 do artigo 81.º. Esta interpretação mais restrita foi desenvolvida, essencialmente, pelo Tribunal de Justiça conjuntamente com a primeira e evita, nalguns casos, a necessidade de concessão de uma isenção, excluindo *a priori* os acordos aparentemente restritivos do âmbito do n.º 1 do artigo 81.º.

A complexidade da legislação comunitária, relativamente a este aspecto, deve-se à Comissão e ao Tribunal de Justiça terem expressado as duas aproximações referidas em alturas e circunstâncias diversas. Por esta razão, não possuimos um conceito simples e coerente do que é uma *"restrição à concorrência nos termos do n.º 1 do artigo 81.º"*. Em vez disso, temos uma série de decisões onde se estabelece que alguns acordos "pela sua natureza" restringem a concorrência. Ou seja, são considerados restritivos *per se* [649], enquanto que em outras se afirma que certo tipo de acordos, contendo restrições à liberdade das partes, não restringem a concorrência conforme o disposto no n.º 1 do artigo 85.º.

Na condução do processo de investigação, a Comissão apurará inicialmente se o objecto do acordo se traduz na restrição da concorrência. Somente será atendido o efeito do acordo se nenhum objecto desta índole for revelado [650]. Nesta situação, os efeitos anticoncorrenciais deverão ser apreciáveis [651]. Poderá, ainda, ocorrer

---

[649] A expressão *"per se"* deverá ser utilizada com cautela no contexto do n.º 1 do artigo 81.º. Por um lado, um acordo que pela sua natureza infrinja esta disposição legal poderá beneficiar da regra *de minimis*. Por outro lado, mantém-se sempre a possibilidade teórica de concessão de uma isenção, nos termos do n.º 3 do artigo 81.º.

[650] Acórdãos *Consten and Grundig vs. Comission*, processos n.ºs 56 e 58/64, Colectânea 1966, págs. 299 e ss..

[651] Acórdão *Technique Minière vs. Maschinenbau Ulm*, processo n.º 56/65, Colectânea 1966, pág. 235; Acórdão *Volk vs. Vervaecke*, processo n.º 5/69, Colectânea 1969, pág. 295.

o caso em que o acordo, tomado isoladamente, não terá como objecto ou como efeito a restrição da concorrência. Porém, uma análise global do enquadramento negocial do sector poderá revelar efeitos anticoncorrenciais [652].

Além destes aspectos, a actuação do Tribunal de Justiça revela, igualmente, uma propensão para a utilização do conceito da *"rule of reason"* na aplicação do artigo 81.º. Algumas práticas restritivas da concorrência não serão julgadas proibidas estando objectivamente justificadas pelo motivo de serem essenciais para esse mercado, em razão da estrutura económica do sector do mercado relevante, ou então, e de uma forma inversa à acima contemplada, se os efeitos globais das restrições melhorarem a estrutura concorrencial do mercado [653].

Uma tomada final de posição nesta matéria obriga a uma indagação do sentido da evolução das posições do Tribunal de Justiça [654].

A maioria dos casos decididos nesta sede envolviam acordos de fixação de preços, através de uma decisão no âmbito de um cartel. Perante tais factos, o Tribunal não hesitou, em diversas ocasiões, em aplicar o n.º 1 do artigo 81.º. Todavia, estes casos, comparativisticamente, levantam poucos problemas, pelo que só

---

[652] No acórdão *Lancôme vs. Etos* (processo n.º 99/79, Colectânea 1980, pág. 2511) o Tribunal de Justiça afirmou, expressamente, que, no processo conducente à decisão quanto ao discernimento do objecto ou dos efeitos anti-concorrenciais de um determinado acordo, seria imprescindível o exame das condições concorrenciais actuais, na hipótese de ausência desse acordo. Para esse juízo é necessário estimar a posição e a importância das partes no mercado face ao produto em causa bem como a natureza singular desse acordo, ou, em alternativa, a sua posição no enquadramento negocial global. Pelo exposto, o Tribunal julgou, em 12 de Dezembro de 1967, no acórdão *Brasserie de Haecht I,* (processo n.º 23/67, Colectânea 1967, pág. 407), que, não sendo essa circunstância decisiva, será, conjuntamente com outras, um elemento fundamental no contexto económico e legal de julgamento desse acordo.

[653] Ver, por exemplo, acórdão *Metro vs. Comissão (n.º 1),* processo n.º 26/76, Colectânea 1977, págs. 1875 e ss.; acórdão *Metro vs. Commission (n.º 2),* processo n.º 75/84, Colectânea 1986, pág. 3021 e acórdão *Pronuptia de Paris vs. Schillgalis,* processo n.º 161/84, Colectânea 1985, págs. 3933 e ss..

[654] Como afirmaram NEALE e GOYDER *"Where antitrust is concerned, nothing less than the whole body of caselaw constitutes the definition of restraint of trade. It can be given, if at all, at the end of the book, but not at the beginning"*: NEALE e GOYDER"Antitrust Laws of the USA" 3.ª Ed., Cambridge, pág. 22.

serão referidos posterior e especificamente, tendo em atenção o sector bancário [655].

Perante as decisões recentes do Tribunal de Justiça e da Comissão, enunciam-se algumas hipóteses de interpretação da expressões "objecto" e "efeito".

Na grande maioria dos casos decididos por estas instâncias comunitárias não consta qualquer esforço de distinção entre os conceitos de "objecto" e "efeito". Simplesmente se refere que o comportamento em causa é restritivo da concorrência, ou então, que a situação fáctica recai no âmbito de incidência do n.º 1 do artigo 81.º. Não obstante, no acórdão *Technique Minière* [656], esta questão é aflorada, tendo-se apreciado liminarmente o "objecto" do acordo quanto aos seus "efeitos". Nestes termos, o "objecto" do acordo refere-se, essencialmente, aos seus objectivos propostos, sendo escusado indagar as pretensões subjectivas das partes. Se a intenção prioritária, objectivamente retractada, do acordo consistir na restrição da actividade concorrencial, então, por uma questão de economia processual será dispensável a indagação das intenções das partes [657].

Algumas categorias de "objectos" poderão computar-se como restritivos de *per se*. Poderão incluir-se nesta categoria os acordos que, pela sua natureza intrínseca, consistem em acordos horizontais de fixação de preços [658], de repartição de mercados [659], ou distri-

---

[655] Quanto aos acórdãos *Technique Minière* (1966), *Consten and Grundig* (1966), *Brasserie de Haecht (n.º1)* (1967), *Volk* (1969), *Metro* (1977), *Nungesser* (1982), *Remia* (1985) e *Pronuptia* (1986), todos citados, consultar CHRISTOPHER BELLAMY e GRAHAM CHILD "Common Market Law of Competition", 3.ª Edição, Sweet & Maxwell, Londres, (1987), págs. 68-86.

[656] Processo *Société Techique Minière vs. Maschinenbau Ulm,* processo n.º 56/65, Colectânea 1966, págs. 235 e ss., especialmente pág. 249.

[657] No Acórdão *Consten and Grundig*, o Tribunal afirmou: "*there is no need to take account of the concrete effects of an agreement once it appears that it has as its object the prevention, restriction or distorcion of competition*". Assim, se um acordo é firmado com o objectivo irrefutável de restrição da concorrência, no sentido estabelecido no n.º 1 do artigo 81.º, será desnecessário demonstrar que a concorrência foi de facto afectada.

[658] Acórdão *ACF Chemiafarma vs. Comissão,* processo n.º 41/69, Colectânea 1970, págs. 661 e ss., especialmente pág. 696; Acórdão *BNIC vs. Clair*, processo n.º 123/83, Colectânea 1985, págs 391 e ss., especialmente pág. 423.

[659] Por exemplo, acórdão *IAZ vs. Comissão,* processo 96/82, Colectânea 1983, págs. 3369 e ss., em especial, págs. 3410-3412.

buição exclusiva.[660], acordos verticais que imponham margens de exportação [661], ou quaisquer outros que restrinjam a liberdade dos consumidores na aquisição dos bens ou serviços.

Note-se que estes acordos estão sujeitos à regra *de minimis* e ao requisito de afectação do comércio intra-comunitário.

Em outros acordos, é difícil discernir o objecto de uma forma clara e óbvia, pelo que será aconselhável o estudo dos seus efeitos com um apreciável detalhe. No entanto, mesmo que a prática em causa limite, de forma óbvia, a concorrência, será ainda conveniente ponderar os seus resultados, determinando a apreciabilidade da restrição e a eventual afectação do comércio intra-comunitário.

Em alguns casos, a prática, que é, numa primeira apreciação, restritiva, poderá ter como escopo a prossecução de um qualquer objectivo pro-concorrencial, como, a entrada no mercado de um novo produto ou a melhoria da estrutura concorrencial do mercado. Nestas circunstâncias não será correcto afirmar que a prática em causa tem como propósito a restrição da concorrência, no sentido do n.º 1 do artigo 81.º, pois, pela sua natureza própria, não terá essa finalidade.

As consequências da prática restritiva serão julgadas tendo como referência o nível concorrencial que existiria na ausência da mesma. Pelo exposto, os efeitos potenciais são tão relevantes como os actuais. Será, assim, necessário indagar não só o que as partes acordaram expressamente mas, também, as obrigações implícitas, bem como a forma como as partes se poderão comportar sem qualquer acordo nesse sentido. Por exemplo, a constituição de uma empresa comum poderá restringir a concorrência mesmo que não haja qualquer disposição expressa nesse sentido. Será relevante, ainda, ponderar as repercussões do acordo, se for essa a forma da prática restritiva, em outras actividades das partes, mesmo se estas actividades caírem fora do âmbito, à primeira vista, do acordo firmado. Neste caso, os efeitos devem ser presumidos.

Porém, já outras áreas desta problemática serão, no mínimo, duvidosas. A apreciação da restrição perante concorrentes potenciais

---

[660] Por exemplo, acórdão *Cooperatieve Stremselen Kleurselffabrieck vs. Comissão,* processo 61/80, Colectânea 1981, págs. 851 e ss., em especial pág. 867.

[661] Acórdão *Consten and Grundig,* citado.

é de questionável correcção. Já não o será, no entanto, a apreciação da potencialidade da concorrência entre as partes que procederam à prática restritiva. Neste último aspecto, a Comissão tende a ser minuciosa na investigação.

O n.º 1 do artigo 81.º poderá ainda ser aplicado se a prática em causa afectar terceiros, quer prevenindo as suas práticas concorrenciais, quer restringindo o seu acesso ao mercado ou a determinadas tecnologias, ou então, se dessa conduta resultar um discriminação.

Nesta análise não será despiciendo averiguar o contexto económico global. Esta averiguação deverá incluir *"a natureza e a quantidade, limitada ou não, dos produtos abrangidos pelo acordo, a posição e a importância das partes no mercado do produto em referência, a natureza isolada do acordo, ou em alternativa, a sua posição na série de acordos"* [662], entre outros factores.

1.6. Nulidade dos Acordos e Decisões - artigo 81.º n.º 2

O n.º 2 do artigo 81.º estipula a nulidade dos acordos e das decisões proibidos. No entanto, impõe-se uma precisão. Não é a globalidade do acordo ou da decisão que é declarada nula, mas simplesmente as cláusulas que colidam com o estipulado no n.º 1 do artigo 81.º, a não ser que estas sejam indissociáveis numa lógica de harmonia interna do instrumento [663].

Por outro lado, o n.º 2 do artigo 81.º não se refere às práticas concertadas. Por definição, uma prática concertada não pode ser considerada nula, sendo simplesmente proibida conforme o n.º 1 do artigo 81.º.

As instâncias judiciais nacionais não têm poderes para a aplicar os n.º 1 e 2 do artigo 81.º na ausência de uma decisão das autoridades nacionais, nos termos do artigo 84.º, ou da Comissão, conforme o

---

[662] Acórdão *Technique Minière*, citado. Pág. 205.

[663] Acórdãos *Consten and Grundig vs. Commission,* cit.., pág. 299; acórdão *LTM vs. Maschinenbau Ulm,* processo n.º 56/65, Colectânea 1966, pág. 235. A questão relativa à indissociabilidade das cláusulas é deixada às jurisdições nacionais. Sobre este assunto ver acórdão *Soc. de Vente de Ciments et Bétons vs. Kerpen & Kerpen*, processo n.º 319/82, Colectânea 1983, pág. 4173.

artigo 85.º [664]. Mas, de acordo com a jurisprudência do Tribunal de Justiça, os tribunais nacionais deterão uma competência residual na apreciação de acordos onde os requisitos de aplicação do n.º 1 do artigo 85.º estejam claramente satisfeitos ou onde exista um escasso risco de ocorrência de uma possível decisão diversa da Comissão ou de uma sujeição a isenção nos termos do disposto do n.º 3 do artigo 85.º [665]. Relativamente a este aspecto, o n.º 1 do artigo 9.º do Regulamento 17 confere exclusivamente à Comissão o poder de declarar inaplicável o n.º 1 do artigo 85.º [666].

---

[664] Acórdão *Ministère Public vs. Asjes (Nouvelles Frontières)*, processo n.º 209//84, Colectânea 1986, pág. 1425. O artigo 84.º estabelece que até à data de entrada em vigor das disposições adoptadas em execução do artigo 83.º, que delimita a competência para a adopção de regulamentos e directivas conducentes à aplicação dos princípios enunciados nos artigos 81.º e 82.º, as autoridades dos Estados--membros decidirão sobre a admissibilidade dos acordos, decisões e práticas concertadas e sobre exploração abusiva de uma posição dominante nos termos da sua legislação nacional e do disposto dos artigos 81.º e 82.º. Esta disposição tem, actualmente, um interesse mais histórico do que prático. No entanto, nada impede que, em novos domínios do direito da concorrência, ou onde se denote uma qualquer incompletude no sistema normativo actual, esta norma possa ser reactivada. O artigo 85.º permite que, a pedido de um Estado-Membro, ou oficiosamente, e em cooperação com as autoridades competentes dos Estados-membros, que lhe prestarão assistência, a Comissão instrua os casos de presumível infracção, podendo mesmo propôr os meios que considerar adequados para lhes pôr termo. Se essa infracção não tiver cessado, o n.º 2 do artigo estabelece que a Comissão declarará verificada essa infracção, podendo autorizar os Estados-membros a tomarem medidas de forma a sanar a situação.

[665] Acórdão *Delimitis vs. Henniger Brau AG*, processo n.º 234/89, Colectânea I, 1991, págs. 935 e ss..

[666] O n.º 3 do artigo 81.º determina que as disposições do n.º 1 podem ser declaradas inaplicáveis a qualquer acordo, decisão ou prática concertada que contribua para melhorar a produção ou a distribuição dos produtos ou para promover o progresso técnico ou económico, desde que aos utilizadores se reserve uma parte equitativa do lucro daí resultante, não imponham às empresas em causa quaisquer restrições que não sejam indispensáveis à consecussão desses objectivos, nem dêm a essas empresas a possibilidade de eliminar a concorrência numa parte substancial dos produtos em causa. De referir, que os serviços se encontram abrangidos pela definição ampla de produto adoptada neste preceito. Esta isenção pode ser concedida individualmente ou por categorias.

2. A CONCERTAÇÃO NO SECTOR CREDÍTICIO

Como já foi demonstrado, a actividade bancária está sujeita à previsão dos artigos 81.º e 82.º do Tratado, não sendo normalmente recondutível ao artigo 86.º n.º 2 do Tratado que estabelece uma excepção. Tal excepção justifica-se, como já referimos, unicamente para as empresas encarregadas da gestão de serviços de *"interesse económico geral ou que tenham a natureza de monopólio fiscal"*, e no caso das instituições bancárias, talvez seja aplicável quando as autoridades públicas obrigam à consumação prática de um qualquer acto, mas nunca nas operações ordinárias com os clientes [667].

As posições da Comissão e do Tribunal de Justiça contém princípios que nos indicam as relações entre a actividade bancária e a concorrência. Estes princípios deverão ser levados em consideração pois, por vezes, traçam uma linha de demarcação entre as competências nacionais e comunitárias na matéria de concorrência.

Liminarmente, será necessário precisar que a definição de prática concertada no sector bancário será o mesmo conceito amplo acolhido a propósito do acórdão *"matéria corante"*, e referida expressamente no acórdão ZUCHNER.

Por outro lado, deveremos analisar o princípio da relevância comunitária, quando a concertação ocorrer somente entre instituições de um mesmo Estado-Membro:
- no plano quantitativo, já foi afirmado que é qualificada como significativa uma limitação da concorrência no caso dos bancos concertados representarem " ... *90 por cento do total de depósitos e do balanço agregado dos bancos operantes nos Países Baixos*" [668]. Isto indica que uma limitação vigorsa da concorrência a nível comunitário poderá derivar de acordos ou concertações relevantes em mercados apenas nacionais.

---

[667] Cfr. L. UBERTAZZI "Concorrenza e norme bancarie uniformi"in *Quaderni di Banca, borsa e titoli di credito,* Milão, (1986); L. UBERTAZZI, ed. "La concorrenza bancaria" in *Il Diritto della Banca e Della Borsa,* Milão, (1985); Idem, "Imprese Bancarie e diritto comunitario antitrust" in L. UBERTAZZI, ed. "La concorrenza bancaria" in *Il Diritto della Banca e Della Borsa,* Milão, (1985), págs. 135-170.

[668] Decisão 89/512 de 19 de Julho de 1989.

- num plano qualitativo, deveremos assinalar um caso onde a Comissão estabeleceu que os acordos nacionais sobre os preços que se estendam a todo o território dos países e "*... que possam consolidar uma segmentação de carácter nacional, justifica um caso de interpenetração económica que se encontra na área de vontade do legislador comunitário*" [669], pois, neste caso, iriam incidir sobre o livre comércio dos Estados-membros [670].

No referente especificamente à concertação, os casos examinados no passado, em sede atestação de certificados negativos de violações das regras da concorrência, segundo o artigo 2.º do Regulamento nº 17, de 6 de Fevereiro de 1962, incluem acordos estipulados entre os entes credíticios com a finalidade de fixar o nível mínimo e máximo de condições contratuais a apresentar à clientela, o que foi considerado como cartel bancário [671]. Todas estas matérias serão desenvolvidas adiante.

---

[669] Decisão 87/13 de 11 de Dezembro de 1986.

[670] No acordão *Remia vs. Comissão*, cit.., estatui-se que "*as páticas restritivas da concorrência que se estendem a todo o território de um Estado-Membro, têm, pela sua própria natureza, o efeito de consolidar isolamentos de carácter nacional, dificultando dessa forma a interpenetração económica visada pelo Tratado*".

O acordão *Miller vs. Comissão*, cit.., afirma-se que o artigo 81º não exige a prova concreta da afectação entre os Estados Membros, mas tão somente a susceptibilidade de afectação, pois " *ao proibir os acordos que tenham por objecto ou efeito restringir a concorrência e que sejam susceptíveis de afectar as trocas entre Estados-membros, o nº 1 do artigo 81º do Tratado não exige que seja estabelecido que esses acordos afectaram, efectivamente, de uma forma sensível essas trocas. Esta prova, na maior parte dos casos, aliás, só dificilmente poderia ser plenamente produzida, porém requer-se que seja estabelecido que esses acordos sejam de natureza a produzir um tal efeito.*"

No acordão *Salonia vs. Poidomani e Giglio*, proc. 126/80, afirma-se que "*é abrangido pela proibição do nº 1 do artigo 81º do Tratado um acordo que permita a previsão, com base num conjunto de elementos objectivos de direito e de facto, com um grau de probabilidade suficiente, que ele possa exercer uma influência directa ou indirecta, efectiva ou potencial, sobre as correntes comerciais entre os Estados-membros num sentido capaz de entravar a realização dos objectivos de um mercado único entre os Estados-membros, e que tenha por objecto ou por efeito restringir ou falsear a concorrência no mercado comum*".

[671] Cfr. N. RONZITTI, ed. "Il mercato unico europeu nel settore bancario", Futura 2000; A. CALAMIA "La concorrenza tra imprese bancarie: Disciplina Comunitaria e Diritto Italiano" in N. RONZITTI, ed. "Il mercato unico europeu nel settore bancario", Futura 2000, pgs 151-157.

3. A CONCERTAÇÃO NO ÂMBITO DO SISTEMA DE PAGAMENTOS

O sistema de pagamentos funciona por acordo entre a quase totalidade de operadores no sector. Estes acordos, devido à interconexão internacional, são de presumível afectação das normas de concorrência comunitária.

A presença, em grande número, de acordos neste âmbito, resulta da particularidade de produção conjunta, que caracteriza este serviço. Para a prossecução da eficiência no sistema, a dimensão mínima terá de ser de avultada. Estes mercados caracterizam-se, igualmente, pela forte intervenção pública, e pela inovação fértil que se evidencia nos produtos financeiros [672].

Em tese, poderemos afirmar que muitos destes acordos, em particular, aqueles que intervêm na área da predisposição e gestão das transferências interbancárias, na normalização dos instrumentos de pagamento e na introdução de instrumentos inovadores, perseguem o objectivo de maximização do bem-estar colectivo, associado às condições de um mercado concorrencial. Logo, estes acordos poderão garantir a prossecução de melhores condições de eficiência produtiva, não sendo, assim, lesivos da concorrência, tendendo a melhorar um mercado sub-óptimo.

Uma análise mais atenta destas formas de cooperação revela-nos algumas características peculiares, que poderão sintetizar-se nas seguintes:

a) modalidades de produção conjunta de alguns serviços de pagamento por parte dos bancos, através da criação de uma infra-estrutura de base comum.

Do ponto de vista micro-económico, a oportunidade de produção de serviços de pagamento encontra-se no ponto de equilíbrio entre a cooperação e a concorrência entre as outras empresas do sector.

---

[672] Cfr. G. FLORIDIA "Condizione bancarie uniformi e tutla del risparmiatore" in L. UBERTAZZI, ed. "La concorrenza bancaria" in *Il Diritto della Banca e Della Borsa,* Milão, (1985), pgs 171-206.

Uma estratégia fundada na aproximação competitiva coloca como prioridade a construção de vantagens em termos de diferenciação de produtos e de serviços em relação à concorrência, personalizando a relação com o cliente. No entanto, esta perspectiva exibe debilidades como as dificuldades de criação de um sistema tecnologicamente eficiente, no caso das instituições serem de pequena dimensão, ou os seus elevados custos financeiros inevitáveis. Estas conclusões tornam esta aproximação ineficiente [673].

A estratégia eminentemente cooperativa poderá garantir a prossecução de condições de eficiência produtiva, baseada no potencial aumento do nível qualitativo das prestações oferecidas, facilitando a circulação no sistema, e normalizando os procedimentos de acesso, o que poderá originar algumas economias de escala.

Em relação às estruturas do mercado, depara-se-nos, imediatamente, que a realização conjunta de alguns serviços de pagamento no âmbito de um acordo que comungue grande parte dos bancos do mercado, poderá consubstanciar-se numa forma de oferta exclusiva, susceptível de limitar fortemente as possibilidades de substituição dos produtos, que poderá afectar a parte do utilizador cuja curva da procura é rígida [674].

---

[673] Cfr. A. NIGRO "Attivitá bancaria e vicoli a contrattare nel settore bancario e finanziario" in L. UBERTAZZI, ed. "La concorrenza bancaria" in *Il Diritto della Banca e Della Borsa*, Milão, (1985), págs. 207-226.

[674] A formulação de um juízo de eficiência sobre a configuração estrutural depende da observação de que a liberdade de mercado melhora a utilização dos recursos. Para resolver esta dúvida, a teoria económica ensina-nos a procurar a existência de exterioridades na produção que justifiquem a regulação.

Em termos muito gerais, poderá afirmar que a organização espontânea do mercado realiza uma configuração sub-óptima do mercado, o que fundamentará a regulação.

Poderá-se-á ainda sustentar que o conteúdo do serviço público da rede de transmissão conjunta evidencia economias espaciais ou de aglomerados, podendo impedir que a clientela, localizada em mercados marginais, usufrua de algum serviço de pagamento. Esta situação é extremamente relevante no caso de sistemas bancários fraccionados, não tendo as instituições de menor dimensão possibilidade de aumentar a sua competitividade e não se mostrando a clientela propensa a instituições fora da rede.

b) A normalização e inovação dos produtos e processos

A exigência de normalização nos pagamentos poderá aliar-se à exterioridade imanente à circulação monetária. Uma escassa tipologia de produtos será prejudicial à difusão de novas formas monetárias, socialmente mais eficientes do que as existentes. No entanto, neste sector, esta característica é essencial para que as transferências de fundos possam proceder de forma eficiente, segura e contínua [675]. A própria Comissão Europeia, em 1991, não hesitou em favorecer o desenvolvimento de *standards* técnicos comuns, que obstassem às barreiras tecnológicas nas transferências de fundos.

Por outro lado, estes *standards*, são susceptíveis de lesar a concorrência, extravasando, normalmente, para matérias referentes a condições praticadas à clientela, nomeadamente, às comissões [676].

c) A oneração dos produtos

Este será o aspecto que mais atenção desperta à legislação, e subsequente prática, comunitária, que considera proibidos todos os acordos que tenham como finalidade o estabelecimento, de modo directo ou indirecto, de preços.

Nesta área é conveniente distinguir entre custo do serviço e preço do serviço. Este tipo de acordos opera, normalmente, nas modalidades de realização do processo produtivo interno, e não na oferta final do produto ao utilizador.

Os produtos abrangidos nos acordos são tomados como *inputs* intermédios pelas empresas bancárias. Isto quer dizer que as tarifas praticadas sobre os produtos não se configurarão como preços de venda.

Um documento redigido pela Comissão, em 1992, sobre a transparência, celeridade e segurança nos serviços de pagamento trans-

---

[675] BANCA DE ITALIA, cit., pg 184.
[676] A função do Banco Central no sistema de pagamentos deveria englobar a chamada de atenção a potenciais progressos tecnológicos que melhorassem aquele sistema.

fronteiriços indicou alguns princípios relevantes nas matérias de concorrência:

- os preços praticados à clientela deverão ser totalmente livres;
- o custo de constituição e de gestão do sistema deverá ser repartido entre os bancos aderentes segundo uma fórmula previamente determinada;
- num sistema multilateral de pagamentos as comissões acordadas deverão possibilitar negociações bilaterais entre os participantes, para a definição de eventuais preços mais baixos. Logo, a comissão acordada será um preço máximo.

Desta forma, uma valoração de um acordo sobre o sistema de pagamentos deverá englobar, imperativamente, os seguintes aspectos:
- características e objectivos gerais do acordo, *lato sensu*;
- configuração do mercado na ausência de acordo;
- benefícios que o acordo proporciona aos utilizadores individuais;
- condições de acesso à iniciativa e grau de abertura a todos os operadores no sistema de pagamentos, que se deverá basear no princípio da não discriminação;
- política de tarifas interbancárias;
- política de preços aos utentes finais;
- implicações tecnológicas.

4. COMPORTAMENTOS LESIVOS DA CONCORRÊNCIA NO SECTOR CREDÍTICIO

4.1. Prévio

As alíneas a) a e) do n.º 1 do artigo 81.º do Tratado sancionam, exemplificativamente, uma série de comportamentos qualificados como lesivos da concorrência. Esta disciplina jurídica tem o objectivo de regular o regime concorrencial de forma a prosseguir-se o bem-estar económico, reprimindo as práticas julgadas prejudiciais à prossecução desse objectivo.

Apesar do seu carácter eminentemente exemplificativo, a prática das instituições comunitárias tende a incluir as suas apreciações nestas alíneas, em última instância, por analogia. Este procedimento permite-nos analisar, nesta sede, as dificuldades decorrentes, alínea por alínea, o que evitará a potencial dispersão que seria inevitável.

Como já foi referido, só deverão atender-se aos acordos que prejudiquem sensivelmente as posições no mercado de empresas terceiras e dos utilizadores finais.

4.1.1. Fixação, de forma directa ou indirecta, dos preços de compra ou de venda, ou quaisquer outras condições de transacção

A alínea a) releva, em geral, a dificuldade de avaliação de preços injustamente gravosos, em relação a numerosos aspectos que deverão ser observados.

Quando, no sector creditício, se confronta o preço e o custo de produção, deparam-se-nos dificuldades derivadas da particular natureza da actividade bancária, que passam, como já estudámos, pela difícil individualização dos *inputs* e *outputs* do processo produtivo bancário.

Numa primeira aproximação, tomando os depósitos e outros recursos como *inputs* e os empréstimos como *outputs*, teríamos como primeiro indicador o diferencial de juro, que se traduziria no lucro, rectificado pelas várias componentes de custos diversos das entidades. Ulteriormente, deverá introduzir-se na análise o grau de riqueza da clientela que dispõe de garantias, o que tornaria este estudo ainda mais complexa.

4.1.2. Limitar ou controlar a produção, a distribuição, o desenvolvimento ou os investimentos

Reencontramos neste estudo as hipóteses de comportamento estratégico, que condicionarão, entre outras coisas, o ingresso de novos concorrentes no mercado.

Numa lógica descritiva, poderão individualizar-se vários comportamentos estratégicos com implicações concorrenciais a incluir nesta sede, assim:

Investimentos estratégicos irrecuperáveis realizados por acordo. Incluem-se, neste ponto, as situações em que instituições abrem novas dependências, impossibilitando antecipadamente, o estabelecimento de outras instituições naquele espaço, mesmo que essa expansão exceda a sua dimensão óptima. Nesta situação, deverá proceder-se a uma valoração da acção, considerando-se um comportamento anti--concorrencial, ou simplesmente, um simples reforço da própria posição numa lógica empresarial [677].

- Fidelidade de marca. Em mercados caracterizados pela presença de produtos financeiros com elementos diferenciados, os bancos poderão aproveitar-se dessa particularidade erigindo entre eles "custos de passagem", com a finalidade de criar nos consumidores uma certa fidelidade de marca.

A diferenciação do produto é um elemento central na actividade bancária, sendo esta última baseada na instauração de relações de clientela, através da quais as instituições bancárias tentam oferecer produtos e serviços, o mais personalizados possíveis.

Desta forma se evidencia a dificuldade de individualização de barreiras à entrada, lesivas da concorrência. Em particular, observa--se que os custos de passagem são diversos consoante a tipologia da clientela da instituição. É presumível que os clientes mais sofisticados, tendo acesso a melhor informação, suportem um custo de passagem inferior aos outros segmentos de clientela.

Na doutrina, realça-se que a fidelidade de marca poderá ser incentivada pela formação de uma reputação por parte das instituições de crédito. Mas estes condicionalismos decorrem mais de barreiras económicas inatas ao sistema do que do comportamento activo por parte dos concorrentes.

4.1.3. Repartir os mercados ou as fontes de abastecimento

O mercado bancário é caracterizado por uma elevada segmentação territorial. Este atributo poderá favorecer a realização de acções tendentes à repartição dos mercados. Esta repartição será reconduzida

---

[677] Estas tipo de concertações verificam-se, essencialmente, entre bancos de um mesmo Estado, que concertadamente ocuparão os espaços disponíveis, impedindo subsequentemente a instalação de novos concorrentes, nacionais ou estrangeiros.

ao caso mais geral de criação de barreiras à entrada de um mercado relevante, que dará azo ao surgimento de uma posição dominante colectiva, por parte das instituições participantes na concertação.

4.1.4. Aplicação, relativamente a parceiros comerciais, de condições desiguais no caso de prestações equivalentes colocando-os, por esse facto, em desvantagem na concorrência.

Esta norma será aplicada com a finalidade de evitar as discriminações no preço, que os bancos pratiquem aproveitando o seu poder de mercado.

Os bancos tratam de forma diversa, por vezes injustificada, as empresas de grande dimensão e as empresas de pequena dimensão, bem como os clientes de áreas geográficas distintas. Por diferença injustificável deve entender-se aquela que não possa ser reconduzível a diferenças de risco (por exemplo, grau de riqueza do cliente) e a economias de custo por parte da banca (custos de localização, existência de assimetrias informativas).

Por outro lado, deverá ter-se em atenção que as empresas, às quais é concedido um empréstimo (ou que adquiram outro serviço), não agem, muitas vezes, nos mesmos mercados finais. Desta forma, a análise de possíveis discriminações deverá circunscrever-se ao mesmo mercado relevante.

4.1.5. Subordinação da celebração de contratos à aceitação, por parte dos outros contraentes, de prestações suplementares que, pela sua natureza ou de acordo com os usos comerciais, não têm ligação com o objecto desses contratos.

Encontramos nesta categoria os contratos coligados. Estes contratos poderão ser lesivos da concorrência, devendo ponderar-se se:
- existe uma posição dominante sobre o produto base, em termos individuais, ou através de um acordo;
- o cliente não tinha a possibilidade de recusar o serviço suplementar;
- a prática falseia, de maneira consistente, a concorrência no mercado do produto coligado.

É fundamental, nesta apreciação, que a prestação suplementar não tenha qualquer relação com o objecto do contrato. A banca, como empresa multiprodutora, fornecerá serviços financeiros em coligação com outros produtos com a finalidade de responder a exigências específicas da clientela [678]. Por exemplo, nos casos de gestão patrimonial, poderá aparecer conexa a abertura de uma conta corrente e a celebração de um contrato para a custódia e administração dos valores mobiliários.

Nestes casos será apropriado falar de um único produto novo, fruto da combinação de outros produtos. A inovação financeira consiste nisso mesmo, ou seja, na oferta à clientela de um novo produto que assuma as características de um único componente. Daí advirão efeitos positivos. Esses produtos irão reduzir os custos de transacção, que teriam de ser suportados na subscrição de diversos contratos separados.

É normal, no sistema bancário, a instituição de pactos de exclusividade entre bancos em circunscrições territoriais diferentes, referentes à distribuição de produtos financeiros. Através desta convenção, que geralmente vigora na maior parte do sector de actividade, o banco de menor dimensão, que opera a um nível essencialmente local, obriga-se a comercializar produtos de um outra instituição bancária, de maior dimensão, que eventualmente intervirá na gestão da participada, fornecendo o suporte técnico e organizativo necessário bem como serviços de consultoria e qualificando o seu pessoal.

Estes contratos serão estudados do ponto de vista da tutela da concorrência. A circunstância de um distribuidor beneficiar da exclu-

---

[678] Entre os aspectos da actividade bancária que poderão influenciar as condições praticadas no confronto com a clientela, encontram-se, em primeiro lugar, o nível de remuneração dos serviços e das comissões cobrado para a execução da prestação (Decisão da Comissão n.º 87/103, de 12 de Dezembro de 1987).

No entanto, esta situação não esgota as ocorrências possíveis. Numa perspectiva exemplificativa poderão apontar-se as seguintes: as modalidades técnicas e operativas da cobrança de comissões quando impostas de forma uniforme (Decisão n.º 87/13); a fixação de um montante máximo garantido (Decisão n.º 85/77; a fixação dos horários de abertura (Decisão n.º 86/507); a fixação de modalidades de compensação no mercado interbancário, que a Comissão julgou limitar as possibilidades dos aderentes fixarem bilateralmente condições diversas e mais favoráveis à clientela (Decisão n.º 89/512).

sividade de um produto poderá não ter reflexos negativos nos outros distribuidores a operar no mesmo mercado se estes tiverem a possibilidade de comercializar produtos análogos, oferecidos por outros bancos. Neste caso, o mercado horizontal não será particularmente afectado em termos de restrições na concorrência.

Concluindo, a existência de um pacto de exclusividade lesivo da concorrência dependerá da circunstância do produto, objecto da exclusividade, não ter um bom substituto.

5. PRIMEIRAS DECISÕES COMUNITÁRIAS

5.1. Acordos entre bancos de um mesmo Estado

5.1.1. "Condições gerais dos bancos"

Uma associação nacional de bancos recomendou aos seus membros uma série de condições gerais e uniformes a aplicar tantos aos clientes nacionais como aos estrangeiros. Estas condições gerais regulamentavam problemas de direito civil relativos à divisão de responsabilidades entre os bancos e os seu clientes, quanto a operações realizadas por aqueles por conta destes. A Comissão entendeu aplicar as regras da concorrência a esta prática, que afectava desfavoravelmente os utilizadores, pois não era de razoável conexão com a política monetária do país, o que a Associação contestou, dispondo-se, no entanto, a modificar as condições em questão, tendo sido o processo arquivado sem a adopção de uma decisão formal [679].

---

[679] Segundo Relatório, cit., nº 52; Cfr. J. BIANCARELLI, "La aplication du droit communautaire de la concurrence au secteur financier", *Gazette du Palais*, (1991), págs. 247 e ss; M. DASSESSE e S. ISAACS, "EEC Banking Law", Lloyds of London Press, (1985); M. DASSESSE, "Application de principe du droit européen de la concurrence au secteur bancaire - observations sous l´arrêt Zuchner, *Revue de la Banque*, 1992, págs. 81 e ss..

5.1.2. Acordos sobre taxas de juro

A regra, antes de 1979, era a seguinte: acordos de taxas de juro simples, de iniciativa dos bancos mas autorizados ou aprovados pelas autoridades monetárias nacionais, não caíam sob a alçada das regras da concorrência. O mesmo se poderia considerar quanto aos acordos julgados indispensáveis como complemento dos primeiros, por exemplo, os acordos sobre as regras de fixação das taxas de juro.

Em 1979, foi colocada à Comissão uma pergunta escrita sobre a compatibilidade com os artigos 81.º e 82.º de um projecto de "harmonização das condições de concorrência" proveniente do Comité de Concertação, que na Bélgica é o organismo de consulta para as modificações das taxas de juro para as operações passivas. A Comissão respondeu, afirmando " *os acordos interbancários sobre as taxas de juro, desde que celebrados com base numa iniciativa das autoridades públicas e por esta aprovados, devem poder ser considerados como instrumentos da política monetária dos Estados-membros*" [680].

Ou seja, a margem de manobra deixada aos bancos, após esta segunda posição, é substancialmente menor, condicionando a validade destes acordos à necessária iniciativa das instituições estaduais. Porém, perante a proximidade entre os agentes no mercado e as instituições que os tutelam, desta exigência não se retira qualquer conteúdo prático.

Durante 1991, a Comissão prestou uma atenção especial aos acordos relativos a taxas de juro e aos diferenciais entre as taxas de juro. Algumas associações bancárias alegaram ser conveniente, e até legítimo em termos de política monetária, um certo grau de coordenação dos níveis das taxas de juro. A Comissão afirmou que é possível às autoridades bancárias prosseguirem e realizarem os seus próprios objectivos de política monetária sem encorajar o uso de cartéis de preços ilícitos e, afirmou ainda, que quando observasse a existência desses cartéis insistiria na sua extinção [681].

---

[680] Resposta à pergunta escrita nº 198/79, in JO CE n.º 197/3, de 25 de Agosto de 1979.

[681] COMISSÃO "21.º Relatório sobre a Política da Concorrência, (1991)" nº 33, pág. 36.

5.1.3. Acordos sobre os custos dos serviços prestados pelos bancos

5.1.3.1. Guarda de títulos em depósito

No início de 1976, a Associação de Bancos Neerlandeses anunciou que os seus membros modificariam os seus regimes de custos dos serviços, designadamente os relativos à guarda de títulos em depósito. A alteração consistiria na cobrança de um crédito único com vista a reduzir a dispersão de valores por cliente e previria, simultaneamente, para além das despesas de guarda calculadas sobre o valor de cotação na bolsa do conjunto de depósitos, um suplemento por tipo de valor.

A Comissão afirmou na sua resposta que: *"O aumento simultâneo dos custos de guarda de títulos em depósito pode efectivamente, pelo seu carácter colectivo, constituir um prática restritiva visada pelo nº 1 do artigo 81º do Tratado CE, sob reserva, contudo, que um tal acordo ou uma tal decisão da Associação de Bancos Neerlandesa seja susceptível de afectar o comércio entre os Estados-membros de uma forma sensível. Se tal for o caso, as justificações apresentadas no âmbito de uma eventual notificação de acordo ou da decisão em causa deveriam ainda ser analisadas à luz das condições de isenção do nº 3 do artigo 81º.*

Na falta de notificação ou se uma isenção não fosse possível por insuficiência de justificações, um eventual processo aberto nos termos do nº 1 do artigo 81º visaria restabelecer a liberdade de decisão individual dos bancos neerlandeses na fixação dos custos de guarda. Para este fim, não se torna necessário proceder a uma determinação dos custos efectivos deste serviço bancário nos Países-Baixos" [682].

---

[682] Cfr. C. EHLERMANN, "L´huile et le sel: le secteur bancaire et le droit européen de la concurrence", *Revue Trimestralle de Droit Européen*, (1993), págs. 457 e ss.; J. PARDON, "L´application du droit européen de la concurrence dans le secteur bancaire" in *Hommage à J. Heenen*, Bruylant, Bruxelas, (1994) A. PAPPALARDO, "L´approche de la Commission et la jurisprudence communautaire", in *Le Secteur Bancaire et la Concurrence*, AEDBF, Bruylant, Bruxelas, (1997), págs. 79 e ss.

5.1.3.2. Pagamento de cheques

A existência de acordos fixando as taxas mínimas de comissões para o pagamento de cheques de viagem, emitidos em moeda estrangeira, e de eurocheques, respectivamente na Bélgica e na França, levou a Comissão a emitir a sua posição sobre estas questões [683].

Entendeu que, em ambos os casos, os elevados custos de cobrança em que os bancos incorriam, justificavam essas comissões mínimas. No caso belga, a Comissão salientou a existência de outros meios de pagamento menos onerosos bem como o facto de a maior parte dos bancos belgas colocarem anúncios nos seus balcões avisando os clientes dos custos elevados de uma operação de câmbio de um cheque emitido em moeda estrangeira.

6. CONDIÇÕES DE ACESSO À PROFISSÃO OU AOS MERCADOS FINANCEIROS

6.1. Caso Sarabex

Em alguns Estados-membros, a filiação de um banco nacional numa organização profissional é um pré-requisito para o acesso ao sector bancário. Por outro lado, noutros Estados-membros, o acesso ao sector não tem qualquer restrição a não ser, obviamente, o cumprimento dos requisitos prudenciais e o registo na competente autoridade supervisora. Porém, a participação em certas operações bancárias, particularmente, o acesso a determinados mercados financeiros encontra-se, muitas vezes, limitado a certos membros de uma organização profissional, frequentemente apoiada pelas autoridades monetárias nacionais.

Geralmente, o requisito de filiação numa organização profissional com a finalidade de acesso ao sector bancário ou de operar num determinado mercado financeiro, era justificado pela necessidade de

---

[683] COMISSÃO "8.º Relatório sobre a Política da Concorrência, (1979)" n.º 34.

afastar operadores aos quais faltava o necessário estatuto financeiro ou profissional [684].

Todavia, em algumas ocasiões, esses requisitos foram criticados por conflituarem com a legislação comunitária, resultando, na prática, na formação de um cartel, através do qual potenciais concorrentes eram afastados do mercado pelos restantes membros que recusavam a sua entrada na organização profissional. Foi essa a razão de origem do caso *Sarabex*, que assentou na eventual ilegalidade das restrições "privadas" ao acesso do sector bancário e financeiro.

Este caso centrou-se nas regras que regulavam o mercado londrino de corretagem de divisas estrangeiras e colocou em questão a compatibilidade entre as regras da concorrência e os métodos de controlo dos mercados financeiros e das instituições da *City* de Londres, que eram tradicionalmente baseados no consenso e na auto-regulação, sob a égide da autoridade supervisora central, o Banco de Inglaterra.

A sociedade *Sarabex Ltd.*, correctora de divisas no Médio Oriente, apresentou queixa na Comissão com base na incompatibilidade, com os artigos 81.º e 82.º do Tratado, das condições de admissão no mercado londrino de corretagem em divisas estrangeiras. Esta sociedade desejava operar não só no mercado de divisas "não catalogadas" (*non-scheduled currencies*), mas também no das catalogadas, isto é, das moedas da Europa Ocidental, da América do Norte e do Japão, alegando que as regras de funcionamento desse mercado tinham levado à formação de um cartel, impedindo-a de aí aceder, ou seja, de fazer concorrência aos correctores estabelecidos.

De acordo com as regras existentes, só aos membros do *Foreign Exchange and Currency Deposit Broker's Association* (FECDBA) era permitido negociar no mercado das divisas catalogadas. Nos termos dos acordos celebrados, sob a égide e por iniciativa do Banco de Inglaterra, entre a *British Bankers Association* (BBA) e a FECDBA, os bancos autorizados de Londres que se servissem de serviços de

---

[684] Estes aspectos de regulação "privada" da profissão bancária eram necessários, mas só até ao momento em que se introduziu legislação comunitária que habilitou as autoridades supervisoras, numa base uniforme, a analisar o mérito dos administradores e dos detentores qualificados de acções da sociedade.

um ou mais corretores, (em 1978 em número de dezasseis), membros da FECDBA, não podiam aceder a serviços de um corretor que não fosse membro. Cumulativamente, para se ser membro da FECDBA, a candidatura de um corretor deveria ser apoiada por, pelo menos, seis bancos. Simplesmente, como os bancos não podiam recorrer, antes da inscrição, aos serviços de corretores não inscritos, não lhes era possível conhecer as respectivas qualidades e experiência e, portanto, não poderiam propô-los, nem qualquer novo candidato podia, na prática, entrar no mercado [685].

Para além disso, as regras da FECDBA impediam os seus membros de praticarem uma taxa de corretagem diferente da acordada, a qual era, em média, sensivelmente superior à praticada nas principais praças financeiras, como Frankfurt, Paris ou Zurique [686].

---

[685] Sendo a *Sarabex Ltd* uma sucursal de uma instituição de um país terceiro, não foi levantada a questão de eventual ilegitimidade no prosseguimento da sua queixa por assentar em disposições directamente aplicáveis do Tratado. A posição da instituições de crédito não comunitárias relativamente à legislação comunitária deverá ser observada por três ângulos diferentes. Nestes termos, é necessário indagar o meio de uma instituição de crédito sediada num país terceiro poder:
- prestar serviços na Comunidade a partir da sua sede exterior;
- abrir uma dependência em um ou mais Estados-membros e, a partir dessa dependência, abrir dependências secundárias e fornecer serviços em outros Estados--membros.
- fundir ou adquirir uma instituição já existente no mercado comunitário e, a partir dessa base, fornecer serviços em outros Estados-membros.

Estas matérias são, muitas vezes, tratadas sob o lema dos "problemas de reciprocidade". Porém, esse assunto é, no nosso entender, pouco importante.

A problemática da reciprocidade atravessa horizontalmente toda a legislação comunitária que diga respeito, directa ou indirectamente, a relações entre a Comunidade e países terceiros. Levanta-se, assim, no contexto, da Directiva dos Serviços de Investimento (cujas disposições neste campo são idênticas à Segunda Directiva Bancária), na Directiva sobre os Movimentos de Capitais e nas directivas sobre supervisão e branqueamento de capitais, entre outras. Sobre este assunto cfr. MARC DASSESSE, S. ISAACS e G. PENN, cit., pág. 387 e ss.

[686] Os sistemas fixos de comissões resultam, geralmente, na imposição do máximo permitido. A estrutura da situação em análise, consistia na imposição de uma margem de comissão diferenciada consoante a moeda transacionada. Perante isto, a Comissão afirmou que o sistema instituído fornece a possibilidade de concorrência entre as empresas, beneficiando aquelas que trabalhassem com transacções de divisas. Ora, este argumento é, no mínimo criticável. A imposição de uma taxa

A posição do Banco de Inglaterra perante a Comissão, aquando da intervenção desta, foi a de entender o sistema inglês como essencial para a manutenção de um mercado de divisas ordenado, considerando a FECDBA uma *"empresa encarregada de serviços de interesse económico geral"*, no sentido do artigo 86.º n.º 2 do Tratado, que tornaria inaplicáveis os artigos 81.º e 82.º.

As negociações subsequentes entre a Comissão e o Banco de Inglaterra, agindo em nome do Tesouro Britânico, que é a autoridade de tutela competente, levaram aquele a modificar o regime de admissão das sociedades de corretagem não só ao mercado de divisas como também ao das contas de depósito em divisas e a criar uma nova estrutura para as taxas que aí eram praticadas.

"Em virtude do sistema modificado, é agora o Banco de Inglaterra que concede a autorização necessária às sociedades de corretagem (corretores conhecidos) que desejem operar no mercado das divisas ditas catalogadas; os bancos autorizados, submetidos ao controlo do banco de Inglaterra, só podem lidar com corretores reconhecidos. Antes da obtenção do reconhecimento, a sociedade requerente e as pessoas que ela emprega para as operações de corretagem devem preencher certas condições objectivas. O próprio reconhecimento implica a adesão à Associação britânica dos corretores de divisas e depósitos, a FECDBA, a qual tem, entre outras, a tarefa de supervisionar o comportamento quotidiano dos corretores reconhecidos e de proceder aos inquéritos relativos às queixas que se lhes refiram. Através do Banco de Inglaterra, O Tesouro Britânico mantém o controlo constante das sociedades de corretagem que operam neste importante mercado. (...) Se um pedido de admissão for recusado pelo Banco, a sociedade interessada pode recorrer dessa decisão para o Comité de apelo do "City Panel on Mergers and Takeovers". As antigas taxas de corretagem passam, em conjunto, a taxas máxi-

---

de comissão máxima possibilita, de facto, a concorrência entre os diversos corretores que, no limite, até poderão não cobrar qualquer comissão para angariar clientes. Já a fixação de uma taxa de comissão mínima irá impedir essa estratégia e impossibilitará os novos concorrentes de agir de uma forma diferenciada, de que resultará a não angariação de clientes, não se premiando os ganhos de eficiência. Esta questões serão analisadas com mais profundidadde no ponto 11 n.º 2.

mas e uma taxa mínima para as operações em cada divisa, o que torna possível a concorrência entre as sociedades de corretagem em proveito dos operadores efectivos no mercado de câmbios" [687].

A influência do caso *Sarabex* é considerável como precedente na questão da conciliação das regras de concorrência com os métodos de auto-regulamentação de mercados financeiros, sendo Londres o exemplo paradigmático [688].

Neste caso particular, a Comissão teve impacto directo no sistema de admissões nos mercados de mercadorias londrinos (*London Sugar Futures Market; London Cocoa Terminal Market Association Ltd; Coffee Terminal Market Association of London; London Rubber Terminal Market Association Ltd.*).

Mais recentemente, os princípios enunciados na decisão *Sarabex*, foram reiterados por duas ocasiões: ao se analisarem as condições de participação em sistemas de pagamentos, nos termos da iniciativa comunitária de promoção dos pagamentos transfronteiriços [689]; e quando foram revistas as regras da *Association of International Bond Dealers*, agora denominada *International Securities Markets Association* (ISMA).

6.2. A aplicação das normas comunitárias da concorrência aos Euromercados

O primeiro nível de aplicação das normas da concorrência nos Euromercados [690] respeita, precisamente, aos organismos auto-

---

[687] 8.º Relatório sobre Política da Concorrência, cit., n° 37.

[688] Um resumo do tradicionalismo britânico nesta área poderá ser encontrado em J. SIMÕES PATRÍCIO "Disciplina Comunitária da Concorrência Bancária" in *Documentação e Direito Comparado* n° 31/32 (1987), págs. 377-403.

[689] Os princípios do caso *Sarabex* foram igualmente recordados por Sir LEON BRITTAN, numa sua exposição com o tema "Competition in Financial Services" no Centre for European Policy Studies, em Bruxelas, em 16 de Janeiro de 1992. Sobre este assunto, consultar também: G. VERNIMMEN, "Le respect des régles de concurrence dans les services bancaires", ECU, Bruxelas, Vol 24/III, (1993), págs 14 a 16.

[690] Os mercados mais importantes são constítuidos pelas Euro-Obrigações e pelos Euro-Créditos.

As obrigações são títulos negociáveis que conferem direitos de crédito para um dado valor nominal. A emissão obrigacionista constitui um contrato entre o emitente e os subscritores. No mercado obrigacionista quer os Estados, quer as empresas, podem beneficiar de financiamentos avultados. Como afirma RAPOSO DE MEDEIROS, *"entre 60 a 70% dos activos financeiros, a nível mundial, resultam de empréstimos obrigacionistas"*. O desenvolvimento das euro-obrigações iniciou-se na década de 80 e está ligado à crise de endividamento externo de numerosos países em vias de desenvolvimento.

As euro-obrigações constituem títulos liberados em euro-divisas, podendo descortinar-se quatro elementos essenciais dentro do respectivo mercado. Quanto às modalidades de emissão, o lançamento de um empréstimo obrigacionista é acompanhado de uma nota de informação a mencionar os elementos fundamentais do emitente e as características da emissão. Relativamente às técnicas de emissão, são normalmente aplicáveis duas técnicas para a colocação das obrigações no mercado, a sindicação e a adjudicação. A sindicação consiste na formação de um sindicato bancário encarregado de tomar firme o empréstimo, e que colocará os títulos junto do público e da bolsa. A adjudicação, por seu lado, permite satisfazer a procura, por escalões, a partir de preços mais altos, estimulando a concorrência entre subscritores. No que diz respeito às condições de pagamento, a data do pagamentos dos fundos deve coincidir com a de recebimento dos títulos, isto para garantir condições de igualdade para todos os subscritores. Finalmente, mas não menos importante, o *rating* representa a avaliação da empresa ou do grupo emitente das obrigações, por forma a dar informações àcerca da solvabilidade protegendo os subscritores obrigacionistas.

Quanto aos tipos de obrigações, apresentam-se seis principais:
- Obrigações simples;
- Obrigações convertíveis. Estes títulos surgiram nos mercados internacionais em 1965. Caracterizam-se por se poderem converter em acções da empresa que os emitiu. Essa conversão dá-se por vontade do detentor e implica o cumprimento de certas condições pré-fixadas (preço, prazo, proporção de conversão);
- Obrigações com "Warrant". Estas obrigações conferem ao seu detentor um direito de opção no sentido de adquirir ou subscrever acções da empresa em causa, por um preço previamente fixado, sem deixar de ser obrigacionista. O "Warrant" é uma fonte de rendimento adicional, baseado-se na diferença entre o valor das acções a que o direito de subscrição se refere e o preço da subscrição com o exercício do "Warrant";
- Obrigações Cupão Zero. Estes títulos caracterizam-se por serem emitidas abaixo do seu valor nominal e por terem uma taxa de juro nominal/ano de 0%.
- Obrigações de caixa. Este tipo de obrigações são emitidas por instituições de crédito, sociedades de investimento, de *leasing* e de *factoring*, consistindo em activos líquidos, uma vez que a sua característica principal reside na possibilidade de serem amortizadas por vontade do subscritor, decorridos dois anos da sua emissão.
- Obrigações a taxa variável. Tratam-se de obrigações com uma componente variável, e uma margem fixa. O quadro temporal de validade, é normalmente de 5 a 7 anos.

O mercado de euro-créditos aparece como uma consequência do aparecimento do mercado de euro-dólares. Este surgimento deveu-se à precariedade do padrão divisas-ouro. O critério de distinção entre um dólar e um euro-dólar consiste na

regulados, tais como a *International Securities Markets Association* (ISMA, anteriormente denominada AIBD) e a *International Primary Markets Association* (IPMA). Estes organismos assentam as suas actividades, nos mercados primários e secundários, em normas previamente acordadas entre os seus componentes. Não se poderá negar o papel fundamental destas organizações na estabilidade e no desenvolvimento dos mercados. A tradicional ausência de controlo institucional destes mercados só poderia ser compensada por uma disciplina concorrencial, que violada, não forneceria qualquer confiança aos operadores participantes. Pelo oferecido, a análise destes mercados demonstra que alguns acordos, que do ponto de vista institucional podem parecer anticoncorrenciais, poderão ser indispensáveis para esses mercados, estruturados na auto-disciplina dos participantes, ou então, consistirão num elemento importante para a sua estabilidade e regular funcionamento.

A cognoscência destes factores é de capital importância quando se pretende aplicar as normas comunitárias da concorrência para aferir da legalidade dos acordos, que versam matérias diversas, tais como, a calendarização das emissões de um emitente ou de um sindicato de emitentes; a proibição de, na pendência de operação, se

---

localização geográfica do depósito, independentemente da nacionalidade do seu detentor. E é desta acepção que se passa para o conceito de euro-créditos ou euro-divisas, que são objecto de uma operação bancária e geridas pelo sistema organizado. A euro-divisa é um somatório de moeda detida fora do país de emissão. Serão os dólares depositados em bancos europeus, os mrcos alemães depositados em Lisboa, etc.. Pelo exposto, a sua saída não é física, mas escritural. Os euro-créditos são definidos pelos créditos e compromissos dos euro-bancos, representando uma gestão racional dos depósitos, em moeda estrangeira, dos bancos internacionais. Assim, quer do ponto de vista das transacções quer dos empréstimos, o mercado de euro-divisas é um mercado de intermediação interbancário e organizado. Os sindicatos bancários permitiram aumentar a capacidade de absorção do mercado e corresponder às procuras de crédito em grandes montantes. Estas solicitações ocorrem por exigência de fundo de maneio das empresas, para financiamento das importações ou exportações ou para o financiamento de investimentos e acréscimos de produção.

Sobre este assunto consultar; R. MEDEIROS, "Economia Internacional", 5.ª edição, ISCSP, Lisboa, 1996; R. BERTRAND, "Economia Financeira Internacional", Ed. Meridiano, Lisboa, 1978; R. BREALEY e S. MYERS, "Princípios de Finanças Empresariais", 3.ª Edição, McGraw-Hill, Lisboa, 1992; A. CHOINEL, "La banque et l´Entreprises - Techniques Actuelles de Financement", Ed. Revue Banque, 1989.

procurar um outro banco líder, ou ainda, na fixação de taxas de comissão e preços de emissão acordados.

Por esta razão o *United Kingdom Office of Fair Trading*, após um inquérito em Julho de 1991, sobre os dois últimos aspectos referidos, estimou não existir razão para uma investigação sobre práticas comerciais restritivas [691].

Esta conclusão não legitima a asserção de que as medidas auto-regulatórias a nível internacional deverão ser aceites incondicionalmente. Por exemplo, como refere M. DASSESSE, "*é questionável que as restrições, muitas vezes incluídas em acordos de sindicatos onde se estabelece que as instituições financeiras que subscrevam a "tranche doméstica" convencionam não vender aqueles títulos em mercados de outros Estados-membros cujas instituições financeiras que tenham subscrito a "Eurotranche" tenham acordado que não transaccionariam esses títulos nos seus mercados domésticos, sejam compatíveis com o Direito Comunitário*".

Pelo exposto, infere-se que algumas práticas restritivas terão simplesmente como objectivo a protecção das quotas no mercado das instituições financeiras, não retirando os investidores qualquer vantagem delas, não sendo, por isso, aceitáveis do ponto de vista concorrencial.

A caracterização da disciplina concorrencial deste mercado específico deverá ter em atenção a ocorrência de dois importantes eventos.

Em primeiro lugar, o governo do Reino Unido excluiu os Euro--mercados, concentrados na sua quase totalidade em Londres, das disposições mais relevantes do *Financial Services Act* de 1986, ao qual os participantes britânicos estavam completamente submetidos. A razão para esta conduta prende-se no receio, por parte das autoridades britânicas, de deslocalização da actividade e, por isso, o Parlamento permitiu, em 1988, que os mercados em causa operassem como anteriormente.

Para atingir estes objectivos a AIBD (actualmente designada por ISMA), que era um organismos privado auto-regulado, foi transformada num organismo semi-público, igualmente auto-regulado, ao

---

[691] M. DASSESSE, S. ISAACS E G. PENN, cit., págs 333 e ss.

qual todos os operadores do mercado de títulos britânicos, no Euro--mercado, estariam submetidos. Ou seja, o respeito das regras da ISMA pelos operadores satisfazia a legislação britânica. Ora, este sistema organizacional encontra-se presentemente em revisão devido à entrada em vigor da Directiva sobre os Serviços de Investimento (DSI).

O segundo desenvolvimento ocorreu quando o Conselho Directivo da ISMA notificou os seus estatutos e a sua regulamentação interna à Comissão, em 20 de Março de 1990.

No dia 14 de Dezembro de 1991 [692], a Comissão indiciou uma tomada de posição favorável, na condição de ser acolhidas algumas observações. A Comissão solicitou que:

- a ISMA deveria alterar os seus estatutos, na parte em que referiam que o Conselho Directivo não deveria autorizar, no momento do estudo da capacidade financeira do operador para acesso ao mercado, sociedades cujo capital mínimo fosse inferior a 1 milhão de dólares. Segundo a Comissão, este pedido realizou-se *"porque a supervisão prudencial é da responsabilidade das autoridades reguladoras que aplicam quer legislação nacional quer legislação comunitária. Todos os Estados-membros da Comunidade adoptaram regras prudenciais para as instituições financeiras que operam no seu território. Ao nível comunitário, um programa de harmonização está já em curso. É, assim, desnecessário e desapropriado que órgãos autoregulados como a ISMA venha impor requisitos de adequação de capitais como condição a um operador que opera no espaço*

---

[692] Comunicação da Comissão, nos termos do n.º 3 do artigo 19.º do Regulamento n.º 17, de 8 de Fevereiro de 1962, onde se estabelece que sempre que a Comissão se proponha emitir um certificado negativo por força do artigo 2.º do mesmo regulamento, ou proferir uma decisão de aplicação do n.º 3 do artigo 85.º do Tratado, publicará o essencial do conteúdo do pedido ou da notificação em causa convidando os terceiros interessados a apresentarem as suas observações no prazo que fixar, não podendo ser inferior a um mês. Note-se que esta publicação deve ter em conta o legítimo interesse das empresas na protecção dos seus segredos comerciais.

Esta publicação, para o caso concreto, foi efectuada no JO CE n.º 325/10, de 14 de Dezembro de 1991. A Comissão, no decorrer deste caso, não emitiu nenhuma decisão formal.

comunitário". Ademais, apesar da ISMA ter acedido às pretensões da Comissão, elas são no mínimo discutíveis. É duvidoso que a questão levantada fosse, na altura, matéria de legislação comunitária. A pretensão da Comissão apoia-se na ideia que o modelo de supervisão comunitária é o ideal. Essa concepção, e o caso BCCI é a prova disso, é errada, pelo que é visivelmente presunçosa a posição comunitária quando insiste que os órgãos autoregulados não poderão impor requisitos mais onerosos de capitais próprios aos seus membros que o mínimo fixado na legislação comunitária;

- a ISMA deveria *"introduzir um requisito segundo o qual o comité dos membros deveria fundamentar a decisão (de rejeição da proposta de adesão de um membro). O aderente deveria poder recorrer da decisão do comité para assembleia geral, e os membros que fizessem parte do comité não poderiam votar..."*

Como se poderá observar, as emendas solicitadas pela Comissão decorrem directamente do caso *Sarabex*. Esta posição revela a preocupação da Comissão na questão do acesso ao mercado dos agentes financeiros, de forma a não dificultar, ainda mais, a entrada de concorrentes potenciais.

A notificação da Comissão salientou, ainda, outros aspectos importantes para a aplicação das normas concorrenciais no Euro-mercado, tais como a inexistência de limite para o número de membros da ISMA, e a exigência de que a ISMA exercesse os poderes de fixação do *spread* de uma forma *"que não restrinja ou distorça a concorrência"*. Afirmou, ainda, que as novas normas que viessem a surgir *"deveriam prosseguir o interesse geral e melhorar a eficiência bem como a liquidez do sector em causa e não deveriam discriminar nenhumas das partes na medida necessária para alcançar os seus objectivos"*.

6.3. Regras impostas aos mercados por alguns Estados-membros

O segundo nível de aplicação das normas da concorrência nos Euromercados corresponde às normas que alguns Estados-membros tentam impor a esses mercados. Um exemplo dessas normas pode ser encontrado nas tentativas de algumas autoridades monetárias nacionais para a recuperação do controlo sobre as suas moedas nacionais discriminando os Bancos a operar nos Euro-mercados, estabelecidos fora do seu território. Assim, até 1992, as operações em marcos alemães só seriam conduzidas por bancos alemães - as autoridades monetárias desse país só autorizavam essa emissão se um Banco alemão participasse no sindicato emissor -. A mesma prática foi levada a cabo pelas autoridades francesas, que chegaram a concluir um protocolo com os bancos franceses.

Embora estes acordos só incluissem bancos de um Estado--Membro, na prática afectavam todo o comércio intra-comunitário, obrigando a que uma emissão tivesse, inevitavelmente, a colaboração de um banco do Estado da moeda utilizada.

Como referiu MARC DASSESSE, *"a obrigação compulsória de gestão ou co-gestão de um Euro-empréstimo emitido numa moeda nacional por um banco estabelecido nesse Estado-Membro é dificilmente conciliável com as regras fundamentais do Tratado; (...) é sucessivamente mais difícil a justificação, para a introdução ou continuação do exercício dessas medidas discriminatórias relativamente a empresas estabelecidas em outros Estados-membros, tendo como base os seus poderes no campo da política monetária e na necessidade do Estado de protecção da sua moeda"* [693].

Estas práticas restritivas foram-se abandonando sucessivamente. Porém, a razão subjacente não foi tanto a violação das normas da concorrência mas a instituição do mercado interno e o futuro advento da União Económica e Monetária, que minaram os argumentos das instituições monetárias dos países em causa [694].

---

[693] M. DASSESSE, cit.., (1985), pág 55 e ss. (tradução nossa).

[694] Por exemplo, o *Bundesbank* anunciou, em Julho de 1992, novas regras, que entraram em vigor no dia 1 de Agosto de 1992, para a liberalização dos mercados de capitais alemães, facilitando a emissão de papel comercial em marcos alemães por parte de empresas estrangeiras. De acordo com o *Financial Times*, de 13 de Julho de 1992, *"a principal razão para a esta alteração foi a abolição do requisito de dois anos de maturidade mínima para empresas estrangeiras (...). A nova regulamentação do Bundesbank revogou ainda alguns outros inconvenientes e despesas na emissão de papel nominada em DM: o requisito de nomeação de um agente liquidador alemão; a utilização de sistemas de compensação alemães; a listagem numa bolsa de valores alemã; e a utilização da lei alemã"* (tradução nossa).

7. ACORDOS ENTRE BANCOS DE DIFERENTES ESTADOS MEMBROS

7.1. Acordos de cooperação transnacional entre bancos

Em 1972, a Comissão observou que os grandes bancos da Comunidade encetaram um processo de cooperação transnacional intenso. Nessa altura, existiam já quatro grupos de cooperação bancária, nos quais participava um, no máximo dois, dos grandes bancos de um Estado-Membro. Segundo a Comissão, esses bancos teriam preferido juntar-se a um dos grupos para desenvolver as suas actividades internacionais, em vez de, como acontecia com os bancos americanos, criarem filiais nos diversos países [695].

Para a Comissão, os grupos iam muito além das formas de cooperação então implementadas, as quais serviam unicamente para a realização de operações bem concretas, tais como a emissão de empréstimos internacionais, financiamentos através de consórcios ou a colaboração em operações de comércio internacional [696].

"Para além do desenvolvimento do mercado dos eurodólares e das eurodivisas, a razão principal da criação dos grupos de cooperação bancária deve ser encontrada nas necessidades das grandes empresas industriais e comerciais multinacionais que exigem do aparelho bancário uma gama diversificada de serviços e créditos. Só através de uma adaptação a esta evolução é que os bancos podem esperar manter-se como parceiros válidos para os seus clientes, pelo que devem encontrar novas soluções. Estas cooperações constituem um dos meios de colocar os serviços financeiros e as prestações do aparelho bancário ao nível das entidades multinacionais. A Comissão examina actualmente se a criação e o funcionamento dos grupos de cooperação bancária são compatíveis com as disposições do artigo 81.º" [697].

As conclusões deste exame foram publicadas no Oitavo Relatório sobre a Política da Concorrência e, segundo a Comissão, cada um dos

---

[695] Comissão, "Segundo Relatório sobre a Política da Concorrência", cit., n.º 53.

[696] Os grupos de cooperação denominavam-se *Abecor, Ebic, Europartenaires, Inter Alpha, Orion.*

[697] Comissão, "Segundo Relatório sobre a Política da Concorrência", cit., n.º 53.

grupos existentes tinha um grau diverso de integração, conquanto os objectivos de cooperação fossem o acesso recíproco à rede de balcões dos outros parceiros, o estabelecimento de representações comuns em países terceiros e a criação de filiais comuns especializadas em certas actividades ou em alguns mercados geográficos não-europeus, bem como a colocação conjunta de emissões públicas e privadas.

Para a Comissão, estas formas de cooperação, apesar das vantagens inerentes, não deixaram de ser susceptíveis de possibilitar restrições da concorrência, especialmente quanto à limitação das actividades dos bancos participantes nos países dos seus parceiros. Assim, averiguou se a cooperação instituida tinha por objectivo ou efeito reservar cada mercado nacional ao parceiro que aí está implantado e simultaneamente limitar a extensão da sua rede de balcões nos países dos seus parceiros [698].

Os inquéritos realizados revelaram que a cooperação era de uma fraca intensidade, pois as partes conservavam a liberdade de extensão da sua rede de balcões e não gozavam de exclusividade recíproca em matéria de transacções internacionais, embora o parceiro gozasse de um direito de preferência em relação a uma pequena parte das transacções. Por outro lado, as filiais comuns funcionavam, na maioria das vezes, como bancos normais em cooperação e, por vezes, mesmo em concorrência com os seus parceiros, o que levou a Comissão a não abrir formalmente um processo sobre o assunto [699].

---

[698] Para tal, a Comissão tentou apurar:
- o número de agências, sucursais e filiais que cada parceiro abriu ou encerrou nos últimos anos nos países dos outros membros do grupo;
- o número de bancos ou instituições financeiras desses países nos quais o referido parceiro adquiriu ou vendeu uma participação;
- a percentagem aproximada das transacções internacionais com origem ou destino nos países dos parceiros, realizadas através destes últimos;
- o funcionamento e os objectivos das filiais comuns para determinar se as tarefas que lhes foram confiadas dizia respeito a actividades inteiramente novas que não eram exercidas pelas sociedades-mãe, a actividades materiais ou geográficas que uma ou mais sociedades-mãe abandonaram ou transferiram para a filial comum, ou a actividades paralelas às da sociedade-mãe, concorrentes destas.

[699] MARC DASSESSE E STUART ISAACS "Incidence du Droit Communautaire de la Concurrence sur certains accords bancaires nationaux et transnationaux" in *Cahiers de Droit Européen*, nº 5 e 6 (1980), pgs 531 e ss. destacam duas das con-

Esta posição é, no mínimo criticável. A Comissão esquece toda a sua doutrina relativa às práticas concertadas quanto à renúncia ao estabelecimento no território de uma outra parte contratante.

7.2. O caso Zuchner

Como já foi analisado oportunamente, a questão em causa referia-se à cobrança de uma comissão bancária uniforme de 0,15% do montante transferido, operada concertadamente pelos bancos no momento das transferências intra-comunitárias de capitais [700].

---

clusões da Comissão para as apontarem, em jeito de posições contraditórias, a duas tomadas de posição anteriores.

Assim, estes autores contrapõem o direito de preferência indagado pela Comissão no âmbito dos grupos de cooperação bancária à chamada "cláusula inglesa" que a Comissão e, mais tarde, o TJCE teriam condenado no caso *Hoffmann-La Roche vs. Comissão* (acordão de 13/2/1979, processo nº 85/76, citado). Nos termos dessa cláusula, um comprador que tenha celebrado com um fornecedor um contrato de compra exclusiva, terá o direito de recorrer a outro fornecedor se este lhe fornecer condições mais vantajosas, no caso do fornecedor originário não se predispor a igualar as condições mais vantajosas oferecidas. A consequência económica desta cláusula é que, por um lado, o fornecedor originário estará sempre ao corrente das condições praticadas pelos seus concorrentes e, por outro lado, é a ele que cabe decidir se o seu concorrente poderá ou não vender, na medida que exerça ou não o seu direito de preferência. A Comissão e o Tribunal condenaram oportunamente esta cláusula afirmando que, neste contexto, o titular do direito de preferência goza de uma posição dominante no mercado em causa, pelo que o impacto desta cláusula em tais circunstâncias era demasiado gravoso e manifestamente violador das regras de concorrência.

Este condicionalismo, não existia, porém, nos grupos de cooperação bancária, pelo que nenhuma contradição poderá ser assacada, pois daí não resultava um aumento do poder de mercado do beneficiário dessa cláusula.

As conclusões são ainda contrapostas por aqueles autores às posições da Comissão na sua decisão *"Wano Schwarzpulver"* (JO CE nº L 322/36, de 16 de Novembro de 1978), pois por regra, uma parte que detenha uma participação importante numa empresa comum não vai fazer concorrência à outra parte ou à empresa comum no domínio desta última. Mas, relembre-se, que a Comissão observou a efectiva concorrência e, talvez por isso, os grupos de cooperação tiveram uma existência tão efémera.

[700] Colectânea 1981, pág. 2021. Sobre este assunto poderá consultar: P. MALAQUIAS "As regras comunitárias de Concorrência e a actividade bancária" in *Revista da Banca,* nº 6, Abril/Junho (1988), págs. 87 e ss; J. SIMÕES PATRÍCIO, art. cit.; JOÃO

O banco em causa, e abstendo-nos de entrar na área da aplicabilidade das regras da concorrência ao sector bancário justificou a comissão por constituir a remuneração pelo serviço prestado ao cliente, tendo em consideração os custos inerentes à transferência realizada por conta deste, designadamente, devido à complexidade das operações de câmbio que a transferência implicava. Acrescentou, ainda, que a comissão cobrada uniformemente em todas as transferências não representava mais do que uma contribuição parcial do custo total das operações de transferência normalmente executadas, negando, assim, qualquer prática concertada.

Relembre-se, existirá uma prática concertada sempre que os interessados substituam conscientemente os riscos inerentes à concorrência por uma cooperação tácita, criando assim uma situação que não corresponde às condições normais de mercado. Para tal, basta que comuniquem, uns aos outros, o montante das comissões concretamente cobradas, ou previstas. Tal prática influenciará o nível das comissões impostas pelo concorrente, ou pelo menos, suprimirá as dúvidas do concorrente quanto às comissões cobradas pelo primeiro.

A execução de uma transferência monetária em favor de um terceiro é uma prestação de serviços, cuja concorrência está sujeita às regras do Tratado. Esta é completamente excluída se todos os bancos envolvidos estipularem as mesmas comissões por determinada transferência.

Para saber se a restrição da concorrência é sensível, importa essencialmente, determinar quais e quantos bancos estão em causa e qual o volume de negócios relativamente ao número e ao montante total das transferências operados para o conjunto dos Estados--membros.

Uma prática concertada que regule as comissões auferidas por somas transferidas para outros Estados-membros é certamente sus-

---

FERREIRA "Os bancos e a Concorrência" in *Cadernos DGCP* n.º 21, Nov (1993); MARC DASSESSE "Aplicação do Princípio do Direito Europeu da Concorrência ao Sector Bancário", Comentário policopiado; Idem "Zuchner vs Bayerische Vereinsbank, A.G." in *Revue de la Banque* (1982); V. KORAH "Zuchner v. Bayerische Vereinsbank AG - joint dominance" in *European Law Review,* n° 3 (1982), pág. 226 e ss.

ceptível de afectar o comércio. O termo "comércio" usado no nº 1 do artigo 81.º deve ser entendido num sentido lato, englobando as transferências monetárias, como já se referiu [701].

O Tribunal de Justiça, depois de afastar a problemática decorrente da pretensa aplicação dos artigo 86.º n.º 2 e 101.º e ss. do Tratado, vem afirmar, nos aspectos referentes à comissão cobrada, que " *a circunstância da comissão em questão justificar a sua existência nos encargos inerentes ao conjunto de operações de transferência para o estrangeiro normalmente realizadas por conta dos seus clientes, e de representar assim um reembolso parcial das despesas, cobradas de um modo uniforme a todos os utilizadores da prestação, não exclui a possibilidade de um paralelismo de comportamento* [702] *neste domínio poder, independentemente da sua motivação, levar a uma coordenação entre bancos, constitutiva de uma prática concertada no sentido do 81.º do Tratado*".

Por outras palavras, e interpretando a declaração do tribunal, poderá dizer-se que a análise de uma determinada situação à luz das regras da concorrência terá, num primeiro momento, de inquirir se essa prática restritiva é proibida pelo n.º 1 do artigo 81.º. Em caso afirmativo, num segundo momento, deverá apreciar-se a sua elegibilidade para beneficiar de uma isenção nos termos do n.º 3 do mesmo artigo.

A averiguação e decisão quanto à verificação desses requisitos, diz o acórdão, é uma questão de facto que só compete à jurisdição nacional. No entanto, adiantou os parâmetros a considerar, tendo havido a necessidade de delinear a figura jurídica da prática concer-

---

[701] Capítulo I, n.º 1.

[702] Segundo jurisprudência anterior do Tribunal (por exemplo, acordão de 16 de Dezembro de 1975, caso *Suiker Unie,* citado), deve ter-se por confirmada a prática concertada se for detectado um paralelismo de comportamento, e a explicá-lo, um qualquer contacto entre as partes. O paralelismo por si só é insuficiente para fazer operar o artigo 81.º. No entanto, constituirá prova cabal do concerto das partes se conduzir à prática de condições que não correspondam a um mercado normal. Este será o critério decisório, ou seja, se mediante a sua actuação paralela os bancos conseguirem *"cristalizar situações adquiridas e privar assim a respectiva clientela da possibilidade real de beneficiar de prestações mais favoráveis que lhe seriam oferecidas em condições normais de conorrência".*

tada em confronto com o simples comportamento paralelo [703]. Se, para haver coordenação culposa de comportamentos, não é imprescindível provar um consenso expresso de vontades, num acordo formal ou informal, já é forçoso, pelo menos, que haja a consciência de participação num plano comum tendente a restringir a concorrência. Importa, consequentemente, averiguar se entre os bancos houve contactos prévios ou pelo menos troca de informações e se, em relação às condições do mercado em causa, a comissão uniforme era de montante diverso da que resultaria do livre jogo da concorrência. E uma prova para a reunião destes parâmetros ou requisitos é o resultado da cristalização das condições praticadas [704].

7.2.1. Conclusão

Esta decisão do Tribunal de Justiça respeita a uma prática bancária sem conteúdo monetário. Outras práticas existem, relativamente às quais se poderá aplicar a doutrina estabelecida, como, as operações de crédito documentário e as comissões por garantias, desde que se tratem de operações ou serviços em relação ao estrangeiro.

No considerando 18.º do acórdão, o Tribunal declarou expressamente, que a noção de comércio intra-comunitário abrange também

---

[703] Em direito americano, a *conspiracy* que gera uma *concerted action* ou um *conscious parallelism*.

[704] A decisão proferida pelo *Amtsgericht de Rosenheim* julgou improcedente o pedido do Sr. Zuchner por o mesmo não ter demonstrado a coordenação ou a cooperação entre os bancos na fixação das taxas de comissão, admitindo o Tribunal como possível que elas resultassem do livre jogo do mercado e não de acordos entre os bancos, pelo que se trataria, neste caso de um simples comportamento paralelo. Repare-se, no entanto, que o ónus da prova cabia ao Sr. Zuchner. As conclusões do Tribunal de Justiça são, no mínimo, de duvidosa sustentação. Para serem válidas deveria ter sido provado que: a) todos os bancos alemães tinham acordado pagar aos bancos estrangeiros uma taxa de intermediação uniforme em compensação pelos custos que os bancos estrangeiros sustentavam; e b) que eles poderiam repercutir naturalmente, ou seja, sem qualquer concertação prévia, o montante dessa comissão para os seus clientes. Esta observação acerca do real funcionamento do sistema implantado, transfere a área de análise para a questão das taxas de intermediação multilterais, matéria realmente estava em causa, e não simplesmente uma taxa uniforme unilateral cobrada por um determinado banco aos seus clientes em concertação com outros. Porém, o Tribunal não se apercebeu disso.

as trocas monetárias. Esta situação colocou em crise o denominado mercado relevante, definido segundo a similitude das características dos produtos para os consumidores ou a respectiva substituibilidade (não propriamente o seu carácter sucedâneo). Nos nossos dias, os produtos e serviços financeiros desenvolvidos pelos bancos e relacionados com o que usualmente se designava por mercado de capitais, em contraposição com o mercado monetário, não se reconduzem à tradicional actividade bancária, nomeadamente, a recolha de depósitos e a concessão de crédito.

Após o processo *Zuchner*, várias associações nacionais reconheceram formalmente que as regras comunitárias da concorrência eram aplicáveis ao sector bancário e deram conhecimento à Comissão dos seus acordos e práticas concertadas que não haviam notificado previamente e que desejariam manter em vigor. Estas notificações ocorreram contra o pano de fundo da investigação previamente anunciada pela Comissão, no seguimento do processo *Zuchner*. Os objectivos dessa investigação consistiam na indagação de acordos de fixação de comissões por serviços prestados por instituições bancárias, excluindo-se os acordos relacionados com taxas de juro. Apesar da nova aproximação da Comissão à aplicação do artigo 81.º, que conduziu a decisões sobre diversos aspectos do comércio bancário, não foi adoptada, curiosamente, qualquer decisão sobre a actividades que constituam o corpo central tradicional da actividade bancária.

8. DECISÕES ADOPTADAS SOBRE SISTEMAS DE PAGAMENTOS

8.1. Decisão "Eurocheques uniformes"

Estas decisões vêm na sequência do caso *Zuchner*, resultando do "convite" endereçado pela Comissão no sentido de os acordos interbancários lhe serem notificados com vista a eventuais isenções.

Este caso, insere-se na problemática de controlo das condições do artigo 81.º para o efeito de se isentar da proibição certos acordos, designadamente aqueles que se revelem necessários ou até mesmo úteis para proporcionar à clientela bancária um serviço de melhor qualidade ou de preço mais baixo.

Esta foi a primeira decisão da Comissão aplicável à actividade bancária [705] e compreendeu a apreciação do acordo de funcionamento do sistema, pelo qual o reembolso de um cheque emitido mediante a apresentação simultânea de um cartão de garantia é garantido pelo banco sacado ao banco pagador até um montante máximo determinado.

Assim, em 1980, a Comunidade Eurocheque, que operava sob a égide do *Secretariado Internacional Eurocheque* [706], sediado em Bruxelas, concluiu o acordo denominado *"Package Deal"*. Este acordo deveria vigorar, inicialmente, por um período de cinco anos, com efeitos a partir de 1 de Maio de 1981. Findos esses cinco anos, previam-se renovações automáticas de doze em doze meses.

O objectivo do acordo era o estabelecimento de novos métodos de pagamento e reembolso dos Eurocheques que seriam denominados *Eurocheques Uniformes*. Este acordo foi notificado à Comissão no dia 7 de Julho de 1982, posteriormente ao julgamento *Zuchner*, de Julho de 1981 embora, note-se, o acordo já estivesse em vigor desde Maio de 1981. O dito acordo continha diversas disposições relacionadas com a harmonização das condições de pagamento bem como com o sistema de compensação internacional dos cheques.

Previa, ainda, uma comissão uniforme de 1,25% do valor do cheque, mais tarde aumentada para 1,6%, sem fixar qualquer montante mínimo, e que seria aplicável a todos os Eurocheques uniformes utilizados no estrangeiro através de um banco afiliado.

Esta comissão não era deduzida ao valor do cheque pelo banco sacado pelo que as dificuldades relativamente ao sector comercial

---

[705] Decisão *Eurocheques Uniformes,* de 10 de Dezembro de 1984, in JO CE n° L 35/45, de 7 de Fevereiro de 1985.

[706] Actualmente denomina-se *Eurocheque International Co-operative Company*. O capital social, que ascende a 18 000 000 de francos belgas, consiste em 18 acções no valor nominal de 100 000 francos belgas subscritas pelas associações bancárias nacionais, ou por outros órgãos relacionados com elas, dos 18 Estados-membros da Comunidade Eurocheque.

eram ultrapassadas. Desta forma, a comissão era debitada pelo banco emissor à conta do seu cliente, que transferia o montante em causa para o banco sacado por via de um sistema internacional de compensação. As despesas ocasionadas por este sistema, que previa a existência de um centro de compensação por cada país aderente, eram cobertas por uma outra comissão uniforme cuja gestão era da responsabilidade das Associações de cada Estado-Membro.

As partes tinham, ao notificar os acordos, de reivindicar a aplicação do n.º 2 do artigo 86.º. A Comissão rejeitou tal pretensão, através dos fundamentos explicitados para o acórdão *Zuchner*.

Na sua decisão, de 10 de Dezembro de 1984, a Comissão entendeu que os acordos notificados eram restritivos da concorrência, nos termos do n.º 1 do artigo 81.º, por dois motivos. Por um lado porque tinham como objectivo fixar o preço de um serviço e, por outro lado, porque a concorrência entre os membros activos [707] de um Estado-Membro se encontrava impedida no que respeita ao montante máximo garantido por cheque.

Contudo, a Comissão concedeu uma isenção por cinco anos, com efeitos a partir da data da notificação, 7 de Julho de 1982, renovável, pois reconheceu como as quatro condições exigidas no n.º 3 do artigo 81.º.

Nestes termos, segundo a Comissão, os acordos contribuíam para a melhoria do sistema de pagamentos, com as decorrentes vantagens para os utilizadores, tendo tomado as restrições como indispensáveis, uma vez que impediam os custos de transacção necessariamente decorrentes da negociação bilateral entre os 15 mil bancos. De igual modo, a fixação do montante máximo garantido era, no entendimento do órgão comunitário, indispensável para não complicar o sistema - não sua ausência, o seu funcionamento era inviável -, permanecendo a possibilidade de concorrência mediante outros meios de pagamento internacionais. Considerou, finalmente, que os acordos não regula-

---

[707] O sistema compreende dois tipos de membros: os activos ou emissores e os passivos ou aceitantes, sendo os primeiros os que emitem os cheques e os cartões de garantia utilizáveis no sistema e os entregam à sua clientela, e os segundos os que se limitam a pagar esses cheques nos seus balcões. Por acordos particulares o sistema é extensível ao sector comercial.

vam, de forma directa, as relações entre os bancos sacados e os seus clientes [708].

A única condição imposta, nesta decisão, consistiu na obrigação aos bancos informarem detalhadamente os seus clientes de todos os custos inerentes ao uso dos Eurocheques no exterior.

Poderá extrair-se, ainda, desta decisão que a Comissão teria aceite um acordo de preços, dado que a comissão de remuneração recebida pelo banco pagador era voluntária e máxima, mas na altura já se tinha transformado numa comissão uniforme.

Porém, tal não é verdadeiro. Teoricamente, a possibilidade de concorrência subsistia, já que nada obrigava estas instituições a cobrar a comissão máxima. O preço da comissão é somente um dos elementos do preço final do serviço, podendo haver outras comissões a acrescer a esta, e nesta área a Comissão vincou bem a importância que atribuía à manutenção da concorrência quanto às comissões suplementares tendo-se, assim, mantido coerente ao seu princípio de não aceitar comissões mínimas e fixas [709].

A questão da inexistência de acordos e decisões de associações que cobrissem as relações entre os bancos sacados e os seus clientes, nem que visassem a fixação de níveis de comissão a cobrar pelos bancos activos aos seus clientes, foi decisiva. Caso contrário, a Comissão entenderia que não estariam preenchidas todas as condições exigidas para a concessão de uma isenção [710].

---

[708] A Comissão precisou que a decisão não abrangia eventuais acordos interbancários nacionais ou decisões de associações bancárias nacionais que pretendessem fixar a comissão a cobrar pelos bancos sacados aos seus clientes, eliminando, este tipo de concertação, a concorrência residual entre os bancos emissores, não sendo indispensáveis à luz do n.º 3 do artigo 81.º.

[709] P. MALAQUIAS, cit..

[710] A isenção já caducou, tendo a Eurocheque solicitado a sua renovação. A Comissão considerou que, preliminarmente, cinco aspectos lhe pareciam contrários ao direito comunitário da concorrência, a saber: a informação prestada aos clientes, as modalidades e as taxas de comissão interbancária, o montante máximo da compensação e as condições de aceitação dos eurocheques pelo comércio retalhista em França. COMISSÃO, "20.º Relatório sobre a Política de Concorrência - 1990", Serviço de publicações Oficiais da CE, Bruxelas-Luxemburgo, 1991, n.º 104, pág. 90

Em 1992, foi emitida uma decisão acerca da aceitação dos Eurocheques em França. Tinha ficado estabelecido que o bancos franceses aplicariam aos eurocheques

Importa, ainda, reflectir sobre mais algumas considerações relevantes.

a) Inaplicabilidade do n.º 2 do artigo 86.º

Os autores da notificação sustentaram que o n.º 2 do artigo 86.º do Tratado era aplicável ao caso concreto, embora sem muita convicção, visto já saberem a posição do Tribunal de Justiça no caso *Zuchner*. Esta alegação foi afastada pela Comissão em termos similares, ou seja, esta instituição alegou que o sistema se baseava na iniciativa privada e os seus membros não foram, em nenhuma altura, investidos na realização de um serviço de interesse económico geral por qualquer medida adoptada por autoridades públicas. Esta realidade não poderia ser afastada por o sistema operar com a aprovação expressa das autoridades competentes dos países em causa, nem mesmo se, em alguns países, tiverem sido emanadas normas legais explícitas reguladoras do sistema, ou de parte dele.

Nesta situação concreta, mesmo que as autoridades nacionais tivessem investido ao sistema Eurocheque e aos seus aderentes a função de colocação à disposição dos seus utilizadores de meios de pagamento internacional, a aplicação das normas comunitárias da concorrência não afectaria, de forma alguma, a prossecução dessa missão.

b) Indispensabilidade das restrições à concorrência

Quanto à previsão da comissão, a Comissão afirmou o seguinte: *"Quando um determinado serviço (por exemplo, o saque num banco de um cheque de um banco de outro Estado-Membro) é fornecido colectivamente por todos os bancos de um país aos clientes de outro*

---

estrangeiros, que lhes fossem remetidos pelos comerciantes franceses, a mesma comissão que lhes cobravam pelos pagamentos por letras. Este acordo constituia uma infracção particularmente grave: tratava-se de uma convenção de preço que afectava directamente a clientela (os comerciantes), contradizendo o acordo base (*Package Deal*) excepcionado pela Comissão devido à gratutitidade do Eurocheque.

O recurso dessa decisão de 25 de Março de 1992 encontra-se pendente no Tribunal de Primeira Instância.

país, será indispensável que os termos e as condições da aceitação e compensação dos cheques envolvidos seja efectuada em comum entre as instituições emitentes e as aceitantes dos vários centros envolvidos.

Nos termos deste acordo, a determinação comum e uniforme da remuneração deste serviço (...) é inerente e acessória da cooperação entre os bancos (...) pois permite a aceitação e a compensação internacional dos cheques sacados no exterior. Variações nas comissões entre um banco e outro iria implicar negociações bilaterais entre mais de 15000 bancos que são partes no esquema nos termos das quais cada banco aceitante iria acordar com o banco emitente a remuneração que pretenderia receber. Qualquer sistema centralizado de compensação seria, pois, impossibilitado e o custo do processamento dos Eurocheques aumentaria substancialmente"[711].

Uma análise atenta deste caso revela-nos que a decisão é de natureza diversa à dos acordos nacionais entre instituições bancárias, cujo objectivo será sempre a fixação de uma comissão através da qual o banco, individualmente entendido, irá onerar o seu cliente. Acordos ou decisões, desse tipo, a nível nacional, no caso em apreço, ao eliminar a concorrência residual entre as instituições que operam com os Eurocheques, não corporizavam, certamente, elementos indispensáveis para a subsistência do acordo, pelo que seriam proibidos, nos termos do n.º 3 do artigo 81.º do Tratado.

c) Distinção entre relações interbancárias e relações banco-clientes

Na justificação de que o n.º 3 do artigo 83.º era aplicável à situação em concreto, a Comissão elaborou uma distinção subtil, entre, por um lado, restrições à concorrência presentes nas disposições que regulavam as relações entre as instituições bancárias de diversos Estados-membros, que eram partes do acordo e, por outro lado, restrições à concorrência relacionadas com as instituições bancárias de um determinado Estado-Membro na remuneração dos custos que deveria ser recuperada do cliente.

---

[711] Pontos 39 e 40 da Decisão da Comissão.

As restrições do tipo primeiramente mencionado seriam inevitáveis devido ao elevado nível de cooperação requerido para a prossecução dos objectivos do acordo. As restrições do segundo tipo, como se afirmou *supra*, não poderiam ser avaliadas como indispensáveis para subsistência do acordo.

A proibição de restrições na concorrência nas relações entre o banco e os seus clientes, foi bem explicitada nos pontos 42 e 43 da Decisão:

"*O acordo não diz respeito às relações entre o banco aceitante e os seus clientes. O espaço de concorrência em causa mantêm-se, ainda, nas relações entre o banco emitente e os seus clientes. A forma de repercussão das comissões nos clientes é deixada à discrição do banco emitente. A comissão poderá ser fixada num valor mais alto ou mais baixo do que a actualmente paga pelo banco emitente através do seu centro nacional de compensação para o centro nacional de compensação do banco pagador no estrangeiro. No limite, o banco emitente até poderá não exigir qualquer comissão ao seu cliente.*"

Esta conclusão só será válida se este acordo internacional não for complementado por acordos a nível nacional que regulem as relações entre as instituições bancárias e os seus clientes na matéria das comissões. Ou seja, o cliente deverá ser livre de abordar uma qualquer instituição bancária do seu país e adquirir o seu livro de Eurocheques. Esta liberdade seria ilusória se todos os bancos fornecessem o mesmo serviço ao mesmo preço.

A Comissão produziu, assim, uma importante distinção, separando, as relações entre os bancos e as relações entre os bancos e os seus clientes. Esta orientação deverá ser utilizada na análise das outras decisões posteriores e poderá ser transposta para outros campos, como o dos cartões de débito. Quanto às relações interbancárias, o sentido da decisão da Comissão indicou que esta instituição poderia permitir acordos entre comissões interbancárias (uma vez que comissões variáveis de um banco para outro implicariam negociações bilaterais entre inúmeros bancos, com os inevitáveis custos de transacção), na condição de que essas comissões interbancárias (que no presente caso não eram fixas mas máximas, o que já deixava uma margem de concorrência, embora tenha posteriormente ocorrido uma cristalização), não revertessem obrigatoriamente para os clientes. Se assim fosse, essas comissões interbancárias transformar-se-iam em comissões mínimas, a cobrar aos clientes do sistema, o que seria inaceitável, por violar o artigo 81.º do Tratado.

No entanto, o simples facto da Comissão admitir e permitir acordos sobre comissões interbancárias, com as vestes de montantes máximos, constituiu, por si só, uma inovação na orientação deste órgão comunitário. Foi a primeira vez que se admitiu a possibilidade de acordos sobre preços de serviços.

É criticável, porém, o excessivo optimismo da Comissão na conclusão de que estas comissões interbancárias não se transformariam em comissões mínimas para os clientes, bem como a aceitação, sem muito esforço, de que este tipo de acordos de fixação de comissões máximas seriam essenciais para evitar as negociações bilaterais entre os milhares de bancos participantes no sistema [712].

Foram este tipo de críticas, acompanhadas por um elevado número de queixas à Comissão e ao Parlamento Europeu quanto a este acordo [713], que levantaram dúvidas sobre o funcionamento do sistema [714].

---

[712] Estas críticas revelaram a sua acuidade posteriormente e levaram à revisão da Decisão *Eurocheque*, bem como à adopção em 25 de Março de 1992, de uma decisão de imposição de uma coima à *Eurocheque International* e ao *Groupment des Cartes Bancaires CB*, relativamente ao denominado acordo *Eurocheque de Helsínquia*, relacionado com as condições de pagamento dos Eurocheques em França. (JO CE n.º L 95/50, de 9 de Abril de 1992).

[713] Perguntas escritas n.º s 2861/85 do Sr. *Roelants du Vivier*, in JO CE n.º C190//25 de 28 de Julho de 1986; 865/86 da Sr.ª *Van Hemeldonck*, in JO CE n.º C60/23, de 9 de Março de 1987; 423/87 do *Sr. Dido*, in JO CE n.º C23/33, de 28 de Janeiro de 1988. Cfr. igualmente, pergunta escrita n.º 1535/85 do Sr. *Dankaert*, de 17 de Setembro de 1985, in JO CE n.º C62/8 de 17 de Março de 1986 e n.º 2711/85 do Sr. *Patterson*, de 10 de Fevereiro de 1986, in JO CE n.º C 190/25, de 28 de Julho de 1986.

[714] A renovação da isenção à Decisão *Eurocheque*, em análise, não deverá ser confundida com a Decisão *Eurocheque* de 19 de Dezembro de 1988, (publicada no JO CE n.º L36/1, de 8 de Fevereiro de 1989), relacionada com os acordos Eurocheque relativos à produção e à limitação de *Eurocheques* e *Eurocards*. Estes acordos, em grande medida justificados por razões de segurança, beneficiaram de uma atestação negativa concedida pela Comissão (relativamente aos acordos de produção de cartões e de cheques) e de uma isenção nos termos do n.º 3 do artigo 81.º (no que diz respeito aos acordos para a limitação dos mesmos instrumentos). Sobre este aspecto consultar COMISSÃO, "18.º Relatório sobre Política da Concorrência - 1987".

Como primeira objecção, apontou-se que os bancos emitentes forneciam informação insuficiente aos seus clientes quanto aos diversos componentes dos encargos por estes assumidos, aquando da utilização do Eurocheque no estrangeiro. A segunda objecção dizia respeito à modificação dos termos e das condições da comissão interbancária, paga pelo banco emitente ao banco aceitante, que haviam sido isentados em 1984. Quanto a este aspecto, a Comunidade Eurocheque foi criticada por aplicar uma comissão mínima desde o ano de 1988. Questão idêntica é a problemática da comissão interbancária devida por levantamento de dinheiro no estrangeiro, nas *Automated Teller Machines* (A.T.M).

Por sua vez, a terceira objecção residia no facto de, por um lado, a comissão máxima interbancária ter sido sistematicamente aplicada e, por outro lado, ser o cliente quem fatalmente sustentava o seu peso económico.

A quarta objecção que se poderá encontrar nas diversas reacções desfavoráveis ao evoluir do sistema em análise respeitava à quantia máxima que se poderia processar nos centros nacionais de compensação dos diversos Estados. Esse limite de aproximadamente 340 ECU era nitidamente insuficiente, pelo que as quantias superiores não seriam processadas pelo sistema Eurocheque, mas como transferências internacionais, normalmente sujeitas a elevadas comissões.

De natureza diversa era a quinta objecção, referente à forma como os Eurocheques eram aceites em França pelo sector comercial. Esta objecção levou à emissão da decisão *Eurocheque Helsinki Agreement*.

Não foi emitida uma decisão formal sobre a renovação da isenção concedida em 1984 ao *"Eurocheque Package Deal"*. A Comissão indicou que a renovação da isenção dependeria de uma alteração ao sistema que garantisse que o utilizador do Eurocheque recebia, na íntegra, o valor nominado no Eurocheque. A razão para esta exigência residiu no facto de, no seguimento do acordo de Helsínquia, o sector comercial francês debitar uma comissão sobre o valor do Eurocheque que lhe tivesse sido entregue, diminuindo, por essa via, o seu valor nominal, o que arruinava o pressuposto fundamental de atribuição da isenção, a saber, a ausência de pagamento de qualquer comissão ao

banco aceitante, que era remunerado, simplesmente, por uma comissão interbancária sustentada pelo banco emitente.
Esta sugestão foi acolhida [715].

8.1.1. Apreciação Global

Nesta situação encontramos uma Comissão de Intermediação Multilateral (CIM), pois há a fixação uniforme de um preço pela prestação de um serviço. Por outro lado, e neste ponto a Comissão incorreu numa falha grave, não foi explanado o mercado relevante onde a restrição concorrencial ocorre. Uma vez que a CIM está situada num nível inter--bancário, deverá ter-se em atenção que a Comissão estabeleceria um mercado que pode ser correspondente ao mercado interbancário.

A questão é tudo menos dispicienda. Recorde-se que a Comissão, na justificação da concessão da isenção, referiu que: a) no interior do sistema Eurocheque o banco emitente (que paga a comissão ao banco do aceitante) tem uma total liberdade quanto à extensão da repercussão do peso económico da comissão aos seus clientes; e b) em qualquer caso, os bancos envolvidos têm um reduzido poder de mercado, competindo, o Eurocheque, directamente com uma enorme variedade de meios de pagamento internacionais tais como o dinheiro, os cartões de crédito, os *travellers´cheques*, os cartões de débito das ATM´s e os vales postais [716].

Numa perspectiva intra-sistema, deverá referir-se que a ausência de uma restrição acordada no interior do sistema (principalmente no que diz respeito ao relacionamento banco/cliente, que é onde a CIM pode ter um efeito substancialmente restritivo), atenua em muito os problemas concorrenciais que se levantam.

---

[715] A não emissão formal de uma decisão poderá ser explicada se observarmos a questão de uma prespectiva diferente. O sistema descrito evolui para o denominado projecto *Europay International*, constituído pela *Eurocheque* e *Eurocard International*. Admitindo que a operação não constitua uma concentração nos termos da legislação comunitária, a Comissão veio, após isso, analisar a situação sob o prisma do artigo 81.º do Tratado. Tendo emitido uma série de propostas, que foram acolhidas incondicionalmente, e tendo então já decorrido um longo período de tempo, a Comissão optou por não emitir uma decisão formal sobre a matéria.

[716] Pontos 41-43 da Decisão.

Numa perspectiva inter-sistema, baseia-se na definição alargada de mercado relevante, tomando, a Comissão, em consideração relações de sucedaneidade numa base alargada. Estas duas observações conjugadas originam um perplexidade: como é que a CIM restinge apreciavelmente a concorrência no sentido do n.º 1 do artigo 81.º se o banco emitente é, numa perspectiva intra-sistema, livre, ou não, de repercutir o montante ao seu cliente e se, numa perspectiva inter-sistema, o eurocheque enfrenta a concorrência dos outros meios de pagamento?

Quando se afirma que os custos de transacção decorrente de acordos entre 15 mil bancos tornariam impossível o funcionamento do sistema e que o acordado é de mais fácil utilização, pelo que deverá ser permitido, tal fará todo o sentido. Contudo, uma análise mais atenta revela que o caminho correcto a prosseguir não seria a concessão de uma isenção nos termos do n.º 3 do artigo 81.º, mas a declaração de inaplicabilidade do n.º 1 do artigo 81.º. De facto, a cooperação entre 15 mil bancos em termos bilaterais não reveste uma natureza concorrencial pura, antes reveste uma multiplitude de acordos bilaterais potencialmente restritivos da concorrência são sendo argumento para justificar as virtudes do processo concorrencial e para afirmar que a concorrência, de *per si*, teria esse resultado, e que este só não é mais favorável por que os custos de negociação são extremamente elevados. Nestes termos, a Comissão deveria, pura e simplesmente, ter afirmado que quanto a esta matéria, o n.º 1 do artigo 81.º não era aplicável [717].

---

[717] Esta observação tem um alcance enorme. De facto, é procedimento usual, e quase normalizado, desta instituição comunitária a qualificação deste tipo de operações como formas de cooperação que infringem o n.º 1 do artigo 81.º podendo as partes ter tido acesso ao mercado sozinhas. Porém, e quase sempre, a Comissão vem depois a admiti-las com o fundamento do teste da indispensabilidade previsto no n.º 3 do artigo 81.º. Esta perspectiva tem subjacente o reconhecimento de que não era economicamente realista esperar das partes que elas entrassem no mercado sozinhas, devido aos elevados custos que teriam de sustentar. Talvez fosse, então, conveniente trocar este teste de "indispensabilidade" por um teste de "utilidade" ou de "particular utilidade". Na nossa opinião, se essa conduta é indispensável nem sequer pode ser concebida como uma restrição à concorrência em termos liminares, dado que, por definição se ela é indispensável, não poderia haver concorrência sem ela.

8.2. Decisão relativa ao acordo eurocheque de Helsínquia

A decisão da Comissão relativa ao acordo Eurocheque de Helsínquia não pode, nem deve, confundir-se com a decisão anterior, relativa ao *Eurocheque Package Deal*, embora a sua origem esteja intimamente relacionada com as circunstâncias que rodearam a notificação do primeiro acordo.

Esta decisão tratou um acordo entre instituições financeiras francesas e a Assembleia Eurocheque relativo à aceitação pelos comerciantes em França dos eurocheques sacados sobre instituições financeiras estrangeiras, segundo os princípios acordados na reunião da Assembleia Eurocheque de Helsínquia, que teve lugar em 19 e 20 de Maio de 1983.

No âmbito do processo de que resultou a decisão de isenção de 10 de Dezembro de 1984, a Comissão tinha enviado, em 19 de Setembro de 1984, à *Association Française des Banques* (AFB), que era então o organismo que exerce as funções de comunidade Eurocheque para a França, um pedido de informações na sequência de uma denúncia relativa às condições de recebimento em França de um eurocheque sacado sobre um banco estrangeiro. A AFB respondeu, por carta de 17 de Outubro de 1984, que se os bancos franceses tinham aderido ao *Package Deal Agreement* para os levantamentos de numerário pelos estrangeiros nos bancos em França, não haviam, no entanto, subscrito as disposições relativas à aceitação de eurocheques estrangeiros no sector do comércio em França nem as referentes à apresentação para recebimento nos bancos franceses por parte de particulares (franceses) de eurocheques estrangeiros [718].

Todavia, esta resposta da AFB parecia em contradição com a notificação de 7 de Julho de 1982 de *Eurocheque Internacional* em nome de todos os membros da Assembleia Eurocheque, à qual pertencia a AFB, do acordo *Package Deal*, que, lembre-se, incidia sobre a "abertura do sector não bancário". Na notificação nada se dizia acerca do facto da comunidade nacional Eurocheque francesa apenas ter parcialmente aderido ao acordo *Package Deal*. A AFB tinha também precisado que os bancos franceses membros do

---

[718] Ponto 23 da Decisão.

Groupement Carte Bleu aceitaram, a título experimental, abrir a sua rede de comerciantes aos eurocheques estrangeiros nas mesmas condições oferecidas aos clientes titulares de uma *carte bleu* ou de um cartão *Visa*. De referir que este acordo fazia parte do *Package Deal*.

Na sequência de diversas denúncias, recebidas após a decisão de isenção, a Comissão dirigiu, em 1988, pedidos de informações a várias instituições de crédito francesas. Uma delas respondeu com mais precisão do que a AFB em 1984, dizendo que: "*a equiparação do pagamento por eurocheque a um pagamento garantido por um cartão resulta de uma decisão tomada em Helsínquia em 19 e 20 de Maio de 1983 aquando da Assembleia Eurocheque*" [719].

Do acordo constavam, em especial, as seguintes disposições:

"*- para as compras pagas por eurocheque, os membros do Groupement Carte Bleu e Eurocard cobrarão aos comerciantes participantes uma comissão que não poderá ser superior à estabelecida para os pagamentos efectuados por Carte Bleu e Eurocard;*

- os bancos membros do Groupement Carte Bleu e Eurocard velarão no sentido de que os comerciantes participantes não aumentem os preços das compras pagas por Eurocheque, mesmo que se trate de ofertas especiais ou de saldos;

- se um comerciante participante infringir os princípios acima enunciados, os bancos e as instituições financeiras francesas intervirão, o mais rapidamente possível, a fim de garantir, no futuro, o respeito destes princípios. No caso de a comissão cobrada ter sido repercutida no titular do eurocheque estrangeiro, os bancos e as instituições financeiras franceses reembolsarão esse montante ao banco emissor;

- aquando da compensação de eurocheques estrangeiros sacados em França e em conformidade com as disposições do acordo Package

---

[719] Este acordo, que foi inserido no capítulo E do manual Eurocheque, esteve em vigor cerca de sete anos e meio, de 1 de Dezembro de 1983, data da sua entrada em vigor, até 27 de Maio de 1991, data na qual o *Groupement des cartes bancaires* (CB), que representa as instituições financeiras francesas no sistema Eurocheque, dirigiu a todos os seus membros uma circular informando-os de que a Assembleia Geral Eurocheque, na sua reunião de 9 e 10 de Maio de 1991, acabava de pôr termo ao acordo.

Deal, será acrescida uma comissão de 1,25% sobre o montante do conjunto dos cheques e cobrada através das centrais nacionais de compensação." [720]

As acusações formuladas à *Eurocheque Internacional* e ao *Groupement*, no que respeita ao acordo de Helsínquia, incidiram sobre o facto de se tratar claramente de um acordo sobre os preços, para mais aplicável nas relações entre bancos e clientes e não somente nas relações interbancárias, uma vez que, por seu intermédio, os bancos franceses acordaram, com o consentimento da comunidade internacional Eurocheque, em aplicar aos seus clientes comerciantes uma comissão de montante igual à que era facturada a esses comerciantes em relação aos pagamentos operados por cartão bancário, francês ou estrangeiro. Além deste aspecto, já de si relevante, foi censurado ter por objectivo imediato evitar, no sector comercial, qualquer concorrência entre os eurocheques, em princípio gratuitos para os seus beneficiários, e os pagamentos efectuados por cartões, que os bancos franceses decidiram, no seu conjunto, favorecer e privilegiar em detrimento do sistema *Eurocheque*.

Longe de ter tido por objecto ou por efeito favorecer o desenvolvimento dos eurocheques em França, como o pretendia o *Groupement*, o acordo de Helsínquia terá refreado esse mesmo desenvolvimento. Este acordo pode ser considerado como a segunda vertente de um mecanismo instituído pelos bancos franceses para entravar a concorrência potencial dos eurocheques, sendo a outra vertente constituída pela disposição do protocolo constitutivo do *Groupement* de 31 de Dezembro de 1984, na qual se proibia aos seus membros a emissão de eurocheques para utilização nacional.

---

[720] Paralelamente ao acordo de Helsínquia, foi assinado um protocolo, em 31 de Julho de 1984, entre as 11 maiores instituições financeiras francesas que estabeleceu o princípio da interoperacionalidade entre as três redes de cartões de França onde se incluía uma cláusula segundo a qual, a partir de 1 de Julho de 1986, os eurocheques uniformes deixariam de poder ser emitidos para pagamentos com garantia em França, pelo que só poderiam o ser para utilizações no estrangeiro. (Ponto 29 da Decisão). Relativamente a esta cláusula, o Conselho da Concorrência francês, na sua decisão n.º 88-D-37, de 11 de Outubro de 1988, ordenou ao *Groupement* que suprimisse esta cláusula antes de 31 de Dezembro de 1989.

A Comissão reconheceu, mesmo, que não era possível contestar que, na altura da sua conclusão, o acordo de Helsínquia estava em contradição com o acordo *Package Deal* que assentava, entre outros, no princípio do carácter gratuito do eurocheque para o seu beneficiário, estando, as despesas, a cargo do emitente. Com efeito, é difícil compreender por que razão um acordo interbancário multilateral teria sido necessário se era possível aos bancos pagadores receber uma comissão sobre os eurocheques estrangeiros apresentados para pagamento. O acordo *Package Deal* justificava-se, precisamente, porque partia do postulado de que o banco pagador não era remunerado pelo beneficiário do eurocheque mas pelo banco do emitente[721].

Os efeitos restritivos para a concorrência são evidentes. Os verdadeiros utilizadores não retiravam qualquer benefício do acordo de Helsínquia, que era, pelo contrário, prejudicial aos seus interesses, quer se observe a situação da perspectiva dos comerciantes, que tinham de pagar uma comissão apesar dos eurocheques serem gratuitos, quer se observe a situação da perspectiva dos emitentes que deparavam com dificuldades na utilização dos seus eurocheques em França, ou porque os comerciantes lhos recusavam, precisamente por causa da comissão que tinham de pagar, ou porque sobre eles lhes eram repercutidos os encargos que os comerciantes deviam de pagar aos bancos.

Pelo exposto, é de fácil entendimento a posição da Comissão que avaliou o acordo em análise como não elegível para a aplicação de uma isenção nos termos do n.º 3 do artigo 81.º.

A Comissão estimou, mesmo, como factor agravante, o proveito financeiro, que resultava do duplo pagamento, não constituir o objectivo final do acordo de Helsínquia. Aliás, os bancos franceses nunca alegaram, em todo o processo, que o acordo de Helsínquia se lhes tinha afigurado necessário por a remuneração máxima, prevista no acordo

---

[721] A Comissão referiu mesmo expressamente que: "*a única categoria de utilizadores, se é que podem ser qualificados deste modo, na medida em que se trata na realidade de intermediários, a lucrar com o acordo de Helsínquia é constituída pelos bancos franceses, que passaram a ser pagos duas vezes pelo mesmo serviço, sendo os únicos bancos da Comunidade a ter tal privilégio: uma primeira vez pelos comerciantes franceses, através do acordo de Helsínquia, e uma segunda vez pelos bancos estrangeiros (os bancos emitentes dos eurocheques), através do acordo Package Deal*" (Ponto 70 da Decisão).

Package Deal, ser insuficiente para cobrir os seus custos. O acordo de Helsínquia tinha como objectivo fundamental impedir, em França, o desenvolvimento de uma eventual concorrência entre eurocheques e cartões bancários. Para além disso, este acordo combinado com a disposição do protocolo constitutivo do *Groupement* que proibia aos bancos franceses emitir eurocheques para uso nacional, contribuiu para impedir o desenvolvimento dos eurocheques em França [722].

A Comissão, ponderando os vários elementos factuais, concluiu que o acordo concluído aquando da Assembleia Eurocheque de Helsínquia em 19 e 20 de Maio de 1983, entre as instituições financeiras francesas e a Assembleia Eurocheque sobre a aceitação pelos comerciantes em França dos eurocheques sacados sobre instituições financeiras estrangeiras, aplicado de 1 de Dezembro de 1983 até 27 de Maio de 1991, constituía uma infracção ao disposto no n.º 1 do artigo 81.º do Tratado. Rejeitou, igualmente o pedido de isenção a título do n.º 3 do mesmo artigo a favor do acordo mencionado e aplicou uma coima no montante de 5 000 000 de ecus ao *Groupement des cartes bancaires* (CB) e uma coima de 1 000 000 ecus à *Eurocheque Internacional*, pela referida infracção.

Esta decisão da Comissão revestiu uma importância extraordinária. Foi a primeira que rejeitou formalmente a concessão de uma isenção no sector bancário e impôs uma coima às empresas por infracção do n.º 1 do artigo 81.º, iniciando uma nova era na aplicação do direito comunitário da concorrência ao sector bancário. A partir de então a Comissão deixou de apreciar os acordos bancários como intrinsecamente diferentes dos restantes [723].

---

[722] Ponto 82 da Decisão.

[723] No Working Document "Easier cross-border payments: braking down the barriers", de 1992, a Comissão, ao referir-se às comissões em sistemas de compensação multilateral, tomou uma posição em que considerava admissíveis os acordos relativos a comissões cobradas por um organismo central a todos os seus participantes, desde que se deixasse aberta a possibilidade dos participantes no sistema, através de contactos bilaterais, acordarem as comissões bilateralmente. Por outras palavras, um acordo geral sobre comissões poderá simplesmente estabelecer taxas de comissão máximas. Porém, a Comissão reservou uma declaração geral sobre o assunto. Ajuizou que somente através de uma análise das circunstâncias concretas de cada caso se poderia determinar as restrições à concorrência.

Porém, o CB e a Europay [724] recorreram desta decisão para o Tribunal de Primeira Instância, do que resultou o acórdão de 23 de Fevereiro de 1994 [725], que fornece numerosas indicações tanto em termos processuais como quanto à natureza e ao âmbito dos acordos no sector bancário.

Neste recurso, os recorrentes sustentavam que o artigo 81.º apenas dizia respeito aos acordos entre empresas ou a decisões de associações de empresas. Contudo, baseando-se no acórdão BNIC do Tribunal de Justiça [726] e aplicando-o ao caso em apreço, o Tribunal de Primeira Instância concluiu que a integração numa associação implica, por força do acto constitutivo da associação, a adesão dos seus membros às decisões tomadas pelos órgãos de direcção do *Groupement*. Assim, o Tribunal de Primeira Instância decidiu que o Acordo de Helsínquia deveria ser analisado como um pacto, na acepção do n.º 1 do artigo 81.º, celebrado entre dois agrupamentos de operadores económicos, o *Groupement des Cartes Bancaires* "CB" e a *Eurocheque International*.

De seguida, o acórdão fornece importantes indicações no que se refere à definição do mercado relevante, no caso dos meios de pagamento. Foi, assim, debatida a questão de saber se seria conveniente, tal como defendido pelos recorrentes, tomar em consideração o conjunto dos meios de pagamento internacionais ou, pelo contrário, tal como havia defendido a Comissão, um mercado mais restrito, o dos eurocheques emitidos no sector do comércio em França.

Neste ponto específico, o Tribunal de Primeira Instância deu razão à Comissão, julgando que, devido ao seu volume, o mercado dos eurocheques estrangeiros emitidos no comércio em França constitui um mercado específico suficientemente homogéneo, distinto do mercado dos outros meios de pagamento internacionais [727].

---

[724] Denominação da empresa após a fusão da *Eurocheque Internacional* com a *Eurocard Internacional*.

[725] Processos T-39/92 e T-40/92, Colectânea II, 1994, págs. 49 e ss..

[726] Acórdão de 30 de Janeiro de 1985, processo 123/83, Colectânea 1985, págs. 391 e ss.

[727] O fundamento para esta decisão radicou na fraca relação de sucedaneidade entre os eurocheques e os outros meios de pagamento tais como o dinheiro, os cartões de crédito e de débito e os outros tipos de cheques (pontos 76 e 77 da

A questão fulcral, neste acórdão, consistiu na abordagem do carácter restritivo dos acordos relativos às comissões. O Tribunal elaborou uma distinção fundamental entre a noção de acordo relativamente ao princípio da cobrança de uma comissão e a noção de acordo quanto ao montante dessa comissão.

Os recorrentes contestaram que não tinha sido concluído qualquer acordo sobre o princípio da cobrança de uma comissão, apesar dos termos utilizados no próprio acordo de Helsínquia, segundo o qual os bancos "cobrarão" uma comissão. De acordo com os bancos franceses, tratava-se de uma simples faculdade que lhes era oferecida.

O Tribunal de Primeira Instância, por seu lado, considerou que, ao privarem-se, através do acordo de Helsínquia, da liberdade de utilizar, eventualmente, a comissão interbancária prevista pelo acordo concluído entre todas as instituições financeiras que participam no sistema eurocheque (acordo *Package Deal*) como remuneração do serviço de recebimento do eurocheque prestado ao comerciante, o acordo de Helsínquia teve por objecto restringir, de forma sensível, a liberdade de comportamento dos membros do *Groupement*.

Em contrapartida, o Tribunal de Primeira Instância aceitou como procedente o fundamento dos requerentes relativo à ausência de acordo em matéria de preços, ao contrário da decisão da Comissão.

Por último, saliente-se que, para apreciar a possibilidade de concessão de uma isenção ao acordo de Helsínquia, o Tribunal de Primeira Instância apenas analisou uma das quatro condições previstas no n.º 3 do artigo 81.º, a do carácter indispensável da restrição, que como já foi referenciado diversas vezes, constitui uma questão crucial para a análise de todos os acordos relativos a comissões no domínio bancário. No caso em apreço, o CB sustentou, em termos semelhantes ao que havia feito com a Comissão, que o

---

decisão). O Tribunal de Primeira Instância sustentou esta opinião afirmando que: *"em razão do seu volume, o mercado de Eurocheques estrangeiros utilizados no sector comercial em França (...) constituía um mercado específico, suficientemente homógeneo, que é distinto de quaisquer outros meios de pagamento internacionais"* (ponto 103 do acórdão).

acordo *Package Deal* não permitia que os comerciantes franceses aceitassem eurocheques estrangeiros tendo sido apenas graças ao acordo de Helsínquia que tal aceitação se tornou possível. O Tribunal de Primeira Instância não ficou convencido. Segundo a sua opinião, mesmo admitindo que o acordo de Helsínquia tenha sido necessário para obrigar os comerciantes membros do *Groupement* a aceitar eurocheques estrangeiros emitidos em francos franceses, não era indispensável impor aos membros do *Groupement* a cobrança aos comerciantes, seus clientes, de uma comissão pelos pagamentos por eurocheque estrangeiro. Os membros do *Groupement* poderiam, tal como os bancos franceses que não são membros do Groupement, contentar-se com a comissão interbancária que lhes é paga, nos termos do *Package Deal*, pelo banco sacado [728].

9. EFEITOS DE ACORDOS ENTRE BANCOS DOMÉSTICOS NO COMÉRCIO ENTRE ESTADOS MEMBROS

9.1. Generalidades

Na grande maioria das situações ocorridas no passado, os acordos, decisões e práticas concertadas foram postos em prática por empresas de um único Estado-Membro. Este facto poderia levar à conclusão de que as práticas restritivas da concorrência, levadas a cabo por empresas domésticas, não seriam susceptíveis de afectar o comércio intra-comunitário, pelo que cairiam fora do âmbito de aplicação das normas comunitárias da concorrência. Todavia, a conclusão de que este tipo de práticas não origina desvios de comércio entre os Estados-membros não é correcta. Muitas vezes, os critérios para a aferição dessa anomalia encontram-se preenchidos [729].

---

[728] COMISSÃO, "24.º Relatório sobre a Política da Concorrência - 1994", Bruxelas, (1995), pontos 441 a 444.

[729] A Comissão, ao analisar a prática restritiva doméstica, não tem de demonstrar que esta atinge o comércio entre os Estados-membros para submeter esse acordo ao disposto no artigo 81.º. É suficiente, a este propósito, a demonstração do efeito potencial desse acordo no comércio intra-comunitário.

Isso sucederá no caso das práticas restritivas domésticas incluírem sucursais de bancos estrangeiros, bem como na situação de afectação de transferências internacionais de fundos quando ocorra a exigência de comissões por transferências bancárias ou por desconto de cheques. O mesmo é verdadeiro no caso de afectação do financiamento do comércio externo, ou seja, no caso do acordo em causa versar sobre créditos documentários ou créditos à exportação, entre múltiplos outros aspectos.

Algumas dúvidas se levantam no caso dos acordos que afectam de forma equivalente os clientes nacionais daquele Estado-Membro e os clientes estrangeiros desses bancos [730].

Também o Tribunal de Justiça tem sustentado que os acordos domésticos de fixação de preços no território de um Estado-Membro são, pela sua natureza intrínseca, capazes de isolar o comércio doméstico dos mercados dos outros Estados-membros, impedindo a desejada integração prevista no Tratado e, simultaneamente, permitindo que a produção nacional seja protegida. Relembre-se que o Tribunal de Justiça, no *acórdão Zuchner*, indicou que o termo "comércio"

---

[730] Na prática, esta situação ocorrerá quase sempre no caso de bancos de média dimensão e fatalmente no caso de bancos de grande dimensão. De facto, o fornecimento de serviços transfronteriços de uma instituição bancária de um Estado--Membro A no Estado-Membro B é suficiente para que o cliente residente no Estado--Membro B abra, por sua iniciativa, ou através de um correspondente, uma conta na instituição bancária no país A. Esta situação torna-se cada dia mais vulgar com o desenvolvimento do mercado interno e o advir da União Económica e Monetária, pois os níveis de integração estão a aumentar exponencialmente.

Relativamente a esta problemática, já em 1973, a Comissão afirmou que os termos gerais médios recomendados por uma organização bancária nacional encontravam-se submetidos às normas comunitárias da concorrência pois seriam aplicadas pelos seus membros quer a nacionais quer a estrangeiros. (COMISSÃO "2.º Relatório sobre Política da Concorrência" - 1973, ponto 52).

No campo paralelo do sector segurador, a Comissão adoptou a mesma posição, *mutatis mutandis*, na sua decisão de concessão de uma isenção nos termos do n.º 3 do artigo 81.º, ao segundo acordo CEGAM entre instituições seguradoras italianas (publicada no JO CE n.º L 99/29, de 11 de Abril de 1984). Nesta decisão, a Comissão considerou que o acordo em causa poderia afectar o comércio entre os Estados--membros, uma vez que as novas normas aprovadas aplicavam-se resseguradoras não italianas, pois a CEGAM não permitia aos seus membros a contratação de companhias resseguradoras que não tivessem um contrato com aquela associação.

contido no n.º 1 do artigo 81.º deveria ser interpretado num sentido lato, abrangendo as transacções monetárias.

Estas considerações são aplicáveis por analogia aos acordos bancários que regulam, a nível nacional, os custos dos serviços a clientes, incluindo as tarifas cobradas por concessão de crédito ou por recebimento de depósitos. Com a globalização dos mercados e a cada vez maior integração dos mercados, não existem dúvidas de que os acordos domésticos sobre taxas de juro ou comissões afectam o comércio intra-comunitário de serviços bancários [731].

Geralmente, as posições adoptadas pela Comissão reflectem esta aproximação. Contudo, na aplicação ao sector bancário do requisito "afectação do comércio intra-comunitário", o entendimento da Comissão difere, muitas vezes, da concepção do Tribunal e da sua própria interpretação em casos que não dizem respeito ao sector dos serviços financeiros. Estas diferenças salientam-se no campo

---

[731] Esta realidade verifica-se certamente, após a entrada em vigor, em 1 de Julho de 1990, da Directiva do Conselho n.º 88/361/CEE, de 24 de Junho de 1988 (JO CE n.º L 178/5 de 8 de Julho de 1988) para a implementação do artigo 67.º do Tratado, que liberalizou, por completo, os movimentos de capitais e dos meios de pagamento, incluindo as poupanças privadas.

Desta forma, a remoção das restrições aos movimentos de capitais e de pagamentos conduziu a uma total liberalização na prestação de serviços bancários, permitindo que um residente num determinado Estado-Membro possa depositar as suas poupanças num banco estabelecido noutro Estado-Membro. O impacto dos acordos domésticos sobre taxas de juro nos movimentos de capitais transfronteiriços foi, já em 1980, descrito no relatório anual da Comissão Bancária Belga, nos seguintes termos: *"Em princípio, os termos de estabelecimento das taxas de juro para depósitos em francos belgas são os mesmos quer na Bélgica quer no estrangeiro. Porém, alguns factores técnicos falseam qualquer comparação, por exemplo, os intermediários estrangeiros não estão submetidos a políticas concertadas sobre taxas de juros, (...). Nestas circunstâncias, as instituições de crédito estrangeiras poderão oferecer taxas de juro mais altas aos depósitos do que as oferecidas pelas instituições de crédito belgas. Esta distorção (...) teve como resultado a deslocação de grandes movimentos de fundos para bancos domiciliados em países vizinhos, em particular, para o Grão-Ducado do Luxemburgo e para a Holanda (...). Os francos belgas depositados nos intermediários estrangeiros voltam de novo para a Bélgica. Muito frequentemente, os bancos estrangeiros colocam esses activos em instituições bancárias belgas (a taxas de juro aplicáveis aos depósitos interbancários)..."* Relatório Anual 1979-1980 da Comissão Bancária Belga, págs. 46-48, citado por M. DASSESSE, S. ISAACS e G. PENN, cit., pág. 274, (tradução nossa).

dos acordos estimados pela Comissão como sendo de importância menor.

9.2. O Acordo BANCOMAT entre os bancos italianos

Na sua decisão, de 12 de Dezembro de 1986, relativa à Associação de Banqueiros Italianos, a Comissão sustentou que ao acordo BANCOMAT, que foi um dos notificados pela Associação referida, poderia ser concedida uma atestação negativa, não se encontrando sujeito ao n.º 1 do artigo 81.º uma vez que não afectava, na sua perspectiva, o comércio entre os Estados-membros num grau apreciável [732].

Este acordo determinava os critérios para a criação, em Itália, de um sistema de ATM´s, que funcionaria 24 horas por dia. Estabelecia, no seu clausulado, regras de harmonização técnica bem como de administração interbancária uniforme do sistema (datas-valor, comissões por cada transacção e a sua distribuição entre os bancos participantes no sistema, etc.). Determinava, ainda, a obrigatoriedade, por parte das empresas participantes, de não se envolverem em outra organização de natureza similar em Itália.

A Comissão justificou a sua decisão afirmando que a cláusula de exclusividade *"não tinha um efeito apreciável no comércio entre os Estados-membros tomando em consideração o facto de que a possível criação em Itália de uma rede concorrente era, presentemente, dificilmente verificável, pelo que a restrição não tinha qualquer efeito prático"*. Obviamente que uma argumentação deste tipo obriga a questionar a manutenção de uma cláusula que não tem qualquer efeito prático. A observação da Comissão contraria a sua posição relativamente à concorrência potencial e é susceptível de ser criticada pela inversão da sua lógica interna. Será pelo clausulado do acordo expresso que o surgimento de uma rede concorrente é realmente impossibilitado.

No entanto, com os esforços comunitário actuais no campo da harmonização e da promoção de um mercado livre de sistemas de

---

[732] Decisão da Comissão n.º 87/103, publicada no JO CE n.º L 43/51, de 13 de Fevereiro de 1987.

cartões de crédito e de débito [733], afigura-se improvável, que num caso similar, fosse concedido um atestado negativo [734].

9.2.1. Acordos que estabelecem comissões mínimas para o arrendamento de cofres e para o depósito de títulos.

Este tipo de acordos foram notificados à Comissão pela Associação de Banqueiros Italianos e pela Associação de Banqueiros Holandeses. Como foi realçado pela Comissão, estes acordos aplicam-se directamente aos termos de negociação entre os bancos e os seus clientes, no território da Itália e da Holanda, respectivamente. Pelo seu conteúdo restringem ou, até mesmo, eliminam a liberdade dos bancos signatários para fixarem comissões. Porém, e nos mesmos termos descritos para a decisão referida no número anterior, a Comissão entendeu que estes acordos não são abrangidos pelo disposto no n.º 1 do artigo 81.º por não afectarem o comércio entre os Estados-membros de uma forma apreciável [735].

---

[733] Comunicação da Comissão ao Conselho, "A Europa poderá jogar um ás: os novos cartões de pagamento", (Com 87-754-final, de 12 de Janeiro de 1987); também a Recomendação da Comissão de 9 de Dezembro de 1987 relativa a um Código Europeu de Conduta relativo a pagamentos electrónicos, (in JO CE n.º L 365/77, de 24 de Dezembro de 1987). Cfr. ainda, "Making payments in the internal market", (Com. 90-447-final, de 26 de Setembro de 1990); e o documento de trabalho de COMISSÃO CE, "Easier cross-border payments: Breaking down the barriers" (SEC (92) 621 final de 27 de Março de 1992).

[734] Sobre este assunto, H. SALOMON, "Payment cards and European competition law", *Journal of International Banking*, Vol 1 n.º 25, (1990), pág. 31. Este autor afirma que "*o emitente de um cartão poderá ter a tentação de pedir aos bancos que contratem com ele que não o façam com outros emitentes. Ora, não existirá qualquer dúvida em considerar que esta prática constitui uma restrição à concorrência, não podendo ser autorizada a não ser que seja claramente justificada...*" (tradução nossa).

[735] Relativamente à decisão da Associação de Banqueiros Italianos, os argumentos da Comissão para a atestação negativa foram os seguintes: "*embora estes acordos relacionem-se, de uma forma directa, com as comissões sustentadas pelos clientes, e o comércio possa ser afectado teoricamente, a sua natureza objectiva impede que a restrição ao comércio seja apreciável.*

O simples facto do depósito de artigos ou de títulos no cofre é uma indicação de que o seu titular não pretenderá usá-los para o comércio; ainda mais, é improvável que, dada a situação geográfica da Itália, o comércio desses serviços entre esse país e os outros Estados-membros se possa desenvolver numa extensão apre-

Esta posição é, no mínimo, discutível. Embora os acordos em causa não afectem, em termos probabilísticos, um grande número de pessoas (esse número pode aumentar com o advento da União Económica e Monetária, que irá potenciar a liberalização de capitais alcançada em Julho de 1990), também é verdade que é normal, actualmente, a detenção, por uma sociedade gestora de participações sociais, de acções ou certificados de acções de empresas sediadas em outro Estado-Membro, depositado os títulos materiais no cofre de um banco local. Por esta via, demonstra-se a potencial afectação do comércio intra-comunitário. Além disso, no que diz respeito à argumentação jurídica, a justificação da decisão por parte da Comissão é totalmente insatisfatória.

---

ciável", in Decisão da Comissão n.º 87/103, de 12 de Dezembro de 1986, publicada no JO CE n.º L 43/51, de 13 de Fevereiro de 1987, pontos 39 e 40.

No início de 1976, a Associação de Bancos Weerlandeses enunciou que os seus membros modificariam os regimes de custos dos serviços, designadamente, os de guarda de títulos em depósito. A alteração consistiria na cobrança de um crédito único com vista a reduzir a dispersão de valores por cliente e previria simultaneamente, para além das despesas de guarda calculadas sobre o valor em termos de cotação na bolsa do conjunto de depósitos, um suplemento por tipo de valor.

A Comissão afirmou primeiramente, em 1976, o seguinte: " *O aumento simultâneo dos custos de guarda de títulos em depósito pode efectivamente, pelo seu carácter colectivo, constituir um prática restritiva visada pelo nº 1 do artigo 85º do Tratado CE, sob reserva, contudo, que um tal acordo ou uma tal decisão da Associação de Bancos Neerlandeses seja susceptível de afectar o comércio entre os Estados-membros de uma forma sensível. Se tal fôr o caso, as justificações apresentadas no âmbito de uma eventual notificação de acordo ou da decisão em causa deveriam ainda ser analisadas à luz das condições de isenção do nº 3 do artigo 85º.*

Na falta de notificação ou se uma isenção não fosse possível por insuficiência de justificações, um eventual processo aberto nos termos do nº 1 do artigo 85º visaria restabelecer a liberdade de decisão individual dos bancos neerlandeses na fixação dos custos de guarda. Para este fim, não se torna necessário proceder a uma determinação dos custos efectivos deste serviço bancário nos Países-Baixos."

A justificação para a concessão da atestação negativa, em 1989, foi a seguinte: "*Estas disposições não afectam de forma apreciável o comércio entre os Estados--membros, uma vez que o serviço prestado, pela sua própria natureza, pouca ou nenhuma conexão tem com o comércio intra-comunitário de bens e serviços e, de acordo com as informações prestadas pelas partes, o uso destes serviços por parte de nacionais de outros Estados-membros é insignificante. Ainda mais, as sucursais de bancos de outros Estados-membros estabelecidas na Holanda raramente oferecem cofres para arrendar.*" Decisão da Comissão n.º 89/112, de 19 de Julho de 1989, publicada no JO CE n.º L 253/1, de 30 de Agosto de 1989, ponto 58.

Como foi realçado oportunamente, a ideia de que o depósito de títulos num cofre de um banco preclude o seu uso no comércio intra--comunitário assenta em pressupostos duvidosos. De acordo com a prática bancária, se uma instituição portuguesa compra, por exemplo, títulos mobiliários em Itália, é provável que os deposite no cofre de uma instituição bancária italiana. Esta situação é tanto mais normal quando a legislação interna do Estado-Membro sujeite a transferência de valores mobiliários nacionais para o estrangeiro a uma autorização prévia. Porém, na sua argumentação, a Comissão confunde o "serviço de depósito" fornecido pelo banco e o objecto dessa prestação de serviços, ou seja, o "depósito dos títulos no cofre do banco". De facto, não é correcto, em termos argumentativos, apreciar os efeitos no comércio intra-comunitário do acordo nos serviços de depósito admitindo que o objecto desses serviços, muito provavelmente, não afectará esse comércio.

Para finalizar a análise desta decisão, a conclusão por parte da Comissão de que "*o depósito (...) de títulos (...) é uma indicação de que o seu titular não pretenderá usá-los para o comércio*" ignora a possibilidade de o titular autorizar o banco a proceder a operações sobre os títulos ao mesmo tempo que os detém no seus cofres.

10. DECISÕES DAS ASSOCIAÇÕES NACIONAIS DE BANCOS

10.1. Decisão "Irish Banks´ Standing Committe" (IBSC)

A Comissão emitiu um certificado negativo sobre três acordos notificados em 15 de Outubro de 1984 pelo IBSC (cujos membros eram quatro bancos irlandeses representando 38% dos empréstimos e 43% dos depósitos não governamentais) [736]. Os termos em que o fez constam de uma comunicação da D.G concorrência [737].

---

[736] Decisão da Comissão de 30 de Setembro de 198, in JO CE nº L 295/28, de 18 de Outubro de 1986.
[737] JO CE n.º 143 de 10 de Junho de 1986, nos termos do artigo 19.º n.º3 do Regulamento 17.

a) Horário de abertura dos bancos

Os horários de abertura são objecto de acordo, nos quais participam os sindicatos. Os serviços adicionais funcionavam até dezoito ou vinte e quatro horas por dia.

A Comissão integrou o período de abertura ao público dos bancos num dos aspecto da esfera concorrencial entre as empresas. Atendendo a que apenas alguns dos serviços bancários eram afectados pelos acordos, a concorrência não era de forma alguma perturbada, até porque alguns serviços prestados pelos bancos não dependem do horário (caixas automáticas, utilização de cheques, cartões de crédito, cofres nocturnos,...).

b) Regras de compensação de créditos

Os membros da IBSC montaram um sistema de compensação complementar ao do Banco Central, que aliás também participa no sistema, contendo regras de acerto de créditos e de débito entre os bancos. No entanto, este sistema é de livre adesão, havendo igualmente liberdade de saída, ficando o sistema de compensação do Banco Central à disposição dos não-membros. Como se pode observar, não existia neste acordo qualquer atentado ao direito da concorrência comunitário.

c) Sistema de domicialiação

Este sistema permite a cobrança de créditos por débito directo da conta bancária do devedor. Tanto o sistema de compensação como o esquema de débito directo não contêm qualquer cláusula restritiva da concorrência, e uma vez que todos os bancos poderiam participar no sistema, não haveria qualquer impacto na concorrência.

d) Acordos relativos a taxas de juro

Além destas três categorias de acordos, o n.º 15 da mencionada Comunicação informou que os bancos irlandeses abandonaram voluntariamente certos acordos respeitantes a condições que poderiam cair na proibição do artigo 81.º do Tratado, o que originou a liberdade actual de fixação e alteração das comissões, estando os aumentos sujeitos a autorização do banco central.

O aludido requerimento indicou como tendo estado em vigor, além dos referidos, alguns acordos de taxas de juro.

Saliente-se, nestes acordos, que eles compreendiam desde logo, a sua própria estrutura (taxas comuns, tanto activas como passivas, que eram acordadas entre os bancos e sujeitas a aprovação do banco central), e abrangiam também critérios de classificação das taxas por categorias de clientes, taxas mínimas para adiantamentos sobre depósitos, sobretaxas, entre múltiplos outros aspectos. A Comissão preferiu não emitir, na altura, qualquer declaração sobre o assunto,[738] afirmando: " *No quadro da sua actual política em matéria bancária, a Comissão julga oportuno limitar a presente decisão dos acordos relativos aos serviços e reservar a sua posição no tocante às disposições relativas às taxas de juro, e nomeadamente à respectiva estrutura*"[739].

O que concluir desta tomada, ou melhor, não tomada de posição?

O acordão *Zuchner* teve profundas implicações nos acordos de natureza comunitária. O Tribunal retirou toda a possibilidade de sustentação ao entendimento que aplicava os artigos 101.º e seguintes do Tratado como fundamento de inaplicabilidade das regras comunitárias da concorrência aos acordos de base monetária, nomeadamente aos acordos sobre taxas de juro, sendo estas senão preços do dinheiro.

FRANS ANDRIESSEN, Comissário responsável pela área da concorrência, declara, em finais de 1981, que os acordos interbancários em matérias de taxas de juro contrariam as regras da concorrência do Tratado, mesmo que aprovados pelas autoridades monetárias nacionais. Só podem ter-se por lícitos se impostos directamente pelas

---

[738] Logo em Julho de 1985, a IBSC informava a Comissão da revogação dos acordos sobre as taxas de juro, assentando que, no futuro, cada banco seria livre de fixar as suas taxas base, desde que não ultrapassasse o máximo permitido, reservando o Banco Central o direito de suspender o sistema, o que aconteceu em Fevereiro de 1986. Cfr. J. SIMÕES PATRÍCIO, cit..

[739] N.º 10 da decisão 86/507/CEE, de 30 de Setembro de 1986, citada.

mesmas autoridades. No mesmo sentido foi o 11.º Relatório sobre a Política da Concorrência, onde a Comissão reafirmou que *"liguem-se ou não à política monetária, os acordos ou práticas concertadas de carácter privado, que respeitem a taxas de juro, encargos, comissões e condições de transacção (...), têm de ser notificados à Comissão para poderem ser abrangidos por eventuais isenções ao abrigo do art. 81.º nº3"*.

Desta forma, passou-se a entender que as autoridades nacionais, se quiserem intervir, têm de o fazer directamente, e não encarregando disso associações de empresas ou cartéis que actuam no mercado, com prejuízo do comércio intra-comunitário [740].

No entanto, e com algum desapontamento por parte da doutrina, a Comissão reservou sucessivamente a sua posição no momento das decisões sobre casos concretos.

10.2. Decisão "Association Belge des Banques" (ABB)

Esta associação foi a primeira a notificar uma série de acordos à Comissão, em 31 de Outubro de 1962. Não estando a política da Comissão, em relação ao sector bancário, definida à época, seguiu-se uma troca de cartas que culminaram, em 5 de Setembro de 1984, com a notificação das últimas versões dos acordos celebrados no seio dessa associação [741].

Esta associação de Bancos foi a única da Comunidade a notificar a Comissão, em 31 de Outubro de 1962, nos termos do Regulamento 17. Tinha como objectivo a obtenção de atestados negativos, ou, em alternativa, uma isenção. O procedimento de notificação concluiu-se em 1976, após um pedido de informações por parte da Comissão. Curiosamente, a decisão desta instituição comunitária só foi emanada após a decisão do caso *Zuchner* em 1981.

Entretanto, no seguimento do inquérito conduzido pela Comissão após o julgamento do caso *Zuchner*, a ABB enviou à Comissão textos

---

[740] Ver posição em J. SIMÕES PATRÍCIO, cit., pág. 422 e ss., M. DASSESSE, S. ISAACS E G. PENN, cit., págs. 290 e ss.

[741] Decisão da Comissão de 11 de Dezembro de 1986, in JO CE nº L 7/27, de 9 de Janeiro de 1987.

de novas práticas restritivas, acordadas após o ano de 1976, bem como todas as emendas efectuadas nas anteriormente existentes. Na declaração de objecções da Comissão existiam, à altura, vinte e duas convenções, acordos ou recomendações.

Como é facilmente previsível, a Comissão não tomou qualquer posição na matéria dos acordos sobre taxas de juro.

10.2.1. Cláusulas não restritivas da concorrência

A Comissão entendeu não haver razões para intervir ao abrigo do disposto do n.º 1 do artigo 81.º, comunicando tal concepção por carta administrativa [742] à ABB, pelo que a decisão formal não chegou a ser adoptada, em relação aos seguintes procedimentos:
- Acordo sobre redução do trabalho do controlo das oposições efectuado quando das operações sobre os títulos;
- Introdução da 6.º Directiva CEE relativa ao IVA;
- Gratuidade das transferências de divisas entre os bancos;
- Promoção da utilização do cheque;
- Concessão de empréstimos pessoais;
- Racionalização bancária.

10.2.2. Isenções

A este título salientam-se:
- Convenção relativa às operações sobre títulos; determina o montante de restituições que, das comissões auferidas por estes serviços, os bancos depositários entregam aos outros Bancos, estabelecidos na Bélgica, a título de remuneração da sua intervenção, por um lado, nas operações relativas ao pagamento de cupões e de títulos e, por outro, em diversas operações sobre títulos. O montante destas restituições é expresso em percentagem da comissão cobrada pelo banco depositário, variando em função da natureza da operação, (v.g., troca, renovação, etc.).

---

[742] Os efeitos jurídicos das cartas administrativas poderão ser aferidas na Nota Complementar ao Regulamento nº 27 da Comissão.

- Convenção relativa aos pagamentos provenientes do estrangeiro; fixa o montante máximo da comissão de pagamento a cobrar entre bancos em qualquer operação internacional de pagamento de divisas originárias do estrangeiro em trânsito entre bancos estabelecidos na Bélgica. Não abrange, no entanto, os eurocheques até ao máximo do valor garantido, os cheques de viagem europeus, os cheques de viagem em divisas emitidos em nome do banco destinatário, as operações de compra, venda e pagamento de títulos ou cupões e os pagamentos de pensões estrangeiras a residentes na Bélgica. Nos termos da convenção, incide sobre o banco intermediário uma obrigação de não tentar entrar em relação, directa ou indirectamente, com a clientela do banco destinatário da operação.

- Convenção relativa ao pagamento de cheques e efeitos comerciais provenientes do estrangeiro; não fixando as comissões a cobrar, estabelece-se, somente, o princípio da cobrança de comissões, e a quem incumbe esse encargo. Desta forma, determina-se que o banco encarregue do pagamento tem o direito de cobrar comissões e despesas ao ordenador da operação. Para a cobrança de cheques, a comissão é sempre a cargo do mandante.

Como é facilmente observável, estes acordos têm em comum o facto de se relacionarem com a fixação de preços por serviços prestados, quer em relações interbancárias quer em relações banco-cliente.

A Comissão entendeu que, no caso das duas primeiras convenções, existia uma restrição à concorrência na medida em que limitam a liberdade dos bancos de determinar bilateralmente a remuneração dos serviços oferecidos entre si. A restrição é mais marcante na segunda convenção, estabelecendo, esta, os montantes máximos das comissões em valores absolutos, e não em percentagens como acontece na primeira convenção, pelo que, naquela, o montante máximo da comissão é predeterminado, mas já não o é na primeira convenção. A terceira convenção, apesar de não fixar as comissões, era restritiva da concorrência por levar os bancos signatários a acordar entre si, por um lado, a não gratuitidade na prestação do serviço e, ainda, por determinar a quem incumbe o encargo da comissão a cobrar. Esta possibilidade, de prestar o serviço gratuitamente, não é meramente teórica, atendendo a que não sendo esta comissão o único rendimento dos bancos, eles poderiam prescindir dela para atrair a clientela.

Envolvendo os bancos belgas, as suas sucursais no estrangeiro e os bancos estrangeiros estabelecidos na Bélgica, estas convenções afectam o comércio entre os Estados-membros. Além disso, sendo os serviços nela previstos utilizáveis indistintamente pela clientela nacional e estrangeira, as convenções são susceptíveis de afectar as trocas intra-comunitárias.

Todavia, a Comissão considerou preenchidos os requisitos para a concessão de uma isenção, pelas seguintes razões:

a) Melhoria da oferta de serviços bancários e de sistemas de pagamentos

A primeira convenção melhora as capacidades de oferta dos serviços bancários, permitindo aos participantes oferecer aos seus clientes o serviço abrangendo o conjunto dos títulos, e não apenas em relação àqueles de que sejam bancos depositários.

A segunda convenção melhora o sistema de pagamentos. Permite ao banco intermediário repercutir, parcialmente, a comissão que eventualmente lhe seja imposta pelo seu correspondente no estrangeiro. Caso não existisse uma comissão máxima fixada para o banco intermediário, cada transacção deveria ser objecto de uma negociação bilateral entre aquele banco e o banco destinatário, o que certamente produziria efeitos negativos em termos de celeridade e custo da operação.

A terceira convenção melhora o sistema de pagamentos, precisando antecipadamente a imputabilidade dos encargos o que evita eventuais contestações posteriores.

b) Vantagens para os utentes

A primeira convenção permite aos utilizadores beneficiarem do serviço por intermédio do banco de que são clientes, evitando que tenham de se dirigir aos diferentes bancos depositários dos títulos. Além disso, nenhuma comissão suplementar é devida por este serviço, sendo o banco intermediário remunerado pelo banco depositário.

A segunda convenção evita aos utilizadores o esforço de contactar outros bancos que não o seu, quando este não seja correspondente do banco estrangeiro de onde provém a ordem. Note-se que a comissão não é de imposição obrigatória.

A terceira convenção possibilita aos seus utilizadores a vantagem de tratarem somente com o seu banco, e negociarem o montante da comissão, que não é fixo.

c) Carácter indispensável das restrições

No que se refere às duas primeiras convenções, na medida em que os serviços nelas previstos são prestados pelo conjunto dos bancos de um país ao conjunto dos clientes desse país, torna-se indispensável que as modalidades dos serviços sejam determinadas de comum acordo entre os bancos.

Quanto à terceira convenção, as restrições são necessárias para a harmonização das regras, evitando contestações sobre imputação de despesas e das comissões.

d) Possibilidades de concorrência

Continuam a subsistir possibilidades de concorrência no serviço objecto da primeira convenção, mantendo, os bancos, a liberdade individual de fixação da comissão que cobram aos emissores dos títulos para lhes assegurar o respectivo serviço financeiro. A restituição aos bancos intermediários variará em função da comissão cobrada ao emissor dos títulos, os quais continuam a poder negociar com os bancos para obterem melhores condições.

No que diz respeito à segunda convenção, premite-se a manutenção de uma acção concorrencial a dois níveis. Por um lado, o banco intermediário pode não cobrar comissão, ou cobrá-la abaixo do máximo previsto; por outro lado, o banco destinatário poderá não repercutir sobre o seu cliente, ou fazê-lo só parcialmente, a comissão eventualmente cobrada pelo banco intermediário.

Em relação à terceira convenção, não se fixam comissões, apenas o princípio da sua cobrança, o que não impede comissões diferenciadas, mantendo, os bancos, liberdade individual de determinação do seu montante.

A base factual para a atribuição das isenções foi idêntica à da decisão ABI, e tal como nessa decisão foram concedidas por um período de dez anos, com efeitos a partir de 30 de Maio de 1986, data da versão final dos três acordos.

10.2.3. Proibições

Na comunicação das acusações de 13 de Junho de 1985 à ABB, a Comissão indicava a intenção de adoptar uma decisão de proibição numa série de acordos, tendo a associação renunciado, a todos eles [743]:
- Convenção sobre pagamento de cheques e letras;
- Convenção sobre as despesas de guarda de títulos em depósitos à ordem;
- Convenção sobre o aluguer de cofres;
- Convenção sobre a execução das convenções de carácter profissional concluídas ou a concluir entre os bancos que exercem a sua actividade na Bélgica;
- Convenção em matéria de concorrência;
- Convenção sobre as condições aplicáveis aos bancos e banqueiros estabelecidos no estrangeiro;

É surpreendente a forma clara como a Comissão, na sua declaração de objecções, vincou a suas intenções de proibir os acordos relativos à locação de cofres e às despesas de guarda de títulos em depósitos à ordem. Esta orientação é completamente inversa à tomada na decisão da ABI, onde a Comissão concluiu que estas práticas restritivas não tinham efeitos apreciáveis no comércio entre os Estados-membros.

A ABB renunciou ainda, em outros acordos, a disposições regulamentadoras de tarifas de relações com a clientela, incluindo:
- Convenção sobre o pagamento de cupões, reembolso e rateio de títulos;
- Convenção sobre operações diversas sobre títulos;
- Convenção sobre pagamentos internacionais e as operações de câmbio;

---

[743] 16º Relatório sobre a política da concorrência, cit., n.º 59 a 61.

- Convenção sobre as condições aplicáveis à cobrança de papel comercial e de cheques, bem como às operações sobre mercadorias, e créditos documentários;

10.2.4. Apreciação Geral

Neste caso, a Comissão utilizou largamente a argumentação empregue no caso *Eurocheque-Package Deal*. Tal como foi referido, encontravam-se em análise três tipos de sistemas de pagamento. O primeiro respeitava à gestão de transacções de valores mobiliários e continha uma CIM fixa. O segundo incidia sobre transferências transfronteiriças e continha uma CIM máxima. Finalmente, o terceiro sistema abrangia o tratamento de cheques e outros documentos comerciais originários do estrangeiro, estabelecendo o princípio de cobrança de uma taxa de intermediação. Em todas as análises, a Comissão mencionou a violação do n.º 1 do artigo 81.º argumentando que restringiam a liberdade dos bancos em negociar numa base bilateral [744].

Igualmente, no contexto do n.º 3 do artigo 81.º (terceira condição) a Comissão repetiu a sua argumentação segundo a qual os acordos multilaterais eram indispensáveis para o eficiente funcionamento dos sistemas. Porém, também desta vez, a Comissão justificou essa conclusão.

No respeitante ao primeiro sistema de pagamentos, a Comissão reiterou, simplesmente, os argumentos, criticados oportunamente, enunciados no caso *Package Deal*, ou seja, os custos de processamento das transacções de valores mobiliários seriam consideravelmente superiores se os oitenta e quatro bancos participantes no sistema acordassem bilateralmente os montantes das comissões a cobrar. No que diz respeito ao segundo sistema, introduziu uma nova consideração: a CIM máxima constitui um mecanismo protector dos pequenos bancos com menos correspondentes, que actuam primancialmente como bancos emitentes e que, no caso concreto, pagariam

---

[744] Pontos 44 e 45 da Decisão. Porém, esta conclusão além de ser errada conceptualmente, como se demonstrou no tratamento do acordo Package Deal, enferma uma especial irregularidade conclusiva no que diz respeito à terceira convenção pois o acordo multilateral propôs taxas de intermediação.

as comissões intra-sistema. No terceiro caso, a Comissão introduziu, igualmente, um novo elemento: alguns bancos sairiam do sistema se não fosse cobrada uma comissão, pelo que a Comissão resolve ceder a esta "chantagem"[745].

Examinando os acordos à luz da quarta condição, justaposta no n.º 3 do artigo 81.º, a Comissão, na ausência de efeitos restritivos apreciáveis na concorrência intra-sistema, fez referência meramente a esse facto para justificar a concessão da isenção. Nos dois primeiros caso, indicou a ausência de efeitos da CIM no relacionamento banco/cliente, indicando a existência de uma área de concorrência possível entre os bancos autorizados a cobrar comissões diferenciados pela prestação dos mesmos serviços[746].

10.3. Decisão "Associação Bancária Italiana"

A Associação Bancária Italiana (ABI) é uma organização com fins não lucrativos, da qual fazem parte praticamente todas as instituições de crédito que operam em Itália. A ABI, em consequência de vários inquéritos nacionais conduzidos pela Comissão, no seguimento da decisão *Zuchner*, notificou, em Outubro de 1984, cerca de vinte acordos e recomendações que compreendiam acordos sobre relações interbancárias, acordos e recomendações que estabeleciam condições mínimas a aplicar aos clientes por remuneração de serviços prestados bem como acordos relativos a taxas de juro sobre depósitos e concessão de crédito[747].

No seguimento da declaração de objecções por parte da Comissão, a ABI declarou que estava preparada para abandonar vários acordos, entre os quais se incluíam os seguintes: cobrança de comissões pela negociação e recolha de cheques de viagem, emitidos em moedas estrangeiras; eliminação de certas disposições no acordo geral sobre práticas bancárias; fixação de uma comissão por transferências de fundos via telégrafo, telefone ou *telex* bem como por levantamentos de elevado montante. Na sequência da decisão foram,

---
[745] Ponto 53 a 55 da Decisão.
[746] Ponto 56 a 58 da Decisão.
[747] Decisão da Comissão de 12/12/1986, JO CE nº L 43 de 13/2/1987, pg 51 e ss.

igualmente, abandonados os acordos declarados incompatíveis com o n.º 1 do artigo 81.º e não susceptíveis de beneficiar de uma isenção nos termos do n.º 3 do mesmo artigo.

10.3.1. Certificados negativos

Foram concedidos certificados negativos às seguintes convenções:

- Convenção interbancária *Bancomat*. Define os critérios para a criação, em Itália, de um sistema de caixas automáticas a funcionar 24 horas por dia; comprometendo-se os seus membros a não participar, em Itália, noutras redes ou organizações similares. Esta cláusula de exclusividade é restritiva da concorrência. No entanto, no entendimento da Comissão não afectava de forma sensível o comércio entre os Estados-membros [748].

- Acordo *RID* (relações interbancárias directas); consagra o procedimento técnico de cobranças através de débitos, previamente autorizados numa conta à ordem, devidos por obrigações que prevejam pagamentos periódicos, cujo vencimento é antecipadamente determinado (gás, electricidade,...), fixando as datas-valor, as comissões do banco sacado e da entidade que gere o sistema;

- Acordo *RIBA* (recibos bancários); enuncia a conduta técnica de cobrança através do recibo bancário e a gestão interbancária de recibos, incluindo, no seu clausulado, as comissões a pagar, os encargos e as datas-valor no caso de pagamento bem como nos casos de devolução de recibos incobrados;

- Serviço de cobrança de facturas telefónicas (*SIP*); estabelece o processo para o pagamento das facturas telefónicas por débito na conta.

Estes quatro acordos são, essencialmente, intra-bancários. Reportam-se unicamente às relações entre bancos, tendo um objectivo de normalização e racionalização das operações bancárias a nível nacional. Mas, ao fixarem as remunerações, a serem pagas pelos serviços prestados, restringem a concorrência - a liberdade de fixação individual dos preços encontra-se afastada -. Não obstante, estes

---

[748] Como se afirmou anteriormente, esta conclusão da Comissão não é muito evidente.

acordos não atingem de forma sensível o comércio entre os Estados--membros, na medida em que os serviços por eles cobertos destinam--se a ser prestados exclusivamente no território italiano. Por outro lado, as comissões firmadas representam apenas uma pequena parte do custo final do serviço prestado, o qual só muito indirectamente afectará o comércio entre os Estados-membros, sendo limitada na participação das filiais dos bancos estrangeiros nestes acordos. Por estas razões, a Comissão entendeu não haver razões para intervir por força do n.º 1 do artigo 81.º.

- Acordo sobre as condições mínimas para o serviço de cofres; Estipula as condições mínimas aplicáveis ao aluguer de cofres, as quais se apuram em função do volume de negócios e do número de cofres;

- Acordo sobre as condições mínimas para o serviço de depósitos à guarda; Determina os encargos mínimos para cada depósito, bem como os encargos máximo e mínimo cobrados em função do volume.

Estes dois acordos, ao fixarem os encargos mínimos a cobrar ao cliente, restringindo a liberdade de fixação dos preços pelos bancos, serão considerados restritivos da concorrência. No entanto, a Comissão excluiu a aplicação do artigo 81.º, considerando não existir uma afectação sensível do comércio intra-comunitário. Esta posição já foi criticada anteriormente.

- Acordo relativo às operações em divisas estrangeiras e/ou de contas de não-residentes em liras. Regulamenta as condições e as regras de execução das ordens de transferência de valores líquidos depositados em contas de não residentes em liras que os bancos italianos autorizados devem aplicar, tanto aos bancos estrangeiros como aos outros bancos italianos autorizados, estando previstas sanções para os casos de atraso nas transferências. A finalidade deste acordo é a aceleração das transferências, evitando-se obstáculos à actividade concorrencial dos bancos e, sendo essencialmente técnico, não continha qualquer cláusula restritiva da concorrência, pelo que beneficiou de um certificado negativo;

10.3.2. Isenções

- Acordo sobre o serviço de cobrança ou aceitação de documentos comerciais ou títulos de dívida italianos. Define os aspectos técnicos do funcionamento dos serviços de cobrança e aceitação deste sistema, incluindo a previsão de um montante relativo à remuneração do banco que sinalizou o incobrado.

- Acordo sobre o serviço de cobrança de cheques bancários e outros títulos de crédito pagáveis em Itália. Define, no âmbito das relações interbancárias, as normas e as modalidades técnicas de funcionamento do serviço de cobrança de cheques bancários e outros títulos de crédito, fixando datas-valor uniformes para o débito e crédito de cheques e de outros títulos, aplicáveis entre os bancos que solicitam o serviço, os que o fornecem e eventuais intermediários.

- Acordo sobre um novo tipo uniforme de cheque de viagem em liras. Deste acordo constam as regras de emissão, circulação e pagamento de cheques de viagem, bem como a proposta de tipos normalizadores de cheques, incluindo-se no seu clausulado, entre outros aspectos, a remuneração do membro-emissor e do membro-consignatário. A comissão remuneratória calcula-se em percentagem do valor dos cheques vendidos, bem como as datas-valor aplicáveis para o débito ao membro-consignatário do valor dos cheques vendidos por este.

Para a Comissão, estes três acordos restringiam a concorrência devido à perda da liberdade de determinação individual do preço dos serviços prestados e, sendo praticamente todas as instituições bancárias operantes em Itália membros da ABI, dado que para beneficiarem dos serviços por ela oferecidos é necessário ter essa qualidade, a restrição é tanto mais sensível quanto as opções colocadas à disposição dos consumidores se reduzirem.

Constituindo estes acordos uma barreira à entrada, a penetração no mercado italiano pelos bancos estrangeiros é ainda mais dificultada.

Por outro lado, a participação na ABI de todos os bancos nacionais ou estrangeiros é susceptível de afectar sensivelmente o comércio entre os Estados-membros, tanto mais que os acordos respeitam também a operações transfronteiriças, sendo aplicados aos serviços fornecidos à clientela estrangeira.

Contudo, para a Comissão, as quatro condições impostas pelo artigo 81.º n.º 3 estavam preenchidas:

a) Melhoria na distribuição dos serviços e promoção do progresso técnico.

Os acordos satisfazem exigências de normalização e racionalização dos serviços prestados, numa lógica de produção conjunta, concorrendo para uma normalização e uniformização de procedimentos que simplificará o trabalho dos bancos intervenientes, acelerando as operações, melhorando o sistema de pagamentos, facilitando a difusão dos cheques e aumentando a velocidade de circulação do dinheiro. Os acordos contribuem, ainda, para uma racionalização dos procedimentos em causa, eliminado-se todas as operações cujos custos sejam injustificados.

b) Vantagens para os utentes

O primeiro acordo, ao prever a sinalização rápida dos incobrados, permite que o montante fixo pago pelo utente não ultrapasse o custo óptimo do serviço para os bancos envolvidos, havendo a possibilidade de suspender em tempo útil eventuais fornecimentos a compradores insolventes, proporcionando, ainda, uma melhor utilização do capital de maneio da empresa utente do serviço.

O segundo acordo, ao impor datas-valor uniformes, admite a disponibilidade imediata dos montantes indicados nos títulos bem como dos valores (neste caso por crédito concedido) dos cheques apresentados à cobrança.

O terceiro acordo permite que os portadores de cheques de viagem disponham, na prática, de todas as moedas europeias, podendo ainda ser utilizados para o pagamento de despesas no sector bancário de países estrangeiros. No caso dos beneficiários pertencerem ao sector não-bancário, terão a garantia de os receber por inteiro, sem a imposição de uma comissão suplementar. Existirão ainda vantagens em caso de reembolso por não utilização, perda, furto, ou destruição, que poderá beneficiar os portadores e os aceitantes, concedendo-lhes uma garantia suplementar.

c) Carácter indispensável das restrições

A fixação uniforme da remuneração é inerente à colaboração entre os bancos, que solicitam o serviço, e as sociedades gestoras ou os institutos intervenientes com os bancos que prestam o serviço e que possibilita uma compensação centralizada. A negociação bilateral tornaria os custos de transacção insuportáveis. A restrição imposta aos bancos fornecedores de serviços em não ultrapassar as datas-valor e as comissões máximas eram convenientes para evitar a cobrança de custos ou comissões adicionais não justificadas no serviço prestado.

d) Possibilidades de concorrência

Os acordos não regulam directamente as relações entre os bancos e os seus clientes, subsistindo a concorrência a esse nível.

Nos acordos relativos à cobrança, os clientes escolhem os bancos não só pelo preço total praticado para a prestação do serviço como ainda pelo crédito concedido pelo banco em função do valor dos títulos ou cheques entregues para cobrança, não estando este elemento da concorrência coberto pelos acordos.

Em relação ao acordo sobre cheques de viagem relembre-se que estes instrumentos concorrem com muitos outros disponíveis.

Finalizando, os bancos continuam livres de regulamentar de forma diversa estes serviços através de acordos bilaterais.

Por estas razões, justifica-se a posição da Comissão em conceder uma isenção, ao abrigo do n.º 3 do art. 81.º, impondo, à ABI o dever de notificar qualquer complemento ou alteração nas comissões.

Como poderá ser facilmente observado, os pressupostos de análise da Comissão exteriorizados nesta decisão são virtualmente idênticos aos da decisão *Eurocheque Package Deal*. Porém, os argumentos aqui apresentados estão em clara contradição com os adoptados quando declarou inaplicável o n.º 1 do artigo 81.º aos acordos que fixaram uma comissão mínima para a locação de cofres de guarda em Itália.

10.3.3. Proibições

Foram ainda declarados incompatíveis:

- No acordo relativo às operações em divisas estrangeiras e às contas de não residentes, em liras, os capítulos do estabelecimento dos critérios de referência para determinar os juros a pagar em caso de atraso na transmissão de divisas e às condições a aplicar aos pagamentos por parte dos emigrantes.

- No acordo relativo às condições interbancárias, os capítulos das comissões e da fixação de datas-valor nas relações com os clientes.
- Indicações em matéria de comissões aplicáveis aos pedidos de dados contabilísticos.
- Comissões a pagar por bancos estrangeiros relativamente a informações dadas com vista a uma auditoria.
- Direitos a pagar pelos clientes para a gestão dos títulos correntes do Tesouro.

10.3.4. Acordos quanto à taxa de juro

A Comissão deixou de parte, igualmente, a apreciação de parte dum acordo respeitante à taxa de juro activa e passiva. Justificando a sua posição, na sequência de várias informações complementares fornecidas pela ABI (que afirmavam a inoperância e o carácter indicativo de tais taxas), a Comissão afirmou (n.º 18 da decisão) reservar a sua intervenção devido à *"necessidade de verificar o bem fundado dos argumentos que foram avançados na notificação, à luz duma experiência continuada"*. Na realidade, esta argumentação só adia a questão.

10.3.5. Apreciação geral

Neste caso, a Comissão manteve-se coerente à sua prática administrativa, quanto aos dois acordos sobre sistemas de pagamentos que considerou afectarem o comércio entre os Estados-membros de uma forma apreciável[749]. Porém, neste caso, introduziu alguns raciocínios invasores.

Os dois sistemas em causa abrangiam, relembre-se, a serviços de cobrança ou aceitação de documentos comerciais ou títulos de dívida italianos e à introdução de um novo sistema de *traveller´s cheques*, e continham uma CIM fixa.

Limitando a nossa apreciação às perspectivas inovadoras, a Comissão, no contexto do n.º 1 do artigo 81.º, ultrapassou, pela

---

[749] Os outros quatro sistemas que continham CIM´s não foram considerados como afectando de forma apreciável a concorrência transfronteiriças entre Estados--membros: o acordo Bancomat; o acordo RID; o acordo RIBA e o acordo SIP.

primeira vez, o conceito de mercado interbancário. Referiu que a fixação das comissões interbancárias influenciam a possibilidade das partes determinarem as condições que pretendem aplicar aos seus clientes à luz da sua situação financeira interna, contemplando, designadamente, os custos de operação, a sua especialização e as suas estratégias negociais [750].

Nesta decisão, tal como nas duas anteriores, as observações da Comissão na aplicação do n.º 3 do artigo 81.º (quarta condição), colocam a questão da regularidade das conclusões da apreciação efectuada conforme o n.º 1 do artigo 81.º. Note-se que a Comissão admitiu que não existia qualquer evidência de que as CIM restringiam a concorrência pelos preços entre os bancos emitentes, nas suas relações com os clientes. Acrescentou, ainda, que os clientes escolhem o seu banco estimando não só o preço mas também a qualidade do serviço prestado, a que se acresce a reputação. Nestes termos, não se consegue vislumbrar qual o efeito anti-concorrencial da imposição deste tipo de CIM, ainda mais quando este instrumento de pagamentos se sujeita à concorrência inter-sistema.

No âmbito da terceira condição prevista no n.º 3 do artigo 81.º, a Comissão repetiu, *ipsis verbis*, a sua argumentação quanto às dificuldades inerentes à negociação bilateral das comissões (*in casu* 1100 comparadas com as 84 do caso ABB e as 15000 no caso *Package Deal*). Acrescentou, no entanto, que os bancos envolvidos no processo prestam serviços a utilizadores que que não são seus clientes, nem clientes dos bancos do sistema. Reconheceu, assim, que os bancos não escolhiam livremente o outro banco contratante e admitiu, pelo menos implicitamente, que eles poderiam não ser reputados como típicos prestadores de serviços num mercado interbancário.

10.4. Decisão "Bancos Neerlandeses"

Esta decisão, embora mostre pontos semelhantes com as decisões anteriormente analisadas, revela uma significativa mudança na atitude inicial da Comissão na política de concessão de isenções, na apli-

---

[750] Ponto 43 da Decisão.

cação do n.º 3 do artigo 81.º do Tratado, a práticas comerciais restritivas relacionadas com a fixação de comissões interbancárias [751].

Esta mudança de atitude é claramente demonstrada no ponto 26 da decisão: *"a posição da Comissão é a de que, somente em casos excepcionais, quando essa necessidade é claramente demonstrada, os acordos relativos a comissões interbancárias poderão ser elegíveis para isenções nos termos do n.º 3 do artigo 81.º"*.

Igualmente, Sir LEON BRITTAN referiu, então, o seguinte: *"Neste caso, nós pretendemos a eliminação dos dois tipos de acordos, e não simplesmente os do tipo banco-cliente, uma vez que o acordo interbancário relativamente às comissões não foi considerado necessário para o funcionamento eficiente do sistema"* [752].

Nesta situação, várias associações de bancos neerlandeses, representando cerca de 90% dos activos bancários do país, puseram fim, em 1989, a uma série de acordos que previam comissões mínimas uniformes para vários serviços bancários, datas-valor uniformes [753] para operações de débito e de crédito, taxas de câmbio e margens uniformes para transacções em divisas estrangeiras, comissões uniformes e cláusulas de exclusividade a favor de certos agentes de câmbio de divisas estrangeiras. Tais acordos restringiam a concorrência, não podendo beneficiar de uma isenção, limitando as possibilidades dos bancos desenvolverem de forma autónoma uma política comercial e financeira própria e implicavam discriminações devido à obrigação de aplicação, em certas condições, de encargos diferentes a serviços bancários comparáveis.

10.4.1. Atestados negativos

Os acordos aos quais foram concedidos os atestados negativos poderão classificar-se em duas categorias: aqueles que não afectam

---

[751] Decisão de 19/7/1989, JO CE nº L 253/1 de 30/8/1989.

[752] Sir LEON BRITTAN, "Competition in financial services", texto dactilografado, Centre for European Policy Studies em Bruxelas, (1992) pág. 7.

[753] Esta regulamentação estipulava, para os membros da NBV, o dia a partir do qual os montantes debitados e creditados constariam das contas correntes e, consequentemente, seriam apurados para efeitos de taxa de juro, passiva ou activa.

de forma apreciável a concorrência [754]; e, aqueles que, mesmo afectando a concorrência, não provocam desvios no comércio intra--comunitário [755].

Alguns dos acordos qualificados na primeira categoria incluíam matérias como o fornecimento de envelopes com porte pago aos clientes, a atribuição de prendas e outros produtos de *marketing* bem como de bónus de pouca importância para incentivar os aforradores. Outros relacionavam-se com matérias mais técnicas, tais como, linhas telefónicas directas gratuitas, permissão de acesso dos clientes a correctores de divisas e emissão de circulares que fornecessem maior segurança aos clientes nas matérias de transacções a prazo de divisas.

Porém, o acordo mais significativo consistia no estabelecimento de taxas de referência para as transacções de divisas. Nos termos desta regulamentação, as margens e as taxas médias, fixadas diariamente pela *Foreign Exchange Quotations Committe*, da NBV, seriam aplicadas por todos os seus membros [756]. De acordo com a Comissão,

---

[754] Pontos 47 a 57 da Decisão.
[755] Pontos 58 e 59 da Decisão.
[756] De acordo com este regulamento - na versão modificada a pedido da Comissão e comunicado aos membros da VDB por circular de 12 de Abril de 1989 - a «*Valutanoteringscommissie*» (comissão de cotações cambiais), cujos membros são designados pela administração da VDB, é responsável pelo «*fixing*» (fixação) de taxas de câmbio médio de referência para divisas estrangeiras correntemente negociadas. Essas taxas médias são utilizadas como base de cálculo, particularmente em transferências de divisas estrangeiras e são estabelecidos para operações à vista *(spot)* e a prazo *(forward)*, para diversas datas de vencimento.

As taxas de referência são determinadas em conformidade com as orientações e procedimento contidos na regulamentação. Estas são no sentido de a «*Valutanoteringscommissie*» propor, em reunião diária com base nos últimos dados do mercado, uma taxa de referência apurada para esse dia. Bancos que negoceiem em câmbios e operadores-cambistas podem objectar à taxas assim propostas. Tais objecções podem resultar em ajustamento das taxas de referência, caso essas mesmas objecções se apoiem em efectivas ordens de compra e de venda para os montantes mínimos especificados na regulamentação. Tais ordens de compra e venda devem, efectivamente, executar-se caso alguém se interesse em aceitá-las.

Na forma notificada, este regulamento previa um procedimento segundo o qual a direcção da VDB fixava as margens mínimas que os membros da VDB deviam acrescentar ou deduzir das cotações médias. Estas margens foram incluídas no regulamento da VDB aplicável às transacções de divisas, que impunha aos membros a obrigação de aplicar estas margens, bem como as cotações médias estabelecidas

"*este regulamento relativo à fixação das cotações de divisas, na sua forma actual, já não restringe a concorrência de um modo considerável. Só tem como consequência a fixação de cotações médias que servem como referência, nomeadamente nas transacções comerciais e financeiras. Estas cotações são fixadas segundo um processo que tem em consideração a oferta e a procura em que efectivamente o comércio nas divisas em causa pode realizar-se e se realiza. Com base nas informações fornecidos pela VDB à Comissão, nomeadamente quanto à real possibilidade de arbitragem que existe nesta situação para os participantes no mercado, a Comissão considera dever-se concluir que as cotações são fixadas numa situação em que a concorrência pode intervir e em que as decisões dos participantes no mercado são também influenciadas pelas cotações fixadas fora do âmbito deste processo por transacções entre diferentes partes nos Países Baixos e fora destes.*

Além disso, as cotações médias fixadas durante o «fixing» têm um carácter facultativo. Os bancos, corretores e outras partes que participam no mercado são livres de, à luz da situação do mercado e da natureza da transacção, acordarem nas cotações de compra e venda que quiserem. Por conseguinte, terão a escolha entre diversas possibilidades, tais como a aplicação das cotações médias ou das cotações de compra ou venda mais ou menos favoráveis, acompanhadas ou não de comissões".

A fixação de taxas de cotações médias deverá ter sempre em consideração o normal jogo do mercado. A fixação disfuncional de uma taxa média relativamente ao valor normal de mercado poderá ter consequências gravosas para o comércio num sector específico, num paralelismo com os métodos de fixação de preços mínimos, podendo dificultar, pelo menos de uma forma psicológica, operações susceptíveis de serem realizadas de forma mais vantajosa para o cliente. O factor psicológico, neste mercado específico, assume uma enorme

---

aquando do «*fixing*» diário, às transacções em divisas. Este último regulamento, bem como as disposições relativas às margens do regulamento regulador da «*Valutanoteringscommissie*» foram retirados a pedido da Comissão. Pontos 31 e 32 da decisão da Comissão n.º 89/512/CEE, publicada no JO CE n.º L253/1, de 30 de Agosto de 1989.

importância: todas as manifestações são assumidas como indicadores de mercado.

Na segunda categoria incluiram-se os acordos de fixação de condições uniformes para a locação de cofres bem como de comissões bancárias uniformes para as transferências relacionadas com a angariação de fundos. A justificação para esta decisão foi idêntica às anteriores, nas matérias relacionadas com a locação de cofres e anteriormente criticada.

10.4.2. Acordos aos quais foi concedida uma isenção

Foi concedida uma isenção a duas circulares de processos simplificados de compensação para os cheques emitidos em florins e divisas estrangeiras. Já o não foi, porém, aos acordos de comissões interbancárias, porque não eram relevantes para a boa realização da cooperação entre bancos [757] confirmando, a Comissão, a sua posição em não aceitar acordos entre bancos, ou decisões de associações de bancos, que imponham o preço do serviço ou outras condições de transacção, quando estão em causa relações bancos/clientes.

Esta conduta tem como finalidade a manutenção da liberdade de determinação de preços e outras condições aplicáveis aos clientes [758].

---

[757] COMISSÃO "19.º Relatório Sobre a Política da Concorrência - 1989", (1990) n.º 53, pág. 70/71.

[758] O Tribunal de Primeira Instância, emitiu em 17 de Setembro de 1992, (caso T. 138/89, Col., II, 1992, pág. 2181), um acordão, rejeitando um recurso interposto por duas associações bancárias holandesas, a *Nederlandse Bankiersvereniging* (NBV) e a *Nederlandse Vereniging van Banken* (NVB) que tinha por objecto uma anulação parcial do acordão "Bancos neerlandeses", na parte respeitante a um acordo que a Comissão considerou restritivo da concorrência, pretendendo as associações que lhe fosse passado um certificado negativo. Na sua óptica, não afectava sensivelmente o comércio entre os Estados-membros.

O Tribunal, tal como havia sido proposto pela Comissão, rejeitou o recurso, porque:

- por um lado, não foi a decisão em si que foi posta em causa pelos recorrentes, mas simplesmente os seus motivos, pelo que o tribunal entendeu que as Associações não teriam competência no controlo da legalidade.

- por outro lado, os requerentes não tinham interesse em agir.

Cfr., a este respeito, C. EHLERMANN "L´huile et le sel: Le secteur bancaire et le droit européen de la concurrence" in *Revue Droit Européene* n° 29, Julho/Set. (1993)

Depois da Comissão tornar público que, na sua opinião, a determinação uniforme de datas-valor para os clientes e bancos estrangeiros não era imprescindível para assegurar o funcionamento regular das operações de compensação de cheques, as disposições relativas a estas matérias foram retiradas voluntariamente pelas Associações. Contudo, a Comissão entendeu que a versão emendada se inseria, ainda, no âmbito do n.º 1 do artigo 81.º, uma vez que limitavam a liberdade dos bancos na fixação bilateral de datas-valor mais favoráveis, restringindo indirectamente a concorrência entre os bancos naquela área de serviços. No entanto, para a Comissão as circulares reuniam as condições para a concessão de uma isenção nos termos do n.º 3 do artigo 81.º, dado que:

- resultavam numa melhoria substancial no sistema de pagamentos[759];
- os clientes teriam vantagens na implementação daquele sistema, sendo os cheques creditados mais rapidamente[760];
- as únicas restrições ainda contidas nas circulares, nomeadamente, a fixação de datas-valor entre os bancos holandeses relevantes, *"eram essenciais para assegurar o sucesso do sistema simplificado e mais rápido de compensação"*[761];
- as restrições em causa não eliminavam a concorrência numa parte substancial dos serviços em questão, uma vez que não governavam directamente as relações entre os bancos e os clientes e *"além disso, as datas valor aplicadas nos cheques compensados não era a única área onde a concorrência relativa ao mercado dos cheques se exerce. Em última instância os utilizadores dos cheques têm a liberdade de optar por outros meios de pagamento"*[762].

Este último argumento é criticável. A Comissão ao reconhecer que o utilizador poderia, em última instância, utilizar um outro meio de pagamento admite que, de facto, poderá ocorrer uma restrição sensível à concorrência no mercado dos cheques. O mérito desta questão depende da concepção de mercado relevante que se adoptar.

---

[759] Ponto 62
[760] Ponto 63
[761] Ponto 64
[762] Ponto 65

Neste caso concreto, se perfilharmos uma perspectiva restrita baseada no produto-cheque, não teremos outra opção senão reconhecer que a restrição em causa não é ilegível para a concessão de isenção, nos termos do n.º 3 do artigo 81.º.

10.4.3. Análise na especialidade

No âmbito dos acordos revogados encontrava-se um negociado entre a NBV e a NVB que atribuía aos membros da primeira o direito exclusivo de actuaram como intermediários dos membros da segunda nas transacções internacionais de divisas, um pouco à semelhança do caso *Sarabex*.

Pela interpretação de uma questão escrita à Comissão [763] poderá concluir-se que um novo acordo sobre tarifas entre os vários bancos foi finalizado pelos bancos holandeses. Nos termos dessa questão escrita, os bancos cobram aos seus clientes uma taxa de comissão composta, em parte, numa taxa fixa não negociável e, noutra parte, numa margem residual que, alegadamente, é demasiado pequena para possibilitar uma concorrência efectiva. Este acordo aparece como directamente inspirado nalgumas isenções por categoria concedidas ao sector segurador [764] onde se distingue entre acordos sobre prémios puros (permitidos) e acordos sobre prémios comerciais adicionais (proibidos). Perante este enquadramento, será conveniente indagar se as condições especiais que justificaram a atribuição, pela Comissão, da isenção aos prémios puros se apresentam, em vestes idênticas, no sector bancário.

---

[763] Questão escrita n.º 196/92, de 10 de Fevereiro de 1992 do deputado JANSEEN VAN RAAY in JO CE n.º C 235/40, de 14 de Setembro de 1992.

[764] Regulamento do Conselho n.º 1934/91 de 31 de Maio de 1991, in JO CE n.º L 143/1, de 7 de Junho de 1991. O 22.º Relatório sobre a Política da Concorrência de 1992, publicado em 1993, contém, nos pontos 274 a 288 um relatório acerca da concessão desta isenção por categoria. Para uma análise crítica da posição aí estatuída consultar *Report of the E.P Committee on Economic and Monetary Affairs and Industrial Policy on the application of Community competition policy in the insurance sector*, de 6 de Novembro de 1992 (ref. EP 202.750/Fin). G. VERNIMMEN sugere que a Comissão poderá estar inclinada para a concessão de *"standard banking clauses"* mesmo em matérias não relacionadas, um pouco à semelhança do que acontece no sector segurador. G. VERNIMMEN, "Le respect des règles de concurrence dans les services bancaires" ECU, Bruxelas, Vol. 24/III, (1993), pág. 16.

De particular interesse foi o facto de a Decisão Bancos Neerlandeses indicar que a Comissão havia informado as partes, na sua declaração de objecções, de que os acordos atrás mencionados não eram elegíveis para a concessão da isenção justaposta no n.º 3 do artigo 81.º, não somente por razões de distorção de concorrência, impossibilitando os bancos de determinar livremente os preços e outras condições dos serviços prestados aos clientes ou a outros bancos, mas igualmente por a cobrança de várias comissões resultar em discriminação [765].

---

[765] Com base na informação de que dispunha na altura, a Comissão, na comunicação das objecções, informou as partes que a aplicação de várias comissões mínimas, como as previstas nas Regulamentações I a XIV enumeradas no ponto 18, originava discriminações.

Assim, tinham sido fixados, em especial, encargos diferentes para serviços bancários comparáveis, nos seguintes casos:

- Para diversos serviços foram previstas comissões variáveis consoante os serviços bancários fossem efectuados para bancos membros da referida associação, para bancos no estrangeiro ou para outras instituições não pertencentes à referida associação.

Além disso, as comissões que seriam facturadas aos bancos no estrangeiro e a outras instituições não membros da associaçãos (onde se incluíam alguns bancos holandeses) eram mais elevadas do que as comissões para os membros da mencionada associação. Previa-se, ainda, situações onde as comissões para os bancos nacionais não membros eram mais elevadas do que as comissões para bancos com sede no estrangeiro.

- Relativamente às transferências entre residentes e não residentes foram fixadas comissões, na maioria dos casos, mais elevadas do que as estabelecidas para transferências entre uma conta detida por um residente nos Países Baixos e uma conta em seu nome no estrangeiro, embora se tratasse de serviços bancários comparáveis.

- Quanto a comissões no caso de transferências entre residentes e não residentes, foi prevista uma excepção, no sentido de não ser necessário facturar uma comissão se a transferência consistisse em transacções de valores realizadas através de um membro da VDB. Como consequência, um membro da VDB não precisava de facturar uma comissão se a transacção fosse executada mediante outro membro da VDB, mas tinha de o fazer se fosse executada através de um não membro, embora objectivamente, para os bancos em causa, não existisse qualquer diferença entre os dois tipos de transferência.

Além disso, na comunicação das objecções, a Comissão informou as partes que a variação entre a comissão fixada para as transferências entre contas de residentes e não residentes, ambas em bancos neerlandeses, e a comissão de taxa zero efectivamente aplicada nas transferências entre contas de residentes, não podia ser

É de salientar a mudança de atitude da Comissão, face às decisões anteriores, recusando a sugestão das associações bancárias que consistia na fixação da comissão inter-bancária. As partes não demonstraram o carácter essencial desses acordos, para a implementação com sucesso de certas formas de cooperação, positivas por si próprias. Poderá concluir-se, desta orientação da Comissão, que somente em casos excepcionais, quando essa necessidade tenha sido estabelecida, serão concedidas isenções a acordos de fixação de comissões inter--bancárias.

10.4.4. Não tomada de posição

Na decisão afirma-se expressamente a sua não aplicabilidade às condições gerais recomendadas pelas associações aos seus membros, aos acordos sobre taxas de juro, aos acordos respeitantes à cooperação entre instituições financeiras referentes a transferências electrónicas de pagamentos e cartões bancários bem como às regulamentações estatuídas pelo *"Stichting Bureau Kredietregistratie"* (serviço de registo das operações de crédito) relativas à participação das sociedades no sistema de registo das operações desse serviço.

Desta forma, no que respeita a essas regras a Comissão reservou a sua posição. Ao adoptar esta conduta, que contende mesmo com o princípio da aplicabilidade da legislação da concorrência ao sector

---

justificada por uma diferença entre as operações necessárias para os dois tipos de transferência e, por conseguinte, não poderia haver uma diversidade nas despesas.

A única operação suplementar a realizar nas transferências entre contas de residentes e de não residentes, em comparação com as operações efectuadas nas transferências entre contas de residentes era, segundo a comunicação da NBV, a informação dada ao banco central. Como essa informação era, no entanto, uma das causas de despesas, com base na qual a comissão era estipulada, esta diferença não podia justificar o nível da comissão das transferências entre contas de residentes e de não residentes.

Na comunicação das objecções, a Comissão tinha considerado que a fixação das comissões referidas nos pontos 22 e 23 tinha como consequência prejudicar, directa ou indirectamente, os bancos não membros das instituições em causa e colocar os seus clientes e fornecedores, em favor de quem eram executadas as transferências, numa posição desvantajosa, concorrencialmente, no mercado dos serviços prestados por eles ou dos produtos a fornecer, devido aos aumentos das despesas na sequência da aplicação das comissões em questão.

bancário, a Comissão veio contradizer a posição adoptada durante quase trinta anos. Porém, na matéria dos acordos sobre taxas de juro, esta decisão não constituiu qualquer surpresa. É idêntica às decisões aplicadas às associações bancárias italiana, belga e irlandesa

A reserva de posição quanto aos acordos de cooperação entre instituições financeiras, no campo das transacções electrónicas e dos cartões de banco, colidiu com as intenções, na altura expressadas pelos organismos comunitárias, de observância estreita do enquadramento concorrencial da actividade e da promoção de um melhor sistema de pagamentos no interior da Comunidade.

Finalmente, a atitude da Comissão de reservar a sua posição, na matéria dos acordos relativos à participação das sociedades no sistema de registo das operações holandês, foi presumivelmente motivada pelo desejo de não intromissão nas iniciativas comunitárias conducentes à construção do sistema de supervisão a nível comunitário.

10.4.5. Apreciação Geral

Neste caso, a Comissão apreciou um sistema de pagamentos de transferências provenientes de actividades de angariação de fundos de natureza voluntária e com fins eminentemente de caridade. Este sistema assentava numa CIM fixa, a ser paga ao banco credor pelo banco devedor. Perante isto, a Comissão considerou que o sistema não se inseria no âmbito do n.º 1 do artigo 81.º, não afectando de forma sensível o comércio intercomunitário. Tirando este argumento, importante, mas de substrato meramente formal, a Comissão referiu incidentalmente que o sistema restringe a concorrência no sentido do n.º 1 do artigo 81.º na medida em que impede os bancos de acordarem as comissões de uma forma bilateral. Por outro lado, tal como no caso ABI, a Comissão descreveu o efeito da CIM no relacionamento entre o banco e o seu cliente, nos seguintes termos: *"uma vez que a CIM impede que o banco devedor acorde uma comissão mais reduzida com o banco credor, ele não poderá transmitir essa vantagem nos custos aos seus clientes"* [766]. Concluiu a Comissão que a concorrên-

---

[766] Ponto 56.

cia pelos clientes entre os bancos relevantes é indirectamente restringida.

Todas estas observações são potenciadas quando se analisa a explanação factual do caso e se infere que as partes nunca demonstraram que a *CIM* era essencial para a implementação bem sucedida do sistema, e se recorda que a posição da Comissão era a de que somente em casos excepcionais, onde se demonstre inequivocamente a sua necessidade, é que os acordos sobre comissões interbancárias poderiam obter uma isenção nos termos do n.º 3 do artigo 81.º.

10.5. ACORDOS SOBRE TAXAS DE JURO

10.5.1. Posição da Comissão antes do Acórdão Zuchner

Em 1979, a Comissão foi questionada através de uma Pergunta Escrita do Parlamento Europeu [767] relativamente à compatibilidade com o direito comunitário de um denominado "acordo de harmonização da concorrência", concluído na Bélgica entre os membros do Comité de Concertação, órgão consultivo belga, competente para as alterações das taxas de juros dos depósitos bancários na Bélgica. A Presidência deste Comité era exercida, na altura, pelo Governador do Banco Nacional da Bélgica. Este factor indiciou, claramente, o envolvimento das autoridades monetárias domésticas nas actividades do Comité. A questão colocada à Comissão abrangia, de igual modo, a indagação da posição deste órgão comunitário quanto aos acordos sobre taxas de juro na Bélgica. Os termos da resposta da Comissão demonstram a sua posição nesta matéria, antes do caso Zuchner [768]: *"... é possível que os acordos interbancários sobre taxas de juro possam ser considerados como "instrumentos de política monetária", desde que tenham sido estabelecidos por iniciativa das autoridades monetárias e aprovados por estas. O caso particular de coordenação entre as instituições financeiras, estabelecido na Bélgica, deverá ser examinado pela Comissão num contexto mais abrangente, no sentido*

---

[767] Pergunta Escrita n.º 199/79, do Sr. SCHYNS, de 6 de Junho de 1979, publicada no JO CE n.º C 197/3 de 4 de Agosto de 1979.

[768] JO CE n.º C 213/6, de 25 de Agosto de 1979.

de se determinar a essencialidade da necessidade de certos tipos de acordos interbancários para a política monetária dos Estados- -membros e, se deverão ser sujeitos às regras especiais constantes da alínea c) do n.º 2 do artigo 83.º do Tratados CEE" [769].

Como é demonstrado nesta breve exposição da Comissão, a sua inclinação, na altura, tendia para a compatibilidade dos acordos interbancários sobre as taxas de juro, desde que produzidos sobre a iniciativa das autoridades monetárias e por estas aprovados. E, mesmo que o não fossem, deveria indagar-se da sua essencialidade para a política monetária do país. Partia-se, assim, de uma posição de admissão à partida deste tipo de acordos, sobrelevando-se as matérias de competência nacional, relegando-se as normas de comunitárias da concorrência para um plano secundário. Esta orientação está em convergência com a doutrina oficial comunitária anunciada no 2.º Relatório sobre Política da Concorrência, referente ao ano de 1972, onde se entendeu que os preceitos gerais do Tratado relativos à concorrência eram, em princípio, aplicáveis ao sector bancário, mas acrescentando-se, desde logo, que na aplicação dessas regras havia que ponderar-se o carácter específico de certos ramos da economia e, no sector bancário, deveria levar-se em conta as interferências da política financeira e monetária bem como da supervisão das autoridades nacionais e do controlo cambial.

10.5.2. Posição da Comissão após o Acórdão Zuchner

A alteração do entendimento da Comissão, após o Acórdão Zuchner, foi exteriorizada, em 1981, num discurso do Comissário ANDRIESSEN, à altura o Comissário comunitário encarregue do pelouro da concorrência, onde afirmou que após mais algumas considerações sobre o problema, a Comissão era então da opinião que as taxas de juro não poderiam ser reguladas por acordos interbancários, mesmo se tivessem sido aprovados, autorizados ou promovidos pelas autoridades nacionais competentes para as questões económicas, financeiras e monetárias. As taxas de juro deveriam ser individualmente estabelecidas pelos bancos, em livre concorrência,

---

[769] Tradução nossa.

ou reguladas directamente pelas autoridades monetárias, se elas tivessem escolhido proceder de tal forma.

Quando os bancos regulam as taxas de juro por si próprios, procuram impor um tecto nas taxas de juro passivas e um mínimo nas taxas de juro activas e, nestes termos, obstam a uma concorrência pelos preços que reduza o diferencial entre estas taxas. Em contraste, as autoridades supervisoras tendem a regular as taxas de juro através de um quadro destinado a influenciar a taxa média, ou então, impondo taxas de juro passivas mínimas e taxas activas máximas o que deixa uma margem concorrencial em benefício dos clientes e da eficiência do mercado.

Num regime de livre concorrência, cada banco, individualmente, estará, normalmente, na melhor posição para delinear a sua estratégia modificando as suas taxas de juro activas e passivas. Cada Estado--Membro, por seu lado, até à União Económica e Monetária, poderá considerar necessário, através da sua autoridade de supervisão, a fixação das taxas de juro de forma a controlar a inflação, proteger as poupanças e a sua moeda nacional ou promover a indústria nacional, entre muitos outros factores.

Porém, a Comissão entendeu que não seria compatível com as regras comunitárias da concorrência a substituição da autoridade nacional por uma associação ou um cartel, limitando-se aquela a um papel meramente formal de ratificação das decisões emanadas e os acordos estabelecidos, afectando-se o comércio intra-comunitário. Segundo a Comissão, deverá caber às autoridades monetárias a decisão final nas questões relativas às taxas de juro bem como a sua aplicação e controlo, não podendo resultar de acordos entre as partes.

Apesar deste inequívoco entendimento, tornado claro em 1981, na matéria dos acordos sobre taxas de juro, a Comissão reservou a sua posição, da seguinte forma: na decisão IBSC, de 1986, afirmou que, *"...no âmbito da política actual da Comissão neste sector é conveniente limitar esta decisão aos acordos relacionados com o serviços e não tomar por enquanto, posição relativamente a acordos para as taxas de juros, incluindo a estrutura de tais taxas"*.

Na decisão ABB, de 1986, a Comissão reservou a sua posição sobre a Convenção sobre contas e depósitos, cujas disposições principais se referiam às taxas de juro das operações passivas.

Também na decisão ABI, de 1986, e ABN, de 1989, a Comissão declarou reservar a sua posição quanto às partes do acordo incidentes sobre condições interbancárias que se referiam às taxas de juro para as operações activas e passivas.

Desta posição, é possível extrair as seguintes conclusões:
- os certificados negativos emitidos não se baseiam, nunca, em determinações das autoridades monetárias;
- sempre que estavam em causa acordos monetários, sobre as taxas de juro, a Comissão adiou uma tomada de posição resguardando-se em razões de ordem política ou de oportunidade, formais ou de carácter processual.

De acordo com ROSEL [770], esta era a mais importante das questões da concorrência bancária que ainda restavam. Da atitude da Comissão não era possível aferir se ela considerava que os acordos eram, de facto, relativos à política económica e monetária dos Estados-membros, preferindo, em todas as ocasiões, manter uma posição neutral.

Não é razoável a concordância com esta afirmação. Os princípios aplicáveis foram inequivocamente enunciados desde 1981, pelo então Comissário responsável pelo pelouro da concorrência. Pelo exposto, é totalmente incompreensível a reserva de posição por parte da Comissão nestas quatro decisões, ainda mais quando estavam em causa acordos interbancários "privados" sobre taxas de juro, proibidos expressamente pelo n.º 1 do artigo 81.º, mesmo se encorajados pelas autoridades monetárias

10.5.3. Caso Van Eycke

Este processo veio "abanar" a relativa indefinição anteriormente mencionada [771]. A situação concreta decorre de um decreto belga que regulamentava a remuneração dos depósitos de poupança. Nos termos de uma alteração introduzida em Março de 1986, previu-se uma isenção fiscal de juros desses depósitos, até um montante máximo de cinquenta mil francos belgas, mas unicamente para os depósitos de

---

[770] J. ROSEL "Banking agreements, are they anti-competitive" in *International Financial Law Review*, Julho (1987)

[771] Caso *Van Eycke/ASPA*, Proc. n° 267/86.

poupança relativamente aos quais fossem praticadas as taxas de juro impostas por lei. A isenção fiscal não foi, assim, atribuída aos depósitos que beneficiassem de condições mais favoráveis, tendo a ASPA recusado ao Sr. *Van Eycke* a constituição de um depósito nas condições de taxa de juro mais vantajosas, praticadas antes do decreto em causa. A razão invocada pela ASPA perante o cliente era que o *"arrete royal"* de 13 de Março de 1986 fixara directamente, abaixo das condições efectivamente publicitadas, quer a taxa máxima de juros, quer o máximo dos prémios de fidelidade e de crescimento para aquela espécie de depósitos. Este veio solicitar ao Tribunal Belga competente que declarasse como ilegal a recusa e, simultaneamente, que declarasse como incompatíveis com as regras comunitárias o diploma legal, com fundamento na violação do artigo 81.º. A recusa retomava com efeito *erga omnes,* uma prática concertada entre as instituições bancárias, produzindo efeitos restritivos sobre a concorrência, na medida em que as taxas de juro eram normalmente utilizadas pelos bancos para atrair depósitos, o que afectaria o comércio intra-comunitário dificultando a penetração do mercado belga pelos bancos dos outros Estados-membros.

Como bem aponta SIMÕES PATRÍCIO [772], existem três linhas de força no acórdão em análise.

Primeiro, para que funcione a proibição do n.º 1 do artigo 81.º, é necessário que haja um acordo, uma decisão ou uma prática concertada anticoncorrencial. Na situação *sub judice,* a acção dirigida contra a ASPA pretendia, aparentemente, invalidar um decreto real e não um acordo interbancário.

Em segundo lugar, um dos outros requisitos do n.º 1 do artigo 81.º é a real ou potencial afectação da concorrência intra-comunitária. Na verdade, também à primeira vista, o que estava em causa na acção movida por *Van Eycke* era uma situação puramente interna, na Bélgica, entre ele e o seu banco.

Para finalizar, em terceiro lugar, era obrigatório, ainda, discutir a repercussão da natureza monetária da matéria na disciplina comunitária da concorrência.

---

[772] J. SIMÕES PATRÍCIO, "Comentário ao Acórdão Van Eycke Sobre a Concorrência Interbancária", *Revista da Banca* n.º 9, Janeiro/Março, (1989) págs. 77 e ss.

10.5.3.1. Acordo e medidas do Estado

Quanto à primeira questão, é dado assente que os artigos 81.º e 82.º do Tratado só visam comportamentos de empresas e não actos de Estados-membros. Adoptando-se este entendimento, poderá ser surpreendente o acórdão sob exame ter submetido ao crivo do artigo 81.º uma medida oficial de fixação das taxas de juro dos depósitos--poupança.

Na verdade, o diploma emanado em 1983 concedera isenções fiscais aos referidos depósitos, na condição de que a taxa base de juros não ultrapassasse a taxa média mais baixa praticada no mercado. Todavia, os bancos podiam individualmente, de forma livre, creditar aos depositantes os chamados prémios de fidelidade e de crescimento, o que originou uma elevada concorrência entre os bancos na concessão desses prémios, em benefício do cliente.

As autoridades monetárias reconheceram essa concorrência como nefasta, dado que contrariava a tendência geral no sentido da baixa das taxas de juro dos restantes instrumentos financeiros, induzindo, igualmente, a alta das taxas bancárias activas, com evidentes efeitos nocivos na actividade económica e na remuneração da dívida pública, bastante significativa na Bélgica.

Por estas razões, a Comissão Bancária belga recomendou ao sistema bancário, em Setembro de 1985, a redução das taxas de juro dos depósitos-poupança.

Igualmente por esta razão, as instituições bancárias celebraram, em 30 de Dezembro de 1985, um acordo de auto-disciplina que reduzia para o máximo de 7% a mencionada taxa de juro. Não estando este acordo a ser cumprido por todas as instituições bancárias, o Ministro das Finanças optou, mediante o *"arrete royal"* de 13 de Março de 1986, por fixar directamente os requisitos da isenção fiscal.

Pelo descrito, o decreto real incorporou, em si, elementos do acordo interbancário que alguns dos signatários não estavam a cumprir. De acordo com as alegações, tratava-se de *"uma entente patrocinada e activamente estimulada pelos poderes públicos..."*.

Estamos, assim, perante um acto público que incorpora os termos negociados num acordo inter-empresarial privado. A questão era ainda mais ampliada. As matérias respeitantes à política monetária eram, à altura, reserva de competência nacional dos Estados-membros, uma vez que na redacção dos artigos 104.º a 109.º (anterior redacção) se fazia referência, simplesmente, à coordenação das respectivas políticas.

A Comissão confirma que o diploma é, na realidade, um prolongamento dos acordos interbancários preexistentes, tendo por fito limitar a remuneração dos depósitos-poupança, emitindo, ainda, a opinião de que as medidas governamentais de fixação de taxa de juro *"constituem, em princípio, medidas de política económica que relevam da competência dos Estados-membros em virtude do artigo 104.º (anterior redacção) do Tratado"*.

No entanto, o Tribunal dissipa toda a ambiguidade a este respeito, afirmando que os acordos sobre a taxa de juro não são excluídos do âmbito de aplicação do artigo 81.º.

O Tribunal já se tinha pronunciado quanto à aplicabilidade dos artigos 81.º e 82.º do Tratado a actos legislativos dos Estados-membros [773].

---

[773] A primeira vez que o Tribunal aplicou, em termos efectivos, o artigo 85.º num domínio de indiscutível competência nacional foi no acórdão de 30 de Abril de 1986, relativo às tarifas aéreas (caso *Nouvelles Frontières*, in Colectânea 1986, págs. 1457 e ss.), onde se decidiu ser incompatível com o Tratado uma fixação estadual dos preços que redunde em homologação das tarifas acordadas pela associação de empresas em causa (a IATA) reforçando os efeitos da entente. Esta decisão baseou-se no artigo 5.º do Tratado combinado com a alínea f) do artigo 3.º e n.º 1 do artigo 81.º.

Em acórdãos posteriores (processo n.º 311/95, de 1 de Outubro de 1987), o Tribunal de Justiça, utilizando os mesmos fundamentos normativos, aplicou a mesma *ratio decidendi* no julgamento das disposições legais e regulamentares que, na Bélgica, punem como concorrência desleal a devolução aos clientes, contra o acordado entre os agentes de viagens e entre estes e os operadores turísticos, das comissões normalmente percebidas pelas agências de viagens. A razão para esta decisão baseou-se no entendimento de que tais disposições - legais e regulamentares -, impõem ou favorecem ententes anticoncorrenciais ou reforçam por sua natureza o efeito de tais acordos, adquirindo a proibição neles contida *"um carácter permanente e já não pode ser revogada por vontade das partes"*.

Segundo J. BLAISE e R. JOLIET, esta decisão não é mais do que um desenvolvimento da teoria do efeito útil dos artigos 81.º e 82.º do Tratado, fornecendo indicações interessantes sobre o tipo de relacionamento entre as legislações nacionais e o direito comunitário da concorrência. Para o Tribunal, as medidas tomadas pelo Estado Belga infringiam, não o artigo 81.º, que visa comportamentos de empresas mas, também, o artigo 10.º combinado com o artigo 3.º al. f) e 81.º. Na Jurisprudência do Tribunal deparam-se duas correntes sobre o critério do efeito útil.

Uma, adoptada no acordão de 10 de Janeiro de 1985, sobre o preço dos livros (Colectânea 1985, págs. 305 e ss.), entende susceptivel de eliminar o efeito útil das normas comunitárias as medidas nacionais que tornem inúteis os tipos de comportamento das empresas que são proibidos por aquelas normas. Bastará que as medidas nacionais tenham o mesmo objecto ou efeito, em relação à concorrência, que um virtual comportamento das empresas em causa.

Para a outra corrente, representada pelo acordão de 29 de Janeiro de 1985, relativo ao preço dos carburantes, o efeito útil das normas comunitárias, no caso o artigo 81.º, pode resultar prejudicado quando se trate de medidas nacionais que tornem inúteis os comportamentos ilegais das empresas ou lhes reforcem os efeitos. O Tribunal estabeleceu duas condições para a aplicabilidade da teoria do efeito útil: a primeira é a existência de uma entente contrária ao artigo 81.º; a segunda é a existência duma medida estadual. Desta forma, esta corrente é mais exigente do que a primeira. Sobre este assunto, consultar J. BLAISE "Droit de la concurrence"in *Revue Trim. de Droit Europèen*, nº 4 (1987) pág. 671 e R. JOLIET "Réglementations étatiques anticoncurrentielles et droit communautaire" in *Cahiers de Droit Européen*, nº 4 (1988), pág. 363.

O acórdão proferido em 1 de Outubro de 1987, supramencionado, integrou-se na segunda das mencionadas correntes ao reconhecer como susceptíveis de eliminar o efeito útil do artigo 81.º as medidas estaduais que, designadamente, imponham, favoreçam ou reforcem os efeitos da celebração de acordos proibidos às empresas.

SIMÕES PATRÍCIO, na seguimento desta decisão, referiu que se poderia notar alguma hesitação, ou prudência, na formulação de outro acordão do Tribunal de Justiça (processo n.º 45/85, de 27 de Janeiro de 1987), respeitante a um sector regulamentado. Tratava-se duma recomendação alegadamente não obrigatória, mas julgada como imperativa pelo Tribunal, de uma associação alemã de seguros, mediante a qual se procedia a aumentos, entre os 10% e os 30%, dos prémios de seguro contra riscos industriais de incêndio e de interrupção da actividade.

Requerida uma isenção, nos termos do n.º 3 do artigo 81.º do Tratado, foi a mesma recusada pela Comissão. Em recurso de anulação, os alemães sustentaram que a concorrência excessiva entre as seguradoras comprometia o equilíbrio financeiro de algumas delas e que a solvabilidade das seguradoras era assegurada, em parte, pelas legislações nacionais que previam obrigações especiais e sujeitavam as companhias de seguros a um controlo específico, em consequência do qual, foram as companhias autorizadas pelas autoridades de controlo a adoptarem as medidas em causa, pelo que tal sistema de controlo e tal competência nacional não poderiam ser prejudicados pela intervenção das regras comunitárias da concorrência.

O Tribunal, na sua decisão, evitou tomar posição contra a regulamentação alemã e ponderou somente, na base de ser um comportamento de empresas e não de um Estado o que estava em causa, que *"se é certo que que a legislação de um Estado-Membro pode estabelecer um liame estreito entre a aplicação do direito da concorrência e da supervisão do sector de seguros, todavia o direito comunitário não subordina a execução dos artigos 81.º e 82.º do Tratado à maneira como o controlo de certos sectores da actividade é organizado por uma legislação nacional"*. Nestes

No processo *Van Eycke*, o Tribunal relembra e perfilha a segunda corrente jurisprudencial [774], afirmando que as disposições normativas nacionais contrariavam os artigos 10.º e 81.º e a alínea f) do artigo 3.º caso puderem encarar-se como visando *"impor ou favorecer a celebração de ententes, ou reforçar os efeitos delas (...) para o que será necessário que se limitem a retomar por conta própria, total ou parcialmente, os elementos dos acordos celebrados entre os operadores económicos, obrigando ou incitando esses operadores a respeitá-los"*.

Para chegar a esta conclusão, o Tribunal julgou que, não obstante, os artigos 81.º e 82.º do Tratado se aplicarem somente a comportamentos de empresas, resulta deles, em combinação com o artigo 10.º, a obrigação para os Estados-membros de se absterem de quaisquer

---

termos, afirma Simões Patrício, *"ao não julgar conflituante uma certa regulamentação interna, concretamente, a que organiza o controlo público sobre as seguradoras, o Tribunal admite uma coexistência pacífica entre as duas, um tanto ao quanto ao arrepio da sua jurisprudência sobre o efeito útil dos artigos 81.º e 82.º. Ora, não se poderá concordar com esta afirmação, pois tal como já foi mencionado anteriormente, o plano da regulação prudencial é juridicamente e funcionalmente distinto do da concorrência, não se confundindo os seus objectivos, o que impossibilitará, na prática, uma concertação entre os seus instrumentos"*. O que está em causa, neste acórdão, não é uma norma de regulação prudencial *proprio sensu*, mas sim uma disposição legal, que nas vestes de norma de regulação prudencial, vem, de facto, ocasionar uma situação restritiva da concorrência. Pelo exposto, é incorrecto afirmar que existe um conflito latente entre o campo da regulação e o da concorrência, pois se uma norma, alegadamente pertencente ao primeiro campo, colidir com uma norma do segundo, ela não será na realidade, certamente, uma norma inserível no campo onde se pretende integrar originariamente.

Neste sentido a Comissão afirmou o seguinte: *"a política da Comissão de assegurar a plena aplicação das regras da concorrência deve, é evidente, tomar em consideração os objectivos políticos das regulamentação neste sector (financeiro), em especial, o desejo das autoridades monetárias de controlarem o fornecimento de dinheiro e as taxas de juro, bem como a necessidade de proteger os investidores, mutuantes e titulares de apólices de seguros. Contudo os acordos existentes podem frequentemente ser substtuídos por acordos menos restritivos sem comprometer esses objectivos. Por exemplo, podem ser tomadas medidas regulamentares para assegurar a solvência dos bancos e das empresas seguradoras, mas este motivo não justifica a organização de cartéis de preços. Além disso, à medida que os obstáculos à prestação de serviços entre Estados-membros são suprimidos a nivel regulamentar, a Comissão deve assegurar que estes obstáculos não são de novo criados por acordos entre empresas"*. COMISSÃO, "21.º Relatório sobre a Política da Concorrência, 1991", Bruxelas, 1992, ponto 32.

[774] Considerandos n.º 16 a 20

medidas, mesmo legislativas, *"susceptíveis de eliminarem o efeito útil das regras da concorrência aplicáveis às empresas"*, e acrescenta *"tal é o caso (...) quando um Estado-Membro, por um lado, imponha ou favoreça a celebração de ententes contrárias ao artigo 81.º, ou reforce os efeitos dessas ententes, ou, por outro lado, retire o carácter estadual à sua própria regulação delegando em operadores privados a responsabilidade de tomarem decisões de intervenção em matéria económica"* [775].

Aplicando a doutrina enunciada ao caso concreto, o Tribunal entendeu que, apesar da perda do benefício fiscal constituir indubitavelmente um importante elemento de incitação ao acatamento das disposições, não derivava do processo que as mesmas disposições se tivessem limitado a fazer seus quer o método de limitação da remuneração dos depósitos de poupança, quer o nível das taxas máximas antes adoptadas concertadamente [776]. Utilizando os termos do acórdão, do processo não procedeu que o regime legal instituído visasse *"impor ou favorecer a celebração de novas ententes ou a adopção de novas práticas"* [777].

Quanto à natureza estatal da medida, o Tribunal considerou [778] que do diploma belga resultava que as autoridades públicas tinham reservado o poder de serem, elas próprias, a fixar as taxas máximas, sem o delegarem em qualquer operador privado, pelo que a medida não tinha perdido o carácter estatal. E este facto não era posto em causa pela circunstância de o diploma salientar que o mesmo fora aprovado após concertação com os representantes das associações das instituições financeiras [779].

---

[775] De novo se verifica a confusão existente resultante da utilização de termos jurídicos que se pretendem precisos a situações que simplesmente se aparentam com o conceito que se utiliza para as definir. Nesta curta citação da decisão do Tribunal verifica-se a utilização incorrecta dos conceitos "regulação" e "intervenção".

[776] J. SIMÕES PATRÍCIO, cit., pág. 89.

[777] Considerando n.º 17.

[778] Considerando n.º 19.

[779] Na audiência de julgamento, a Comissão considerou que o regime legal em causa consistia num prolongamento sob forma regulamentar dos acordos interbencários preexistentes, e acrescentou que o diploma teria modificado o conteúdo daquele regime em medida não dispicienda. Porém, este ponto não foi concretizado.

Neste caso, o Tribunal julgou compatíveis com a regulamentação comunitária da concorrência as disposições nacionais submetidas ao recurso.

Com esta tomada de posição, o Tribunal embora não abandone a teoria do efeito útil, esvazia-a quase totalmente de conteúdo. Assim, no entender do Tribunal, apenas a fixação de taxas, que se limitasse a retomar ponto por ponto os acordos ou as práticas concertadas privadas, seria incompatível com o Tratado. Só nesta situação, a intervenção do Estado seria absolutamente passiva face aos interesses das empresas envolvidas, limitando-se a subscrevê-los.

O Tribunal veio, deste modo, contemporizar com medidas de ordenação [780] dos Estados em sectores regulados, que não sendo de natureza prudencial, interferem na concorrência interbancária.

Adoptando como pressupostos de acção a orientação do Tribunal descrita, como aponta SIMÕES PATRÍCIO *"no futuro poderá algum Governo, mantendo embora a sua exclusiva competência para fixar «plafonds» de taxas bancárias, vir a usar esse poder de forma aposteriorística, isto é, limitando-se a oficializar - mascarando-as - com uma ou outra variante de pormenor que convenha,..."*. A delegação belga, apoiando-se em precedentes do próprio Tribunal, alegou serem lícitas, por não infringirem o n.º 1 do artigo 81.º do Tratado, as medidas de intervenção estatal que directamente e mesmo voluntariamente restrinjam a concorrência, só o não sendo aquelas que o façam indirectamente, ou seja, obrigando ou encorajando as empresas a recorrerem a acordos ou práticas concertadas interditos pelo artigo 81.º.

Ora, esta orientação é, no mínimo, ambígua.

10.5.3.2. Afectação do comércio intra-comunitário

Durante o processo, apenas o autor suscitou a questão da afectação do comércio intra-comunitário. Alegou que a limitação dos juros passivos afectava o comércio entre os Estados-membros, no sentido do acórdão de 17 de Outubro de 1972, relativo ao caso das cimenteiras dos países baixos, pois o específico mecanismo fiscal aplicável impedia a angariação de depósitos em francos belgas por bancos

---

[780] E não intervenção, como afirma SIMÕES PATRÍCIO.

estabelecidos noutros Estados-membros, em condições idênticas às dos bancos sediados na Bélgica [781].

No acórdão em análise, não se encontra, em nenhuma parte, qualquer referência do Tribunal a esta situação, o que talvez fosse de estranhar, dada a natureza intrinsecamente interna do acordo. Tal deveu-se, certamente, à fixação oficial dos juros ser censurável pelo artigo 81.º, (visto a medida ser lícita). Não havia por razões de economia processual que indagar, no caso concreto, cada uma das condições de aplicação do artigo 81.º.

Porém, o Tribunal só consentiu essa não aplicabilidade de princípio, deixando em aberto o posterior exame, pelo órgão jurisdicional reenviante, da verdadeira natureza estatal do acto em causa. Nestes termos, o Tribunal não deixou de admitir, pelo menos implicitamente, que o artigo 81.º se aplica mesmo a situações alegadamente internas [782].

Ainda assim, como se refere na parte final da audiência, a Comissão ponderou o facto de as medidas reguladoras dos juros das cadernetas de poupança constituírem, em princípio, medidas de política económica que relevam da competência dos Estados-membros, por força do então artigo 104.º do Tratado (anterior redacção). Mas logo de seguida, referindo-se ao acórdão *Zuchner*, a Comissão entendeu que tais medidas poderão abranger-se no domínio de aplicação das regras comunitárias da concorrência e designadamente dos artigos 10.º e 81.º do Tratado, na medida em que afectarem as trocas entre os Estados-membros [783].

---

[781] Como se pode apreciar, a argumentação não era muito coerente. Centrava-se no regime fiscal próprio dos depósitos em causa e, portanto, misturava as questões da concorrência e questões fiscais, nomeadamente referentes a impostos directos.

[782] J. SIMÕES PATRÍCIO, cit., pág. 93.

[783] Esta resposta não é coerente com a posição assumida pela Comissão durante o processo. De acordo com o relatório de audiência, a Comissão havia sublinhado perante o Tribunal que "*a medida em causa se inscreve no quadro da política monetária a qual releva maximamente, conforme os artigos 104.º e 105.º (anteriores redacções) do Tratado, da competência dos Estados-membros*", e que, se em tempo normal os instrumentos monetários utilizados deviam ser os que menos afectassem a concorrência entre as instituições financeiras, não deixava de ser certo que "*a margem de concorrência existente no mercado em questão será ainda suficiente*".

Porém, nada consta quanto ao critério desta possibilidade de comércio intra-comunitário. Quanto a este aspecto, assume particular relevo a isenção fiscal não ser apenas reservada aos depósitos de poupança constituídos em francos belgas, incindindo igualmente sobre os depósitos em moeda estrangeira constituídos em instituições financeiras sediadas na Bélgica. Ora, é de fácil demonstração que a restrição de concorrência acordada e depois ratificada pelo decreto real afectava as instituições estrangeiras que operassem na Bélgica.

Nesta matéria, a Comissão afirmou não existir qualquer violação porque não parecia *"existir na Bélgica discriminação entre as filiais e as sucursais de instituições financeiras belgas e estrangeiras, quanto à exoneração dos juros dos depósitos-poupança com montante máximo de 50 000 FB."*

10.5.4. Especificidade dos acordos e práticas relativos a juros

Como foi referido anteriormente, a Comissão foi adoptando uma atitude de reserva e de silêncio na averiguação da compatibilidade concorrencial dos acordos monetários. Essa posição filiou-se no desejo de manutenção de uma posição neutral, numa matéria integrada na política monetária e económica dos Estados-membros.

No 17.º Relatório sobre a Política da Concorrência, a Comissão afirmou mesmo, ao comentar as suas decisões de 1986 sobre o assunto *"ter reservado de momento a decisão sobre este assunto, enquanto se aguarda uma investigação sobre a relação entre as taxas de juro e a política monetária de cada um dos Estados-membros"*.

Como foi mencionado, no decurso do processo *Van Eycke*, a Comissão emitiu a opinião de que as medidas governamentais de fixação da taxa de juro das cadernetas de poupança *"constituem, em princípio, medidas de política económica que relevam da competência dos Estados-membros em virtude do artigo 104.º do Tratado"*, e que a medida em questão se inseria *"no quadro da política monetária a qual, segundo os artigos 104.º e 105.º do Tratado (anterior redacção) relevavam mormente da competência dos Estados-membros"*.

O Tribunal de Justiça, nesse caso, manifestou alguma curiosidade acerca da natureza e da finalidade das medidas do Estado objecto de apreciação, inquirindo expressamente a Bélgica e a Comissão se os diplomas em causa *"revestiam duma função concreta no domínio da política monetária belga, e caso afirmativo qual"*.

A Bélgica respondeu que a baixa das taxas de juro passivas tinha como objectivo a posterior descida das taxas dos empréstimos públicos [784] e dos financiamentos às empresas. Por seu lado, a Comissão invocou os mesmos argumentos, mas fez notar, antes disso, que a sua finalidade principal foi evitar a concorrência excessiva.

O Tribunal convidou a Comissão a indicar *"se existem nos outros Estados-membros medidas de efeito comparável ao dos diplomas em análise e, caso existam, se se trata de medidas relevando da política monetária ou fiscal, ou da política de concorrência interbancária"*.

A Comissão, na sua resposta, afirmou ter apurado que as taxas de juro das suas cadernetas de poupança são fixadas por via regulamentar em determinado número de Estados-membros e que as autoridades visam nesses casos três objectivos: condução da política monetária, por meio das taxas de juro; protecção da poupança; e uma certa regulação da concorrência no sector financeiro.

Apesar de todas estas iniciativas e indagações, não se encontra, no acórdão em análise, qualquer referência à finalidade ou ao carácter monetário da medida sindicada.

De uma forma mais evidente que nas anteriores, o Tribunal de Justiça não se pronuncia, novamente, sobre uma medida restritiva da concorrência de carácter monetário. Esta situação é tanto mais estranha, se recordarmos os fortes termos do acórdão *Zuchner*, onde essa mesma instituição comunitária afirmou peremptoriamente que, por um lado, os artigos 104.º e seguintes do Tratado (anterior redacção) de forma alguma subtraem o sector bancário às regras comunitárias da concorrência [785] e, por outro lado, que uma eventual subtracção consentida pelo artigo 86.º n.º 2 do Tratado só seria efectuada com suporte numa determinação concreta, ou seja, por acto do poder público, duma determinada missão de interesse económico geral [786].

---

[784] Factor de extraordinária importância para a Bélgica, pois é o país da União Europeia com a maior volume de dívida pública.
[785] Considerando n.º 8
[786] Considerando n.º 7

SIMÕES PATRÍCIO comenta esta situação da seguinte forma: "*o acórdão Van Eycke não defronta essa questão e será legítimo conjecturar que o Tribunal agiu assim deliberadamente. Se, em pura lógica, podia tentar-se um argumento a contrario a partir de uma reserva, feita na decisão, da conclusão factual pela existência de uma entente (...), a verdade é que, para além de ser muito aleatória, em geral, a valia daquele argumento lógico, nada autoriza a imputar ao Tribunal de Justiça uma tomada de posição neste problema muito preciso*".

O Parlamento Europeu, na sua apreciação, ocorrida na última sessão parlamentar de 1988, ao 17.º Relatório sobre a Política da Concorrência, recomendou uma observação atenta, no âmbito da disciplina da concorrência, tanto da prestação de serviços bancários como dos acordos sobre taxas de juro.

É facilmente aferível, pelos termos expostos, que é o Parlamento que entende não estar ainda a questão esclarecida e que incita o Executivo comunitário, de novo, a uma tomada de posição.

Não tendo havido uma tomada de posição sobre a matéria mais interessante, poder-se-á retirar deste acórdão duas conclusões.

O Tribunal de Justiça não julgou ilegal, do ponto de vista do direito comunitário, a forma de ordenação económica, ou seja, o diploma que fixou a remuneração dos depósitos-poupança, para o efeito de beneficiarem de isenções fiscais. Afastou, desta forma, o entendimento conducente à descaracterização de um acordo ou prática concertada entre as instituições de crédito belgas.

Segundo, não submeteu a medida estatal à aplicação do artigo 81.º, não obstante ter-se concluido que a medida visava, efectivamente, diminuir de forma considerável a intensidade da concorrência, embora, como a Comissão fez notar, em detrimento das pequenas instituições financeiras.

O Tribunal de Justiça limitou-se a analisar a questão prejudicial, nos termos formulados pelo tribunal reenviante, não tendo chamado à colação, nem sequer incidentalmente, a eventual afectação do comércio intra-comunitário, que no caso parecia evidente, à luz da jurisprudência da altura do Tribunal.

10.5.5. Conduta da Comissão

Por seu lado, a Comissão, relançou o debate em finais de 1989, através da publicação de um comunicado à imprensa [787], dirigido à Federação Bancária Europeia, explicando-lhe que os acordos sobre taxas de juro limitavam a concorrência em termos equivalentes aos dos acordos sobre preços, devendo por isso ser evitados e abandonados.

Este comunicado não teve os efeitos pretendidos, não despoletando qualquer notificação espontânea à Comissão. Esta instituição emitiu, então, um novo comunicado de imprensa [788], em Junho de 1991, indicando que a Comissão havia endereçado pedidos formais a todas as associações nacionais de bancos e, em alguns casos a outras associações nacionais de estabelecimentos de crédito.

Após a análise das respostas, a Comissão retirou as seguintes conclusões:

- as associações interrogadas confirmaram a inexistência, no seu seio, de ententes em matérias de taxas de juro, quer seja sob a forma de acordo ou de recomendação;
- algumas associações (belgas e italianas), após o pedido de informações da Comissão, revogaram voluntariamente os seus acordos sobre as matérias, que já não eram aplicados na prática.
- A associação do Luxemburgo abandonou, após o pedido da Comissão, um sistema de recomendações em matéria de taxas de juro.

Entretanto, no dia 24 de Julho de 1992, foi emitido um novo comunicado à comunicação social [789], onde a Comissão reafirmou a inexistência de acordos ou recomendações relativos a taxas de juro e que os pedidos de informação haviam sido uma oportunidade para certas organizações oficiais eliminarem os acordos caídos em desuso mas existentes no papel. Somente a Associação Portuguesa de Bancos (APB) calculava, para dois tipos de transacções, a taxa média aplicada pelos maiores bancos. Todavia, a Comissão entendeu que as taxas indicativas da APB não influenciavam significativamente as

---

[787] IP (89) 869 de 16 de Novembro 1989.
[788] IP (91) 520 de 5 de Junho de 1991.
[789] IP (92) 625 de 24 de Julho de 1992.

taxas de juro fixadas pelos bancos, e era bastante provável que a sua importância decrescesse sucessivamente, pelo que concluiu não ser necessário tomar qualquer medida.

O Comunicado afirmava, ainda, que o inquérito não havia indicado formas de cooperação entre os bancos, fora do enquadramento das associações e, se tal ocorresse, cairia automaticamente no âmbito da proibição do artigo 81.º [790].

No 21.º Relatório sobre a Política da Concorrência referente ao ano de 1991, a Comissão reconhece que prestou, durante esse ano, uma atenção especial aos acordos de taxas de juro e aos diferenciais entre taxas de juro, afirmando que *"algumas associações bancárias alegaram que um grau de coordenação dos níveis de taxas de juro constitui um objectivo necessário e legítimo da política monetária,..."*, contudo ressalvou, logo de seguida, que *"afigura-se possível, contudo que as autoridades bancárias em cada Estado-Membro prossigam e realizem os seus próprios objectivos de política monetária sem encorajar o uso de cartéis de preços ilícitos"*, e acrescentou, *"sempre que se verifique a existência desses cartéis a Comissão insistirá na sua extinção"*, dando como exemplo, *"a associação bancária belga abandonou já um acordo que impunha uma taxa de juro máxima de 0,5% nos balanços das contas correntes"* [791].

---

[790] No Comunicado constavam ainda duas referências à fixação uniforme de comissões. Em primeiro lugar a Comissão entendeu que a apresentação, por uma associação, de uma lista normalizada de preços a prestar pelos seus membros, apesar de constituir um auxílio significativo para os consumidores escolherem o banco prestador do serviços, conduziria, muito provavelmente, a um acordo de preços sobre a prestação desses serviços. Em segundo lugar, informava-se que a Comissão havia enviado uma declaração de objecções a uma associação bancária que tinha remetido aos seus associados uma lista de preços normalizada, cobrindo uma série de serviços prestados aos clientes. Essa lista não tinha os preços preenchidos, à excepção da comissão a cobrar pelos eurocheques emitidos no exterior, tendo a Comissão julgado que este comportamento conduziria a um acordo de preços. A associação em causa assegurou imediatamente à Comissão que tal se tinha devido a um erro, e que havia enviado prontamente uma corrigenda aos seus membros. Perante tal comportamento a Comissão considerou que não havia razão para tomar qualquer medida.

[791] Comissão, "21.º Relatório sobre a Política da Concorrência referente ao ano de 1991", Bruxelas, (1992), ponto 33.

Por sua vez, no 22.º Relatório sobre a Política da Concorrência, referente ao ano de 1992, a Comissão afirmou que *"prosseguiu as suas investigações no sector das taxas de juro, concluindo o exame das respostas às cartas de pedidos de informações enviadas no último ano. Como resultado foram abandonados e modificados certos acordos e procedeu-se ao envio de uma comunicação de acusações num caso específico"* [792].

A liberalização dos movimentos de capitais e dos meios de pagamento, incluindo as poupanças privadas, em 1990, combinada com o exercício efectivo da liberdade de estabelecimento e de prestação de serviços pelas instituições bancárias comunitárias, desde 1 de Janeiro de 1993, nos termos da segunda directiva bancária, constitui, actualmente, um obstáculo a qualquer tentativa de imposição de acordos sobre taxas de juro, mesmo que sejam socialmente desejáveis num determinado Estado-Membro.

No estado actual da legislação comunitária, não se poderá recorrer ao n.º 3 do artigo 81.º para justificar práticas deste tipo quer seja por razões sociais quer seja por necessidades financeiras dos Estados, nomeadamente, o financiamento do défice orçamental ou da dívida pública.

É igualmente inconsequente, no alvor da terceira fase da União Económica e Monetária, o argumento de que os acordos sobre taxas de juros teriam sido encorajados pelas autoridades públicas.

11. OUTRAS DECISÕES EM MATÉRIA BANCÁRIA

11.1. Acordos bilaterais de cooperação entre bancos de poupança europeus

Já foram analisados pela Comissão várias dezenas de acordos concluídos por instituições bancárias, e de um modo geral, a apreciação comunitária foi favorável, facilitando os movimentos dos clientes dos bancos de um país para outro. No entanto, a prática

---

[792] COMISSÃO, "22.º Relatório sobre a Política da Concorrência referente ao ano de 1992", cit., ponto 44.

da Comissão revela uma contestação contínua de quatro tipos de cláusulas:

- renúncia à instalação geográfica da outra parte;
- renúncia à conclusão de acordos com outras instituições de crédito nessas regiões;
- exclusividade concedida a cada parceiro no seu país de origem na comercialização e distribuição de produtos comuns;
- controlo *a priori* pelas associações nacionais dos acordos bilaterais concluídos pelos seus membros. [793]

11.2. Distribuidores automáticos de notas

A sociedade Belga *Eufiserv* foi criada em 1990 por onze associações nacionais de bancos de poupança, no sentido de disponibilizar a 37 milhões de detentores de cartões, emitidos por aqueles bancos, 18 mil distribuidores automáticos. A Comissão chamou a atenção para o respeito das regras da concorrência em matéria tarifária, devendo especificar-se, no acordo constitutivo, que a comissão interbancária prevista corporizava um valor máximo de forma a serem possíveis acordos bilaterais no sentido da facturação de uma comissão inferior [794].

11.3. Constituição da EGFI

Foi criada em 1990 o *European Group of Financial Institutions*, sob a forma de Agrupamento Europeu de Interesse Económico, inicialmente por três bancos de poupança, com a finalidade de desenvolver formas de cooperação, como a elaboração de novos projectos de investimento. A Comissão insistiu que fosse suprimido dos estatutos a cláusula que previa a possibilidade de não fundamentação de recusas de novas admissões [795].

---

[793] COMISSÃO, "21º Relatório Sobre a Política da Concorrência, 1991," cit.. (1992) nº 34, pág. 37.
[794] 21º Relatório Sobre a Política da Concorrência, 1991, (1992) nº 35, pág. 37.
[795] 21º Relatório Sobre a Política da Concorrência, 1991, (1992) nº 36, pág. 37.

11.4. Regime de contrapartidas para a abertura de novos balcões

Esta questão foi suscitada depois do Comissário BRITTAN, numa visita a Portugal, ter manifestado desacordo relativamente ao regime de contrapartidas do Governo Português para a autorização de novos bancos privados.

O membro da Comissão afirmou que esta situação se equiparava a uma espécie de portagem para a criação de um novo banco ou para a abertura de balcões de outros, que era aplicada para o saneamento dos bancos públicos, o que criava uma barreira à entrada e uma distorção da concorrência em prejuízo de quem entra e em benefício dos estabelecidos [796].

11.5. Os pagamentos electrónicos

As comissões fixas cobradas pelas entidades distribuidoras de cartões de crédito, eventualmente diferentes entre os Estados-membros, têm levantado polémica. As questões essenciais giram em torno da tarificação excessiva, prejudicial às pequenas e médias empresas e das condições contratuais que as privam da liberdade de utilizar o cartão. A posição da Comissão é a de que este estado de coisas não é restritivo da concorrência. A comissão suportada pelo comerciante varia entre sistemas de cartões e até entre os bancos emitentes de cartões do mesmo tipo para os seus clientes.

A Comissão afirmou, ainda, que um dos princípios aplicados em matéria de pagamentos é o da liberdade concedida aos bancos, dentro de certos limites, de poderem licitamente chegar a um acordo quanto à forma de dividir a comissão entre o emissor e o beneficiário. Porém,

---

[796] Para a Comissão aquele regime era equivalente, nos seus efeitos, à concessão de recursos do Estado a certas empresas do sector bancário, sendo-lhe aplicáveis os artigos 87.º e 88.º do Tratado, cabendo a esta instituição apreciar a sua compatibilidade com o mercado comum. No entanto, tal era justificado no âmbito da derrogação concedida até final de 1992, invocando Portugal a condição de necessidade económica. Pergunta escrita 2655/90 do deputado SÉRGIO RIBEIRO de 23/11/90 e Resposta de JACQUES DELORS de 18 de Fevereiro de 1991, JO CE nº C 187/6 de 18 de Julho de 1991. in J. FERREIRA "Os Bancos e a Concorrência", cit..

as condições oferecidas aos clientes, tanto comerciantes como particulares deverão ser livres. A Comissão não prevê, assim, uma harmonização das condições financeiras de emissão de cartões, porque lhe compete garantir a livre concorrência neste domínio [797].

11.6. O acordão "Bancos espanhóis"

Neste acordão, o tribunal afirmou que *"O artigo 214º do Tratado e as disposições do regulamento 17, do Conselho, de 6 de Fevereiro de 1962, primeiro regulamento de aplicação dos artigos 85º e 86º, deverão ser interpretados no sentido de que os Estados-membros, no quadro da competência que se lhes reconhece para a aplicação das regras nacionais e comunitárias da concorrência, não poderão utilizar, como meios de prova, as informações não publicadas contidas nas respostas aos pedidos de informações endereçados às empresas de acordo com o artigo 11º do Regulamento 17, nem as informações contidas nos pedidos e notificações previstas nos artigos 2, 4, e 5 do Regulamento 17"* (anteriores redacções dos artigos) [798].

Este acordão vem precisar o entendimento do artigo 20.º do regulamento 17 em relação à utilização, pelas autoridades nacionais, das informações que lhes são transmitidas pela Comissão na aplicação do artigo 10.º do regulamento, que estipula que *"a Comissão transmitirá imediatamente às autoridades competentes dos Estados-*

---

[797] Pergunta escrita nº 2783/91 de FERNAND HERMANN, de 22 de Novembro de 1991, e resposta de Sir LEON BRITTAN, de 18 de Fevereito de 1992, in *Boletim da Concorrência e Preços*, 3º Série, nº 11. Jul/Set (1992), págs. 50/51.

A questão já é antiga, tendo a Comissão afirmado, em 1985, que o desenvolvimento de meios de pagamento automáticos pode facilitar as transacções internacionais com proveito para os interessados. Ou seja, os bancos fornecedores de cartões, que contêm o fluxo de cheques a tratar, os detentores dos cartões, que os poderão utilizar num maior número de distribuidores automáticos de notas e de terminais nos pontos de venda, e os comerciantes, que terão um maior número de clientes potenciais e de garantia de pagamento. Os utilizadores conservam, ainda, o direito de não aceitar o cartão e os comerciantes, o direito de não aderir ao sistema se o preço a pagar lhes parecer excessivo. Pergunta escrita nº 7/85 de JEAN ABELIN de 15 de Abril de 1985 e resposta de Lord COCKFIELD de 1 de Julho de 1985, JO CE nº C 251 de 2 de Outubro de 1985, págs. 10 e 11.

[798] Processo n.º 267/86 de 16 de Julho de 1992, in Colectânea I, 1992 pág. 4785.

-membros cópia dos pedidos e das notificações, bem como dos documentos mais importantes que lhe sejam dirigidos...".

O *Tribunal de Defensa de la Competencia* havia questionado se a autoridade nacional competente poderia utilizar essa informação exclusivamente para aplicação do direito nacional da concorrência, ou apenas para aplicação do direito comunitário, ou concorrentemente para a aplicação dos dois.

12. CONCLUSÕES

Da análise dos acordos, convenções e decisões referidas poderemos tentar chegar a algumas conclusões acerca da aplicação prática das regras da concorrência no sector bancário. Assim:

- Os acordos de sindicação bancários, com a finalidade de assegurar financiamentos avultados, não têm efeitos restritivos da concorrência, porque se constituem devido à impossibilidade de um só banco assegurar o financiamento;

A Comunicação de 1965 sobre acordos, aos quais não se aplica o artigo 81.º, abrange convenções que tenham por finalidade a constituição de associações temporárias de trabalho, para a execução em comum de encomendas, quando as empresas participantes não estão em concorrência nas prestações a oferecer ou não estão em condições de, individualmente, executar as encomendas. Se estes acordos não tiverem condições acessórias restritivas da concorrência, poderão escapar à proibição do n.º 1 do artigo 81.º.

- A criação e funcionamento das associações profissionais bancárias, têm de ser vistas de acordo com as suas actividades e nunca foram condenadas pela Comissão. Os clubes bancários internacionais, formados por grandes bancos através de estruturas informais, não levaram a Comissão a intervir, dado que a cooperação existente era muito fluida, mantendo as partes uma liberdade de acção individual quanto à extensão das suas redes, sem qualquer exclusividade recíproca em relação às transacções internacionais e funcionando as filiais comuns como bancos normais em cooperação, e por vezes concorrência, com os vários parceiros.

- Quanto às filiais bancárias, com finalidades mais integradas que os clubes bancários, a Comissão é tanto mais severa quanto importantes forem as empresas associadas. No entanto, poderá ser concedida uma isenção ao abrigo do n.º 3 do artigo 81.º se a filial comum não suprimir toda a possibilidade de concorrência.

- A Comissão não permitirá acordos entre bancos que limitem a liberdade dos mesmos nas suas relações com a clientela, designadamente no domínio dos preços cobrados pelos seus serviços. Embora a Comissão tenha, como estudámos, isentado acordos que fixam comissões máximas a cobrar pela prestação de serviços interbancários, tais práticas são aceites, se suficientemente justificadas, na medida em que essas comissões sejam apenas um elemento do custo final dos serviços prestados, continuando desse modo a subsistir possibilidades de concorrência na fixação dos preços finais desses serviços. Não permite, igualmente, a segmentação territorial imposta.

- Outras cláusulas consideradas restritivas da concorrência foram: a renúncia à implantação na zona geográfica da outra parte, a renúncia ao estabelecimento de outros acordos com outras instituições bancárias daquelas regiões, a exclusividade de comercialização e de distribuição de produtos comuns no mercado de origem e o controlo *a priori* das associações nacionais sobre os acordos bilaterais estabelecidos pelos seus membros.

O teor das quatro decisões comunitárias relativas aos acordos entre os bancos italianos, os bancos belgas, os bancos irlandeses e os bancos holandeses coloca uma importante questão quanto ao direito de ressarcimento dos sujeitos prejudicados por uma prática restritiva da concorrência contrária ao direito comunitário, através do recurso aos tribunais nacionais.

Esta observação é aplicável aos acordos relativos a taxas de juro voluntariamente emendados ou retirados pelas partes, após o pedido de informações pela Comissão.

Como foi referido, o procedimento da Comissão no tocante ao sector bancário, por vezes em marcante contraste com outros sectores, foi o da concessão de isenções a acordos desde que a sua notificação fosse realizada. Porém, e nos casos mais duvidosos, propôs emendas na sua declaração inicial de objecções da Comissão, que aceites, após um posterior processo negocial, expurgavam o conteúdo inaceitável, ou seja contrário ao n.º 1 do artigo 81.º e não susceptível de beneficiar de uma isenção nos termos do n.º 3 do mesmo artigo.

Uma posição mais forte, e mais em linha com o procedimento da Comissão no tratamento dos restantes sectores e com a necessidade de prossecução de uma tutela efectiva das partes prejudicadas pelos efeitos anticoncorrenciais dos agentes, teria sido a de incluir os termos anticoncorrenciais na sua decisão e proibi-los formalmente, apesar de terem sido retirados voluntariamente no decurso das negociações ocorridas após a notificação.

A conduta adoptada pela Comissão veio, assim, dificultar o ressarcimento, em sede de tribunais nacionais, dos terceiros prejudicados pelas práticas restritivas ocorridadas entre o período da notificação e a altura da sua retirada, após o decurso das referidas negociações.

Não proibindo estas práticas restritivas, retiradas voluntariamente, a Comissão obriga a que as partes prejudicadas tenham de provar, além dos danos sofridos, que a prática restritiva só foi retirada, não voluntariamente, mas por acção da Comissão. Além destes aspectos, era necessário provar que a sua manutenção seria contrária ao n.º 1 do artigo 81.º e insusceptível de beneficiar de uma isenção nos termos do n.º 3 do mesmo artigo.

Este ónus da prova, pesado e injusto, não existiria se a Comissão tivesse incluído os elementos restritivos da concorrência expurgados na sua decisão, e afirmado que, apesar de terem sido voluntariamente retirados, eram proibidos nos termos do n.º 1 do artigo 81.º e insusceptíveis de beneficiar de uma isenção [799].

---

[799] Os serviços da concorrência da Comissão têm, nestas situações, emitido alguns comunicados oficiais para utilização nos tribunais nacionais, a pedido de partes que procuram ressarcimento nessa sede, confirmando que, se esses acordos não tivessem sido voluntariamente retirados pelas partes, seria seu propósito proibi--los. No entanto, esta solução *ad hoc* peca por defeito. Além da Comissão não estar obrigada a fornecer a sua posição, o grau de protecção concedido não é equivalente ao de uma decisão formal sobre o assunto. A posição do prejudicado é ainda mais dificultada uma vez que a Comissão não torna público a totalidade do acordo que teria sido proibido se não tivesse sido expurgado das práticas anticoncorrenciais. Nestes termos, os terceiros terão de, através do recurso a provas meramente circunstanciais, provar que o acordo em causa é o acordo previamente notificado à Comissão e posteriormente retirado. M. DASSESSE, S. ISAACS, G. PENN, cit., pág. 309 e ss.

A decisão relativa aos bancos neerlandeses constitui um avanço, nesta matéria específica, contendo um sumário exaustivo de todos os acordos notificados, incluindo aqueles que foram voluntariamente retirados. Contudo, nas decisões mais recentes, este procedimento não foi adoptado.

Não deverá nunca esquecer-se que, de acordo com as novas orientações de direito comunitário introduzidas por jurisprudência constante do Tribunal de Justiça das Comunidades, apenas as medidas que afectem sensivelmente a concorrência serão alvo de um processo de averiguação desenvolvido. É por essa razão que diversos acordos de índole técnica secundários que foram notificados à Comissão obtiveram, após um processo simplificado, atestados negativos. Dentro desta realidade poderão incluir-se os acordos sobre horários de abertura de bancos, as regras de acesso e participação às câmaras de compensação, sistema domiciliação [800], operações em divisas estrangeiras ou moeda nacional a partir do estrangeiro [801], tratamento de créditos documentários, fixação dos termos de referência para a negociação de divisas, a fixação dos termos de referência para os serviços de poupança, a venda de produtos de índole não bancária [802], entre outros.

Uma decisão da Comissão no processo *Banque National de Paris - Dresdner Bank* [803], ilustra, de uma forma exemplar, as considerações efectuadas. No caso concreto, o *Banque National de Paris* (BNP) e o *Dresdner Bank* (DB), notificaram à Comissão um acordo de âmbito alargado, abarcando uma grande variedade de assuntos na área da organização e troca de informações essenciais para a actividade bancária (financiamentos internacionais, banca de investimento, etc.), quer nos mercados nacionais, no caso França e Alemanha, quer nos mercados de países terceiros, onde a sua pre-

---

[800] Cfr. Decisão da Comissão de 30 de Setembro de 1986, processo IV/31.362, *"Irish Banks Standing Committee"* (JO CE n.ºL 295/28, 1986).

[801] Cfr. Decisão da Comissão de 12 de Dezembro de 1986, processo IV/31.356, *Associação bancária Italiana* (JO CE n.º L43/51, 1987).

[802] Cfr. Decisão da Comissão de 24 de Julho de 1989, processo IV/31. 499, *Associação de Bancos Neerlandeses* (JO CE n.º L253/1).

[803] Cfr. Decisão da Comissão de 24 de Junho de 1996, processo IV/34.607, *Banque National de Paris - Dresdner Bank,* (JO CE n.º L188/37, 1996).

sença é substancialmente menor. Nestes últimos mercados, e tendo em apreço o poder de mercado diminutos detido pelas instituições, a Comissão estimou que do acordo em causa não derivava qualquer restriçao sensível para o tráfego concorrencial. O mesmo se conclui nos mercados financeiros e bancários internacionais.

Quanto aos mercados nacionais, e dada a elevada presença dos bancos nesses espaços, a Comissão admitiu que o n.º 1 do artigo 81.º era aplicável, na medida em que o acordo abrangia uma cooperação no domínio da organização e da troca de informação, o que tinha como consequência *"a não mais existência de interesse económico no desenvolvimento das suas actividades de maneira independente no país do seu parceiro ou no reforço da sua posição concorrencial face aos grandes bancos franceses ou alemães"*. Todavia, a Comissão acordou na concessão de uma isenção, com base no n.º 3 do artigo 81.º, já que as restrições acordadas eram essenciais para que a clientela pudesse obter novos e melhores serviços. Acrescentou, ainda, e nos termos descritos acima, que o nível de afectação da concorrência no mercado francês e alemão não era significativa [804].

Por outro lado, um acordo que não afecte significativamente o comércio entre os Estados-membros, apesar da restrição concorrencial ser significativa, não poderá ser ter-se como susceptível de afectar o n.º 1 do artigo 81.º. Muitos serviços bancários são prestados numa base estritamente nacional, não havendo qualquer interesse na aplicabilidade do direito comunitário da concorrência. Encontram-se nesta categoria os acordos sobre cofres-fortes [805], sobre o sistema de caixas automáticas ou sobre as condições mínimas a aplicar aos serviços de depósitos de títulos [806].

---

[804] Esta última conclusão leva à interrogação, legítima, da regularidade da aplicação do próprio n.º 1 do artigo 85.º.

[805] Cfr. Decisão da Comissão de 12 de Dezembro de 1986, processo IV/31.356, *Associação bancária Italiana* (JO CE n.º L 43/51, 1987); Decisão da Comissão de 24 de Julho de 1989, processo IV/31. 499, *Associação de Bancos Neerlandeses* (JO CE n.º L 253/1);

[806] Cfr. Decisão da Comissão de 12 de Dezembro de 1986, processo IV/31.356, *Associação bancária Italiana* (JO CE n.º L 43/51, 1987);

12.1. Cooperação técnica entre bancos

Ultimamente, a Comissão tem dada particular atenção aos acordos de cooperação técnica entre instituições bancárias, apesar de estes serem potencialmente ilegíveis para a concessão de uma isenção nos termos do n.º 3 do artigo 81.º já que, na sua grande maioria, têm o propósito de fornecer aos seus clientes uma melhor gama de serviços. Porém, dada a sua natureza específica, poderão conter cláusulas restritivas dificilmente justificáveis - ou indispensáveis - para a prossecução do escopo desses acordos. Nestes termos, todas as novas áreas da banca electrónica merecem ser submetida a um exame minucioso.

Por exemplo, são dificilmente justificáveis, atenta à sua necessidade para a prossecução dos objectivos, as cláusulas uniformes aplicadas a empresas que desejem filiar-se a uma rede de ATM, obrigando estas: à cobrança, aos seus clientes, de taxas de juro mínimas por débitos não cobertos ou por adiantamentos; à fixação de taxas de juro máximas para remuneração de depósitos; à cobrança de uma tarifa ou uma taxa de comissão por operação ou pela emissão do cartão; ou à não participação em redes concorrentes.

Note-se que, nos termos do artigo 81.º do Tratado, seis das sete decisões formais adoptadas pela Comissão lidaram essencialmente com um único tipo de serviços financeiros, precisamente os serviços de pagamentos [807]. Numa análise mais específica verifica-se mesmo que as decisões trataram com certas regras operativas dos sistemas de pagamento. Esta perspectiva da Comissão é coerente com a sua prática de comunicações, a única que diz respeito à aplicabilidade das regras da concorrência a este sector específico é, precisamente, a Comunicação relativa à aplicação das regras comunitárias da concorrência às transferências bancárias transfronteiriças [808].

Os sistemas de pagamentos levantam questões de concorrência pelos preços bem como outras que não assentam especificamente nesse parâmetro concorrencial.

---

[807] A sétima e mais recente decisão diz respeito à cooperação bilateral entre dois grandes bancos englobando uma grande variedade de serviços. Cfr. *Banque National de Paris/Desdner Bank*, in JO CE n.º L 188/37 (1996).

[808] JO CE n.º C 251/3, de 27 de Setembro de 1995.

Mantendo a nossa atenção nas primeiras, já foi referido que os bancos participantes num sistema de pagamentos não podem estabelecer directamente as comissões a cobrar aos seus clientes.

Porém, as questões que hoje se mantêm, e que têm toda a actualidade, são substancialmente mais controversas e tratam matérias intra-acordo.

Um problema estrutural radica na compatibilidade das comissões interbancárias multilaterais (*CIM*) com o disposto no artigo 81.º do Tratado. As taxas de transacção são comissões que um banco (que é muitas vezes, mas não necessariamente, o banco do credor) paga a outro banco (o banco do devedor, na esmagadora maioria das ocasiões) quando as duas instituições cooperam no âmbito de uma determinada operação em exercício no interior do sistema de pagamentos a que pertencem. Uma *CIM* é uma comissão calculada inicialmente através de uma fórmula acordada entre todos os bancos pertencentes a um determinado sistema de pagamento, e que é paga no momento da adesão ao sistema [809].

Procedeu-se, ao longo do texto, a uma análise histórica da evolução do entendimento da Comissão quanto a esta matéria.

Uma outra questão, que urge clarificação quanto à sua regularidade e, consequentemente, legalidade, refere-se à *no discrimination rule (NDR)* e seu relacionamento com o inevitável artigo 81.º. Na prossecução desta regra, os bancos proibem os seus clientes comerciantes, que aceitam um determinado meio de pagamento, de cobrar uma qualquer sobretaxa aos clientes por esse facto [810].

---

[809] Uma qualquer queixa de um particular quanto a estes esquemas depara, invariavelmente, com problemas inultrapassáveis em sede de prova. Cfr. acórdão *Zuchner*, citado.

[810] Note-se que esta questão se coloca, igualmente, em quadros mais simplificados, nomeadamente no caso dos levantamentos de numerário em ATM´s onde estão envolvidas três partes: o sujeito que retira o dinheiro, o seu banco, e o banco que fornece a instalação. Nesta situação, a imposição de uma NDR significa que este último banco não pode cobrar nenhuma comissão ao sujeito que utiliza as suas instalações para proceder ao levantamento.

12.2. As Comissões interbancárias multilaterais

Tal como foi referido oportunamente, no momento da análise do acórdão Zuchner, o que estava realmente em causa era a imposição de CIM [811]. Nos casos da Associação Belga de Bancos e da Associação Bancária Italiana, os bancos abandonaram as disposições relevantes dos respectivos acordos sobre comissões uniformes impostas aos clientes. Também no caso *Eurocheque: Acordo de Helsínquia*, a Comissão proibiu a imposição, por parte dos bancos franceses, de uma comissão uniforme aos comerciantes que aceitassem os eurocheques, se tal constituisse uma imposição de preços através de cartel. O Tribunal de Primeira Instância, no seguimento da jurisprudência constante, qualificou a decisão imposta ao cliente como sendo uma comissão máxima e não uma comissão fixa ou mínima [812].

Relembre-se, não estava em causa simplesmente uma comissão, mas duas, sendo a segunda imposta ao comerciante que aceitava o eurocheque e essa foi, correctamente, julgada como desconforme.

Tal como ocorreu no acórdão *Zuchner*, a decisão relativa ao *Eurocheque: Acordo de Helsínquia* contém linguagem, confusa, relativamente à controvérsia quanto à legalidade das CIM. No contexto do dispositivo normativo contido no n.º 1 do artigo 81.º, a Comissão fez notar que o *Acordo de Helsínquia* consistia numa variação do acordo inicial *Eurocheque Package Deal* que havia estabelecido um princípio de "comissão zero" imposta ao comerciante (ou seja, o aceitante do eurocheque recebia a quantia na totalidade, sendo a comissão sustentada pelo utilizador desse meio de pagamento). E acrescentou que havia isentado a CIM nesse acordo preci-

---

[811] Cfr. F. SCHWERER, "Les virements tranfrontaliers: un marché ou un système?" in *Revue de droit des affaires internacionales*, n.º 4 (1996), págs. 435 e ss..

[812] Acórdão *Groupement des Cartes Bancaires "CB" e Europay International, SA vs. Comissão*, processos conjuntos T-39/92 & 40/92, Colectânea II, 1994, págs. 49 e ss. O Tribunal de Primeira Instância fez notar que a Comissão não havia produzido prova suficiente de que os bancos cobravam sempre a comissão máxima.

samente por essa razão, impedido, essa solução, a dupla compensação ao banco do aceitante do eurocheque (a comissão paga pelo banco do utilizador e a comissão sustentada pelo aceitante do eurocheque, ou seja, o comerciante) [813] [814].

Esta pequena exposição reforça ainda mais o substracto controverso do regime das *CIM*. Nas quatro decisões formais relativas ao artigo 81.º em que esta questão foi tratada, a Comissão aceitou invariavelmente as *CIM*. Na decisão *Eurocheque: Package Deal I*, na matéria abrangida pelo pacote de regras operativas que regulavam o sistema de pagamentos dos Eurocheques, a Comissão considerou que a *CIM* era contrária ao disposto no n.º 1 do artigo 81.º, mas susceptível da isenção do n.º 3 do mesmo artigo. Subsequentemente, na decisão *ABB*, todas as *CIM* contidas em sistemas de pagamentos notificados beneficiaram igualmente de uma isenção. Depois, na decisão *ABI*, a Comissão procedeu nos mesmos termos, justificando, contudo, que tinha concedido a isenção porque não produzia efeitos restritivos apreciáveis ao comércio entre Estados-membros (admitindo, desta forma, que existiam efeitos restritivos). Semelhante

---

[813] A Comissão foi bastante clara a este respeito, tendo afirmado: *"não é totalmente clara a razão pela qual o acordo interbancário multilateral é necessário se é possível para o banco do aceitante a cobrança de uma comissão pela aceitação de eurocheques, emitidos no estrangeiro, que lhe forem apresentados para pagamento. O Package Deal era justificável precisamente porque o banco do aceitante não recebia qualquer remuneração a cargo do aceitante, recebendo-a, antes, da parte do banco emissor"*. Cfr. Decisão *Eurocheque: Acordo de Helsínquia*, JO CE n.º L 95/50, 1992, ponto 55.

[814] Poderão levantar-se inúmeras hipóteses de contorno da base decisória comunitária existente até hoje. Assim, se os bancos infringem o artigo 81.º quando estabelecem comissões comuns para a prestação de um serviço determinado, será que não podem retirar o mesmo efeito, ou seja, a cobrança da mesma comissão através de uma empresa comum especialmente criada para o efeito, à qual, necessariamente, terá de ser paga uma comissão uniforme pela prática do mesmo serviço. Por exemplo, é de uma clareza cristalina que os bancos que cobram comissões fixas pela utilização de um instrumento de pagamento no seio de um determinado sistema de pagamentos (v.g., cartões de crédito) violam o artigo 81.º do Tratado se cobrarem uma comissão uniforme ao comerciante aceitante. Porém, será que a conclusão é a mesma se formarem uma empresa comum que lide com todos os aspectos desse sistema de pagamentos, nos mesmos termos que esses bancos o faziam? Esta é uma questão que necessita de mais alguma atenção.

decisão e justificação ocorreram na decisão referente aos Bancos Neerlandeses [815].

Esta conduta da Comissão trouxe algum desconforto ao meio bancário. Em nenhuma ocasião foi referida a razão pela qual a *CIM* tinha um efeito restritivo na concorrência. E, no caso positivo, também nunca foi exteriorizado pelo órgão comunitário porque nunca tinha sido concedida uma isenção nos termos do n.º 3 do artigo 81.º que não fosse a respectiva à não afectação do tráfego intra-comunitário [816].

O desconforto dos bancos tornou-se uma preocupação no momento em que a Comissão emitiu uma declaração de objecções a duas *CIM*, contidas em dois outros sistemas de pagamento, cuja natureza não era substancialmente diferente das anteriores [817].

Tal como foi já referido, a Comunicação da Comissão relativa à Aplicação das Regras da Comunitárias da Concorrência às Transferências Bancárias Transfronteiras [818], tentou trazer alguma clareza acrescida a estas questões.

Neste momento, encontram-se dois casos pendentes que poderão trazer alguma luz a este respeito.

A primeira situação prende-se com o caso *Eurocheque - Package Deal II*. Na sua declaração de objecções de Julho de 1990, a Comissão avançou as duas razões pelas quais não renovava a a isenção concedida ao *Eurocheque - Package Deal* em 1984.

---

[815] De notar que, também nesta decisão, a Comissão referiu que existiam efeitos restritivos no sentido do disposto no n.º 1 do artigo 85.º (ponto 26 da decisão). Os bancos neerlandeses participantes no acordo solicitaram a anulação desta decisão com o fundamento de que se sentiam lesados com esta observação. Todavia, o Tribunal de Primeira Instância não deu procedência ao pedido. Cfr. acórdão *Nederlandse Bankiersvereniging and Nederlandse Vereniging van Banken vs. Comissão*, processo T-138/89, Colectânea II, 1992, pág. 2181.

[816] Note-se que esta situação de indefinição coloca graves problemas num período pós-UEM. Aí os sistemas serão unificados, pelo que qualquer imposição de uma comissão, neste sentido, afectará invariavelmente o comércio intra-comunitário.

[817] O primeiro caso ocorreu na revisão do acordo *Package Deal*, que tinha sido isentado, mas que depois foi emendado (caso *Eurocheque: Package Deal II* in Comunicado à Imprensa IP (90) 765, de 26 de Setembro de 1990). O segundo caso referiu-se a um sistema holandês de pagamentos, idêntico ao da primeira decisão analisada, mas que abrangia uma maior variedade de pagamentos (caso *Dutch Banks II*. Infelizmente não foi emitido qualquer comunicado de imprensa).

[818] Citada.

Na sua perspectiva, os bancos devedores - os emitentes dos eurocheques -, pagavam sistematicamente o limite máximo da comissão e repercutiam sempre o seu custo ao cliente. A Comissão concluiu, correctamente, que o acordo sobre uma comissão interbancária se tinha transformado, *de facto*, num acordo sobre comissões a cobrar aos clientes [819]. Na sua declaração suplementar de objecções de Outubro de 1992, a Comissão adicionou uma terceira razão, pela qual considerava o acordo como inaceitável: a isenção concedida ao *Eurocheque - Package Deal* baseou-se no princípio de que os bancos aceitantes não cobrariam aos comerciantes de quem recebiam os cheques, entregando-lhes o montante na totalidade. A vantagem, que justifica a concessão da isenção nos termos do n.º 3 do artigo 81.º, é a de que os comerciantes obtêm, através deste mecanismo, uma garantia de desconto do cheque, imprescindível para o eficaz funcionamento do sistema [820]. Numa situação inversa, a prática colectiva transforma-se num acordo em cartel, o que será insusceptível de isenção. No entanto, deve salientar-se que a ligação entre a CIM e a imposição de custos aos comerciantes é um tanto paradoxal, não existindo uma relação de causalidade directa: a segunda prática não decorre necessariamente da primeira. Porém, nenhum argumento poderá ser emitido a favor da salvaguarda da dupla remuneração percebida pelo banco aceitante.

Simplesmente, como apreciação prévia, poderá dizer-se que a perspectiva comunitária, segundo a qual o estabelecimento de comissões fixas é liminarmente restritiva da concorrência, poderá estar em crise. A questão de se saber se a comissão máxima se transformou em fixa talvez não seja muito relevante, por si só, se se

---

[819] Cfr. Comunicado de Imprensa IP (90) 765, de 26 de Setembro, 1990. Neste ponto deverá ter-se presente que a Comissão tinha indicado, na sua decisão de 1984, que não existia um acordo formal entre os bancos no sentido de repercutir a CIM para os seus clientes, pelo que, em teoria, os bancos poderiam cobrar uma taxa ao cliente num montante inferior ao pagavam a título de CIM (acrescida da taxa que pagavam à câmara de compensações).

[820] Este aspecto, constante na decisão de 1984, só atraiu a atenção dos agentes quando a Comissão, num comunicado de imprensa emitido em 1988, declarou que esta taxa de comissão zero tinha sido um dos aspectos fundamentais que basearam a concessão da isenção.

adoptar a posição correcta. O que está em causa é apurar se a comissão acordada, máxima ou mínima, é obrigatória para todos os agentes.

Se aos bancos for deixada uma margem de liberdade para competirem pelo montante da comissão, então, na nossa perspectiva, não existirá qualquer prática restritiva, mas um simples paralelismo de comportamentos. Por outro lado, a sistemática repercussão do custo da comissão, por parte do banco emissor ao seu cliente, é relevante para a apreciação da aplicabilidade do n.º 1 do artigo 81.º, mas não constitui nenhum obstáculo para a concessão de uma isenção, nos termos do n.º 3 do mesmo artigo. Finalmente, a ausência de um acordo multilateral, no tocante à taxa imposta ao comerciantes, não é um obstáculo à concessão da isenção, mas um verdadeiro requisito para a sua concessão.

Encontra-se em pendência de decisão uma segunda versão do caso *Bancos Neerlandeses*. O sistema de pagamentos em causa é um tanto semelhante ao que beneficiou de um atestado negativo no caso inicial. O sistema era largamente usado pelos cidadãos holandeses para a concretização de pagamentos regulares, tais como os relativos ao telefone, electricidade, água, prémios de seguro, assinatura de publicações periódicas, etc. Para cada pagamentos tinha sido estabelecida uma CIM máxima de 0,30 florins a pagar pelo banco credor ao banco devedor. O montante da CIM foi fixado tendo como referência metade dos custos sustentados pelo banco devedor mais eficiente (que lida com os pagamentos antes de serem centralmente compensados). A outra metade dos custos era sustentada pelo banco devedor. Tal como se pode advinhar, a introdução da CIM teve como consequência a repercussão da comissão por parte dos bancos dos credores nos seus clientes, o que originou uma série de queixas.

Na declaração de objecções de Junho de 1993, a Comissão exteriorizou dúvidas, pertinentes, à sua indispensabilidade para o funcionamento do sistema. Para tal, fez notar que os sistema tinham funcionado anteriormente sem qualquer CIM, e de que esta só tinha sido introduzida a pedido de um dos três maiores bancos, não sendo perceptível qualquer vantagem para a sua imposição. Dado o reduzido número de bancos participantes não seria oneroso, em termos de custos de transacção, a fixação bilateral das comissões [821].

À semelhança do caso *Eurocheque - Package Deal II*, a Comissão deu grande importância à repercussão da comissão relativamente os clientes (naquela caso, a comissão era repercutida para o devedor). Porém, na nossa opinião, a solução deverá ser idêntica à referida, ou seja, se se concluir que os bancos poderão sempre, se assim o pretenderem, não cobrar essa comissão, concorrendo pelos preços com os restantes, então, a comissão poderá beneficiar de uma isenção.

Pelo oferecido, os acordos típicos sobre CIM´s são restritivos da concorrência no sentido do n.º 1 do artigo 81.º, podendo, no entanto, beneficiar de uma isenção, de acordo com o n.º 3, se respeitarem algumas condições [822].

A Comunicação da Comissão, relativa à aplicação das regras da concorrência às transferências financeiras transfronteiriças de 1995, contém algumas (pequenas) indicações quanto ao novo entendimento da Comissão sobre estas matérias. Estas indicações são particular-

---

[821] Esta questão coloca um problema interessante. No caso em análise eram trinta e nove os bancos participantes, pelo que será legítimo questionar qual o número que a Comissão considera crítico para que as comissões não possam ser acordadas bilateralmente de uma forma eficiente. Note-se que no caso ABB, a Comissão entendeu que a participação de oitenta e quatro bancos tornaria ineficiente a negociação bilateral.

[822] O Conselho da Concorrência francês aceitou uma CIM no caso *Groupement des Cartes Bancaires "CB"*, de 1990 (decisão n.º 90-D-41, de 30 de Outubro de 1990, publicada no *Bulletin Officiel de la Concurrence, de la Consommation et de la Répression des Fraudes*, de 9 de Novembro de 1990, ponto 412). O Banco de Itália, que tem, como foi referido oportunamente, competência nas matérias concorrenciais bancárias em Itália, seguiu o mesmo procedimento face a CIM´s contidas em vários sistemas de pagamentos, tais como o SIP, RIGA e RID, que têm algumas semelhanças com o sistema em causa no caso Bancos Neerlandeses II (decisão n.º 10, de 8 de Agosto de 1994, publicado no Bolletino n.º 32-33/1994, da *Autorità Garante della Concorrenza e del Mercato*, ponto 109). Nos Estados Unidos da América, esta a também se coloca com acuidade. No caso *Nabanco* estava em causa uma CIM aplicada no sistema de cartões de crédito VISA. O *U.S. District Court for the Southern District of Florida* examinou a CIM respectiva de acordo com a *"rule of reason"* assentando numa definição muito abrangente de mercado relevante (todos os sistemas de pagamentos), e concluindo pela sua admissibilidade (*National Bancard Corp vs. VISA*, USA, 596 F. Supp. 1231, S.D. Fla. 1984, processo 779 F. 2d 592, 11th Cir 1986).

mente vísiveis no momento do estudo da aplicabilidade do n.º 1 do artigo 81.º às CIM. Em contraste, a forma de aplicação do n.º 3 manteve-se fiel ao pensamento anterior, manifestado, por diversas vezes, por essa mesma instituição comunitária.

12.2.1. A aplicabilidade do n.º 1 do artigo 81.º às CIM

Na Comunicação referida [823], a Comissão aponta três razões pelas quais as CIM poderão levantar questões anticoncorrenciais. A primeira radica, essencialmente, na definição conceptológica de "concorrência no mercado interbancário". A segunda assenta nos efeitos que uma CIM pode, potencialmente, produzir na concorrência entre os bancos que oferecem serviços de pagamento aos seus clientes (*intra-system competition*). Finalmente, a terceira diz respeito aos efeitos na concorrência entre sistemas de pagamentos (*inter-system competition*).

A) Conceito de mercado interbancário

Na questão da delimitação conceptual de mercado interbancário, a Comissão declarou que uma CIM "restringe a liberdade dos bancos em decidir as suas próprias políticas de preços" [824]. Esta conclusão

---

[823] Para a total compreensão desta Comunicação é necessário relembrar todo o enquadramento existente à altura. Uma versão preliminar foi elaborada conjuntamente com um projecto de directiva relativo às transferências transfronteiriças de créditos, tendo sido ambos anexados a uma *Comunicação da Comissão ao Conselho, de 25 de Novembro de 1994, relativa às Transferências de Fundos na UE: Transparência, Desempenho e Estabilidade* (COM 94, 436). Esta comunicação tinha como objectivo o fornecimento de um referencial aos bancos na prática de transferências transfronteiriças. As transferências, por seu lado, podem ser descritas como "OUR", "SHARE" ou "BEN" dependendo de quem sustenta os encargos. Nestes termos, uma transferência "OUR" significa que todos os encargos são sustentados pelo emissor; "SHARE" traduz que os encargos são divididos entre o emissor e o beneficiário; e as transferências "BEN" são aquelas em que todos os encargos são sustentados pelos beneficiários. Nos termos dos procedimentos propostos pela Comissão, as comissões só poderiam ser cobradas mediante autorização do emitente da ordem de transferência, não podendo as instituições bancárias deduzir qualquer montante ao beneficiário nem ao montante da transferência. O sistema preferido pelo organismo comunitário seria o sistema OUR.

[824] *Comunicação*, citada, nota 4, ponto 40.

é similar a todas as outras tomadas quanto aos casos ocorridos nos anos 80. Porém, tal como se referiu, não é isenta de críticas. Os conceitos de "liberdade de acção" e de "políticas de preços individuais" não têm aplicabilidade prática na análise dos sistemas de pagamentos que contém CIM´s, já que, se elas são realidade, é porque os sistemas só poderão funcionar na sua presença, sendo inerentes aos sistemas de pagamentos [825].

A negação de um mercado interbancário pode ser efectuada recorrendo-se a diversos argumentos. Assim, numa primeira ordem de razões, a relação entre bancos limita-se a um trato entre parceiros cooperantes que aderiram a um determinado sistema de pagamentos. E eles cooperam unicamente para benefício dos clientes (o emissor X e o beneficiário Y), que os contratam com o objectivo de execução de uma parcela do seu acordo, nomeadamente, o processamento dos montantes envolvidos na relação compra/venda. Por outro lado, e numa segunda ordem de razões, os bancos não se relacionam por escolha directa. Eles intervêm porque o emissor X e o beneficiário Y os escolheram como seus bancos, sendo parceiros por obrigação e não por escolha directa. Finalmente, os agentes económicos X e Y têm, para a concretização da sua relação negocial, que ter uma garantia absoluta de que os pagamentos são cumpridos, pelo que o serviço de pagamento escolhido deverá ser plenamente fiável.

Este não seria o caso se as instituições bancárias em causa pudessem fazer o que é típico no tráfego bancário, ou seja, o início de negociações sobre os preços a cobrar (as comissões) pelo usufruto dos seus serviços.

Desta negociação poderá resultar uma dificuldade incontornável para o sistema, e que se revela na possibilidade do banco devedor da comissão ser confrontado com a exigência de uma comissão unilateral de elevado montante e que pode fazer perigar o funcionamento correcto e eficiente do sistema, uma vez que o primeiro poderá recusar-se a sustentá-la.

---

[825] Ou, como refere, LUC GYSELEN, "*it is an incillary restraint to an otherwise legitimate cooperative arrangement*". LUC GYSELEN, "EU Antitrust Law in the Area of Financial Services - Capita Selecta for the Cautious Shaping of a Policy", *Fordham Corporate Law Institute*, pág. 329 e ss, (1998)

Perante estes argumentos, a Comissão emite alguns comentários relevantes, justificando o entendimento de que os bancos são parceiros obrigatórios e potenciais reféns recíprocos.

Nestes termos, afirma que quando os bancos aderem a um serviço de pagamentos, eles detêm um certo nível de posição negocial. Em tese, e segundo este entendimento, existirão dois planos onde as entidades bancárias deverão restringir a sua liberdade de acção. Num, deverão efectuar todas as transacções que lhes forem cometidas, através do sistema de pagamentos a que pertencem [826]. No outro, deverão decidir quais as comissões interbancárias aplicáveis, em termos quantitativos quer qualitativos. A opção pela CIM é uma de muitas outras possíveis.

Quanto à primeira justificação avançada pela Comissão, nada haverá a dizer. A sua conclusão é óbvia: a partir do momento da assinatura de um contrato, as partes deverão respeitá-lo. Um entendimento diverso desta realidade - assente em aspectos concorrenciais -, revestirá contornos maximalistas negadores da vinculatividade contratual, o que é inconcebível.

A eventualidade de outras opções de procedimento, por parte dos bancos, é mais aparente do que real. Os bancos poderão acordar em emitir anticipadamente, e de forma unilateral, o montante da comissão que exigem para o processamente de uma determinada transferência.

Não se negando essa possibilidade, o funcionamento do sistema só será possível se essa declaração fôr auto-vinculativa. No inverso, não existirá a garantia essencial para o funcionamento correcto do sistema. A nosso ver, uma prática com estas características revestiria a mesma natureza que um acordo relativo a CIM's, com a agravante da existência de um montante não uniforme de comissões dentro de um sistema, o que aumenta a sua complexidade de uma forma exponencial.

Por outro lado, a Comissão refere que os bancos poderão encetar negociações bilaterais entre si antes de aderirem ao sistema [827]. Este

---

[826] Ou seja, os bancos envolvidos deverão aceitar-se mutuamente como parceiros num processo de cooperação na medida em que os seus clientes os tenham contratado para a efectivação de uma transacção.

[827] Constitui uma variação a esta prática o encetamento de negociações bilaterais entre clubes de bancos.

argumento é falacioso. As restrições concorrenciais que existirem no momento posterior, subsistiriam igualmente se esta medida for praticada.

Num outro plano, poderá afirmar-se, de uma forma empírica, que a comissão exigida pela manutenção de um sistema de pagamentos bilateral deverá ser superior à num sistema multilateral, dadas as economias de escala que existem potencialmente na operação das câmaras de compensação. Face ao contexto, os termos dos acordos que se verificarem bilateralmente dificilmente serão transponíveis, na íntegra, para um sistema multilateral.

B) Efeitos da CIM na concorrência entre os bancos que oferecem serviços de pagamento aos seus clientes (*intra-system competition*)

O segundo ponto enunciado na Comunicação pela Comissão quanto à aplicabilidade do n.º 1 do artigo 81.º, diz respeito, precisamente, à *intra-system competition* [828]. Esta observação não é inovadora. Em diversas decisões anteriores se referiu a possibilidade dos bancos repercutirem sistematicamente a comissão aos seus clientes. A ideia subjacente é a de que tal paralelismo de comportamentos restinge, sensivelmente, a concorrência intra-sistema.

Nestes casos, a CIM revestirá a forma de uma plataforma comum a todas as comissões cobradas pelos bancos aos seus clientes, comprimindo a margem da liberdade para o exercício de uma concorrência pelos preços. Esta conclusão serviu de base para a emissão de objecções formais por parte da Comissão nos casos *Eurocheque - Package Deal II* e *Bancos Neerlandeses II*. Esta decisão não está isenta de críticas. Pelo contrário, poderá mesmo afirmar-se que assenta em pressupostos completamente erróneos. Com efeito, não existe qualquer contracção da margem de liberdade para o exercício de uma concorrência pelos preços. De facto, a CIM não poderá ter--se como um elemento do custo de operação, invalidando-se o argumento de ocorrência de uma prática deslaeal de venda abaixo do

---

[828] Na nota 4, parágrafo 40 da Comunicação, a Comissão declara que a CIM" *tem por efeito distorcer o comportamento dos bancos relativamente aos seus clientes*".

preço de custo, pelo que o banco poderá sempre, de forma a concorrer com os outros, sustentar parte ou a totalidade da comissão devida aos outros. Nesta situação, a prática anticoncorrencial só se cometerá se os bancos acordarem a repercussão sistemática do peso da CIM para os seus clientes [829].

C) Efeitos na concorrência entre sistemas de pagamentos (inter-system competition)

Nos termos do entendimento da Comissão, uma forte concorrência intersistemas poderia restringir os efeitos anticoncorrenciais de uma CIM, desde que os sistemas concorrentes não comportem em si próprios uma CIM similar [830].

O conceito de concorrência intersistemática coloca liminarmente o problema da delimitação do mercado relevante. Neste contexto, a Comissão formulou três orientações básicas. Primeiro, sendo a transferência bancária remota, em oposição à transacção concretizada presencialmente, deverá examinar-se a apetência de outros instrumentos (cheques, dinheiro, cartões de crédito) para o surgimento de uma relação de sucedaneidade. De seguida, mesmo na categoria de transferências, poderão coexistir diferenças entre instrumentos inseridos nessa categoria, tendo em consideração o montante do pagamento, o beneficiário ou a velocidade requerida para a execução do

---

[829] Na Comunicação, citada, a Comissão fez notar que, além da restrição à concorrência existente ao nível das relações interbancárias, "*existirá outra restrição à concorrência, nos termos do n.º 1 do artigo 81.º, quando existir um acordo ou uma prática concertada entre os bancos de forma a passar o efeito da comissão de interbancária para os preços aplicados aos seus clientes*" (supra, nota 4, ponto 40). Esta observação não deve ser interpretada como querendo significar que a CIM, quando não seja repercutida, não coloque problemas concorrenciais no sentido do n.º 1 do artigo 81.º. Recorde-se que no âmbito deste artigo inserem-se não só as práticas com o objecto de restrição da concorrência como aquelas que têm simplesmente como efeito tal prática. Talvez por isso, e ao arrepio da distinção entre práticas concertadas e paralelismo de comportamentos, os serviços da Comissão têm, sistematicamente, entendeu como uma restrição à concorrência intrabancária a situação em que o pagamento da CIM gera, *de facto,* a repercussão do peso económico sustentado pelo banco ao seu cliente. Como se concluiu, isso não tem qualquer fundamento.

[830] Nota 4, ponto 41.

pagamento [831]. Finalmente, a Comissão observa que *"poderá ser apropriado, em casos individuais, considerar as transferências transfronteiriças (ou segmentos particulares, tais como as tranferências para serviços de retalho) como mercado relevante"* [832].

A posição da Comissão, segundo a qual, a concorrência intersistemática torna inofensivos os efeitos anticoncorrenciais intersistemáticos, foi acolhida com algum regozijo pelos meios financeiros. Porém, casuisticamente, a duvidosa aplicação, em termos metódicos, de uma definição estrita de mercado relevante refreou um pouco os ânimos [833].

---

[831] Relembre-se que no caso *Eurocheque - Acordo de Helsínquia*, o Tribunal de Primeira Instância considerou, em termos já criticados, que o mercado relevante não era senão o mercado dos Eurocheques sacados pelo sector retalhista em França.

[832] Cfr. Comunicação, citada, nota 4, ponto 17. Neste ponto, a Comissão ilustra como os diferentes sistemas poderão competir no mercado. A maior parte dos sistemas utiliza uma câmara de compensação nacional para distribuir os pagamentos transfronteiriços pelos membros nacionais. Neste tipo de sistemas incluem-se o *IBOS* (um sistema onde oito bancos cruzam as suas ligações), o *TIPA* ou *Eurogiro* (que consiste em clubes de bancos ou outras instituições financeiras) ou o *B.epsys-GZS* (um sistema germano-belga que assenta em ligações directas a câmaras de compensação automáticas).

[833] A inconsistência decisória nesta matéria é problemática. No caso *Eurocheque-Package Deal II*, contrariamente às práticas anteriores, a Comissão emanou uma definição ampla de mercado relevante, incluindo no seu âmbito não só os cheques como, igualmente, os cartões. Por seu lado, durante 1996, os serviços da Comissão examinaram três sistemas notificados, considerando como mercado relevante todos os serviços de transferências transfronteiriças de pagamentos. No caso *IBOS,* os oito bancos em causa não acordaram qualquer CIM (Comissão, Comunicação relativa ao artigo 19.º, n.º 3 do Regulamento do Conselho n.º 17/62, JO CE C 213/11, 1996). No segundo caso (*Eurogiro*) os catorze componentes iniciais tinham acordado originariamente numa CIM mínima de 5 ECU por transferências urgentes, tendo, no entanto, acordado posteriormente em abandonar essa cláusula em favor de uma negociação bilateral quanto ao montante das comissões a cobrar por essas transferências. Assim, nem o *IBOS* nem o *Eurogiro* levantam quaisquer questões relativamente a CIM (embora levantassem outras questões, nomeadamente em aspectos não relacionados com os preços, tais como a restrição de acesso).

O terceiro caso analisado, que tinha sido notificado pela Associação Dinamarquesa de Bancos, diferenciava-se dos anteriores por regular simplesmente a componente doméstica do sistema de pagamentos transfronteriços de que faziam parte virtualmente todos os bancos dinamarqueses e continha, em contraste com o sistema IBOS e Eurogiro, uma CIM máxima de 13,5 ECU (a ser paga pelo banco

A Comissão refugia-se, nestes casos, nos aspectos liminares da questão, nunca indagando o eventual relacionamento entre a comissão exigida e o custo do serviço prestado [834]. Se após a indagação dos aspectos relacionados com o n.º 1 do artigo 81.º se concluir pela aplicação deste artigo, a CIM só poder ser isentada com uma justificação objectiva assente no custo dos serviços.

12.2.2. A aplicabilidade do n.º 3 do artigo 81.º às CIM

Quanto à susceptibilidade de isenção das CIM, nos termos do disposto no n.º 3 do artigo 81.º, a Comissão distingue entre os pagamentos SHARE ou BEN, por um lado, e os pagamentos OUR, por outro. Esta distinção é largamente inspirada nas suas posições dos casos *Eurocheque Package Deal* I e II.

No primeiro caso, a Comissão tende para a não aceitação de CIM´s. Justifica a sua posição afirmando que não vê como a CIM é indispensável para o funcionamento dos sistemas, pois estes permitem ao banco beneficiário a cobrança de todos os custos relacionados com a transferência transfronteiriça do pagamento ao seu cliente [835].

De acordo com a Comissão, uma CIM não é susceptível de isenção se houver uma possibilidade para o banco, que recebe a transferência, de conseguir uma dupla remuneração (e note-se, basta a mera potencialidade), por parte do banco emitente do pagamento e por parte do seu cliente, o beneficiário final do pagamento. Em

---

beneficiário ao banco correspondente), quando se realizasse uma transferência transfronteiriça denominada em moeda estrangeira.

Face à definição ampla de mercado relevante, a Comissão considerou que a restrição em causa não era sensível de forma a violar o disposto no n.º 1 do artigo 81.º. Esta conclusão, susceptível de sustentação dado o reduzido montante de transferências com essas características (1% do total) bem como a reduzida ocorrência de intermediação de bancos no processamento dos sistemas (cerca de 97% das transferências era efectuada de uma forma directa), revela uma fuga da Comissão ao problema substancial. O que interessava, neste caso, era a indagação do poder negocial dos clientes, bem como a susceptibilidade de estes poderem utilizar outros meios de pagamento onde não fosse exigido o pagamento de uma CIM.

[834] Note-se que a CIM de 13,5 ECU exigida no caso analisado anteriormente não foi baseada em qualquer estudo de custos.

[835] Comunicação, citada, nota 4, ponto 49. Esta linha é coerente com o decidido no caso *Eurocheque Package Deal II*.

termos literais isto significa que a Comissão terá que rejeitar a possibilidade de isenção a todos os sistemas em que esta situação possa ocorrer, quer exista uma comissão interbancária multilateral acordada, quer não exista [836].

Numa outra perspectiva, de acordo com os indícios anteriormente referidos, a Comissão parece disposta a conceder uma isenção às CIM´s integradas em acordos de transferências transfronteriças OUR. A razão assenta numa interpretação *a contrario* do entendimento revelado no caso *Eurocheque - Package Deal II:* quando se processam transferências de acordo com o sistema OUR [837], o banco do beneficiário não pode recuperar qualquer dos custos incorridos onerando, por alguma forma, o seu cliente, pelo que poderá ter direito a CIM, mesmo acordada multilateralmente [838].

Além de todas estas exigências, a Comissão obriga ainda a que a CIM tenha uma natureza supletiva, devendo permitir aos membros do sistema acordarem bilateralmente outras comissões a baixo do nível de referência. Neste caso, voltamos à situação de CIM´s máximas [839].

---

[836] A hipótese de tal ocorrer é meramente académica. A Comissão, na inexistência de uma CIM, ou seja, quando a comissão fosse imposta numa base meramente unilateral ou bilateral, nunca consideraria que tal violava o n.º 1 do artigo 81.º, pelo que o n.º 3 do mesmo artigo nunca seria aplicado.

[837] Relembre-se que, num sistema OUR, todos os encargos são sustentados pelo emissor.

[838] Na Comunicação, citada, a Comissão é ainda mais clara e exigente quanto a estes condicionalismos, obrigando a que os bancos justifiquem o nível da CIM cobrada nas transferências OUR tendo em os custos sustentados. Os bancos devem demonstrar que: (a) o recebedor da CIM (o banco do beneficiário) executa uma ou mais tarefas essenciais para a efectivação da transferência transfronteiriça; (b) é merecedor da CIM (e não o banco emissor, um banco correspondente ou uma qualquer câmara de compensações) por executar tais tarefas; e (c) a CIM é estabelecida (e revista regularmente) tendo em consideração o nível de custos médios adicionais incorridos pelos bancos beneficiários participantes no sistema. Estes custos adicionais são aqueles que são sustentados pelos bancos na construção do novo sistema de pagamentos, ou, no caso de sistemas já existentes, aqueles que decorrem da emissão de certificados de controlo e de troca de informações.

[839] O cumprimento de todos estes requisitos permite justificar a sua indispensabilidade (terceira condição para a concessão de um isenção nos termos do n.º 3 do artigo 81.º).

Esta posição não é isenta de críticas. Em primeiro lugar, de acordo com as mais básicas regras do princípio da liberdade de mercado, deverão ser os bancos, participantes nos sistemas de pagamentos, a decidir livremente a forma de repartir os custos de funcionamento, quer através de uma CIM (quando o pagamento assenta num sistema BEN, SHARE ou OUR), quer por qualquer outra forma. Ao reservar a isenção para os sistemas OUR, a Comissão viola o seu dever de neutralidade e imparcialidade, exigível a uma instituição comunitária, ainda mais quando actua como entidade *antitrust*, favorecendo uma forma de organização em detrimento das demais, o que impede a liberdade dos agentes em, por exemplo, construirem sistemas inovadores, sendo a sua liberdade é condicionada liminarmente. E, relembre-se, os sistemas assentes em CIM´s são os mais eficientes na redistribuição dos custos pelos componentes dos sistemas - os sistemas bilaterais originam custos de negociação mais elevados -, pois os bancos além de se preocuparem com o pagamento têm ainda de negociar concomitantemente a repartição dos custos.

12.3. Pistas para o futuro

Estes dois argumentos, basilares no contexto em análise, justificam, por si só, o reconhecimento das CIM como indispensáveis para os sistemas de pagamentos, num mercado cada vez mais globalizado e regido por sistemas de informação sucessivamente mais evoluídos. Por outras palavras, as CIM´s preenchem, pela sua própria natureza, todas as condições para ultrapassarem o teste da indispensabilidade previsto no n.º 3 do artigo 81.º.

Numa primeira ordem de razões, verifica-se que, nestes sistemas, e ao contrário dos sistemas clássicos, existem dois agentes com intuitos diferenciados, mas que concorrem para a formação do fundamento do sistema - a concretização da transferência do lado da procura (o devedor e o credor) -, pelo que se torna necessário, por questões de justiça e de funcionamento do sistema de mercado, a repartição dos custos pelos dois agentes. A comissão interbancária é, precisamente, o elemento que permite essa justa repartição, sendo essencial para a optimização da redistribuição dos custos.

Por outro lado, as CIM constituem instrumentos mais eficientes na redistribuição dos custos que as comissões negociadas bilateralmente. Nesta perspectiva, tem de se ter consciência da realidade do mercado subjacente - existem dois lados de procura, tendo cada um deles uma composição complexa, ou seja, milhões de pessoas cujas transacções despoletam a intervenção de inúmeros bancos -. É dificilmente sustentável que a composição bilateral das comissões, numa situação com estas características, seja minimamente eficiente, sendo os custos de negociação substancialmente maiores.

Também não se deverá estudar esta questão de forma uniformizada. Como se apurou pela análise anterior, existe uma multiplicidade de acordos que dão origem a CIM, e a Comissão não tem tido dificuldade em separar os mais restritivos dos menos restritivos. No entanto, neste exercício, manifesta-se uma insuficiência: mesmo nas situações em que a Comissão qualifica um acordo como sendo pouco restritivo é impossível, a este órgão, analisá-lo, em termos comparativos de eficiência com outros mecanismos multilaterais de distribuição de custos [840]. A insuficiência de dados económicos fiáveis é evidente. Nestas circunstâncias, é compreensível a utilização sistemática do conceito de "indispensabilidade", no sentido do n.º 3 do artigo 81.º [841].

O ponto de partida para a apreciação da situação concreta à luz da quarta condição do n.º 3 do artigo 81.º, é a percepção de que o banco, que suporta a CIM, tenderá a repercuti-la ao seu cliente. O mecanismo inerente às CIM transforma um relacionamento tipicamente intra-bancário num relacionamento banco/cliente, de insofis-

---

[840] Como já foi referido *supra*, a CIM poderá corresponder a uma quantia uniforme, fixa ou máxima. Noutras situações, poderá corresponder ao montante fixado bilateralmente pelos bancos *chef de file* relativamente à multiplitude de outros bancos que concluiram contratos com eles (o que poderá levantar questões na matéria do abuso da posição dominante). Os bancos podem ainda acordar numa fórmula uniformizada de cálculo da comissão atendendo a parâmetros complexos, tais como os índices de fraude (caso *Groupement des Cartes Bancaires* "CB", decisão n.º 90--D-41, de 30 de Outubro de 1990, *Bulletin Officiel de la Concurrence, de la Consommation et de le Répression des Fraudes*, de 9 de Novembro de 1990, at.412.)

[841] Que, por vezes, é estendido a conceitos de conteúdo dúbio, tais como, a "razoável necessidade" ou a "particular utilidade".

mável relevância concorrencial, se o nível de concorrência inter-sistemas for reduzido. Se este nível de concorrência for elevado, é praticamente impossível a um banco cobrar ao cliente uma comissão excessiva. Neste caso, e por si só, a CIM satisfaz a quarta condição prevista no n.º 3 do artigo 81.º.

Mesmo quando a concorrência inter-sistemas se desenrola num mercado oligopolístico, os efeitos restritivos da CIM serão contidos num limite razoável se se mantiver possível uma dupla margem de liberdade: a do banco individual determinar unilateralmente a comissão a cobrar ao cliente, e a do cliente negociar directamente com o banco os custos incorridos pela utilização do sistema de pagamentos [842]. Numa situação desta índole, os requisitos para proceder à isenção de uma CIM são menos controversos, mas igualmente menos efectivos. Primeiramente, e dado o peso relativo dos agentes, a CIM poderá revestir um papel subsidiário, permitindo aos bancos acordar bilateralmente comissões de montante diverso. No entanto, e tendo em consideração os casos analisados, é improvável que os bancos cobrem uma comissão menor, até porque, no mercado dos sistemas de pagamento não ocorrem economias de escala, mantendo-se os custos inalterados, independentemente dos montantes transferidos. A composição da procura - todos os clientes dos bancos - torna a diferenciação pelos preços quase impossível, não existindo uma componente de risco do cliente que possa ser avaliada e poderada no respectivo custo.

Tendo esta situação um efeitos restritivo incontornável, nas relações banco/cliente, torna-se essencial uma transparência plena de informação entre os dois agentes, devendo ser comunicada ao cliente a CIM e o seu custo. Deverão, ainda, os bancos indicar o montante que pagam ou recebem a esse título. Esta informação permitirá ao cliente, que se encontra numa situação de desprivilégio, o exercício de arbitragens entre sistemas concorrentes, aumentando o seu poder

---

[842] Significando que o credor mantém a sua liberdade de impôr um agravamento ou conceder uma bonificação para a utilização de um certo sistema de pagamentos. Isto implica uma discriminação pelos preços na utilização dos sistemas de pagamentos, o que é benévolo em termos concorrenciais. Porém, a abolição da *no discrimination rule* levanta problemas autónomos.

negocial *vis-à-vis* o banco. Finalmente, os bancos concorrentes deverão ser livres de integrar o sistema de pagamentos, se assim o entenderem, e os bancos participantes deverão ter a capacidade de integrar sistemas de pagamentos concorrentes, nos mesmos termos [843].

Guardou-se para o final o pior cenário, corporizado quando a CIM se encontra num sistema de pagamentos que não sofre de concorrência inter-sistemática. Numa conjuntura desta índole, serão necessários cuidados adicionais, de forma a torná-la ilegível para a concessão de uma isenção. O campo de enfoque deverá situar-se estritamente nas relações inter-bancárias, e a preocupação essencial deverá ser a de manter o montante da CIM num limite razoável. A regra da fixação do montante, atendendo ao custo incorrido pelo banco mais eficiente, tem aqui um papel fundamental. Para que tal ocorra, perante mudanças tecnológicas quase diárias, será necessário garantir um processo de negociação regular entre os bancos, não devendo ser permitida a fixação da comissão *ad eternum*. Por outro lado, terá que salvagardar-se, nas situações em que o credor e o devedor são clientes do mesmo banco, a não imposição da CIM, que é aplicável simplesmente quando o relacionamento ocorre num ambiente inter-bancário. Porém, esta situação não deverá ser estudada pelas instâncias tutelares da concorrência devendo ser deixada à estratégia concorrencial dos bancos.

Concluindo, os critérios avançados, mesmo nos casos de competição inter-sistemática oligopolística ou monopolística, são de fácil compreensão e aplicação, dirigindo-se essencialmente a percepção dos limites razoáveis da CIM e não embarcando na análise existencialista da mesma, como acontece nos critérios enunciados pela Comissão da Comunicação relativa às Transferências Transfronteiriças, que convertem a Comissão de entidade reguladora da concorrência numa entidade reguladora dos preços [844].

---

[843] Uma situação desta índole aconteceu recentemente quando a *American Express* e *Dean Witter* apresentaram uma queixa contra a proposta da *VISA* de proibição aos bancos de emissão de outros cartões se estes emitissem cartões VISA ou Eurocard/Mastercard. Este caso será analisado adiante.

[844] Cfr. L. GYSELEN, "EU Antitrust Law in the Area of Financial Services - Capita Selecta for the Cautious Shaping of a Policy", cit., pág. 354.

12.4. Outras questões actuais. Cartões Multibanco

A questão mais actual, em discussão, nas matérias de concorrência bancária relaciona-se com os cartões de pagamento.

Alguns dos princípios invocados poderão ser transpostos para a problemática destes cartões, sendo necessários alguns apontamentos específicos [845].

A Comissão não emitiu, ainda, qualquer decisão de aplicação dos artigos 81.º e 82.º nesta matéria, ao contrário de alguns Estados-membros.

No Reino Unido, a *Monopolies and Mergers Comission* (MMC) publicou, em Agosto de 1989, um relatório sobre os *Credit Card Services*, a que se seguiram duas acções concretas, uma sobre o abandono da *No Discrimination Rule* em 1990 [846], e outra, sobre a transparência dos preços [847]. Em França, *O Conseil de la Concurrence*, emitiu uma série de decisões importantes em 1988 [848], 1989 [849], e 1990 [850]. As duas primeiras decisões incidiram sobre as modalidades de comissão interbancária derivadas dos pagamentos. A primeira, contudo, tem um alcance mais geral, abordando problemas como a cláusula contratual entre os emissores do cartão e os comerciantes, que impedia estes de repercutir sobre a clientela, parte ou a totalidade da comissão a pagar aos Bancos pelos comerciantes.

---

[845] Este tipo de moeda electrónica tem vindo a crescer de importância na vida quotidiana dos cidadãos europeus, quer seja na área dos pagamentos internacionais, quer seja nos pagamentos internos. O seu uso é comum no Reino Unido, França, Espanha, Portugal, e na Alemanha, o ritmo de crescimento era de 100000 por mês em 1994. Sobre este assunto ver C. EHLERMANN "L'huile et le sel: Le secteur bancaire et le droit de la Concurrence" in *Revue trimestrielle de droit européen* n° 3, Jul/Set (1993), pgs 457-475.

[846] Order 1990 n° 2159, Monopolies and Mergers, The Credit Cards (Price Discrimination), Order 1990

[847] Order 1991 n° 199, Consumer Protection, The Price Indications (Method of Payment) Regulations 1991.

[848] Dec. n° 88-D-37 de 11/10/88, *Bulletin officiel de la concurrence, de la consommation et de la répression des fraudes* (BOCCRF) de 15/10/88

[849] Dec. n° 89-D-15 de 3/5/89, BOCCRF de 19/5/89

[850] Dec. n° 90-D-41 de 30/10/90, BOCCRF de 9/11/90

Esta cláusula, denominada *No Discrimination Rule* pela MMC (que a entendeu indesejável, proibindo-a através da *Order* de 1990), foi analisada pela instância francesa, na sua Decisão de 1988, julgando-a restritiva da concorrência, mas aceitável, por impossibilitar comportamentos que tornariam a utilização do cartão mais difícil e onerosa, limitando o seu desenvolvimento, fundamental ao crescimento económico.

Devido a estas três razões (especificidade do problema, importância económica crescente e divergências de entendimento das autoridades), a Comissão deveria emitir uma decisão formal [851]. Mas não o fez até agora, limitando-se a tornar públicas algumas opiniões.

Desta forma, num plano geral, afirmou a aplicabilidade das regras da concorrência a estas matérias, relembrando a Comunicação de 12 de Janeiro de 1987 [852] para este sector, e o código de boa conduta [853] nas matérias de pagamento electrónico nas relações emissores/adquirentes, numa parte, e comerciantes, de outra parte.

12.4.1. Análise da questão

Alguns dos problemas nestas áreas não são exclusivos dos cartões, mas comuns a todo o sector bancário, como: as tarifas, os interesses divergentes dos bancos, clientela e comerciantes, as regras de transparência do mercado e os níveis deficientes de informação fornecida.

Mas outras questões serão específicas.

---

[851] A Comissão apontou, no seu 22.º Relatório sobre a Política da Concorrência referente a 1992, que a sua prioridade no sector bancário *"tinha a ver com os cartões de pagamento, domínio em plena expansão e de grande importância tanto para os comerciantes como para os consumidores"*. Acrescentou, ainda, *"as autoridades nacionais responsáveis pela concorrência adoptaram, em vários Estados-membros, soluções altamente divergentes, razão pela qual se torna ainda mais oportuna uma intervenção da Comissão. Os problemas identificados até ao momento incluem a habitual questão dos acordos sobre as comissões interbancárias bem como a da liberdade do comerciante de imputar ou não a comissão aos clientes"*. COMISSÃO, "22.º Relatório sobre a Política da Concorrência referente a 1992", Bruxelas, (1993), ponto 44.

[852] Doc. COM (86) 754 final, secção IV "Pagamentos e regras de concorrência"
[853] JO CE nº L 365 de 24 de Dezembro de 1987, pág. 72.

12.4.2. A No Discrimination Rule

Uma tomada de posição comunitária, quanto a esta matéria, parece ser indispensável, figurando, esta cláusula, na grande maioria dos contratos existentes.

Note-se que a posição divergente, entre a instância francesa e britânica, não é assim tão estranha. O substrato decisório assentava em duas modalidades diferentes de cartões. A posição britânica foi emitida em relação a cartões de crédito, e a posição francesa em relação a cartões de débito.

Essa diferença deverá ser reapreciada. Actualmente, já não se poderá falar somente nestas duas categorias de cartões, surgem outras intermédias, como a dos cartões de débito diferido.

Não obstante, o Reino Unido já estendeu a sua proibição aos cartões de débito. Esta situação não fez baixar os preços, porque o que realmente estava em causa era liberdade de estabelecimento de preços dos comerciantes.

Deverá distinguir-se entre operações de pagamento e levantamento de numerário.

No primeiro caso, a NDR cobre o relacionamento entre devedores e credores, proibindo a estes a imposição de um qualquer encargo ou dificuldade suplementar a um devedor que utilize um determinado meio de pagamento. No segundo caso, os bancos que fornecem o serviço de levantamento de numerário, normalmente através de sistemas similares ao do Multibanco, não podem impor qualquer encargo ao utilizador do sistema [854].

---

[854] Os serviços da Comissão já analisaram um caso na qual quatro companhias petrolíferas (*Aral, BP Oil, Italiana Petroli* e *Mobil Petroleum*) acordaram uma interoperabilidade entre os seus cartões de fornecimento de combustível a transportadoras internacionais, o que permitia a um transportador utilizar uma estação de combustível que tivesse um acordo com qualquer das quatro companhias. A versão notificada do acordo proibia às estações de serviço a imposição de qualquer encargo às companhias de transporte que utilizassem qualquer dos cartões. Após solicitação por parte dos serviços da Comissão, as partes procederam à erradicação desta NDR do acordo e obtêm uma carta de conforto. Sobre este caso, cfr. COMISSÃO, "23.º Relatório sobre Política da Concorrência (1993)", (1994), ponto 485.

Também as autoridades holandesa e britânica proibiram NDR similares. No caso holandês, cuja primeira decisão remonta a 9 de Março de 1994, a decisão do Ministro

Nas situações de levantamento de numerário, a NDR corporiza simplesmente um acordo multilateral sobre preços de comissões a cobrar ao cliente, estipulando, todavia, uma comissão zero [855]. Por sua vez, em caso de aplicação em operações de pagamento, a NDR corporiza uma eventual restrição de concorrência por, pelo menos, por duas vias: ao nível da concorrência intra-sistemática, a NDR reduz o poder negocial do credor sobre a comissão que paga ao seu

---

dos Assuntos Económicos foi alvo de recurso por parte da Diners Club, VISA Card, Eurocard e da American Express. Porém, e após re-análise do processo, o Ministro dos Assuntos Económicos reconfirmou a sua decisão. Para uma análise deste assunto, cfr. *National Reports* R-80-81, *European Competition Law Review*, n.º 16 (1995). Esta decisão foi igualmente alvo de recurso, encontrando-se o caso pendente no *College van Beroep voor het Bedrijfsleven*.

Quanto ao caso britânico, cfr. *"Credit Cards (Price Discrimination) Order 1990"* emitida pelo *Secretary of State* REDWOOD, *Department of Trade and Industry* (DTI), de 31 de Outubro de 1990 (Order n.º 2159). Este regulamento foi elaborado no seguimento das conclusões de um relatório denominado *"Credit Card Services"* no qual a *Mergers and Monopolies Commission* (MMC) recomendou, em 22 de Agosto de 1992, a abolição da NDR, de acordo com o parecer do Director General of the Office of Fair Trading (OFT).

Mais recentemente, também a autoridade sueca recusou a concessão de um atestado negativo à VISA e à Europay, relativamente à NDR contida nos seus sistemas de cartões de crédito [decisões da *Konkurrensverket's*, de 30 de Dezembro de 1994 (caso 1341/93) e de 30 de Junho de 1995 (caso 1833/93)]. Encontra-se actualmente em discussão a possibilidade de concessão de isenções.

Por seu lado, e ao contrário da corrente maioritária, a autoridade francesa autorizou a inserção de uma NDR. Cfr., sobre este assunto, *Conseil de la Concurrence*, decisão n.º 88-D-37, de 11 de Outubro de 1988, relativa ao Groupement des Cartes Bancaires "CB", publicada no *Bulletin Officiel de la Concurrence, de la Consomma tion et de la Repression des Fraudes*, de 15 de Outubro de 1988. Apesar da análise ter sido muito superficial, a autoridade francesa baseou a sua decisão no típico argumento da indispensabilidade para o funcionamento eficiente do sistema, já que a inexistência de uma cláusula com este conteúdo tornaria a utilização do sistema onerosa para o consumidor.

[855] Deverá ser referido que, curiosamente, o *Canadian Competition Tribunal* emitiu uma ordem em 1996, especificando, *inter alia*, que a *Interac* não podia proibir os seus membros de cobrar aos consumidores uma quantia pela utilização dos serviços de ATM's. Cfr. *National Reports* R-171, *European Competition Law Review*, n.º 17, (1996).

banco. Esta situação ocorre independentemente duma CIM a pagar pelo banco do credor ao banco do devedor [856].

A segunda observação decorre directamente da primeira, radicando-se no nível inter-sistemático. Em síntese, a NDR distorce a concorrência entre os sistemas de pagamentos. Tal como tem sido repetidamente referido, os sistemas de pagamentos constituem unidades compósitas e compreensivas, integrando o lado da procura duas realidades distintas: os devedores, que pretendem utilizar os sistemas de pagamento; e, os credores que aceitam o ressarcimento através de uma transferência operada pelo sistema de pagamentos. Uma concorrência inter-sistemática vigorosa permite que os devedores e os credores concretizem análises custos/benefícios fundadas, assentes em pressupostos alargados e agregados.

A imposição de uma NDR condiciona, decisivamente, essa agregação compreensiva, distorcendo liminarmente os mais básicos pressupostos de uma análise concorrencial, impossibilitando uma concorrência a esse nível. Ao eliminar os custos directamente impostos aos devedores, a NDR encobre os custos reais do sistema, aumentando artificialmente a sua procura. Inversamente, os credores ficam sem qualquer opção de acção possível, a não ser a desistência de participação no sistema em causa, o que contraria a tendência natural, por parte destes agentes, de aceitar o máximo de sistemas possíveis de forma a facilitar o cumprimento da obrigação por parte do devedor [857]. Na ausência de NDR, os credores poderiam fazer uma arbitragem não distorcida, privilegiando os meios de pagamento mais eficientes, nomeadamente através da prática de descontos, o que

---

[856] A existência de uma CIM no sistema de pagamentos ajuda a ilustrar a situação subjacente. Se o montante da CIM for aumentado, o comerciante não têm outra opção senão diminuir a margem. A NDR impede a sua repercussão no cliente. Obviamente que podem desistir da participação no sistema de pagamentos. Porém, esta decisão drástica pode ser obstada por o banco do devedor repercutir o rendimento, proveniente do custo acrescido, para os seus clientes, estimulando-os a utilizar o meio de pagamento em causa. Por este simples exemplo atestam-se as similitudes quanto às possibilidade de repercussão do peso económico acrescido, embora em níveis diferenciados: a NDR situa-se no nível cliente/cliente enquanto que a CIM situa-se no nível banco/banco.

[857] Cfr., sobre este assunto, L. GYSELEN, "EU Antitrust Law in the Area of Financial Services - Capita Selecta for the Cautious Shaping of a Policy", cit.., pág. 357.

geraria uma maior concorrência inter-sistemática. Obviamente que, também nesta matéria, um elevado grau de concorrência inter-sistemática obstará a que os efeitos anti-concorrencias da NDR sejam atenuados. Porém, tal como no caso das CIM, deverá estudar-se o eventual efeito cumulativo de NDR´s nos sistemas.

No que diz respeito à aplicabilidade do regime estabelecido no n.º 3 do artigo 81.º, à questão em análise, subsistem algumas dúvidas.

Poderão enunciar-se dois fortes argumentos no sentido da isenção das NDR´s relativamente às regras comunitárias e nacionais da concorrência.

Como primeiro argumento, a NDR constitui um instrumento que distorce a procura na área dos sistemas de pagamento, contudo, não se poderá, nunca, esquecer que esta conclusão assenta na premissa de que, na ausência de NDR, não existiriam distorções no sistema através da repercussão pelos credores de quantias mais elevadas do que os custos gerados pelos sistemas de pagamentos. Conclui-se que as duas realidades têm efeitos paralelos, não havendo qualquer distorção significativa pela aplicação de uma NDR, dado que elas existiram sempre.

Esta conclusão é errónea, nada proibindo, numa economia de mercado, onde a concorrência não é perfeita, que os credores percebam montantes mais elevados do que os estritamente necessários para cobrir os custos.

Neste estado encontram-se duas vicissitudes de dependência potencial: o credor poderá ficar refém do sistema de pagamentos na presença de uma NDR; ou, o sistema de pagamentos poderá ficar refém do credor na ausência de uma NDR.

Estas conclusões procedem. Não se poderá afirmar que um cenário de sobrecarga tarifária apareceria se as NDR´s fossem abolidas. Tal é plenamente visível ao analisar-se os sistemas de pagamentos actuais. Por outro lado, no caso de ocorrência de uma sobrecarga tarifária sistemática, as autoridades poderiam sempre impôr um tecto máximo que correspondesse aos custos reais suportados [858].

---

[858] Esta prática foi já concretizada pelas autoridades britânicas em 1990. Porém, poderá ser criticada por transformar as autoridades de tutela em entidades verificadoras de custos.

Um outro argumento favorável, à existência de NDR´s, radica nas vantagens para os devedores duma cláusula deste tipo. Utilizando esta argumentação, essencialmente baseada na perspectiva da protecção do consumidor, poderá referir-se que a abolição da cláusula iria expôr o consumidor a um risco de cobrança de uma tarifa mais elevada pela utilização do sistema de pagamentos.

Esta visão peca por ser demasiado restrita. O conceito de consumidor deverá entender-se da forma mais ampla possível, dada a variedade de sistemas de pagamentos disponíveis na titularidade dos diversos agentes do lado da oferta. Esta realidade provoca, necessariamente, fenómenos de subsidiação cruzada, onde os sistemas de pagamentos que não contenham NDR´s irão, forçosamente, sustentar os custos daqueles que dispõem [859].

Note-se que esta realidade é igualmente aplicável aos levantamentos automáticos nas ATM´s [860].

Concluindo, a abolição de NDR´s tem o mérito inegável de permitir que os devedores tenham a percepção do reais custos gerados pelos diversos sistemas de pagamentos, permitindo um julgamento com base na diferente eficiência dos mesmos. Uma concorrência inter-sistemática não distorcida permitirá que os consumidores realizem as suas escolhas atendendo a todos os parâmetros relevantes: qualidade, conveniência, segurança e preço. Se estes depreenderem

---

[859] Um possível contra-argumento, para rebater os efeitos anti-concorrenciais desta realidade, é avançado por LUC GYSELEN, *ob. cit..*, pág. 358, onde se refere que a subsidiação cruzada é plenamente justificada quando o meio de pagamento, ao qual a NDR é aplicável (por exemplo, cartões de crédito), é mais barato e seguro que o outro meio de pagamento, ao qual a NDR não é aplicável (por exemplo, dinheiro). No entanto, o argumento é reversível. Tal diferenciação de tratamento permite o desencorajamento da utilização dos sistemas menos eficientes.

[860] Os sistemas VISA e Europay contém NDR´s, aplicáveis ao levantamento de dinheiro em ATM. Defende-se, muitas vezes, a manutenção da NDR nos sistemas baseados nos cartões de crédito, de forma a tornar este meio de pagamento mais utilizado, em prejuízo das transferências físicas de numerário mais onerosas. Porém, ao eliminarem-se as NDR´s, poderiam aparecer disputas concorrenciais assentes em descontos a atribuir aos clientes, o que seria benéfico para o consumidor.

Todos estes condicionalismos deverão ser pensados na época de transição para o euro, em que é favorável a "cartonização" dos sistemas de pagamentos, de forma a minorar os custos de transição.

que um sistema é melhor do que o outro, obviamente que estarão disponíveis para pagar um pouco mais e, somente assim, se conseguirá uma plena transparência nestas matérias.

12.4.3. Outras questões concorrenciais não relacionadas com os preços

Poderão ser levantadas inúmeras questões de indole concorrencial não relacionadas com os preços no sector bancário. Tendo essa análise sido operada no local próprio, limitamo-nos agora à apreciação do fornecimento obrigatório de mecanismos essenciais (*essential facilities*) a agentes que não participem originariamente nos sistemas de pagamentos, mas que sejam imprescindíveis para a concretização de uma operação particular.

Torna-se essencial a delimitação objectiva de regras de acesso aos sistemas, quer numa perspectiva substantiva quer numa perspectiva adjectiva.

Tal como foi referido no caso *Sarabex*, os critérios que determinem o acesso de agentes não originários a sistemas de pagamentos deverão ser objectivos e imparciais, tais como a capacidade financeira e técnica, assente em mínimos de dimensão, de solvabilidade e de operacionalidade. De um ponto de vista adjectivo, e segundo a Comunicação da Comissão relativa à Aplicação das Regras da Concorrência às Transferências Bancárias Transfronteiras[861], deverá sempre ser emitida uma justificação escrita da eventual recusa de adesão, permitido-se o recurso a um processo independente de revisão dessa decisão.

A Comissão define *"mecanismo essencial"*, em termos excessivamente genéricos como sendo *"um mecanismo ou infra-estrutura sem cujo acesso os concorrentes não podem prestar serviços aos seus clientes"*[862]. Especifica, de seguida, que um sistema de transferências bancárias transfronteiriças constituirá um mecanismo essencial quando *"a participação nesse sistema for necessária para que os bancos possam concorrer entre si no mercado relevante. Por outras palavras, a falta de acesso ao sistema traduz-se num entrave signifi-*

---

[861] Pontos 26 a 28.

cativo à entrada de um novo concorrente no mercado, o que sucede sempre que este último não pode viavelmente aderir a um outro sistema ou criar o seu próprio sistema a fim de concorrer no mercado relevante" [863]. Esta descrição levanta, pelo menos, duas questões básicas: o que constitui o mercado relevante?; Como é que se qualificam os obstáculos no acesso aos mecanismos essenciais?

Na área dos serviços financeiros, não se poderá entender como mecanismo essencial as utilidades concedidas por lei a favor de uma só entidade. A mesma interpretação é aplicável às utilidades que são *de facto* fornecidas por um único agente, que por isso mesmo se coloca numa posição proeminente que lhe permite efectuar juízos sobre o acesso de outros agentes a essa utilidade.

De acordo com o raciocínio da Comissão, a essencialidade da definição baseia-se numa análise de eficiência económica assente no custo da criação de uma utilidade sucedânea. Só será um mecanismo essencial a utilidade que ocupar um papel proeminente no mercado, sem o acesso à qual o agente teria de investir na construção de uma utilidade concorrente, mas cujo custo seria proibitivo ou, pelo menos, desproporcionado face ao desempenho da nova utilidade. De acordo com esta posição, nunca o detentor da utilidade poderá argumentar no sentido da possibilidade de construção, por parte do concorrente, de um novo sistema. Por essa via, nesta acepção, é atribuído ao agente detentor um dever de permitir o acesso, e que deverá ser exercido de forma mais objectiva possível, embora impedindo eventuais situações de *free rider* [864].

---

[862] Ponto 25.

[863] O conceito de mecanismo essencial foi definido com alguma clareza no sector dos transportes. Assim, na decisão da Comissão de 4 de Novembro de 1988, *London European/Sabena* (JO CE n.º L 317/48, de 24 de Novembro de 1988), o mecanismo essencial consistia na rede computadorizada de marcação de reservas, detida por uma empresa que limitava o seu acesso a outras empresas. Também na decisão da Comissão de 21 de Dezembro de 1993, *Porto de Rodby* (JO CE n.º L 55/22, de 26 de Fevereiro de 1992) se definiu mecanismo essencial como sendo a infra-estrutura (posto de amarração num porto, ou a manga do aeroporto) que é legalmente reservada a uma empresa.

[864] Pode ser exigida uma quota de adesão, que não pode ser fixada a um nível demasiado elevado de modo a constituir um entrave à adesão. Nos termos da Comunicação, citada, *"em todo o caso, o nível desta taxa não deve exceder uma proporção*

Não poderá ser excluída a evolução temporal do mercado relevante. Uma utilidade poderá constituir um mecanismo essencial hoje e não o constituir amanhã. Poderão mesmo existir, num dado momento, diversos mecanismos essenciais. Como já se referiu, a questão fundamental não radica na verificação da posição dominante, singular ou colectiva, que os detentores detêm, mas na averiguação da existência de mais mecanismos desse tipo. No entanto, qualquer análise deste tipo deverá observar a situação actual do mercado e não previsões de evoluções futuras [865].

Concluindo, a qualificação de mecanismo essencial não deverá limitar-se às utilidades detidas por entidades que gozem de um poder monopolista. A questão fulcral reside em se averiguar se os poucos concorrentes, que actuam no mercado podem suportar a entrada de mais um [866].

---

equitativa do custo real de investimentos anteriores no sistema. Os critérios de participação não podem sujeitar a participação no sistema a condições sobre a aceitação de outros serviços não conexos". Cfr. ponto 26.

[865] Foram já notificados à Comissão dois sistemas de pagamentos transfronteiriçções, o *IBOS* e o *Eurogiro*, cujos acordos continham cláusulas restritivas de acesso baseadas na nacionalidade (*IBOS*) ou no tipo de instituição de crédito (*Eurogiro*). A Comissão, assentando na noção restrita e exigente de mecanismo essencial, não emitiu qualquer objecção. Porém, ocorreram dois casos em que a Comissão tomou posição no sentido da existência de mecanismos essenciais, emitindo, no entanto, cartas de conforto, considerando preenchidos todos os critérios de acesso descritos. A primeira situação foi a referente às regras operacionais da *Exchange Clear House* (*ECHO*), sendo esta uma organização que lida com sistemas de compensação multilateral e com a colocação de transacções em moeda estrangeira, constituída por um largo consórcio de bancos (20), liderados pelo *Chase Manhattan*, e que desenvolveram uma nova central de compensações. Esta tarefa alarmou os bancos de pequena e média dimensão, liderados pelo *Den Norske Bank*, que temeram ficar à margem do processo. O segundo caso envolveu a *Ecu Banking Association* (*EBA*) que havia construído um sistema de compensações de transacções em Ecu. Este sistema irá rapidamente sofrer uma enorme concorrência por parte do *Transeuropean Automated Real-Time Gross Settlement Transfer System* (*TARGET*). Este último sistema é, contudo, distinto do detido pela EBA, é público (sendo colocado à disposição pelos bancos centrais) e opera numa base de montantes brutos e não líquidos.

[866] Por exemplo, o mercado do sistema de compensações de transacções de títulos a nível internacional tem dois actores fundamentais: a CEDEL e a EUROCLEAR. Apesar de nenhum destes sistemas deter uma posição dominante, nem sequer se aferida em termos colectivos, poderá tomar-se os sistemas como mecanismos essenciais.

12.4.4. Limites à liberdade de acção

Algumas normas que regulam o funcionamento interno dos sistemas de pagamentos limitam a liberdade de acção, na área comercial, dos participantes nos sistemas.

Esta situação é tipicamente demonstrada pela presença de cláusulas de proibição de participação em sistemas concorrentes.

Quanto a este assunto, a Comissão emitiu, em 1996, um comunicado de imprensa [867], onde refere uma objecção emitida a uma norma deste tipo proposta pela VISA e contestada pela AMEX e *Dean Witter* [868]. Torna-se evidente que uma norma com este teor restringe a concorrência entre bancos ao não permitir a emissão da inteira gama de cartões, distorcendo, cumulativamente, a concorrência intersistemática nos sistemas de cartões, impossibilitando o acesso de novos sistemas a mercados onde já exista o emitido pelo pretenso monopolista que, por essa via, detém uma posição dominante [869] [870].

Outra contenda de particular relevância prende-se à delimitação territorial da actividade de fornecimento de serviços de pagamento. Alguns acordos contém no seu âmbito normas que impedem um operador, situado num Estado-Membro, de contratar directamente com um prestador de serviços situado noutro Estado-Membro para exercer o serviço de pagamento sem recurso a um prestador de serviços nacional, mesmo que o situado no outro Estado-Membro preste o serviço menos onerosamente e com mais qualidade. Desta forma, o agente obrigado a desenvolver actividades em diversos

---

[867] Comunicado de Imprensa da Comissão IP (96) 585, 3 de Julho, 1996.

[868] A norma proposta estipulava que um banco participante num sistema da VISA seria imediatamente excluído do mesmo se emitisse cartões *AMEX* ou *Discovery* (estes últimos emitidos pela *Dean Witter*), ou qualquer outro considerado concorrente pelo Conselho de Direcção.

[869] Era esta a situação do caso concreto. A *AMEX* pretendia penetrar mais intensivamente no mercado europeu, enquanto que a *Dean Witter* pretendia simplesmente entrar nesse mercado. Estas empresas vieram ainda alegar que não tencionavam utilizar o sistema da *VISA*, mas os seus canais de distribuição. Esta discurso permite afastar qualquer contra-argumentação baseada na problemática do *free rider*.

[870] Levantaram-se, ainda, mais algumas questões interessantes, tais como: a pretensa discriminação de outros sistemas, já que a *Eurocard/Mastercard*, a *Diner's Club* e a *JCB*, entre outras, não eram afectadas pela proibição.

Estados-membros terá, obrigatoriamente, que contratar com bancos diferenciados, situados em cada Estado-Membro. Uma situação com estas características, além de ineficiente em termos económicos, porque mais onerosa, é ainda distorciva da concorrência e contrária às regras de livre prestação de serviços, pelo que se mostra inaceitável.

12.4.5. A compatibilidade e a exclusividade

Este foi um debate premente, mas que o desenvolvimento técnico ultrapassou. Deverá permitir-se aos portadores, de quaisquer cartões, a utilização da generalidade dos terminais, pelo menos a nível comunitário.

Mas repare-se, esta compatibilidade técnica deverá ser acompanhada por uma harmonia financeira, no sentido que os aceitantes do cartão deverão adoptar indiferenciadamente os cartões concorrentes, nas mesmas condições tarifárias.

Outra polémica interessante, é a colocação, à disposição do banco, de diversos cartões concorrentes, devendo assegurar-se a inexistência de pactos de exclusividade, que, como vimos, poderão criar situações anticoncorrenciais.

Por outro lado, um certo número de outras disposições em matéria de exclusividade deverão apreciar-se à luz do artigo 81.º. Por exemplo, as regras destinadas à obtenção de uma protecção territorial que interditem um emissor de cartões, estabelecido num Estado-Membro, de contratar directamente com comerciantes de outro Estado-Membro.

12.4.6. Especificidades

Segundo um estudo recente da Comissão [871], antes do lançamento do programa de 1992, o nível de concorrência era particularmente reduzido no sector dos bancos, devido à sua natureza intrínseca e às regulamentações nacionais. Além disso, as grandes deficiências na transmissão de informação, sobre a qualidade dos serviços, bem como as reputações confirmadas dão vantagem às empresas criadas.

---

[871] "Os serviços mercantis na economia da Comunidade", *Economie Européene*, Suplemento A, Maio de 1993.

Uma avaliação global do sector deverá, evidentemente, apreciar-se segundo a natureza das operações em causa, existindo, no interior do sistema financeiro, mercados mais concorrenciais (por exemplo, o mercado do crédito hipotecário) que outros.

A partir de meados dos anos 80, os mercados de serviços da Comunidade registaram modificações importantes provocadas, não só pelo programa do mercado interno (liberdade de estabelecimento e liberalização dos movimentos dos factores de produção), mas também, pelo progresso tecnológico. A incidência destes dois elementos é particularmente forte no sector bancário.

No que se refere à aplicação concreta das regras de concorrência no sector financeiro, será conveniente salientar certas particularidades, nomeadamente:

- a importância económica deste sector não se limita ao seu peso económico directo. Com efeito, por um lado, através dos efeitos cruzados, os resultados do sector financeiro são determinantes para a competitividade dos outros sectores de produção e para o bem-estar dos consumidores. Por outro, do ponto de vista macro-económico, o papel institucional do sector bancário consiste em estabelecer a ligação com a política monetária;

- para determinados produtos, o modo de funcionamento do mercado apresenta a particularidade de pôr em contacto os operadores financeiros independentemente da sua vontade. Executam a vontade dos seus clientes, não sobrevindo, consequentemente, uma relação directa entre a oferta e a procura. Por exemplo, quando um operador emite um cheque a favor de uma contraparte, o banco do credor é obrigado a entrar em contacto com o banco do devedor;

- os operadores podem participar, no mercado de um produto, simultaneamente do lado da procura e da oferta. Se tomarmos como exemplo um certo meio de pagamento, cada banco intervém no mercado quer como credor quer como devedor. Esta especificidade implica que cada operador contribua, ao mesmo tempo e sempre, para a determinação de procura e da oferta no mercado [872].

---

[872] Comissão da Comunidade Europeia, "13.º Relatório sobre a Política da Concorrência referente ao ano de 1993", Bruxelas, (1994), ponto 119.

12.4.7. Algumas questões: Limites dos poderes

Parece-nos óbvio o facto de certas medidas adoptadas por autoridades nacionais poderem afectar a concorrência no mercado inter--comunitário. Esta conclusão, conjugada com a existência de um mercado único de serviços financeiros, coloca o problema, já diversas vezes focado, do âmbito de liberdade do Estado-Membro na adopção de medidas de alcance interno, que desnecessariamente imponham aos bancos uma conduta restritiva da concorrência.

Este âmbito de liberdade, qualquer que seja, diminuirá significativamente com o advento da terceira fase da União Económica e Monetária. Relembre-se que, os argumentos que justificavam a exclusão da concorrência, baseados no fundamentalismo da política monetária, passaram de um entendimento que roçava as margens do dogma, a um entendimento baseado no conteúdo mínimo da política monetária e da indispensabilidade dessa medida, para esses fins. Nos últimos anos, os argumentos utilizados para justificar as práticas transmutaram-se progressivamente, tendo os Estados-membros adoptado nas suas alegações, cada vez mais frequentemente, outros objectivos garantidos pelo Tratado, sendo o mais empregue a protecção dos consumidores.

Na práticas, são imensas as razões que levam os Estados a adoptar posições de natureza restritiva, nesta área da actividade económica. As entidades soberanas poderão pretender proteger os níveis de rentabilidade de algumas instituições ineficientes do sector bancário nacional (por exemplo, através da imposição de taxas máximas de remuneração de depósitos), alegadamente para evitar ondas de pânico e manter a credibilidade do sistema financeiro baseado naquele Estado.

A transposição desta fundamentação para um mercado único financeiro da dimensão da Comunidade, bem como o nível de exigência de eficiência acrescido num mercado com essas características, coloca diversas interrogações que a onda de fusões e aquisições, actualmente em curso, não responde de uma forma minimamente sustentada e estrutural. É previsível, que, num futuro próximo, os Estados-membros pretendam, a todo custo, manter as estrutura financeira do país, nem que seja por razões de saudosismo da soberania transferida. Pelas razões expostas, os resgates bancários encontram-se na ordem do dia.

Já outras observações não farão sentido. Por exemplo, a prática de imposição de baixas taxas de remuneração de depósitos ou de obrigações emitidas pelas instituições bancárias, tendo em vista a melhoria da competitividade no mercado dos títulos de dívida pública emitidos pelos Estados, é obsoleta numa situação de União Económica e Monetária. O mercado das obrigações será um dos primeiros a atingir a completa integração.

Será conveniente, nesta altura, recordar que o disposto nos artigos 81.º e 82.º é unicamente aplicável às empresas, e não aos Estados. Logo, uma restrição imposta por um Estado-Membro aos seus bancos não é susceptível de inserir-se no âmbito da previsão destas normas. Porém, numa situação desta índole, é essencial a análise da justificação do Estado para a concretização dessa prática, não podendo, o Estado-Membro, em nenhuns termos, basear-se em disposições de âmbito nacional [873].

---

[873] Esta orientação já é antiga. Tinha sido confirmada, em tese, em 1977 pelo Tribunal de Justiça no acórdão *INNO vs. ATAB*, citado, e aperfeiçoada nos acórdãos *Cognac* e, especificamente, no campo bancário, no acórdão *Van Eycke vs. Aspa*.

CAPÍTULO VI

POSIÇÃO DOMINANTE COLECTIVA E A SUA APLICABILIDADE NO ESTUDO DA CONCORRÊNCIA BANCÁRIA

1. INTRODUÇÃO

Quando se procedeu à análise das motivações da concertação, referiu-se que o sistema bancário era constituido por um elevado número de empresas barométricas, sem influência decisiva no regime concorrencial do mercado e por um muito reduzido número de empresas dominantes, as empresas líder, que determinam as condições e o exercício da prática concorrencial.

Na base da figura da posição dominante colectiva encontra-se o fenómeno que o direito *antitrust* americano denomina de *"conscious parallelism"*. Tal como foi amplamente demonstrado, a experiência revela-nos que os membros de um oligopólio tendem a adoptar conscientemente comportamentos paralelos restritivos da concorrência.

Esta realidade é transponível para o sector bancário, onde um reduzido número de empresas dominantes que operam no mercado acabam, pelo exercício conjunto da actividade, por adquirir um conhecimento recíproco aprofundado, similar ao que ocorre nos clubes restritos aos quais não aderem senão um reduzido número de membros. Nestas condições qualquer instituição bancária pode prever as reacções da entidade bancária concorrente face às alterações, mesmo a curto prazo, do mercado [874].

Perante estas situações, a ciência económica revela-nos duas possibilidades de acção: a concorrência desenfreada e selvagem ou a adopção de comportamentos paralelos.

No sector bancário, a concorrência selvagem e desenfreada entre empresas dominantes não poderá ocorrer dada a estrutura *suis generis* do sector, baseada na reputação e na confiança, de que depende o sucesso colectivo de todas em empresas no mercado [875].

Daqui derivam diversos problemas em sede de aplicação do direito da concorrência. Vejamos a seguinte situação: imaginemos que o Banco A, banco líder, adquire o controlo do Banco B, também um outro banco líder. Na suposição de que existiam quatro bancos líderes no mercado, desta operação derivará uma redução significativa do número de empresas líder, embora dela não derive uma situação que permita afirmar que o Banco A detém uma posição dominante, dada a existência dos Bancos C e D, ambos com quotas muito significativas de mercado.

Um primeiro problema interpretativo ocorre logo em sede de controlo das concentrações. Será que esta situação se insere na previsão do n.º 3 do artigo 2.º do Regulamento 4064/89, onde se estabelece que "devem ser declaradas incompatíveis com o mercado comum as operações de concentração que criem ou reforcem uma posição dominante de que resultem entraves significativos à concorrência efectiva no mercado comum ou numa parte substancial deste"?

À primeira vista, uma interpretação no sentido positivo parece integrar na letra do dispositivo normativo. Quer o n.º 2 quer o n.º 3 do artigo 2.º do Regulamento 4064/89 mencionam simplesmente o conceito de posição dominante, sem referir se poderá ser exercido por uma ou por mais empresas. Porém, o artigo 82.º do Tratado dispõe,

---

[874] Com inevitáveis custos em sede de Bem-Estar Social, cfr. J.A. BRANDER e B. SPENCER, "Tacit Collusion, Free Entry and Welfare", *Journal of Industrial Economics*, Vol. 33, No 3, (1985), págs. 277-94.

[875] As passadas crises bancárias na América Latina ainda hoje levantam véus de suspeição que impedem um desempenho concorrencial igualitário das empresas bancárias desses países quanto a bancos situados noutra área geográfica.

a este respeito, expressamente, que a posição dominante poderá ser exercida por uma ou mais empresas, ao contrário do artigo 2.º do Regulamento n.º 4064/89 que é omisso a este respeito. Dada a regulamentação anterior, poderá pensar-se que a omissão é deliberada e não pode ser ignorada pelo que a interpretação deverá ser restritiva. Ou seja, só se incluiem no artigo 3.º do Regulamento n.º 4064/89 as operações de concentração que envolvam uma única empresa em situação dominante.

Porém, tal como PAPPALARDO [876], pensamos que o argumento textual não é decisivo. Sem negar os problemas decorrentes de uma interpretação extensiva desde preceito, que tem por efeito submeter a consolidação de oligopólios ao Regulamento relativo às operações de concentração, pensamos que essa posição é a única coerente com as finalidades gerais do Regulamento n.º 4064/89, que tem na base considerações de carácter económico e concorrencial. O primeiro considerando, do referido regulamento, relembra o princípio fundamental enunciado pelo artigo 3.º do Tratado, segundo a qual a realização dos objectivos da Comunidade exige, entre outros aspectos, a instauração de um regime de concorrência não falseada. Este é o princípio básico do Regulamento n.º 4064/89, que visa essencialmente evitar consolidações de poder de mercado a um nível excessivo, tendo em atenção as potenciais distorções de concorrência que poderão advir dessa situação.

Note-se que uma posição em sentido contrário originaria uma lacuna perigosa no tecido normativo concorrencial comunitário: seria suficiente repartir a posição dominante entre duas empresas para escapar à interdição enunciada pelo n.º 3 do artigo 2.º.

No plano económico, por outro lado, não se poderá fazer depender a aplicação do regulamento ao exercício do domínio por um ou mais sujeitos. Ambas as situações são susceptíveis de entravar a concorrência efectiva de uma maneira significativa se estiverem presentes determinadas condições estruturais de mercado.

---

[876] Cfr. A. PAPPALARDO, "La réglementation communautaire de la concurrence (deuxième partie, le contrôle des concentrations d'entreprises: récents développements", citado, pág. 330.

Não é fácil combater com sucesso as restrições colectivas da concorrência resultantes de comportamentos paralelos por parte de empresas dominantes no mercado [877].

No mercado bancário a situação agrava-se fortemente. A estrutura actual decorre de um anterior proteccionismo e enclausuramento dos mercados nacionais, que potenciou a formação de um reduzido número de grupos, protegidos pelos Estados - que ainda hoje dominam, dada a sua elevada reputação -, e se expandem, como se poderá comprovar pelos crescentes níveis de concentração nos vários mercados. Não sendo um oligopólio natural, é um oligopólio histórico, derivado dos anteriores condicionalismos.

O artigo 81.º do Tratado só é aplicável, pela sua própria natureza e, como se provou na investigação exaustiva das querelas concorrenciais que envolveram instituições bancárias, quando existe uma forma exteriorizada de concertação, sendo inaplicável às concertações implícitas: quando resultem de uma situação económica típica da qual deriva uma solidariedade objectiva entre os membros do oligopólio [878], em sentido amplo.

Nos casos, extremamente raros no sector bancário, onde as condições de aplicação do artigo 82.º do Tratado obtiveram aplicação, porque provadas, poderá limitar-se o exercício do seu poder oligopolístico sobre o mercado, sem, no entanto, se remediar as falhas estruturais concorrenciais de mercado, derivadas da existência de um oligopólio colectivo.

Atendendo ao grau crescente de concentração no mercado bancário, deverá interpretar-se o artigo 2.º do Regulamento n.º 4064/89 no sentido de se prevenir a criação, ou o reforço, de posições oligopolísticas colectivas, só sendo possível, a prova do abuso, em termos de exercício, no caso de exteriorização da concertação, o que é cada vez mais incomum.

---

[877] Cfr. D. ABREU, D. PEARCE, e E. STACCHETTI, "Optimal Cartel Equilibria with Imperfect Monitoring", *Journal of Economic Theory*, Vol. 39, (1986), págs. 251-69.

[878] Cfr., sobre estes assunto, C. FERSHTMAN e K.L JUDD, "Equilibrium Incentives in Oligopoly", *American Economic Review,* Vol. 77, (1987), págs. 927-40; J.W. FRIEDMAN e J.F. THISSE, "Sustainable Collusion in Oligopoly with Free Entry", *European Economic Review*, Vol. 38, (1994), págs. 271-83.

Esta questão tem conhecido uma evolução rápida [879]. Apesar de ter sido negligenciada nos momentos iniciais de aplicação do Regulamento, ou então tratada muito superficialmente em algumas decisões de 1991 [880], foi alvo, em 1992, pela primeira vez, de uma atenção central no caso *Nestlé/Perrier* [881], no qual a Comissão enunciou pela primeira vez de forma explícita a sua doutrina na matéria.

---

[879] Cfr. G. ELLISON, "Theories of Cartel Stability and the Joint Executive Committee", *Rand Journal of Economics*, Vol. 25, n.º 1, (1994), págs. 37-57.

[880] Nos primeiros casos, examinados na fase inicial de aplicação do regulamento n.º 4064/89, que apresentavam características de duopólio estreito, a Comissão não aborda o tema da posição dominante colectiva ou, então, trata-a de forma muito incipiente. Esta questão foi analisada expressamente, pela primeira vez, na decisão *Alcatel/AEG Kabel*, de 18 de Dezembro de 1991, relativa à aquisição por uma empresa francesa, a *Alcatel Cables S.A.,* do controlo de uma empresa alemã, a *AEG Kabel*. O mercado em causa, dos cabos eléctricos - que por falta de harmonização técnica tem uma dimensão nacional, ao contrário do mercado dos cabos de telecomunicações que tem uma dimensão comunitária -, foi identificado como o mercado alemão. Nestes termos, a operação elevaria um grau de concentração do mercado alemão dado que os três produtores iriam deter uma percentagem superior a 50% do total do mercado em causa. Prevendo a Lei alemã sobre restrições da concorrência, expressamente, a posição dominante colectiva, em termos de presunção, o *Bundeskartellamt* fez valer a tese que a possibilidade de ocorrência de comportamentos paralelos era reforçada, dadas as características próprias do mercado (elevada transparência de preços, fraca inovação tecnológica, etc.).

Devido à solicitação das autoridades alemãs, a Comissão é obrigada a defrontar o problema da posição dominante colectiva. Porém, considera, dada a presença de inúmeras empresas barométricas de pequena dimensão, que dispunham de um poder de mercado importante, que não haveria lugar à aplicação desta figura jurídica. Esta solução é deveras criticável. Nem sequer tomou em atenção a problemática da elasticidade da procura, assentando no elevado número de pequenos concorrentes, que, num mercado não normalizado, têm dificuldade em se impôr, dada a reduzida compatibilidade dos materiais.

[881] Decisão *Nestlé/Perrier*, de 22 de Julho de 1992, JO n.º L 356/1, de 2 de Dezembro de 1992. Esta decisão reveste um interesse particular numa dupla perspectiva. Por um lado, pela primeira vez, a Comissão opõe-se a uma operação de concentração arguindo como motivo a criação de uma posição dominante colectiva. Por outro lado, esta decisão deu à Comissão a oportunidade de explanar, de forma detalhada, os fundamentos jurídicos e económicos para a aplicação do Regulamento 4064/89 às situações de oligopólio, apresentando diversos critérios de avaliação. Esta decisão constitui um precedente importante para a doutrina e à metodologia a seguir no futuro nestas matérias, ou seja, na criação e no reforço de posições dominantes oligopolísticas.

A partir deste caso, os procedimentos da Comissão alteraram-se substancialmente.

Para uma análise deste género é necessário, numa fase preliminar do processo, calcular o grau de concentração do mercado no momento anterior à operação e no momento posterior a ela [882]. Este exame preliminar visará apenas indagar do grau de concentração do mercado, presente e futuro. Após esta observação e assentando-se nas características do mercado em causa, comprovar-se-á se as preocupações são fundadas.

Se desta análise preliminar se formular uma previsão do comportamento futuro das sociedades líder, no sentido da eminência de prática de acções concertadas restritivas da concorrência, que diga-se, são naturais dada a estrutura do mercado e a racionalidade económica dos agentes, então o exame deverá ser aprofundado [883]. A investigação posterior deverá revestir alguma comple-

---

[882] Por exemplo, apurar os quatro bancos principais detêm 80% da quota do mercado, ou qual a quota relativa que cada uma destas instituições detêm, entre outros factores.

[883] A Lei alemã sobre restrições da Concorrência (GWB) é mais clara e prevê expressamente esta situação. O parágrafo 2.º do n.º 3 do artigo 22.º, conjugado com o n.º 2 do mesmo artigo estabelece presunções nesta matéria. Nos termos do n.º 2 do artigo 22.º, duas ou mais empresas são dominantes no mercado quando não ocorra entre elas, num determinado tipo de bens ou serviços, concorrência significativa, quer por razões de ordem geral, quer relativamente a mercados determinados, desde que em conjunto não tenham concorrentes ou não estejam expostas a uma qualquer concorrência significativa e se gozarem, no mercado, de uma situação preponderante quanto às empresas suas concorrentes. A este respeito, convém ter em conta, não apenas o lugar que a empresa ocupa no mercado, mas, principalmente o seu poder financeiro, as suas possibilidades de acesso ao mercado de fornecedores ou de escoamento de bens e serviços, as ligações que mantém com outras empresas, assim como obstáculos de facto, ou de direito, que se oponham à entrada de outras empresas no mercado. Por sua vez, o parágrafo 2.º do n.º 3 do artigo 22.º estabelece a presunção que as condições *supra* exigidas estarão reunidas se, num determinado tipo de bens ou serviços, três, ou menos de três empresas, detiverem conjuntamente, uma quota de mercado igual ou superior a 50%, ou cinco, ou menos de cinco empresas, detiverem, conjuntamente, uma quota de mercado igual ou superior a 2/3.

Porém, esta presunção encontra-se sujeita a uma regra *de minimis*, nos termos da qual, a presunção não funcionará tratando-se de empresas cujo volume de negócios (no caso de instituições de crédito, o volume de negócios é substituído por

xidade, incidindo sobre as matérias, anteriormente estudadas [884], que exteriorizem elementos susceptíveis de favorecer a adopção de comportamentos paralelos, tais como a afinidade dos produtos, dos mercados e da estrutura de custos, que é evidente no mercado bancário, ou então o risco da concorrência potencial (que é desprezível no sector em causa dado o elevado custo de entrada e o desconhecimento do novo operador que impedirá um crescimento rápido inicial [885]). Todos estes factores complexos deverão ser analisados pela Comissão, em sede de aplicação do Regulamento n.º 4064/89, no curto espaço de tempo de que dispõe para instruir o processo.

2. CRITÉRIOS DE AFERIMENTO

Relembre-se que, numa situação desta índole, o que está em causa não é simplesmente a criação do oligopólio ou mesmo de um duopólio, mas fundamentalmente a previsibilidade, com um grau elevado de certeza, dadas as condições estruturais do mercado e a racionalidade económica dos agentes, com que estes procederão à adopção de comportamentos paralelos restritivos da concorrência.

Os critérios de aferição são susceptíveis de ser classificados de uma forma tripartida: (i) posição ou ao comportamento dos su-

---

um décimo do total de activos), no decurso do último exercício, não tiver ultrapassado os 100 milhões de marcos alemães.
Por seu lado, o Decreto-Lei n.º 371/93, de 29 de Outubro, consagra princípios quase similares aos da lei alemã, estabelecendo que dispõem de posição dominante no mercado de determinado bem ou serviço duas ou mais empresas que actuam concertadamente nele, no qual não sofrem a concorrência significativa ou assumem preponderância sobre terceiros. O n.º 3 do artigo 3.º determina que, sem prejuízo da ponderação, em cada caso concreto, de outros factores relativos às empresas e aos mercados, se presume que se encontram em posição dominante as empresas que detenham, no conjunto do mercado nacional de determinado bem ou serviço, uma participação igual ou superior a 50%, tratando-se de três ou menos empresas, ou uma participação igual ou superior a 65%, tratando-se de cinco ou menos empresas.

[884] Ver análise económica da concertação.
[885] Cfr. C. FERSHTMAN e N. GANDAL "Disadvantageous semicollusion", *International Journal of Industrial Organization*, Vol. 12, (1994), págs. 141-54.

jeitos; (ii) características do mercado; e, (iii) características do produto[886].

O primeiro grupo engloba a análise das analogias ou das diferenças entre os membros do oligopólio, na sua estrutura de custos e ao seu espaço de mercado. No segundo grupo, deverá abranger-se a averiguação da maturidade do mercado em causa, indagando-se o nível de inovação tecnológica possível bem como as suas possibilidades de expansão, os obstáculos à concorrência, a intensidade da concorrência actual ou potencial, o nível de transparência ou de opacidade, entre outros factores relevantes face ao mercado em concreto.

Finalmente, no terceiro grupo, poderá integrar-se a análise da homogeneidade ou da diversificação dos produtos e da elasticidade da procura.

Conclui-se que os desenvolvimentos da Nova Economia Industrial, baseados na teoria dos jogos, não significam, de forma alguma, que os tradicionais métodos de aferimento de concertações devam ser abandonados.

3. POSIÇÃO OU COMPORTAMENTO DOS SUJEITOS EM CAUSA

3.1. Relações entre concorrentes

A probabilidade dos membros do oligopólio adoptarem comportamentos paralelos é tanto maior quanto a afinidade entre eles. As ligações entre os membros do oligopólio, passadas e presentes, contribuem para reforçar a previsão de ocorrência deste tipo de práticas restritivas. Porém, essa afinidade é condição necessária, mas não suficiente, devendo ter-se em consideração a variável decorrente da elasticidade da procura.

---

[886] Cfr. A. PAPPALARDO, op. cit., apresenta uma classificação quase similar. No entanto, deverá ressalvar-se que as categorias propostas têm apenas como finalidade facilitar a compreensão, não estando as fronteiras incondicionalmente limitadas. De facto, a homogeneidade dos produtos poderá ser considerada igualmente como um índice de maturidade do mercado.

A estrutura específica do sector bancário, subjectiva e material, quer em termos históricos quer em termos actuais fornecem indicações importantes.

Um outro factor a estimar é a indagação, segundo a qual, quanto maior fôr a intensidade concorrencial maiores serão os incentivos à prática de comportamentos paralelos.

Todas estas variáveis, aplicadas ao sector em causa, revelam-nos a enorme probabilidade de práticas concertadas. Historicamente, o sector bancário era um mercado protegido, dirigido por uma oligarquia dominante bastante próxima. Este vínculo mantém-se, tal como se referiu, actualmente. São esses bancos que continuam a deter, na maior parte das vezes, as quotas principais do mercado.

Numa perspectiva actual, a produção conjunta das diversas entidades é notória, não só em termos de circulação e normalização de produtos, mas mesmo em realidades mais acabadas e visíveis como são os sindicatos bancários financiadores de grandes investimentos.

Os vínculos contratuais em que se baseiam estas relações deverão ser apreciados minunciosamente, de forma a observar-se a extensão das transmissões de comunicação que tenham por finalidade a redução da incerteza quanto à actividade futura dos diversos concorrentes. Os bancos dominantes terão informação em volume crescente ao relacionarem-se mais intensivamente e em maior quantidade com agentes terceiros, clientes ou bancos concorrentes. Até mesmo neste campo, eles são dominantes.

Porém, esta preponderância relacional não serve unicamente como factor positivo para a adopção de comportamentos paralelos. Constitui também um forte factor dissuasor da prática de fraude à concertação. Nestes termos, estes elos relacionais constituem factores estabilizadores de práticas concertadas [887].

---

[887] A prática da Comissão nesta matéria é elucidativa. Na decisão *Thorn EMI/ Virgin Music*, de 27 de Abril de 1992, foi determinado que as cinco maiores firmas cooperavam umas com as outras no mercado da música. Na decisão *Pilkington - Techint/SIV*, (JO CE n.º L 158, de 25 de Junho de 1994), a Comissão baseia-se, essencialmente, em relações cruzadas de fornecimento entre os operadores, o que

Esta situação é tanto mais verdadeira no sector bancário quanto maior for o número de contratos que tendem à formação de uma "rede de vulnerabilidade mútua", em que as instituições são todas interdependentes [888].

Os contactos multi-mercados auxiliam particularmente as empresas a assinalar as suas intenções e os seus interesses aos concorrentes, ou então, numa perspectiva inversa, promovem a obtenção de informação sobre as suas estratégias competitivas [889]. Desta forma, quando se analisam os factores de concertação no sector bancário deverá apurar-se, dada as organizações de grupo, o comportamento das outras empresas agrupadas em outros mercados (por exemplo, no segurador). Além dos contactos multi-mercados permitirem o fornecimento de informação sobre o comportamento competitivo dos concorrentes, poderão revelar alguns interesses especiais que

---

constituía prática normal no mercado em causa. Nesta situação, foi investigada a influência destas dependências mútuas no incentivo à prática de comportamentos paralelos. Porém, não se indagou se estas relações cruzadas permitiam a produção de informação mais completa acerca da conduta concorrencial das empresas rivais. Esta análise era importante, tanto mais quanto a conduta passada das empresas indiciava práticas nesse sentido, tal como era reconhecido na decisão (para. 32 e 61). Na decisão *Kali+Salz/MDK/Treuhand*, de 14 de Dezembro de 1993 (JO CE n.º L 186, de 21 de Julho de 1994), também as condições institucionais sugeriam a tradição de existência de um cartel. Com efeito, as duas empresas líderes de mercado cooperavam já em outros mercados regionais, pelo que a ocorrência dessas práticas em outras áreas não constituiria uma surpresa. Essas firmas mantinham uma multiplicidade de contactos, detendo, em conjunto, uma empresa comum no Canadá e exportavam produtos para países terceiros conjuntamente (para. 57 e 58). Todos estes factores apontavam fortemente que as duas empresas líderes facilmente comunicavam as suas estratégias competitivas entre si, ou que, pelo menos, minimizavam um grau de incerteza quanto à prática concorrencial de cada uma. Também a decisão *Nestlé/Perrier*, de 22 de Julho de 1992 (JO CE n.º L 356, de 5 de Dezembro de 1992) é paradigmática neste campo. Nesta ocasião, a Perrier e a BSN, empresas lideres do mercado, operaram concertadamente de forma a fazer face a uma aquisição hostil da empresa Perrier por parte de uma empresa estranha ao mercado. Este comportamento evidencia que as duas empresas comunicam mutuamente as suas políticas e os seus interesses comerciais.

[888] Cfr. J. SCOTT, "Multimarket Contract and Economic Performance", *Review of Economics and Statistics*, Vol. 60, (1982), págs. 523-532;

[889] Cfr. B.D. BERNHEIM e M.D. WHINSTON, "Multimarket Contact and Collusive Behavior", *Rand Journal of Economics*, Vol. 21, n.º 1, (1990), págs. 1-26.

influenciem o comportamento das empresas no mercado em exame, neste caso, o bancário [890].

Por outro lado, como se referiu *supra*, este tipo de contactos poderá criar uma rede complexa de vulnerabilidade mútua, que influenciará decisivamente a pretensão à concertação ou a tentação de fazer fraude à concertação [891].

Tal como se observou, as estratégias competitivas das empresas no passado constituem como que uma "muleta" no julgamento da existência da concertação. A dinâmica passada da estratégia concorrencial, nomeadamente, a taxa de crescimento da sua quota de mercado, são um indicador precioso do grau de agressividade dos oligopolistas no desenvolvimento das suas estratégias concorrenciais [892]. No sector bancário, dada a tradição de clausura generalizada no passado, salvo algumas excepções, as tradições de concertação eram evidentes e, por vezes, exteriorizadas, o que nos deixa, em qualquer apreciação, pelo menos quando está em causa um banco líder, que tendencialmente são os tradicionais, um precioso indicador de análise da situação actual e futura.

---

[890] Cfr. J. TIROLE, "The Theory of Industrial Organization", Cambridge, Ma., (1988), pág. 251.

[891] Também neste caso, a decisão *Nestlé/Perrier* é um bom exemplo. Uma vez que os dois concorrentes envolvidos detinham grandes grupos que operavam numa elevada gama de produtos alimentares e de bebidas, a sua cooperação em alguns casos era óbvia. Nos termos da decisão, " *a sua dependência recíproca cria um forte interesse comum e um incentivo para a maximização de lucros através do exercício de comportamentos paralelos anti-competitivos. Esta situação de interesses comuns é ainda mais reforçada pelo facto da Nestlé e da BSN (...) serem ambas activas em largos sectores da indústria alimentar, cooperando já em alguns sectores dessa indústria*" (para. 123). Esta situação demonstra claramente que os incentivos à concertação, ou à fraude à concertação, dificilmente poderão ser correctamente analisados sem se efectuar, previamente, uma ponderação das consequências para o mercado em causa de situações competitivas que ocorrem em mercados paralelos, pelos mesmos concorrentes.

[892] No exame do caso *Thorn EMI/Virgin Music*, a Comissão investigou explicitamente o comportamento passado das duas empresas líder, em busca de estratégias que indiciassem restrições na concorrência. Ao concluir que o resultado era negativo, considerou que tal indiciaria que a probabilidade de concertação futura era reduzida (para. 39).

Porém, tal não quer significar que o exame das situações passadas seja suficiente para indagar liminarmente se as actividades de concertação se presenciam. Serve simplesmente como elemento indiciador, tanto mais que na percepção das opções a tomar por cada concorrente, estes sujeitos apurarão, numa análise histórica do mercado a que pertencem, quais as opções futuras que se lhes deparam, tendo, desta forma, em consideração um precioso indicador da reacção futura do concorrente [893] [894].

3.2. Relações fornecedor-cliente

Além da relevância das ligações entre os fornecedores de um mercado, tal como foi analisado anteriormente [895], as relações entre os fornecedores e os clientes afectam, também, de forma substancial a probabilidade de ocorrência de concertações. A natureza dos elos de ligação entre a empresa e os seus clientes determina o grau de elasticidade do preço face à função "procura" daquela empresa específica [896].

As relações concorrenciais entre firmas rivais dependem substancialmente dos compromissos entre fornecedores e clientes. Estes compromissos são especialmente fortes quando os produtos forne-

---

[893] As análises históricas têm uma grande importância até mesmo para a compreensão de eventuais acordos de repartição de mercados. O caso *Pilkington - Techint/SIV*, de 21 de Dezembro de 1993 (JO CE n.º L 158, de 25 de Junho de 1994) pode fornecer preciosas indicações neste ponto. Estavam em causa alterações significativas nas quotas regionais de mercado. Embora tal possa indicar um jogo concorrencial elevado, poderá igualmente indicar, no caso da existência de um mercado tendencialmente duopolista, um processo de especialização regional, no contexto da concertação relativa às áreas do mercado. No caso concreto, a Pilkington perdeu alguma da sua quota no mercado britânico para o seu concorrente Saint Gobain, entre 1990 e 1992, e, simultaneamente, aumentou a sua quota no mercado francês, à custa do mesmo concorrente. Esta prática de compromissos mútuos deverá ponderar a investigação histórica da evolução das quotas de mercado.

[894] Cfr., sobre este assunto, L. PHLIPS, "On the Detection of Collusion and Predation", *mimeo*, European University Institute, (1995).

[895] Ver capítulo anterior.

[896] Cfr. W.J. BAUMOL, "Quasi-permanence of price reductions: a policy for preventing predatory pricing", *Yale Law Journal*, Vol. 89, (1979), págs. 1-26.

cidos têm de cumprir especificações particulares exigidas pelos clientes. Este tipo de condições de produção incentivam investimentos específicos que encorajam o desenvolvimento de dependência a longo prazo. Nestes termos, quando a cooperação entre fornecedores e clientes é necessária, as possibilidades de alteração contratual subjectiva é bastante limitada [897].

No campo bancário, esta situação é evidente dada a tendência de longo prazo na contratação em causa, e na necessidade de percepção de informação sobre o cliente.

Neste campo, urge ainda apurar o poder negocial do cliente. Sendo este elevado, será extremamente díficil manter os termos concertados durante um longo período de tempo.

4. CARACTERÍSTICAS DOS MERCADOS EM CAUSA

As implicações referentes às características dos mercados [898] deverão ser ponderadas diferentemente, consoante o tipo de concertação.

A separação efectuada entre os três tipos de concertação tem simplesmente como finalidade a mais fácil apreensão da questão.

---

[897] Este fenómeno foi particularmente estudado na decisão *Du Pont/ICI*, de 30 de Setembro de 1992 (JO CE n.º L 007, de 13 de Janeiro de 1993) referente ao mercado de alcatifas, cujos fabricantes dependiam do tipo de fibra fornecida, e na decisão *SNECMA/TI*, de 17 de Janeiro de 1994 (versão pública), referente ao mercado de trens de aterragem de aeronaves. Neste último caso, considerou-se que a longa vida útil dos aviões envolvidos reforçava o compromisso e criava uma situação em que o fabricante do trem de aterragem e o fabricante do avião teriam de se relacionar conjuntamente durante um longo período, numa lógica de desenvolvimento conjunto, ou, até mesmo, numa lógica de fabricação conjunta.

[898] Um factor paralelo poderá ser o da irreversibilidade dos investimentos. Não poderá, assim, ser analisado tendo simplesmente em consideração a sua característica de barreira à concorrência no mercado. A existência de investimentos irrecuperáveis afecta de forma decisiva o comportamento dos prestadores de serviços na sua concorrência interna, nomeadamente a sua propensão para a concertação e para a fraude à concertação. Como foi referido oportunamente, este elemento é de extrema importância no mercado bancário. Cfr., sobre este assunto, *Pilkington-Techint/SIV* (JO CE n.º L 158, de 25 de Junho de 1994, paras. 29, 33).

A análise das características dos mercados, de alcance compreensivo, tem implicações necessárias nas acções dos sujeitos [899], dependendo das características intrínsecas dos produtos em causa.

Porém, a prática deste organismo comunitário, salvo raras excepções, guia-se simplesmente pela probabilidade de existência de concertação pelos preços [900]. Logo, a ameaça de concertação pelas áreas do mercado não é tomada em consideração, pelo menos de forma explícita, mesmo quando as estruturas intrínsecas do mercado sugerem esse perigo.

Em diversos momentos [901], a Comissão justifica a sua omissão pelo facto das companhias não puderem iniciar uma regra de preços no mercado onde a parceira tem uma implantação mais forte dado que isso causaria grandes perdas a ambas, e que esssas clivagens territoriais seriam justificáveis por razões históricas e de estratégia empresarial. Estas pseudo-justificações não são mais do que evidências que indicam a necessidade de se iniciar um processo de análise de concertação pelos mercados. Em algumas situações é manifesto que as empresas pretendem evitar confrontações directas, através da efectivação de especializações territoriais.

No sector bancário, esta situação é facilmente analisável, pelo menos na banca de retalho, onde os clientes tem uma forte ligação territorial aos bancos. Já não o será na banca de investimento, onde a volatilidade da procura é mais elevada.

Os mesmos argumentos são utilizáveis quando se presencia uma elevada especialização dos prestadores de serviços, em determinados sub-mercados, igualmente por razões de concertação pelo mercado [902]. Nestes cenários, a diferenciação acrescida enfraquecerá as possibilidades de opção por parte dos adquirentes, que ficarão mais dependentes dos prestadores.

---

[899] Cfr. nota de rodapé referente ao caso *Pilkington - Techint/SIV*.

[900] Cf. *Nestlé/Perrier*, (JO CE n.º L 356, de 5 de Dezembro de 1992, para. 117 e ss.); *Mannesmann/Vallourec/Ilva* (JO CE n.º L 102, de 21 de Abril de 1994, paras. 104, 108, 114); *Du Pont/ICI* (JO CE n.º L 007, de 13 de Abril de 1993, para. 45 e ss.).

[901] Cfr. *Mannesmann/Vallourec/Ilva* citada, para. 45 e ss.; *Kali+Salz/MDK/Treuhand* (JO CE n.º L186, de 21 de Julho de 1994, para 36 e ss.)

[902] Cfr. *Nestlé/Perrier*, citada, para. 128

Em tese geral, esta questão reveste uma importância extrema, atendendo ao modelo de especialização e diferenciação levado a cabo pelas empresas dos países desenvolvidos. A teoria das vantagens competitivas [903] propõe isso mesmo, através do desenvolvimento de *clusters,* que não são mais do que unidades territoriais especializadas onde se desenvolvem redes intrincadas de relações sub-contratuais perenes, assentes na especialização e na diferenciação. Estas empresas expandem a sua acção concorrencial tendo como finalidade a manutenção da sua vantagem colectiva, e isso só é conseguido mediante uma segmentação do mercado, quer em termos de produtos quer em termos de área territorial.

Não transpondo esta tendência para o mercado bancário, ainda hoje assente no modelo alemão da universalidade, verificamos, no entanto, a necessidade de se proceder a análises que avaliem o grau de especialização específica ou geográfica dos sub-mercados quando estiverem envolvidas empresas líder.

Por outro lado, o grau de maturidade do mercado, e a sua margem possível de inovação tecnológica, constitui, igualmente, um dos critérios mais utilizados para apurar o nível concorrencial. Nestes termos, a concorrência será tanto mais estimulada quanto maior for a taxa previsível de expansão do mercado, e *vice versa* [904].

No mercado bancário, a suspeita de sobre-capacidade do mercado é real, e o nível de desenvolvimento tecnológico potencial é reduzido, o que torna ainda mais real o perigo de adopção de mercados paralelos [905].

Pelo oferecido, a facilidade de acesso ao mercado, ou, pelo contrário, a existência de barreiras, jogam um papel fundamental na

---

[903] Cfr. M. PORTER, "A Vantagem Competitiva das Nações" Campus, Rio de Janeiro, 1993;

[904] Na decisão *Pilkington-Techint/SIV* (para. 30), citada, a Comissão observou que os concorrentes padeciam de sobre-capacidade de produção e que o mercado era estável. Na decisão *Nestlé/Perrier* (para. 126), referente ao mercado da água mineral, a Comissão fez notar a reduzida importância da Investigação e Desenvolvimento no mercado em questão.

[905] Cfr. R.H. PORTER, "A Study of Cartel Stability: The Joint Executive Committee, 1880-1886", *Bell Journal of Economics*, Vol. 14, (1983), págs. 301-14; J. ROTEMBERG "Collusive Price Leadership", *Journal of Industrial Economics*, Vol. 39, (1990), págs. 93-111.

avaliação da posição dominante colectiva. Se o acesso é fácil, então o oligopólio será exposto à concorrência, quer actual quer potencial [906]. Por outro lado, a adopção de comportamentos paralelos restritivos da concorrência será facilitada pela existência de obstáculos à entrada e à saída do mercado.

O grau de incerteza que rodeia as condições de mercado reveste uma importância considerável. Numa situação de incerteza, é provável que os concorrentes obtenham resultados diferentes nos seus estudos prognósticos. Se, por um lado, esta situação faz aumentar o grau potencial de concertação, da mesma forma aumentam os custos de coordenação. Pelo contrário, em mercados transparentes, onde as assimetrias de informação são reduzidas, os custos de coordenação são mínimos [907].

Nestes termos, um grau elevado de transparência no mercado encoraja a concretização de acordos entre oligopolistas e, simultaneamente, torna as práticas de fraude à concertação facilmente identificáveis.

5. CARACTERÍSTICAS DOS PRODUTOS

O impacto das características dos produtos na probabilidade de concertação é de avaliação problemática. Tal como referido no momento da análise da teoria dos jogos, este aspecto só poderá ser ponderado numa perspectiva estritamente casuística, tendo em

---

[906] Apesar de criticável, a avaliação da concorrência potencial foi já utilizada pela Comissão como elemento decisivo para algumas decisões. O caso *Mannesmann/ Vallourec/Ilva*, citado, é emblemático quanto a este aspecto. Neste caso, a Comissão considerou que a concorrência potencial de um operador japonês no mercado do aço, que detinha então uma parcela negligenciável do mercado comunitário, era suficiente para que o oligopólio formado pelas três maiores empresas siderurgicas da comunidade não aumentassem os preços dos seus produtos (para. n.º 133)

[907] Para uma análise mais aprofundada cfr. M. SLADE e A. JACQUEMIN, "Strategic Behaviour and Collusion" in G. Norman e M. La Manna (eds.), New Industrial Economics, Aldershot, (1992), págs. 47-65; J.J. LAFFONT e J. TIROLE, "Access Pricing and Competition", *European Economic Review*, Vol. 38, (1994), págs. 1673--1710..

consideração o grau de homogeneidade do produto bem como o grau da elasticidade da procura do mercado das empresas em causa.

Na análise da assimetria dos produtos deverão distinguir-se, fundamentalmente, dois aspectos [908]. O primeiro, assente numa perspectiva generalista, envolve o estudo de todos os produtos comercializados num mercado particular. O segundo, baseado numa perspectiva particular, envolve o estudo do grau de heterogeneidade da gama dos produtos comercializados no mercado pelos fornecedores individualmente considerados. Quando estas duas investigações revelarem uma grau elevado de heterogeneidade nos produtos, com a existência de um elevado número de produtos facilmente substituíveis, poderá concluir-se que as relações concorrenciais são complexas e a concertação dificilmente se concretizará devido aos elevados custos de transação que uma negociação, num mercado com estas características, acarretaria [909].

A relevância do grau de diferenciação entre produtos originou uma acesa discussão nas decisões da Comissão. Como regra geral, a diferenciação é interpretada como um indicador segundo o qual a concertação é relativamente improvável: *"a inovação nos produtos conduziu a uma diferenciação nos produtos, o que complica a emergência de comportamentos paralelos anti-competitivos"* [910].

Toda esta realidade revela a imperatividade da investigação cautelosa e individual dos factores estruturais, pelo que uma avaliação apropriada de uma situação só poderá ser obtida pela avaliação de todos os seus componentes.

Apesar da heterogeneidade dos produtos não poder considerar-se como um factor inibidor da concertação por si só, se o grau de

---

[908] E. KANTZENBACH, E. KOTTMANN, R. KRUGER, "New Industrial Economics and Experiences from European Merger Control", citado, págs. 62 e ss.

[909] Os fornecedores de serviços num mercado particular poderão alterar, ao longo do tempo, o tipo de produtos fornecidos, ou até mesmo a inteira gama. Porém, aos olhos dos consumidores, os fornecedores não serão perfeitamente sucedâneos, sendo caso paradigmático desta realidade o sector bancário. Nesta área, manifesta--se, como foi referido anteriormente, uma reduzida elasticidade na procura. Quanto aos factores que indiciam a concertação e a "fraude à concertação" nesta situação ver *supra*.

[910] Decisão *Pilkington-Techint/SIV*, citada, para. 42.

heterogeneidade puder ser delineado de forma a que se consigam delinear "zonas de influência" (grupos de clientes ou regiões), então a concertação é claramente possível e os incentivos à fraude à concertação serão insignificantes face ao reduzido grau de elasticidade da função preço/procura [911] [912].

---

[911] F. SCHERER e D. ROSS referem o seguinte: *"Other things being equal, cooperation to maintain high collective profits is less likely to be successful, the more heterogeneous products are. However, some aspects of product differentiation work in the opposite direction. When sellers can build strong brand loyalties, or when economies of scale in product differentiation raise barriers to the entry of new competition, profits may be higher than they would be with homogeneous products. The net effect of these opposing forces depends in a complex way upon the specific character of product differentiation and the degree to which other influences conducive to coordinated pricing operate. The type of heterogeneity most likely to disrupt pricing discipline appears to be multidimensionality of a product´s technical features."* in F. SCHERER e D. ROSS, "Industrial Market Structure and Economic Performance", Boston, 3.ª Edição, (1990), pág. 282. A situação de lealdade à marca é paradigmática no sector bancário, considerando os vectores confiança/reputação. Todavia, como se referiu anteriormente, o grau de homogeneidade dos produtos oferecidos pelas instituições bancárias é elevado, o que faz com que esta observação não seja tão útil no mercado bancário como o seria em mercados de outro tipo, onde o grau de diferenciação é elevado.

[912] O factor tempo é igualmente um potencial indicador das preferências das empresas, embora não seja muito estudado. O tempo de recuperação de um investimento é decisivo na formação das estratégias dos fornecedores. Se há uma análise crucial a fazer na formação da estratégia por parte, de empresas em situação de oligopólio, é a de saber se os benefícios a curto prazo da prática de fraude à concertação são superiores aos benefícios a longo prazo resultantes da concertação. Nesta análise é essencial o factor tempo, quer em termos de preferências estratégicas quer em termos traduzidos em taxas de juro aplicadas pelas firmas no cálculo dos seus lucros futuros.

Quanto maior for o compromisso dos prestadores de serviços com o seu mercado em virtude do elevado investimento de capital efectuado inicialmente, maior será o seu interesse em estabelecer esforços conjuntos que estabilizem o mercado em prejuízo de acções de curto prazo baseadas na fraude à concertação, realizadas à custa dos ganhos a longo prazo resultantes da concertação.

Contudo, esta situação só verdadeira em presença de um investimento irreversível, como acontece, em grande medida, no sector bancário. Ao invés, se a empresa tem a opção de dispôr dos meios de produção de forma a utilizá-los para outro fim, quer no mesmo mercado quer em outro, então os períodos de amortização originariamente planeados não servirão de indicador fiável à avaliação dos ganhos a longo prazo.

6. CONCLUSÕES

A análise de mercados oligopolísticos, utilizando os ensinamentos decorrentes da teoria dos jogos para efeitos de política da concorrência, originou uma perspectiva inovadora que revolucionou a actividade de detecção de comportamentos anti-concorrenciais. De notar, que da aplicação da técnica inovadora resultou uma verdadeira criação dogmática, mais adaptada à realidade dos mercados actuais, absorvendo posições de dominância oligopolística por parte de algumas empresas em mercados com elevado número de concorrentes barométricos, enquanto que anteriormente somente as situações de oligopólio estrito eram passíveis de análise. Isto não quer dizer que a perspectiva anterior deva ser rejeitada; os factores determinantes tradicionais para a concretização de comportamentos concertados mantém toda a sua actualidade.

A aplicação dos modelos da teoria dos jogos a estruturas oligopolísticas facilita, decisivamente, a distinção entre os tipos de situações oligopolísticas, o que é crucial para a previsão do comportamento futuro dos fornecedores de serviços nos mercados com um grau de concertação elevado.

Esta indagação, do comportamento individual, é facultada pela classificação de formas típicas de comportamento considerando a estrutura do mercado e as características do produto, sendo possível tipificar os comportamentos racionais das empresas de *per si* tendo em consideração determinadas situações de mercado, o que permite a criação de modelos de referência que simplificam decisivamente análises futuras.

Por outro lado, foi fornecida uma metodologia de indagação de concertação assente em quatro níveis. No primeiro, será necessário apurar quais os incentivos previstos para a criação do acordo. De seguida, é necessário examinar quais os factores que permitem a estabilização da concertação, devendo ser investigados, nomeadamente, os incentivos à prática de "fraude à concertação", bem como a probabilidade dessas práticas não serem facilmente descobertas pelos restantes parceiros e ainda o grau de eficácia das sanções de punição.

Os resultados dos exames baseados na metodologia da teoria dos jogos sugerem fortemente a conveniência de se dar uma grande atenção a um certo número de factores durante o julgamento de uma provável concertação. Dentro desses factores, salientam-se aqueles que originam compromissos especiais entre os fornecedores e os consumidores, ou apenas entre os fornecedores. O alcance do comportamento concertado é igualmente influenciado pela proximidade e pela durabilidade das relações inter-subjectivas.

Nestes termos, enquanto que a perspectiva tradicional analisava estas ligações para descortinar actividades directamente envolvidas com comportamentos coordenados, a investigação baseada na metodologia da teoria dos jogos é mais abrangente, concentrando-se em questões mais genéricas e de maior alcance, tais como, as eventuais oportunidades de eliminação da incerteza quanto ao comportamento futuro das empresas rivais, as obrigações que não permitem a prática de fraude à concertação, e o alcance da eventual retaliação. Desta forma, esta metodologia preocupa-se com a identificação dos factores que facilitam a concertação implícita [913].

O mercado bancário, pelas suas características intrínsecas, é alvo, por excelência, da estratégia principal de investigação baseada nesta metodologia, que é precisamente, a análise dos contactos multi-mercados. Se os bancos competem uns com os outros em diferentes produtos, tal tem, pelo menos, efeitos nas estratégias competitivas que adoptam nos mercados particulares sob investigação. Este tipo de contactos, como foi referido, permite às instituições que operam no

---

[913] Tal como referem E. KANTZENBACH, E. KOTTMANN, R. KRUGER, *"a game-theoretical analysis of oligopoly situations places the implications of commitements in the foreground, i. e. of the factors which may commit suppliers to particular strategies. Especially as far as implicit interactions between oligopolists are concerned, it is of considerable importance whether a supplier is able to reveal to its rivals that is committed to a certain pattern of market behaviour. As a rule, it is only then that commitments can ease the way towards covert agreements. Assessing the likelihood of collusion in the pursuit of competition policy certainly requires the kind of factors to be identified which could act as signals of future competitive strategies, which could lessen the incentives to cheat, and which could make firms are discovered cheating more susceptible to retaliatory measures."* in E. KANTZENBACH, E. KOTTMANN, R. KRUGER, "New Industrial Economics and Experiences from European Merger Control", citado, pág. 73.

lado da oferta, a obtenção de informação adicional dos seus concorrentes, o que facilita, quase de forma decisiva, a adopção de práticas concertadas, e, ao mesmo tempo, fornece meios de retaliação adicional se alguma das instituições realizar práticas batoteiras. Assim, poderá enunciar-se, como regra geral, que a probabilidade de concertação é directamente proporcional ao grau de interdependência e de produção conjunta entre os agentes fornecedores de um mercado em causa. Obviamente, que este enunciado está dependente das características emanentes ao próprio mercado, da natureza da indústria envolvida, das particulariedades dos fornecedores em causa, e das características dos produtos em causa.

Como características essenciais, determinantes nesta análise, apontam-se os interesses dos agentes fornecedores, cuja homogeneidade depende das semelhanças estruturais entre os mesmos. Factor crucial será o estudo dos prazos adoptados para a tomada das opções estratégicas, e a irreversibilidade das mesmas. Quanto maior for o prazo, maior a probabilidade de concertação [914].

Papel fundamental terá, igualmente, o grau de transparência do mercado. Quanto mais transparente for, maior a probabilidade de concertação, podendo os agentes observar facilmente os comportamentos das suas concorrentes [915].

Particular atenção deverá ser dada, na investigação da probabilidade da concertação, aos elementos do mercado que indiciem compromissos estratégicos. A postura competitiva futura dos concorrentes depende, fundamentalmente, quer na sua extensão quer na sua natureza, dos compromissos acordados no passado. Esta análise será decisivamente afectada pelo prazo dos mesmos, curto prazo ou longo prazo, ou seja, empregando os termos utilizados pela teoria dos jogos, se as situações são caracterizadas por jogos *"one-shot"* ou por interdependências persistentes, e, obviamente pelos investimentos

---

[914] Na indústria bancária, um indicador precioso será a política de taxas de juro.

[915] Deverá ficar bem assente que a averiguação do grau de transparência do mercado baseada simplesmente nos preços e nas quantidades, predominante no passado, não é, actualmente, suficiente. A partir do momento que a relevância da concertação implícita é tomada em consideração, deverá dar-se grande importância a todas as componentes do mercado que facilitam a emissão de sinais mútuos, e que podem encobrir a coordenação existente.

irrecuperáveis, que constituem, eles próprios, barrerias à saída dos mercados auto-infligidas [916].

Para uma investigação dirigida é essencial efectuar uma diferenciação relativamente dos vários tipos de concertação. A fundamental tarefa que se coloca no estudo do mercado bancário é precisamente esta. Por vezes, ao identificar-se o parâmetro competitivo correcto, poderá analisar-se com elevado grau de exactidão, discernindo-se se aquela prática, ou então, a estrutura de actuação dos agentes no mercado deriva de uma concertação múltipla consciente, ou, ao invés, deriva de uma observação múltipla defensiva, que condiciona as investidas concorrenciais agressivas. Baseando-se o mercado bancário numa estrutura concorrencial que se poderá caracterizar pelo qualificativo "vida tranquila", a actividade dos concorrentes, na perspectiva activa, terá de ser estudada imperativamente nessa perspectiva, devendo tomar-se em consideração esta variável base de forma a não se falsear resultados positivos. Nestes termos, não deverá confundir-se paralelismo de comportamentos, baseado numa perspectiva concorrencial colectiva temerária, com reais concertações.

No entanto, perante a estrutura concorrencial bancária decorrente da União Económica e Monetária [917], estruturalmente concentrada, e cujos condicionalismos inatos indicam a prática de concertações entre os conglomerados financeiros, já em constituição, será essencial um estudo minucioso das fusões e aqusições no sector bancário, devendo esta ser tanto mais minunciosa quanto maior a quota de mercado detida pelas instituições.

Um dos factores a observar com mais atenção, em mercados marcados por uma estrutura regional, como é o bancário, que como já referimos, assenta essencialmente numa base territorial nacional, devido à estrutura relacional baseada na confiança, é precisamente a

---

[916] Não obstante, e o caso *Pilkington-Techint/SIV* é bem ilustrativo desse facto, a Comissão não tem dado grande importância à irreversibilidade nas suas análises. Este factor é, como já se afirmou, essencial para a determinação da probabilidade de existência de concertação.

[917] Sobre este assunto, consultar FACULDADE DE ECONOMIA DA UNIVERSIDADE NOVA DE LISBOA/MINISTÉRIO DAS FINANÇAS, "O Impacto do Euro na Economia Portuguesa", Ministério das Finanças, Lisboa, (1998).

especialização das instituições em determinados espaços territoriais. Esta perspectiva não é inovadora. A Comissão já tem alguma prática neste tipo de investigações, embora em outros mercados-tipo [918].

Concluindo, o actual ambiente não é, ainda, o propício à aplicação natural e concreta do artigo 82.º do Tratado. Infelizmente, a política de aplicação deste dispositivo normativo assenta, actualmente, numa visão estrita, e cada vez mais desfasada da realidade, de necessidade de exigência de quotas elevadas detidas por um único agente económico (num mínimo de 40%-50%) para a fundamentação da aplicação da norma em causa.

Não obstante, à medida que o tempo passa, o interesse da norma aumenta exponencialmente, pelo que a sua aplicação, actualmente meramente potencial, poderá tornar-se cada vez mais efectiva. O passo fundamental para que isso aconteça será a delimitação específica dos mercados em causa, atendendo aos movimentos de especialização restrita na prestação de certos serviços bancários [919]. Na mesma linha, o artigo 82.º poderá deter um papel extremamente relevante na análise de comportamentos na área das *"essential facilities"*, evitando a imposição de práticas discriminatórias [920].

---

[918] Decisão *Kali+Salz/MDK/Treuhand*, citada, emanada num mercado onde a penetração cruzada nos mercados domésticos era bastante reduzida.

[919] Esta é, no nosso entender, a questão decisiva. Para averiguar da existência de um abuso de posição dominante, constituí condição prévia a existência de uma posição dominante, circunscrevendo o mercado em causa. A decisão *Eurochéque: Acordo de Helsínquia*, tem, nesta matéria, um interesse emblemático, pois a Comissão ao considerar o mercado relevante como sendo o dos *"Eurochéques emitidos no estrangeiro utilizados no comércio em França"*, demonstra uma tendência para a interpretação restritiva do mercado relevante.

[920] Neste sentido, igualmente, D. WAELBROECK, "Le secteur bancaire au regard du droit de la concurrence - Principes juridiques de base", in *Le Secteur Bancaire et la Concurrence*, Cahiers AEDBF, Bruylant, Bruxelas, 1997, págs. 11 e ss.. A partir do momento do estabelecimento da posição dominante, a empresa (ou empresas, no caso da posição dominante colectiva) em causa é submetida a uma especial obrigação de não atentar contra a estrutura concorrencial do mercado. Constitui posição quase unânime na doutrina a possibilidade de interdição de comportamentos levados a cabo por empresas em posição dominante que noutras situações seriam considerados normais. A apreciação do carácter abusivo de um determinado comportamento deverá ser realizada tendo como base a apreciação do mérito concorrencial da acção.

I still think there is money to be made in the banking business, and the more people that drop out of the banking business, the more money there is to be made

Richard Rosenberg, Presidente do Bank of America, 1994

PARTE III

ASPECTOS ESSENCIAIS DO REGIME COMUNITÁRIO DAS CONCENTRAÇÕES BANCÁRIAS

CAPÍTULO I

INTRODUÇÃO

1. ENQUADRAMENTO BÁSICO

A Segunda Directiva Bancária simplificou, ao máximo, a penetração das instituições bancárias comunitárias nos mercados nacionais dos Estados-membros reconhecendo a liberdade de estabelecimento e a livre provisão de serviços financeiros.

As concentrações, no sentido de aquisição pacífica, tem vantagens em relação às práticas predatórias hostis [921], tais como, a não diminuição do grau de confiança no sistema bancário e ainda, pelo menos potencialmente, o aumento do poder da instituição adquirida no mercado [922] [923].

---

[921] Ver Desregulamentação e Concorrência

[922] No entanto, um certo nível de predação ante-fusão poderá ser desejável diminuindo o custo da aquisição, essencial para a manutenção dos capitais próprios do grupo, mas nunca deverá despoletar um movimento de desconfiança no mercado financeiro

[923] Cfr. BANCA D'ITALIA "La Tutela della concorrenza nel settore del credito", Setembro 1992; RAÚL VENTURA "Fusão, Cisão, Transformação de Sociedades",

Por vezes, em mercados com uma grande densidade de filiais e sucursais a única possibilidade de entrada será a aquisição de um banco já existente. Isso poderá ser desejável, podendo a pressão competitiva forçar as instituições de crédito mal geridas à situação de insolvência. Uma aquisição destas entidades por outras mais eficientes poderá salvaguardar a confiança no sistema financeiro e o capital intangível do banco potencialmente insolvente não será perdido (por exemplo, a informação sobre os clientes e os empréstimos).

Mais discutível será a probabilidade de realização de economias de escala ou de gama por via da concentração. No entanto, não poderá negar-se que a recente vaga de concentrações ocorrida globalmente, a um nível localizado, estruturando os mercados nacionais, na sua maior parte, mas que, por vezes, ultrapassam as fronteiras e dão lugar a verdadeiras fusões transfronteiriças, facilita a prática de concertações entre os sujeitos mais poderosos do mercado [924].

Sumariamente, poderemos avançar três pontos favoráveis a uma estratégia de concentração:

- Quando um dos operadores não está a gerir a sua instituição eficientemente, uma concentração bem sucedida pode originar grandes poupanças de custos;
- Resposta ao aumento de dimensão média das empresas clientes;
- Os bancos de maior dimensão tendem a ter uma actividade mais equilibrada, o que poderá multiplicar os rendimentos das suas aplicações [925];

Almedina, Coimbra (1990); L. WHITE "Antitrust and Merger Policy: A Review and Critique" in *Economic Perspetives* nº2 (1987); R. CAVES "Corporate mergers in international economic integration" in A. GIOVANNINI E C. MAYER, eds., cit., pgs 136-171; D. WAELBROECK, "Le secteur bancaire au regard du droit de la concurrence - Principes juridiques de base", in *Le Secteur Bancaire et la Concurrence*, Cahiers AEDBF, Bruylant, Bruxelas, 1997, págs. 11 e ss.

[924] Cfr. BANK OF ENGLAND, "Cross-border alliances in banking and financial services in the single market", *Bank of England Quarterly Bulletin*, Vol. 33, 3 August, (1993).

[925] Cfr. B.A. ECKBO, "Horizontal mergers, industry structure and the market concentration doctrine", *University of Rochester Managerial Economics Research Center Working Papers: 84-08*, Março (1984).

Embora haja dúvidas quanto à ocorrência de economias de escala nas concentrações transfronteiriças, estes procedimentos poderão ser justificados em sede de diversificação do risco.

2. TENDÊNCIAS DE CONCENTRAÇÃO MUNDIAL

Segundo a OCDE as taxas de concentração dos bancos (definindo-se como tal o total dos activos para os maiores bancos em percentagem do total dos activos de todos bancos) em alguns Estados eram as seguintes [926]:

- Na Austrália, para os quatro maiores bancos, subiu, entre 1960 e 1986, de 64% para 76%;
- Na Áustria, para os três maiores bancos, subiu, entre 1960 e 1984 de 27% para 36% e, em 1995 era de 48%;
- Na Dinamarca, para os cinco maiores bancos, subiu, entre 1960 e 1984 de 46% para 57%;
- Na Bélgica, para os três maiores bancos, baixou, entre 1960 e 1984, de 69% para 59%;
- Na Alemanha, para os cinco maiores bancos, subiu, entre 1961 e 1984, de 18% para 26%;
- Na Grécia, para os cinco maiores bancos, baixou, entre 1960 e 1984, de 96% para 83%;
- Na Itália, para os quatro maiores bancos, baixou, entre 1965 e 1984 de 38% para 36%, e em 1995 era de 76%, para os três maiores bancos;
- No Japão, os cinco maiores bancos, mantiveram, entre 1960 e 1984, em 33%;
- Nos Países Baixos, para os cinco maiores bancos, entre 1960 e 1984, subiu de 70% para 97%;

---

[926] G. BROKER "La concurrence entre banques", L´Observateur de l´OCDE, nº 160, Out/Nov 1989, pgs 210 e 216-237. Sobre este assunto, e com outros dados semelhantes, cfr. J. REVELL, "Mergers and acquisition in banking", in A. Steinherr (ed.), The New European Financial Marketplace, Longman, Londres, (1992); S. DAVIES e P.A. GEROSKI, "Changes in Concentration and the Dynamics of Market Shares", *Discussion Paper, n.º 9415*, The Economics Research Centre, University of East Anglia, (1994).

- Na Noruega, para os três maiores bancos, entre 1960 e 1985, subiu de 50% para 73%;
- Na Espanha, para os cinco maiores bancos, entre 1960 e 1984, subiu de 42% para 43%;
- Na Suécia, para os cinco maiores bancos, entre 1960 e 1984, subiu de 79% para 89%;
- Na Suíça, para os cinco maiores bancos, entre 1965 e 1984, subiu de 40% para 67%;
- Nos Estados Unidos, para os cinco maiores bancos, entre 1960 e 1984, baixou de 15% para 13%;

Desta forma, num período de tempo relativamente curto [927], presenciamos uma tendência quase geral, de aumento do grau de concentração bancária, que era, originariamente, elevada [928]. As excepções confirmam a regra. A questão belga, estudada anteriormente, ficou a dever-se à exaustão do mercado interno. Por outro lado, a tendência italiana deu-se em reacção à acérrima regulamentação anteriormente vigente e que tinha enclausurado excessivamente o mercado.

Dados recolhidos em 1998 pelo Banco Central Europeu confirmam a continuação desta tendência.

Este processo contínuo e marcado de concentração bancária, é acompanhado pela questão da aproximação intra e intersectorial, sobretudo dentro de sectores específicos, conduzindo a uma despecialização progressiva tendendo os bancos a agrupar-se ou a formar

---

[927] A época escolhida para esta análise corresponde ao advento da desregulamentação, sendo paradigmáticas as tendências de concentração perante novos ambientes. Actualmente, e essa situação verifica-se com grande intensidade nos Estados Unidos, os movimentos de concentração adquirem uma cada vez maior intensidade, dada a globalização quase extrema dos mercados. Cfr. COMISSÃO EUROPEIA, "Credit Institutions and Banking", *The Single Market Review*, Subseries II: Impact on Services, Vol. 3, (1997); R.V. VENNET, 'The Effect of Mergers and Acquisition on the Efficiency and Profitability of EC Credit Institutions", University of Ghent, Department of Financial Economics, n.º 95/07, (1995).

[928] Cfr. A.N. BERGER e D.B. HUMPHREY, "Megamergers in banking and the use of cost efficiency as an antitrust defence", *Antitrust Bulletin*, 37, Outono, (1992), págs. 541-600; J. REVELL, "Mergers and the Role of Large Banks", *Institute of European Finance Research Monographs in Banking and Finance*, n.º 2 (University College of North Wales: Institute of European Finance), (1987).

filiais com empresas financeiras não bancárias, criando "supermercados financeiros" [929], o que já se observa nos Estados Unidos [930].

De acordo com os serviços da DG IV, no período de 1985-1991, ocorreram no sector bancário 899 operações deste tipo, sendo 409 operações de aquisição de participações maioritárias ou de fusão-absorção, 350 operações de participações minoritárias e 140 operações de criação de empresas comuns. Destas operações, 485 tiveram carácter nacional, 214 um carácter comunitário e 200 um carácter internacional. Ou seja, ocorreram entre empresas de um Estado-Membro e de um país terceiro produzindo, no entanto, os seus efeitos no mercado comunitário. De notar que o número de operações deste tipo tem vindo gradualmente a aumentar (154 no biénio 1985//87, 358 no biénio 1987/89, e 387 no biénio 1898/91) [931] [932].

De 1995 a 1998, a evolução manteve o padrão, ocorrendo uma maior actividade nos mercados domésticos dos Estados-Membros, no sentido da sua consolidação, em prejuízo das aquisições transfronteiriças.

---

[929] Cfr. E.P.M. GARDENER, "Financial Conglomeration: A New Challenge for Banking", in E.P.M. Gardener (ed.), The Future offinancial Systems and Services, Macmillan, Londres, (1990).

[930] COMISSÃO "13.º Relatório sobre a Política da Concorrência" 1983, n.º 319, pág. 242.

[931] J. PINTO FERREIRA "Os Bancos e a Concorrência" Direcção Geral de Concorrência e Preços, nº 21, Novembro de 1993.

[932] Cfr., sobre os aspectos económicos do aumento do grau de concentração, J. VICKERS e D. HAY, (eds.). "The Economics of Market Dominance", Oxford, Blackwell, (1987).

Número Total de Fusões e Aquisições nos Mercados Nacionais

	Início de 1995 até ao primeiro quartel de 1998					Início de 1997 até ao primeiro quartel de 1998		
	Fusões	Aquisições Totais	Aquisições Maioritárias	Aquisições Totais	Fusões e Aquisições	Fusões	Aquisições	Fusões e Aquisições
FR	0	6	0	6	6	0	4	4
AT	62	3	1	4	66	25	3	28
IT	29	93	67	160	189	8	51	59
UK	1	0	0	42	43	0	18	18
ES	1	1	3	4	5	0	0	0
FI	17	1	1	2	19	6	0	6
SE	2	2	0	2	4	1	2	3
PT	0	5	6	11	11	0	1	1
LU	6	1	0	1	7	3	0	3
BE	17	8	0	8	25	8	3	11
DK	5	0	0	0	5	1	0	1
NL	1	6	2	8	9	1	4	5
IE	0	3	0	3	3	0	1	1
GR	3	1	7	8	11	3	8	11
TOTAL				258	402	56	94	150

Número de Fusões e Aquisições Transfronteiriças

	Início de 1995 até ao primeiro quartel de 1998					1997-1º quart. 1998
	Fusões intra-EEE	Aquisições intra-EEE	Fusões c/ Inst. de Países 3ºs	Aq.p/ parte de Inst.de Países 3ºs	Total	Total F&A
FR	1	0	0	0	1	0
AT	1	0	0	1	2	2
IT	0	0	0	8	8	0
ES	0	0	0	28	28	15
FI	0	0	0	1	1	1
SE	2	1	0	0	3	3
PT	0	1	0	2	3	1
LU	0	1	0	1	2	1
BE	1	2	0	1	4	3
DK	0	1	0	0	1	1
NL	0	6	0	12	18	4
IE	0	8	0	7	15	7
TOTAL	5	20	0	61	86	38

O que é que se pode concluir deste movimento?

Apesar das apreciações gerais efectuadas, não se pode nunca esquecer que os factores essenciais determinantes das fusões e aquisições variam de país para país. Tal não é mais do que o reconhecimento do âmbito nacional dos mercados. Por esta razão, qualquer conclusão de âmbito geral terá de ser apreciada com um redobrado cuidado.

Não se pode negar a importância do clima favorável a esta reestruturação de mercado fornecida pela evolução recente dos mercados de capitais. Uma nova onda de fusões e aquisições é esperada a médio prazo, porém, é díficil verificar qual a implicação concreta da UEM neste movimento, pois a nível internacional (Estados Unidos, Canadá e Japão), as tendências são semelhantes.

De acordo com os últimos dados recolhidos pelo Banco Central Europeu, poderão classificar-se três grupos distintos de países, quanto aos activos detidos pelos cinco maiores bancos: países com um elevado grau de concentração (acima dos 70%) - Suécia, Holanda, Finlândia, Portugal, Dinamarca e Grécia -; países com um grau de concentração médio (entre 40% e 60%) - Áustria, Bélgica, Espanha, Irlanda e França -; países com um grau de concentração reduzido (inferior a 30%) - Alemanha, Luxemburgo, Reino Unido e Itália -[933].

Poderão identificar-se três padrões de desenvolvimento diversificados: primeiro, a tendência para a polarização no segmento superior do mercado (um aumento de concentração nos países onde existem os maiores rácios de concentração); segundo, e em contraste, uma pequena evolução na Alemanha, que demonstra o menor grau de concentração nos três rácios; terceiro, tendo como referência o grupo médio, à excepção da Áustria e da Bélgica, verifica-se uma pequena redução dos níveis de concentração nos últimos dois anos. Tal deve-se à posição de expectativa imediatamente anterior a uma alteração estrutural das condições de mercado.

Curiosa será a observação das implicações de uma UEM consolidada nesta problemática. Como se referiu, a unanimidade da doutrina e dos operadores espera uma intensa vaga de concentrações

---

[933] Os rácios referentes ao crédito e aos depósitos têm padrões similares.

nesse período [934]. Tal dever-se-á não somente às estratégias de consolidação nacional mas igualmente à racionalidade e eficiência acrescida do mercado.

Por outro lado, os conceitos de mercados locais, regionais e nacionais só se alterarão a longo prazo, apesar dos enormes avanços nas tecnologias de informação e de comunicação. Só então é que o nível de concentração deverá ser aferido em termos comunitários e não nacionais.

Em geral, poderão distinguir-se dois tipos diferenciados de fusões e aquisições: as fusões e aquisições estratégicas, que baseiam a sua ocorrência na preparação estratégica da UEM; e, as fusões e aquisições operacionais, que visam a limpeza de entidades menores menos eficientes [935].

Costumam avançar-se as seguintes justificações para justificar os movimentos de concentração: realização de economias de escala ou de gama, alargamento da gama de produtos, aumento da quota de mercado, aumento da massa crítica da instituição, privatização, transferência de recursos e de capacidades, expansão internacional e geográfica, diversificação, exploração de nichos de mercado, desenvolvimento de sinergias, entre outras.

Em vários países (Áustria, Bélgica, Dinamarca e Finlândia) todas estas tendências intercruzam-se entre si, observando-se movimentações de grandes instituições nos mercados domésticos bem como a consolidação dos pequenos agentes, de forma a reduzir-se o excesso de oferta. No entanto, em todos os casos estudados, a larga maioria das operações ocorreu internamente.

---

[934] Relembre-se que a correlação aumento da concentração/diminuição do nível de concorrência é real. Nesse sentido, igualmente, BIKKER e GROENEVELD, "Competition and Concentration in the EU Banking Industry", *De Nederlandsche Bank Research Series Supervision*, n.º 8, (1998). No entanto, deve ter-se sempre em consideração a concorrência potencial exercida pelas instituições financeiras não bancárias.

[935] Geralmente denominadas como fusões e aquisições defensivas, tendo como propósito essencial aumentar o grau de eficiência do mercado.

3. O CASO PORTUGUÊS

Em Portugal, a quota acumulada dos quatro maiores bancos, subiu, no período entre 1960 e 1984 de 52% para 55%, e em 1995, a quota dos três maiores bancos é de 63% [936].

Concluímos, assim, que as operações de concentração recentes conduziram o sistema bancário português a um grau de concentração semelhante aos níveis mais elevados observados na União Europeia. Com efeito, os três maiores bancos/grupos, que representavam cerca de metade da quota de mercado, aproximam-se agora dos dois terços.

Mas a abertura de mercados e a concorrência crescente levou os bancos portugueses a defrontarem-se com os concorrentes europeus, mais eficientes, o que originou uma queda de rentabilidade [937].

---

[936] Os três maiores Grupos Financeiros portugueses são a Caixa Geral de Depósitos (CGD e BNU), o Banco Comercial Português (BCP, BPA, BCM e CISF) e o Grupo Champalimaud (BPSM, BTA e CPP). Se considerarmos os cinco maiores grupos, incluindo nessa análise o Grupo Espírito Santo (BES, BIC e ESSI) e o Grupo do Banco de Banco Português de Investimentos (BPI, BFE e BBI), a quota acumulada passa a ser de pouco mais de 80%.

[937] É útil, neste estudo, a análise da situação de 1953-1973, em Portugal.

Em 1973, a estrutura empresarial portuguesa era dominada por quatro grandes grupos económicos que, simultaneamente, ocupavam as posições cimeiras na banca comercial e detinham o controlo accionista na grande indústria, que na altura se baseava na refinação de petróleos, petroquímica, química adubeira, siderurgia, indústria de celulose, construção e reparação naval, indústria cervejeira, oleaginosas, cimento e tabaco.

Esta convergência da banca com a grande indústria distiguia-se claramente do resto da estrutura empresarial do país, pela sua capacidade de lançar novos empreendimentos, quer em sectores tradicionais, quer em actividades novas no país, reunindo em seu torno os melhores quadros. Tinham igualmente uma grande capacidade de centralizar poupanças e capitais alheios que combinavam com os fundos gerados nas suas próprias actividades industriais, diluindo, assim, o risco inerente a novos empreendimentos.

A sua grande dimensão e diversificação sectorial davam-lhes grande capacidade de negociação com grupos estrangeiros que colaboravam nesses empreendimentos.

Uma análise a partir de 1953 (coincidente com o arranque do I Plano de Fomento) revela-nos quatro entidades distintas.

Dois desses grupos tinham a sua origem na grande indústria, o grupo Mello (ou CUF) e o grupo Champalimaud, os outros dois tinham a sua origem em dois dos principais bancos do país, o Banco Português do Atlântico e o Banco Espírito Santo e Comercial de Lisboa

Os grupos industriais privados asseguraram o seu crescimento inicial através duma política de auto-financiamento e de dividendos baixos, sendo relevante, ainda hoje, o conteúdo da declaração de voto de A. Champalimaud no Parecer da Câmara Corporativa sobre o II Plano de Fomento em 1958, onde este empresário reconhece a incapacidade do mercado de capitais e dos capitais estranhos ao grupo, afirmando que o auto-financiamento representaria o papel primordial na vida e crescimento das empresas, especialmente as de média dimensão.

Prosseguindo a sua política o grupo Champalimaud adquire em 1959-1960 uma posição de controlo do Banco Pinto e Sotto Mayor e ao BNU a Companhia de Seguros "A Mundial". Por sua vez, o grupo Mello adquire o Banco Aliança no Porto e fundindo-o com o Banco Totta, que detinha, formando o Banco Totta-Aliança.

As vantagens desta política dos grupos industriais, que exerciam o controlo sobre os bancos, traduzia-se na maior flexibilidade na utilização do *cash-flow* anualmente libertado pelas empresas industriais do grupo e não reinvestido no sector de origem, cujo aproveitamento era optimizado pela combinação com capitais alheios centralizados no banco a um custo baixo. Contribuia ainda, pelas relações de dependência de crédito que gerava, para tornar mais fácil a tomada de controlo sobre outras empresas situadas em áreas de interesse estratégico dos grupos e para o aumento da capacidade de negociação do grupo em relação ao resto da banca nacional e aos credores internacionais.

Por outro lado, os grupos industriais forneciam aos bancos a que estavam associados a possibilidade de seguirem uma política de dividendos baixos e forte auto-financiamento que sustentava um crescimento mais acelerado do que os bancos tradicionais e propiciavam um volume muito elevado de operações comerciais, não só das empresas do grupo, como de muitas situadas a jusante e suas clientes obrigatórias nas áreas em que detinham uma forte presença industrial.

No período de 1961-1969, estes grupos industriais e financeiros consolidaram--se operando-se grandes investimentos, como a electrificação nacional, ocorrendo um aumento de relações financeiras com o exterior, desencadeando-se neste período a longa competição entre o grupo Mello e o grupo SACOR nas áreas dos adubos e da refinação. Verificamos, curiosamente o despertar dos grupos Mello e Champalimaud para o sector das celuloses.

No período 1969-1973 são lançadas grandes iniciativas industriais viradas para o mercado internacional, como a Lisnave e Sines. Estes novos projectos, para serem concretizados, tiveram de apoiar-se numa intensa reactivação do mercado de títulos conseguida devido a um processo de fortalecimento do sector bancário dos grupos financeiros de base industrial, seguida por uma rápida entrada dos bancos independentes na grande indústria.

No início da década de 70, os grupos financeiros de base industrial envolveram--se num processo de expansão, numa lógica de internacionalização, que os obrigava a investimentos de enorme vulto, sendo necessário fortalecer a sua base financeira, impossivel de alcançar apenas com o crescimento dos bancos que já possuiam.

O grupo Mello, em 1969, falha a aquisição do Banco Fonsecas e Burnay, adquirindo, no entanto, o banco Lisboa e Açores que funde com o Banco Totta-Aliança, criando o Banco Totta Açores. Reforçou ainda a Companhia de Seguros Império.

As razões explanadas pela banca portuguesa para legitimar este movimento de concentração foram as seguintes: a busca de uma dimensão, ou de uma quota de mercado superior, não com o objectivo de conseguir economias de escala ou de gama, mas, tentando alcançar ganhos no *marketing*, na inovação, no preço dos produtos e na gestão do risco, sendo decisiva a capacidade de transmissão da qualidade de gestão para a determinação do efeito líquido das aquisições no sector financeiro português.

No entanto, estas justificações não explicam a ocorrência tão frequente de operações visando ganhos de dimensão. No caso português, é frequente o argumento da necessidade de formação de grandes bancos que possam competir nos mercados internacionais, especialmente europeus, com os bancos de maiores dimensão. Mas, qualquer combinação possível no sistema bancário português rebate essa explicação. Bastará dizer que a fusão de todos os bancos portugueses daria origem a uma instituição que não representaria mais de 1/3 de qualquer dos maiores bancos franceses. Não será, pois, a competição nos mercados internacionais que poderá apoiar os acréscimos de dimensão para além do mínimo justificado pela eficiência. Mas, já será respeitável o argumento do reforço, através de instituições de poderes reforçados, de barreiras à entrada de novos concorrentes no mercado doméstico, na ausência de barreiras legais. Nesta área existirão vantagens decorrentes da presença física e do

---

O grupo Champalimaud tentou adquirir o controlo o Banco Português do Atlântico, por pouco não concretizada (recuo duma das partes, que impediu o consentimento para a venda de 150000 acções de Cupertino de Miranda, e intervenção do Governo em Janeiro de 1971).

Por esta exposição sintética, verificamos que estruturalmente não existirá obstáculos a uma conjugação dos dois sectores.

Sobre este assunto ver MÁRIO BAPTISTA "A evolução do mercado de capitais" in *Cadernos de Economia* n.º 24 (1993) págs. 46-52; ANTÓNIO BAGÃO FÉLIX "Mercado de Capitais: o papel dos investidores institucionais" in *Cadernos de Economia* nº24 (1993) págs. 53-57; J. RIBEIRO, L. FERNANDES e M. RAMOS "Grande indústria, banca e grupos financeiros" in *Análise Social* nº99 (1987) págs. 945-1018; BELMIRO DE AZEVEDO "Grupos económicos"in *Cadernos de Economia* Jan/Mar (1993), págs. 19-26; JOÃO PINTO "Grupos financeiros" in *Cadernos de Economia* Jan/Mar (1993), págs. 27-33; NICOLAU SANTOS "Os grupos que temos" in *Cadernos de Economia* Jan/Mar (1993), págs. 86 e ss.

profundo conhecimento do mercado, que desincentivará a entrada de concorrentes, potenciando alianças a nível internacional.

O reforço da resistência a aquisições hostis poderá ser igualmente um argumento a favor da concentração, mas só será inteiramente válido se das operações derivasse um acréscimo significativo de capitalização do grupo resultante, o que raramente aconteceu no caso português.

4. CONCLUSÕES

Da concentração bancária poderão decorrer os seguintes tipos de problemas:

- CONCENTRAÇÃO DE PODER: Esta situação ocorre quando um grupo financeiro utiliza a sua posição dominante em vários segmentos do sistema financeiro ou quando um número reduzido de grupos financeiros controla todo o sistema no seu conjunto, gerando-se pressões oligopolísticas. A concorrência entre instituições do mesmo grupo tende a ser menos intensa que numa situação de independência total entre as instituições;

- CONFLITOS DE INTERESSES: As preferências de uma instituição financeira podem não coincidir com as do seu cliente, podendo até ocorrer uma confrontação de interesses opostos entre dois grupos de clientes diferentes dentro de uma mesma entidade financeira.

- RISCOS DE CONTÁGIO: Quando existe um baixo nível de recursos próprios ou uma elevada concentração de riscos numa ou várias entidades do grupo, estas situações poderão desestabilizar a situação financeira do grupo, podendo as dificuldades numa área do conglomerado fazer com que o público perca a confiança noutras áreas ou até no grupo no seu conjunto.

- FALTA DE TRANSPARÊNCIA: As complexas estruturas jurídicas e orgânicas de alguns grupos, sobretudo de grupos internacionais e com filiais em vários países, dificultam a avaliação correcta dos compromissos e dos riscos assumidos por cada uma das entidades que dele fazem parte.

- DIMINUIÇÃO DOS CENTROS DE DECISÃO: Tendo os novos grupos a possibilidade de fixar preços mais elevados e assim obter lucros supra-normais.

5. ESTRATÉGIAS DE PENETRAÇÃO EM MERCADOS ESTRANGEIROS

Quando uma decisão de penetração em mercado estrangeiro é tomada, deverão seleccionar-se os meios pelos quais essa opção poderá ser posta em prática. O resultado desta escolha estará intimamente relacionado com os objectivos a prosseguir. As escolhas básicas potenciais incluem acordos de cooperação, fusões, aquisições, e implantação *ex novo*. O exercício destas opções poderá ser abrupto ou sequencial.

O acordo de cooperação será a estratégia menos arriscada, no entanto, o controlo assegurado é bastante diminuto.

Uma entrada obriga à definição de um grupo-alvo estratégico (actividade comercial, de investimento, mercados financeiros,...). Uma entrada sequencial permite uma entrada gradual no grupo e uma subsequente expansão. Uma estratégia deste tipo baixará certamente o custo da entrada, e diminui, seguramente, o risco da operação. O crescimento estrutural e a estratégia de gestão poderão, desta forma, ser desenvolvidos e adaptados progressivamente ao novo mercado. Se a entrada inicial falhar será possível abortar a operação sem custos aflitivos [938].

As aquisições poderão permitir um controlo imediato, ou então, poderão ser graduais, se o operador optar por um estado minoritário na primeira fase. Normalmente resultam mais de uma oportunidade do que de um desenvolvimento estratégico. Um bom exemplo terá sido a aquisição do *Banco da América e de Itália* pelo *Deutsch Bank*.

Nos objectivos básicos a longo prazo de uma aquisição poderá encontrar-se a expectativa de aumento dos rendimentos ou uma redução da exposição ao risco, e não simplesmente um acréscimo na quota de mercado [939].

---

[938] O banco poderá penetrar no segmento de mercado onde as barreiras à entrada são menos elevadas, reservando o investimento maciço para posterior ocasião.

[939] Para que uma aquisição, ou fusão, faça sentido é necessário satisfazer a seguinte condição:

V (AB) > V (A) + V (B)

Sendo V o valor dos ganhos esperados no lapso de tempo considerado relevante, A a empresa adquerente e B a empresa adquirida, e AB a empresa concentrada. Cfr. P. GILIBERT e A. STEINHERR, "The impact of financial Market integration on the European Banking industry", cit..

6. CONSTITUIÇÃO DE EMPRESAS COMUNS

6.1. Breve enquadramento histórico

Em 1973, a Comissão anunciou que estaria a analisar a problemática da compatibilidade da cooperação interbancária com o disposto no n.º 1 do artigo 81.º do Tratado [940]. A Comissão justificou a suas acções afirmando que, na sua opinião, este tipo de cooperação e de empresas comuns poderia gerar efeitos anticoncorrenciais entre empresas que deveriam estar em concorrência entre si.

No seu Oitavo Relatório sobre a Política da Concorrência, publicado em 1979, a Comissão tornou públicos os resultados da sua investigação, sobre os grupos de bancos denominados *Abecor, Ebic* e *Inter Alpha* [941], considerando que as actividades destes grupos eram integradas, tendo como objectivo a instituição de um acordo de cooperação que permitia o acesso de cada um à rede de dependências dos outros e o estabelecimento de dependências conjuntas, em países não membros, especializadas em certos ramos da actividade. Conclui que o nível de cooperação, nestes casos, não era muito intenso, pois os bancos mantinham a liberdade de estender as suas redes de distribuição individualmente, e não existia um direito recíproco de exclusividade nas transacções internacionais, embora houvesse um direito de contratação antecipada, também denominado como cláusula inglesa. Porém, concluiu que era desnecessário a abertura de qualquer procedimento sobre estes acordos. Ao adoptar esta conduta, a Comissão demonstrou, também neste campo, uma atitude mais flexível relativamente com as empresas comuns no sector bancário, em claro contraste com a sua conduta noutras áreas, especialmente no sector das manufacturas, onde havia exteriorizado grandes objecções à cláusula inglesa, devido aos seus efeitos potencialmente restritivos. A esta sua conduta não será estranha a sensibilidade de desapon-

---

[940] COMISSÃO, "Second Report on Competition Policy, 1972", Bruxelas, 1973, ponto 53.
[941] COMISSÃO, "8.º Relatório sobre Política da Concorrência, 1978", Bruxelas, 1979, ponto 33.

tamento, face aos benefícios destes acordos de cooperação através de empresas comuns [942].

Apesar deste movimentos de constituição de empresas comuns terem caído em desuso, tal não quererá dizer que, no futuro, num espaço económico e monetário completamente integrado, em certas áreas específicas, nomeadamente de carácter técnico, a aplicação da legislação comunitária não tenha que ser realizada de uma forma mais rigorosa do que o foi na década de 70 [943].

6.2. Alguns movimentos recentes

Um elevado número de bancos de poupança europeus, tendo em atenção a preparação do impacto do mercado único na actividade bancária, resolveu estreitar os laços entre si, em diversas áreas da actividade [944]. Acordaram, então, uma série de acordos de cooperação clássicos, tais como, o acordo EUFISERV, referente à cooperação operacional multilateral dos bancos de poupança, um acordo ATM, e fundaram o *European Group of Financial Institutions* (EGFI). Como é previsível, todos estes acordos foram analisados pela Comissão.

Os acordos de cooperação, *stricto sensu*, foram notificados à Comissão: cerca de 10 acordos bilaterais celebrados entre os bancos de poupança ou pelas suas associações representativas. No seu comunicado à comunicação social a Comissão enunciou, na generalidade, quais eram as disposições dos acordos inaceitáveis. Esta iniciativa

---

[942] A Comissão afirmou, em 1983, que "*no início da década de 70, verificou--se um onda de acordos de cooperação entre bancos de diversos países. Este procedimento não teve resultados tão bons quanto os que eram esperados, e por alguma razão, a integração entre diversos grupos bancários não progrediu. Pelo contrário, cada vez mais bancos iniciaram processos de estabelecimento directo de subsidiárias em território estrangeiro*". COMISSÃO, "13.º Relatório sobre Política da Concorrência, 1982", Bruxelas, 1983, ponto 322.

[943] Cfr. B. BENSAID, D. ENCAOUA e A. WINCKLER, "Competition, Co-operation and Mergers: Economic and Policy Issues", *European Economic Review*, Vol. 38, (1994), págs. 637-650.

[944] Comunicado à imprensa "Competition Law and Co-operation Between European Savings Banks", ref. 1 P. (91) 534.

tinha como escopo impulsionar os agentes privados a efectuar as emendas necessárias espontaneamente. Assim, a Comissão considerou inaceitáveis as disposições que:
- criavam delimitações territoriais;
- imponham exclusividade inter-subjectiva na celebração de acordos;
- prescreviam exclusividade, na parcela territorial, na comercialização de um determinado produto;
- concediam às associações nacionais um controlo *a priori* sobre os acordos bilaterais celerados pelos seus associados.

Estas objecções não são originais. Retractam fielmente o posicionamento da Comissão neste tipo de acordos. No que diz respeito aos acordos multilaterais relativos de interoperacionalidade entre os bancos de poupança, ATM e EUFISERV, foi formada, em 1990, por 11 associações nacionais de bancos de poupança e pela *European Savings Banks Group*, uma sociedade belga denominada *Société Coopérative*. Esta sociedade colocou 18 000 ATM e emitiu cerca de 37 milhões de cartões utilizáveis pelos clientes dos bancos de poupança. Este acordo, embora não tenha sido notificado formalmente, foi alvo de contratos informais entre os coordenadores do projecto e os serviços da concorrência da Comissão. Estes serviços chamaram a atenção dos impulsionadores do projecto para a necessidade da introdução de um sistema de tarifas conforme com as regras de concorrência do Tratado. O comunicado de imprensa referia, em particular, que o acordo inicial, referente às comissões interbancárias devidas pelo uso das ATM, não especificava se os montantes apontados seriam máximos ou mínimos ou se, por acordo bilateral, poderiam ser estabelecidos outros montantes mais reduzidos.

Pelo exposto, inferimos que a conduta da Comissão, nesta área específica, se encontra em total consonância com a tida nos acordos e práticas concertadas, sendo despiciendo, na sua análise, o facto de existir o estabelecimento de um sujeito jurídico autónomo, pois, no seu entendimento prevalece o substrato colusivo eminente às empresas instituintes. Este orientação é, sem dúvida, necessária. Um entendimento diverso, fatalmente menos restritivo no caso da constituição de empresas comuns, poderia dar azo a um movimento de elisão das normas concorrenciais, através da substituição dos acordos existentes por instituições criadas *ex novo* com fins similares, o que violaria a necessária neutralidade normativa.

O advento da terceira fase da União Económica e Monetária irá, certamente, potenciar o movimento de integração nacional, ocasionando fenómenos de fusões e aquisições a nível nacional, ao contrário da vaga de fusões e aquisições transfronteiriças, previsível numa fase mais adiantada do processo. Nos últimos anos, deu-se um movimento de concentração a nível nacional e a constituição de alianças sectoriais na distribuição de certos produtos ao invés da emergência de concentrações transfronteiriças, sendo uma das poucas excepções a muito debatida fusão entre o *AMRO* e o *General Bank*, em claro contraste numérico com a recente vaga de concentrações nacionais (*Banco Bilbao-Viscaya; Bergen Bank/Den Norske Credietbank; Copenhagen Handelsbank/Den Danske Bank; Banco Comercial Português/Banco Português do Atlântico; Banco Português de Investimento/Banco do Fomento e Exterior*).

Este movimento de concentrações a nível nacional, em prejuízo das transfronteiriças, justifica-se, nesta fase embrionária de integração, pela especial natureza do vínculo de confiança emanente à relação fiduciária banco-cliente. Uma vez que os bancos estrangeiros são desconhecidos não exercerão uma especial atracção aos clientes, que observarão com especial desconfiança a aquisição de um banco nacional por um outro estrangeiro mais poderoso. Um outro factor importante será a especial complexidade do mercado bancário, intrinsecamente ligado à realidade nacional de cada Estado. Tal constituirá um outro entrave à aquisição de um banco de um Estado por um outro estrangeiro. Com o aprofundamento do processo de integração económica e monetária, com o nivelamento das regras e dos mercados e com a criação de uma verdadeira cultura europeia, os movimentos de concentração transfronteiriços serão inevitáveis.

No entanto, este movimento de concentrações nacionais deverá ser analisado na perspectiva dos consumidores privados e das pequenas e médias empresas que dependem dos bancos locais para satisfazer as suas necessidades de financiamento. As fusões entre bancos que já por si detém posições preponderantes no mercado nacional dificilmente trarão vantagens a este tipo de utilizadores: o nível de concorrência efectiva no mercado local é substancialmente reduzido. Este fenómeno, potenciado pela onda de concentrações no sector segurador, não deverá passar em claro.

CAPÍTULO II

REGIME JURÍDICO COMUNITÁRIO DAS CONCENTRAÇÕES BANCÁRIAS

1. REGIME BASE

A aplicação do regulamento 4069/89, do Conselho, de 21 de Dezembro de 1989, ao regime das concentrações bancárias, para variar, não suscita qualquer dúvida quanto ao seu âmbito de aplicação. Porém, e talvez por causa disso, nunca foi aplicado na prática [945].

Foi adoptado com a finalidade de acompanhar o processo de restruturação da indústria europeia no quadro do mercado interno, colmatando uma lacuna do Tratado de Roma que não continha qualquer norma relativa ao controlo de concentrações [946].

---

[945] Cfr. J. COOK E C. KERSE "EEC Merger Control", Sweet and Maxwell, Londres (1991); L. UBERTAZZI, ed. "La concorrenza bancaria" in *Diritto della banca e della Borsa,* nº 2 (1985); A. GRIFFI "Le fusioni Bancarie: Problema de diritto interno e comunitario" in L. UBERTAZZI, ed. "La concorrenza bancaria", cit., págs. 61-94; L. UBERTAZZI "Concorrenza e norma bancarie uniformi", Giuffré Editore, Milão (1986); D. GOYDER "EC Competition Law", Oxford, (1992).

[946] Cfr. C. BELLAMY "Common Market law of Competition" 3ª ed., Sweet & Maxwell (1987); I. VAN BAEL E J. BELLIS "Droit de la Concurrence de la Communauté Économique Europèene", Bruylant, Bruxelas (1991); J. L. DECHERY "Le règlement communautaire sur le contrôle des concentrations" in *Rev. Trim. Dr. Eur.* nº 2, (1990), pg 307 e ss; A. WINCKLER "Etude critique du reglement CEE sur le contrôle des concentrations d'entreprises", *Rev. marché commun,* (1990), págs. 541 e ss.

Entrou em vigor no dia 21 de Setembro de 1990, e foi já objecto de numerosas análises. Todavia, são raras as reflexões sobre o seu alcance nas matérias de concentração bancária e sobre a prática decisória da Comissão, tendo o próprio texto do regulamento afirmado a especificidade do sector, expressa em três pontos:

— O nível de apreciação comunitária é determinado, nas empresas em geral, pelo volume de negócios enquanto que nas instituições de crédito e sociedades financeiras era determinado pelo balanço, na sua versão inicial, e agora pela soma de determinadas rubricas de proveitos (artigo 5.º n.º 3);

— A propósito da definição de operação de concentração as tomadas de participações com duração inferior a um ano realizadas pelas instituições de crédito e sociedades financeiras no quadro das suas actividades e sem finalidade de modificação das estruturas da empresa são excluídas dessa definição (artigo 3.º n.º 5);

— Na matéria dos interesses legítimos que justificam que os Estados-membros possam tomar medidas sobre concentrações de dimensão comunitária (que escapam, por princípio, à sua competência), a noção de interesse legítimo inclui, expressamente, as regras prudenciais. (artigo 21.º n.º 3).

2. DEFINIÇÃO DE CONCENTRAÇÃO

2.1. O Controlo

Afirma-se, no artigo 3.º n° 1 al. b) do Regulamento, que se realiza uma operação de concentração quando uma ou mais pessoas, que já detêm o controlo de pelo menos uma empresa, adquirem directa ou indirectamente, por compra de partes de capital ou de elementos do activo, por via contratual ou por qualquer outro meio, o controlo do conjunto ou de partes de uma ou de várias empresas [947].

---

[947] O conceito "concentração" nos termos do Regulamento pressupõe a existência prévia de dois ou mais sujeitos juridicamente distintos. Por este facto, este regime jurídico não é aplicado a reagrupamentos de bancos públicos, ou seja, da titularidade do Estado, como foi o caso da reorganização da banca pública espanhola realizada

O controlo vem definido posteriormente como decorrendo dos direitos, contratos ou outros meios que conferem, isoladamente ou em conjunto, e tendo em conta as circunstâncias de facto e de direito, a possibilidade de exercer uma influência determinante sobre a actividade da empresa e, nomeadamente, direitos de propriedade e usufruto sobre a totalidade ou parte dos activos de uma empresa, ou direitos e contratos que conferem uma influência determinante na composição, nas deliberações ou nas decisões dos órgãos de uma empresa, quer directamente, por direito próprio, quer indirectamente, se tiverem o poder de exercer os poderes decorrentes mesmo não sendo titulares [948].

em 1991. Nestas situações, o detentor prévio das instituições mantém exactamente o mesmo nível de influência que detinha antes da ocorrência da operação.

Pelo exposto, o Regulamento 4064/89 não contém uma verdadeira definição do conceito "concentração". No considerando 23.º do preâmbulo do Regulamento estabelece-se que: "o conceito de concentração deve ser definido de modo a só abranger as operações de que resulte uma alteração duradoura das estrutura das empresas em causa." Porém, a referência às "modificações estruturais" (referidas no considerando 9.º) não é mais do que a invocação de um efeito típico da concentração. O Regulamento delimita, ele próprio, o seu campo de aplicação fazendo referência a três hipóteses típicas de concentração: a fusão, a aquisição do controlo e a criação de uma empresa comum de carácter de concentração. Partindo do princípio que as fusões são residuais, pois em 832 notificações, somente 9 diziam respeito a este tipo de operações, apura-se que, na ausência de uma definição conceptual de concentração resta-nos como critério de aferição da presença de uma concentração a existência de controlo: controlo exclusivo, no caso das aquisições; controlo conjunto no caso das empresas comuns com carácter de concentração; e ainda, se o Regulamento for revisto no sentido da inclusão, no âmbito da sua incidência, das empresas comuns com carácter de cooperação, controlo combinado. Sobre a distinção entre controlo exclusivo e conjunto ver: A. PAPPALARDO, "La réglementation communautaire de la concurrence (deuxième partie, le contrôle des concentrations d'entreprises: récents developments)" in *Revue Internationale de Droit Economique*, 3, 1996, págs. 309 e ss.; J. BLAISE "Concurrence - contrôle des opérations de concentration", *Revue Trimestrielle de Droit Européen*, ano 26, n.º 4, Outubro-Dezembro, 1990, pág. 743.

Note-se que, nos termos da nova versão introduzida pelo Regulamento n.º 1310/ /97, de 30 de Junho, o conceito de concentração deverá abranger as operações de que resulte uma alteração duradoura das empresas em causa.

[948] Cfr. J. HAWKE "The Changing Environment for take-overs" in *Issues in Banking Regulation*, special issue, Winter (1989), pg 5-8; E. HERLILY E G. SHROCK "Defending against hostile takeovers" in *Issues in Banking Regulation*, special issue, Winter (1989), pgs 9-14; J. MCDERMOTT "A Market View of Recent Merger Trends"

Pelo exposto, a definição de controlo está longe de ser unânime [949], estando particularmente em causa o termo *"influência determinante sobre a actividade da empresa"*, ficando o intérprete sem saber a que é que o legislador se refere. Será a influência determinante sobre a actividade concorrencial, como parece inferir-se do artigo 3.º n.º 5? Ou será a influência determinante sobre todas as actividades? Parece ser esta última a orientação do legislador, não se bastando com as áreas directamente relacionadas com a política de preços, com a distribuição ou com o marketing, exigindo, ao invés, um controlo sobre todas as actividades [950].

O controlo poderá ser apreciado em termos internos, ou seja, através da influência exercida por via do voto na Assembleia Geral da sociedade. Poderá, ainda, ser de direito (maioria dos votos) ou de facto (através de qualquer outro meio que lhe garanta o domínio da assembleia, por exemplo, através de uma participação minoritária

---

in *Issues in Banking Regulation*, special issue, Winter (1989), págs. 15-19; R. FRIERSON "A regulatory View of Hostile takeovers" in *Issues in Banking Regulation*, special issue, Winter (1989), págs. 20-22; D. AUSTIN "Hostile Takeovers in the financial institution industry 1980-1988" in *Issues in Banking Regulation*, special issue, Winter (1989), págs. 29-32; L. LOWENSTEIN "Hostile Takeovers: A Remedy of First Resort or Last resort" in *Revue de la Banque*, nº 4, Abril/Maio (1988), pgs 6-15;

[949] Cfr. P. CURTAIN "When is a merger not a merger" in *International Financial Law Review*", Julho (1987), pgs 8-16; R. KOVAR "The EEC Merger Control Regulation"in *Yearbook of European Law* (1990), págs.71-101.

[950] Embora, na pureza dos conceitos, a existência de controlo devesse ser aferida tendo em consideração a influência determinante, quer efectiva quer potencial, sobre a actividade da empresa, a Comissão limita-se a analisar o exercício efectivo. No caso *Arjomari -Prioux vs. Wiggins Teape Appleton* (20.º Relatório) a Comissão valorou se a operação constituia uma concentração através da indagação do exercício da influência determinante por parte da empresa adquirente sobre a adquirida, utilizando como critério a percentagem de capital social detido, que naquela situação ascendia a 39%. Neste caso, a conclusão foi positiva pois o capital encontrava-se dissiminado. No entanto, este não é o único critério de aplicação potencial. Em outras decisões, a Comissão utilizou outros, embora de índole marcadamente mais abstrata, como a competência para a tomada de decisões estratégias capitais para a estratégia comercial da empresa considerada, o que engloba as decisões a nível orçamental, do plano de actividades, dos grandes investimentos bem como a nomeação dos quadros superiores. Cfr. Comunicação interpretativa da Comissão publicada no JO CE n.º C 385/1, de 31 de Dezembro de 1994, relativa à noção de concentração.

que, pela disseminação do capital lhe garanta o controlo da assembleia, o que normalmente acontece nas instituições bancárias). Será indirecto, num caso de participações cruzadas.

O controlo poderá ainda ser externo, se o sujeito puder exercer uma influência dominante mediante um qualquer vínculo contratual que determine uma situação de vassalagem financeira e de gestão da empresa em relação à outra (por exemplo, um contrato de agência), ou por um pacto para-social.

No caso do controlo ser exercido em termos colectivo, depara-se-nos a questão das empresas comuns [951]. Se for temporário, será necessário analisar a problemática das participações com essas características e a sua relevância no jogo concorrencial [952]. No caso de ser exercido no âmbito de um grupo financeiro coloca-se a questão assente na natureza das operações intragrupo.

2.1.1. As participações temporárias

Nos termos do artigo 3.º n.º 5 al. a) as tomadas de participações temporárias não constituem uma operação de concentração se forem realizadas por instituições de crédito, outras instituições financeiras ou companhias de seguros, cuja actividade normal englobe a transacção e negociação de títulos por conta própria ou de outrem, com fins de revenda, desde que as instituições tomadoras não exerçam os direitos de voto inerentes a essas participações.

---

[951] Poderão ainda ocorrer situações particulares, como no caso das *public companies* e no caso de participações paritárias.

No primeiro caso, em que a propriedade da empresa é difusa, nenhum sócio detém uma influência determinante na empresa. No entanto, poderemos vislumbrar uma hipótese para a solução deste problema, que será a influência exercida conjuntamente, por uma parte, mesmo minoritária da propriedade, e pela administração.

No caso de uma participação paritária na empresa (sociedade *fifty-fifty*) em que nenhum dos sócios tem o controlo de direito nem de facto, dado que nenhum tem a maioria das acções nem o controlo da assembleia, poderemos vislumbrar uma situação de co-controlo, ou controlo plural.

[952] Cfr. MINISTÉRIO DAS FINANÇAS "Livro Branco sobre o sistema financeiro: 1992", Maio (1991); R. MCDOUGALL "Taking over in the new markets" in *The Banker*, Fevereiro (1986), págs. 42-45; J. REVELL "Mergers and Aquisitions in Banking" in A. STEINHERR, ed. "The New European Financial MarketPlace", pgs 79-91;

A precisão "*cuja actividade normal englobe a transacção e a negociação de títulos*" poderá ser inutilmente restritiva [953]. Suponha-se o exemplo académico de um estabelecimento de crédito, no sentido comunitário, ou seja, um estabelecimento cuja actividade consista na percepção de depósitos e na concessão de crédito e que não tem como actividade normal a efectivação de operações sobre valores mobiliários, podendo nunca o ter feito. Será que, por um dia ter decidido tomar uma participação temporária, como a descrita no artigo acima referido, estará submetida ao controlo previsto pelo regulamento? Parece que numa interpretação literal a resposta é afirmativa, sendo este estado de coisas um atentado à segurança jurídica.

Poderá detectar-se a mesma falta de clareza numa outra situação. De acordo com a sua letra, o artigo 3º n.º 5 al. a) aplica-se a operações de substrato financeiro, sendo este ponto incontestável. Porém, a sua redacção não proíbe que se inclua no seu âmbito as operações de porte.

Esta operação não é monopólio das instituições de crédito ou das sociedades financeiras. Qualquer empresa estará habilitada a realizá-la (o que não é raro no seio de grupos de sociedades). É paradoxal, que se submeta um portador ao controlo das concentrações, mas é o que nos indica uma leitura *a contrario* do artigo 3.º n.º 5 al. a). Se a Comissão for notificada de tal operação fará, certamente, uma interpretação bastante extensiva do texto para rejeitar a ideia de concentração, o que atenta o valor da segurança jurídica.

3. *CONCENTRAÇÕES BANCÁRIAS DE DIMENSÃO COMUNITÁRIA*

O Regulamento do Conselho 4064/89 obriga a uma notificação prévia à Comissão de operações de concentração de dimensão comu-

---

[953] Cfr. A. PAPPALARDO "Nouvelles orientations de la Comission dans l'interpretation du règlement nº 4064/89 sur le contrôle des concentrations" in *Revue du Marché Unique Europèen* nº1 (1995), pgs 101 e ss; C. VAN YSSELT "Two aspects of the treatement of banks under the EC Merger Control Regulation" *in European Financial Services Law* ", Agosto/Setembro (1994), págs. 115-118.

nitária [954]. Esta dimensão era atingida, na sua versão originária, se dois critérios cumulativos forem preenchidos:
- Um volume de negócios total, de todas as empresas em causa, realizado à escala mundial superior a 5 mil milhões de ecus [955];

---

[954] Cfr. A. GRIFFI "Le fusione bancarie: problemi di diritto interno e comunitario" in L. UBERTAZZI, ed. "La concorrenza bancaria" in *Il Diritto della Banca e Della Borsa*, Milão, (1985), págs. 61-94; F. BELLI e C. ROVINI " Riflessioni di massima su concorrenza e concentrazioni bancarie" in N. RONZITTI, ed. "Il mercato unico europeu nel settore bancario", Futura 2000, págs. 173-200; M. PELLEGRINI "Rapporto banca-industria e orientamento comunitario" in N. RONZITTI, ed. "Il mercato unico europeu nel settore bancario", Futura 2000, págs. 201-211; P. VAN OMMESLAGNE "Le Reglement sur le controle des concentration entre entreprises et les offres publiques d'acquisition" in *Cahiers de Droit Europèen*, nº 3-4, (1991); C. SANTAGATA "La nouva disciplina della fusione tra banche" in *Banca, Borsa e Titoli di Credito*, Milão, Janeiro/Fevereiro (1995).

[955] Ver, entre outros, ISABEL JALLES, cit.; J. BOURGEOIS "EEC Control over International Mergers" in *Yearbook of European Law* (1990), págs. 103-132.

A questão dos limiares foi muito debatida nos últimos anos. Em 1993, num relatório da Comissão ao Conselho apresentaram-se fortes argumentos para proceder a uma redução dos mesmos. (COM (93) 385 final de 28 de Julho de 1993). Contudo, a Comissão considerou que seria prudente aguardar uma maior experiência da aplicação do Regulamento das Concentrações e do impacto das políticas nacionais relativas ao controlo das concentrações antes de apresentar qualquer proposta formal de reexame.

Esta matéria tem uma ligação intrínseca com o conceito de subsidariedade. Nestes termos, as concentrações com efeitos transfronteiriços significativos devem ser examinadas a nível comunitário, tendo em vista os objectivos a atingir e os meios de que a Comunidade e os Estados-membros dispõem. A aplicação do princípio do "interlocutor único" do Regulamento a essas concentrações simplifica os procedimentos administrativos e cria um tratamento equitativo garantindo que os mesmos requisitos de notificação e normas, em termos de procedimento, são aplicáveis. A Comissão entende, actualmente, que *"um grande número de concentrações com efeitos transfronteiriços significativos que cobrem vários sectores económicos é actualmente inferior a estes níveis elevados. Esta situação não está em conformidade com o princípio da subsidariedade, distorce o tratamento equitativo e impede que as empresas que estão envolvidas em actividades de concentração tranfronteiriças beneficiem das vantagens do interlocutor único"*, Comunicação da Comissão ao Conselho e a Parlamento Europeu relativa à revisão do Regulamento das Concentrações (COM (96) 313 final, de 12 de Setembro de 1996, ponto 8).

Apesar de ser uma alteração minimalista, é necessário que se mantenha a regras dos dois terços, descrita adiante.

— Um volume de negócios total, realizado individualmente na Comunidade, por pelo menos duas das empresas em causa, superior a 250 milhões de ecus [956].

Por sua vez, a nova versão resultante do Regulamento n.º 1310//97, do Conselho, de 30 de Junho de 1997 [957], veio alterar estes montantes, nos seguintes termos:

— O volume de negócios total realizado à escala mundial pelo conjunto das empresas representar um montante superior a 2500 milhões de euros;

---

[956] A proposta da Comissão consistia na redução dos actuais limiares à escala mundial e na Comunidade para 3 000 milhões de ecus e 150 milhões de ecus, respectivamente, mantendo-se inalterada a regra dos dois terços. Entre estes limiares e limiares superiores a 2000 milhões de ecus e 100 milhões de ecus, apenas as concentrações sujeitas a exame em pelo menos três Estados-membros da Comunidade são abrangidos pela competência exclusiva da Comissão.

O mecanismo proposto para o tratamento dos processos nacionais múltiplos baseava-se nos seguintes elementos:

Seria aplicável a todas as concentrações que: (i) fossem abrangidas entre os limiares intermédios *supra* referidos e os limiares inferiores e não satisfaçam a regra dos dois terços; e (ii) sejam elegíveis para exame, quer numa base obrigatória quer numa base facultativa, em pelo menos três Estados-membros da Comunidade Europeia.

A inclusão dos sistemas facultativos de controlo das concentrações justifica-se, uma vez que: (i) o carácter transfronteiriço de uma operação, indicado, regra geral, pela aplicação de três ou mais legislações nacionais não depende do carácter obrigatório ou facultativo da notificação; e (ii) mesmo no caso de a notificação ser facultativa, a operação pode ainda ser controlada pela autoridade nacional com o resultado de as partes tenderem, na prática, para notificar por razões de segurança jurídica.

Quando as legislações nacionais aplicáveis são apenas duas, a coordenação bilateral entre as autoridades nacionais deverá ser suficiente para ultrapassar as complexidades de uma notificação múltipla. Em contrapartida, nos casos em que estejam envolvidos três ou mais sistemas nacionais, a Comissão considera que a coordenção não é uma solução eficaz, e que, se os requisitos enunciados tiverem reunidos, a concentração deverá compreender-se na competência exclusiva da Comissão Europeia. Comunicação da Comissão ao Conselho e ao Parlamento Europeu, relativa à revisão do Regulamento das Concentrações (COM (96) 313 final, de 12 de Setembro de 1996, ponto 20).

Para a introdução deste novo procedimento foram alterados os n.ºs 3 e 4 do artigo 1.º, alargando-se a noção de concentração de dimensão comunitária às concentrações elegíveis para exame em pelo menos três Estados-membros.

[957] JO CE n.º L 180/1, de 9 de Julho de 1997.

- O volume de negócios total realizado pela totalidade das empresas em causa em cada um de pelo menos três Estados-membros for superior a 100 milhões de euros;
- Em cada um de pelo menos três Estados-membros considerados para efeitos da referência anterior, o volume de negócios total realizado individualmente por pelo menos duas das empresas em causa for superior a 25 milhões de euros; e
- O volume de negócios total realizado individualmente na Comunidade por pelo menos duas das empresas em causa for superior a 100 milhões de euros.

Estas condições estão sujeitas à condição da regra "dois terços". A concentração não terá dimensão comunitária se cada uma das empresas em causa realizar mais de dois terços do seu volume de negócios total na Comunidade num único Estado-Membro [958].

No caso das instituições bancárias, o regulamento previa, na sua versão inicial, diferentes métodos para o cálculo da dimensão comunitária:

- CONCENTRAÇÃO A NÍVEL MUNDIAL: No caso dos bancos, deveria considerar-se, não o volume total de negócios, mas um décimo dos balanços, agregados. Se este fosse superior a 5000 milhões de ecus, a concentração cairia sob alçada comunitária, isto, se a condição seguinte estivesse igualmente preenchida;

- CONCENTRAÇÃO COMUNITÁRIA. Neste caso, deveria substituir-se o volume total de negócios pelo décimo total dos balanços, multiplicado pela relação entre os créditos sobre as instituições de crédito e sobre a clientela [959] resultantes de operações com residentes na Comunidade e o montante total desses créditos [960].

---

[958] A fixação de critérios quantitativos absolutos baseados em volume de negócios, apesar de ter baixado substancialmente, continua a ser criticável. Existem sectores de actividade económica, onde o mercado é reduzido mas igualmente relevante, onde as maiores empresas não atingem esses montantes.

[959] A qualidade do empréstimo é aferida em razão da localização do tomador do empréstimo. Assim, um empréstimo prestado por uma subsidiária portuguesa de um banco americano a um cliente em Espanha será incluído. Um empréstimo prestado pela mesma subsidiária a uma subsidiária na América de um banco português não será incluído. Um empréstimo de um banco japonês a uma subsidiária ou filial de uma empresa japonesa em Portugal deverá ser incluído.

O resultado obtido serviria para testar se, pelo menos duas das instituições, ultrapassavam os 250 milhões de ecus na Comunidade.

O critério do "décimo dos balanços" era surpreendente, pois não é em nada comparável com o volume de negócios. O balanço é a fotografia patrimonial da empresa, o volume de negócios exprime a sua actividade. Comprova-se, assim, que as noções de base são incomparáveis. Por exemplo, uma instituição bancária, poderá criar crédito que constará no seu balanço. Porém, instituições financeiras especializadas em outras áreas, tais como a gestão de fundos mobiliários, de cartões de crédito, ou aconselhamento financeiro, estarão numa posição completamente diferente.

A opção é tanto mais estranha quanto é possível discernir um resultado nas actividades das instituições bancárias, normalmente denominado produto de exploração, que poderia possibilitar a aplicação dos critérios básicos. A justificação para esse procedimento baseava-se na não uniformização das regras contabilísticas dos bancos, o que até à entrada em vigor da Directiva 86/635/CEE do Conselho de 8 de Dezembro de 1986, era verdade [961].

O regime escolhido criava uma desigualdade de tratamento, não somente entre as instituições bancárias e as outras empresas, mas igualmente entre as próprias instituições bancárias. O critério do balanço não parece ser decisivo na qualificação da presença da instituição no mercado. Assim, aquelas instituições que disponham de um grande património imobiliário ou de outros activos importantes, podendo, no entanto, ter uma actividade bastante reduzida, logo um produto de exploração baixo, estavam sob alçada da Comissão, enquanto que na situação inversa, ou seja, uma instituição que disponha de activos bastante limitados, mas que exerça uma actividade intensa, tendo um volume de negócios elevado, não estava.

Se algumas dúvidas persistissem quanto à falibilidade do critério, este exemplo retiraria-as por completo.

---

[960] Simplificadamente: 1/10 do total dos balanços * empréstimos aos residentes na CE / empréstimos a nível mundial. Verificamos, assim, a escolha dos empréstimos como elemento revelador do mercado em causa.

[961] JO CE n° L 372 de 31 de Dezembro de 1986. Os bancos deviam ter aplicado a Directiva o mais tardar em 1 de Janeiro de 1993 ou na data do ínicio do exercício contabilístico.

Então, por que razão foi este o método escolhido?

Os redactores do Regulamento tiveram a percepção de que este critério era falacioso, o que revelaram nos comentários proferidos ao texto do regulamento: *"o Conselho e a Comissão consideram que será conveniente substituir o critério definido em função do balanço por um conceito de produto de exploração, tal como o que figura na Directiva 86/635 referente às contas anuais e às contas consolidadas dos bancos e outros estabelecimentos financeiros. Após a entrada em vigor destas disposições, irá proceder-se á revisão do critério à luz da experiência adquirida"* [962].

Esta revisão anunciada era imperativa, pois a própria Comissão encontra dificuldades na aplicação do critério [963].

Apesar da reduzida experiência da Comissão no campo das fusões bancárias de dimensão comunitária, as dificuldades encontradas na aplicação do critério do Regulamento por ocasião do exame da operação *Hong Kong* e *Shanghai Bank/Midland*, confirmaram a necessidade de revisão do critério.

A Comissão afirmou, então: *"based on baking cases dealt with so far, the Merger Task Force considers that the assets-based system has been poor at tackling such issues as the allocation of turnover by geographical area and the calculation of turnover of credit institutions which either do not lend or advance money, or are widely diversified"* [964].

---

[962] B. SOUSI-ROUBI e J. ZACHMANN "Le contrôle communautaire des concentrations bancaires" in *Cahiers de l'Institut Européen de Droit Bancaire et de la Bourse* n°36, Março/Abril (1993), pág. 77 e ss.

[963] No caso da decisão *Eurocard/Eurocheque-Europay*, onde as empresas envolvidas são sociedades financeiras, no sentido das directivas bancárias, a Comissão aplicou o critério do volume de negócios e não o do balanço.

Por vezes, a redacção das decisões mostra que a Comissão não tem qualquer dúvida que as instituições bancárias têm volume de negócios, empregando por vezes o termo a propósito da aplicação do art. 5° n.° 3 al. a) quando se refere ao balanço. Por exemplo, na decisão *Mediobanca/Generali* afirmou-se o seguinte: " *MedioBanca is one of the largest merchants banks of Italy; its Worldwide and Community turnovers in the last financial year, taking in account article 5, paragraph 3 (a) of the Regulation concerning the calculation of turnover for bank, were...*".

[964] The EC times, 19 de Julho de 1993, págs. 1 e ss.

Nestes termos, a *Merger Task Force* da Comissão é favorável a uma definição da "dimensão comunitária" das concentrações bancárias tendo como base o rendimento das instituições bancárias. Este critério é, certamente, mais equitativo, abrangente e trata de forma diferente situações distintas, respeitando a igualdade formal. Permite, ainda, uma mais fácil localização da situação financeira das instituições.

A nova versão do Regulamento veio alterar substancialmente esta matéria.

Nestes termos, o volume de negócios passa a ser substituído, no caso das instituições de crédito e de outras instituições financeiras, pela soma das seguintes rubricas de proveitos, definidas na Directiva 86/635/CEE [965], deduzidos, se for caso disso, o imposto sobre o valor acrescentado ou outros impostos directamente aplicáveis aos referidos proveitos, constituidos por:

i) juros e proveiros equiparados;
ii) receitas de títulos:
- rendimentos de acções e outros títulos de rendimento variável;
- rendimentos de participações;
- rendimentos de partes de capital em empresas coligadas;
iii) comissões recebidas;
iv) lucro líquido proveniente de operações financeiras;
v) outros proveitos de exploração.

O volume de negócios de uma instituição de crédito ou de uma instituição financeira na Comunidade ou num Estado-Membro incluirá as rubricas de proveitos, tal como definidos *supra,* da sucursal ou da divisão dessa instituição estabelecida na Comunidade ou no Estado-Membros, conforme o caso.

Esta nova opção, sendo mais correcta do ponto de vista doutrinário, não resolve todos os problemas, pois as diferenças de procedimentos e de tipologia de operações, bem como da estrutura de custos que aqui não é considerada, consoante os diversos tipos de sector, coloca ainda diversos problemas.

Existe ainda uma regra "dois terços" para os bancos.

---

[965] Citada.

Na versão inicial, calculava-se o "valor indicativo" do banco em cada Estado-Membro, de acordo com o seguinte procedimento: o volume total de negócios era substituído pelo décimo total dos balanços multiplicado pela razão entre os créditos sobre as instituições de crédito e sobre a clientela resultantes de operações com residentes desse Estado-Membro e o montante total desses créditos [966].

Se o valor obtido excedesse os dois terços do valor comunitário, ocorrendo o mesmo relativamente a todos os operadores da concentração, a Comissão não teria competência para apreciar a operação.

Atesta-se, logo aqui, uma diferença essencial. O valor para o cálculo da regra dos dois terços não seria a razão entre empréstimos a clientes comunitários e empréstimos a clientes do Estado-Membro (que é o que se verifica nas operações de concentração, em regra geral), mas, a razão entre este tipo de empréstimos e os empréstimos a nível mundial, sendo, neste caso, o denominador substancialmente maior, diminuindo-se assim, as hipóteses de alcançar os dois terços.

Se os bancos tivessem empresas subsidiárias, que não fornecessem serviços bancários, (por exemplo, agências de viagens), o valor da sua concentração seria calculado de acordo com a regra geral e adicionado ao valor da concentração do banco, nos termos acima estabelecidos.

O critério escolhido revelava-se, a nosso ver, e mais uma vez, pouco feliz. Na maior parte dos casos os métodos contabilísticos dos bancos não permitiam a rápida classificação dos empréstimos de acordo com a localização do seu tomador, o que os obrigava a avultados dispêndios de tempo, tornando este método de cálculo ineficaz pela excessiva onerosidade.

Relativamente à fusão *HSBC/Midland Bank*, um caso particularmente complexo, a *Merger Task Force* aceitou o argumento da Federação Bancária da Comunidade Europeia (FBCE), segundo o qual, no caso de fusões interbancárias, o rendimento deveria ser referenciado espacialmente de acordo com a localização do vendedor de produtos e não de acordo com a localização do cliente. Este argumento baseou-se, essencialmente, em razões de ordem pragmática:

---

[966] Ou seja: 1/10 do total dos balanços * empréstimos a residentes no Estado-Membro/empréstimos a nível mundial.

de acordo com a FBCE, seria impossível localizar espacialmente o rendimento em função da localização do cliente, uma vez que os bancos, na sua actividade, não tomam em consideração esse factor [967].

Esta decisão da Comissão colidiu frontalmente a regra do Regulamento das Concentrações que tenta imputar os termos da gradação da concentração em função da localização dos consumidores, e não em função dos vendedores dos bens ou dos serviços. Foi, igualmente, contrária a diversas decisões tomadas ao abrigo do artigo 81.º do Tratado, nomeadamente, as que tomaram como referência, para a indagação do requisito da afectação do comércio comunitário, os clientes dos bancos residentes em países estrangeiros, ainda que fossem em número ínfimo. Confirma-se, assim, que, nestas situações, já se tornou possível à Comissão discernir, em termos espaciais, a localização dos clientes. A razão para a tomada desta posição quanto aos critérios de aferimento espacial das concentrações poderá resultar da não concordância, por parte da Comissão, nos termos do próprio Regulamento, pelo que estas decisões consistirão em pressões indirectas para a alteração dos termos de referência, o que é bastante criticável [968].

---

[967] Nesta decisão (M 213, de 21 de Maio de 1992), a Comissão concluiu que, apesar da concentração notificada cair na alçada do Regulamento, de tal facto não se extraíam consequências desfavoráveis sensíveis ao mercado comum. Esta conclusão deveu-se à conclusão de que o único mercado relevante afectado pela concentração era o das *guilt-edged stocks* (títulos emitidos ou garantidos pelo governo do Reino Unido denominados em sterlings). Porém, dada a estrutura desse mercado a operação proposta não tinha impacto material no seu nível concorrencial. A Comissão acrescentou, ainda, que a operação de concentração em análise não criava nem fortalecia uma posição dominante.

[968] No Livro Verde para a revisão do Regulamento das Concentrações (Com 96. 19 final de 31 de Janeiro de 1996), a Comissão afirma ainda que: "*allocating income by reference to the location of the borrower may be burdensome on banks. Whilst the Commission´s notice concerning the calculation of the turnover provides that tornover arising from services is, in general, allocated to where the customer is located, the notice also makes an exception to this rule, in respect of inter-bank lendings. Accordingly, in order to simplify the Commission´s approach it can be considered that the allocation os banking income should be based on the location of the branch of the bank making the loan or providing the service*" (ponto 141).

Como se poderá observar, na nova versão do Regulamento, a Comissão aproveitou a ocasião para prever que a afectação geográfica do volume de negócios deve

Na nova versão, a opção pela estrutura de proveitos, torna a aplicação da regra bastante fácil.

Concluindo, a vaga de fusões bancárias a nível nacional decorrentes do Mercado Único impediu que a Comissão exercesse um controlo efectivo destas operações através da aplicação do Regulamento 4064/89.

Mas, mesmo quando uma concentração bancária tem dimensão comunitária, nos termos do Regulamento, e consequentemente se submete ao seu âmbito de incidência, deverá ter-se presente o dispositivo normativo previsto no artigo 21.º onde se dispõe que, não obstante a Comissão, sob reserva do controlo do Tribunal de Justiça, ter competência exclusiva para tomar as decisões previstas no Regulamento e os Estados-membros poderem aplicar a sua legislação nacional sobre concorrência às operações de concentração de dimensão comunitária, os Estados-membros podem tomar as medidas

---

ser baseada na localização da sucursal ou divisão que concede o empréstimo ou presta o serviço, o que colide com a sua orientação nas decisões tomadas ao abrigo do artigo 81.º

Note-se que com a actual redacção, os limiares de aferimento da dimensão comunitária de uma operação de concentração entre empresas do sector bancário foram reduzidos, à semelhança do que acontece com as empresas dos outras ramos da actividade económica. Dada a estrutura de cálculo proposta, é previsível que as operações de dimensão comunitária aumentem exponencialmente.

A solução proposta, apesar de meritória, não é isenta de críticas. Ao incluir como elemento de referência o rendimento em termos brutos, sofre as inevitáveis consequências dessa opção, não tomando em consideração eventuais especificidades de alguns sectores da banca. Note-se que, no processo de consultas relativo à alteração do Regulamento, a *Federation Bancaire de l' Union Européene*, a *Wirtschaftskammer Osterreich, a Confederation of British Industry* e a *Association des Grandes Entreprises Françaises* pronunciaram-se a favor da fixação de um critério baseado no rendimento bancário líquido como base para o cálculo do volume de negócios das instituições de crédito e das sociedades financeiras. Por seu lado, a *American Chamber of Commerce in Belgium* foi a única das entidades consultadas favorável à fixação de um critério baseado no rendimento bruto.

Note-se que, já no Livro Verde relativo à revisão do Regulamento das Concentrações (COM (96) 19 final), a Comissão havia afirmado a sua posição, afirmando que: *"the use of assts or gross income would significantly change the number or type of banks that would be subject to the Merger Regulation. On the footing of this evaluation, it has been concluded that both bases give broadly similar results. It is, however, admitted that the use of banking income would more properly reflect the economic reality of banks' operation"* (ponto 138).

apropriadas para garantir a protecção de interesses legítimos (de índole não concorrencial), desde que esses interesses sejam compatíveis com as demais norma do direito comunitário. O n.º 3 do artigo 21.º considera como interesses legítimos, na acepção descrita, e em termos meramente enunciativos, a segurança pública, a pluralidade dos meios de comunicação social e as regras prudenciais.

De acordo com a acta do Conselho que adoptou o Regulamento, a Comissão entendeu que as normas prudenciais existentes nos Estados-membros relacionadas, em particular, com o fornecimento de serviços financeiros poderão ser legitimamente invocadas pelos órgãos de supervisão nacionais, nomeadamente nas matérias de integridade dos accionistas e dos administradores, da legalidade das operações e das condições de solvência [969].

No entanto, a aplicabilidade destes critérios específicos de natureza prudencial é cada vez mais reduzida devido aos esforços de harmonização que se verificam a nível comunitário [970].

Uma outra questão interessante poderá ser formulada. Tal como se afirmou anteriormente, o artigo 21.º reconhece expressamente três tipos de interesse que configuram o conceitos de "interesse legítimo", mas não preclude a invocação, pelos Estados-membros, de outros "interesses legítimos", sujeitos à apreciação da Comissão, ou do Tribunal de Justiça, na base do reconhecimento do interesse público, se a Comissão emitir uma decisão negativa. Nestes termos, poderá questionar-se a viabilidade da invocação do "interesse público", por um Estado-Membro, no caso da tentativa de uma aquisição hostil de um importante banco nacional, por outro banco concorrente, sediado em outro Estado-Membro [971].

---

[969] Cfr. "Comentários" ao Regulamento, in Comissão, " 18.º Relatório sobre a Política da Concorrência relativo a 1989", Bruxelas, publicado em 1990, pág. 85.

[970] Por exemplo, é questionável que um Estado-Membro possa, a partir da entrada em vigor da Segunda Directiva, opôr-se à aquisição de um banco nacional por um banco de outro Estado-Membro utilizando como base de argumentação o facto da gestão ou organização do banco predador ser inadequada, obstando a isso os critérios uniformes de supervisão, mutuamente reconhecidos, adoptados pela Directiva. Na perspectiva concorrencial, embora incorrectamente no caso específico, veja-se Decisão C (1999) 3370 final da Comissão, de 20 de Outubro de 1999 referente ao caso BTA/BSCH, nos termos do artigo 21.º do Reg. CE n.º 4064/89.

[971] Cfr. M. DASSESSE, S. ISAACS e G. PENN, cit., pág. 329.

4. A CONCENTRAÇÃO E AS EMPRESAS COMUNS

A fusão entre dois bancos ou a aquisição de um banco por outro constitui, claramente, uma concentração. Se a operação tiver dimensões comunitárias o Regulamento 4064/89 aplica-se e a fusão ou a aquisição deverão ser notificadas.

Mas, algumas empresas comuns poderão cair no âmbito de aplicação do Regulamento, dependendo de terem uma vertente de concentração ou de cooperação.

As empresas comuns com carácter de concentração, de dimensão comunitária, inserem-se no âmbito de regulamento [972]. As empresas comuns com carácter de cooperação [973] poderão cair na alçada do artigo 81.º n.º 1 do Tratado, que proíbe os acordos que restrinjam a concorrência entre dois ou mais agentes [974].

---

[972] A constituição de uma empresa comum entre o *Dresdner Bank* e o *Banque National de Paris* foi considerada uma empresa comum de concentração. E uma vez que estes dois bancos excediam a dimensão comunitária, e a regra dois terços não se aplicava, tiveram de notificar o seu procedimento à Comissão. (*Dresner Bank/ Banque National de Paris*, M 21, 4/2/91)

[973] Nos termos da proposta de alteração do Regulamento, o conceito de concentração é alargado de forma a abranger todas as empresas comuns que desempenham as suas funções numa lógica de entidade económica autónoma. Esta solução apresenta nítidas vantagens, em comparação com a situação actual. Todas as empresas comuns com as características enunciadas serão examinadas no âmbito dos procedimentos e prazos do Regulamento 4064/89. Nestes termos, apenas uma decisão final será adoptada com base numa avaliação global de todos os aspectos do processo e serão eliminadas as complexidades inerentes à distinção entre empresas comuns com carácter de cooperação, deste tipo, e empresas comuns com carácter de concentração. Comunicação da Comissão ao Conselho e a Parlamento Europeu relativa à revisão do Regulamento das Concentrações (COM (96) 313 final, de 12 de Setembro de 1996, ponto 26).

[974] A doutrina sobre a distinção entre as empresas comuns com carácter de concentração e as com carácter de cooperação é imensa. No entanto, muito sumariamente, poderá dizer-se que uma empresa comum tem carácter de concentração quando desempenhe de forma duradoura todas as funções de uma entidade económica autónoma. Isto implica que a empresa comum não seja uma mera auxiliar das empresas fundadoras, devendo ter recursos próprios que assegurem a sua existência e independência a longo prazo. Deve, ainda, determinar o seu comportamento comercial de forma autónoma sem interferências das empresas fundadoras. Normalmente, assume-se que não existe risco de coordenação de comportamento comercial

Não é necessário que a empresa comum esteja estabelecida no território da Comunidade, ou aí desenvolva a sua actividade na Comunidade. No caso do *Dresner Bank* e do *Banque National de Paris* a empresa comum era uma sociedade húngara, com sede em Budapeste, e que exercía as suas actividades prioritariamente nesse país [975].

---

se, pelo menos uma das empresas fundadouras se retirar do mercado da empresa comum, bem como do mercado de produtos sucedâneos e complementares. Mas note-se, os princípios enunciados têm uma grande amplitude, e a sua aplicação deverá ser casuística.

A nova redação do Regulamento, introduziu algumas inovações, plenamente justificadas. Nestes termos, na medida em que a criação de uma empresa comum que constitua uma operação de concentração, na acepção do artigo 3.º do Regulamento, tenha por objecto ou efeito a coordenação do comportamento concorrencial de empresas que se mantêm independentes, essa coordenação será avaliada segundo os critérios previstos nos n.ºs 1 e 3 do artigo 81.º do Tratado, a fim de determinar se a operação é ou não compatível com o mercado comum.

Nessa avaliação, nos termos da nova redacção do artigo 2.º, a Comissão deverá ter em consideração, designadamente, a presença significativa e simultânea de duas ou mais empresas fundadoras no mesmo mercado da empresa comum, num mercado situado a montante ou a jusante desse mercado ou num mercado vizinho estreitamente ligado a esse mercado, bem como a possibilidade de as empresas envolvidas apoiadas na coordenação directamente resultante da criação da empresa comum eliminarem a concorrência em relação a uma parte significativa dos produtos e serviços em causa.

[975] Uma vez que, tal como neste caso, a maioria das operações de concentração até agora notificadas, têm um impacto muito reduzido no mercado comunitário, consistindo na constituição de empresas comuns em países terceiros, ou seja fora do espaço territorial da Comunidade, encontram-se, por vezes, afirmações curiosas por parte da Comissão. Assim, segundo o Sr. EHLERMANN, a Comissão *"has been able to forego a precise delimitation of the relevant market and has paid more attention to the categories of activities involved than to the definition of the market affected."* (CLAUS EHLERMANN, Director-Geral da DG XV "The application of the EEC rules on competition to the credit institutions", in Annual Meeting of Members of the European Mortgage Federation, Annual Repport 1992, págs. 35 e ss.)

De facto, se a operação é totalmente concretizada fora do espaço da Comunidade não faria sentido que a Comissão fosse indagar do impacto daquela empresa comum no espaço económico do país terceiro.

Em outros casos, tais como a fusão entre o *Kyoma Bank* e o *Saitama Bank* (M 69 de 14 de Março de 1991) e a fusão entre o *Crédit Suisse* e o *Swiss Volksbank* (M 335 de 1 de Maio de 1993), a Comissão deixou em aberto a questão relativa à

As empresas comuns entre bancos e outras empresas, que não exercem actividades bancárias, poderão, igualmente, cair na alçada do Regulamento. Estas empresas comuns constituem-se quando os bancos pretendem ter algum controlo sobre o investimento financiado, ou quando são necessárias garantias financeiras para a concretização do projecto [976].

Como consequência desta doutrina a constituição de empresas comuns para operações de resgate deverá ser notificada [977], bem como para a tomada firme de acções, exercendo a administração [978], ou simplesmente, o direito de voto na assembleia geral, se daí advier uma posição de controlo [979].

Na área específica das operações de resgate, as disposições do Regulamento permitem que instituições de crédito e sociedades financeiras possam, sem caírem no âmbito de aplicação da disciplina deste Regulamento, adquirir uma participação passiva e temporária em

---

definição precisa do mercado relevante. Mesmo tomando em consideração a sua definição mais ampla, as quotas de mercado dessas instituições no espaço comunitário eram sempre negligenciáveis.

Uma posição semelhante foi adoptada na decisão relativa à aquisição do *Banco de Madrid* pelo *Deutsche Bank*. De acordo com a Comissão, esta operação, que permitiu ao banco alemão aumentar a sua presença no mercado dos depósitos espanhol e expandir a sua rede de agências não criou nem fortaleu qualquer posição no mercado espanhol pois a sua presença inicial no mercado relevante era meramente residual (Agence Europe, 2 de Junho de 1993, n.º 5991, pág. 12).

[976] Por exemplo o caso *Continental/Kalico/DG Bank/Benecke*, M 363 de 29 de Novembro 1993.

[977] Neste caso, os direitos de voto próprios das acções adquiridos por um banco poderão ser exercidos tendo em vista a preparação da liquidação de toda ou parte da empresa ou de seus activos na condição de que essa liquidação seja efectuada num ano à data da aquisição. Esta derrogação permite evitar, em alguns casos, a notificação de uma operação de concentração pelos bancos que adquiriram as acções da empresa com a finalidade de recuperar os seus créditos. Poderemos citar, como exemplo, o caso *Kelt/American Express*, M 116 de 20 de Agosto de 1991. Neste caso, oito bancos constituiram uma empresa comum, a *Purbeck Petroleum Limited* que iria adquirir partes sociais da *Kelt Energy plc*. A Comissão concluiu que os bancos exerciam um controlo conjunto sobre a *Kelt*, através da *Purbeck* e aplicou o Regulamento.

[978] *GWB/Goldman, Sachs/Tarkett*, M 395, 21 de Fevereiro de 1994.

[979] *MedioBanca/Generali*, M 159 de 19 de Dezembro de 1991.

determinadas sociedades no desenvolvimento normal da sua actividade, ou então, tomar controlo temporário dos assuntos de um cliente, tendo em vista a gestão dos seus bens num período razoável de tempo.

Pelos termos utilizados, atesta-se que a fronteira delimitadora da isenção de incidência é ténue, dependendo da margem de discricionariedade da Comissão enquanto órgão administrativo de aplicação do direito comunitário. Por exemplo, na decisão *Kelt/American Express* [980], a Comissão qualificou a operação, consistente na tomada do controlo de uma companhia de petróleo e gás natural por um consórcio bancário liderado pelo *American Express*, como uma concentração: o consórcio não tinha a intenção de vender a sua participação no prazo de um ano. É estranho que a Comissão utilize, por diversas vezes, as feições únicas do mercado financeiro para justificar flexões às regras seguidas para outras áreas da actividade económica. Como se verá adiante, o critério distinto de aferimento da localização da actividade para a aplicação do Regulamento 4064/89, enquanto que em outras áreas, como é o caso desta, a Comissão toma decisões com um elevado grau de rigidez, não atendendo às normas básicas de gestão, limitando-se à aplicação cega de critérios temporais quantitativos, que muitas vezes são completamente desprendidos da realidade económica.

Daqui se poderá extrair a conclusão de que o regime está longe de ser unívoco, e uma operação que pareça, à primeira vista, não ser uma concentração, no sentido próprio do termo, poderá, de acordo com o regime comunitário, subsumir-se ao regulamento comunitário, obrigando a uma notificação à Comissão.

5. IMPACTO DAS PARTICIPAÇÕES MINORITÁRIAS NA CONCORRÊNCIA

O controlo sobre uma sociedade não é exercido, simplesmente, quando se detém a maioria do capital da sociedade. Poderá enunciar-

---

[980] Ml 16 de 20 de Agosto de 1991

-se exemplos onde se demonstra claramente o impacto concorrencial de participações minoritárias [981].

5.1. Participações de pré-aquisição ou pré-fusão.

Se os mercados de capitais funcionassem de acordo com a teoria da concorrência perfeita, todos os ganhos anormais derivados de fusões e aquisições iriam beneficiar equitativamente todos os accionistas da sociedade-alvo. No entanto, o contexto de informação assimétrica, onde se movem os adquirentes e os outros participantes no mercado, poderá introduzir imperfeições no mercado de capitais. Nestas circunstâncias, os agentes poderão comprar participações pequenas numa fase ante-aquisição, de forma a obterem rendimentos devido ao aumento do preço das acções, resultante de uma oferta pública de aquisição. O que poderá colocar em risco o êxito da operação, com os decorrentes custos sociais.

5.2. Participações de bloqueio

Estas participações previnem a tomada da sociedade-alvo por uma terceira. Esta situação poderá ser desvantajosa, se a adquirente fosse capaz de gerir a sociedade-alvo de forma mais eficiente. Estas implicações anticoncorrenciais são mais visíveis em sectores onde o mercado é concentrado e a entrada directa no mercado difícil, como é o caso do mercado bancário.

5.3. Controlo efectivo

O controlo efectivo tem o mesmo impacto anticoncorrencial que uma aquisição plena. Em sociedades com o capital bastante disse-

---

[981] S. MEADOWCROFT e D. THOMPSON "Minority Share Acquisition", Doc. CE, Luxemburgo, (1986); J. CUBIN "The effect of shareholding Dispersion on the degree of Control in British Companies: The Theory of Measurement" in *Economic Journal*, Junho de 1983; J. FERREIRA, cit.; J. COOK E C. KERSE "EEC Merger Control", Sweet & Maxwell, Londres (1991); G. CAMPOBASSO "Partecipazioni al capitale delle banche" in *Banca, Borsa e Titoli di Credito*, Milão, Maio/Junho 1994, pgs 285-307; GALANTI "La nuova disciplina degli assetti proprietari degli enti creditizi" in in *Banca, Borsa e Titoli di Credito*, Milão, I, (1988), págs. 56 e ss; RAÚL VENTURA "Contrato de Subordinação entre Sociedades" in *Revista da Banca* nº 25 (1993).

minado, 25% das acções poderão bastar, e sobrar (e é este o valor limite para a detenção de acções de sociedades não financeiras por instituições bancárias) para a detenção do controlo efectivo da sociedade. Desta forma, o substrato teleológico da Directiva é completamente ultrapassado.

Estas participações encontram-se no âmbito de aplicação da noção operativa de controlo do Regulamento 4064/89.

A noção de aquisição de controlo é definida, como já se referiu, na base da "influência decisiva", sem fixar limites quantitativos quanto ao montante da participação a deter. Desta forma, a aquisição de participações minoritárias de capital social de uma sociedade pode dar lugar a uma concentração [982].

6. CASO ESPECIAL. RELACIONAMENTO BANCOS/SEGUROS

As actividades bancárias e seguradoras eram, tradicionalmente, distintas. Quase todos os países da Comunidade estabeleceram sistemas rígidos de controlo para proibir as instituições bancárias de se ocuparem de assuntos de seguros e vice-versa.

As coisas mudaram rapidamente nos últimos anos. Os principais bancos europeus criaram as suas próprias companhias de seguros subsidiárias, especialmente no ramo dos seguros de vida. Os bancos e as seguradoras tornaram-se subsidiárias de *holdings* comuns, proliferando participações cruzadas e acordos de cooperação entre bancos e companhias de seguros [983] [984].

---

[982] A Comissão já analisou diversos casos de concentrações de aquisições de participações minoritárias. Por exemplo, *Arjomari-Prioux* (caso IV/ M 25 de 10 de Dezembro de 1990), *Elf/Banco Central/Cepsa* (caso IV/ M28 de 18 de Junho de 1991)

[983] Em Portugal, só para citar alguns exemplos, o BPA, o BCP e a CGD têm subsidiárias no ramo dos seguros, a BPA Seguros Vida, Ocidental Vida e a Fidelidade.

[984] J. GONÇALVES " Seminário Banca/Seguros" in *Revista da banca* nº 20 (1991), págs. 55-62; E. VAN DER ZEE "Making banca/assurance work" in *Banker´s Digest international*, summer (1993), págs. 9-14.

O movimento de concentração bancária a nível nacional que actualmente se presencia [985] é multiplicado pelo movimento de concentração entre as companhias seguradoras e pela crescente ligação entre estes dois sectores da actividade financeira [986].

A especial relação de sucedaneidade entre alguns produtos destes dois ramos actividade financeira, e a apetência das companhias seguradoras pelos clientes das instituições bancárias e pela rede de balcões estabelecida, que constituem canais potenciais de distribuição dos seus produtos a um custo reduzido, deram azo a que diversas seguradoras iniciassem, elas próprias, um processo de aquisição de bancos [987].

Esta realidade, derivada deste movimento de concentrações, ocasiona situações de duvidosa dignidade concorrencial.

As ligações têm sido empreendidas a três níveis:
- As companhias têm accionistas comuns e participações cruzadas;
- As empresas estão ligadas pelos produtos que oferecem, cujas distinções são cada vez menos claras [988];
- Os serviços financeiros, tradicionalmente diferenciados, estão a combinar esforços, nomeadamente na rede de distribuição [989].

---

[985] Embora, em 1996 e 1997, tenha abrandado na Europa, pois as instituições de crédito encontram-se numa fase de expectativa quanto às condições de mercado resultantes da União Económica e Monetária.

[986] Cfr. LEON BRITTAN, " Seminário Banca/Seguros" in *Revista da banca* nº 20 (1991), págs. 9-22; ANTÓNIO BORGES, " Seminário Banca/Seguros" in *Revista da banca* nº 20 (1991), págs. 23-35; RUI VILAR, " Seminário Banca/Seguros" in *Revista da banca* nº 20 (1991), págs. 37-39.

[987] G. NICHOLSON "Competition between banks and insurance companies - The chalenge of banca-assurance" in A. STEINHERR, ed. "The New European Financial MarketPlace", Longman, Londres, (1992), págs. 92-103.

[988] As companhias de seguros de vida, por exemplo, comercializam produtos em que a cobertura de um risco segurável é apenas uma das componentes, e nuitas vezes, diminuta, sendo, na sua essência produtos de poupança.

[989] Uma base de dados de clientes de um banco é, sem dúvida, uma fonte de potenciais detentores de apólices para uma companhia de seguros associada.

A grande maioria das pessoas não têm o hábito de entrar em contacto directo com as companhias de seguros. Ao usarem os bancos como canal de escoamento dos seus produtos, as seguradoras podem alargar a sua capacidade de venda tradicional.

Este conclusão é justificada através da análise de alguns acordos concluídos neste campo e notificados à Comissão.

No final de 1997, os bancos eram responsáveis por cerca de 25--30% das novas apólices de vida e planos de pensões a emitir na Europa. A razão para este estado de coisas é que este mercado tem um crescimento potencial mais elevado do que o ramo financeiro tradicional.

Esta situação tem implicações importantes na política da concorrência, como por exemplo, as enumeradas por LEON BRITTAN [990]:

- As fusões ou aquisições de companhias de serviços financeiros de grande envergadura são abrangidas pelo Regulamento 4064/89, se tiverem dimensão comunitária;

- As participações cruzadas ou acordos de cooperação que não sejam abrangidos pelo Regulamento podem ser isentas das regras do Tratado se, por exemplo, o banco que oferecer os seus serviços de distribuição a uma companhia de seguros não exigir ser o canal exclusivo de distribuição.

- Podem surgir problemas de concorrência se as tendências do mercado ou o reforço das relações de exclusividade ameaçarem a saúde de um sector independente paralelo, o que é importante se se pretende que os consumidores possam exercer, efectivamente, a sua capacidade de escolha.

- Uma outra preocupação prende-se com a transparência insuficiente no mercado. Por exemplo, no caso de um consumidor ser encaminhado por um banco para uma seguradora ou subsidiária de serviços financeiros pertencentes ao mesmo grupo, sem que o consumidor conheça a relação de grupo que ambas as companhias

---

Verifica-se, assim, a emergência comum de disposições de natureza eminentemente restritiva, directamente resultantes da operação de concentração ou do acordo firmado entre os dois tipo de instituições. A primeira situação respeita à normal pretensão da seguradora no sentido de comercializar os seus produtos, em exclusivo, nos balcões da instituição bancária.

A segunda situação prende-se com os contratos coligados, já referidos. Ou seja, a exigência da celebração de um contrato de seguro numa sociedade seguradora do grupo ou com a qual o banco tem o acordo, para a efectivação de uma operação eminentemente bancária.

Estas normas são, pelas razões expostas, de natureza eminentemente restritiva pelo que desconformes com o Tratado.

[990] Sir LEON BRITTAN in "Seminário Banca e Seguros" in *Revista da Banca* nº 20, Dezembro (1991)

têm entre si. Poder-se-ia imaginar uma situação em que um cliente dá uma ordem permanente ao seu banco quanto ao pagamento de uma apólice nova de seguros mas o banco não cumpre essa norma sem chamar a atenção do seu cliente para os serviços, supostamente superiores, oferecidos por uma companhia de seguros pertencentes ao mesmo conglomerado de empresas [991].

---

[991] Cfr. T. C. HOSCHKA, "Bancassurance in Europe", St. Martin's Press, Nova Iorque, (1994).

PARTE IV
BREVE RESENHA DA SITUAÇÃO PORTUGUESA

CAPÍTULO I
REGIME CONCORRENCIAL BANCÁRIO NACIONAL E SUA CONJUGAÇÃO COM O REGIME COMUNITÁRIO

1. ENQUADRAMENTO INSTITUCIONAL

O regime concorrencial das instituições bancárias portuguesas sofreu alterações sensíveis nos últimos tempos.

A actividade bancária era fortemente regulamentada, no entanto, a liberalização do mercado interno, com o consequente acréscimo da concorrência em relação às instituições estrangeiras, modificou todo o seu enquadramento, legislativo e comportamental.

A criação de um espaço integrado de serviços financeiros assenta em cinco pilares [992]:
- A liberdade de estabelecimento das empresas financeiras;
- A liberdade de prestação de serviços pelas empresas financeiras;
- A harmonização e o reconhecimento mútuo das regulamentações nacionais;

---

[992] Decreto-Lei nº 298/92, de 31 de Dezembro, Preâmbulo.

- A liberdade de circulação de capitais;
- A União Económica e Monetária.

O RGICSF visa fundamentalmente a prossecução dos três primeiros pilares.

Este diploma distingue dois tipos de entidades financeiras, a saber:

- São Instituições de Crédito as empresas cuja actividade consista em receber do público depósitos ou outros fundos reembolsáveis, a fim de os aplicarem por conta própria mediante a concessão de crédito, (artigo 2.º);

- São Sociedades Financeiras as empresas que não sejam instituições de crédito e cuja actividade principal consista em exercer uma das seguintes actividades [993]: a concessão de crédito, de garantias ou de outros compromissos, operações de pagamento, emissão e gestão de meios de pagamento, como cartões de crédito, cheques de viagem e cartas de crédito, transacções por conta própria ou da clientela sobre instrumentos do mercado monetário e cambial, instrumentos financeiros a prazo e operações sobre divisas e taxas de juro e valores mobiliários, participação em emissões e colocações de valores mobiliários e prestação de serviços correlativos, actuação nos mercados interbancários, consultoria, guarda, administração e gestão de carteiras de valores mobiliários, e gestão e consultoria em gestão de outros patrimónios [994].

- São Empresas de Investimento as empresas em cuja actividade habitual se inclua a prestação de serviços de investimento a terceiros e que estejam sujeitas aos requisitos de fundos próprios previstos na Directiva n.º 93/6/CEE, do Conselho, de 15 de Março de 1993, com excepção das instituições de crédito e das entidades abrangidas no âmbito da previsão do n.º 2 do artigo 2.º da Directiva n.º 93/22/CEE, do Conselho, de 10 de Maio de 1993 [995].

---

[993] RGICSF, artigo 5.º.

[994] RGICSF, artigo 4.º n.º1.

[995] Nos termos do Decreto-Lei n.º 232/96, de 5 de Dezembro de 1996, que transpõe para a ordem jurídica interna a Directiva n.º 93/22/CEE, de 10 de Maio de 1993, relativa aos serviços de investimento (DSI), a Directiva n.º 95/26/CE, do Parlamento Europeu e do Conselho, de 29 de Junho de 1995, relativa ao reforço da

As instituições bancárias são integradas, obviamente, nas instituições de crédito, conforme nos indica o artigo 3.º do referido diploma. Esta classificação corresponde, *mutatis mutandis*, à divisão 65 da Nova Classificação das Actividades Económicas designada de "Intermediação Financeira excepto Seguros e Fundos de Pensões", integrando-se no grupo 651, que corresponde à Intermediação Monetária, que compreende as actividades de obtenção de fundos (meios financeiros) em forma de depósitos com o objectivo de aplicação por conta própria fundamentalmente através da concessão de crédito.

2. ASPECTOS GERAIS

O RGICSF regula as matérias de acesso ao mercado, dependendo a constituição de qualquer instituição de crédito de autorização a conceder pelo Banco de Portugal, que analisará todas as situações casuisticamente (artigo 16.º) [996]. No caso do estabelecimento de filiais de instituições de crédito já autorizadas em países comunitários será necessário instruir um processo de consulta prévia ao Banco central. No caso de uma instituição de crédito portuguesa pretender estabelecer uma sucursal num Estado-Membro da Comunidade deverá

---

supervisão prudencial, que é geralmente conhecida por «Directiva Post-BCCI», bem como a Directiva n.º 96/13/CE, do Conselho, que alterando o n.º 2 do artigo 2.º da Directiva n.º 77/780, deixou de excluir a Caixa Económica Montepio Geral do âmbito de aplicação dessa e das restantes directivas aplicáveis ás instituições de crédito, poderão, conforme o disposto no artigo 199.º A, considerar-se serviços de investimento, para efeitos do Título X-A do RGICSF, as seguintes operações, relativas a qualquer dos instrumentos financeiros referidos na secção B do anexo à Directiva n.º 93/22/CEE, do Conselho, de 10 de Maio de 1993: (1) Recepção e transmissão, por conta de investidores, de ordens de mercado; (2) Execução, por conta de terceiros, dessas mesmas ordens; (3) Negociação, por conta própria, desses instrumentos; (4) Gestão de carteiras de investimento, numa base discricionária e individualizada, no âmbito de mandato conferido pelos investidores, sempre que essas carteiras contenham os instrumentos financeiros referidos; (4) Colocação, com ou sem tomada firme.

[996] Cfr., igualmente: J. CALIXTO "O sistema bancário português face à criação do mercado único comunitário", *Estudos BFE* n° 28, (1990);

notificar previamente esse facto à autoridade supervisora (artigos 18.º e 36.º).

Do ponto de vista da concorrência é muito interessante o regime disposto nos artigos 73.º e seguintes, que consagra os deveres gerais respeitantes às relações com clientes e o dever de informação, procurando garantir elevados níveis de competência técnica em condições apropriadas de qualidade, eficiência, diligência, neutralidade, lealdade, discrição e respeito consciencioso dos interesses que lhe estão confiados e de informações sobre remunerações oferecidas pelos fundos recebidos e sobre o preço dos serviços prestados e outros encargos suportados por aqueles.

É igualmente importante a possibilidade de existência de Códigos de Conduta[997], estabelecidos por Aviso do Banco de Portugal ou elaborados pelas associações representativas das instituições de crédito, por iniciativa própria ou por determinação do Banco de Portugal, visando a transparência do mercado, e, garantindo informação aos consumidores.

O n.º 1 do artigo 87.º do RGICSF confirma o princípio da sujeição das actividades das instituições de crédito e das suas associações empresariais, e por força do artigo 195.º, também das sociedades financeiras. à legislação de defesa da concorrência. No que diz respeito às empresas de investimento, o Decreto-Lei n.º 232//96, de 5 de Dezembro, que alterou o RGICSF, contém uma orientação em sentido idêntico referindo que as empresas de investimento estão sujeitas às normas aplicáveis às sociedades financeiras (artigo 199.º-B, n.º 1). Porém, o n.º 2 do artigo 87.º RGICSF veio consagrar, simultaneamente, uma excepção a este princípio ao estipular não serem restritivos da concorrência *"os acordos legítimos entre instituições de crédito e as práticas concertadas que tenham por objecto a participação em emissões e colocações de valores mobiliários ou instrumentos equiparados e a concessão de créditos ou outros apoios financeiros de elevado montante a uma empresa ou conjunto de empresas"*. Por outro lado, o n.º 3 do mesmo artigo estabelece igualmente que *"na aplicação da legislação da defesa da concorrência*

---

[997] D. R. II Série de 14 de Dezembro de 1993.

às instituições de crédito e suas associações empresariais ter-se-ão sempre em conta os bons usos da respectiva actividade, nomeadamente no que respeita às circunstâncias de risco ou solvabilidade". Finalmente, o artigo 88.º do RGICSF prevê expressamente a obrigatoriedade do Conselho da Concorrência solicitar ao Banco de Portugal e, se for caso disso, à Comissão de Mercado de Valores Mobiliários, um parecer quando as arguidas num processo de contra-ordenação por violação das regras de concorrência forem instituições de crédito, sociedades financeiras ou suas associações empresariais.

Os acordos previstos no n.º 2 do artigo 87.º são de índole marcadamente técnica. Porém, este facto não é condição suficiente para a sua extracção da esfera de aplicação da legislação de defesa concorrência. No caso de serem restritivos, a aplicação desse dispositivo normativo far-se-á normalmente e em toda a sua intensidade. A referência aos bons usos da actividade, nomeadamente nas áreas respeitantes ao risco e à solvabilidade são, também, um simples elemento clarificador, embora com cada vez menor aplicação prática devido ao movimento de reregulação, contudo, no caso de originarem comportamentos restritivos, a disciplina legislativa de tutela da concorrência deverá ser aplicada servindo os bons usos da actividade simplesmente como elemento de ponderação da culpabilidade.

2.1. Regime das participações

O Capítulo II do Título VII do RGICSF contém algumas regras relativas às participações de instituições de crédito no capital de outras sociedades, constituindo grupos económicos.

Desta forma, uma instituição de crédito não pode deter, directa ou indirectamente, em qualquer sociedade uma participação superior a 15% dos seus fundos próprios (artigo 100.º n.º 1), nem globalmente as suas participações em sociedades não podem ultrapassar 60% dos fundos próprios (artigo 100.º n.º 3), não sendo levadas em conta nestas percentagens as acções temporariamente detidas por tomada firme de emissões e durante o período normal daquela e as acções detidas por conta de terceiros [artigo 100.º n.º 4, alínea a) e b)].

As instituições de crédito não poderão deter, directa ou indirectamente, numa sociedade, por prazo seguido ou interpolado, superior a três anos, participação que lhe confira mais de 25% dos direitos de voto da sociedade participada, (artigo 101.º n.º 1). Exceptuam-se deste regime as participações em outras instituições de crédito, sociedades financeiras, sociedades de serviços auxiliares, seguradoras, sociedades gestoras de fundos de pensões e sociedades gestoras de participações sociais (artigo 101.º n.º 3).

Encontramos, neste regime, uma série de incongruências. O limite de fundos próprios aplicados em sociedades não financeiras, com a finalidade de obstar a quebras de liquidez, baseiam-se em limites artificiais, que por vezes não têm qualquer aplicação prática, podendo o controlo ser efectivo com uma participação inferior à estabelecida. Critica-se, em Portugal, a não existência de grupos financeiros fortes, à maneira germânica ou japonesa, ora, este regime vem impossibilitar esse facto.

2.2. Regime das fusões e cisões de instituições de crédito

O RGICSF estabelece, no artigo 35.º, a necessidade de autorização prévia do Banco de Portugal para a fusão e a cisão de instituições de crédito entre si ou com sociedades financeiras, que também é necessária para as alterações dos contratos de sociedade, a fusão e cisão das sociedades financeiras, com parecer prévio, se for caso disso, da Comissão de Mercado de Valores Mobiliários (artigo 183.º, n.ºs 1 e 2). Esta autorização não decorre da necessidade de análise dos efeitos concorrenciais de uma operação de concentração, mas de objectivos e regras prudenciais inerentes à função do Banco de Portugal, como autoridade de supervisão.

É necessário comunicar ao Banco de Portugal a intenção de aquisição de uma participação qualificada numa instituição de crédito, definindo-se como tal uma participação directa ou indirecta que represente percentagem não inferior a 10% do capital ou dos direitos de voto da instituição, ou fora destas situações, ao possibilitar-se uma influência significativa na gestão (artigo 13.º). Assim, a aquisição directa ou indirecta ou o reforço da participação qualificada já detida, bem como a respectiva alienação ou diminuição carece de comunicação prévia ao Banco de Portugal, sempre que a percentagem dos direitos de voto atinja ou ultrapasse os 20%, 33% ou 50%, ou a instituição se transforme em sua filial, a fim de garantir a gestão sã e prudente.

No entanto, estas disposições não substituem o regime geral da concorrência, uma vez que foca realidades distintas.

3. A LEGISLAÇÃO NACIONAL DE TUTELA DA CONCORRÊNCIA E DAS CONCENTRAÇÕES

O actual regime interno de tutela da concorrência consta no Decreto-Lei n.º 371/93, de 29 de Outubro [998]. Este diploma, em termos sintéticos, regula:

- as práticas restritivas da concorrência, como não podia deixar de ser, consubstanciadas em acordos, práticas concertadas e decisões de associações de empresas que tenham por objecto ou efeito impedir, falsear ou restringir a concorrência, nomeadamente pela fixação de preços, limitações ou controlos da produção e de abastecimento, entre outros aspectos [999];

- o abuso de posição dominante. [1000]

---

[998] O Decreto-Lei n.º 371/93, de 29 de Outubro, veio reunir num único diploma os dispositivos legais aplicáveis às práticas restritivas da concorrência, ao controlo das operações de concentração de empresas e aos auxílios de Estado, anteriormente dispersos por dois diplomas, o Decreto-Lei n.º 422/83, de 3 de Dezembro (regime geral da concorrência) e o Decreto-Lei n.º 428/88, de 19 de Novembro (regime da notificação prévias das operações de concentração de empresas). Enquanto que o primeiro era potencialmente aplicável a todas as actividades económicas, incluindo, portanto, as instituições de crédito e as sociedades financeiras, o segundo já não se aplicava às sociedades cujo objecto fosse o comércio bancário.

[999] O artigo 2.º do Decreto-Lei n.º 371/96, de 29 de Outubro elenca, enunciativamente, sete tipos de práticas restritivas, a saber:

- A fixação, de forma directa ou indirecta, dos preços de compra ou de venda ou a interferência na sua determinação pelo livre jogo do mercado, induzindo-se, artificialmente, quer a sua alta quer a sua baixa;
- A fixação, nos mesmos termos, de outras condições de transacção efectuadas no mesmo ou em diferentes estádios do processo económico;
- A limitação ou o controlo da produção, da distribuição, do desenvolvimento técnico ou dos investimentos;
- A repartição dos mercados e das fontes de abastecimento;
- A aplicação, de forma sistemática ou ocasional, de condições discriminatórias de preço ou outras em prestações equivalentes;

Nos termos da lei nacional, os actos que consubstanciem práticas restritivas da concorrência são nulos, podendo, não obstante, e em certas circunstâncias, ser justificados, mediante uma avaliação prévia do Conselho da Concorrência [1001].

As práticas restritivas consideradas não justificadas constituem contra-ordenações, sendo o processo instruído pela Direcção-Geral de Concorrência e Preços e posteriormente remetido ao Conselho da Concorrência para decisão. Se as empresas em causa forem instituições de crédito, sociedades financeiras, ou suas associações empresariais, o Conselho da Concorrência deverá solicitar parecer ao Banco de Portugal ou à Comissão de Mercado de Valores Mobiliários, se for caso disso, tal como se encontra previsto no artigo 88.º do Regime Jurídico das Instituições de Crédito e das Sociedades Financeiras. Se, ao invés, se tratar de uma empresa seguradora ou de uma sociedade gestora de fundos de pensões, então a entidade competente para a emissão do parecer será o Instituto de Seguros de Portugal [1002].

- A recusa, directa ou indirecta, da compra ou venda de bens e a prestação de serviços;

- A subordinação da celebração de contratos à aceitação de obrigações suplementares que, pela sua natureza ou segundo os usos comerciais, não tenham ligação com o objecto desses contratos.

É um pouco estranha a técnica legislativa bicéfala do legislador nacional. No mesmo dia, 29 de Outubro de 1993, foi publicado o Decreto-Lei n.º 370/93 que estabelece o regime da aplicação de preços ou de condições de venda discriminatórios e das vendas com prejuízo. Ora, não constituindo estas matérias o cerne do direito da concorrência, bem pelo contrário, não faz, no entanto, qualquer sentido a sobreposição de previsões de teor idêntico, embora de aplicação subjectiva diferenciada. Por exemplo, o n.º 1 do artigo 1.º do Decreto-Lei n.º 370/93 dispõe que: *"é proibido ao mesmo agente económico praticar preços ou condições de venda discriminatórios relativamente a prestações equivalentes..."*; por seu lado, a alínea e) do n.º 1 do artigo 2.º do Decreto-Lei n.º 371/93 estabelece que são proibidas as práticas restritivas que apliquem *"de forma sistemática ou ocasional, condições discriminatórias de preço ou outras relativamente a prestações equivalentes."* Nesta situação, bastaria uma ressalva, num qualquer número, a fim de se prever a sua aplicação a práticas individuais, ou então, e esta seria a solução mais correcta, incluir a matéria relativa às práticas individuais, pura e simplesmente, na Lei de Defesa do Consumidor.

[1000] Cfr. artigo 3.º do Decreto-Lei n.º 371/93, de 29 de Outubro.

[1001] Cfr. n.º 2 do artigo 2.º e n.º 2 do artigo 5.º do Decreto-Lei n.º 371/93, de 29 de Outubro.

[1002] Cfr. n.º 3 e n.º 4 do artigo 26.º do Decreto-Lei n.º 371/93, de 29 de Outubro.

Por seu lado, as operações de concentração de empresas têm de ser previamente notificadas à Direcção-Geral de Concorrência e Preços, sob pena de ineficácia dos negócios celebrados com o intuito de as realizar, cabendo à Direcção-Geral referida instruir o respectivo procedimento, para decisão final do Ministro competente para a área do comércio.

No entanto, prevê-se uma competência conjunta dos Ministros responsáveis pela área do comércio e de tutela das actividades económicas em causa, para a emanação da decisão de proibir as operações de concentração, ou sujeitá-las às condições que se revelarem adequadas à manutenção de uma "concorrência efectiva". Neste último caso, a decisão deverá ser, obrigatoriamente, precedida de parecer do Conselho da Concorrência.

O Decreto-Lei n.º 371/93, surpreendentemente, e contra a corrente comunitária, consagra o princípio da não aplicação das normas de controlo das concentrações às instituições de crédito, sociedades financeiras e companhias de seguros (artigo 7.º n.º 2) relativamente às operações de concentração de empresas desses sectores de actividade económica (entendidas segundo a noção comunitária de concentração).

A lei da defesa e promoção da concorrência não se aplicará a operações que ocorram dentro daqueles sectores, até porque o diploma, ao seguir os conceitos do Regulamento comunitário, não previu o método de cálculo específico da caracterização em termos de dimensão destes sectores, onde, segundo alguns entendimentos, e parece ser essa a posição do legislador português, a noção de volume de negócios não se ajusta. Pelo exposto, o legislador nacional satisfaz-se com o regime prudencial dos limites das participações.

Note-se que, ao contrário do que alguns autores afirmam,[1003] a norma prudencial que determina a proibição de uma instituição de crédito deter mais de 25% dos direitos de voto de uma participada, possibilita, na prática, a aquisição de controlo da sociedade. Este facto invalida, *in limine,* o argumento que afirma a desnecessidade de uma legislação nacional sobre concentrações, devido a norma prudencial.

[1003] JOÃO PINTO FERREIRA, CIT..

4. ANÁLISE PROSPECTIVA

A evolução do regime legal português poderá, em termos teóricos, revestir uma das seguintes três hipóteses:
- A manutenção do *status quo*, ou seja, a plena aplicabilidade da legislação sobre práticas restritivas da concorrência, sendo a instrução dos processos da competência da Direcção-Geral de Concorrência e Preços e a competência decisória do Conselho da Concorrência, o qual deve solicitar parecer prévio ao Banco de Portugal e, se for caso disso, à Comissão de Mercado de Valores Mobiliários. Da mesma forma, as operações de concentração deste tipo de sociedades continuariam a não estar sujeitas ao controlo legal, em termos nacionais.
- O estabelecimento de um regime concorrencial específico do sector de actividade, englobando no seu âmbito a disciplina das práticas restritivas e ao controlo das concentrações, atribuindo-se a competência exclusiva à autoridade de supervisão bancária;
- A manutenção do enquadramento legal jusconcorrencial único quanto às práticas restritivas da concorrência, eventualmente como uma maior intervenção das autoridades de supervisão bancária e financeira, e a adopção de um regime que sujeite as instituições de crédito e sociedades financeiras a um controlo das operações de concentração sob o ponto de vista do direito da concorrência.

No respeitante às práticas restritivas da concorrência e ao abuso de posição dominante, não fará sentido criar um regime especial para as instituições de crédito e sociedades financeiras, sob pena da negação de todo o *acquis communautaire* referente a esta matéria, após o acórdão *Zuchner* do Tribunal de Justiça. Uma solução nesse sentido conduziria, necessariamente, a uma posição paradoxal: as instituições de crédito e sociedades financeiras portuguesas estariam submetidas a sistemas de natureza diferente, consoante os seus comportamentos fossem apreciados do ponto de vista da ordem jurídica nacional ou da ordem jurídica comunitária.

Por outro lado, iria criar-se um precedente susceptível de conduzir, a prazo, a uma multiplicidade de ordenamentos jusconcorrenciais específicos, assentes na alegada natureza particular e nas alegadas especificidades dos diversos sectores da actividade económica.

Os órgãos de tutela da concorrência deverão, porém, ter em consideração as especificidades de cada sector e de cada caso concreto, como de resto já decorre da lei, em termos expressos, para as instituições de crédito e sociedades financeiras - n.º 3 do artigo 87.º do RGICSF -.

A manutenção do sistema actualmente em vigor, sendo correcta no respeitante às práticas restritivas, já o não é no que diz respeito às operações de concentração pois, actualmente, não faz qualquer sentido, em termos técnico-jurídicos, a sua não submissão a um qualquer regime legal nacional, ainda mais quando essas operações se encontram sujeitas ao controlo comunitário.

Sendo irreversível a submissão futura das operações de concentrações bancária à legislação nacional, deverá questionar-se o plano de atribuição de competências para a apreciação e aprovação destas situações. Neste campo, o Banco de Portugal deverá ter uma base de competência, embora não exclusiva, no seguimento da tradição do nosso sistema de defesa da concorrência, dada a sua capacidade técnica, experiência adquirida e conhecimento do mercado bem como as suas atribuições na área da supervisão do mercado [1004], apesar dos dois planos não se confundirem [1005]. No entanto, a decisão final deverá ser tomada a nível ministerial [1006].

[1004] Relembre-se que o Banco de Portugal é competente para a autorização de fusões e tem poder de oposição à aquisição de participações qualificadas. Por outro lado, as autoridades de supervisão bancária e financeira não deverão ter, no futuro, um papel mais relevante do que o actual no campo das práticas restritivas. De facto, não fará sentido, no momento actual de integração económica e monetária, conceder às autoridades de supervisão do mercado quaisquer poderes de autorização parcial e condicionada de certas coligações de empresas com efeitos restritivos por motivos de grave instabilidade monetária.

[1005] A atribuição das competências de supervisão do sistema bancário aos bancos centrais é um movimento que se encontra em regressão. No Reino Unido foi criada a *Financial Services Authority* com uma competência horizontal englobando todo o sistema financeiro. Será essa a orientação futura global?

[1006] A nível do direito comparado, nos termos *supra* referidos, existem sistemas onde se prevê a intervenção das autoridades de supervisão nestes processos (vg. Itália, Estados Unidos da América) embora as autoridades tradicionais de tutela de concorrência tenham sempre uma influência decisiva no processo (na Itália, a autoridade de concorrência é chamada a emitir parecer e, nos Estados Unidos, o *Department of Justice* pode mesmo proibir uma operação já aprovada pela autoridade de supervisão bancária).

Nesta área, tal como acontece com o direito comunitário, deverá prever-se um regime específico para o cálculo do dimensão nacional relevante da operação, é opinião comum que o volume de negócios é um critério manifestamente desajustado, tal como o era o consagrado anteriormente no Regulamento 4064/89, ou seja, um décimos dos balanços, pelo que seria conveniente, mesmo em termos de optimização da coordenação dos regimes, adoptar-se o critério da soma de proveitos.

Em termos formais, o novo regime deverá constar no diploma referente à tutela da concorrência, ou seja o Decreto-Lei n.º 371/93, de 29 de Outubro, e não no RGICSF, devendo consagrar-se o princípio da aplicação plena da legislação da concorrência ao sector bancário e financeiro.

5. CONGEMINAÇÃO DO REGIME COMUNITÁRIO COM O REGIME PORTUGUÊS

Estão sujeitas a autorização do Banco de Portugal, dentro da sua actividade de autoridade de supervisão, de acordo com as normas prudenciais, todas as operações de fusão, cisão ou entre instituições de crédito e sociedades financeiras, bem como todas as aquisições qualificadas naquelas instituições de crédito e sociedades financeiras.

Para além daquela autorização prudencial, são obrigadas a notificação prévia à Comissão da Comunidade, nos termos do Regulamento 4064/89, todas as operações que se enquadrem na respectiva definição de concentração e que excedam o limiar comunitário. Se não excederem esse limiar, e se enquadrem na definição de concentração para efeitos do Decreto-Lei nº 371/93 (que é igual à utilizada no regulamento comunitário), a partir de 1 de Janeiro de 1994 deixaram de carecer de notificação prévia, para efeitos daquele diploma, caso se realizem entre instituições de crédito, sociedades financeiras e empresas de seguros [1007].

[1007] De acordo com o artigo 21.º n.º 2 do Regulamento 4064/89, os Estados-membros não podem aplicar a sua legislação nacional sobre a concorrência às operações de concentração de dimensão comunitária. Este preceito subscreve o

O ordenamento comunitário coexiste com o ordenamento nacional, sendo a fronteira estabelecida pela noção chave, para a determinação do direito aplicável, a "afectação do comércio entre os Estados-membros". Não se verificando este requisito, então, não se encontra no âmbito de incidência do ordenamento comunitário, aplicando-se exclusivamente o ordenamento nacional [1008].

---

princípio *"one-stop shop"*. Existem duas excepções a este princípio. O primeiro, refere-se ao "mercado distinto", previsto no artigo 9.º do Regulamento. Este preceito estatui que um Estado-Membro pode informar a Comissão, que o comunicará às instituições envolvidas, que uma operação de concentração corre o risco de criar ou de reforçar uma posição dominante que tenha como consequência a criação de entraves significativos a uma concorrência efectiva num mercado no interior do seu território que apresente todas as características de um mercado distinto, quer se trate ou não de uma parte substancial do mercado comum. O critério de aferimento é o previsto no n.º 7 do artigo 9.º. No entanto, a Comissão não é obrigada a transferir o caso para as autoridades nacionais.

O segundo caso refere-se à excepção por interesse legítimo do artigo 21.º n.º 3. Os Estados-membros podem tomar as medidas apropriadas para garantir a protecção dos interesses legítimos, para além dos contemplados no regulamento 4064/89, desde que esses interesses sejam compatíveis com os princípios gerais e com as demais normas do direito comunitário. São considerados interesses legítimos a segurança pública, e as regras prudenciais, de fundamental importância no sector bancário.

[1008] Cfr., por todos, JONATHAN FAULL, "Effect on trade between member states and community: member states jurisdiction, *"in Annual Proceedings of the Fordham Corporate Law Institute"*, Cap. 22, (1990), págs. 485 e ss.

Esta conclusão só serve como declaração de princípio, pois o caso *Walt Wilhelm* (acórdão do Tribunal de Justiça de 13 de Fevereiro de 1969 integrado no processo 14-68, *Walt Wilhelm e outros vs. Bundeskartellamt*, Colectânea 1969, pág.1) demonstrou que uma mesma entente pode, em princípio, ser objecto de dois processos paralelos, um perante as autoridades comunitárias, em aplicação do disposto no artigo 85.º do Tratado, e outro perante as autoridades nacionais, em aplicação da legislação nacional. Neste caso, o Tribunal afirmou, no 6.º considerando do seu acórdão que *"os conflitos entre a norma comunitária e as normas nacionais em matéria de entente devem ser resolvidos pela aplicação do princípio do primado da norma comunitária"*, adoptando, desta forma o critério *"one stop shop"*, *"balcão único"* ou *"guichet unique"* em claro contraste com a teoria da dupla barreira. Uma análise mais aprofundada revela que esta ideia não é inteiramente correcta. Nas situações de conflito de decisões entre as jurisdições comunitária e nacional, em que a primeira proibe a operação e a segunda isenta-a, o Tribunal considera, com base no princípio do primado do direito comunitário, que as autoridades nacionais estão impedidas de isentarem a operação em causa, estabelecendo, como que uma dupla barreira *a*

Em relação à legislação geral de defesa de concorrência e à publicidade, o artigo 87.º n.º 1 do Decreto-Lei 298/92, estipula que a actividade das instituições de crédito, bem como a das suas associações empresariais está sujeita à legislação de defesa da concorrência, assim como as sociedades financeiras, por força do artigo 195.º do referido diploma.

Contudo, reconhecem-se particularidades a estas instituições. Por isso, é concedida uma isenção aos acordos legítimos entre instituições de crédito e às práticas concertadas que tenham por objectivo operações de participação em emissões e colocações de valores mobiliários ou instrumentos equiparados [1009] ou outros apoios financeiros de elevado montante a uma empresa, ou conjunto de empresas [1010].

A instrução de processos por presumíveis infracções à legislação da concorrência cabe à Direcção Geral de Concorrência e Preços, embora seja necessário, para o Conselho da Concorrência poder

---

posteriori. Na hipótese inversa, em que há uma decisão comunitária de isenção, o Tribunal já não aceitará uma eventual proibição emitida pela autoridade nacional. Estas questões tornar-se-ão pertinentes se confirmarem a adopção de limiares de montante mais reduzido.

Existem, todavia, algumas excepções, previstas no regulamento, ao princípio da competência exclusiva. O n.º 3 do artigo 21.º do Regulamento 4064/89, já analisado, dispõe que: "*os Estados-membros podem tomar as medidas apropriadas para garantir a protecção de interesses legítimos para além dos contemplados no presente regulamento, desde que esses interesses sejam compatíveis com os princípios gerais e com as demais normas do direito comunitário*". Este artigo tem como escopo a atribuição de uma compensação aos Estados-membros por terem abdicado dos seus poderes nestas matérias, permitindo-lhes salvaguardar a consideração de factores estra-concorrenciais. Segundo JEAN BLAISE in "Concurrence - contrôle des opérations de concentration", *Revue Trimestrielle de Droit Européen*, ano 26, n.º 4, Outubro-Dezembro, 1990, pág. 743, os interesses em causa são os referidos no artigo 2.º do Tratado, não podendo ser considerado interesse legítimo, para estes efeitos, a defesa da aplicação do direito nacional da concorrência. Neste mesmo sentido, CRISTOPHER JONES, GOZÁLEZ DÍAZ, "The EEC merger regulation", London, Sweet & Maxwell, 1992, pág 50 e ss.

Sobre os desenvolvimentos neste assunto cfr. SOFIA ALVES, "O controlo das concentrações de empresas no direito comunitário da concorrência"Almedina, Coimbra, 1996, capítulo 4.

[1009] Artigo 87.º nº 2 al. a) do RGICSF.
[1010] Artigo 87.º nº 2 al. b) do RGICSF.

decidir, um parecer sobre o processo ao Banco de Portugal, no caso de estarem em causa instituições de crédito ou as suas associações empresariais, e da Comissão do Mercado de Valores Mobiliários, se estiver em causa o exercício de actividades de intermediação de valores mobiliários [1011].

Como conclusão, poderemos afirmar que as instituições bancárias têm, em termos comportamentais, que atender ao disposto no Decreto-Lei nº 371/93 e aos artigos 81.º e 82.º do Tratado, conforme o mercado da actividade. A legislação nacional apenas não se aplicará aos acordos citados anteriormente.

[1011] Artigo 88.º do RGICSF.

ALGUMAS REFERÊNCIAS CONCLUSIVAS

Neste ponto, referente às conclusões, é procedimento normal que se enumerem os "pontos finais" da análise efectuada ao longo do estudo. No entanto, por opção nossa, essas conclusões finais, ou apreciações críticas, foram sendo emanadas progressivamente, na sua sede própria. Mais importante que a afirmação emitida, é a correcta percepção do problema em debate, sendo, por vezes a inferência nefasta, por se traduzir numa posição cómoda, não incentivando o desenvolvimento da discussão. Este desenvolvimento, primordial nas matérias concorrenciais, será facilitado pela correcta colocação das questões, e será isso que tentaremos efectuar nesta sede. Concorrência Bancária? Vejamos.

(1) Multiconceptualidade concorrencial bancária

- A concorrência bancária poderá ser qualificada, numa perspectiva estática, como um sistema eficiente de organização das instituições bancárias no mercado, ou então, numa perspectiva dinâmica, como um processo dialéctico assente na rivalidade entre as instituições. Por outro lado, num enquadramento microeconómico, a concorrência bancária poderá ser qualificada como um relacionamento próprio e característico entre a banca e o cliente, assente num vínculo de natureza fiduciária.

A definição de concorrência bancária adquire alcances diferenciados consoante a perspectiva aplicada. A grande rivalidade, em termos de disputa de quotas de mercado, actualmente em curso, não prejudica a execução de práticas restritivas ao nível da organização e funcionamento dos mercados. Por vezes até as incentiva.

(2) Enquadramento global do sector bancário

- O sector bancário é o sector polar dos modernos sistemas económicos. A importância económica deste sector não se limita ao seu peso económico directo, sendo potenciada pelas suas ligações cruzadas com todos os outros ramos de actividade. Pelo exposto, a eficiência e a qualidade do sistema bancário são condicionantes determinantes para a competitividade de todos os outros sectores de produção e para o bem-estar geral dos consumidores.

Tendo esta posição proeminente, a sua importância é fundamental no quadro concorrencial global das economias, pois constitui uma condição ao próprio desenvolvimento económico.

- Apesar da existência de um elevado número de instituições bancárias a operar nos mercado, existe um número reduzido delas, que poderão ser qualificadas como instituições bancárias dominantes nos mercados nacionais, que controlam todo o processo produtivo bancário, de natureza compreensiva e contínua. A ordenação das empresas dominantes terá de ser vista, ainda hoje, apesar da concretização de grande parte do mercado único no sector, numa perspectiva nacional uma vez que os factores económicos concorrenciais que poderiam conceder vantagens competitivas às instituições bancárias estrangeiras são obnubilados por um factor extra-económico de ordem psicológica, precisamente, o vínculo fiduciário que une o cliente à sua instituição bancária de confiança. A instituição da União Económica e Monetária só alterará este condicionalismo a muito longo prazo. Nessa altura, já os processos de fusão e reestruturação da banca europeia estarão finalizados.

Paradoxalmente, existindo um elevado número de instituições bancárias, a nível nacional, os mercados bancários encontram-se altamente concentrados contribuindo para tal facto a existência de factores extra-económicos de ordem psicológica, originados pela tradição de clausura existente no passado. Por outro lado, deverá atender-se, sempre, aos diferentes ramos da actividade bancária: a banca de investimento não está sujeita aos mesmos contrangimentos psicológicos que a banca de retalho no que diz respeito às grandes operações de financiamento. No entanto, tal já não é totalmente verdade nas operações de financiamento a, por exemplo, pequenas e médias empresas.

No entanto, a intensificação da concorrência bancária entre as empresas bancárias de menor dimensão afectará de forma vigorosa o mercado, o que poderá dar origem a que estas instituições barométricas, numa luta para alcançar uma maior quota de mercado, tenham uma tendência para a diminuição das margens de lucro e a correr um elevado grau de risco, de inevitáveis efeitos sistémicos e riscos de contágio.

(3) Particularidades do sector bancário

- Para determinados produtos bancários, o modo de funcionamento genético do sistema apresenta a particularidade de colocar em contacto os operadores independentemente da sua vontade. Por outro lado, os operadores podem participar no mercado de um determinado produto simultaneamente do lado da oferta e do lado da procura. Esta particularidade implica que cada operador contribua simultaneamente e sempre para a determinação da oferta e da procura no mercado.

Para a compreensão do fenómeno da concorrência bancária é essencial a percepção das especificidades do mercado. Ao colocarem-se simultaneamente do lado da oferta e da procura, as instituições bancárias proeminentes adquirem um duplo poder de mercado.

- Numa apreciação operacional, os actos ou negócios tipicamente bancários têm como características básicas: a personalização, devido ao vínculo fiduciário subjacente à relação negocial; a normalização, tendo em consideração a massificação extremada da actividade combinada com a necessidade de contenção de custos, rapidez e segurança jurídica; a descorporização, numa perspectiva de desmaterialização e desformalização; e a unilateralidade.

As especificidades do produto são igualmente evidentes. A evolução tecnológica atinge no mercado bancário o seu máximo alcance quando aplicada a serviços.

- Numa apreciação classificativa, partindo-se do princípio que as instituições bancárias desenvolvem acções de intermediação no mercado de crédito, no mercado de pagamentos, no mercado dos valores mobiliários e no mercado cambial, assentando toda a actividade nas subfunções acessórias relacionadas com a gestão de informação e do risco, quer activo quer passivo, um cruzamento de todos estes factores possibilitará, em termos lógicos e sustentados, a construção de uma tipologia facilmente adaptável à inovação tecnológica e à globalização dos mercados.

A definição de um núcleo prototípico operacional identificador da realidade bancária, fundamental para a aplicação das normas tutelares da concorrência, só poderá ser efectuada tendo em consideração as funções naturais das instituições bancárias no mercado e nunca uma diferenciação paradigmática baseada simplesmente nas características intrínsecas do produto oferecido.

- Dadas as características do mercado, são facilmente justificáveis os movimentos de cartelização do mercado, através da imposição de comportamentos concertados aos seus clientes, facilmente globalizáveis entre as outras entidades bancárias dado o grau de concentração e de fácil comunicação existente entre as instituições bancárias dominantes.

São evidentes as especificidades concorrenciais resultantes da natureza própria do mercado bancário. Tal evidencia-se na situação de monopólio natural no micro-mercado banco/cliente, tendo em consideração as necessidades ao nível do domínio da informação bem como na necessidade de uma cadeia de produção conjunta.

- A definição de um conteúdo típico institucional é igualmente problemática. A delimitação do enquadramento institucional tendo em consideração simplesmente as instituições bancárias, definidas nos termos da legislação comunitária, é insuficiente.

A concorrência bancária não se pode limitar à análise da actividade concorrencial das instituições bancárias "proprio sensu", sob pena de insuficiência nos resultados por análise defeituosa do mercado, devendo englobar a análise concorrencial das restantes instituições de crédito bem como de algumas sociedades financeiras, empresas de investimento e, até mesmo, seguradoras, quando exerçam actividades limítrofes à das instituições bancárias.

É essencial a constituição de um "level playing field" concorrencial externo, que englobe, em termos uniformes, as instituições bancárias, de crédito, financeiras e seguradoras.

(4) Do Mercado Comum à União Económica e Monetária

- O sistema comunitário de regulação bancária é, conceptual e funcionalmente, distinto do sistema concorrencial bancário. Enquanto este último sistema visa assegurar a melhor repartição possível dos bens através dos mecanismos de mercado, o sistema regulatório têm uma vertente e um objectivo distinto: admitindo a iniciativa privada, estabelece um regime de mercado condicionado, compreendendo limitações à liberdade de acesso e um controlo dos serviços prestados, da produção, dos investimentos e de muitos outros factores. A regulação tem, pois, um alcance específico enquanto que a concorrência tem um alcance geral.

É fundamental para o sistema comunitário, assente no modelo social-económico europeu, a congeminação das políticas regulatórias e concorrenciais no respeitante ao sector bancário. Tal prática evitará as inevitáveis tendências (já hoje existentes) de sobre-regulação.

- A instituição do Mercado Único na área bancária, que tem como pilares fundamentais a Directiva relativa à Livre Circulação de Capitais e a Segunda Directiva Bancária, e assenta nos princípios jurídicos operativos da harmonização mínima, e do reconhecimento mútuo do controlo pelo país de origem, é ainda incompleta.

Existem, ainda hoje, disfunções nos sistemas regulatórios, o que ocasiona alguns custos directos, tais como, o retardamento da acção de gestão, o bloqueamento da inovação; a distorção das prospectivas estratégicas bem como a eliminação da concorrência potencial.

Tal facto causa uma transferência da procura de bens e serviços da indústria bancária para outras indústrias (v.g. a seguradora ou as financeiras stricto sensu). Neste estado de coisas, a constituição da União Económica e Monetária, terá um alcance triplo do ponto de vista concorrencial: (1) o subsequente aumento da rivalidade entre as instituições bancárias tendo em consideração a inexistência de obstáculos cambiais; (2) a concorrência entre ordens jurídicas no sentido do máximo favorecimento das suas instituições nacionais, nomeadamente no campo fiscal (erosão da tributação dos capitais); (3) a concorrência entre ordenamentos regulatórios aplicáveis às diferentes instituições financeiras.

- De um ponto de vista político-concorrencial, existem ainda hoje, na União Europeia, práticas que assombram a concretização plena do Mercado Único. A política de privatizações, os auxílios de Estado, a tolerância aos movimentos de concentração nos mercados bancários nacionais consubstanciam factos que prejudicam a entrada de novos concorrentes no mercado.

O estado actual de desarmonização fiscal e laboral constituem, igualmente, obstáculos de natureza jurídica, distorcendo toda a estrutura de custos e, consequentemente, o perfil competitivo das instituições.

As barreiras de natureza jurídica à plena concretização do Mercado Único nos serviços bancários, tornando o mercado não uniforme, constituem factores de desencorajamento à entrada de concorrentes potenciais e, no extremo, uma barreira à entrada.

- O conceito de interesse geral, justaposto na legislação comunitária específica do sector, adquire uma grande importância nesta problemática, pois poderá corporizar-se em verdadeiras excepções às liberdades fundamentais no sector. Esta importância é multiplicada pelas consequências sistémicas e pelo papel fundamental detido pelo sector bancário no seio do sistema económico.

Da articulação da Segunda Directiva com a jurisprudência do Tribunal, pode retirar-se a conclusão de que qualquer medida nacional, não discriminatória, que restrinja uma actividade bancária que beneficie do reconhecimento mútuo, exercida, quer através de uma sucursal, quer em regime de livre prestação de serviços, deve, para que possa ser legitimamente imposta à instituição de crédito revestir interesse geral. A doutrina justaposta no acórdão Keck and Mithouard, que considerou irrelevantes, em termos comunitários, as restrições nacionais incidentes sobre técnicas de vendas, não é aplicável às prestações de serviços, tal como constou no acórdão Alpine Investments BV.

(5) Enquadramento macro-económico do sector

- A falência de uma instituição, mesmo de reduzida dimensão, poderá gerar uma "corrida aos bancos" bem como uma onda sistémica de colapsos financeiros, devido aos elevados riscos de contacto existentes entre as instituições bancárias. Tal causará fortes exterioridades negativas em todos os sectores da economia. Nestes termos, considerando a situação polar do sector bancário, bem como a cadeia de produção conjunta, uma exclusão concorrencial natural, traduzida em falências de agentes económicos ineficientes, não poderá acontecer.

Existe um importante desvio à lógica de economia de mercado. Uma instituição bancária, para bem do sistema, não poderá falir, pois os custos que decorreriam para o mesmo seriam enormes. Esta singularidade tem que ser imperativamente tomada em consideração na determinação da legislação concorrencial e prudencial, bem como na sua compreensão.

- As barreiras jurídicas à entrada no mercado bancário comunitário baseiam-se essencialmente na legislação reguladora do acesso à actividade, assente na necessidade económica da constituição da nova instituição, protegendo as instituições bancárias estabelecidas em relação a novas entradas através da exigência de licenças, ou outras condições similares.

As limitações ao livre acesso ao mercado bancário são facilmente identificáveis, existindo barreiras jurídicas quer à entrada quer à saída, justificadas por razões de segurança jurídica.

- De um ponto de vista económico, encontram-se barreiras decorrentes das condições objectivas do mercado em causa traduzidas em vantagens absolutas de custos, quando, por nenhuma forma, as empresas concorrentes potenciais não puderem produzir um bem, a não ser a um preço superior ao das empresas instaladas.

O custo de iniciação da actividade bancária, deverá ser tomado em consideração na análise concorrencial, pois os custos incorridos por uma nova instituição são superiores aos das instituições já existentes, nomeadamente pela criação de bases de dados e pela aquisição de dependências, estando os melhores locais já tomados.

- Por efeitos da reputação, existe uma relação fiduciária que une as instituições estabelecidas e a sua clientela, o que dificulta sobremaneira o estabelecimento de novos concorrentes. Por outro lado, os custos de transferência que os consumidores suportam para a mudança de banco são em regra geral bastante elevados.

Na grande maioria das relações bancárias existe uma fraca elasticidade preço-procura bem como elevados custos de transferência que dificultam a barometria do mercado. Tal situação é particularmente visível na banca de retalho. Mesmo numa situação de guerra de preços (crédito à habitação em 1998), as movimentações de clientes são reduzidas.

- Noutra perspectiva, todas as aplicações informáticas, específicas daquela organização bancária, serão impossíveis de transaccionar em caso de falência ou liquidação. Ocorrerão, ainda, nestas situações, custos irrecuperáveis relativamente a todo o manacial de informação detido pela instituição, que não pode ser transmitido devido ao sigilo bancário.

Em sede de liberdade de saída do mercado, verifica-se a existência de barreiras económicas significativas.

- A reacção das maiores instituições bancárias à liberalização do mercado financeiro europeu foi efectuada através da adopção de uma estratégia competitiva global. Na nova configuração do mercado, verificou-se o exercício de estratégias de globalização, numa perspectiva de internacionalização, segmentação, diversificação, formação, personalização, aquisição de massa crítica e de inovação.

Apesar do mercado único no sector bancário ser uma realidade ainda imperfeita, a sua congeminação com a criação da União Económica e Monetária teve impacto na construção das estratégias concorrenciais das instituições.

- Embora todas estas estratégias tenham impactos significativos na estrutura concorrencial do mercado, a inovação reveste uma importância fundamental ao nível da concorrência pelos produtos e pelos processos produtivos podendo, no extremo, fazer coincidir, em termos práticos, os produtos bancários, seguradores e demais produtos financeiros.

Existem no mercado bancário limites à inovação. A inovação no mercado bancário é tendencialmente finita. Os pretensos novos produtos e as pretensas novas técnicas são cada vez menos destrinçáveis dos produtos e das técnicas já existentes. Pelo exposto, uma estratégia competitiva simplesmente baseada neste factor não será, certamente, e cada vez menos no futuro, uma estratégia concorrencial válida.

- O movimento desregulatório e do ambiente macro-económico liberalizador alteraram por completo o panorama organizacional do sector.

A emergência do sistema "banco universal", constituiu uma consequência primária desse movimento. Deverá, no entanto, referir-se que tal não significa que esse modelo seja necessariamente adoptado a nível micro-económico, pois a nível nacional, onde o modelo "banco universal" é permitido, continuam a existir instituições bancárias especializadas a operar de forma satisfatória, segmentando a sua actividade e buscando vantagens competitivas através da concentração da sua actividade num determinado mercado-alvo. Essa é mesmo a lógica dos grandes grupos bancários, que efectuam uma diferenciação interna.

Da mesma forma, o ambiente liberalizador e global não teve como consequência o desaparecimento dos bancos locais e regionais, que baseiam a sua actividade na reputação a na sua especial proximidade com a clientela.

- Inexiste uma conclusão quanto à existência de economias de escala no sector bancário. A observação de economias de escala importantes indiciariam, em larga medida, a existência de um monopólio natural.

Porém, no caso das economias de envergadura e do estudo da eficiência X, os resultados são mais pacíficos, tendo a generalidade dos autores observado a presença de economias desse tipo.

Só uma resposta satisfatória a esta questão resolveria o problema genético em termos de óptimo organizal e de eficiência de métodos. No entanto, é importante referir que todos os dados econométricos e estatísticos aplicados para esta medição são facilmente influenciáveis por aspectos extra-económicos.

(6) Caracterização concorrencial do mercado bancário

- O mercado bancário não pode ser caracterizado como um mercado de concorrência pura ou perfeita. Por exemplo, a atomicidade, uma das características essenciais do mercado de concorrência perfeita, deixa de existir logo que alguns bancos se tornam suficientemente poderosos para, pelas variações da sua oferta, influírem na fixação do preço. O facto de não existir uma concorrência perfeita não implica a existência de um monopólio perfeito.

O mercado bancário não é, certamente, um mercado monopolístico pois o número de concorrentes garante, pelo menos, a não existência de um controlo por parte de somente um deles. Por outro lado, o elevado grau de sucedaneidade entre os produtos oferecidos pelas diversas instituições bancárias, e entre os produtos destas e as restantes sociedades financeiras garante, só por si, a não existência de mercados monopolísticos na actividade bancária, a não ser no caso extremo de monopólio legal, como é muitas vezes o caso da emissão de moeda.

- A conceptologia clássica assente no oligopólio não é aplicável operativamente ao mercado bancário.

A existência de inúmeros pequenos bancos, com reduzida quota de mercado global e deficiente reputação, ao lado dos grandes grupos bancários, mas que funcionam, em grupo, como empresas barométicas, invalida, por si só, essa caracterização do mercado.

- O mercado bancário não pode ser considerado como um mercado contestável.

A existência de barreiras naturais à saída e à entrada obstam por completo a essa caracterização. Nestes termos, o mercado não é fluido.

- A experiência de aplicação da legislação comunitária da concorrência ao sector bancário revela-nos, sucessivamente, a necessidade de demonstração da existência de domínios oligopolísticos do mercado.

A Teoria da Nova Organização Industrial (também conhecida como Nova Economia Industrial) pronunciou-se numa orientação teórica baseada nos jogos, fornecendo novas perspectivas de análise baseadas na perspectiva estratégica das decisões dos agentes no mercado em contraposição com a perspectiva anterior, baseada essencialmente nos aspectos estruturais dos mercados, falível por natureza num mercado com as características do bancário.

- As empresas bancárias não deverão ser consideradas simplesmente como unidades económicas respondendo aos estímulos exógenos do mercado, determinados pela sua estrutura intrínseca e tendencialmente inalterável, mas sim como agentes modeladores dessas condições de forma a atingirem os seus objectivos económicos.

As interacções entre os agentes e o mercado bancário não poderão ser analisadas simplesmente numa perspectiva a longo prazo, pelo contrário, as barreiras à entrada no mercado, as vantagens competitivas e o grau de diferenciação dos produtos serão determinados de forma endógena pelas empresas, a curto ou a muito curto prazo.

- Assiste-se a uma renovação do conceito de oligopólio - o oligopólio colectivo -, aplicável à situação de existência de um pequeno grupo de empresas num mercado se a variação de um parâmetro comportamental de uma empresa inserida num grupo concorrente levar a uma alteração perceptível nas condições de venda das outras empresas concorrentes, causando uma resposta por parte destas exteriorizada na alteração dos seus comportamentos no mercado. Nestes termos, já não será necessária a existência de um pequeno número absoluto de agentes no mercado, *tout court*, mas a concentração em poucos agentes, mesmo que estes existam em grande número em termos absolutos, da maior parte da quota do mercado.

O mercado bancário acompanhou a evolução conceptual nesta área. constituindo, no passado, a figura de um mercado oligopolista típico, em sentido clássico, com um reduzido número de agentes no mercado que detinham, obviamente, grandes quotas de mercado. Actualmente, com a globalização da economia e a liberalização dos serviços financeiros, o panorama alterou-se substancialmente. O número de operadores no mercado aumentou exponencialmente, mas o grau de concentração das quotas do mercado num reduzido número de agentes tem crescido.

- Em mercados altamente concentrados, como é o caso do sector bancário, pelo menos a nível europeu, deverá ser efectuada uma distinção entre os grandes grupos bancários, pertencentes a um estreito grupo oligopolístico e os outros bancos de menor dimensão.

O primeiro grupo de empresas, no processo de elaboração de decisões, toma em consideração os interesses do grupo, bem como as suas potenciais reacções. Estes membros nucleares do oligopólio consideram as empresas menores como meras ajustantes passivas do mercado, pelo que não consideram necessário tomar em consideração os seus interesses e as suas reacções às decisões.

Um comportamento concertado poderá ser verificado em qualquer dos parâmetros vectoriais do processo de decisão estratégica da instituição, o que significa que tanto poderá incidir na política de fixação de preços, na decisão relativa à capacidade de produção, na especialização, ou na distribuição de produtos ou de mercados. Distinguem-se, assim, três tipos de concertação: a concertação nos preços, a concertação relativamente à capacidade de produção e a concertação relativamente às áreas do mercado.

- O fenómeno da concertação pelos preços no mercado bancário é o mais comum.

Quando os bancos aumentam as taxas de juro, ou as mantêms acima do normal nível do mercado, reduz-se o nível da procura no mercado ocorrendo uma diminuição da quantidade de produtos, em sentido amplo, vendidos a cada cliente, pelo que o produtor produzirá, tendencialmente, em menor quantidade. Assim, graças ao comportamento concertado, as empresas produtoras poderão aumentar os seus lucros globais.

- Existem, no entanto, diversas condicionantes que originam uma propensão para a fraude à concertação.

Cada banco individualmente considerado terá um incentivo adicional para aumentar os seus lucros aumentando a quantidade de bens e serviços que fornece, pois a sua capacidade de produção encontra-se subaproveitada, reduzindo ainda mais o preço corrente. Esta propensão será tanto maior quanto for a diferença entre a capacidade de utilização das suas potencialidades nos termos do preço concertado e o nível óptimo de utilização nos termos do preço original.

- No entanto, condicionantes próprias do sistema bancário eliminam essa possibilidade, fornecendo estímulos para a estabilidade das concertações.

A existência de um padrão elástico na estrutura de procura de cada empresa individualmente considerada, devido à existência de produtos de características homogéneas, com um nível de sucedaneidade elevado, deveria fornecer incentivos para práticas batoteiras. Esta situação, que é a existente no mercado bancário, deveria propiciar que uma pequena descida no preço fosse suficiente para gerar um efeito relativamente alargado na quantidade de produtos fornecidos, originando um acréscimo substancial dos lucros perceptados pela empresa que efectuasse essa conduta. Porém, no mercado bancário, apesar de existir um elevado nível de homogeneidade dos produtos, este comportamento é possível dada a forte relação fiduciária existente entre os clientes e os bancos, e que impossibilita a deslocação maciça originada por pequenas flutuações de preços. Esta rigidez na procura dificulta, ainda, a indagação da "fraude à concertação" por parte dos outros membros do oligopólio tornando inoperacional o mecanismo interno de fiscalização na indústria bancária.

- A concertação pela capacidade, levando a uma limitação colectiva da capacidade produtiva de um determinado mercado, é menos provável.

Na indústria bancária, em princípio, as limitações de aumento da capacidade da produção a curto prazo não serão tão estruturais como na maior parte das restantes indústrias. Não se negando a existência de alguma rigidez na sua estrutura produtiva, bastará, na maioria das vezes, uma simples opção de gestão para possibitar, por exemplo, a concessão de um maior volume de crédito, não havendo, nesta decisão, qualquer influência condicionante por parte do activo imobilizado da instituição, portanto estático, e que nas outras indústrias é fundamental.

Um outro factor condicionante da conduta individual do membro oligopolista será o montante de investimento irreversível necessário para o aumento da sua produção, ou seja, quanto maior for o seu grau de comprometimento relativamente à decisão a tomar, maior será o risco envolvido, e menor será a sua propensão para a tomada dessa decisão.

Por outro lado, as opções condicionantes do aumento de capacidade produção são facilmente exercitáveis, o que dificulta imensamente, e em termos liminares, a existência de concertação devido à grande probabilidade de condutas "batoteiras".

- A existência de concertação relativa à divisão dos mercados é facilmente verificável.

As ligações de proximidade entre o banco e o cliente são uma das componentes fundamentais da relação fiduciária, e havendo um elevado número relações comerciais entre as instituições, estas causam dependências recíprocas. Este comportamento manifesta-se, essencialmente, no mercado aferido em termos espaciais mas poderá ocorrer igualmente em mercados segmentados pela especialização em determinado tipo de actividades. Estes factores explicam os diversos acordos de partilha de mercados contendo cláusulas de exclusividade.

- O grau de elasticidade da procura é crucial em toda a análise relativa às condições concorrenciais, tendo impacto no incentivo à concertação e no incentivo à *fraude à concertação* na generalidade dos sectores.

Se a concertação se basear simplesmente nos preços, a capacidade produtiva será fortemente afectada, ficando subaproveitada (penalização macro-económica), o que fará aumentar o custo marginal de cada unidade produzida (penalização micro-económica). Esta última conclusão, válida no plano industrial normal, poderá não se manifestar em toda a sua intensidade na indústria bancária, pois, relembre-se, ainda não foi aferida a existência de economias de escala nesta indústria.

- É evidente a relação entre a elasticidade do preço no lado da procura do mercado e a atractividade e estabilidade dos comportamentos concertados.

Se a procura revelar pouca elasticidade, como é tendencialmente o caso no sector bancário, não existirão incentivos para a fraude à concertação. Por outro lado, o risco de uma grande perda de lucros no caso de desagregação da concertação tenderá a fornecer estabilidade às concertações, nas situações de procura rígida.

- A proximidade do relacionamento entre os agentes no mercado origina propensão para a concertação pelos preços e facilita a indagação de práticas "batoteiras".

Quanto mais proximamente os diferentes produtores se confrontarem no mercado, mais elevada será, tendencialmente, a elastici-

dade da procura bem como o grau de sucedaneidade entre os produtos fornecidos pelas firmas individualmente consideradas. Todos estes factores, a que acresce a exarcebação da concorrência, fornecerão incentivos para a efectivação de uma conduta concertada. Esta situação é potenciada pela fraca possibilidade de deslocação de clientes para outra empresa por razões assentes numa pequena descida de preços tendo em consideração a relação fiduciária entre o banco e o cliente.

- A irreversibilidade das decisões, nomeadamente dos investimentos, constitui um factor de propensão e estabilidade de concertações.

A estabilidade de uma concertação estará directamente relacionada com a irreversibilidade dos investimentos efectuados no exercício dessa concertação, ou seja, na actividade concorrencial interna do grupo oligopolista. Esta situação constitui, pois uma barreira à saída do mercado, pelo que a curva da oferta será inelástica, ocorrendo, imaterialmente, no sector bancário (constituição de bases de dados). Se ocorrer uma quebra de procura, existirá uma baixa da produção e, consequentemente, haverá um grande incentivo à criação de uma concertação pelos preços para evitar o colapso do mercado, protegendo-se os investimentos irreversíveis já efectuados. Mesmo que existam algumas perdas, as instituições bancárias não poderão sair do mercado.

Porém, concretizada a concertação, um dilema surge. O duopolista não tem incentivo para a manutenção da concertação uma vez concretizada.

Esta situação é tanto mais provisória e sensível quanto o nível de informalidade existente.

Numa primeira fase, será conveniente para os jogadores o exercício de práticas concertadas pois daí advirão lucros superiores e risco menor. Porém, ao efectuar-se uma análise mais complexa, baseada no contraponto entre a racionalidade colectiva e a racionalidade individual, chega-se à conclusão que, tendo em consideração o exercício de uma racionalidade individual, existirá um incentivo à fraude à concertação, pois decorrerão maiores rendimentos.

- A estrutura temporal dos ganhos adquire, nesta sede, uma importância primordial. Para a manutenção da concertação, os prejuízos a longo prazo decorrentes da quebra do acordo, decorrentes da estrutura do mercado ou do exercício de uma punição, terão de ser superiores aos benefícios a curto prazo.

Em jogos que se repitam por um número finito de vezes, a cooperação não constitui uma situação de equilíbrio. No sector bancário essa situação vislumbra-se na antecedência de momentos de transição, como aconteceu com a criação do Mercado Único nos serviços financeiros, e como acontece actualmente, nos momentos anteriores à União Económica e Monetária, que terá incidências fundamentais na profissão, nomeadamente na actividade cambial e nas taxas de juro.

No caso de jogos que se repetem indefinidamente, ou seja, nos super-jogos, o incentivo para a manutenção da concertação mantém-se pois existe a possibilidade de exercício da punição por um comportamento "batoteiro" no momento posterior, pelo que a retaliação severa e rápida será uma ameaça praticável, logo, credível.

Assim, quando nenhum dos concorrentes tenha conhecimento de como, ou quando, a interacção dos agentes no mercado irá finalizar, eles estão em posição de aplicar os acordos de concertação, através de estratégias retaliatórias endógenas, não sendo necessária qualquer infraestrutura cooperativa para a sua manutenção e fiscalização.

- As condições básicas para a concretização e manutenção de concertações são facilmente verificáveis no sector bancário.

Neste sector, os jogadores comunicam reciprocamente, interagem permanentemente, os produtos oferecidos são homogéneos, a estrutura de custos similar e as empresas dominantes existem em reduzido número.

A detecção da "fraude à concertação" no sector bancário é facilmente operada dado o elevado grau de interconexão das actividades, sendo fácil a uma instituição bancária identificar alterações do comportamento concorrencial do parceiro. A sua punição é igualmente facilitada uma vez que a actividade bancária consiste numa cadeia de produção contínua, estando cada instituição dependente das outras pelo que o exercício da uma sanção punitiva retaliatória poderá ser facilmente exercida, quer pela via dos preços que por outra via.

Por outro lado, a antiguidade dos grandes grupos bancários é igualmente um factor de propensão para a concertação. O mesmo poderá dizer-se da vivência retirada da anterior experiência de mercado protegido, pois tal enquadramento propiciava a contactos regulares entre os banqueiros, que muitas das vezes, se manterão actualmente.

(7) A aplicação do direito da concorrência à actividade bancária

- A posição da Comunidade Europeia evoluiu de uma posição de indefinição, assente na especialidade da matéria, para uma aceitação de aplicabilidade genérica das regras da concorrência.

A qualificação da indústria bancária como uma indústria regulada introduzia liminarmente a questão do nível de concorrência desejável, impedindo a aplicação dos quadros gerais de concorrência.

No acórdão Zuchner, o Tribunal de Justiça deu o passo em frente, clarificando, de uma vez por todas, a questão da aplicabilidade do direito da concorrência comunitário ao sector bancário, considerando que a noção de comércio intra-comunitário abrange as trocas monetárias, incluindo-se a actividade bancária, de titularidade privada ou pública, num conceito de comércio que abrange todos os bens susceptíveis de circulação ou troca entre agentes económicos de Estados-membros. Por outro lado, a efectivação de práticas restritivas domésticas poderão, caso ocasionem desvios de comércio, ser consideradas desconformes com o Tratado.

- A decisão comunitária no sentido da aplicabilidade do direito da concorrência ao sector bancário desencadeou, na grande maioria dos Estados-membros, uma trajectória em sentido idêntico, não existindo qualquer ordenamento jurídico que estabeleça uma isenção total do sector bancário às normas tutelares da concorrência.

Na generalidade dos ordenamentos analisados, os acordos interbancário, em sentido lato e os abusos de posição dominante, estão sujeitos à disciplina concorrencial geral, sempre que esse comportamento não seja resultado da aplicação directa de uma norma estabelecida na legislação bancária nacional.

Nos Estados Unidos, todavia, deverá ser assinalada a presença de uma disciplina específica relativa aos interlocking dictorates e aos tie-ins.

No que diz respeito aos acordos e às práticas não contempladas por um enquadramento normativo específico, aplicam-se as normas gerais.

Relativamente às isenções, muitos sistemas prevêm a possibilidade de isenções, individuais ou por categoria, a acordos restritivos da concorrência. Estas isenções só são concedidas quando os benefícios económicos ocasionados compensam os efeitos nocivos relativamente ao nível concorrencial do mercado.

Em alguns países poderá notar-se uma recente tendência de restrição de concessão de isenções a determinadas categorias de empresas bancárias ou ao sector bancário na sua globalidade.

- Relativamente às operações de concentração entre instituições bancárias não é evidenciada, na análise efectuada, qualquer exigência particular no sentido da aplicação de um regime diverso do geral.

Normalmente, as fusões e aquisições de instituições bancárias são controladas e supervisionadas pelas autoridades de supervisão, do ponto de vista da estabilidade do sector credíticio.

A este controlo sobrepõe-se um outro que tem como finalidade a manutenção de uma situação concorrencial no mercado credíticio. Em numerosos países a aplicação da legislação da concorrência relativa às concentrações é confiada à autoridade antitrust "geral".

O ordenamento norte-americano diferencia-se neste aspecto, pois a concentração bancária é submetida a uma disciplina específica, o

Bank Merger Act, de 1960, cuja aplicação está confiada ao orgão de supervisão do sector bancário.

- Nos ordenamentos legislativos analisados verificam-se divergências de aproximação na determinação do orgão competente para aplicar a legislação da concorrência ao mercado bancário.

Esta divergência resulta sobretudo do grau de intervenção da autoridade judiciária no confronto com a autoridade administrativa ou governativa que tutela a política da concorrência, e consequentemente da tradição de intervenção de mercado existente num determinado país, ou organização, bem como do grau de regulação do mercado.

Verificam-se, em bastantes ocasiões, referências à autoridade antitrust geral, entendo-se como tal o orgão competente para a aplicação da disciplina geral (como, por exemplo, a Anti Trust Division do Ministério da Justiça dos Estados Unidos, o Conseil de la Concurrence em França, a Comissão da União Europeia, ou o Bundeskartellant alemão). Em alguns países, como a França, o Reino Unido ou Alemanha, as decisões da autoridade geral, poderão, quando o interesse geral ou nacional o obrigue, ser reconsideradas e eventualmente consideradas ineficazes pelo orgão governativo ou o Ministério competente.

Porém, em nenhum dos ordenamentos analisados se prevê a substituição da autoridade de supervição sectorial à autoridade antitrust geral na aplicação da disciplina geral da concorrência.

- O relacionamento entre as autoridades de supervisão e a autoridade *antitrust* é fundamental.

Nos Estados Unidos, em alguns casos, é atribuída competência à autoridade de vigilância sectorial para a aplicação de uma disciplina antitrust específica.

Nos outros países analisados, pelo contrário, é a autoridade antitrust geral que aplica a disciplina antitrust geral e específica ao sistema financeiro. São, todavia, previstas, em todos os ordenamentos analisados, formas de colaboração e de coordenação entre os orgãos de supervisão sectorial e a autoridade antitrust. Essa colaboração é disciplinada de modo específico.

(8) O sistema jurídico-concorrencial bancário

- O sistema jurídico comunitário assenta no princípio fundamentador básico da liberdade de iniciativa e no livro jogo de mercado.

A revisão do Tratado operada em Maastricht, ao alargar substancialmente as finalidades da Comunidade, veio confirmar que a livre concorrência constitui um dos pilares da construção europeia. As normas tutelares da concorrência, previstas no Tratado, vêm prevenir que barreiras micro-económicas possam fazer perigar estes objectivos básicos.

Porém, e o mercado bancário é um bom exemplo disso, a política comunitária da concorrência não se limita ao tecido normativo básico mas engloba todo um acquis de indiscutível qualidade, quer em termos prudenciais quer em termos jurisprudenciais, que contribuí para uma consciencialização prévia dos agentes no mercado e para a resolução posterior de eventuais lítigios.

- Os artigos 81.º e 82.º do Tratado incluem-se no elenco das normas dotadas de efeito directo.

- Sendo dirigidos às empresas, não poderão ser aplicados a uma restrição do concorrência imposta por um Estado-Membro, no exercício das suas funções soberanas. Porém, o Estado-Membro não pode permitir, através de medidas de nível nacional, que as empresas escapem a este enquadramento legal. A observação prática deste comportamento terá de basear-se no sujeito que teve a iniciativa da medida. Esta situação é bastante comum no sistema bancário, pois muitas vezes, os Estados vêm, a posteriori, transformar em diploma legislativo decisões já tomadas em sede de associações de bancos.

- O conceito de empresa é, no direito comunitário, objecto de uma interpretação muito ampla.

É simplesmente essencial para essa qualificação que o sujeito exerça uma actividade económica ou comercial. Porém, o critério da unidade e da independência económica jogam um papel fundamental neste campo, pois no caso de existência de um grupo de empresas ou de empresas coligadas, que formam uma unidade económica, as subsidiárias não terão uma suficiente margem de liberdade na determinação da sua opção concorrencial que fundamente a aplicação destes dispositivos legais. Por esta ordem de razões, as sucursais bancárias não são consideradas empresas. No entanto, se uma sucursal bancária exercer, por ela própria, comportamentos anti-concorrenciais, esses actos deverão ser imputados à sociedade-mãe.

- Para a aplicação do direito comunitário da concorrência é essencial que as restrições à concorrência sejam sentidas no interior do mercado comum, afectando o comércio intra-comunitário.

Um acordo entre instituições bancárias que produza os seus efeitos no exterior do espaço comunitário não será considerado proibido mesmo se tiver sido concluído por empresas situadas no seu interior. Por sua vez, um acordo restritivo da concorrência que necessite de um qualquer acto interno positivo de implementação para produzir os seus efeitos no interior do espaço comunitário cairá no âmbito de incidência da proibição do artigo 81.º, mesmo que as instituições bancárias se situem num ou mais países terceiros.

Por outro lado, um acordo bancário efectuado por instituições de um Estado-Membro, que afecte o trânsito comunitário é igualmente considerado restritivo da concorrência nos termos da legislação comunitária. Esta última conclusão, possível em termos históricos, será, com a crescente integração, de díficil efectivação tendo em atenção o elevado grau de interligação dos mercados bancários que será atingido na União Económica e Monetária.

- Apesar da cada vez maior uniformidade entre os diversos mercados financeiros é possível distinguir, ainda hoje, um conteúdo prototípico próprio correspondente ao mercado bancário.

Poderá afirmar-se, em termos simplificados, que no mercado do crédito, apesar de existir uma importante relação de sucedaneidade entre os financiamentos concedidos por instituições bancárias e por outros intermediários financeiros, as duas situações não são simétricas, pois existirá um preço relativo pelo qual o crédito bancário substitui todos os outros, o que não ocorrerá no inverso. Relati-

vamente ao mercado de depósitos, poderá afirmar-se que, em relação à distinção dos depósitos bancários relativamente a outros processos de recolha de fundos efectuados por instituição não bancárias, estas últimas não concedem um igual grau de tutela ao investidor nem fornecem uma igual capacidade monetária.

- A aplicação do artigo 82.º do Tratado é bastante complexa, e por isso, nunca foi efectuada no mercado bancário.

Uma análise desta índole levanta obrigatoriamente o problema da individualização de uma posição dominante, que como já vimos, não deverá ser aferida em termos intrínsecos ao mercado, mas pelos efeitos da conduta empresarial

Desta forma, uma empresa, ou um grupo coordenado de empresas, estará em posição dominante, quando em consequência da estratégia adoptada, ou eventualmente, de factores exógenos, é parcialmente protegida, quer da concorrência efectiva, quer da concorrência potencial. Portanto, o sujeito deverá poder influenciar o comportamento dos outros agentes económicos presentes no mercado, inibindo-os de desenrolar uma actividade plenamente eficaz, e ao mesmo tempo, deverão existir barreiras à entrada e à saída, que impeçam o ingresso de novos sujeitos no mercado.

É indiferente que esta capacidade seja exercida por um único sujeito, ou por um grupo de sujeitos que decidiu coordenar-se e agir como um único só, embora o grau de concertação não seja despiciendo.

- Quanto à delimitação espacial, a actividade bancária, apresenta características específicas, pois nada obriga que seja um espaço do mercado necessariamente físico.

Esta situação decorre naturalmente do desenvolvimento das telecomunicações e da livre circulação de capitais pelo que o critério da resistência ao transporte não poderá vingar.

O mercado geográfico bancário de referência corresponderá ao território geográfico homogéneo, sem barreiras internas, onde as práticas de uma instituição bancária reencontram a concorrência efectiva de outras instituições bancárias. Factores como as relações de clientela e a concentração da oferta também poderão auxiliar nessa definição.

Assim, a área geográfica de um determinado mercado bancário em relação a um único produto poderá ser delimitada na base da quase exclusividade de relações de troca entre o banco e os consumidores presentes naquela área (prevalência das trocas intra-área em relação às trocas inter-área). Segundo este critério, a delimitação geográfica de um mercado singular em relação a um único produto corresponde à mais pequena área delineada, de modo que as relações entre sujeitos externos à área e as instituições bancárias não excedam uma simples prestação única, pois aí não se desenvolveram relações de clientela.

- A delimitação do "mercado dos produtos", embora não sendo obrigatória nos termos do artigo 82.º, responde a um estrita exigência de ordem económica.

É necessário, então, que as condições de concorrência sejam apreciadas no quadro de um mercado aglutinador de um conjunto de produtos que, em função das suas características, sejam particularmente aptos a satisfazer as necessidades constantes e tenham um grau de sucedaneidade baixo relativamente a outros produtos.

Desta forma, a análise do mercado bancário, na óptica dos produtos (em sentido amplo), deverá basear-se não tanto em considerações preliminares, tais como as suas características intrínsecas, mas sim em considerações finalísticas. Concretizando, toda a actividade, nesta área, deverá ser temperada pela indagação do uso e do fim particular que os sujeitos dão aos produtos prestados.

- O Tratado é igualmente lacunar no que diz respeito à definição do conceito de "abuso" de posição dominante.

Algumas situações poderão ocorrer, tipicamente, no mercado bancário, como por exemplo, a obrigação imposta por uma empresa em situação dominante ao cliente no sentido de o obrigar a contratá-la relativamente ao fornecimento total do bem ou serviço em questão, ou então a fixação de taxas de juro passivas extraordinariamente baixas que possam integrar o conceito típico de preços predatórios.

Esta última questão é bastante problemática no sector bancário. O Tribunal de Justiça contrapõe usualmente a noção de exploração abusiva relativamente ao conceito de concorrência normal, concluindo que o artigo 82.º contém uma interdição dirigida à empresa em posição dominante no sentido desta não desenvolver comportamentos, que visem eliminar concorrentes no mercado ou reforçar a sua posição no mercado, que não decorram de uma concorrência pelo mérito, pelo que uma concorrência pelos preços não poderá ser considerada como legítima.

- A identificação de uma posição dominante no mercado bancário não difere substancialmente do que é verificado nos outros ramos de actividade, no entanto, algumas dificuldades suplementares se levantam devido à peculiariedade do produto bancário.

Algumas das soluções que os intermediários oferecem para ultrapassar as falhas de mercado podem ser julgadas anti-concorrenciais. A posição de vantagem informativa que permite à banca financiar uma qualquer actividade a um nível próximo do óptimo poderá ser utilizada como protecção da concorrência efectiva e concorrencial, e dar azo a abusos de uma posição dominante pois essa instituição detêm uma posição de vantagem informativa em relação às outras instituições, que se poderá tornar numa barreira à entrada, devido à intensidade das relações de clientela neste contexto de informação assimétrica.

O mesmo poderá ser dito do mecanismo de criação de reputação, relação fiduciária, que configura um custo irrecuperável e, logo, uma barreira à saída. Mas estes condicionalismos são intrínsecos à actividade das instituições de crédito, o que tornará duvidosa a análise de um abuso de posição dominante em relação aos concorrentes potenciais, devido à não contestabilidade natural do mercado bancário.

- Existem, do ponto de vista macroeconómico, três níveis potenciais de aplicação do artigo 82.º do Tratado às operações bancárias.

O primeiro nível diz respeito à situação de um grande banco ou um grande grupo profissional que goze, de facto ou de iure, de uma posição dominante num sector particular da indústria financeira.

O segundo nível, mais modesto, diz respeito à hipótese de um determinado banco gozar de uma posição monopolística relativamente a um determinado serviço bancário. O terceiro nível consiste precisamente na existência de uma posição dominante colectiva exercida por parte das instituições dominantes no mercado.

- As limitações impostas às instituições bancárias, assentes no princípio da não exclusividade, na instituição de um sistema de pagamentos, deverão ser temperadas tendo em consideração as circunstâncias concretas do mercado, pois deverá sempre existir uma esfera de liberdade na decisão dadas as características específicas do mercado em causa.

A delimitação apriorística dos critérios de acesso é problemática. Critérios que, à primeira vista, poderiam ser considerados como justificáveis, como o volume de negócios e as capacidades técnicas, poderão, na prática, ser incomportáveis para bancos estrangeiros, de implantação recente, para novos bancos, que tendo acabado de ser criados, não preencherão, certamente, os critérios quantitativos exigidos. Porém, noutra perspectiva, a imposição de critérios baseados no volume de negócios poderá ser razoável se a implementação do sistema tiver exigido um investimento avultado, evitando-se, desta forma, o aparecimento de free riders pois os bancos de razoável dimensão tem, sempre, todo o interesse em participar, ab initio, na construção deste tipo de sistemas.

- O segundo nível de potencial aplicação do artigo 82.º do Tratado às operações bancárias, corresponde aos casos em que uma determinada instituição bancária, independentemente da sua dimensão, detém uma posição monopolística no fornecimento de um determinado produto. Neste enquadramento, poderão ser consideradas como abusivas todas as exigências que versem sobre a exigência de pagamento de uma tarifa ou comissão, ou então a efectivação de práticas dilatórias de pagamento ao beneficiário, se já tiver debitado o montante na conta do seu cliente.

Por idênticas razões, o artigo 82.º do Tratado poderá, igualmente, ser aplicado, em certas circunstâncias, às comissões exigidas pelas instituições bancárias pela crédito, na conta do seu cliente, dos fundos transferidos pelo outro banco, detentor da conta do terceiro que ordena a transferência.

- O terceiro nível de potencial aplicação do artigo 82.º corresponde às situações de posição dominante colectiva.

Até hoje, nunca foi julgada qualquer questão envolvendo esta situação no mercado bancário.

- O artigo 81.º proíbe as "ententes" entre empresas que tenham por objecto restringir a concorrência e, cumulativamente, possam afectar o comércio entre os Estados-membros. O escopo deste dispositivo normativo será, pois, evitar que a empresas exerçam formas de coordenação das suas estratégias que venham reduzir, ou até mesmo, eliminar, a pretensão normal de cada empresa de prevalecer sobre os seus concorrentes na luta do mercado.

O conceito de acordo abrange os acordos de vontades, que podem revestir todas as formas jurídicas possíveis, de onde derivem obrigações juridicamente vinculativas para as partes. Mas não só, o conceito engloba ainda todos os acordos, mesmo que tácitos ou não assinados, de onde derivem restrições de qualquer natureza, incluindo sanções morais ou económicas, à liberdade de autonomia empresarial de alguma das partes.

- O conceito "prática concertada" é utilizado normalmente para cobrir as situações onde não exista um acordo ou uma decisão, ou então, existindo, seja impossível às autoridades a prova da sua existência, pelo que se torna de difícil definição.

A noção de prática concertada é, pois, baseada no conceito de cooperação informal, mas consciente, entre empresas de um determinado mercado. Exige-se algo mais do que comportamentos paralelos ou uma conduta idêntica. A existência de uma prática concertada exige que o comportamento paralelo resulte de uma coordenação entre empresas que, sem ter sido levada até à realização de uma convenção propriamente dita, substitui conscientemente os riscos da concorrência por uma cooperação prática entre elas. Os requisitos de coordenação e cooperação necessários para a existência de uma prática concertada prejudicam ab initio o espaço de liberdade necessário para que uma empresa desenvolva um plano de acção livre e independente, essencial para o desenvolvimento de uma acção concorrencial. No entanto, este requisito de independência não preclude o direito das empresas de se adaptarem às condutas existentes ou de adoptarem procedimentos futuros comuns aos seus concorrentes. Impede, isso sim, qualquer contacto, directo ou indirecto, entre os operadores desse mercado cujo objecto ou efeito traduzisse condições concorrenciais que não correspondessem às condições normais no mercado em questão, atendendo à natureza dos produtos ou serviços prestados e à sua dimensão.

- Não se pode negar a jurisdicidade da prática concertada.

Como se verificou no momento da análise económica não existirá concertação se não existir uma possibilidade de punição por práticas "batoteiras". A punição a exercer pelos outros concorrentes que não abandonaram a concertação não pode ser qualificada senão como uma sanção jurídica por violação da concertação. Por estas simples observação se poderá verificar que a fronteira que separa o acordo tácito e a prática concertada poderá ser inexistente, uma vez que o argumento essencial, precisamente a falta de jurisdicidade da prática concertada, cai pela base.

Nestes termos, esta figura poderá não revestir um tipo jurídico autónomo mas simplesmente um meio a utilizar por facilidade de prova, ainda mais porque o Tribunal utiliza certos indícios, como a troca de informações entre os concorrentes, como presunções inilidíveis da ocorrência de uma prática concertada, mesmo na ausência de qualquer actividade positiva sobre o mercado.

- Na categoria "decisões de empresas" deverão integrar-se as expressões que constituam a soma de vontades de empresas agrupadas no seio de uma estrutura comum, tendente a impor aos seus membros um determinado comportamento atinente ao exercício da actividade económica.

Esta categoria de concertação poderá ser reconduzível ao acordo. Elemento essencial parece ser a presença de um organismo de coordenação. A previsão legislativa parece ter uma grande amplitude, podendo reconduzir-se a ela entes desprovidos de personalidade jurídica.

A vontade que aqui está em causa é uma vontade colectiva, e não um concurso de vontades individuais formadas em conformidade com os estatutos orgânicos do sujeito colectivo em causa.

- Um acordo, decisão ou prática concertada só serão proibidos, nos termos do artigo 81.º se tiverem como objecto ou efeito a prevenção, restrição ou distorção da concorrência.

Na grande maioria dos casos decididos por estas instâncias comunitárias não consta qualquer esforço de distinção entre os conceitos de "objecto" e "efeito", pois simplesmente se refere que o comportamento em causa é restritivo da concorrência, ou então, que a situação fáctica recai no âmbito de incidência do n.º 1 do artigo 81.º.

Os efeitos da prática restritiva deverão ser julgados tendo como referência o nível concorrencial que existiria na ausência da mesma. Pelo exposto, os efeitos potenciais são tão relevantes como os efeitos actuais. Será, assim, necessário considerar não só o que as partes acordaram expressamente mas, igualmente, as obrigações implícitas, bem como a forma como as partes se poderão comportar mesmo que não tenha havido qualquer acordo nesse sentido. Por exemplo, a constituição de uma empresa comum poderá restringir a concorrência mesmo que não haja qualquer disposição expressa nesse sentido. Será igualmente relevante considerar os efeitos do acordo, se for essa a forma da prática restritiva, em outras actividades das partes, mesmo se estas actividades caírem fora do âmbito, à primeira vista, do acordo firmado. Neste caso, os efeitos devem ser presumidos.

- A apreciação da restrição relativamente aos concorrentes potenciais é de duvidosa correcção. Já não o será, no entanto, a apreciação da potencialidade da concorrência entre as partes que procederam à prática restritiva.

O n.º 1 do artigo 81.º poderá ainda ser aplicado se a prática em causa afectar terceiros, quer prevenindo as suas práticas concorrenciais, quer restringindo o seu acesso ao mercado ou a determinadas tecnologias, ou ainda, se dessa conduta resultar um discriminação.

Nesta análise não será despicienda a averiguação do contexto económico global. Esta averiguação deverá incluir a natureza e a quantidade, limitada ou não, dos produtos abrangidos pelo acordo, a posição e a importância das partes no mercado do produto em referência, a natureza isolada do acordo, ou em alternativa, a sua posição na série de acordo, entre outros factores.

(9) Aplicação das regras da concorrência ao sector bancário

- O sistema de pagamentos opera por acordo entre a quase totalidade de operadores no sector. Estes acordos, devido à interconexão internacional, são de presumível afectação das normas de concorrência comunitária.

A presença, em grande número, de acordos neste âmbito, resulta da particularidade de produção conjunta, que caracteriza este serviço. Para a prossecução da eficiência no sistema, a dimensão mínima terá de ser de avultada. Estes mercados caracterizam-se, igualmente, pela forte intervenção pública, e pela inovação fértil que se verifica nos produtos financeiros. No entanto, terá de efectuar-se uma ponderação cuidadosa pois estes acordos poderão garantir a prossecução de melhores condições de eficiência produtiva, não sendo, assim, lesivos da concorrência, tendendo a melhorar um mercado sub-óptimo.

Nestes termos, as modalidades de produção conjunta de alguns serviços de pagamento por parte dos bancos, através da criação de uma infraestrutura de base comum poderão, de um ponto de vista microeconómico, possibilitar a prestação de serviços de pagamento, desde que se encontre o ponto de equilíbrio entre a cooperação e a concorrência.

- Uma estratégia cooperativa poderá ser mais eficiente que uma estratégia competitiva.

Uma estratégia fundada na aproximação competitiva coloca como objectivo prioritário a construção de vantagens em termos de diferenciação de produtos e de serviços em relação à concorrência, personalizando a relação com o cliente.

No entanto, esta perspectiva exibe algumas debilidade, como, a dificuldade de criação de um sistema tecnologicamente eficiente, no caso das instituições serem de pequena dimensão, bem como os seus elevados custos financeiros, tornando, assim, esta aproximação ineficiente.

A estratégia eminentemente cooperativa, por seu lado, poderá garantir a prossecução de condições de eficiência produtiva, baseadas no potencial aumento do nível qualitativo das prestações oferecidas, facilitando a circulação no sistema, e normalizando os procedimentos de acesso, o que poderá originar algumas economias de escala.

- No que diz respeito à normalização e inovação dos produtos e processos, a exigência de normalização nos pagamentos poderá aliar-se à exterioridade ínsita à circulação monetária.

A existência de uma escassa tipologia de produtos poderá ser prejudicial à difusão de novas formas monetárias socialmente mais eficientes que as existentes. No entanto, neste sector, esta característica é essencial para que as transferências de fundos possam ser efectuadas de forma eficiente, segura e contínua. A própria Comissão Europeia, em 1991, não hesitou em favorecer o desenvolvimento de standards técnicos comuns que obstassem às barreiras tecnológicas nas transferências de fundos.

Por outro lado, estes standards, são susceptíveis de lesar a concorrência pois, normalmente, extravasam para matérias referentes a condições praticadas à clientela.

- No que diz respeito à oneração dos produtos, este será o aspecto que mais atenção desperta à legislação comunitária, que considera proibidos todos os acordos que tenham como finalidade o estabelecimento, de modo directo ou indirecto, de preços.

Deverá efectuar-se a distinção entre custo do serviço e preço do serviço. Este tipo de acordos operam normalmente nas modalidades de realização do processo produtivo interno, e não na oferta final do produto ao utilizador.

Os produtos considerados nos acordos são tomados como inputs intermédios pelas empresas bancárias. Isto quer dizer que as tarifas praticadas sobre os produtos não se poderão configurar como preços de venda.

Nestes termos, os preços praticados à clientela deverão ser totalmente livres, o custo de constituição e de gestão do sistema deverá ser repartido entre os bancos aderentes segundo uma fórmula previamente determinada, num sistema multilateral de pagamentos, e as comissões acordadas deverão deixar aberta a possibilidade de negociação bilateral entre os participantes para a definição de preços eventualmente mais baixos. Logo, a comissão acordada deverá ser considerada como preço máximo. Esta conclusão é aplicável a qualquer serviço prestado pela instituição bancária (guarda de valores em cofres, guarda de títulos em depósito, pagamento de cheques, etc.). Nestes termos, será sempre justificada, dada a existência de elevados custos operacionais, a exigência de algum montante a título de comissão. No entanto, devido aos diferentes custos operacionais, que os diferentes bancos sustentam, será um indício de prática restritiva.

— A valoração de um acordo sobre o sistema de pagamentos deverá englobar imperativamente as características e objectivos gerais do acordo, *lato sensu*, em questão, a configuração do mercado na ausência de acordo, os benefícios que o acordo proporciona aos utilizadores individuais, as condições de acesso e grau de abertura a todos os operadores no sistema de pagamentos, que deverá basear-se no princípio da não discriminação, as política de tarifas interbancárias, a política de preços aos utentes finais e, finalmente, as implicações tecnológicas.

A percepção de comportamentos lesivos da concorrência no sector credíticio reveste algumas dificuldades. Assim, a fixação colectiva, de forma directa ou indirecta, dos preços de compra ou de venda, ou de quaisquer outras condições de transacção coloca alguns problemas pois, quando, no sector credíticio, se analisa o confronto entre o preço e o custo de produção, deparam-se-nos as dificuldades derivadas da particular natureza da actividade bancária, que passam, como já estudámos, pela difícil individualização dos inputs e outputs do processo produtivo bancário.

- Na análise dos acordos que visam limitar ou controlar a produção, a distribuição, o desenvolvimento ou os investimentos, poderão individualizar-se várias hipóteses de comportamento estratégico, com implicações nefastas a nível concorrencial.

Tais como os investimentos estratégicos irrecuperáveis efectuados por acordo, por exemplo, no desenvolvimento de uma estratégia overbranching. Neste campo, a fidelidade de marca tem um papel fundamental. Em mercados caracterizados pela presença de produtos financeiros com características diferenciadas, os bancos poderão aproveitar-se desse característica estabelecendo entre eles "custos de passagem", com a finalidade de criar nos consumidores uma certa fidelidade de marca.

- A existência de agrupamentos internacionais de bancos, com graus diversos de integração, com objectivos de cooperação ao nível do acesso recíproco à rede de balcões dos outros parceiros, do estabelecimento de representações comuns em países terceiros, da criação de filiais comuns especializadas em certas actividades ou em mercados geográficos não-europeus ou da colocação conjunta de emissões públicas e privadas, apesar das vantagens inerentes, não deixam de ser susceptíveis de operar restrições na concorrência, especialmente quando acordarem limitações à actividade dos bancos participantes nos países dos seus parceiros.

Nestes casos, a cooperação existente poderá ter como finalidade uma prática restritiva corporizada na reserva do mercado nacional ao parceiro que aí está implantado e simultaneamente limitar a extensão da sua rede de balcões nos países dos seus parceiros. Nestes casos, só não serão considerados restritivos os acordos em que as partes conservem a liberdade de extensão da sua rede de balcões, em situações de inexistência de exclusividade recíproca em matéria de transacções internacionais, embora o parceiro possa gozar de um direito de preferência em relação a uma pequena parte das transacções. Questão fulcral na averiguação da inexistência de uma prática restritiva será a prova de que as filiais comuns operam em concorrência com os parceiros nacionais.

- A diferenciação do produto é um elemento central na actividade bancária, sendo, esta última, baseada na instauração de relações de clientela, através das quais as instituições bancárias tentam oferecer produtos e serviços o mais personalizados possível.

Desta forma se evidencia a dificuldade de individualização de barreiras à entrada, lesivas da concorrência. Em particular, observa-se que os custos de passagem são diversos consoante a tipologia da clientela da instituição. É presumível, de facto, que os clientes mais sofisticados, tendo acesso a melhor informação, suportem um custo de passagem inferior aos outros segmentos de clientela.

- São usuais os acordos que tendem a repartir os mercados ou as fontes de abastecimento uma vez que o mercado bancário é caracterizado por uma elevada segmentação territorial.

Esta característica poderá favorecer a realização de acções tendentes à repartição dos mercados. Esta repartição poderá ser reconduzida ao caso mais geral de criação de barreiras à entrada de um mercado considerado relevante, que dará azo ao surgimento de uma posição dominante colectiva por parte das instituições participantes na concertação.

- Dada a existência de grandes disparidades no poder negocial das entidades, é usual a aplicação, relativamente a parceiros comerciais, de condições desiguais no caso de prestações equivalentes

Verifica-se que os bancos tratam de forma diversa, por vezes injustificadamente, as empresas de grande dimensão e as empresas de pequena dimensão, bem como os clientes de áreas geográficas distintas.

Por diferença injustificável deve entender-se aquela que não possa ser reconduzível a diferenças de risco (por exemplo, grau de riqueza do cliente) e a economias de custo por parte da banca (custos de localização, existência de assimetrias informativas).

Por outro lado, deveremos ter em atenção que as empresas às quais é concedido um empréstimo (ou que adquiram outro serviço) não agem, muitas vezes, nos mesmos mercados finais. Desta forma, a análise de possíveis discriminações deverá ser efectuada no mesmo mercado relevante.

Mas mesmo entre as próprias instituições bancárias poderá existir tratamento diferenciado. Por exemplo, quando a presença num determinado mercado auto-regulamentado depende da aprovação da sua entrada pelos futuros concorrentes poderá ocorrer a formação de um cartel que actue como uma verdadeira barreira à entrada. Nestes termos, quando as condições exigidas forem conflituantes com as aplicadas normalmente, quer em termos de exigência de operacionalidade, quer em termos de estatuto profissional, poderá existir uma restrição à concorrência.

- A aplicação das normas de concorrência a mercados auto-regulamentados é bastante problemática.

Alguns acordos que, do ponto de vista institucional, podem parecer anti-concorrenciais poderão ser indispensáveis para esses mercados baseados na auto-disciplina dos participantes, ou então, um elemento bastante importante para a sua estabilidade e regular funcionamento.

Inversamente, decisões colectivas no sentido da aplicação de condições gerais e uniformes, independentemente do tipo de clientes, poderão, de acordo com o princípio da igualdade material, ser consideradas como restritivas.

- Fruto da época actual de globalização e universalização é igualmente usual a subordinação da celebração de contratos à aceitação, por parte dos outros contraentes, de prestações suplementares que, pela sua natureza ou de acordo com os usos comerciais, não têm ligação com o objecto desses contratos.

Estes contratos coligados poderão ser considerados lesivos da concorrência se existir uma posição dominante sobre o produto base, em termos individuais, ou através de um acordo, se o cliente não tinha a possibilidade de recusar o serviço suplementar e se vier a falsear, de maneira consistente, a concorrência no mercado do produto coligado.

Por outro lado, poderá considerar-se que alguns acordos, de carácter eminentemente organizativo e de reacionalização, não recaem no âmbito das normas tutelares da concorrência previstas no Tratado. Incluem-se neste tipo, por exemplo, os acordos referentes à redução do trabalho relativo ao controlo das oposições nas operações sobre títulos, à inserção de um novo sistema fiscal ou contabilístico, ao estabelecimento de certas práticas gratuitas ou à promoção da utilização de um determinado instrumento financeiro, entre muitos outros.

É fundamental, nesta apreciação, que a prestação suplementar não tenha qualquer relação com o objecto do contrato, pois a banca, como empresa multiprodutora, poderá fornecer serviços financeiros em coligação com outros produtos com a finalidade de responder a exigências específicas da clientela, como por exemplo, nos casos de gestão patrimonial, aos quais poderá ser conexa a abertura de uma conta corrente e um contrato para a custódia e administração dos valores mobiliários.

Nestes casos será apropriado falar de um único produto novo, fruto da combinação de outros produtos. A inovação financeira consiste na oferta à clientela de um novo produto que assuma as características de um único componente. Dessa inovação advirão efeitos positivos, como a redução dos custos de transacção, que teriam de ser suportados na subscrição de diversos contratos separados.

- No sistema bancário, é usual a efectivação de pactos de exclusividade entre bancos em circunscrições territoriais diferentes, referentes à distribuição de produtos financeiros.

Estes contratos deverão ser analisados do ponto de vista da tutela da concorrência. A circunstância de um distribuidor beneficiar da exclusividade de um produto poderá não ter reflexos negativos nos outros distribuidores que operam no mesmo mercado, se estes tiverem a possibilidade de comercializar produtos análogos oferecidos por outros bancos; neste caso, o mercado horizontal não será particularmente afectado em termos de restrições na concorrência.

A existência de um pacto de exclusividade lesivo da concorrência dependerá da circunstância do produto objecto da exclusividade não ter um bom substituto.

- A justificabilidade das práticas restritivas depende da efectivação de uma distinção entre restrições nas relação interbancárias e restrições nas relações banco-clientes.

As restrições do primeiro tipo são facilmente justificadas se se provar a sua essencialidade atendendo ao grau elevado de cooperação necessário, no sentido de obstar aos elevados custos da negociação individual, para a prossecução do sistema comum. Ao invés, as restrições do segundo tipo nunca serão justificáveis, pois são necessariamente exteriores ao sistema.

A concessão de isenções depende da satisfação de exigências de normalização e racionalização de serviços prestados.

Numa lógica de produção conjunta, as práticas deverão ser bastante simplificadoras do tráfego bancário, acelerando as operações, melhorando o sistema de pagamentos e a qualidade dos serviços, facilitando a difusão dos instrumentos de pagamento, o que, conjuntamente, ou isoladamente, acelerará a velocidade de circulação monetária. Nesta perspectiva, deverão ser observadas as vantagens macro-económicas e as vantagens micro-económicas. Nestas últimas, deverão analisar-se, com algum pormenor, as vantagens advenientes para os clientes.

- De verificação obrigatória, é o grau da sua indispensabilidade.

Neste campo, são decisivos os juízos baseados nos elevados custos de negociação observados na ausência de regras comuns. Finalmente, deverá sempre subsistir uma réstia de possibilidades de conduta concorrencial, nomeadamente ao nível da relação banco--cliente, quer no que diz respeito a serviços sucedâneos, quer no que respeita à qualidade na sua prestação.

- Os atestados negativos concedidos neste enquadramento poderão classificar-se em dois tipos: atestados concedidos a práticas que não afectam de forma apreciável a concorrência e atestados concedidos a práticas que, mesmo afectando a concorrência, não provocam desvios no comércio intra-comunitário.

Dentro das práticas classificadas na primeira categoria poderão enumerar-se os acordos relativos ao fornecimento de envelopes com porte pago aos clientes, a oferta de pequenas prendas e outros produtos de marketing bem como de bónus de pouca importância de incentivo aos aforradores. Outras práticas relacionam-se com matérias mais técnicas tais como linhas telefónicas directas gratuitas, permissão de acesso dos clientes a corretores de divisas e emissão de circulares que forneçam maior segurança aos clientes nas matérias de transacção de divisas.

Por outro lado, o estabelecimento de taxas de referência para as transacções de divisas não restringe a concorrência de um modo considerável, pois tem apenas como consequência a fixação de cotações médias que servem de referência, nomeadamente nas transacções comerciais e financeiras, sendo os operadores livres de, à luz da situação do mercado e da natureza da transacção, acordarem nas cotações de compra e venda que pretenderem.

- São proibidos, sem possibilidade de concessão de isenção, os acordos intra-comunitários entre instituições bancárias que fixem critérios de referência para a determinação de juros a pagar em caso de ocorrência de situações concretas, bem como comissões uniformes pela prática de qualquer acto bancário baseado na gestão da informação (pedido de dados contabilísticos, informações no âmbito de um processo de auditoria), ou qualquer outro acordo que estabeleça, em termos rígidos, distorções ao mecanismo concorrencial.

Os acordos interbancários sobre taxas de juro começaram por ser considerados como instrumentos de política monetária, desde que tivessem sido estabelecidos por iniciativa das autoridades monetárias ou aprovados por estas. Após o acórdão Zuchner, a Comissão alterou a sua posição, e opinou no sentido das taxas de juro não poderem ser reguladas por acordos interbancários, mesmo que tivessem sido aprovados, autorizados ou promovidos pelas autoridades monetárias competentes. Porém, esta doutrina nunca foi aplicada num caso concreto.

- Os actos públicos que incorporem, em si, elementos de um acordo interbancário, constituem, na prática, prolongamentos dos acordos privados existentes.

O fundamento jurídico para esta solução radica no facto de não obstante os artigos 81.º e 82.º do Tratado se aplicarem simplesmente a comportamentos de empresas, resultar da sua combinação com o artigo 5.º do Tratado, a obrigação dos Estados-membros se absterem de quaisquer medidas, mesmo legislativas susceptíveis de eliminar o efeito útil das regras da concorrência, não sendo para isso necessária a identificação plena das normas do eventual acordo com as normas do instrumento legislativo ou administrativo.

- Os acordos que instituem sindicatos bancários, com a finalidade de assegurar financiamentos avultados não têm, em princípio, efeitos restritivos da concorrência, pois só se constituem devido à impossibilidade de um só banco efectuar o financiamento, ou então, para efeitos de diversificação do risco.

Os acordos de cooperação técnica entre instituições bancárias, que numa primeira abordagem poderão simplesmente exteriorizar as vantagens deles decorrentes para a melhoria do tráfego bancário, obrigam a uma análise atenta, pois poderão conter algumas cláusulas dificilmente justificáveis tendo em consideração a sua necessidade para a prossecução dos objectivos propostos.

- A liberdade de iniciativa e auto-organização dos agentes económicos bem como a justificada procura por meios eficientes de distribuição de custos justificam o reconhecimento das Comissões Interbancárias Multilaterais como indispensáveis para os sistemas de pagamentos.

O banco, que suporta a CIM, tenderá a repercuti-la ao seu cliente. Nestes termos, o mecanismo inerente às CIM transforma um relacionamento tipicamente intra-bancário num relacionamento banco/cliente, de insofismável relevância concorrencial, se o nível de concorrência inter-sistemas for reduzido. Se este nível de concorrência for elevado, é praticamente impossível a um banco cobrar ao cliente uma comissão excessiva.

Mesmo quando a concorrência inter-sistemas se desenrola num mercado oligopolístico, os efeitos restritivos da CIM poderão ser contidos num limite razoável se se mantiver possível uma dupla margem de liberdade: a do banco individual determinar unilateralmente a comissão a cobrar ao cliente, e a do cliente negociar directamente com o banco os custos incorridos pela utilização do sistema de pagamentos

Tendo esta situação um efeitos restritivo incontornável nas relações banco/cliente, torna-se essencial uma transparência plena de informação entre os dois agentes, devendo ser comunicada ao cliente a existência de uma CIM e o seu montante. Deverão, ainda, os bancos indicar a parcela que pagam ou recebem a esse título. Esta informação permitirá ao cliente, que nesta situação se encontra desprivilegiado, efectuar arbitragens entre sistemas concorrentes, aumentando o seu poder negocial vis-à-vis o banco. Finalmente, os bancos concorrentes deverão ser livres de integrar o sistema de pagamentos, se assim o entenderem, e os bancos participantes deverão ter a capacidade de integrar sistemas de pagamentos concorrentes, nos mesmos termos.

No caso da CIM se encontrar num sistema de pagamentos que não sofre de concorrência inter-sistemática, serão necessários cuidados adicionais, de forma a tornar a situação ilegível para a concessão de uma isenção. O campo de enfoque deverá situar-se estritamente nas relações inter-bancárias, e a preocupação essencial deverá ser a de manter o montante da CIM num limite razoável. A regra da fixação do montante, tendo em consideração o custo incorrido pelo banco mais eficiente, tem aqui um papel fundamental. Para que tal ocorra, e tendo em consideração as mudanças tecnológicas quase diárias, será necessário garantir um processo de negociação regular entre os bancos, não devendo ser permitida a fixação da comissão para todo o sempre. Por outro lado, será necessário garantir, nas situações em que o credor e o devedor são clientes do mesmo banco, a não imposição da CIM, que é aplicável simplesmente quando o relacionamento ocorre num ambiente inter-bancário.

- As *No Discrimination Rules*, apesar de aparentemente favoráveis aos consumidores, corporizam opções potencialmente distorcivas da eficiência económica.

A sua abolição tem o mérito inegável de permitir que os devedores tenham a percepção do reais custos gerados pelos diversos sistemas de pagamentos, permitindo um julgamento com base na diferente eficiência dos mesmos.

Uma concorrência inter-sistemática não distorcida permitirá que os consumidores efectuem as suas escolhas tendo em consideração todos os parâmetros relevantes: qualidade, conveniência, segurança e preço. Se estes verificarem que um sistema é melhor do que o outro, obviamente que estarão disponíveis para pagar um pouco mais e, somente assim, se conseguirá uma plena transparência nestas matérias.

(10) Concentrações bancárias

- As tendências de concentração bancária a nível mundial atingem, hoje em dia, dimensões preocupantes

Este movimento encontra-se em aceleração, aumentando tanto mais quanto maior o nível de abertura dos mercados. Não só pela facilidade de aquisição transnacional que daí decorre, mas igualmente pelas reestruturações próprias dos mercados nacionais, onde as instituições mais importantes se preparam para os futuros embates transnacionais.

Porém, esse movimento não impede o aparecimento de empresas barométricas de reduzida dimensão que, devido às características do sector, nomeadamente a grande importância da reputação, nunca terão um grande peso na realidade económica.

- A instituição da União Económica e Monetária, que potenciará ao máximo a livre circulação de capitais, a livre circulação de serviços e a liberdade de estabelecimento, terá uma importância fundamental neste movimento de concentração.

Tal acontecerá por três ordens principais de razões: (1) O ambiente de mercado único levado até às suas últimas consequências monetárias permitirá a livre instituição de agentes bancários comunitários no território de outros Estados-membros, tendo simplesmente como limite os obstáculos psicológicos decorrentes da falta de confiança relativamente às novas instituições do mercado. Nestes termos, a principal opção estratégica será a aquisição de bancos nacionais do Estado-Membro em causa, transpondo-se, assim, essas barreiras; (2) - A previsibilidade deste movimento levará a que os grupos financeiros nacionais se reestruturem internamente de forma a suster o embate do novo ambiente macro-económico. A opção estratégica fundamental neste campo consiste na aquisição de bancos nacionais de forma a alcançar uma maior quota de mercado, em termos externos, e de fortalecer o grupo, em termos internos. Este movimento é facilmente demonstrável através da análise do grau de concentração dos mercados nacionais, que se encontra em aceleração constante desde a instituição do mercado único. Este movimento poderá originar, no extremo, situações de over-branching, constituindo-se assim barreiras económicas à entrada ineficientes; (3) - Por outro lado, não poderão ocorrer falências no sistema bancário, ao contrário da grande maioria dos outros sectores. Todo o sistema bancário depende do nível de credibilidade que detiver no seu todo. Se ocorrer um crise numa instituição, mesmo que seja pequena, é toda a imagem do sistema global que está em jogo (veja--se o caso do Barings Bank, das Caixas Económicas Açoreana e de Angra do Heroísmo,...). Nestes termos, será essencial por vezes, que outros bancos, ou até mesmo o Estado, operem uma operação de resgate que, no extremo, originará uma concentração.

- Numa perspectiva microeconómica, existem condicionalismos que permitem prever um movimento de concentração.

Nestes termos: (1) Quando um dos operadores não gere a sua instituição de uma forma eficiente, o que originará uma sub-avaliação desta, será normal que outro agente do mesmo mercado se aperceba disso e a adquira. Estas situações são normais devido ao estreito relacionamento entre todas as instituições; (2) Também em outros mercados se operam diversas reestruturações, sendo a concentração bancária uma resposta ao aumento de dimensão média das empresas clientes; (3) Os bancos de maior dimensão tendem a ter uma actividade mais equilibrada, diversificando o risco e multiplicando os rendimentos das suas aplicações.

- O movimento de concentração a nível mundial dos bancos é acompanhado por uma aproximação intra e intersectorial, conduzindo a uma desespecialização progressiva, tendendo os bancos a agrupar--se ou a formar filiais com empresas financeiras não bancárias (supermercados financeiros, *banca-assurance*)

Estes movimentos de concentração, além de economicamente ineficientes, irão estreitar os laços existentes entre as empresas de grande dimensão, facilitando o exercício de práticas restritivas, anteriormente descritas e justificadas em termos económicos. Porém, de tudo isto poderão decorrer vários tipos de problemas tais como a concentração de poder, conflitos de interesse, riscos de contágio, falta de transparência e a diminuição dos centros de decisão, tendo os novos grupos a possibilidade de fixar preços mais elevados e obter, desta forma, lucros supra-anormais.

(11) Regime jurídico das concentrações bancárias

- O novo regime comunitário das concentrações, ao incluir a estrutura de proveitos em vez dos balanços para efeitos de averiguação da dimensão da concentração comunitária, é mais justo e operacional.

Na actual redacção, os limiares de aferimento da dimensão comunitária de uma operação de concentração entre empresas do sector bancário foram reduzidos, à semelhança do que acontece com as empresas dos outras ramos da actividade económica. Dada a estrutura de cálculo proposta, é previsível que as operações de dimensão comunitária aumentem exponencialmente.

A solução proposta, apesar de meritória, não é isenta de críticas. Ao incluir como elemento de referência o rendimento em termos brutos, sofre as inevitáveis consequências dessa opção, pois não tomará em consideração eventuais especificidades de alguns sectores da banca

- Muitas vezes esquecidas, as pequenas participações ou participações minoritárias têm um papel crucial na análise da problemática concorrencial.

Os agentes poderão adquirir participações relativamente pequenas numa fase ante-aquisição, de forma a obterem rendimentos devido ao aumento do preço das acções, resultante de uma oferta pública de aquisição, com os decorrentes custos sociais.

As participações de bloqueio previnem a aquisição da sociedade-alvo por uma terceira. Esta situação poderá ser desvantajosa, se a adquirente fosse capaz de gerir a sociedade-alvo de forma mais eficiente. Estas implicações anti-concorrenciais são mais visíveis em sectores em que o mercado é concentrado, e a entrada directa no mercado difícil, como é o caso do mercado bancário.

O controlo efectivo através de uma participação minoritária tem o mesmo impacto anti-concorrencial que uma aquisição plena. Em sociedades com o capital bastante disseminado, 25% das acções poderão bastar, e sobrar, (e é este o valor limite para a detenção de acções de sociedades não financeiras por instituições bancárias) para a detenção do controlo efectivo da sociedade. Estas participações encontram-se no âmbito de aplicação da noção operativa de controlo do Regulamento 4064/89, pois este baseia-se na noção de "influência decisiva", sem fixar limites quantitativos quanto ao montante da participação a deter.

- O fenómeno *Banca-Assurance* é cada vez mais usual, originando diversos problemas de índole concorrencial.

As actividades bancárias e seguradoras eram tradicionalmente distintas. Porém, actualmente, os bancos e as seguradoras tornaram-se subsidiárias de holdings comuns, tendo proliferado participações cruzadas e acordos de cooperação entre bancos e companhias de seguros.

Nestes termos, o movimento de concentração bancária a nível nacional que actualmente se verifica é multiplicado pelo movimento de concentração entre as empresas seguradoras e pela crescente ligação entre estes dois sectores da actividade financeira.

A especial relação de sucedaneidade entre alguns produtos financeiros destes dois ramos actividade financeira e a apetência das companhias seguradoras pelos clientes das instituições bancárias e pela rede de balcões estabelecida, que constituem canais potenciais de distribuição dos seus produtos a um custo bastante reduzido deram azo a que diversas seguradoras iniciassem, elas próprias, um processo de aquisição de bancos.

Porém, poderão surgir problemas de concorrência se as tendências do mercado ou o reforço das relações de exclusividade ameaçarem a saúde de um sector independente paralelo, o que é importante se se pretende que os consumidores possam exercer, efectivamente, a sua capacidade de escolha.

(12) Conclusões gerais

- O aumento da concentração nos mercados bancários mundiais torna cada vez mais importante o estudo da conduta concorrencial do sector, onde um reduzido número de empresas dominantes que operam no mercado acabam, pelo exercício conjunto da actividade, por adquirir um conhecimento recíproco aprofundado similar ao que ocorre nos clubes restritos aos quais não aderem senão um reduzido número de membros. Nestas condições qualquer instituição bancária está em condições de prever as reacções da entidade bancária concorrente face às alterações, mesmo a curto prazo, do mercado.

Não é fácil combater com sucesso as restrições colectivas da concorrência resultantes de comportamentos paralelos por parte de empresas dominantes no mercado.

No mercado bancário a situação agrava-se fortemente, a sua estrutura actual decorre de uma situação histórica anterior de proteccionismo e enclausuramento dos mercados nacionais que potenciaram a formação de um reduzido número de grupos, protegidos pelos Estados - que ainda hoje dominam, dada a sua elevada reputação -, e se expandem, como se poderá verificar pelos crescentes níveis de concentração que se verificam nos vários mercados. Não sendo um oligopólio natural, é um oligopólio histórico, derivado dos anteriores condicionalismos.

- A probabilidade dos membros do oligopólio adoptarem comportamentos paralelos é tanto maior quanto maior a afinidade entre eles. As ligações entre os membros do oligopólio, passadas e presentes, contribui para reforçar a previsão de ocorrência deste tipo de práticas restritivas. Porém, essa afinidade é condição necessária, mas não suficiente, devendo ter-se em consideração a variável baseada na elasticidade da procura.

- Quanto maior for a intensidade concorrencial, maiores serão os incentivos à prática de comportamentos paralelos.

A análise dos vínculos contratuais em que se baseiam estas relações comerciais bancárias deverão ser analisados minuciosamente de forma a observar-se a extensão das transmissões de comunicação que tenham por finalidade a redução da incerteza quanto à actividade futura dos diversos concorrentes. Os bancos dominantes terão informação em volume crescente ao relacionarem-se mais intensivamente e em maior quantidade com agentes terceiros, clientes ou bancos concorrentes. Até mesmo neste campo, eles são dominantes. Porém, esta preponderância relacional não serve como factor positivo para a adopção de comportamentos paralelos, constituindo igualmente um forte factor dissuasor da prática de fraude à concertação. Nestes termos, estes elos relacionais constituem factores estabilizadores da existência de práticas concertadas.

- A natureza dos elos de ligação entre a instituição bancária e os seus clientes determina o grau de elasticidade do preço face à função "procura" daquela empresa específica.

As relações concorrenciais entre firmas rivais dependem substancialmente dos compromissos existentes entre fornecedores e clientes. Estes compromissos são especialmente fortes quando os produtos fornecidos têm de cumprir especificações particulares sugeridas pelos clientes. Este tipo de condições de produção incentivam investimentos específicos que encorajam o desenvolvimento de depen-

dência a longo prazo. Nestes termos, quando a cooperação entre fornecedores e clientes é necessária, as possibilidades de alteração contratual subjectiva é bastante limitada. No campo bancário, esta situação é evidente dada a tendência de longo prazo na contratação em causa, e na necessidade de percepção de informação sobre o cliente.

- A facilidade de acesso ao mercado, ou, pelo contrário, a existência de barreiras, jogam um papel fundamental na avaliação da posição dominante colectiva.

Se o acesso é fácil, então o oligopólio será exposto à concorrência, quer actual quer potencial. Por outro lado, a adopção de comportamentos paralelos restritivos da concorrência será facilitada pela existência de obstáculos à entrada e à saída do mercado.

O grau de incerteza que rodeia as condições de mercado reveste uma importância considerável. Numa situação de incerteza, é provável que os concorrentes obtenham resultados diferentes nos seus estudos prognósticos. Se, por um lado, esta situação faz aumentar o grau potencial de concertação, da mesma forma aumentam os custos de coordenação. Pelo contrário, em mercados transparentes, onde as assimetrias de informação são reduzidas, os custos de coordenação são mínimos. Nestes termos, um grau elevado de transparência no mercado encoraja a concretização de acordos entre oligopolistas e, simultaneamente, torna as práticas de fraude à concertação facilmente identificáveis.

A concretização da União Económica e Monetária terá um papel fundamental na evolução desta matéria, não só pelas implicações futuras, mas já pelas concretizações presentes, quer em termos reais, quer em termos de perspectivas dos agentes económicos. No entanto, e ao contrário da larga maioria da doutrina, consideramos que a concretização, pura e simples, deste novo estádio de integração económica e monetária não é suficiente, por si só, para a construção de um mercado único, no verdadeiro sentido do termo, no sector bancário. Não se nega, no entanto, que a introdução do euro constitui um agente catalisador, de importância fundamental, que os agentes económicos deverão aproveitar para alcançar uma maior eficiência.

A nova realidade directamente decorrente da introdução da moeda única deve ser combinada com as inevitáveis reformas nos sistemas de segurança social europeus, o que criará um enorme volume de fundos susceptiveis de ser investidos por investidores institucionais. Tal poderá criar um substrato básico para a abertura dos mercados à concorrência transnacional. Tendo em consideração os comportamentos estudados, os bancos terão, nesta situação, uma atitude defensiva agressiva, fundindo-se com outros agentes especializados - numa tentativa de controlo de fundos específicos -, ou fundindo-se com outros bancos, de forma a criar uma massa crítica que dificulte uma aquisição hostil. Relembre-se que as margens irão reduzir-se, sobrevivendo simplesmente as instituições mais eficientes.

Também a criação de um mercado financeiro europeu único promoverá o acesso das pequenas e médias empresas ao mercado de capitais, o que acelerará o movimento de desintermediação.

No campo da banca comercial, a remoção das moedas nacionais e do risco de câmbio nas transacções intra-UEM, eliminará as restantes barreiras económicas de acesso ao mercado. Restarão, porém, as barreiras psicológicas. Não se esqueça, que a este nível, os elementos essenciais determinantes do jogo concorrencial consistem na reputação, no preço, no acesso a redes de distribuição e na área geográfica de actuação. Poderá, contudo afirmar-se, que o mercado único bancário europeu para as grandes empresas europeias estará concretizado em 1 de Janeiro de 1999. Curiosamente, em termos externos, ou seja de eficácia concorrencial global no mercado bancário, tal não será relevante, pois estes grandes grupos financiam-se directamente nos mercados, ou então, detém um grande banco entre as empresas participadas.

Novos mercados aparecerão. Por exemplo, consórcios de bancos fornecendo serviços de distribuição electrónica a clientes irão emergir necessariamente, pois a área de actuação das empresas europeias irá ampliar-se potencialmente a todo o território da União, gerando maiores necessidades na gestão de tesourarias.

No campo da banca a retalho, a realidade é substancialmente diferente, pois o nível de integração actual é relativamente reduzido.

Outros problemas existem, tal como a situação de *over-branching* (ou *over-banking*), que ocorre em alguns países europeus (França, Itália, Espanha, Bélgica, Holanda, Áustria, Portugal?); o elevado número de empregados face à automatização hoje existente; o fornecimento de serviços a preços reduzidos, decorrentes do exercício de funções sociais. Tudo isto gera uma situação de mercado ineficiente, descapitalizada, e vulnerável a pressões competitivas. Nestas condições, a apetência para condutas anti-concorrenciais é elevadíssima, pois as margens comprimem-se, o mesmo ocorrendo necessariamente aos lucros. A consolidação decorrente da desregulação, da eliminação dos controlos de capitais e a criação do mercado comum é ainda insuficiente.

Pelo exposto, deverá ser referido que a concorrência bancária existe. Porém, reveste formas não homógeneas. O cada vez maior grau de concentração existente nos mercados mundiais, congeminado com a especial natureza das instituições, dos produtos, dos mercados e das relações negociais obriga a uma reflexão diferenciada da efectuada para outros ramos de actividades. No entanto, uma conclusão é certa: Quanto mais forte for a pressão concorrencial negocial intra-institucional mais incentivos existem a uma concertação global estrutural por parte das empresas bancárias dominantes. Parafraseando AUGUSTE DETOEUF *"la Concurrence est un alcaloide; à dose modérée, c'est un excitant; à dose massive, un poison"* [1012]. Veneno, sim, e em dois sentidos, por contrair irracionalmente as margens em determinadas operações, que poderão não compensar o risco e por incentivar algumas práticas anti-concorrenciais por parte dos grandes bancos.

Os exemplos avançados ao longo do trabalho são uma simples ilustração desse facto, que recolhe a sua legitimidade da própria organização do mercado bancário.

[1012] AUGUSTE DETOEUF, "Propos de O.L. Bareton Confiseur", Valmonde, Reedição (1995).

BIBLIOGRAFIA

A

ABRAHAM, J.P. e LIENNAN, F. "European banking strategies in the nineties: A supply side approach", *IEF Research Papers*, n.º 91/8, (1991).

ABREU, D. "On the Theory of Infinitely Repeated Games with Discounting" in *Econometrica*, Vol. 56, (1988), pág. 383 a 396.

ABREU, D. , PEARCE, D. e STACCHETTI, E. "Optimal Cartel Equilibria with Imperfect Monitoring", *Journal of Economic Theory*, Vol. 39, (1986), págs. 251-69.

ABURACHIS, A. "International Financial Markets Integration: An Overview" in S. STANSELL (ed.) "International Financial Market Integration", (1994), págs. 26-41.

ADAMS, W.J. "Singular Europe - Economy and Policy of the European Community After 1992", *University of Michigan Press*, (1992).

AGHION, P. e BOLTON, P. "Contracts as a Barrier to Entry", *The American Economic Review*, Vol. 77, n.º 3, (1987), págs. 389-401.

AGLIETTA, M. "Savings, Financial Inovations and Growth" in The New European Financial Marketplace, (A. STEINHERR ed.), Longman, Londres (1992), págs. 192-207.

ALEXANDER, N., HOWELLS, J. e HINE, J.,"The design of EFTPOS and the bank-retailer industry relationship" J. HINE e JOHN HOWELLS (eds.), Routlegde, London and New York (1993), págs. 62 a 89;

ALLAIS., M. "Traité d´Economie Pure. Tome I. Les données générales de l´Economie Pure", Imprimerie Nationale, Paris, 1952, citado por IPE, "Europa, Concorrência e Serviço Público", IPE, Lisboa, (1996).

ALLEN, L. e RAI, A. "Global Financial Intermediation: Universal versus specialized banking", Paper presented at the 20th Annual Meeting of the European Finance Association, Copenhagen Business School, 26-28 Aug., published in Section 11-D of the Proceedings, (1993), págs. 1-33.

ALLEN, P. R. e WILHELM, W.J. "The Impact of the 1980 Depository Institutions Deregulation and Monetary Control Act on Market Value and Risk:

Evidence from the Capital Markets", Journal of Money, Credit and Banking, Vol. 20, No. 3, August, Part 1, (1988).
ALMEIDA, J. M "Direito Comunitário. A ordem jurídica comunitária. As liberdades fundamentais na CEE", Centro de Publicações do Ministério da Justiça, Lisboa, (1985), pág. 445.
ALVES, J. C. "Lições de Direito Comunitário da Concorrência", Coimbra, Curso de Estudos Europeus da FDUC, (1989).
ALVES, S. "O controlo das concentrações de empresas no direito comunitário da concorrência", Almedina, Coimbra, (1996).
ANDERSON, S.P. e THISSE, J.F. "Price Discrimination in Spatial Competitive Markets", *European Economic Review*, Vol. 32, (1988), págs. 578-590.
ANDERSON, S.P., PALMA, A. e THISSE, J.F. "Spatial Price Policies Reconsidered", *Journal of Industrial Economics*, Vol. 38, (1989), págs. 1-18.
ANTUNES, L.P. "Agreements and Concerted Practices under EEC Competition Law: Is The distinction Relevant?" in *Yearbook of European Law*, n° 11, (1991).
ARMINJON, P., NOLDE B. e WOLFF, M. "Traité de droit comparé", Paris, *LGDJ*, Tomo II, n.° 474, (1950).
ARMSTRONG, M. e VICKERS, J. "Price Discrimination, Competition, and Regulation", *Journal of Industrial Economics*, Vol. 41, (1993), págs. 335-360.
ARMSTRONG, M. e VICKERS, J. "The Access Pricing Problem", *Discussion Papers in Economics and Econometrics*, n.° 9506, University of Southampton, (1994).
ARORA, A., PENN, G., SHEA, A.M. "The law & pratice of International Banking", Sweet & Maxwell, Londres, (1987).
ARROW, K. "The role of Securities in the optimal allocation of risk-bearing" in Review of Economic Studies, n°31, (1964), págs. 91-96.
ASCH, P. e SENECA, J. "Caracteristics of Collusive Firms" in *Journal of Industrial Economics*, Vol. 23, n.° 3, págs. 223-237.
ATHAÍDE A. e BRANCO L. "Operações Bancárias", in Direito das Empresas, INA, (1994), págs. 285-339.
AUDRESTSH, D. "The Four Schools of Thought in Antitrust Economics", WZB Papers, IIM/IP 85-32, Berlim (1985).
AUSTIN, D. "Hostile Takeovers in the financial institution industry 1980-1988" in Issues in Banking Regulation, special issue, Winter (1989), págs. 29-32.
AUTORITÀ GARANTE DELLA CONCORRENZA E DEL MERCATO "Relazione Annuale Sull'Attività Svolta", Presidenza del Consiglio dei Ministri, Roma, (1996).
AUTORITÀ GARANTE DELLA CONCORRENZA E DEL MERCATO "Relazione Annuale Sull'Attività Svolta", Presidenza del Consiglio dei Ministri, Roma, (1997).
AZEVEDO, B. "Grupos económicos"in Cadernos de Economia Jan/Mar (1993), págs. 19-26;

B

BAEL, I. VAN, e BELLIS, J. "Droit de la Concurrence de la Communauté Économique Europèene", Bruylant, Bruxelas, (1991).

BAILY, M.N. "Competition, Regulation, and Efficiency in Service Industries", *Brookings Papers in Microeconomics*, Vol. 2, (1993), págs. 71-59.

BAKER, J. "Two Sherman Act Section 1 Dilemmas: Parallel Pricing, the Oligopoly Problem, and Contemporary Economic Theory", in *Antitrust Bulletin*, Vol. 38, n.º 1 (1993), págs. 143-219.

BAKER, J. e BRESNAHAN, T. "The Gains from Merger or Collusion in Product-Differentiated Industries" in *Journal of Industrial Economics*, Vol. 23, n.º 4 (1985), págs. 427-444.

BALDINI, D. e LANDI, A. "Economie di scala e complementarità di costo nell'industria bancaria italiana", in *L'Industria*, n.º 1, (1990), págs. 25-45.

BALTENSPERGER E. e DERMINE, J. "Banking deregulation in Europe", *Economic Policy*, April, (1987).

BALTENSPERGER, E. e DEVINNEY, T. "Credit Rationing Theory: A Survey and Synthesis" in *Journal of Institutional and Theoretical Economics*, n.º 141, págs. 475-502.

BANCA D'ITALIA "La tutela della concorrenza nel settore del credito", Roma, (1992), Apêndice Alemanha.

BANCA D'ITALIA "La tutela della concorrenza nel settore del credito", Roma, (1992), Apêndice França.

BANCA D'ITALIA "La tutela della concorrenza nel settore del credito", Roma, (1992), Apêndice Reino Unido.

BANCO COMERCIAL PORTUGUÊS "Inovação tecnológica e União Monetária Europeia" B. C. P. (ed), Lisboa (1996).

BANK OF ENGLAND, "Cross-border alliances in banking and financial services in the single market", *Bank of England Quarterly Bulletin*, Vol. 33, 3 August, (1993).

BAPTISTA, M. "A evolução do mercado de capitais" in *Cadernos de Economia* nº 24 (1993), pág. 46-52.

BARROS, P.P. e PINHO, P.S. "Estudos sobre o Sistema Bancário Português", policopiado, Universidade Nova, (1995).

BAUMOL, W. "On the proper cost tests for natural monopoly in a multiproduct industry" in *American Economic Review,* nº67, Dezembro (1977).

BAUMOL, W. e WOLFF, "Productivity Growth, Convergence, and Welfare: reply" in *American Economic Review*, 1988, Vol 78 (5), págs. 1155-1159.

BAUMOL, W., PANZAR, J. e WILLIG, R. "Contestable Markets and the Theory of Industry Structure", Harcourt Brace Jovanovich, Nova Iorque, (1988).

BAUMOL, W.J. "Quasi-permanence of price reductions: a policy for preventing predatory pricing", Yale Law Journal, Vol. 89, (1979), págs. 1-26.

BEAUMONT, P. e WEATHERILL, S. "EC Law-the essential guide to the legal workings of the European Community", Penguin books (1993).

BELHOMME, C. "Ten Years of Innovation in Europe: development of markets and change in financial behaviour" in A. STEINHERR, ed. "The New European Financial MarketPlace", (1991), págs. 105-133.

BELHOMME, C., DUPUY, C., MATTA, N. e SALOMON, R. "Ten Years of Inovation in Europe: development of markets and change in financial behaviour" in The New European Financial Marketplace, (A. STEINHERR ed.), Longman, Londres (1992).

BELLAMY, C. "Common Market law of Competition" 3ª ed., Sweet & Maxwell (1987).

BELLI, F. e ROVINI, C. " Riflessioni di massima su concorrenza e concentrazioni bancarie" in N. RONZITTI, ed. "Il mercato unico europeu nel settore bancario", Futura 2000, págs. 173-200.

BELLIS, J. e BAEL, I. VAN "Droit de la Concurrence de la Communauté Économique Européene", Bruylant, Bruxelas, 1991;

BENINK, H.A."Financial Integration in Europe", Dordrecht, Kluwer Academic Publishers, (1993).

BENOIT, J. P. e KRISHNA, V. "Finitely Repeated Games" in *Econometrica*, Vol. 53, (1985), págs. 905-922.

BENSAID, B., ENCAOUA, D. e WINCKLER, A. "Competition, Co-operation and Mergers: Economic and Policy Issues", *European Economic Review*, Vol. 38, (1994), págs. 637-650.

BENSTON, G. "Economies of scale and marginal costs in banking operations" in *National Banking review*, n°2, (1965).

BENSTON, G. "Economies of Scale of Financial institutions" in *Journal of Money, Credit and Banking,* n°4, Maio (1972).

BERGER, A.N. e HUMPHREY, D.B. "Megamergers in banking and the use of cost efficiency as an antitrust defence", *Antitrust Bulletin*, 37, Outono, (1992), págs. 541-600;

BERGER, A.N., HANWECK, G.A. e HUMPHREY, D.B. "Competitive viability in banking: Scale, scope and product mix economies", *Journal of Monetary Economics*, 20, (1987), págs. 501-20.

BERGER, A.N., HANWECK, G.A. e HUMPHREY, D.B. "Competitive viability in banking: Scale, scope and product mix economies", *Research Papers in Banking and Financial Economics*, Washington DC: Federal Reserve Board, (1986).

BERGER, A.N., HUNTER, W.C. e TIMME, S.G. "The efficiency of financial institutions: A review of research past, present, and future", *Journal of Banking and Finance*, 17, (1993), págs. 221-49.

BERNHEIM, B.D. e WHINSTON, M.D. "Multimarket Contact and Collusive Behavior", *Rand Journal of Economics*, Vol. 21, n.° 1, (1990), págs. 1-26.

BERTRAND, R. "Economia Financeira Internacional", Ed. Meridiano, Lisboa, (1978).

BERWIN, S. J. & CO "Company Law and Competition", Mercury Books, London (1992).

BIANCARELLI, J. "La aplication du droit communautaire de la concurrence au secteur financier", *Gazette du Palais*, (1991), págs. 247 e ss.

BLACK, F. "Bank funds management in an efficient market" in *Journal of Financial Economics*, n°2, (1975).

BLAISE, J. "Droit de la concurrence"in *Revue Trimestrielle de Droit Européen*, n° 4 (1987), pág. 671.

BLAISE, J. "Concurrence - contrôle des opérations de concentration", *Revue Trimestrielle de Droit Européen*, ano 26, n.° 4, Outubro-Dezembro, 1990, pág. 743.

BLAKE, A. e JONES, W. "In defense of Antitrust", Columbia Law Review, 377, (1965), pág. 65.

BLAKE, A. e JONES, W. "Toward a Three Dimensional Antitrust Policy", *Columbia Law Review*, 422, (1965).

BOITEUX, M. "Haut Tension", éd. Odile Jacob, Paris, (1993).

BONASSIES, P. "Les fondements du droit communautaire de la concurrence: la théorie de la concurrence-moyen" in "Études dédiées à Alex Weill", Paris, Dalloz, 1983, pág. 51.

BONATO, L., FAINI, R. e RATTI, M. "Financial markets' liberalisation and the role of banks" in *Financial choices of industrial firms: the Italian case*, Vittorio Conti e Rony Hamaui (ed), Cambridge University Press, (1993).

BOOTH, L. D., RUGMAN, A., LECRAW, M., DONALD, J. "Internacional Business", McGraw-Hill Internacional Editions, (1985).

BORENSTEIN, S. "Price discrimination in free-entry markets", *Rand Journal of Economics*, n.° 16, (1985), págs. 380-397.

BORGES, A. "Portuguese Banking in the single european market" in J. DERMINE ed."European Banking in the 1990s" (1990).

BORGES, A. " Seminário Banca/Seguros" in Revista da banca n° 20 (1991), págs. 23-35;

BORK, R. "The Antitrust Paradox", New York, Basic Books, (1978).

BOURGEOIS, J. "EEC Control over International Mergers" in Yearbook of European Law (1990), págs. 103-132.

BRANCO, M.C. "A garantia bancária autónoma no âmbito das garantias especiais das obrigações", *Revista da Ordem dos Advogados*, 53, (1993), págs. 61-83.

BRANDER, J.A. e SPENCER, B. "Tacit Collusion, Free Entry and Welfare", Journal of Industrial Economics, Vol. 33, No 3, (1985), págs. 277-94.

BRAUN, A., GLEISS A., e HIRSCH, M. "Droit des Ententes de la Communauté Économique Européene", (1977).

BREALEY, R. e MYERS, S. "Princípios de Finanças Empresariais", 3.ª Edição, McGraw-Hill, Lisboa, (1992).

BRESNAHAN, T. "Empirical Studies of Industries with Market Power" in R. SCHMAMENSEE e R. WILLIG (eds.), Handbook of Industrial Organization, Vol. II, Amesterdão (1989), págs. 1011-1057.

BRITO, M.H. "Os contratos bancários e a Convenção de Roma de 19 de Junho de 1980 sobre a lei aplicável às obrigações contratuais", *Revista da Banca*, 28, (1993), págs. 75-124.
BRITTAN, L. in "Seminário Banca e Seguros" in *Revista da Banca* n° 20, Dezembro (1991), págs. 9-22.
BRITTAN, L. "Competition in financial services", texto dactilografado, Centre for European Policy Studies em Bruxelas, (1992).
BRITTAN, L. "European competition policy: keeping the playing field level", CEPS, (1992).
BROECKER, T. "Credit-Worthiness Tests and Interbank Competition" in Econometrica n°58 (1990) págs. 429-452.
BROKER, G. "La concurrence dans le secteur bancaire-Tendences de la structure et de la réglementation des systèmes bancaires dans les pays de l'OCDE", Ed. OCDE, Paris, (1989).
BROKER, G. "La concurrence entre banques", L'Observateur de l'OCDE, n° 160, Out/Nov, (1989).
BRUNI, F. "Banking and Financial reregulation towards 1992: The Italian case" in J. DERMINE ed."European Banking in the 1990s" (1990).
BUNTE, H. "Die 5.° GWB Novelle", Betriebs-berater, n.° 15, Maio, (1990).
BUZELAY, A. "L'industrie bancaire des états membres sous l'impulsion du grand marché" in *Révue du Marché Commun et de l'Union Europeéne*, n° 361, Set/ Out (1992).

C

CABO, S. "A Integração Económica Comunitária no Sector Coordenador", policopiado, (1994).
CALAMIA, A. "La concorrenza tra imprese bancarie: Disciplina Comunitaria e Diritto Italiano" in N. RONZITTI, ed. "Il mercato unico europeu nel settore bancario", Futura 2000, págs 151-157.
CALHEIROS, J.M. "A integração e o sector bancário" in A União Europeia na Encruzilhada, Almedina, Coimbra, (1996), pág. 215 e ss.
CALHEIROS, J.M. "O Sector Bancário e a CEE", AAFDL, Lisboa, (1993).
CALIXTO, J. "O Sistema Bancário Português Face à Criação do Mercado Único Comunitário" *Estudos BFE* n.° 28 (1990), págs. 87-131.
CAMANHO, P. "Do Contrato de Depósito Bancário", Almedina, (1998).
CAMMAL, R., GUAL, J. e VIVES, X. "Competition in Banking", in Dermine (ed.), European Banking in the 1990s, Oxford, Blackwell, (1990), págs. 271--321.
CAMPOBASSO, G. "Partecipazioni al capitale delle banche" in *Banca, Borsa e Titoli di Credito,* Milão, Maio/Junho 1994, págs 285-307;
CANALS, J. "The forces of change in the European Banking Industry" in Competitive Strategies in European Bank, J. CANALS (ed), Clarendon Press, Oxford (1993), págs. 7 a 56.

CANALS, J. "Changes in the Banking Industry and the challenge of 1992" in Competitive Strategies in European Bank, J. CANALS (ed), Clarendon Press, Oxford (1993), págs. 256 a 268.

CANALS, J. "Competitive strategies of the European Banks" in Competitive Strategies in European Bank, J. CANALS (ed), Clarendon Press, Oxford (1993), págs. 207 a 255.

CANALS, J. "The evolution of the European Banking Industry: an overview" in Competitive Strategies in European Bank, J. CANALS (ed), Clarendon Press, Oxford (1993), págs.57 a 83.

CANALS, J. "The French Banking Industry" in Competitive Strategies in European Bank, J. CANALS (ed), Clarendon Press, Oxford (1993), págs 126 a 144.

CANALS, J. "The German Banking Industry" in Competitive Strategies in European Bank, J. CANALS (ed), Clarendon Press, Oxford (1993), págs.84 a 100.

CANALS, J. "The Italian Banking Industry" in Competitive Strategies in European Bank, J. CANALS (ed), Clarendon Press, Oxford (1993), págs 164 a 184.

CANALS, J. "The transformation of the Banking Business: a corporate perspective" in Competitive Strategies in European Bank, J. CANALS (ed), Clarendon Press, Oxford (1993), págs 185 a 196;

CANALS, J. "The value-creation process in Banking" in Competitive Strategies in European Bank, J. CANALS (ed), Clarendon Press, Oxford (1993), págs 197 a 206;

CARDANI, A. e MONTI, M. "Teoria economica e tutela della concorrenza, " in *Economia e management*, n.º 1 (1988).

CARMOY, H "Strategie Bancaire: Le refus de la derive", PUF, Paris (1990).

CAVES, R. "Corporate mergers in international economic integration" in A. GIOVANNINI e C. MAYER, eds. "European Financial Integration", CEPR IMI, Cambridge (1991), págs 136-171.

CAVES, R. "Industrial organization, corporate strategy and structure", *Journal of Economic Literature*, March, (1980), págs. 64-92.

CECCHERINI A. e GENGHINI, M. "I contratti bancari nel Codice Civile", Milão, (1996).

CECCHINI, P. " The European Challenge - 1992 - The Benefits of a Single Market", Wildwood House, (1988).

CEREXHE, E. "L´interpretation de l´article 86 du Traité de Rome et les premiers décisions de la Comission" in *Cahiers de Droit Européen*, n.º 3 (1972), págs 272 e ss..

CHAFFAI, M. e DIETSCH, M. "Should banks be universal? The relationship between the economias of scope and efficiency in the French banking system", Faculté d'Economie et de Gestion de SFAX, Institut d'Etudes Politiques Université Robert Schuman de Strasbourg, (1995).

CHALMERS, D. "Repackaging the Internal Market-the ramifications of the Keck judgment" in *European Law Review*, Vol. 19, n.º 4, (1994).

CHAMBERLIN, E. H. "The Theory of Monopolistic Competition", Harvard University Press, (1956).
CHANG, M. "The Effects of Product Differentiation on Collusive Pricing" in *International Journal of Industrial Organization*, Vol. 9 (1991), págs. 453-469.
CHANT, J. "The New Theory of Financial Intermediation" in K. DOWD e M. LEWIS, eds. "Current issues in financial and monetary economics", Macmillan, (1992), págs. 42-65.
CHESSEN, J. "Market perceptions of bank risk", Issues in Bank Regulation, Outono, (1985).
CHOINEL, A. "La banque et l'Entreprises - Techniques Actuelles de Financement", Ed. Revue Banque, (1989).
CHRYSTAL, K. "The operation of financial markets" in K. DOWD e M. LEWIS, eds. "Current issues in financial and monetary economics", Macmillan, (1992), págs. 66-80.
CLARK, J. "Towards a Concept of Workable Competition", in *American Economic Review*, Maio, (1940).
CLAROTTI, P. "Progress and Future Developments of Establishment and Services in the EC in Relation to Banking" in *XXII Journal of Common Market Studies*, 199, 200 (1984).
CLAROTTI, P. "The Completion of the Internal Financial Market: Current Position and Outlook" in MADS ANDENAS e STEPHEN KENYON-SLADE, eds. EC Market Regulation and Company Law, Londres, Sweet & Maxwell, (1993), págs. 1 a 18.
CLAROTTI, P. "Un pas décisif vers le marché commun des banques, La deuxième directive de coordination en matière d'établissements de crédit", *Révue du Marché Commun*, (1989), págs. 453 e ss..
COASE, R. "The nature of the firm", Economica, (1937).
COELHO, J. P. "Operações de Banco I - Depósito Bancário", Lisboa, (1962).
COMISSÃO EUROPEIA "2.º Relatório sobre a Política da Concorrência - 1973", Office das Publications Officielles des Communautés Europeénes, Bruxelas-Luxemburgo, (1974).
COMISSÃO EUROPEIA "8.º Relatório sobre a Política da Concorrência - 1979" Office das Publications Officielles des Communautés Europeénes, Bruxelas-Luxemburgo, (1980).
COMISSÃO EUROPEIA "11.º Relatório sobre a Política da Concorrência - 1982", Office das Publications Officielles des Communautés Europeénes, Bruxelas-Luxemburgo, (1984).
COMISSÃO EUROPEIA "13.º Relatório sobre Política da Concorrência - 1984", Office das Publications Officielles des Communautés Europeénes, Bruxelas-Luxemburgo (1985).
COMISSÃO EUROPEIA "17.º Relatório sobre a Política da Concorrência - 1987", Office das Publications Officielles des Communautés Europeénes, Bruxelas-Luxemburgo, (1988).

COMISSÃO EUROPEIA "18.º Relatório sobre a Política da Concorrência - 1988", Office das Publications Officielles des Communautés Europeénes, Bruxelas-Luxemburgo (1989).
COMISSÃO EUROPEIA "19.º Relatório Sobre a Política da Concorrência - 1989", Office das Publications Officielles des Communautés Europeénes, Bruxelas-Luxemburgo, (1990).
COMISSÃO EUROPEIA "20.º Relatório Sobre a Política da Concorrência - 1990", Office das Publications Officielles des Communautés Europeénes, Bruxelas-Luxemburgo, (1991).
COMISSÃO EUROPEIA "21.º Relatório sobre a Política da Concorrência - 1991", Office das Publications Officielles des Communautés Europeénes, Bruxelas-Luxemburgo, (1993).
COMISSÃO EUROPEIA "22.º Relatório sobre a Política da Concorrência - 1992", Office das Publications Officielles des Communautés Europeénes, Bruxelas-Luxemburgo, (1994).
COMISSÃO EUROPEIA "23.º Relatório sobre a Política da Concorrência - 1993", Office das Publications Officielles des Communautés Europeénes, Bruxelas-Luxemburgo, (1995).
COMISSÃO EUROPEIA "24.º Relatório sobre a Política da Concorrência - 1994", Office das Publications Officielles des Communautés Europeénes, Bruxelas-Luxemburgo, (1996).
COMISSÃO EUROPEIA "Credit Institutions and Banking" in *Single Market Review,* subseries II, vol. 3, (1997).
COMISSÃO EUROPEIA "As regras de concorrência no mercado único" Documentação Europeia FR of Germany (1989).
COMISSÃO EUROPEIA "Assessment of the implementation of Community law regarding the internal market", *European Economy*, n.º 55, (1993).
COMISSÃO EUROPEIA, "Competition Issues" in Single Market Review, subseries V, vol. 3, (1997).
COMISSÃO EUROPEIA, "Completing the internal market: White Paper from the Commission to the Council", COM(85) 310 final, Bruxelas, Junho, (1985).
COMISSÃO EUROPEIA, "Credit Institutions and Banking", The Single Market Review, Subseries II: Impact on Services, Vol. 3, (1997).
COMISSÃO EUROPEIA "Services Financiers: repondre aux attentes des consommateurs" Livre vert, Bruxelles (1996).
COMISSÃO EUROPEIA, "State of Community law concerning the internal market", XV/530/95/EN, (1995).
COMISSÃO EUROPEIA, "The Economics of 1992", *European Economy,* n.º 35, Março (1988).
CONIGLIANI, C., DE BONIS, R., MOTTA G. e PARIGI, G. "Economie di scala e diversificazione nel sistema bancario", Banca d'Italia, Temi di discussione 150, (1991).

COOK, J. e KERSE, C. "EEC Merger Control", Sweet and Maxwell, Londres (1991).
CORDEIRO, A.M. "Concessão de crédito e responsabilidade bancária", *Boletim do Ministério da Justiça*, 357, (1986), págs. 5-66.
CORDEIRO, A.M. "Da transmissão em bolsa de acções depositadas" *O Direito*, 121, (1989), págs. 75-90.
CORDEIRO, A.M. "Manual de Direito Bancário", Almedina, Coimbra, (1998).
CORTEZ, F. "A garantia bancária autónoma - Alguns problemas", *Revista da Ordem dos Advogados*, 52, (1992), págs 513-610.
COSSUTTA, D., DI BATTISTA, M.L., GIANNINI, C. e URGA, G. "Processo produttivo e struttura dei costi nell 'industria bancaria italiana", in F. Cesarini, M. Grillo, M. Monti, M. Onado (eds.), Banca e Mercato a Cura, Bologna, 11 Mulino, (1988).
COSTI, R. "L`Ordinamento Bancario", il Mulino, Bolonha, (1986).
CUBIN, J. "The effect of shareholding Dispersion on the degree of Control in British Companies: The Theory of Measurement" in *Economic Journal*, Junho, (1983);
CURTAIN, P. "When is a merger not a merger" in *International Financial Law Review*, Julho (1987), págs. 8-16;
CUTLER, M. e WEMPLE, J. "The Federal Bank Merger Act and the Antitrust Laws", in BUSINESS LAW REVIEW, Vol. 16, (1961), págs. 994 e ss..

D

D´ASPREMONT, D. e GABSZEWICZ, J. "On the Stability of Collusion" in J. STIGLITZ e G. MATHEWSON (eds.), New Developments in the Analysis of Market Structure, Londres (1986), págs. 243-261.
DAMME, J. "La politique de la concurrence dans la CEE", ed. Kortrijk, Bruxelas, (1977).
DASSESE, M., ISAACS, S. e PENN, G. "EEC Banking Law", Lloyd´s of London Press, Ltd, (1994).
DASSESSE, M. "EC Banking Law", 2.ª Edição, Lloyd´s of London Press, Ltd, Londres, (1994).
DASSESSE, M. e ISAACS, S. "EEC Banking Law", Lloyds of London Press, (1985).
DASSESSE, M. "Application de principe du droit européen de la concurrence au secteur bancaire - observations sous l´arrêt Zuchner, *Révue de la Banque*, (1992), págs. 81 e ss..
DASSESSE, M. "Aplicação do Princípio do Direito Europeu da Concorrência ao Sector Bancário", Comentário policopiado;
DASSESSE, M. "Zuchner vs Bayerische Vereinsbank, A.G." in *Revue de la Banque* (1982).
DASSESSE, M. "Application de principe du droit europèen de la concurrence au secteur bancaire" in *Revue de la Banque* (1982), págs. 81 e ss..

DASSESSE, M. "Serviços Bancários de retalho em 1992", *Revista da Banca*, n.º 9, (1991), pág. 107.
DASSESSE, M. e ISAACS, S. "Incidence du Droit Communautaire de la Concurrence sur certains accords bancaires nationaux et transnationaux" in *Cahiers de Droit Européen*, n.º 5 e 6 (1980), págs 531 e ss..
DASSESSE, M. e STUART, I. "The Impact of EEC competition law on banking actitivities, *Journal of International Banking Law*, Setembro (1982).
DAVIES, S. e GEROSKI, P.A. "Changes in Concentration and the Dynamics of Market Shares", Discussion Paper, n.º 9415, The Economics Research Centre, University of East Anglia, (1994).
DAVIS, E.P. "Measuring the performance of banks", *Business Strategy Review*, 4(3), Outono, (1993).
DECHERY, J. L. "Le règlement communautaire sur le contrôle des concentrations" in *Révue Trimestral Droit Européene* n° 2, (1990), págs. 307 e ss.
DERMINE, J. ed."European Banking in the 1990s" Basil Blackwell, Oxford (1990).
DETOEUF, A. "Propos de O.L. Bareton Confiseur", Valmonde, Reedição (1995).
DIAMOND, D. "Financial Intermediation and Delegated Monitoring" in *Review of Economic Studies* n° 58 (1984), págs. 393-414.
DIAMOND, D. e DYDRIG, P. "Banking Theory, Deposit Insurance and Banking Regulation", *Journal of business*, Vol. 59, n.º 1, (1986), págs. 55-68.
DIETSCH, M. "Quel modèle de concurrence dans l'industrie bancaire" in *Revue Economique*, Vol. 43, n.º 2, Março, (1992), págs. 229-260.
DIETSCH, M. " La concurrence bancaire: vers de nouvelles règles du jeu" *Revue d'economie financière*, Abril (1991).
DIETSCH, M. "Economies d'échelle et économies d'envergure dans les banques de dépôts françaises", mimeo, Institut d'Etudes Politiques de Strasbourg, (1988).
DIETSH, M. "Returns to scale and returns to scope in the French banking Industry" 3° Franco-American Seminar, National Bureau for Economic Research, Julho, (1990).
DIRECÇÃO-GERAL DE CONCORRÊNCIA E PREÇOS "Legislações Nacionais de Concorrência - Finlândia, Hungria e Suécia", Caderno n.º 24, (1995).
DIRECÇÃO-GERAL DE CONCORRÊNCIA E PREÇOS, "Legislações Nacionais de Concorrência - Alemanha", Série Cadernos, n.º 19, (1993).
DIRECÇÃO-GERAL DE CONCORRÊNCIA E PREÇOS, "Legislações Nacionais de Concorrência - Bélgica", Série Cadernos, n.º 22, (1993).
DIRECÇÃO-GERAL DE CONCORRÊNCIA E PREÇOS, "Legislações Nacionais de Concorrência - Finlândia", Série Cadernos, n.º 24, (1994).
DIRECÇÃO-GERAL DE CONCORRÊNCIA E PREÇOS, "Legislações Nacionais de Concorrência - França", Série Cadernos, n.º 19, (1993).
DIRECÇÃO-GERAL DE CONCORRÊNCIA E PREÇOS, "Legislações Nacionais de Concorrência - Irlanda", Série Cadernos, n.º 22, (1993).

DIRECÇÃO-GERAL DE CONCORRÊNCIA E PREÇOS, "Legislações Nacionais de Concurrência - Itália", Série Cadernos, n.º 15, (1992).

DOMOWITZ, I. "Oligopoly Pricing: time-varying Conduct and the Influence of Product Durability as an Element of Market Structure" in G. NORMAN e M. LA MANNA (eds.), The New Industrial Economics, Aldershot (1992), págs. 214-235.

DOWRICK, S. e NGUYEN, D. "OECD Comparative Economic Growth 1950--1985: Catch-up and Convergence", in *American Economic Review*, 79 (5), págs. 1010-1030.

DUBOIS, J. "La position dominante et son Abus dans l'article 86 du traité de la CEE", Librairies Techniques, Paris, (1968).

E

ECKBO, B.A "Horizontal mergers, industry structure and the market concentration doctrine", University of Rochester Managerial Economics Research Center Working Papers: 84-08, Março (1984).

EHLERMANN, C. "L'huile et le sel: Le secteur bancaire et le droit européen de la concurrence" in *Revue Droit Européene* n.º 29, Julho/Set. (1993).

EHLERMANN, C. "The application of the EEC rules on competition to the credit institutions", in Annual Meeting of Members of the European Mortgage Federation, Annual Repport, (1992).

ELLISON, G. "Theories of Cartel Stability and the Joint Executive Committee", *Rand Journal of Economics*, Vol. 25, n.º 1, (1994), págs. 37-57.

ESSINGER, J. "The virtual banking revolution", International Thomson Business Press, Londres, (1999), págs. 116 a 119.

F

FACULDADE DE ECONOMIA DA UNIVERSIDADE NOVA DE LISBOA / /MINISTÉRIO DAS FINANÇAS, "O Impacto do Euro na Economia Portuguesa", Ministério das Finanças, Lisboa, (1998).

FAINI, R., BONATO, L. e RATTI, M. "Financial markets liberalisation and the role of banks" in Financial choices of industrial firms: the Italian case, Vittorio Conti e Rony Hamaui (ed), Cambridge University Press, (1993), págs. 57 a 81.

FARHAT, R. "Le Droit bancaire", Collection Beryte, Beirute, (1995).

FARREL, J. e SALONER, G. "Competition, Compatibility and Standards: The Economics of Horses, Penguins and Lemmings", in L. GABEL (ed.), Amesterdão, (1987).

FAULL, J. "Effect on trade between member states and community: member states jurisdiction, " in Annual Proceedings of the Fordham Corporate Law Institute", Cap. 22, (1990), págs. 485 e ss..

FÉLIX, A. "Mercado de Capitais: o papel dos investidores institucionais" in *Cadernos de Economia* n.º 24 (1993) págs. 53-57.

FERREIRA, J.P. "Um enquadramento para a nova legislação de concorrência", *Boletim de Concorrência e Preços*, 3.ª Série, n.º 18, 2.º Trimestre, (1994), págs. 3 e ss..
FERREIRA, J. "Os bancos e a Concorrência" in *Cadernos DGCP,* n.º21, Nov, (1993).
FERSHTMAN, C. e GANDAL, N. "Disadvantageous semicollusion", *International Journal of Industrial Organization*, Vol. 12, (1994), págs. 141-54.
FERSHTMAN, C. e JUDD, K.L "Equilibrium Incentives in Oligopoly", *American Economic Review,* Vol. 77, (1987), págs. 927-40.
FISHER, F. "Horizontal mergers: Triage and Treatement" in *Journal of Economic Perspectives*, Outubro (1987).
FISHWICK, F. "Definition of the relevant market in community competition policy", Doc. Comissão (1986).
FITCHEW G. "Intégration financière: Le programme de la Comission" in P. JACQUET, ed. "Europe 1992: Intégration Financière" (1989), págs. 23-3.
FLORIDIA, G. "Condizione bancarie uniformi e tutla del risparmiatore" in L. UBERTAZZI, ed. "La concorrenza bancaria" in Il Diritto della Banca e Della Borsa, Milão, (1985), págs 171-206.
FORGES, F. e THISSE, J. "Game Theory and Industrial Economics: An Introduction" in G. NORMAN e M. LA MANNA (eds.), The New Industrial Economics, Aldershot (1992), págs. 12-46.
FRANCO, A. S. , "Concorrência" , Enc. Luso-Brasileira de Cultura, Ed. Verbo, Vol. V, pág 1240.
FRANCO, A.S. "Noções de Direito da Economia", Vol. 1, Lisboa, AAFDL, 1982-1983.
FRANCO, A.S. "Nota sobre o princípio da liberdade económica", *Boletim do Ministério da Justiça*, 355 (1986), págs. 17 e ss..
FREEMAN, M. "Unemployement and Technical Innovation", Londres, (1982).
FRIEDMAN, J. "Oligopoly Theory", Cambridge, (1983).
FRIEDMAN, J. e THISSE, J. "Partial Collusion Fosters Minimum Product Differentiation" in *Rand Journal of Economics*, Vol. 24, n.º 4 (1993), págs. 631-645.
FRIEDMAN, J.W. e THISSE, J.F. "Sustainable Collusion in Oligopoly with Free Entry", *European Economic Review,* Vol. 38, (1994), págs. 271-83.
FRIERSON, R. "A regulatory View of Hostile takeovers" in Issues in Banking Regulation, special issue, Winter (1989), págs. 20-22.
FUNDENBERG, D. e TIROLE, J. "Noncooperative Game Theory for Industrial Organization: An Introduction and Overview" in R. SCHMALENSEE e R. WILLIG (eds.) Handbook of Industrial Organization, Vol. 1, Amesterdão, (1989), págs. 259-327.

G

GALANTI, N. "La nuova disciplina degli assetti proprietari degli enti creditizi" in *Banca, Borsa e Titoli di Credito*, Milão, I, (1988), págs. 56 e ss..

GARDENER, E. "Bank Marketing, Organisation and Strategy" in J. REVEL (ed.) "The Changing Face of European Banks and Securities Markets" (1994), págs. 59-78.

GARDENER, E.P.M. "Financial Conglomeration: A New Challenge for Banking", in E.P.M. Gardener (ed.), The Future offinancial Systems and Services, Macmillan, Londres, (1990).

GASIOREK, M., SMITH A., e VENABLES, A. J. "Completing the Internal Market in the EC: Factor Demands and Comparative Advantage", in European Integration: Trade and Industry, L.A. Winters and A.J. Venables (eds.), Cambridge University Press, (1991).

GAVALDA, C. "Commentaire" in *Revue Trimestrelle de Droit Européen*, n°4, (1982), págs. 745 e ss.

GAVALDA, C. e PARLEANI, G. "Droit Commanutaire de les affaires", Litec, (1990).

GAVALDA, C. e PARLEANI, G. "Droit des affaires de l'Union Européene", Litec, Paris, (1995).

GELPI, R.M. "Europe 1992: La stratégie des banques" in P. JACQUET, ed. "Europe 1992: Intégration Financière" (1989), págs. 88-100.

GENESTE, B. "Droit Communautaire de la Concurrence", Vuibert, Paris, (1993).

GEORGE, K. "Monopoly and Merger Policy", Fiscal Studies n°6, Fevereiro (1985), págs 70-81.

GERBER, D. "The transformation of Community Law", *Harvard International Law Journal*, Vol. 35, n.° 1, (1994).

GEROWSKY, P. e JACQUEMIN, A. "Dominant Firms and Their Alleged Decline", in *International Journal of Industrial Organization*, Vol. 2, (1984), págs. 1-27.

GIANFELICI, E. "Banche e Clienti", 4.ª Ed., 24 Ore libri, Milão, (1993).

GIBSON, H. e TSAKALOTOS, E. "European Integration and the Banking Sector in Southern Europe: Competition, Efficiency and Structure" in *BNL Quartely Review*, n° 186, Setembro (1993), págs. 299-324.

GILBERT, R.J. e VIVES, X. "Entry deterrence and the free rider problem", *Review of Economic Studies*, n.° 53, (1986), págs. 71-83.

GILIBERT P. e STEINHERR, A. "The Impact of Financial Market Integration on European Banking Industry" in EIB Papers n.° 8 Março, (1989).

GIOVANNINI, A. e MAYER, C, eds. "European Financial Integration", CEPR IMI, Cambridge (1991).

GLEISS A, BRAUN, A. e HIRSCH, M. "Droit des Ententes de la Communauté Économique Européene", (1977).

GOLDBERG, L. "The competive impact of foreign commercial banks in the United States" in The Changing Markets in Financial Services, A. Gilbert (ed), Kluwer Academic Publishers, Boston, (1992), págs.161 a 201.

GOLDMAN, B. "Droit Commercial Européen" 3.ª edição, Dalloz, (1985).

GOLDMAN, B. e LYON-CAEN, A. "Droit commercial européen", Précis Dalloz, (1996).
GOLDMAN, B., LYON-CAEN, A. e VOGEL, L. "Droit Commercial Européen", Dalloz, Paris, (1994).
GONÇALVES, J. " Seminário Banca e Seguros" in *Revista da Banca* n° 20 (1991), págs. 55-62.
GORTON, G. e PENNACCHI, G. "The opening of new markets for banking assets" in The Changing Markets in Financial Services, A. Gilbert (ed), Kluwer Academic Publishers, Boston, (1992), págs. 3 a 35.
GOYDER, D e NEALE, A. "Antitrust Laws of the USA" 3.ª Ed., Cambridge.
GOYDER, D. "EC Competition Law", Oxford, (1992).
GOZÁLEZ, D. e JONES, C. "The EEC merger regulation", London, Sweet & Maxwell, (1992).
GRAHAM, P. "Managing an internacional banking group's balance sheet" in Competion & Co-operation in World Bankings" The Institute of Bankers, London (1995).
GREAVES, R. "EC Competition Law", Chancery, Londres, (1992).
GREEN, N. e PORTER, R.H. "Non-cooperative Collusion under Imperfect Price Information", Econometrica, Vol. 52, (1984), págs. 87-100.
GREENBAUM, S. "Competition and Efficiency in the Banking system: empirical research and its policy implications" in *Journal of Political Economy*, n°75 (1967).
GRIFFI, A. "Le fusione bancarie: problemi di diritto interno e comunitario" in L. UBERTAZZI, ed. "La concorrenza bancaria" in Il Diritto della Banca e Della Borsa, Milão, (1985), págs. 61-94.
GRYNFOGEL, C. "Droit Communautaire de la Concurrence", L.G.D.J., Paris, (1997).
GUAL J. e NEVEN, D. "Deregulation of the European Banking Industry", *CEPR Discussion Paper*, n.° 703, Agosto, (1992), republicado in Market services and European integration, European Economy/Social Europe, Reports and Studies, n. 3, (1993), págs. 151-82.
GUERRINI, M. e VANDAMME, J. "La réglementation de la concurrence dans la CEE", Paris, PUF, (1974).
GUGLIELMETTI, G. "Ceni sull'applicabilità dell'art. 86 del Trattato CEE agli accordi interbancari" in L. UBERTAZZI, "La concorrenza bancaria", in Il Diritto della Banca e Della Borsa, Milão, (1985), págs. 316-326.
GUL, F. "Noncooperative Collusion in Durable Goods Oligopoly" in *Rand Journal of Economics*, Vol. 18, n.° 2, (1986), págs. 248-254.
GUTH, W. "Bank Strategy in an age of rapid change" in *The Banker*, Abril (1986), págs. 35-45.
GYSELEN, L. "EU Antitrust Law in the Area of Financial Services - Capita Selecta for the Cautious Shaping of a Policy", Fordham Corporate Law Institute, pág. 329 e ss, (1998)

H

HACKNER, J. "Collusive Pricing in Markets for Perfectly Differentiated Products", *International Journal of Industrial Organization*, Vol. 12, (1994), págs. 155-77.

HANWECK, G. A. "Interstate banking, bank expansion and valuation" in the Changing Markets in Financal Services, A. Gilbert (ed), Kluwer Academic Publishers, Boston, (1992), págs 41 a 93;

HARBORD, A. e HOEHN, T. "Barriers to Entry and Exit in European Competition Policy", *International Review of Law and Economics*, Vol. 14, (1994), págs. 411-35.

HARRINGTON, J.E. "Collusion and Predation under (almost) Free Entry", *International Journal of Industrial Organization*, Vol. 7, (1989), págs. 381-401.

HAUSMAN, J.A., LEONARD, G. e ZONA, J.D. "Competitive analysis with differentiated products", Annales d'économie et de statistique, April-June (1994), págs. 159-80.

HAWK, B. "The American (anti-trust) revolution: lessons for the EEC?", *European Competition Law Review*, n.º 1, (1988), págs. 53 e ss.

HAWKE, J. "The Changing Environment for take-overs" in *Issues in Banking Regulation*, special issue, Winter (1989), págs. 5-8.

HAY, D. e MORRIS, D.J. "Industrial Economics and Organization", Oxford University Press, (1991).

HAYEK, F. "Denationalization of Money", The Institute of Economic Affaires, Londres (1976).

HELLWIG, M. "Banking, financial intermediation and corporate finance" in ALBERTO GIOVANNINI e C. MAYER, (eds.) "European Financial Integration", CEPR IMI, Cambridge (1991), págs. 35-57.

HENDERSHOTT, P. H. "The market for home mortgage credit: recent changes and future prospects" in The Changing Markets in Financial Services, A. Gilbert (ed), Kluwer Academic Publishers, Boston, (1992).

HERLILY, E. e SHROCK, V "Defending against hostile takeovers" in *Issues in Banking Regulation*, special issue, Winter (1989), págs. 9-14.

HERMANN, F. Pergunta escrita nº 2783/91, de 22 de Novembro de 1991 e resposta de Sir Leon Brittan, de 18 de Fevereito de 1992, *Boletim da Concorrência e Preços*, 3º Série, nº 11. Jul/Set (1992), págs. 50/51.

HICKS, J. "Anual Survey of Economic Theory: The Theory of Monopoly" in "Readings in Price Theory" Chicago, Irwin, *Econometrica*, (1952).

HINE, J. e HOWELLS, J. "Competition, cooperation and the design of an EFTPOS network" in Innovative banking-competion and the management of a new networks technology," J. HINE e J. HOWELLS (eds.), Routlegde, London and New York (1993), págs. 27 a 61.

HINE, J., HOWELLS, J., ALEXANDER, N. "The design of EFTPOS and the bank-retailer industry relationship" J. Hine e John Howells (eds.), Routlegde, London and New York (1993), págs. 62 a 89.

HIRSCH, M., BRAUN, A., e GLEISS, A. "Droit des Ententes de la Communauté Économique Européene", (1977).
HOFFMAN, D. e SHAUB, S. "The German Competition Law - Legislation and Commentary", Deventer, Holanda, (1983).
HOLDEN, K., PEEL, D. A., e THOMPSON, J. L. "Economic forecasting: an introduction",Cambridge Universaty Press, (1990).
HORVITZ, A. e SCHULL, P. "The Bank Merger Act of 1960: a decade after", in *Antitrust Bulletin*, in Vol. 19, (1974), págs. 321 e ss..
HOSCHKA, T. C. "Bancassurance in Europe", St. Martin's Press, Nova Iorque, (1994).
HOSCHKA, T. C. "Cross-Border Entry in European Retail Financial Services", St. Martin's Press, Nova Iorque, (1993).
HOWELLS, J. e HINE, J. "Competition, cooperation and the design of an EFTPOS network" in Innovative banking-competion and the management of a new networks technology," J. HINE e J. HOWELLS (eds.), Routlegde, London and New York (1993), págs. 27 a 61.
HOWELLS, J. e HINE, J. "The UK banking context for EFTPOS development" in Innovative banking-competion and the management of a new networks technology", J. HINE e J. HOWELLS (eds.), Routlegde, London and New York (1993), págs. 6 a 26.
HULTMAN, C. e MC GEE, R. "International Financial markets integration and Commercial Banks" in S. STANSELL (ed.) "International Financial Market Integration", Blackwell, Cambridge (1993), págs. 125-140.
HUMPHREY, D.B. "Cost Dispersion and Measurement of Economies in Banking", *Federal Reserve Bank of Richmond Economic Review*, 73, May/June, (1987).
HUNTER, W.C. e TIMME, S.G. "Core deposits and physical capital: a re-examination of bank scale economics and efficiency with quasi-fixed inputs", *Journal of Money, Credit and Banking*, 27, 1, (1995), págs. 165-85.

I

IMMENGA, U. "La creazione di un mercato bancario europeo" in L. UBERTAZZI, ed. "La concorrenza bancaria" in Il Diritto della Banca e Della Borsa, Milão, (1985), págs. 3-20.
IPE, "Europa, Concorrência e Serviço Público", IPE, Lisboa, (1996).
ISAACS, S. e DASSESSE, M. "Incidence du Droit Communautaire de la Concurrence sur certains accords bancaires nationaux et transnationaux" in *Cahiers de Droit Européen*, n.º 5 e 6 (1980), págs 531 e ss..

J

JACOBS P. e CLARK, J. S. "Competition Law in the European Community", 2.ª ed., Kagen Page, (1991).

JACQUEMIN, A. e SLADE, M. "Cartels, Collusion, and Horizontal Merger" in R. SCHMALENSEE e R. WILLIG (eds.) Handbook of Industrial Organization, Vol. 1, Amesterdão, (1989), págs. 415-473.

JACQUEMIN, A. "Colusive Behaviour, R & D and European Policy" in M. BALDASSARRI (eds.), Oligopoly and Dynamic Competition, Londres (1992), págs. 203-230.

JACQUEMIN, A. "Sélection et Pouvoir dans la Nouvelle Economie Industrielle", Louvain-la-Neuve/Paris, (1985).

JACQUEMIN, A. "What is at Stake in the New Industrial Economics" in M. BALDASSARI (ed.) Oligopoly and Dynamic Competition, Londres (1992), págs. 37-53.

JACQUEMIN, A. e SLADE, M. "Strategic Behaviour and Collusion" in G. Norman e M. La Manna (eds.), New Industrial Economics, Aldershot, (1992), págs. 47-65., 321;

JACQUET, P. ed. "Europe 1992: Intégration Financière", Masson, Paris (1989).

JAFFEE, D. e RUSSELL, T. "Imperfect Information, Uncertainty and Credit Rationing", *Quarterly Journal of Economics*, Vol. 90, n.º 4, (1976), págs. 651-66.

JOHNSON, MAURICE D. S., LOGAN CLARKE, JR., SHICK BLAIR C., ROCKWELL, GEORGE B., RAMBO, LEWIS M., POPADIC, ROBERT P., MUELLER, ROBERT K., KORN, DONALD H., ERNEST, MARTIN L., COX, EDWIN B., THAYER, CHARLES J. in "The Bank Director's Handbook", Auburn House, (1981).

JOLIET, R. "The rule of reason in Antitrust Law", Faculté de droit de Liège, La Haye, Martinus Nijhoff, (1967).

JOLIET, R. "Réglementations étatiques anticoncurrentielles et droit communautaire" in Cahiers de Droit Européen, n° 4 (1988), pág. 363.

JONES, C., DÍAZ, G. "The EEC merger regulation", London, Sweet & Maxwell, (1992).

JONES, W. e BLAKE, A. "In defense of Antitrust", Columbia Law Review, 377, (1965), págs. 65 e ss..

JORDE, T. e TEECE, D. "Innovation and Cooperation: Implications for Competition and Antitrust" in *Journal of Economic Perspectives*, Vol. 4, n.º 3, (1990), págs. 75-96.

K

KAMIEN, M.I. e SCHWARTZ, N.L. "Cournot oligopoly with uncertain entry", *Review of Economic Studies*, Janeiro, (1995), págs. 125-31.

KANTZENBACH, E. e KRUSE, J. "Colective Dominance - The concept and its Applicability to Competition Policy", Comissão Europeia, Bruxelas, (1987).

KANTZENBACH, E., KOTTMANN, E. e KRUGER, R. "New Industrial Economics and Experiences from European Merger Control - New Lessons

About Collective Dominance?", estudo elaborado a pedido da Comissão Europeia, Bruxelas, (1995).

KAPARAKIS, E.I., MILLER, S.M. e NOULAS, A.G. "Short-run cost inefficiencies of commercial banks", *Journal of Money, Credit and Banking*, 26, 4 (November), (1994), págs. 875-93.

KAUFMAN, G.G. e KONNENDI, R.C. (eds.), "Deregulating Financial Services: Public Policy in Flux", Cambridge, Mass, Ballinger Publishing Company, (1986).

KERSE, C. e COOK, J. "EEC Merger Control", Sweet & Maxwell, Londres (1991).

KEYNES, J.M. "The End of Laissez-Faire" (1926) in The Collected Writings of John Maynard Keynes, Volume IX, Macmillan Press & Royal Economic Society, Londres, (1972).

KHEMANI, R. "Glossário de Economia Industrial e de Direito da Concorrência", OCDE, Paris, (1993).

KLEIN, M. "A Theory of the Banking Firm", *Journal of Money, Credit and Banking* n.º 3, (1971), págs. 205-218.

KORAH, V. "Zuchner v. Bayerische Vereinsbank AG - joint dominance" in *European Law Review,* n.º3 (1982), págs. 226 e ss..

KOVACIC, W. "The Identification and Proof of Horizontal Agreements under the Antitrust Laws" in *Antitrust Bulletin*, Vol. 38, n.º 1 (1993), págs. 5-81.

KOVAR, R. "The EEC Merger Control Regulation" in *Yearbook of European Law* (1990), págs.71-101.

KOVAR, R. "Code Européen de la Concurrence", Dalloz, (1990).

KREPS, D. "A Course in Microeconomic Theory", Cambridge, Cambridge University Press, (1990).

KREPS, D. e WILSON, R. "Reputation and Imperfect Information", *Journal of Economic Theory*, Vol. 27, (1982), págs. 253-79.

KRUGMAN, P.R. "Scale Economies, Product Differentiation, and the Pattem of Trade", *American Economic Review,* (1980), págs. 950-59.

KRUGMAN, P.R. e VENABLES, A.J. "Integration, Specialization and Adjustment", Discussion Paper Series, n.º 886, London, CEPR, December (1993).

KUCZYNSKI, M. e SPAJIC, L. "Competition in Financial Intermediation: Implications for Pricing", mimeo, Cambridge University, (1996).

KÜHN, K.J. "On the Role of Economic Theory in Competition Policy", *Cuadernos Economicos*, Vol. 5 7, (1994), págs. 9-29.

L

LAFFONT, J.J. e TIROLE, J. "Access Pricing and Competition", *European Economic Review*, Vol. 38, (1994), págs. 1673-1710.

LAMBSON, V. "Aggregate Efficiency, Market Demand, and the Sustainbility of Collusion" in *International Journal of Industrial Organization*, Vol. 6 (1988), pág. 263-271.

LAYSON, S.K. "Market Opening under Third-degree Price Discrimination", *Journal of Industrial Economics*, Vol. 42, (1994), págs. 335-40.
LECAILLON, J. "Analyse Microéconomique", Cujas, Paris (1967).
LECRAW, D. J., RUGMAN, A. M., BOOTH, L. D. "International Business", McGraw-Hill Internacional Editions (1985).
LENAERTS, K. "L'Egalité de traitement en Droit Communautaire", *Cahiers de Droit Européen* 1-2, (1991), págs. 3 a 41.
LEVY, D. e REITZES, J. "Product Differentiation and the Ability to Collude: Where Being Different Can Be an Advantage" in *Antitrust Bulletin*, Vol. 38, n.º 2, (1993), págs. 349-368.
LÉVY-GARBOUA, L. e LÉVY-GARBOUA, V. "Les coûts opératoires des banques françaises: une étude statistique" in *Révue de Economie Politique*, n.º80 (1975).
LIANG, J. N. e O'BRIEN, J. M. "Equity underwriting risk" in The Changing Markets in Financial Services, A. Gilbert (ed), Kluwer Academic Publishers, Boston, (1992), págs. 129 a 159.
LIEBERMAN, M. "Excess Capacity as a Barrier to Entry", *Journal of Industrial Economics*, n.º 35, (1987), págs. 607-627.
LOBO, C.B. "Indústria Portuguesa - Aspectos Estruturais", in Estudos em homenagem ao Professor Doutor Soares Martínez, no prelo.
LOBO, C.B. "Imposto Ambiental, Análise Jurídico-Financeira", in *Revista Jurídica do Ambiente e Urbanismo*, n.º 2, Dezembro de 1994, Almedina, Coimbra, págs. 11 a 49.
LOBO, C.B., TOMÁS, J.A. "Euro - Aspectos Legais e Questões Práticas Fundamentais", Rei dos Livros, Lisboa, (1998).
LOMNICKA, E. "The Internal Financial Market and Investiment Services" in MADS ANDENAS e STEPHEN KENYON-SLADE, eds. EC Market Regulation and Company Law, Londres, Sweet & Maxwell, (1993), págs. 81 a 90.
LOUIS, J.V., MÉGRET, J., VIGNES, D. e WAELBROECK, M. "Le droit de la Communauté Économique Européene", Vol. IV, Concurrence, Ed. Université de Bruxelles, (1972).
LOWENSTEIN, L. "Hostile Takeovers: A Remedy of First Resort or Last resort" in *Revue de la Banque*, n.º 4, Abril/Maio (1988), pgs 6-15.

M

MACCARONE, S. "Disciplina della concorrenza, norme comunitarie e accordi interbancari in Italia" in L. UBERTAZZI, ed. "La concorrenza bancaria" in Il Diritto della Banca e Della Borsa, Milão, (1985), pgs 316-329.
MCCAULEY, R. e WHITE, W. "The euro and European Financial Markets" in EMU and International Monetary System, P. MASSON, T. KRUEGER, B. TURTELBOOM (eds.), IMF, Washington, (1997), págs. 324 a 388.
MACHADO, B. "Lições de Direito Internacional Privado" 3.ª Edição, Coimbra, (1993).

MACINTOSH, R. "Impact of extraterritoriality on world banking" in *Competion & Co-operation in World Bankings*, (1995), págs. 79 a 98.
MACLEOD, W., NORMAN, G. e THISSE, J. "Competition, Tacit Collusion and Free Entry" in *Economic Journal*, Vol. 97 (1987), pág. 189-198.
MACLEOD, W.B. "A Theory of Conscious Parallelism", *European Economic Review*, Vol. 27, (1985), págs. 25-44.
MACLEOD, W.B., NORMAN G. e THISSE, J.F. "Competition, Tacit Collusion and Free Entry", *The Economic Journal*, Vol. 97, (1987), págs, 189--98.
MAJNONI, G. "Monetary integration versus financial market integration" in A. STEINHERR, ed. "The New European Financial MarketPlace" (1991), págs. 134- 146.
MALAQUIAS, P. "As regras comunitárias de Concorrência e a actividade bancária" in Revista da Banca, nº 6, Abril/Junho (1988), págs. 87 e ss.
MALOUX, X. "Le quadre juridique de la cooperation et de la concentration de banques dans la communauté européen" Cahiers de droit européen, (1989), págs. 533 e ss..
MANKIW, N.G. e WHINSTON, M.D. "Free entry and social inefficiency", *Rand Journal of Economics*, Vol. 17, (1986), págs. 48-58.
MARCHETTI, P. e MONTI, M. "Il sistema finanziario nella disciplina della concorrenza: il quadro internazionalle e la normativa italiana", in L´integrazione europea e la regolamentazione dei mercati finanziari, editado por Angelo Cura, EGEA, Milão, (1991).págs. 55 e ss..
MARMOL, C. "La application des lois antitrust américaines et reglement de la bourse aux fusions de banques" *Revue de la Banque*, (1963), págs. 675-686.
MARSHALL, A. "Principes d´économie politique", tradução francesa, 4.ª edição, Giard et Brière, Paris, 1898 Livro V, capítulo XII).
MARTINEZ, P. S. "Economia Política", 6.ª ed., Almedina, Coimbra, (1996).
MATUTES, C. e REGIBEAU, P. "Standardization across Markets and Entry", *Journal of Industrial Economics*, Vol. 37, n.º 4, (1989), págs. 359-71.
MCDERMOTT, J. "A Market View of Recent Merger Trends" in *Issues in Banking Regulation,* special issue, Winter (1989), págs. 15-19.
MCDOUGALL, R. "Taking over in the new markets" in The Banker, Fevereiro (1986), págs.42-45.
MCMAHON, C. "Change and development in internacional financial markets." in Competition & Co-operation in World Bankings",The Institute of Bankers, London (1995), págs. 4 a 16;
MEADOWCROFT, S. e THOMPSON, D. "Minority Share Acquisition", Doc. CE, Luxemburgo, (1986).
MEDEIROS, R. "Economia Internacional", 5.ª edição, ISCSP, Lisboa, (1996);
MÉGRET, J., LOUIS, J. V., VIGNES, D. E WAELBROECK, M. "Le droit de la Communauté Économique Européene", Vol. IV, Concurrence, Ed. Université de Bruxelles, (1972).

MENDES, V. "Scale and Scope Economies in Portuguese Commercial Banking: the years 1965-88", Economia, n.º 15 (1991).
MENGOZZI, P. "Libera circolazione dei capitali e mercato bancario europeo" in L. UBERTAZZI, ed. "La concorrenza bancaria" in Il Diritto della Banca e Della Borsa, Milão, (1985), págs. 117-134.
MENGOZZI, P. " Efficienza e concorrenza degli istuti di credito alla luce della giurisprudenza della Corte di Giustizia della CEE" in Diritto Comunitario e degli Scambi Internazionalli", nº 1/2, (1984).
MESTMACKER, E. "Conférence du Bundeskartlamt", Berlim, (1995).
MILGROM, P. e ROBERTS, J. "Limit Pricing and Entry under Incomplete Information and Equilibrium Analysis", Econometrica, Vol. 50, (1982), págs. 443-58.
MILL, J. S. "Principles of Political Economy with Some of Their Application to Social Philosophy", University of Toronto Press, Routledge & Kegan, EUA, Livro I, capítulo IX, (1965).
MINISTÉRIO DAS FINANÇAS "Livro Branco sobre o sistema financeiro: 1992", Maio (1991).
MINISTERO DEL TESORO, "Per un`ipotesi di legge delega. Rapporto al Ministro del Tesoro del Gruppo di Lavoro per il riordinamento delle disposizioni in materia di intermediazione finanziaria bancaria e non bancaria", Roma, Istituto Poligrafico e Zecca dello Stato, (1989).
MINISTERO DEL TESORO, "Rapporto del Comitato scientifico consultivo sul debito pubblico", Roma, Istituto Poligrafico e Zecca dello Stato, (1989).
MIRANDA, J. "Emissão de cheque sem provisão - Obrigatoriedade de pagamento pelo sacado - Inconstitucionalidade da Lei n.º 30/91, de 20 de Julho", *Revista da Banca*, 20, (1991), págs. 73-85.
MOLYNEUX, P., LLOYD-WILLIAMS D.M., e THOMTON, J. "Competitive conditions in European Banking", *Journal of Banking and Finance*, Vol.18, 3, (1994), págs. 445-59.
MOLYNEUX, P., LLOYD-WILLIAMS D.M. , e THOMTON, J. "European banking - An analysis of competitive conditions", in J. Revell (ed.) Changing Face of European Banks and Securities Markets, London, Macmillan, (1994), págs. 3-25.
MONTEIRO, M. "A operação de levantamento automático de numerário", *Revista da Ordem dos Advogados*, 52, (1992), págs. 123-168.
MONTI, M. e CARDANI, A., "Teoria economica e tutela della concorrenza, " in *Economia e Management*, n.º 1, (1988).
MOORE, J. "The Firm as a Collection of Assets", European Economic Review, Vol. 36, (1992), págs. 493-507.
MORAIS, S. "O controlo das concentrações no Direito Comunitário da Concorrência", Almedina, Coimbra, (1996).
MORISON, I. "Organisational Changes in U.K. Clearing Banks: The causes and Consequences" in J. REVEL (ed.) "The Changing Face of European Banks and Securities Markets" (1994), págs. 79-92.

MORVAN, Y. "Fondements d'Economie Industrielle", Economica, 2ªed., Paris, (1991), págs 221-241.
MOURA, F. P. " Lições de Economia" , Clássica Editora, 3ª ed., Lisboa (1969), pág. 169.
MOUSSERON, J. e SELINSKY, V. "Le droit français nouveau de la concurrence", 2.ª Edição, Paris, Litec, (1988).
MULDUR, U. e SASSENOU, M. "Economies of scale and scope in French Banking and Saving Institutions" in *Journal of Productivity*, Julho, (1990).
MULLER, H. "Supervisory co-operation: a condition for fair conpetion in internacional banks" in Competion & Co-operation in World Bankings", *The Institute of Bankers*, London (1995), págs. 41 a 60.
MUSGRAVE, R. "The Theory of Public Finance; A Study in Public Economy", Mc Graw-Hill, Nova Iorque, (1959).
MYERS, S. e BREALEY, R. "Princípios de Finanças Empresariais", 3.ª Edição, McGraw-Hill, Lisboa, (1992).

N

NACHTMANN, R. e PHILLIPS-PATRICK, F. J. "The competive impact of foreign underwriters in the United States" in The Changing Markets in Financal Services, A. Gilbert (ed), Kluwer Academic Publishers, Boston, (1992), págs. 211 a 241.
NALEBUFF, B. e STIGLITZ, J. "Information, Competition and Markets", *American Economic Review,* Vol. 73, (1983), págs. 278-83.
NEVEN, D.J. e PHLIPS, L. "Discriminating Oligopolists and Common Markets", *Journal of Industrial Economics*, Vol. 34, (1985), págs. 133-49.
NICHOLAS, T. "Strategic management of technology" in Competition & Cooperation in World Bankings" The Institute of Bankers, London (1995), págs. 99 a 132.
NICHOLSON, G. "Competition between banks and insurance companies - The chalenge of banca-assurance" in A. STEINHERR, ed. "The New European Financial MarketPlace", Longman, Londres, (1992), págs. 92-103.
NICHOLSON, G. "Competition between banks and insurance companies - The chalenge of banca-assurance" in A. Steinherr, ed. "The New European Financial MarketPlace", Longman, Londres, (1992), págs. 92-103.
NICKELL, S.J. "Competition and Corporate Performance", *Journal of Political Economy*, Vol. 104, n.º 4, (1996), págs. 724-46.
NICOLAS, M., RODRIGUES, S. "Dictionnaire économique e juridique des services publiques en Europe", colecção ISUPE, ASPE Europe, Paris (1998).
NIGRO, A. "Attivitá bancaria e vicoli a contrattare nel settore bancario e finanziario" in L. UBERTAZZI, ed. "La concorrenza bancaria" in *Il Diritto della Banca e Della Borsa*, Milão, (1985), págs. 207-226.
NIGRO, A. "Attivitá bancaria e vicoli a contrattare nel settore bancario e finanziario" in L. Ubertazzi, ed. "La concorrenza bancaria" in *Il Diritto della Banca e Della Borsa*, Milão, (1985), págs. 207-226.

NOLDE, B., ARMINJON, P. e WOLFF, M. "Traité de droit comparé", Paris, LGDJ, tomo II, n.º 474, (1950).
NORMAN, G. e LA MANNA, M. (eds.), "The New Industrial Economics", Aldershot, (1992).
NORTON, J. "The European Community Banking Law: A Paradox in Banking Regulation and Supervision - Reflections on the E.C. Second Banking Directive" in J. NORTON, C. CHENG e I. FLETCHER "International Banking regulation and supervision: Change and Transformation in the 1990s", Graham & Trotman, Londres (1994).
NORTON, J., CHENG, C. e FLETCHER, I. "International Banking regulation and supervision: Change and Transformation in the 1990s", Graham & Trotman, Londres, (1994).
NUNES, F.C. "As instituições de crédito: conceito e tipologia legais, classificação, actividades legalmente permitidas e exclusivas", *Revista da Banca*, 25, (1993), págs. 71-112.
NUNES, F.C. "Direito Bancário, volume I - Introdução e sistema financeiro/ /Súmulas das aulas dadas na Faculdade de Direito de Lisboa nos anos lectivos de 1992/93 e 1993/94" AAFDL, Lisboa, (1994).

O

O'DRISCOLL, G. "Banking Reform" in K. DOWD e M. LEWIS, eds. "Current issues in financial and monetary economics", Macmillan, (1992), págs. 110-127.
OCDE "La Concurrence dans le Secteur Bancaire", Paris, (1989).
OCDE "Politique de la concurrence dans secteurs reglementés", Paris, (1979).
OMMESLAGNE, V. "Le Reglement sur le controle des concentration entre entreprises et les offres publiques d'acquisition" in *Cahiers de Droit Europèen*, nº 3-4, (1991).
ONADO, M. "Competition in banking services and its implications: The Italian Case" in Financial institutions in Europe under new competitive conditions (C. BOISSIEU e D. FAIR, eds.) Kluwer Academic Press, (1989).
ONADO, M. "The State of Unification of European Financial and Banking markets on the eve of 1993" in Annales de l'econnomie publique, sociale et coopérative, nº 64 (1) (1993), págs. 9-38.
OPPENHEIMER, P. "Governments, markets and role of the internacional agencies" in *Competition & Co-operation in World Bankings*, The Institute of Bankers, London, (1995), págs. 17 a 32.

P

PACOLET, J. e VERHEIRSTRAETEN, A. "Concentration and economies of scale in the Belgian financial sector" in A. VERHEIRSTRAETEN (ed.) Competition and regulation in Financial markets, Londres, (1981).

PALMA, A. "Compatibilité partielle et externalités de réseau: application au cas de la concurrence bancaire", *Bulletin Trimestriel Banque de France*, nº 87, Setembro (1993), pág. 123-128.

PAPPALARDO, A. "Nouvelles orientations de la Comission dans l'interpretation du règlement nº 4064/89 sur le contrôle des concentrations" in *Revue du Marché Unique Europèen* n.º1 (1995), págs. 101 e ss;

PAPPALARDO, A. "L'approche de la Comission et la jurisprudence communautaire", in Le Secteur Bancaire et la Concurrence, AEDBF, Bruylant, Bruxelas, (1997), págs. 79 e ss.

PAPPALARDO, A. "La réglementation communautaire de la concurrence (deuxième partie, le contrôle des concentrations d'entreprises: recentes dévelopments), *Revue Internacionale de Droit Economique* n.º 3 (1996), págs. 309 e ss..

PAPPALARDO, A. "La réglementation communautaire de la concurrence: les dispositions du traité C.E. et de droit dérivé relatives aux ententes entre entreprises, à l'abus de position dominante et au contrôle des concentrations." *Revue Internationale de Droit Economique*, n.º especial, ano VIII, n.º 3, (1994), pág. 346 e ss.

PARDON, J. "L'application du droit européen de la concurrence en matière bancaire et financière" in *Revue de droit des affaires internationales*, (1990), págs. 115 e ss..

PARDON, J. "L'application du droit européen de la concurrence dans le secteur bancaire" in Hommage à J. Heenen, Bruylant, Bruxelas, (1994).

PARECER DO COMITÉ ECONÓMICO E SOCIAL sobre o «Projecto de comunicação da Comissão: "A liberdade de prestação de serviços e o interesse geral no âmbito da segunda directiva bancária" in JOCE n.º C204/66, de 15 de Junho de 1996.

PATRÍCIO, J. S. "Comentário ao Acórdão Van Eycke Sobre a Concorrência Interbancária", Revista da Banca n.º 9, Janeiro/Março, (1989) págs. 77 e ss.

PATRÍCIO, J.S. "Disciplina Comunitária da Concorrência Bancária" in *Documentação e Direito Comparado* n.º 31/32 (1987), págs. 377-403.

PEEL, D. A., HOLDEN, K., e THOMPSON, J. L. "Economic forecasting: an introduction", Cambridge University Press, (1990).

PEETERS, T. "L'integration financière: pourquoi ?" in P. VAN DEN BEMPT, J. V. LOUIS, M. QUINTYN, Integration Financiere et Union Monetaire Europeenne, (1991), págs. 5-10.

PELLEGRINI, M. "Rapporto banca-industria e orientamento comunitario" in N. RONZITTI, ed. "Il mercato unico europeu nel settore bancario", Futura 2000, págs. 201-211.

PENN, G., SHEA, A.M e ARORA, A. "The law & pratice of International Banking", Sweet & Maxwell, Londres, (1987).

PENNACCHI, G. e GORTON, G. "The opening of new markets for banking assets" in The Changing Markets in Financial Services, A. Gilbert (ed), Kluwer Academic Publishers, Boston, (1992), págs. 3 a 35.
PEREIRA, C. G. "Cartões de Crédito", Revista da Ordem dos Advogados, 52, (1992), págs. 355-416.
PEREIRA, J.N. "Regulação e supervisão dos mercados de valores mobiliários e das empresas de investimento: alguns problemas actuais", Gráfica de Coimbra, (1997).
PHILLIPS-PATRICK, F. J. e NACHTMANN, R. "The competitive impact of foreign underwriters in the United States" in The Changing Markets in Financial Services, A. Gilbert (ed), Kluwer Academic Publishers, Boston, (1992), págs. 211 a 241.
PHLIPS, L. "Competition Policy: A Game-theoretic Perspective", Cambridge University Press, (1995).
PHLIPS, L. "Parallélisme de Comportements et Pratiques Concertées" in Revue d'Économie Industrielle, Vol. 63, 1.º trimestre (1993), págs. 25-44.
PHLIPS, L."On the Detection of Collusion and Predation", mimeo, European University Institute, (1995).
PIGASSOU, P. "Les Oligopoles et le Droit", PUF, (1984).
PIGOU, A.C. "Economics of Welfare", Macmillan, Londres, (1920).
PINDYCK, R. e RUBINFELD, D. "Microeconomics", 2.º Edição, Maxwell Macmillan, Nova Iorque, (1992).
PINTO, J. "Grupos financeiros" in Cadernos de Economia, Jan/Mar (1993), pág. 27-33.
PIRES, J.M. "Direito Bancário", 1.º Vol., Rei dos Livros, Lisboa, (1994), pág. 25.
PITMAN, B. "Organising for the future" in Competition & Co-operation in World Bankings" The Institute of Bankers, London (1995), págs. 159 a 182.
PITT, W. "More equal than others: a directors guide to EU competition law", Director´s Guide, Hermel Hampstead, (1995).
PITTA E CUNHA, P. "Banco" in Polis, Enciclopédia Verbo da Sociedade e do Estado, Vol. 1, Verbo, Lisboa/São Paulo, (1983).
PORTER, M. "A Vantagem Competitiva das Nações" Campus, Rio de Janeiro, (1993).
PORTER, R.H. "A Study of Cartel Stability: The Joint Executive Committee, 1880-1886", Bell Journal of Economics, Vol. 14, (1983), págs. 301-14.
POSNER, R. "Antitrust Law, An Economic Perspective", The University of Chicago Press, (1976).
PRATI, A. e SCHINASI, G. "EMU and Internacional Capital Markets: Structural Implications and Risks" in EMU and International Monetary System, P. MASSON, T. KRUEGER, B. TURTELBOOM (eds.), IMF, Washington, (1997), págs. 263 a 319
PRATTEN, C. "A survey of the Economies of scale" in Custos da Não Europa, vol 2, série D, (1988).

Q

QUADEN, G. "The Belgium Case" in Annales de l'econnomie publique, sociale et coopérative, n.º 64 (1) (1993), págs. 39-54.

R

RAMBAUD, P. "La discrimination à rebours et le droit communautaire: Un mythe juridique?", *Gazette du Palais*, Paris, 5 de Maio de 1992, págs. 339 a 344.

RATTI, M., BONATO, L. e FAINI, R. "Financial markets' liberalisation and the role of banks" in VITTORIO CONTI e RONY HAMAUI (eds.) Financial choices of industrial firms: the Italian case, Cambridge University Press, (1993), págs. 57 a 81.

REES, R. "Tacit Collusion", Oxford Review of Economic Policy, Vol. 9, Oxford University Press, (1993), págs. 27-40.

REITMAN, D. "Partial Ownership Arrangements and the Potential for Collusion" in *Journal of Industrial Economics*, Vol. 42, n.º 3 (1994), págs. 313-322.

REVELL, J. "Strategies of Major British Banks since Big Bang" in J. REVEL (ed.) "The Changing Face of European Banks and Securities Markets" (1994), págs. 93-132.

REVELL, J. (ed.) "The Changing Face of European Banks and Securities Markets" St. Martin's Press, Chippenham, (1994).

REVELL, J. "The complementary nature of competition and regulation in the financial sector" in *Revue de la Banque*, n.º 1 (1980), págs. 9 e ss.

REVELL, J. "Mergers and acquisition in banking", in A. STEINHERR (ed.), The New European Financial Marketplace, Longman, Londres, (1992).

REVELL, J."Mergers and the Role of Large Banks", Institute of European Finance Research Monographs in Banking and Finance, n.º 2 (University College of North Wales: Institute of European Finance), (1987).

REY, P. "The role of exclusive territories in producer's competition", *Rand Journal of Economics,* Outono, (1995), págs.431-51.

RIBEIRO, J. FERNANDES, L. E RAMOS, M. "Grande indústria, banca e grupos financeiros" in *Análise Social* n.º 99 (1987) pág. 945-1018.

RIBEIRO, J.T. "Monopólio, Concorrência Monopolista e Oligopólio", Coimbra, (1977).

RITTER, L. S., SILBER, W. L. "Principles of money, banking, and financial markets", Basic Books, New York, (1991).

ROBERTS, J. "A Signalling Model of Predatory Pricing", *Oxford Economic Papers*, Vol. 38, Supp., (1986), págs.75-93.

ROCHÈRE, J. "Regles Commautaires relatives à la création d'un espace financier européen" in P. VAN DEN BEMPT, J. V. LOUIS, M. QUINTYN "Integration Financiere et Union Monetaire Europeenne", (1991), págs. 11--39.

ROCHET, J. "Concurrence imparfaite et stratégie bancaires" in *Revue Economique*, vol. 43, nº 2, Março 1992, págs. 261 e ss.

ROCHET, J. "Analyse économique de l'interbancarité", *Revue d'economie financière*, n.º 35, (1995).

ROLNICK, A. "New evidence on the Free Banking Era" Quarterly Review, (1985), págs. 2-9.

ROSEL, J. "Banking agreements, are they anti-competitive" in *International Finantial Law Review*, Julho, (1987).

ROSS, D. e SCHERER, F. "Industrial Market Structure and Economic Performance", Boston, 3.ª Edição, (1990).

ROSS, T. "Cartel Stability and Product Differentiation" in *International Journal of Industrial Organization*, Vol. 10, n.º 1 (1992), págs. 1-13.

ROTEMBERG, J. "Collusive Price Leadership", *Journal of Industrial Economics*, Vol. 39, (1990), págs. 93-111.

ROUX, X. DE e VOILLEMOT, D. "Le droit de la concurrence de la CEE", Dicionnaire Joly, actualização periódica.

RUGMAN, A. M., LECRAW, D. J., BOOTH, LAURENCE, D. "Internacional Business", McGraw-Hill Internacional Editions, (1985).

S

SALOMON, H. "Payment cards and European competition law", Journal of International Banking, Vol 1 n.º 25, (1990), pág. 31.

SALONER, G. e FARREL, J. "Competition, Compatibility and Standards: The Economics of Horses, Penguins and Lemmings", in L. Gabel (ed.), Amesterdão, (1987).

SALOP, S. "Practices that (Credibly) Facilitate Oligopoly Co-ordination" in J. STIGLITZ e G. MATHEWSON (eds.), New Developments in the Analysis of Market Structure, Londres, (1986), págs. 265-290.

SAMUELSON, P. e NORDHAUS, W. "Economia" 14ª Edição, McGraw Hill, Lisboa, (1996).

SANTAGATA, C. "La nouva disciplina della fusione tra banche" in Banca, Borsa e Titoli di Credito, Milão, Janeiro/Fevereiro (1995).

SANTANA, C.C. "O Abuso de Posição Dominante no Direito da Concorrência", Edições Cosmos, Lisboa (1993).

SANTOS, A.C, GONÇALVES, M.E e MARQUES, M.L. "Direito Económico", Almedina, Coimbra, 3.ª Edição, (1998).

SANTOS, F. "Qualidade como factor estratégico", *O Economista* (1993), págs. 123-132.

SANTOS, N. "Os grupos que temos" in *Cadernos de Economia* Jan/Mar (1993), págs. 86 e ss.

SCHAPIRA, J., TALLEC, G. LE e BLAISE, J. "Droit Européen des affaires", PUF, Paris, (1994).

SCHARFSTEIN, D. "Product-Market Competition and Managerial Slack", *Rand Journal of Economics*, Vol. 19, (1988), págs. 147-55.
SCHERER, F. e ROSS, D. "Industrial Market Structure and Economic Perfomance" 3.ª ed., Boston, (1990).
SCHMALENSEE, R. "Competitive Advantage and Collusive Optima", in *International Journal of Industrial Organization*, Vol. 5, (1987), págs. 351-367.
SCHMALENSEE, R. "Industrial Economics: An Overview" in *Economic Journal*, Vol. 98, (1988), págs. 643-681.
SCHMALENSEE, R. "Inter-Industry Studies of Structure and Performance" in R. SCHMALENSEE e R. WILLIG (eds.), Handbook of Industrial Organization, Vol. II, Amesterdão, (1989), págs. 951-1009.
SCHULL, P. "Provisional Markets, Relevant Markets and Banking Markets: the Justice Departament's Merger Guidelines in Wise Country Virginia", in Antitrust Bulletin, Vol. 34, (1989), págs. 411 e ss..
SCHULL, P. e HORVITZ, A. "The Bank Merger Act of 1960: a decade after,", in *Antitrust Bulletin*, in Vol. 19, (1974), pgs. 321 e ss..
SCHUMPETER, J. "Teoria do Desenvolvimento Económico", 2ª Edição, Fundo de Cultura, Rio de Janeiro (1926).
SCHWEIGER, I. E MCGEE, J. "Chicago banking: The structure of banks and related financial institutions in Chicago and other areas" in *Journal of Business*, n.º 34, Julho (1961).
SCHWERER, F. "Les virements tranfrontaliers: un marché ou un système?" in *Revue de droit des affaires internacionales*, n.º 4 (1996), págs. 435 e ss..
SCHWERER, F. "Marché bancaire et droit européen à la concorrence" in *Revue de droit bancaire et de la Bourse*, (1994), págs. 212 e ss..
SCITOVSKY, T. "Two concepts of external economies" in Readings in Welfare Economics, (ed. K. ARROW e T. SCITOVSKY), Londres, 2º Ed. (1972), págs. 242-252.
SCOTT, J. "Multimarket Contract and Economic Performance", *Review of Economics and Statistics,* Vol. 60, (1982), págs. 523-532;
SELTEN, R. "Spieltheoretishe Behandlung einer Oligopoltheorie mit Nachfragetragheit" in Zeitschrift fur die gesamte Staatswissenscaft, Vol. 12, (1965), págs 301-324.
SERENS, M.N. "Natureza jurídica e função do cheque", *Revista da Banca*, 18, (1991), págs. 99-131.
SERVICE DE LA COMMUNICATION ET DES RELATIONS AVEC LE PUBLIC "Banques et Consummateurs: concurrence et transparence", Strasboug (1989).
SHAPIRO, C. "Theories of Oligopoly Behaviour" in R. SCHMALENSEE e R. WILLIG (eds.) *Handbook of Industrial Organization*, Vol. 1, Amesterdão, págs. 329-414.
SHEA, A.M., PENN, G. e ARORA, A. "The law & pratice of International Banking", Sweet & Maxwell, Londres, (1987).

SHEPHERD, W. "The Economics of Industrial Organization", 3.ª ed., Englewood Cliffs, N. J., (1990).
SHROCK, G. e HERLILY, E. "Defending against hostile takeovers" in *Issues in Banking Regulation,* special issue, Winter (1989), págs 9-14.
SHULL, B. "Banking Competition" in *Contemporary Policy Issues,* Vol. VI, Abril, (1988), págs. 24-39.
SILBER, W. L. e RITTER, L. S. "Principles of money, banking, and financial markets", Basic Books, New York, (1991).
SIROEN, J. "La Domination Oligopolistique" in *Problemes Economiques* n.º 2.423, Maio, (1995) págs. 9-14.
SLADE, M. e JACQUEMIN, A. "Strategic Behaviour and Collusion" in G. Norman e M. La Manna (eds.), New Industrial Economics, Aldershot, (1992), págs. 47-65;
SLADE, M.E. "Interfirm Rivalry in a Repeated Game: An Empirical Test of Tacit Collusion", *Journal of Industrial Economics,* Vol. 35, (1987), págs. 499-516.
SMITH, A. e VENABLES, A.J. "Completing the Internal Market in the European Community", *European Economic Review,* Vol. 32, (1988), págs. 1501-25.
SMITH, A. e VENABLES, A.J. "Economic Integration and Market Access", *European Economic Review,* Vol. 35, (1991), págs. 388-95.
SOBEL, G. "The application of the Antitrust Laws to Combinations Approved under the Bank Merger Act", in *New York University Law Review,* Vol. 37, (1962), págs. 735 e ss..
SOTO, R. "Competencia y Banca: La incidencia de la normativa comunitaria en materia de competencia sobre el derecho espanol" in N. RONZITTI, ed. "Il mercato unico europeu nel settore bancario", Futura 2000, págs. 159-172.
SOUSI-ROUBI, B. "Marchés bancaires et droit eurpoèen de la concurrence" in *Cahiers de l'Institut Europèen de droit bancaire et de la bourse* n.º 45, Setembro/Outubro, (1994).
SOUSI-ROUBI, B. e ZACHMANN, J. "Le contrôle communautaire des concentrations bancaires" in *Cahiers de l'Institut Européen de Droit Bancaire et de la Bourse* n.º36, Março/Abril (1993), pág. 77 e ss.
SOUTY, F. "Le droit da la concurrence da l'Union Européen", Montchrétien, Paris, (1997).
STAIGER, R.W. e WOLAK, F.A "Collusive Pricing with Capacity Constraints in the Presence of Demand Uncertainty", *Rand Journal of Economics,* Vol. 23, (1992), págs. 203-20.
STANSELL, S. (ed.) "International Financial Market Integration", Blackwell, Cambridge, (1993).
STEENBERGEN, J. "Régles da la concurrence et le secteur bancaire" in *Le Secteur Bancaire et la Concurrence,* AEDBF, Bruylant, Bruxelas, (1997), págs. 79 e ss.

STEINHERR, A. e HUVENEERS, C. "Universal Banking in the Integrated European Marketplace" in The New European Financial Market Place, Longman, Londres (1992), págs. 49-67.
STEINHERR, A. e GILIBERT, P. "The impact of financial Market integration on the European Banking industry", Longman, Londres, (1992).
STIGLER, G J. "The Economies of Scale" in *Journal of Law and Economics* n.º1, (1958), págs 54-71.
STIGLER, G.J. "A Theory of Oligopoly", *Journal of Political Economy*, Vol. 72, (1964), págs. 44-61.
STIGLER, G.J. "Monopoly and oligopoly by merger", *American Economic Review*, May, (1950), págs. 23-34.
STIGLITZ, J. "Why Financial Structure Matters", *Journal of Economic Perspectives*, Vol. 2, n.º 4, (1988), págs. 121-26.
STIGLITZ, J.E. e MATHEWSON, G.F. (eds.), "New Developments in the Analysis of Market Structure", Londres, (1986).
STRUM, P. "Brandeis on democracy", University press of Kansas, (1996).
SUTTON, J. "Explaining Everthing, Explaining Nothing? Game Theoretic Models in Industrial Economics" in *European Economic Review*, Vol. 34, (1990), pág. 505-512.
SWARY, I. e TOPF, B. "Global Financial deregulation", Blackwell, Cambridge (1993).

T

THISSE, J.F. e VIVES, X. "On Strategic Choice of Spatial Price Policy", *The American Economic Review*, Vol. 78, (1988), págs. 122-37.
THOMPSON, D. e MEADOWCROFT, S. "Minority Share Acquisition", Doc. CE, Luxemburgo, (1986).
THOMPSON, J. L., HOLDEN, K. e PEEL, D. A. "Economic forecasting: an introduction", Cambridge Universaty Press, (1990).
THORNTON, D. e STONE, C. "Financial Innovation: Causes and Consequences" in K. DOWD e M. LEWIS, eds. "Current issues in financial and monetary economics", Macmillan, (1992), págs. 81-109.
TIROLE, J. "The Theory of Industrial Organization", Cambridge, Ma., (1988), pág. 251.
TOBIN, J. "On the efficiency of the financial system", *Loyds Bank Review*, n.º 153, (1984), págs. 1-15.

U

UBERTAZZI, L. "Concorrenza e norma bancarie uniformi", Giuffré Editore, Milão (1986).
UBERTAZZI, L. "Concorrenza e norme bancarie uniformi"in *Quaderni di Banca, borsa e titoli di credito*, Milão, (1986).

UBERTAZZI, L. ed. "La concorrenza bancaria" in *Diritto della banca e della Borsa*, n.º 2, (1985).
UBERTAZZI, L."Imprese Bancarie e diritto comunitario antitrust" in L. UBERTAZZI, ed. "La concorrenza bancaria" in Il Diritto della Banca e Della Borsa, Milão, (1985), págs. 135-170.
UBERTAZZI, L., ed., "Imprese Bancarie e diritto comunitario antitrust" in L. Ubertazzi, ed. "La concorrenza bancaria" in Il Diritto della Banca e Della Borsa, Milão, (1985), pgs. 135-170;

V

VAN BAEL, I. e BELLIS, J. "Droit de la Concurrence de la Communauté Économique Europèene", Bruylant, Bruxelas (1991);
VAN CAYSEELE, P. "Regulation and Financial Market integration" in A. STEINHERR, ed. "The New European Financial MarketPlace", (1991), págs. 68-77.
VAN DAMME, J. , "La politique de la concurrence dans la CEE", ed. Kortrijk, Bruxelas, (1977).
VAN DEN BEMPT, P., LOUIS, J.V. E QUINTYN, M. "Integration Financiere et Union Monetaire Europeenne", Economica, Paris, (1991).
VAN DER ZEE, E. "Making banca/assurance work" in *Banker's Digest international*, summer (1993), págs. 9-14.
VAN GERVEN, W. e WOUTERS, J. "Free Movement of Financial Services and the European Contracts Conventions" in MADS ANDENAS e STEPHEN KENYON-SLADE, eds. EC Market Regulation and Company Law, Londres, Sweet & Maxwell, (1993), págs 43 a 80.
VAN HORNE, J. "Of Financial Inovation and Excesses" in Journal of Finance, n.º40, (1985), págs. 621-631.
VAN OMMESLAGNE, P. "Le Reglement sur le controle des concentration entre entreprises et les offres publiques d'acquisition" in *Cahiers de Droit Europèen*, nº 3-4, (1991);
VAN YSSELT, C. "Two aspects of the treatement of banks under the EC Merger Control Regulation" in European Financial Services Law", Agosto//Setembro (1994), pgs 115-118.
VANDAMME, J. e GUERRINI, M. "La réglementation de la concurrence dans la CEE", Paris, PUF, (1974), pág. 108-109.
VEIGA, V., "Direito Bancário", Almedina, Coimbra, (1994).
VENNET, R.V. "The Effect of Mergers and Acquisition on the Efficiency and Profitability of EC Credit Institutions", University of Ghent, Department of Financial Economics, n.º. 95/07, (1995).
VENTURA, R. "Contrato de Subordinação entre Sociedades" in *Revista da Banca* n.º 25, (1993).
VENTURA, R. "Fusão, Cisão, Transformação de Sociedades", Almedina, Coimbra, (1990).

VERNIMMEN, G. "Le respect des règles de concurrence dans les services bancaires" ECU, Bruxelas, Vol. 24/III, (1993), pág. 16 e ss..

VICKERS, J. "Concepts of Competition", Oxford, Clarendon Press, (1994).

VICKERS, J. e HAY, D. (eds.). "The Economics of Market Dominance", Oxford, Blackwell, (1987).

VIÉNOT, M. "The France Case" in *Annales de l'econnomie publique, sociale et coopérative*, n.º 64 (1) (1993), págs. 55-61.

VIGNES, D., LOUIS, J. V., MÉGRET, J. e WAELBROECK, M. "Le droit de la Communauté Économique Européene", Vol. IV, Concurrence, Ed. Université de Bruxelles, (1972).

VILAR, R. " Seminário Banca e Seguros" in *Revista da banca* n.º 20 (1991), págs. 37-39.

VILARETT, L. "Comment appliquer aux activités bancaires les règles de la concurrence du Traité CEE ?", *Revue Banque*, Paris, (1962), pág. 515.

VINALS, J., BERGES, A. e VALERO, F. "Financial Inovation, Regulation and Investment: International Aspects" in The New European Financial Marketplace (A. STEINHERR ed.), Longman, Londres (1992), págs. 163-191.

VIVES, X. "Banking competition and European integration" in ALBERTO GIOVANNINI E COLIN MAYER (eds.) "European Financial Integration" Cambridge, 1992, págs. 9-34.

VIVES, X. "Regulatory reform in European banking", *European Economic Review*, 35, (1991), págs. 505-515.

VIVES, X. e GILBERT, R. "Non cooperative Entry Deterrence and the Free rider problem", *Review of Economic Studies*, n.º2, (1987).

VOGEL, L . "Droit de la Concurrence et Concentration Économique", Paris, Economica, (1988).

VOGEL, L. e J "Le droit européen de les affaires", Dalloz, (1992).

VON WEIZSACKER, C.C. "A Welfare Analysis of Barriers to Entry", *Bell Journal of Economics,* Vol. 11, (1980), págs. 399-420.

W

WAELBROECK, D. "Le secteur bancaire au regard du droit de la concurrence - Principes juridiques de base", in Le Secteur Bancaire et la Concurrence, Cahiers AEDBF, Bruylant, Bruxelas, 1997, págs. 11 e ss.

WAELBROECK, M. "Concurrence" in Commentaire Mégret: le droit de la CE, Tomo 4, ed. Université de Bruxelles, (1997).

WAELBROECK, M., VIGNES, D., LOUIS, J. V., MÉGRET, J. "Le droit de la Communauté Économique Européene", Vol. IV, Concurrence, Ed. Université de Bruxelles, (1972).

WEATHERILL, S. e BEAUMONT, P. "EC Law-the essential guide to the legal workings of the European Community" A Penguin books (1993);

WEMPLE, J. e CUTLER, M. "The Federal Bank Merger Act and the Antitrust Laws", in Business Law Review, Vol. 16, (1961), págs. 994 e ss..

WHISH, R. "Competition Law", 3.ª ed., Butterworths, (1993).
WHITE, L. "Antitrust and Merger Policy: A Review and Critique" in *Economic Perspectives* n.°2 (1987).
WILLIAMSON, O. "Market and hierarchies: Analysis and antitrust implications", NY Free Press, (1975).
WILLIAMSON, O. "Antitrust Law and Economics", Philadelphia, Dame Publications, (1980).
WINCKLER, A. "Etude critique du reglement CEE sur le contrôle des concentrations d'entreprises", *Revue du marché commun*, (1990), págs. 541 e ss.
WISH, R. "Competition Law", Londres-Butterworths, (1985).
WOLFSTETTER, E. "Oligopoly and Industrial Organization", Humboldt--Universitat Discussion Paper, *Economic Series*, n.° 10, Berlim, (1993).
WOLKEN, J. "Geographic Market Delineation: A Review of the Literature" in Federal Reserve System Staff Studies (1984).
WOUTERS, J. "Conflict of Laws and the Single Market for Financial Services", policopiado, Universidade de Maastricht e de Antuérpia, (1997).

Y

YAO, D. e DE SANTI, S. "Game Theory and the Legal Analysis of Tacit Collusion" in Antitrust Bulletin, Vol. 38, n.° 1 (1993), págs. 113-141.
YSSELT, C. V. "Two aspects of the treatement of banks under the EC Merger Control Regulation" in *European Financial Services Law*, Agosto/Setembro (1994), págs 115-118.
YWNAWAKI, H., SLEUWAEGEN, L. e WEISS, L.W. "Industry Competition and the Formation of the European Common Market", Concentration and Price, MIT Press, (1989), págs.112-43.

Z

ZACHMANN, J. "Principes économiques de base et leur application aux marchés bancaires", in Le Secteur Bancaire et la Concurrence, Cahiers AEDBF, Bruylant, Bruxelas, 1997, págs. 31 e ss..
ZACHMANN, J. e SOUSI-ROUBI, B. "Le contrôle communautaire des concentrations bancaires" in *Cahiers de l'Institut Européen de Droit Bancaire et de la Bourse* n.°36, Março/Abril (1993), págs. 77 e ss..
ZEE, E. V. D. "Making banca/assurance work" in Banker's Digest international, Summer (1993), págs. 9 a 14.

ÍNDICE

NOTA PRÉVIA	7
APRESENTAÇÃO	9
INTRODUÇÃO	17
DELIMITAÇÃO DO OBJECTO	23
1. PRÉVIO	23
2. REFLEXÃO OPERACIONAL	25
3. REFLEXÃO INSTITUCIONAL	34
3.1. Distorções na concorrência entre instituições de crédito e instituições financeiras, não qualificáveis como instituições de crédito, que desempenhem as mesmas actividades	38

TOMO I

PARTE I
INTRODUÇÃO GERAL

CAPÍTULO I
LIBERDADE DE ACESSO

1. MERCADO ÚNICO — DA CLAUSURA À LIBERDADE	41
1.1. Questões iniciais	41
1.2. Evolução Legislativa	44

CAPÍTULO II
CONCORRÊNCIA E REGULAÇÃO

1. ENQUADRAMENTO DA ACTIVIDADE BANCÁRIA	53
1.1. Razão de ordem. Regulação e Concorrência	53
1.2. Análise Crítica	55
2. A REGULAÇÃO E A CONCORRÊNCIA NO MERCADO BANCÁRIO	57
3. A DESREGULAÇÃO E A CONCORRÊNCIA NO SECTOR BANCÁRIO	59
4. O MERCADO ÚNICO NA CONCORRÊNCIA BANCÁRIA	63

CAPÍTULO III
RESTRIÇÕES AO ACESSO AO MERCADO

1. ÂMBITO SUBJECTIVO DE APLICAÇÃO	67
1.1. Natureza subjectiva	68

1.2. Condições para o Acesso 69
    1.2.1. Capital Inicial 69
    1.2.2. Estrutura do Capital Inicial 70
1.3. Condições de exercício 71
    1.3.1. A permanência dos fundos próprios 72
    1.3.2. Controlo da Estrutura de Capital 75
    1.3.3. Limites à Detenção de Participações 77
    1.3.4. Participação num sistema de garantia de depósitos .. 79
    1.3.5. Transparência da estrutura de Grupo 80
    1.3.6. Existência de procedimentos de controlo interno, nomeadamente em matéria de luta contra o branqueamento de capitais 81
2. LIMITAÇÕES FUNCIONAIS INTRINSECAS 81
3. BARREIRAS AINDA EXISTENTES 86
    3.1. Barreiras à entrada no mercado bancário 87
    3.2. Barreiras económicas à saída no mercado bancário 89
    3.3. Barreiras psicológicas - breve referência 90
4. BARREIRAS JURÍDICAS À EFECTIVAÇÃO DO MERCADO ÚNICO NOS SERVIÇOS BANCÁRIOS 91

CAPÍTULO IV
ALGUMAS QUESTÕES ESPECÍFICAS

1. O CONCEITO DE INTERESSE GERAL COMO LIMITADOR DO ACESSO À PROFISSÃO 99
    1.1. Respeito do interesse geral por parte de uma sucursal 103
    1.2. Condições de imposição das disposições relativas ao interesse geral do país de acolhimento 105
    1.3. Articulação com a Convenção de Roma 107
    1.4. Conclusões 108
    1.5. O acórdão Keck 109
2. SERVIÇOS DE INTERESSE ECONÓMICO GERAL NO SECTOR BANCÁRIO 112
    2.1. Declaração do Conselho Europeu, de 18 de Junho de 1997 ... 112
    2.2. Artigo 86.º n.º 2 do Tratado 112
    2.3. Os serviços de interesse económico geral no sector bancário ... 115
3. TRATAMENTO FAVORÁVEL/DESFAVORÁVEL DAS ENTIDADES NACIONAIS 116
    3.1. Discriminação às avessas 116
    3.2. Concorrência entre ordens jurídicas 119
4. CONCLUSÕES 121
5. IMPACTO DA UEM NO SECTOR BANCÁRIO 123

CAPÍTULO V
PRÁTICAS COMERCIAIS

1. ESTRATÉGIAS CONCORRENCIAIS ACTUAIS 125
   - 1.1. Elementos conformadores da estratégia 125
     - 1.1.1. Factores estratégicos endógenos 127
     - 1.1.2. Factores estratégicos exógenos 127
     - 1.1.3. Conclusão 128
2. INOVAÇÃO 131
   - 2.1. Conceito 131
   - 2.2. Enquadramento Teórico 132
   - 2.3. Factores de Inovação 133
   - 2.4. Limites à inovação bancária 134
3. ESPECIALIZAÇÃO OU BANCA UNIVERSAL? 136
   - 3.1. Introdução 136
   - 3.2. Banco Universal 138
     - 3.2.1. Conceito 138
     - 3.2.2. Conclusões 139

CAPÍTULO VI
TEORIA ECONÓMICA DA CONCORRÊNCIA BANCÁRIA

1. ECONOMIAS DE ESCALA 143
   - 1.1. Conceito 143
   - 1.2. Economias de escala e de gama na actividade bancária 145
     - 1.2.1. Doutrina Americana 145
     - 1.2.2. Doutrina Europeia 147
   - 1.3. Conclusões 150
2. PARTICULARIDADES DO SECTOR 153
   - 2.1. A nível micro-económico 153
     - 2.1.1. Factores de produção 153
     - 2.1.2. Relações de clientela 154
     - 2.1.3. Risco 156
   - 2.2 A nível macro-económico 156
     - 2.2.1. Controlo público 156
     - 2.2.2. Potencial geração de exterioridades 157
     - 2.2.3. "Vida Tranquila" 157
   - 2.3. Conclusões parciais 157
3. A CONCORRÊNCIA PERFEITA 158
4. A CONCORRÊNCIA IMPERFEITA 159
   - 4.1. O Monopólio 161
   - 4.2. O Oligopólio 162

5. A CORRENTE DA "CONCORRÊNCIA PRATICÁVEL"	165
6. TEORIA DOS MERCADOS CONTESTÁVEIS	166
7. CONCLUSÃO	167
8. A NOVA TEORIA DE ORGANIZAÇÃO INDUSTRIAL	170
8.1. Conceitos básicos	171
8.2. Tipos de concertação	175
8.2.1. Concertação pelos preços	176
8.2.2. Concertação pela capacidade	179
8.2.3. Concertação relativa à divisão dos mercados	181
8.2.4. Conclusões preliminares	182
8.3. A Nova Economia Industrial e o Seu Impacto na Avaliação do Domínio Colectivo	187
8.4. Factores determinantes do equilíbrio na concertação	193
8.5. Nova teoria da organização industrial e incentivos à concertação	199

TOMO II

PARTE II

A APLICABILIDADE DO DIREITO DA CONCORRÊNCIA COMUNITÁRIO À ACTIVIDADE BANCÁRIA

CAPÍTULO I

EVOLUÇÃO HISTÓRICA

1. POSIÇÃO INICIAL DA COMUNIDADE	205
2. O ACÓRDÃO ZUCHNER	207
2.1. Enquadramento	207
2.2. Discussão de Direito	208
3. REACÇÃO DA COMISSÃO	215
4. CONDUTA POSTERIOR DO TRIBUNAL	217

CAPÍTULO II

A APLICABILIDADE DAS LEIS INTERNAS DE CONCORRÊNCIA AO SECTOR BANCÁRIO
APRECIAÇÃO DE DIREITO COMPARADO

1. INTRODUÇÃO	219
2. SECTOR PÚBLICO BANCÁRIO	220
3. APRECIAÇÃO GERAL	224
3.1. Bélgica	225
3.2. Finlândia	227

3.3. Irlanda	228
3.4. Canadá	229
3.5. Reino Unido	229
3.5.1. Acordos e práticas concertadas	234
3.5.2. Aplicação da legislação de tutela da concorrência ao sector bancário	235
3.6. Alemanha	238
3.6.1. Legislação existente e autoridades tutelares da concorrência	238
3.6.2. Posição dominante	239
3.6.3. Operações de concentração	241
3.6.4. Acordos e práticas concertadas	242
3.6.5. Aplicação da legislação de tutela da concorrência ao sector bancário	244
3.7. França	247
3.7.1. Legislação existente e autoridades tutelares da concorrência	247
3.7.2. Acordos e abuso de posição dominante	248
3.7.3. Definição de controlo e operações de concentração	250
3.7.4. Aplicação ao sector credítico	252
3.8. Itália	254
3.8.1. Legislação existente e autoridade de tutela da concorrência	254
3.8.2. Acordos e Abuso de Posição Dominante	259
3.8.3. Aplicação prática	260
3.8.4. Concentração e tomada de controlo	261
3.8.5. Aplicação prática	264
3.8.6. Algumas observações sobre o sistema italiano	268
3.9. Estados Unidos da América	273
3.9.1. Acordos	276
3.9.2. Fusões e concentrações	277
3.9.3. Correntes doutrinárias americanas	279
3.10. Conclusões	282

CAPÍTULO III

REGIME JURÍDICO CONCORRENCIAL DA COMUNIDADE EUROPEIA

1. APRECIAÇÃO GERAL	297
2. EMPRESAS	301
3. AFECTAÇÃO DO COMÉRCIO ENTRE ESTADOS-MEMBROS	306

4. A APLICAÇÃO EXTRA-TERRITORIAL DO DIREITO COMUNITÁRIO DA CONCORRÊNCIA 308
5. A RELAÇÃO ENTRE O DIREITO COMUNITÁRIO E O DIREITO NACIONAL 310
6. OS PRODUTOS BANCÁRIOS 311
   6.1. Prévio 311
   6.2. Delimitação do produto 311
      6.2.1. O mercado dos empréstimos 312
      6.2.2. O mercado dos depósitos 314
   6.3. Conclusão 315
      6.3.1. Uma questão actual — a moeda electrónica como depósito 315
      6.3.2. Uma outra questão — operações de capitalização de seguros 319

CAPÍTULO IV
O ARTIGO 82º. O ABUSO DE POSIÇÃO DOMINANTE

1. A POSIÇÃO DOMINANTE 323
   1.1. Conceito 323
      1.1.1. Os casos *Continental Can* e *United Brands* 325
      1.1.2. Interacção estratégica e posição dominante: aspectos teóricos 325
2. O MERCADO RELEVANTE 328
   2.1. A parte substancial 328
   2.2. O mercado em causa 329
      2.2.1. Delimitação espacial 329
   2.3. Aplicação ao sector bancário 332
   2.4. Delimitação temporal 336
   2.5. Delimitação material 337
      2.5.1. Critério da substituibilidade razoável 338
      2.5.2. Critério da taxa de elasticidade cruzada 339
   2.6. Restante legislação comunitária e prática das Instituições Comunitárias 339
   2.7. Outros factores relevantes 342
3. CONCEITO — ABUSO DE POSIÇÃO DOMINANTE — ARTIGO 82.º 344
   3.1. Posição Dominante 345
   3.2. Abuso 348
   3.3. A posição dominante colectiva. Remissão 352
   3.4. Conclusões 352
   3.5. O abuso de posição dominante no sector bancário 353

TOMO III

CAPÍTULO V

ACORDOS, PRÁTICAS CONCERTADAS E DECISÕES DE ASSOCIAÇÕES DE EMPRESAS

1. O ARTIGO 81°	361
1.1. Apreciação geral	361
1.2. Análise na especialidade	362
1.2.1. Acordos entre empresas — Artigo 81.°	362
1.2.2. Prática concertada	365
1.2.3. Decisão de empresas	370
1.3. Critério do prejuízo sensível	371
1.4. Critérios de análise económica	372
1.4.1. Critério da *"rule of reason"*	373
1.5. "Objecto ou efeito" do acordo, decisão ou prática concertada	374
1.6. Nulidade dos Acordos e Decisões — artigo 81.° n.° 2	381
2. A CONCERTAÇÃO NO SECTOR CREDÍTICIO	383
3. A CONCERTAÇÃO NO ÂMBITO DO SISTEMA DE PAGAMENTOS	385
4. COMPORTAMENTOS LESIVOS DA CONCORRÊNCIA NO SECTOR CREDÍTICIO	388
4.1. Prévio	388
4.1.1. Fixação, de forma directa ou indirecta, dos preços de compra ou de venda, ou quaisquer outras condições de transacção	389
4.1.2. Limitar ou controlar a prod., a distrib., o desenvolvimento ou os investimentos	389
4.1.3. Repartir os mercados ou as fontes de abastecimento	390
4.1.4. Aplicação, relativamente a parceiros comerciais, de condições desiguais no caso de prestações equivalentes colocando-os, por esse facto, em desvantagem na concorrência	391
4.1.5. Subordinação da celebração de contratos à aceitação, por parte dos outros contraentes, de prestações suplementares que, pela sua natureza ou de acordo com os usos comerciais, não têm ligação com o objecto desses contratos	391
5. PRIMEIRAS DECISÕES COMUNITÁRIAS	393
5.1. Acordos entre bancos de um mesmo Estado	393
5.1.1. "Condições gerais dos bancos"	393
5.1.2. Acordos sobre taxas de juro	394
5.1.3. Acordos sobre os custos dos serviços prestados pelos bancos	395

6. CONDIÇÕES DE ACESSO À PROFISSÃO OU AOS MERC. FINANCEIROS 396
   6.1. Caso Sarabex 396
   6.2. A aplicação das normas comunitárias da concorrência aos Euromercados 400
   6.3. Regras impostas aos mercados por alguns Estados-membros 405
7. ACORDOS ENTRE BANCOS DE DIFERENTES ESTADOS MEMBROS 407
   7.1. Acordos de cooperação transnacional entre bancos 407
   7.2. O caso Zuchner 409
      7.2.1. Conclusão 412
8. DECISÕES ADOPTADAS SOBRE SISTEMAS DE PAGAMENTOS 413
   8.1. Decisão "Eurocheques uniformes" 413
      8.1.1. Apreciação Global 422
   8.2. Decisão relativa ao acordo eurocheque de Helsínquia 424
9. EFEITOS DE ACORDOS ENTRE BANCOS DOMÉSTICOS NO COMÉRCIO ENTRE ESTADOS MEMBROS 431
   9.1. Generalidades 431
   9.2. O Acordo BANCOMAT entre os bancos italianos 434
      9.2.1. Acordos que estabelecem comissões mínimas para o arrendamento de cofres e para o depósito de títulos 435
10. DECISÕES DAS ASSOCIAÇÕES NACIONAIS DE BANCOS 437
   10.1. Decisão "Irish Banks´ Standing Committe" (IBSC) 437
   10.2. Decisão "Association Belge des Banques" (ABB) 440
      10.2.1. Cláusulas não restritivas da concorrência 441
      10.2.2. Isenções 441
      10.2.3. Proibições 445
      10.2.4. Apreciação Geral 446
   10.3. Decisão "Associação Bancária Italiana" 447
      10.3.1. Certificados negativos 448
      10.3.2. Isenções 449
      10.3.3. Proibições 452
      10.3.4. Acordos quanto à taxa de juro 453
      10.3.5. Apreciação geral 453
   10.4. Decisão "Bancos Neerlandeses" 454
      10.4.1. Atestados negativos 455
      10.4.2. Acordos aos quais foi concedida uma isenção 458
      10.4.3. Análise na especialidade 460
      10.4.4. Não tomada de posição 462
      10.4.5. Apreciação Geral 463
   10.5. Acordos sobre taxas de juro 451
      10.5.1. Posição da Comissão antes do Acórdão Zuchner 451

10.5.2. Posição da Comissão após o Acórdão Zuchner 465
10.5.3. Caso *Van Eycke* 467
10.5.4. Especificidade dos acordos e práticas relativos a juros 476
10.5.5. Conduta da Comissão 479
11. OUTRAS DECISÕES EM MATÉRIA BANCÁRIA 481
    11.1. Acordos bilaterais de cooperação entre bancos de poupança europeus 481
    11.2. Distribuidores automáticos de notas 482
    11.3. Constituição da EGFI 482
    11.4. Regime de contrapartidas para a abertura de novos balcões 483
    11.5. Os pagamentos electrónicos 483
    11.6. O acordão "Bancos espanhóis" 484
12. CONCLUSÕES 485
    12.1. Cooperação técnica entre bancos 490
    12.2. As Comissões interbancárias multilaterais 492
        12.2.1. A aplicabilidade do n.º 1 do artigo 81.º às CIM ... 498
        12.2.2. A aplicabilidade do n.º 3 do artigo 81.º às CIM ... 504
    12.3. Pistas para o futuro 506
    12.4. Outras questões actuais. Cartões Multibanco 510
        12.4.1. Análise da questão 511
        12.4.2. A *No Discrimination Rule* 512
        12.4.3. Outras questões concorrenciais não relacionadas com os preços 517
        12.4.4. Limites à liberdade de acção 520
        12.4.5. A compatibilidade e a exclusividade 521
        12.4.6. Especificidades 521
        12.4.7. Algumas questões: Limites dos poderes 523

TOMO IV

CAPÍTULO VI

POSIÇÃO DOMINANTE COLECTIVA E A SUA APLICABILIDADE NO ESTUDO DA CONCORRÊNCIA BANCÁRIA

1. INTRODUÇÃO 525
2. CRITÉRIOS DE AFERIMENTO 531
3. POSIÇÃO OU COMPORTAMENTO DOS SUJEITOS EM CAUSA 532
   3.1. Relações entre concorrentes 532
   3.2. Relações fornecedor-cliente 536

4. CARACTERÍSTICAS DOS MERCADOS EM CAUSA.............	537
5. CARACTERÍSTICAS DOS PRODUTOS...................................	540
6. CONCLUSÕES..	543

PARTE III
ASPECTOS ESSENCIAIS DO REGIME COMUNITÁRIO DAS CONCENTRAÇÕES BANCÁRIAS

CAPÍTULO I
INTRODUÇÃO

1. ENQUADRAMENTO BÁSICO..	551
2. TENDÊNCIAS DE CONCENTRAÇÃO MUNDIAL................	553
3. O CASO PORTUGUÊS..	559
4. CONCLUSÕES..	562
5. ESTRATÉGIAS DE PENETRAÇÃO EM MERCADOS ESTRANGEIROS..	563
6. CONSTITUIÇÃO DE EMPRESAS COMUNS........................	564
6.1. Breve enquadramento histórico...................................	564
6.2. Alguns movimentos recentes.......................................	565

CAPÍTULO II
REGIME JURÍDICO COMUNITÁRIO DAS CONCENTRAÇÕES BANCÁRIAS

1. REGIME BASE...	569
2. DEFINIÇÃO DE CONCENTRAÇÃO..	570
2.1. O Controlo...	570
2.1.1. As participações temporárias.....................................	573
3. CONCENTRAÇÕES BANCÁRIAS DE DIMENSÃO COMUNITÁRIA..	574
4. A CONCENTRAÇÃO E AS EMPRESAS COMUNS................	585
5. IMPACTO DAS PARTICIPAÇÕES MINORITÁRIAS NA CONCORRÊNCIA..	588
5.1. Participações de pré-aquisição ou pré-fusão...................	589
5.2. Participações de bloqueio...	589
5.3. Controlo efectivo...	589
6. CASO ESPECIAL. RELACIONAMENTO BANCOS/SEGUROS	590

PARTE IV
BREVE RESENHA DA SITUAÇÃO PORTUGUESA

CAPÍTULO I
REGIME CONCORRENCIAL BANCÁRIO NACIONAL E SUA CONJUGAÇÃO COM O REGIME COMUNITÁRIO

1. ENQUADRAMENTO INSTITUCIONAL 595
2. ASPECTOS GERAIS 597
   2.1. Regime das participações 599
   2.2. Regime das fusões e cisões de instituições de crédito 600
3. A LEGISLAÇÃO NACIONAL DE TUTELA DA CONCORRÊNCIA E DAS CONCENTRAÇÕES 601
4. ANÁLISE PROSPECTIVA 604
5. CONGEMINAÇÃO DO REGIME COMUNITÁRIO COM O REGIME PORTUGUÊS 606

TOMO V

ALGUMAS REFERÊNCIAS CONCLUSIVAS 611
   (1) MULTICONCEPTUALIDADE CONCORRENCIAL BANCÁRIA 611
   (2) ENQUADRAMENTO GLOBAL DO SECTOR BANCÁRIO 612
   (3) PARTICULARIDADES DO SECTOR BANCÁRIO 613
   (4) DO MERCADO COMUM À UNIÃO ECONÓMICA E MONETÁRIA .. 615
   (5) ENQUADRAMENTO MACRO-ECONÓMICO DO SECTOR 617
   (6) CARACTERIZAÇÃO CONCORRENCIAL DO MERCADO BANCÁRIO ... 620
   (7) A APLICAÇÃO DO DIREITO DA CONCORRÊNCIA À ACTIVIDADE BANCÁRIA 628
   (8) O SISTEMA JURÍDICO-CONCORRENCIAL BANCÁRIO 631
   (9) APLICAÇÃO DAS REGRAS DA CONCORRÊNCIA AO SECTOR BANCÁRIO 640
  (10) CONCENTRAÇÕES BANCÁRIAS 651
  (11) REGIME JURÍDICO DAS CONCENTRAÇÕES BANCÁRIAS 653
  (12) CONCLUSÕES GERAIS 655

BIBLIOGRAFIA 661